国家社科基金后期资助项目
出版说明

后期资助项目是国家社科基金设立的一类重要项目，旨在鼓励广大社科研究者潜心治学，支持基础研究多出优秀成果。它是经过严格评审，从接近完成的科研成果中遴选立项的。为扩大后期资助项目的影响，更好地推动学术发展，促进成果转化，全国哲学社会科学工作办公室按照"统一设计、统一标识、统一版式、形成系列"的总体要求，组织出版国家社科基金后期资助项目成果。

全国哲学社会科学工作办公室

图像与文本：南昌汉代海昏侯墓
出土孔子衣镜研究

王刚 著

文物出版社

图书在版编目（CIP）数据

图像与文本：南昌汉代海昏侯墓出土孔子衣镜研究／
王刚著．-- 北京：文物出版社，2024.12． -- ISBN
978-7-5010-8641-2

Ⅰ．K878.84

中国国家版本馆 CIP 数据核字第 20246QH032 号

图像与文本：南昌汉代海昏侯墓出土孔子衣镜研究

TUXIANG YU WENBEN：NANCHANG HANDAI HAIHUNHOU MU CHUTU KONGZI YIJING YANJIU

著　　者：王　刚

责任编辑：彭家宇
责任校对：耿瑗洁
责任印制：张　丽

出版发行：文物出版社
社　　址：北京市东城区东直门内北小街 2 号楼
邮　　编：100007
网　　址：http://www.wenwu.com
邮　　箱：wenwu1957@126.com
经　　销：新华书店
印　　刷：宝蕾元仁浩（天津）印刷有限公司
开　　本：710mm×1000mm　1/16
印　　张：29.25
版　　次：2024 年 12 月第 1 版
印　　次：2024 年 12 月第 1 次印刷
书　　号：ISBN 978-7-5010-8641-2
定　　价：360.00 元

目　录

第一章　绪论

一　海昏侯墓考古大发现与"孔子衣镜"的问世及相关问题

2015 年年底，经过五年的勘探及前期工作，南昌西汉海昏侯墓主椁室发掘正式启动。至 2016 年上半年，海昏侯墓葬共出土"各类精美、珍贵文物约 1 万件。其中回廊约 6000 件，主椁室约 1000 件，车马坑 3000 余件"。"形象地再现了西汉时期高等级贵族的生活"①。对于这一震撼世界的考古大发现，学界评价为："有着撼世的考古历史价值、科学艺术价值和展示利用价值。"②

海昏侯墓出土文物的数量之多、种类之全、价值之高，令人叹为观止。但为何海昏侯墓中会有这么多顶级文物呢？这需要从墓主刘贺说起。

刘贺，汉武帝之孙。祖母是历史上著名的美女——李夫人，也是汉武帝晚年的宠妃。需要指出的是，这种宠爱不仅体现于私人情感之上，更体现在李夫人尊崇的名分与地位上。史载：

> 李夫人少而蚤卒，上怜闵焉，图画其形于甘泉宫。及卫思后废后四年，武帝崩，大将军霍光缘上雅意，以李夫人配食，追上尊号曰孝武皇后。③

根据这段材料，可以看到，李夫人在离世之后，武帝犹思之念之，缱绻之情非一般宫妇所能比拟。由此在汉武帝驾崩后，依其遗愿，李夫人以皇后的身份配食宗庙。相较之下，前皇后卫子夫（卫思后）则被褫夺了原有身份，二者在晚年武帝心目中所占据的分量，可谓判然有别。

---

① 杨军：《西汉王侯的地下奢华——南昌西汉海昏侯墓考古取得重大收获》，《纵论海昏——"南昌海昏侯墓发掘暨秦汉区域文化"国际学术研讨会论文集》，江西教育出版社，2016 年。

② 徐长青：《南昌西汉海昏侯墓的撼世价值》，《江西日报》2016 年 1 月 22 日 C2 版。

③ 《汉书》卷 97 上《外戚传上·孝武李夫人》，中华书局，1962 年，第 3951 页（本书所引古籍史料均为同一版本，因引用次数较多，重复引用时，不再注明出版社及出版时间）。

刘贺的父亲刘髆，是李夫人的独子。依据"子以母贵"的原则，受到老皇帝的宠爱在情理之中，故而被分封于条件优越的昌邑，成为第一代昌邑王。尤为重要的是，刘髆拥有这样的身份，本应是继承皇位的最佳人选。但历史的吊诡在于，在武帝撒手人寰之前，刘髆居然先其而去，莫名地离开了这个世界。《汉书》的正面记载，仅有"昌邑哀王髆，天汉四年立，十一年薨"寥寥十余字①。此后，尚未成年的独子刘贺接替王位，成为第二代昌邑王。与此同时，年仅八岁的武帝少子刘弗陵成为太子，不久老皇帝驾崩，在霍光等人的辅佐下，刘弗陵成为新皇——汉昭帝。

在汉昭帝时代，执掌国柄的是权臣霍光。从特定视角来看，从少年到青年，刘弗陵在其短暂的一生中，都不过是供霍光驱使的政治棋子。这种权力架构只要一直延续下去，不管掀起多大的风浪，与昭帝年龄相仿的刘贺大概率是不会卷入其中的。也就是说，如果不是发生变故，藩王刘贺与这种权力结构之间不会产生利害之争，与霍光也几乎不存在有交集的可能。

然而，元平元年（前74年）四月，年仅二十一岁的汉昭帝暴卒，变故发生了。在霍光的坚持下，刘贺入继大统，成为后任皇帝。与此同时，他那戏剧性的人生也拉开了序幕。在位仅仅二十七天，便遭到了霍光的废黜，而且被罗列出了1127件"乱事"，以证明其昏聩无礼。按照这种逻辑，刘贺淆乱礼法，毫无帝王风度，即所谓"失帝王礼谊，乱汉制度"②。由此，他失去了君临天下的理由。

但揆之于史，这种"历史事实"实为一种事后的历史书写，其间充满了谎言。且不说二十七日完成1127件"乱事"，平均每日40余件，难度、密度之大，可谓空前，各种说辞之间充满了滑稽感。再说了，刘贺既然如此"荒诞""辟邪"，当初霍光将其推上皇位时，怎么就不作考察，反而要力排众议，大力扶持呢？

事实上，废黜行动是一场突然的宫廷政变，当霍光提出动议时，"群臣皆惊鄂失色，莫敢发言"③。很显然，废黜的主因是霍氏集团的核心利益被动摇，而多数朝臣不过是被胁迫其间。而且，正是在这一进程中，因霍光集团的缘故，刘贺"未见命高庙"。在礼法上没有完成皇帝登基的正式仪程，由此严格说起来，刘贺甚至连"废帝"都算不上。要说

---

① 《汉书》卷63《武五子传》，第2764页。
② 《汉书》卷68《霍光传》，第2944页。
③ 《汉书》卷68《霍光传》，第2937页。

"礼法"有亏，那也首先是霍光的问题。

关于这些，笔者已有专文论述①，在此不再展开。

由本论题出发，值得注意的是，刘贺被废黜后，"归故国，赐汤沐邑二千户，故王家财物皆与贺"②。史书记载，刘贺在失去皇位及贵族身份后，回到了昌邑王国。汉廷为了展示"优容"的政治姿态，将当年的王国财物还给了刘贺。在这些物品中，有刘贺的私人财物，或许还有一些他父亲的遗物，在南昌的墓葬中，它们都有发现。进一步言之，海昏墓葬中的精美物品，包含了刘贺父子两代人的财富。

还值得注意的是，回到昌邑的刘贺长期处于监控之下，最终患上了风湿这样的"痿"症。随着霍光的离世及霍氏集团被清除，他于元康三年（前63年）被续任的宣帝封为了海昏侯，迁徙到豫章（今南昌），四年之后，即神爵三年（前59年），在三十多岁的时候死于封地。

宣帝将刘贺分封到南昌，从表面上来看，展现了一种"宽仁"的政治姿态。但是，在改封刘贺之前，汉宣帝特派山阳太守张敞去严加勘验，并要求"条奏贺居处，著其废亡之效"，即向他汇报刘贺的"行状"及相关情况。当确认"贺不足忌"之后，才有了对刘贺的海昏之封。更重要的是，海昏侯国地处浩瀚的鄱阳湖边，对于刘贺的身体来说，遣送于此，不啻是一种伤害，甚至可以说，它是加剧刘贺身体衰亡的一大因素。宋超指出，宣帝的个性特点是"慎谨周密及外宽内忌"③。所以，"宽仁"后面有着两重的政治考量。一是借助宽广的南方水域实施进一步的控制。二是借助潮湿的环境，起到借刀杀人的效果。由此，我们看到，刘贺墓中的不少物品，都有着抵御风寒的功能④。

但不管怎么说，改封海昏是刘贺命运的一次转折。

一方面，他由王而帝，由帝而民，再由民而侯，在许久的压抑之后，人生终于停止"滑坡"，似乎开始走上坡路了。另一方面，监临的目光和种种政治危险并没有由此而远去，前路依旧坎坷，充满着各种未知数。在南昌的日子里，暂时脱离绝境的刘贺，既充满了期待，又满怀着忧惧。所以，虽总体上来说小心谨慎，但最终还是因一时的失言被人告发，在削户受辱后不久，抱恨离世。可以说，海昏终究没有成为刘贺的"安全

---

① 王刚：《宗庙与刘贺政治命运探微》，《人文杂志》2017年第8期。

② 《汉书》卷63《武五子传》，第2765页。

③ 宋超：《"霍氏之祸，萌于骖乘"发微——宣帝与霍氏家族关系探讨》，《史学月刊》2000年第5期，第29页。

④ 王刚：《身体与政治：南昌海昏侯墓器物所见刘贺废立及命运问题蠡测》，《史林》2016年第4期。

港"，在这一生命的终点站，有期待，有失望，更有惆怅与遗恨。

了解这些之后，再来看海昏考古发现，就不会仅仅流连于文物的精美，被其面上的金光闪闪吸引全部的目光。因为由表及里加以观察，可以发现，这些文物承载的是刘贺的命运沉浮，以及复杂多维的历史过往。以它们为切入口，在一个人（刘贺）及其时代的后面，可以窥见的，是丰富的历史文化场景及内涵。这些文物的信息量是如此之丰富，实在是文史研究的一大宝藏。

而在这些宝藏之中，"孔子衣镜"无疑是最为耀眼的"明珠"之一（图1.1）。

图1.1　"孔子衣镜"出土时情况①

这一珍贵文物在2015年年底被发现，最初被认为是床榻旁的一扇屏风。2016年考古工作者改定其名为"孔子衣镜"，此后这一名称广为接受。它之所以被称为"孔子衣镜"，首先因为这是一面矩形大铜镜，"长70.3、宽46.5、厚1.3、镜缘厚1.2厘米，铜镜背面为素面，有五个长3.8、宽2、高1.8厘米的半环状纽用于固定在镜框上"②。具体应为穿戴衣物之用，故而可确定为衣镜。其次，在它上面有大量彩绘的图像和文字，尤以孔子及其弟子的图文最为重要，是核心内容所在，故名"孔子衣镜"。

---

① 江西省文物考古研究所、首都博物馆：《五色炫曜——南昌汉代海昏侯国考古成果》，江西人民出版社，2016年，第194、195页。

② 王意乐、徐长青、杨军等：《海昏侯刘贺墓出土孔子衣镜》，《南方文物》2016年第3期，第61、62页。图1.2亦采自此页。

根据考古工作者当时所提供的信息，衣镜的出土状况是这样的（图1.2）：

> 衣镜在海昏侯墓中的位置位于主椁室的西室。主椁室分为东西两室，东室放置棺枢、床榻及大量的青铜鼎、壶等礼器；西室被用隔板和主椁室的其他部分分隔开来，在西室中主要放置了床榻、漆器如耳杯、漆案、漆盘等，在西室中部还出土了二百余枚金饼、马蹄金等。这面衣镜位于主椁室西室中部靠近西壁的位置，倒伏在地，断裂为数块，装金饼的漆箱就压于衣镜的下部。①

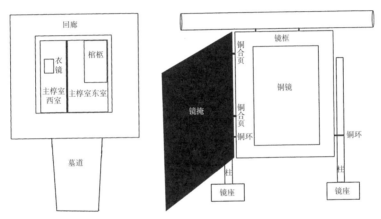

图 1.2 "孔子衣镜"出土位置及复原图
左为出土位置示意图；右为衣镜复原示意图

由此可知，衣镜出土于主椁室的西室。按照"事死如事生"的原则，"放置棺枢、床榻及大量的青铜鼎、壶等礼器"的东室，应该是依据刘贺的寝宫情况而加以设计的。而衣镜、床榻及杯盘等生活用具同置的西室，则很可能参照的是会客及日常起居之所。这样一来，可以确定衣镜的第一个属性为生活用品。

在此需要特别提出的是，王楚宁在《文物》2022 年第 3 期中，发表《江西南昌西汉海昏侯刘贺墓出土"孔子镜屏"复原研究》一文，对于衣镜的形制、用途及特点等的论述，与上述说法微有差别，并做了新的图像复原（图 1.3）。

---

① 王意乐、徐长青、杨军等：《海昏侯刘贺墓出土孔子衣镜》，《南方文物》2016 年第 3 期，第 61 页。

图 1.3　器物使用复原图（王楚宁绘）

由图 1.3 可知，在撰作图文的"孔子衣镜"之外，尚有一块漆木板与之相配，构成了类似屏风的功能。

2023 年 12 月初，笔者专门为此请教了海昏侯墓考古发掘领队杨军。承蒙杨兄赐告，王楚宁此文的材料来自他，文章亦是在杨兄具体而微的指导下加以完成，其间所披露的信息更为准确。杨兄还陪同我来到遗址博物馆的墓室原址陈列，细心而具体地加以指点。

2024 年 9 月下旬，在南昌召开的第一届"汉代海昏侯国考古与汉文化学术论坛"上，杨军作主旨报告，他再一次提出，"孔子衣镜"是一个由衣镜主屏和《衣镜赋》辅屏共同构成的双折式屏风，由此衣镜可恢复之前的旧名——"孔子屏风"。

会后，在与杨军进行交流时，我坚持"孔子衣镜"的定名，最基本的理由是"名从主人"。关于这一点，在后文，尤其是在"本论题的研究现状"部分，在对王楚宁文作讨论时，有具体的意见，在此不作赘述。还需一说的是，我向杨兄指出，王楚宁的复原图将孔门图像置于正面是错误的。作为衣镜的背板，它们只能置于后面，复原图应翻转过来。刘贺面向的是可以"修容侍侧"的衣镜，不仅照见人形，调整仪态，还有特定的儒家情怀。王楚宁的复原图，突出了尚不能完全坐实的"屏风"功能，因强烈的先入之见，将最核心的衣镜功能遮蔽了。当然，这是我的一家之言，在不同视野下可以见仁见智。

如果做细节的分析，器物复原的差异，很可能带动不同的认识。但有一个事实是确定无疑、不可撼动的，那就是，"孔子衣镜"在刘贺墓中地位十分重要，它是生活用品，但绝不是普通的日用器，而是刘贺极为珍视的私人用具。

由此我们注意到，在刘贺墓的随葬品中，除了"孔子衣镜"之外，还有 5 件铜镜出土，并且鎏金镶宝石。但与"孔子衣镜"不同的是，它们不藏于主椁室，而是来自旁侧的西藏椁娱乐用具库①。要严格说起来，娱乐用具库才是铜镜这种器物的放置之所。

更值得注意的问题是，倘仅仅讨论奢华程度，较其他铜镜，"孔子衣镜"反倒逊色不少。但后者入于主椁室之中，地位及所受到的珍视程度，显然要高于那些镶金戴玉的铜镜。那么，除了生活用品的属性，"孔子衣镜"还有什么功能和用途，以至于地位要高于其他的同类器物呢？

这就需要对衣镜中图文的意义作个简要的说明。

就文物价值来看，"孔子衣镜"赛过那些珠光宝气的铜镜之处，主要在于它的图文内容。质言之，"孔子衣镜"之所以重要，不在于材质，而在于所承载的文化内容——以孔子为核心的图像及文字。在那里面，蕴含了丰富的历史信息。

从今天的立场和视野来看，这些图文信息的稀有及珍贵，是因时代变迁而带来的，核心指向是史料问题。在刘贺时代，它们并不具备这样的属性。也就是说，当衣镜还不是文物，而只是私人用具时，这些图文并非因其珍贵的历史及研究价值，才被书于衣镜之上。质言之，对于刘贺而言，图文的意义，并不在于今日所看重的研究性的学术文化层面。

那么，回到历史的现场，这些图文到底意味着什么？它们的存在，为什么会使衣镜具有其他铜镜所没有的功能呢？

核心答案在于"礼"。

笔者得出这一看法，依据就在衣镜之中。根据考古工作者提供的信息，在镜框上有一篇《衣镜赋》，其文曰：

> 新就衣镜兮佳以明，质直见请兮政以方。幸得降灵兮奉景光，俯容侍侧兮辟非常。
>
> 猛兽鸷虫兮守户房，据两蜚虡兮囮凶殃。傀伟奇物兮除不详。右白虎兮左仓（苍）龙，下有玄鹤兮上凤凰。西王母兮东王公，福熹所归兮淳恩藏，左右尚之兮日益昌。
>
> □□圣人兮孔子，□□之徒颜回、卜商，临观其意兮不亦康。

---

① 江西省文物考古研究所、首都博物馆：《五色炫曜——南昌汉代海昏侯国考古成果》，江西人民出版社，2016 年，第 91 页。

□气和平兮顺阴阳。

　　□□□ 岁兮乐未央，□□□□□皆蒙庆……①

　　通过这段文字，可以看到，衣镜为"修容侍侧兮辟非常"的载体。当刘贺面对着衣镜时，不是简单地整理衣冠，而是以孔子师徒为标杆，行容礼，"辟非常"，以达到远避灾祸的目标。关于这一问题及相关考察，在后面的章节中会有详细的论述，在此不作展开。但由此可确定的是，衣镜因孔子图文的存在，而成为"修容侍侧"的载体。也即，它不是简单的生活器，而是一种重要的礼器。

　　在这样的问题意识下，回观衣镜的出土情况，就可以注意到一个细节，与衣镜一起出土的还有装金饼的漆箱，它们压于衣镜的下部。倘从一般的认知出发，或许只会将这些黄白之物视为富有的象征，作为刘贺身家财富的证明。但问题是，这些金饼与"孔子衣镜"一样，早已超出了一般实用物品的范畴，最核心的指向，其实就是礼器。理由在于，墓葬之中的海量五铢钱出于北藏椁钱库，而不是主椁室。主椁室中的金饼与汉廷宗庙祭祀的酎金密切相关，有些还可见墨书"南藩海昏侯臣贺元康三年酎金一斤"。从特定意义上来说，它们实为礼器，而且后面还隐然有着寄托和微言②。同理，"孔子衣镜"亦复如是。

　　要之，以今日之眼光，所看到和注重的，是衣镜为我们留存了与孔子有关的丰富的历史文化知识，但对刘贺而言，它主要是充满着情感寄托的礼器。由此，要理解这一器物的丰富内涵，就不能由物至物，流于表面性的一般观察。而必须由"器"入"道"，由"器"入"史"，在历史文化与刘贺的心路探寻中探微赜奥，这样，才能真正地进入历史的幽深之处。

二　缘起：我是怎么开始"孔子衣镜"研究的？

　　海昏侯墓考古大发现带来了相关研究的热潮。

　　虽然笔者才疏学浅，但由于机缘凑巧，加之地利之便，很有幸地成为其中的第一批研究者。在这一过程中，我多次前往考古现场，承蒙领

---

① 王意乐、徐长青、杨军等：《海昏侯刘贺墓出土孔子衣镜》，《南方文物》2016 年第 3 期，第 64 页。按照此文的说法，文字书写在盖板之上，后由杨军告知，其见于另一块漆板之上。

② 王刚：《宗庙与刘贺政治命运探微》，《人文杂志》2017 年第 8 期；王刚：《刘贺酎金问题与宣帝朝政治》，《秦汉研究》（第 19 辑），西北大学出版社，2023 年。

队杨军兄及江西省文物考古研究院领导、专家的厚意，近距离地观察遗迹及文物，频频向他们讨教，并交流心得体会，可谓获益良多。这些成为日后研究工作得以展开的首要基础。

记得大概是在 2011 年的下半年，墓葬被发现不久后，我所供职的江西师范大学文博专业的师生们去做过一次实地考察。那时，正式的发掘工作尚未完全展开，最后会有什么结果，还难以预料。所能见到的，只是一片苍凉的南方丘陵，以及墎墩山上那个黑漆漆的盗洞口。那时，不仅我们，包括满怀期许的一线考古工作者，大概谁都不敢，也不会预料到，几年后，在这个洞口的下面，会有那么多的惊天大发现，创下了中国考古史上的多个第一。

作为一名江西本土的文史工作者，很自然地，密切关注这一考古发掘工作，成为题中应有之义。然而，说实话，那时虽在静静地期待，但真实的心理预期是，或许有些补充性的新材料，也或许一无所获。总的希望，是能出点可资利用的研究材料。所以，2011 年虽然让我记住了这个考古现场，也为以后的正式研究埋下了伏笔。但总的来说，主要是伴随着期待与猜测，一些疑问盘旋于心间，而且念头也并非那么强烈。

真正进入学术考察阶段，是从 2015 年年底开始的。

随着考古工作的深入，好消息不断传来，并且越来越令人震撼。尤其是随着各种信息的发布以及海内外媒体的密集报道，眼见着一桩桩惊天大发现就在身边。几年前那个不起眼的墎墩山开始不断地在眼前晃动，在那一时段，心中的兴奋可谓前所未有！我意识到，这是江西乃至中国考古史上的里程碑，也是相关学术研究的重要引爆点。于是，决定放下手头的其他工作，第一时间全力收集相关资料，投入"海昏"研究。

但是，说易行难。

海昏考古大发现虽然震撼人心，但真正要展开严谨、深入的研究，有很多艰巨的工作要去做。而不是如有些人那样，摆一些历史"八卦"，甚至以小说家言来吸人眼球。对于真正的专业工作者来说，如何选定好研究的突破口，并保证资料的完整性和准确度，成为最基础的前提。

我的专业研究方向主要为先秦两汉史、古文献与学术史。很自然地，我的眼光盯住了那些具有历史信息的文物，而且特别关注文本问题。带着这样的问题意识，我在第一时间就注意到了"孔子衣镜"。但在那时，在刚刚公布的资料中，图文内容还比较缺乏，实地考察也不尽如人意。记得 2015~2016 年间，初至考古工地时，还被称为"孔子屏风"的衣镜正浸泡在药水之中。虽极尽目力，但决眦之下，隐隐可见的只是孔子图像的轮廓。当时，它与其他文物一样，大概只能从形制和用途上作一番讨论，要深入到具体的图文资料之中，显然还不具备条件。

但那时最可宝贵之处在于，来到考古现场及文保房，直面衣镜及其他珍贵文物，让我有了直观的印象，历史上的一些细节也由此被瞬间激活。面对着它们，在久久端详之下，我常常在想，它们的主人刘贺当时是怎样一番心境和环境呢？它们所给出的信息，与传世文献中的记载有哪些可以互证？又有哪些抵牾之处呢？最为重要的是，这些新材料会带来哪些新问题？可以为相关学术研究带来哪些突破呢？

这些问题要获得深入解答，在当时极其困难。很重要的一个原因就是，在以现代科技手段做出细致处理之前，海昏考古资料所提供的信息大多比较细碎和初步，笔者亲临考古现场所获得的，也多为一种历史的初步观感。尤其是像"孔子衣镜"这样的文物，以肉眼以及"手工作坊"式的方法，根本无法入手。坦白地说，没有现代照相技术加以扫描，不呈现更多的图文信息，想要一视之下就产出有分量的研究成果，几乎是天方夜谭。

好在 2015 年年底就已有媒体及个人将衣镜的部分照片公之于众，在网上便可以十分方便地搜集。如中国新闻网（江西）2015 年 11 月 15 日在题为《海昏侯墓主椁室启动考古发掘，墓主身份成最大悬念》的文章中公布了相关照片。而在 2016 年 1 月，中央电视台"探索发现"栏目在对海昏侯墓做专题报道时，则公布了更为清晰的影像资料。随后，学者王仁湘也在自己的微博中提供了更为清晰的图片，并认为"屏风"应为"立镜"。2016 年 3 月，"五色炫曜——南昌汉代海昏侯国考古成果展"在首都博物馆举行。在展品中，虽没有"孔子衣镜"的实物，但较为清晰的摄影图片得以公布。与此同时，同名书出版，相关展出图片被收录其中。这些图片越来越清晰，文字也越来越完整，为跟进研究提供了极大的便利。

值得注意的是，在这一过程中，一些学者根据相关资料开始了初步的学术考察，因时效性的需要及文字的简略，相关成果大多见于复旦大学出土文献与古文字研究中心网站。2015 年年底的成果，主要有王楚宁的《海昏侯墓孔子屏风浅释》，恩子健、任和合的《海昏侯墓孔子屏风"野居而生"改正千年错误》，曹景年的《海昏侯墓出土屏风所载孔子年岁蠡测》，若蝶之慕的《孔子年谱与鲁国纪年问题》。而最值得注意的，是邵鸿的《也谈海昏侯墓屏风》。它在前列作品的基础上做了更为综合、细致的研究，也刊布于同一网站之上。

2016 年 4 月，由中国社会科学院历史研究所、江西师范大学、江西省文物考古研究所主办的"南昌海昏侯墓发掘暨秦汉区域文化"国际学术研讨会在南昌召开。会上，邵鸿以前文为基础，在进一步扩充、完善的基础上，提交了《海昏侯墓孔子屏风试探》一文①。作为系统、严谨的学术论作，此文掀开了"孔子衣镜"研究的新页。作为承办此次会议的主要工作人员，我在第一时间拜读了大作。钦佩之余，进一步感受到了"孔子衣镜"的研究价值，内心再一次涌动介入此项研究的巨大冲动。但是，在当时的条件下，由于公开的图像并不完整，很多细节无法呈现，要作出精准判断极难。文字方面的问题虽然好一些，但缺失、不清晰者也比比皆是。要之，缺环甚至错讹不少，材料上的局限性非常明显。

鉴于这种状况，我没有马上跟进，去做具体的学术考察，而是采取了缓一缓、看一看的策略。也即，一方面，继续关注衣镜的各种信息动态，随时准备全方位投入研究之中；另一方面，等待完善资料的推出，而不急于撰作专题性的学术论文。但是，在这一过程中，包括在此前的一段时间里，我也并非无所事事。

首先，在我最初的"海昏"研究成果中，虽没有"孔子衣镜"的专文，但这一问题意识从未缺位过，甚至可以说一直萦绕在心。从 2015 年年底开始，至 2016 年上半年，我先后撰写了三篇有关"海昏"的学术论文，一篇是《海昏侯墓"大刘记印"研究二题》，此文完成于 2015 年年底，《江西师范大学学报》（哲社版）2016 年第 2 期刊出。另一篇是《身体与政治：南昌海昏侯墓器物所见刘贺废立及命运问题蠡测》，此文完成于 2016 年 2 月，时值农历丙申新年。经修订后，提交给了当年 4 月的"南昌海昏侯墓发掘暨秦汉区域文化"国际学术研讨会，后刊发于《史林》2016 年第 4 期。最后一篇是《汉代"千钱一贯"问题探论》，完成于 2016 年 4 月，后刊发于《学术月刊》2016 年第 10 期。这些文章以刘贺命运或汉代制度为研究主题，但切入口都是海昏的出土文物。很自然地，"孔子衣镜"亦在考察视野之内。只不过，它没有像出土的印信、金钱那样，作为聚焦点展开专题性的考察。也即，衣镜只是作为旁证资料，进入了我的"海昏"研究范畴。

其次，从公布衣镜图文信息之始，根据可见的资料，我对相关文字开始做文本比勘。尤其是拜读邵文之后，再一次细致校读了衣镜上的文

① 　修订稿刊发于《江西师范大学学报》（哲学社会科学版）2016 年第 5 期。

字，并在当时的会议论文集上做了认真的眉批，一些相关资料也附纸抄录于后。今日再次检视朱、墨相杂的笔迹，虽看起来有些潦草甚至杂乱，但可以说，此书的正式出发点，正是从那时开始的。当时的基本想法是，利用有限资料，先探其文本来源，为后一步的工作打下基础。我认为，这一劳动是起了成效的。在比勘文本的过程中，明显可见的是，大量的文字来自《论语》，再进一步寻绎，还可以与《孔子家语》等文献相印证。此外，细加观察，还可看出，有些文字引自《史记》及《春秋公羊传》。这些发现为后来的深入讨论打下了非常好的文本基础。

循此理路，在 2016 年下半年，我开始有意识地去关注出土《论语》的情况，其中很重要的一个目标，当然是海昏《论语》简。但是，由于当时"五色炫曜——南昌汉代海昏侯国考古成果展"只公布了三枚竹简的照片，加之本人亦非一线的简牍整理人员，材料的贫乏成为短板。结合当时的实际情况，我采取的策略是，先从定州《论语》简和熹平石经打开缺口，将这些已见材料和传世的《论语》进行文本的对读，并做出必要的学术考察，以为后面的研究打下基础①。所以在这一考察过程中，不仅仅心中只有《论语》问题，念念不忘的还有"孔子衣镜"，并希望有更清晰的图文能加以佐证。

2016 年接近岁末之时，惊喜传来。《南方文物》第 3 期"海昏侯国考古"栏目刊载了王意乐、徐长青、杨军、管理的《海昏侯刘贺墓出土孔子衣镜》，此文对于衣镜图文及相关信息做了较为完整的披露，自此，"孔子衣镜"的研究有了相对可靠的资料基础。而且，倘将"孔子衣镜"与其他出土文物加以比较，又可发现的是，当衣镜的图文资料得以完整推出后，相较之下，虽然其他的海昏文物研究也可以继续推进下去，但很显然，衣镜所呈现的信息量更为巨大，可深入之处更多。加之此前的基础性工作做得还算不错，此刻几乎可以无缝衔接，相关研究再不快速、直接地运作起来，将落后于他人若干身位。既然此前已做了种种先期的准备，不敢说"万事俱备"，但至少与衣镜有关的传世文本及文物方面的考察，已基本准备就绪。说"只欠东风"，似乎不能算是一句空言。

毫无疑问，全力投入"孔子衣镜"研究，可谓正当其时。此后的日

---

① 在这一过程中，笔者撰作了一些论文，后来公开刊布的主要有：《定州简本〈论语〉"一字多形"与文本生成问题探论》，《地方文化研究》2017 年第 2 期；《从定州简本避讳问题看汉代〈论语〉的文本状况——兼谈海昏侯墓〈论语〉简的价值》，《许昌学院学报》2017 年第 3 期；《文本与政治：熹平石经〈论语〉研究发微》，《华中国学》2018 年春之卷。

子里，我全身心地聚焦于此，可谓争分夺秒、心无旁骛地进行研判和论证，我的"孔子衣镜"研究之路由此正式开启。

三　图像与文本：研究对象及相关问题

笔者对"孔子衣镜"所做的研究，并非事无巨细，无所不包。研究之初，在综合考量各方因素之后，笔者即已确定，以衣镜上的图像和文本为研究对象①，通过聚焦于此，探求后面的历史文化内容。由此，在整个研究过程中，即便有些内容在具体行文中偶有溢出范围者，那也完全是出于论证的需要，不得不附而论之，最终目的，在于更好地支撑图像与文本的主题内容。

之所以如此，主要原因在于两点，一是在学术研究的过程中，要做出有深度的工作，必须服从专业性要求，不需要，也不可能做到面面俱到。笔者是史学工作者，解读衣镜上的文史内容为题中应有之义，相对来说，也更具有专业品质方面的保证。但溢出这一范围的内容，例如，对于衣镜的材质、制作工艺、生产过程等，笔者皆缺乏深入的了解，作为外行，不敢置喙其间。二是在专业研究范围内，同样需要聚焦问题，主题突出。也就是说，学术工作不是随意散漫地放言，需要以专业视角聚焦于特定层面之上，如此，才能得出符合学术要求的科学结论。在这样的思路下，结合笔者的知识背景及学术能力，着力于坚持史学视野，以图像及文本考察为依托，成为贯穿始终的研究路径。由此，即便是某些人文方面的内容，如书画的构图、用笔、色彩等问题，相关艺术及美学问题等，除特别需要，一般也不加以展开。

确定好研究对象之后，下一步需要审视的，就是图文的基本状况及相关问题了。

在笔者看来，衣镜图文的主体内容，也即最有价值的部分，就图像而言，有现存最早的彩绘漆书孔门师徒画像，最早的东王公、西王母画像等。就文字内容来说，有着足以媲美任何顶级文献的漆书文字。下面，作进一步的展开。

---

① 宽泛而论，图像也可以算作特殊的文本。但在严格意义上，"文本"应以语言文字为基本内涵。《现代汉语词典》（第七版）的定义是："文件的某种本子（多就文字、措辞而言）。"（商务印书馆，2018 年）因此，本书论及"文本"时，不取宽泛之义，指的是与图像相对应的文字材料。需说明的是，用图像与文本来作图文的概念对应，而不是图像与文字。一则在于，文本已成为学界习用语；二则，相较而言，文本比文字更靠近文献的意蕴，更有意义指向及系统性。

（一）图像的性质及出处

据披露的资料，在镜框背板之上绘有孔子及其弟子的图像，图像旁有相关的说明文字。与之相应的是，还有子张和曾子资料，由于图文已残，已无法进一步释读。而在镜掩的正面，则是两只相对的衔珠大鸟。围绕着镜掩的镜框正面，有着一圈的仙人以及神兽的图像，其中最为重要的，是上方的东王公和西王母画像①（图1.4）。

图 1.4　衣镜正背面（左为复制品图，右为原图）

作为现存最早的图像实物，无论是孔门师弟，还是东王公、西王母画像，历史价值之高是毋庸多论的。对于它们的具体讨论，在后面的各章中会逐次展开。在此，我们的问题是：衣镜图像的性质如何？出处在哪呢？

可注意的是，有学者根据《汉书·艺文志》"《论语》类"所著录的"《孔子徒人图法》二卷"，认为"孔子师徒画像当时名孔子徒人图"。由此将海昏墓葬出土的孔门图像命名为"孔子徒人图"，相应地，衣镜则

---

① 关于这一问题，可参看王意乐、徐长青、杨军等：《海昏侯刘贺墓出土孔子衣镜》，《南方文物》2016年第3期；彭明瀚：《刘贺藏珍：海昏侯国遗址博物馆十大镇馆之宝》，文物出版社，2020年，第59~76页，图1.4亦采自此。另外，依据以上资料，子张和曾子的图文在镜掩的反面，但杨军告知，这些内容书写在另一块漆板之上。由于本论题的考察主要围绕着衣镜中的图文内容加以展开，这些有争议性的问题不会对本书的基本内容及架构产生冲击。故而，不对此加以赘论。

被指称为"孔子徒人图漆衣镜"①。

　　然而，就一般语义来看，"孔子徒人"指的是孔门弟子，而不是孔子和徒人（弟子门徒）的相加。由此，清儒沈钦韩认为，《孔子徒人图法》与《史记·仲尼弟子列传》中的"弟子籍"同类。加之《仲尼弟子列传》有云："弟子籍出孔氏古文近是。"沈氏进一步认为："《文翁石室图》，七十二弟子旧有图法，皆出壁中者矣。"②

　　也就是说，"徒人图"云云，是专门针对孔门弟子而言的。由于衣镜之上不只有孔门弟子，核心所在乃是孔子。故而，师徒合在一起的画像，不应称之为"孔子徒人图"。事实上，在汉代，关于孔门师徒的图像，至今未见"徒人图"之类的统称。如汉灵帝在设置鸿都门学时，史载"画孔子及七十二弟子像"③。请注意，文中所云为"孔子及七十二弟子像"。如当时真的有那样的统称，为什么不用"孔子徒人图"的名目呢？

　　此外，据《韩敕修孔庙后碑》，汉桓帝永寿三年（157年），鲁相韩敕在拜谒孔庙，"修饬旧宅"时，曾经"改画圣象如古图"④。这里的"圣象"自然与孔子像密切相关。从名称上可以看到，虽然不同于鸿都门学中的称名，而是更加突出孔子要素，故而有"圣象"名目，但事实上，在鲁地的汉代孔庙中，孔子像与弟子像应该是合并在一起的。也就是说，"圣象"系统以孔子为核心，但又不仅限于孔子像，因为孔子图像要与弟子像合在一起接受礼敬及祭拜，就如鸿都门学所展现的情形一样。然而，它也没有一丁点的"徒人图"名称或信息。

　　循此理路，还可以发现的是，汉代皇帝去鲁地时，一般都要去拜祭孔子以及孔门弟子，他们常常相提并论。如汉明帝曾"幸孔子宅，祠孔子及其七十二弟子，御讲堂，命太子、诸王说经"⑤。由前引《韩敕修孔庙后碑》可以推定，在"祠"的过程中，一般都有图像存在。更何况它是皇帝亲临之处，针对着特定的对象，没有图像存在，那是难以想象的。而且很有可能的是，孔门画像就在"讲堂"之上，以表现尊经重道的意味。关于这一点，汉代材料虽然阙如，但后世的一条材料可以为之提供

---

① 彭明瀚：《刘贺藏珍：海昏侯国遗址博物馆十大镇馆之宝》，文物出版社，2020年，第61页。另外，王楚宁也认为，此图像为"孔子徒人图法"，参见王楚宁：《孔子图像构建与流变》，《故宫博物院院刊》2021年第11期。
② 陈国庆：《汉书艺文志注释汇编》，中华书局，1983年，第79页。
③ 《后汉书》卷60下《蔡邕列传》，中华书局，1965年，第1998页。
④ 洪适：《隶释·隶续》，中华书局，1986年，第22页。
⑤ 刘珍等撰，吴树平校注：《东观汉记校注》，中华书局，2008年，第57页。

辅证。史载，北魏孝文时代的李平"祠孔子及七十二弟子于讲堂，亲为立赞"①。细审此处的"立赞"之名，可以推定，在"讲堂"之上"祠"孔子及弟子时，是有图像作为载体的。理由在于，这里所谓的"赞"，乃是"像赞"。无图像，"赞"就成为无源之水、无本之木了。

关于这一问题，在后面讨论文本性质时，将会有进一步的展开。就图像问题而言，我们的看法是，根据现有材料不能推出"孔子徒人图"的名称，还是"孔子衣镜"这样的提法更有概括性，故而，以保留原名为佳。

由此而进，需要进一步思考的问题则是：孔门像由何而来？两种可能最大：（1）得之于太学之中，就如同鸿都门学的故事。刘贺身为贵族，太学之中倘有此种图像，要获取它并非难事，更何况他曾短暂为帝，以此身份，要获得这一资源更不在话下。（2）来自鲁地孔庙之中。刘贺的早年封地昌邑离孔子家乡不远，也或许刘贺早年时就已知晓，并收藏了孔门图像。此外值得一提的是，历来流传武帝时代的蜀守文翁因兴学，使得蜀地有了孔门图像，沈钦韩所论的《文翁石室图》就是这种图样。但有太学及鲁地的图像在，不仅权威，而且就地取材，刘贺不必从蜀地获取资源。

倘再扩而展之，还可以发现的是，在汉代，孔子像极为繁多。民间画像石中常常有《孔子见老子图》的出现，人们甚至根据自己的理解加以变化，遂使得各种图像虽有一致的范式，但差异也不可避免地存在。由《韩敕修孔庙后碑》的"改画圣象如古图"就可以知道，孔门图像有着变动不居的特点。所以，衣镜中的图像虽有它的原始出处，但是否存在某些变化，因材料所限，已不可详论。

具有同样规律的，还有东王公、西王母像。与孔门图像一样，它们在汉代也极为盛行。由于这种图像以西王母为核心，东王公是后起者，我们主要聚焦于西王母问题来展开考察。

出于权威性的考量，笔者以为，衣镜的图像底本，首选应该来自官方图库，尤其是汉皇宫所藏图像。那么，汉宫中有西王母及相关图像吗？史载，汉武帝笃信鬼神，"作甘泉宫，中为台室，画天、地、太一诸鬼神，而置祭具以致天神"②。在这些"诸鬼神"画像中，西王母系统应包含在内。

---

① 《北史》卷 43《李平列传》，中华书局，1974 年，第 1601 页。
② 《史记》卷 28《封禅书》，第 1388 页。

查核汉代画像石资料，西王母是出现频率极高的神仙。虽然她主要流行于民间系统中，但是，武帝尊信鬼神之时，所用方士哪一个又不是来自民间呢？也就是说，汉廷图像并不排斥民间系统。还可注意的是，针对武帝的鬼神爱好，司马相如曾作《大人赋》以逢迎之。在这篇令"天子大说，飘飘然有凌云气游天地之间意"的文赋中，就有着对西王母的描绘。即所谓："吾乃今日睹西王母，暠然白首戴胜而穴处兮。"①这里的西王母"白首穴处"，半人半兽，原始性较强，与《山海经》等先秦材料的描写较为一致。

但或许是武帝的偏好所致，加之儒家因素的介入，也或者是其他原因，与《山海经》半人半兽造型不同的是，甘泉宫中的西王母形象未必就是这一情状，而应该已被加以改造，在向世俗化的美妇人靠拢。所以，扬雄的《甘泉赋》云："想西王母欣然而上寿兮，屏玉女而却宓妃。玉女亡所眺其清庐兮，宓妃曾不得施其蛾眉。"②正反映了这种转化的痕迹。而且至东汉后期以后，在各种图像中，西王母越来越呈现出贵妇之气。

衣镜中的东王公、西王母的形象与此相似。是衣镜图像这一系统的形象建构影响了官方的图像改造，还是汉代官方图像有着从"戴胜"的怪异情形向常态图像的转换呢？因材料所限已不得而知，但"孔子衣镜"图像代表着一个重要的方向，那就是，最迟从西汉中期开始，西王母、东王公图像摆脱了怪异的早期神话描写，有着相当程度的贵族气息。

（二）文本内容及性质

初步考察了图像问题之后，下一步需要对文本，也即配套文字的内容及性质作一个简析。

对于它们，资料披露者是这样定性的："该人物生平和言行的短传记。"③此外，有学者因"背版上就彩绘有孔子及其弟子的画像，一人一幅，每幅画像一侧，用墨漆书写人物的评传"④。将其称为"画传"。

① 《汉书》卷 57 下《司马相如传》，第 2600、2596 页。
② 《汉书》卷 87 上《扬雄传》，第 3531 页。
③ 王意乐、徐长青、杨军：《海昏侯刘贺墓出土孔子衣镜》，《南方文物》2016 年第 3 期，第 63 页。另外，郑伊凡在《读海昏侯墓"孔子传记"小札》（《江汉考古》2022 年第 3 期）中，将衣镜文中的部分内容称之为"孔子传记"，并对若干文字做了考订，由于其得出的结论不影响本论题的主旨，故而不作征引和讨论。
④ 杨军、恩子健、徐长青：《海昏侯墓衣镜画传"野居而生孔子"考》，《江西师范大学学报》（哲学社会科学版）2018 年第 1 期，第 106 页。

以今天的眼光来看，这些看法概括得比较精准。可以说，这样的定义并无太大的不妥。但在此需要补充的是，倘依照古代的习惯，称其为"像赞"或许更为贴切。

我们注意到，在汉代，画像是很普遍的事情。民间的画像石已为人所熟知，在上层社会，此风亦盛。由前已知，不仅西王母等神仙图像存于甘泉宫，李夫人像也存于此处。尤为重要的是，在这些图像旁边往往会有些文字，它们分为两类。一类是用来介绍身份的榜题。如金日磾的母亲死后，受到武帝嘉奖，画像被悬挂于甘泉宫中，史载："诏图画于甘泉宫，署曰'休屠王阏氏'。"颜注曰："题其画。"① 这里面的"休屠王阏氏"就是榜题。又如，汉宣帝在悬挂功臣画像时，有这样一番情形：

> 甘露三年，单于始入朝。上思股肱之美，乃图画其人于麒麟阁，法其形貌，署其官爵、姓名。唯霍光不名，曰大司马大将军博陆侯姓霍氏，次曰卫将军富平侯张安世，次曰车骑将军龙额侯韩增，次曰后将军营平侯赵充国，次曰丞相高平侯魏相，次曰丞相博阳侯丙吉，次曰御史大夫建平侯杜延年，次曰宗正阳城侯刘德，次曰少府梁丘贺，次曰太子太傅萧望之，次曰典属国苏武。②

在这段材料中，从"大司马大将军博陆侯姓霍氏"到"典属国苏武"，都是榜题。

除了榜题，图画旁边往往还会有些更详细的文字，也即所谓的"赞颂"。如东汉赵岐"先自为寿藏，图季札、子产、晏婴、叔向四像居宾位，又自画其像居主位，皆为赞、颂"③。这些"赞颂"文字的出现，主要意义在于"追美"和劝勉。史载，武、宣时代的名将赵充国去世后，"以功德与霍光等列，画未央宫。成帝时，西羌尝有警，上思将帅之臣，追美充国，乃召黄门郎杨雄即充国图画而颂之"。颂文是这样的：

> 明灵惟宣，戎有先零。先零昌狂，侵汉西疆。汉命虎臣，惟后将军，整我六师，是讨是震。既临其域，谕以威德，有守矜功，谓

---

① 《汉书》卷68《金日磾传》，第2960页。
② 《汉书》卷54《苏建传附苏武传》，第2468、2469页。
③ 《后汉书》卷64《赵岐传》，第2124页。

之弗克。请奋其旅，于罕之羌，天子命我，从之鲜阳。营平守节，
屡奏封章，料敌制胜，威谋靡亢。遂克西戎，还师于京，鬼方宾服，
罔有不庭。昔周之宣，有方有虎，诗人歌功，乃列于《雅》。在汉
中兴，充国作武，赳赳桓桓，亦绍厥后。[①]

由此推断，海昏孔门图像旁的孔子及弟子之名就是榜题，而那些介
绍性文字，则是"赞颂"之文。但是，倘再精准一些，这些文字应该称
之为赞文，也即"像赞"或"画赞"。

熟悉中国文史之人对于"像赞"（象赞）应该都不陌生，它也是中
国古代常见的文体。更为重要的是，"赞"与"颂"的不同在于，后者
四字一句，延承《诗经》中的"作颂"之风，这一点，从汉廷为赵充国
"图画而颂之"中可以窥见其详。而相较之下，"赞"则文字自由，为散
文体，这与衣镜文字正相契合（图 1.5）。

相较图像上的颂文，汉代的"像赞"文字应该更为流行，唐人张彦
远曾说："汉明帝雅好画图，别立画官，诏博洽之士班固、贾逵辈取诸经
史事，命尚方画工图画，谓之画赞，至陈思王植为之传。"[②] 针对这一论
述，有学者指出：

> "谓之画赞"即以画为赞之意。"赞"是一种文体，多用于评
> 论、总结，如《史记》《汉书》《后汉书》中之"赞"。以画为赞，
> 也即是以画为文。[③]

"像赞"的"评论、总结"功能，使其与"史赞"有了气息相通之
处。但它与史赞又有所不同，其中最重要的一点在于，史赞是在传记结
束之后做总评。而像赞并不仅仅只有评论，还应涉及生平事迹，也即所
谓"行状"。

史载，东汉的应劭，"父奉为司隶时，并下诸官府郡国，各上前人像
赞，劭乃连缀其名，录为《状人纪》"[④]。这里面的《状人纪》之"状"，
就是有关形貌及生平事迹的"行状"，这一文体应该为刘贺所熟悉，并成

---

① 《汉书》卷 69《赵充国传》，第 2994、2995 页。
② 张彦远著，俞剑华注释：《历代名画记》，上海人民美术出版社，1964 年，第 81 页。
③ 顾森：《秦汉绘画史》，人民美术出版社，2000 年，第 22 页。
④ 《后汉书》卷 48《应劭传》，第 1614 页。

图 1.5　孔子及弟子像复原图①

（人物旁的榜题"孔子""颜回""子赣""子路""堂驷子羽""子夏"；
介绍性文字为像赞）

---

① 彭明瀚：《刘贺藏珍：海昏侯国遗址博物馆十大镇馆之宝》，文物出版社，2020 年，第
　67 页。

为其改封的重要依据①。

更重要的是，在汉代，"行状"也是"像赞"中的重要内容，或者说资料来源。关于这一点，还有一条佐证材料，《续汉志·郡国一》引应劭《汉官》曰："郡府听事壁诸尹画赞，肇自建武，迄于阳嘉，注其清浊进退，所谓不隐过，不虚誉，甚得述事之实。后人是瞻，足以劝惧。"② 由"不隐过，不虚誉，甚得述事之实"云云，就可以看出，在汉代的画赞（像赞），至少是在应劭时代的同类作品中，存在着描述历史事实的内容。而以衣镜中的文字来加以对应，正可印证这一点③。

---

① 行状在后世一般属于哀祭之文，是对死者的生平作总结论述的文字。它的源头可以追溯到汉代，但汉代的行状主要是在对官吏做管理考核时，对其德行、状貌，以及基本事迹作出的如实记录，属于生者之事。在《论衡·谢短》中，有"名籍墨将"一说，刘盼遂引唐兰之说，认为："将当为状，犹行状也。"并引《汉书·高帝纪下》所载"遣诣相国府，署行、义、年"予以佐证。颜师古注引苏林曰："行，状；年，纪也。"由此进一步推断："知汉时考吏有行状之制也。"（王充撰，黄晖点校：《论衡校释》，中华书局，1990年，第73页）此外，《后汉书·光武十王列传》载："敞丧母至孝，国相陈珍上其行状。"《宦者列传》载："旧典选举委任三府，三府有选，参议掾属，咨其行状，度其器能，受试任用，责以成功。"《独行列传》载："时钟离意为瑕丘令，上书荐善行状。"这些材料都可以佐证，行状与官吏考课之间存在密切关系。而据《汉书·武五子传》，当张敞奉命来昌邑王宫"条奏贺居处，著其废亡之效"时，最后上奏给宣帝的就是类似于"行状"的一份政治报告，文中对刘贺的状貌、举动、日常起居及相关事迹，作了十分详尽的汇报。这一"臣敞入视居处状"的成果，在严可均编辑的《全汉文》中定题为"条奏故昌邑王居处状"，并指出："敞于是条奏贺居处，著其兴废之状。"（严可均：《全汉文》，商务印书馆，1999年，第306、307页）由此可知，在刘贺时代，不仅对于"行状"十分重视，刘贺本人也因"行状"而发生了命运的转折。这一转折，对于"孔子衣镜"的像赞撰述当然有着重大影响，也由此，汉时的"行状"问题是不应忽略的一个历史细节。
② 《后汉书》，第3389页。
③ 杨军、恩子健、徐长青在《海昏侯墓衣镜画传"野居而生孔子"考》[《江西师范大学学报》（哲学社会科学版）2018年第1期，第105页]中，一方面认为"海昏侯屏风这样的'画传'则不见于记载"；另一方面，将《历代名画记》中的"至陈思王植为之传"一句误作"至陈思王植为赞传"。由此推论道："按此记载则先有《画赞》，然后才有为《赞》作的《传》。"并进一步认为："严格地说孔子衣镜上的图像文字应称为《孔子画传赞》。"但前已论及，"画传"实非古代称谓，而是今人所定的名词。由于"像赞"或"画赞"本就包含着"行状"内容，个人传记的内容早已涵盖在赞文之内，即"赞"与"画传"之"传"在内容上有重叠，所以不应出现"传赞"这样的概念。而且细绎《历代名画记》的文字，可以发现，"诏博洽之士班固、贾逵辈取诸经史事，命尚方画工图画，谓之画赞"。意味着在作画的同时，班固、贾逵等人通过"取诸经史事"，已经将传记及相关故事整理出来了，这虽也算是所谓的"画赞"，但与一般性的先图后赞文不同，它们可以独立成篇。极端一点说，曹植的工作与画作无关，是给班固、贾逵等人所编排出的"诸经史事"作解说。

四　本论题的研究现状

对中国考古史上的重要文物"孔子衣镜"展开学术研究，揭示蕴含的文化信息，钩沉背后的历史，是文史研究的题中应有之义。

但是，作为以实证为基础的学术研究，资料的充分及准确性是生命线。落实于本论题，无论是在深度还是广度的推进上，"孔子衣镜"的研究，首先仰赖于资料及信息的准确获取。以此为支点，可以将这一论题的研究过程分为两大阶段：

一是 2015 年年底至 2016 年。

在这一阶段，由于所公布的资料较为零碎，图文缺失严重，画面不清，加之研究者所见信息多得之于媒体及网络，权威性、完整性、准确性皆有不足。故而，那时的专题论作多以急就章式的短札为主，主要是围绕着衣镜文本中的某个或某些问题，进行初步的文献比勘及附带分析。主要成果在前面已有所论及，此处就不再重复。

值得提出的是，在那时具有学术规模的成果中，最为重要和系统者，是邵鸿的《海昏侯墓孔子屏风试探》。此外，王仁湘在这段时间所作的一些考察文字，经过修订后，在 2020 年以《海昏侯墓孔子主题衣镜散论》为名发表①。此外值得一提的两篇文章是：陈明的《从海昏侯墓孔子画像看汉代墓室绘画》和唐百成、张鹏波的《海昏侯墓"孔子屏风"姓氏问题释析》②。由论题来看，前者虽是针对"衣镜画像"做考察，但由于图文信息的局限，事实上并未真正利用这一资料展开细部讨论。从特定视角来说，"孔子画像"只是一个引子而已，所讨论的是汉代墓室的绘画问题。而后者，则针对衣镜文字中的孔子姓氏问题，做出了完整、深入的研判，是邵文之后又一值得称道的成果。但由于时间匆忙，囿于成见，具体的结论有值得商榷之处。故而，笔者后来撰有专文，对此作了进一步的讨论③。

总的来看，由于资料的局限及研究刚起步的原因，这一阶段的研究成果虽有着开创性的意义，但总的来说，量少而面窄，甚至没有真正意

---

① 王仁湘：《海昏侯墓孔子主题衣镜散论》，《中华文化论丛》2020 年第 5 期。相关内容及观点亦收入王仁湘：《南藩海昏侯》，生活·读书·新知三联书店，2022 年。

② 陈明：《从海昏侯墓孔子画像看汉代墓室绘画》，《中国美术》2016 年第 4 期；唐百成、张鹏波：《海昏侯墓"孔子屏风"姓氏问题释析》，《西南交通大学学报》（哲学社会科学版）2016 年第 5 期。

③ 王刚：《海昏侯墓"孔子衣镜"姓氏问题再探》，《内蒙古师范大学学报》（哲学社会科学版）2020 年第 1 期。经修订后，成为本书第七章的内容。

义上的图像研究，文本内容的研究，基本停留于文献的初步比勘阶段，研究的深度尚需加强。

衣镜研究的深入，是从第二阶段开始的，时间点应从 2016 年年底算起。

最主要的标志，是考古工作者在《南方文物》2016 年第 3 期正式公布相关资料，并对衣镜图、文作出了较为深入的分析。因原始资料的系统公布，很自然地，图文的完整性和准确性大为改观，学者们开始利用这一权威资料做出进一步的研究，此后的相关成果大都依托于此。而到了 2020 年 9 月，随着南昌汉代海昏侯国遗址博物馆正式开放，并在馆中展示了衣镜的复制品照片，这一复原图不仅更为清晰，而且在文字上亦有若干修正之处，它的公布，为进一步研究提供了新的助力①。

也正是从这一阶段开始，笔者在前期积累的基础上，不断深化问题意识，一方面旁搜博采各种资料，另一方面关注学界相关成果，在碰撞和启示中陆续展开专题性的研究，为本书的形成奠定了基础。

下面，就对这一阶段的主要成果做一回顾。

先看一般性的研究成果，有刘荣晖的《浅析海昏侯刘贺墓出土的"孔子衣镜"》，此文对衣镜的制作时间、文化寓意等相关问题作了一个简要的概述。而王楚宁的《江西南昌西汉海昏侯刘贺墓出土"孔子镜屏"复原研究》，则对"孔子衣镜"的性质、功能及用途等作了一个概述，并作了新的器物复原。他认为，这一器物应"以'屏风'为定，兼顾'衣镜'的功能，总而名之曰'镜屏'"②。

但是，这一说法值得商榷。理由在于，《衣镜赋》已明明白白地告诉我们："新就衣镜兮佳以明。"加之衣镜文中无一字提到屏风，在刘贺眼中，它就是衣镜。就复原图（图 1.3）来看，"孔子衣镜"的确可以承担屏风的功能。但一则这只是今人的复原成果；二则屏风的作用即便成立，那也应该属于兼顾功能。质言之，"屏风"或"镜屏"云云，为今

---

① 王意乐、徐长青、杨军等：《海昏侯刘贺墓出土孔子衣镜》，《南方文物》2016 年第 3 期，后收录于朱凤瀚主编、柯中华副主编：《海昏简牍初探》，北京大学出版社，2020 年，因为基本信息未做改动，本书以《南方文物》所载文章为准。而南昌汉代海昏侯国遗址博物馆展出的图文信息，则收录于彭明瀚编著：《刘贺藏珍：海昏侯国遗址博物馆十大镇馆之宝》，文物出版社，2020 年。在本书中，凡需引用的馆藏图像及修订释文，皆以彭书为依据。

② 刘荣晖：《浅析海昏侯刘贺墓出土的"孔子衣镜"》，《地方文化研究》2021 年第 6 期；王楚宁：《江西南昌西汉海昏侯刘贺墓出土"孔子镜屏"复原研究》，《文物》2022 年第 3 期，第 62 页。在王楚宁的文章中，披露出衣镜裙下方有"钟子期听琴图"，因无其他资料加以佐证，笔者亦不能直接目验，故而在本书中暂不讨论此问题。

人的观感，并非刘贺本人的意见。就定名准则而言，应"名从主人"，以其原有的"自名"为佳。

另外值得一提的是，温乐平的《海昏侯国历史文化研究》①为近年来研究海昏侯国及刘贺问题的力作，但由于主题所限，对于孔子衣镜没有直接的专题讨论。

接下来，再主要聚焦于图像与文本问题，对这一阶段的相关成果做一专题概述。

就图像研究而言，此前已有一些学者对孔子图像做过专门的研究，其中骆承烈、孔祥民的《画像中的孔子》将有代表性的历代孔子像做了选辑，并作了精要的论述；而邢千里的《中国历代孔子图像演变研究》，则对孔像的历史流变做了系统深入的爬梳，问题意识和历史眼光皆有值得称道之处②。但遗憾的是，它们都是海昏考古发掘之前的成果，故而，衣镜图像未能被纳入考察范围。

自"孔子衣镜"发现后，最值得注意的成果，应该是邢义田所著的《画外之意：汉代孔子见老子画像研究》③，此书主题，是对汉画像石《孔子见老子图》做出考察，将海昏画像纳入了考察视野。虽具体结论还可商榷，但作为秦汉史研究的巨擘，作者所展现的问题意识及学术功力，深具启发性。作为学术回应，笔者撰有《图像系统与思想观念：海昏侯墓画像老子缺位问题蠡测》一文，在商榷的基础上，作出了新的论述。另外，结合衣镜文字内容，笔者还撰有《海昏侯墓"孔子衣镜"的弟子选配旨趣及相关问题蠡测》，讨论画像中孔门弟子的选配问题。而雷欣翰的《四重证据法：视域下的早期孔子形貌书写研究》则结合衣镜画像，对孔子早期形貌书写问题作了讨论；王楚宁、黄可佳的《孔子图像的构建与流变》以海昏侯墓出土的孔子图像为起点，梳理了自两汉至宋元孔子图像的传承脉络与构图结构流变④。

---

① 温乐平：《海昏侯国历史文化研究》，江西人民出版社，2021 年。
② 骆承烈、孔祥民：《画像中的孔子》，上海古籍出版社，2003 年；邢千里：《中国历代孔子图像演变研究》，山东大学出版社，2003 年。
③ 邢义田：《画外之意：汉代孔子见老子画像研究》，生活·读书·新知三联书店，2020 年。
④ 王刚：《图像系统与思想观念：海昏侯墓画像老子缺位问题蠡测》，《南方文物》2022 年第 2 期；王刚：《海昏侯墓"孔子衣镜"的弟子选配旨趣及相关问题蠡测》，《地方文化研究》2019 年第 5 期，经修订后，分别成为本书第五章、第十一章的内容。雷欣翰：《四重证据法：视域下的早期孔子形貌书写研究》，《新疆大学学报》（哲学·人文社会科学版）2021 年第 3 期；王楚宁、黄可佳：《孔子图像的构建与流变》，《故宫博物院院刊》2021 年第 11 期。

　　还需注意的是，对于"孔子衣镜"问题，何丹在这一阶段有多篇论文刊发。其中，《从海昏侯墓出土"孔子衣镜"看汉代儒家思想与信仰》《"孔子衣镜"不能作为刘贺的翻案依据——基于汉代"孔子画像"的考察》《孔子画像与汉代教育——以海昏侯墓出土画像为中心》也涉及孔门画像问题，相关论点虽也有不少值得称道处，但由于对图像本身的观察不够，出现了一些误读。例如，关于孔门师徒方位及空间的论述，就没有在当时的礼制环境下去加以推演①。关于这一问题，可参看笔者的《论海昏侯墓"孔子衣镜"图像的构图方位及空间问题》②。

　　此外，刘子亮、杨军、徐长青的《汉代东王公传说与图像新探——以西汉海昏侯刘贺墓出土"孔子衣镜"为线索》，庞政的《从海昏侯墓衣镜看西王母、东王公图像的出现及相关问题》，何丹的《海昏侯墓"孔子衣镜"与西汉西王母信仰》③，以及笔者的《身份属性、身世感怀与画外之意：南昌西汉海昏侯墓画像所见西王母问题》《不戴胜的西王母：海昏侯墓"孔子衣镜"的图像表达、意义指向及相关问题》，以衣镜中的东王公、西王母图像为支点，对相关问题做出了考察④。而在宋艳萍的《汉代画像与汉代社会》一书中，虽着墨不多，但对于衣镜图像也作出了精要的论述。杨晨曦的《汉画像石东王公图像研究》则将衣镜图像纳入考察视野，修正了以前的一些误识⑤。

　　对于衣镜文本研究的成果，则主要集中在三个方面，一是一般性的研究，如笔者的《海昏侯墓"孔子衣镜"所见孔门弟子问题初探》，何

①　何丹：《从海昏侯墓出土"孔子衣镜"看汉代儒家思想与信仰》，《文化遗产》2017年第4期；何丹：《"孔子衣镜"不能作为刘贺的翻案依据——基于汉代"孔子画像"的考察》，《中国社会历史评论》（第二十一卷），天津古籍出版社，2018年；何丹：《孔子画像与汉代教育——以海昏侯墓出土画像为中心》，《上海交通大学学报》（哲学社会科学版）2018年第3期。

②　王刚：《论海昏侯墓"孔子衣镜"图像的构图方位及空间问题》，《南方文物》2020年第6期，经修订后，成为本书第二章的内容。

③　刘子亮、杨军、徐长青：《汉代东王公传说与图像新探——以西汉海昏侯刘贺墓出土"孔子衣镜"为线索》，《文物》2018年第11期；庞政：《从海昏侯墓衣镜看西王母、东王公图像的出现及相关问题》，《江汉考古》2020年第5期；何丹：《海昏侯墓"孔子衣镜"与西汉西王母信仰》，《诸子学刊》（第十六辑），上海古籍出版社，2018年。

④　王刚：《身份属性、身世感怀与画外之意：南昌西汉海昏侯墓画像所见西王母问题》，《地方文化研究》2022年第3期；王刚：《不戴胜的西王母：海昏侯墓"孔子衣镜"的图像表达、意义指向及相关问题》，《传统中国研究集刊》（第二七、二八合辑），上海社会科学出版社，2022年。经修订后，成为本书第六章的部分内容。

⑤　宋艳萍：《汉代画像与汉代社会》，福建人民出版社，2016年；杨晨曦：《汉画像石东王公图像研究》，山东大学硕士学位论文，2021年。

丹的《海昏侯墓"孔子画像"的文本考察》①。二是衣镜文本与其他文献的关系。例如，笔者曾以衣镜文的"周室威"为支点，确定其为《公羊传》佚文，并由此进一步讨论相关文献问题。又如，笔者最早撰写专文，讨论衣镜文内容与《史记·孔子世家》及"太史公曰"之间的关系，并由此论及汉代《史记》的流布问题②。此后的类似文章，则有何丹的《从海昏侯墓"孔子画像"蠡测西汉〈史记〉的流传形式》③。三是针对衣镜文中的具体问题展开研究。其中最值得注意的是杨军、恩子健、徐长青的《海昏侯墓衣镜画传"野居而生孔子"考》，对孔子出生时"野合"还是"野居"问题展开了深入的讨论，但也存在着一些误识或偏差④。为此，笔者撰作了《"野合"还是"野居"？——孔子出生问题再探》一文，做了进一步的补正与再研究。而笔者的《海昏侯墓"孔子衣镜"所见"四科十哲"问题探论》，对衣镜文中的弟子排序及与孔门"四科十哲"的关系做了较为深入的考察；《文本述作与意义生成：海昏侯墓"孔子衣镜"文"颜回为淳仁重厚好学"发微》，则对于衣镜文中的颜回问题的文本及文外之意作了一番钩沉。此外，《"脩容侍侧分辟非常"的作意及相关问题：南昌海昏侯墓〈衣镜赋〉探微》，则通过对《衣镜赋》的分析，对衣镜文中的作意及礼容派问题提出了新说⑤。

总的来看，在第二阶段，虽然对于"孔子衣镜"的专题性研究有了一些成果，但需要推进之处还有不少。倘分而言之，对于图像研究而言，

① 王刚：《海昏侯墓"孔子衣镜"所见孔门弟子问题初探》，《江西师范大学学报》（哲学社会科学版）2019 年第 4 期，经修订后，成为本书第九章的内容。何丹：《海昏侯墓"孔子画像"的文本考察》，《上海交通大学学报》（哲学社会科学版），https://doi.org/10.13806/j.cnki.issn1008-7095.2018.003。

② 王刚：《"周室威"与〈公羊〉学问题：南昌海昏侯墓"孔子衣镜"文发微》，《社会科学战线》2019 年第 4 期；王刚：《孔子评价与文本生成：海昏侯墓"孔子衣镜"文与〈史记·孔子世家〉"太史公曰"之比较研究》，《地方文化研究》2018 年第 4 期。经修订后，分别成为本书第十六章、第十三章的内容。

③ 何丹：《从海昏侯墓"孔子画像"蠡测西汉〈史记〉的流传形式》，《中国文学研究》2019 年第 2 期。

④ 杨军、恩子健、徐长青：《海昏侯墓衣镜画传"野居而生孔子"考》，《江西师范大学学报》（哲学社会科学版）2018 年第 1 期。

⑤ 王刚：《"野合"还是"野居"？——孔子出生问题再探》，《史林》2023 年第 6 期；王刚：《海昏侯墓"孔子衣镜"所见"四科十哲"问题探论》，《中原文化研究》2019 年第 3 期；王刚：《文本述作与意义生成：海昏侯墓"孔子衣镜"文"颜回为淳仁重厚好学"发微》，《南开史学》（2021 年第 2 期），社会科学文献出版社，2021 年；王刚：《"脩容侍侧分辟非常"的作意及相关问题：南昌海昏侯墓〈衣镜赋〉探微》，《地方文化研究》2021 年第 3 期。经修订后，分别成为本书第八、十、十四、十二章的内容。

如何结合文本，进一步深入到图像的生成与内在结构之中，探寻画内所表达的历史文化元素及画外之意，尚有不小的研究空间。其中，对于西王母、东王公的相关问题虽有讨论，但仍需深化；对于孔门图像的细部分析，尚少有讨论，主要是笔者的一篇文章①。而对于文本研究来说，除了继续推进文献的比勘，并深入于文本之中，对相关误读做出纠偏之外，更重要的是，要循着文本生成和知识理路的逻辑去寻绎历史的轨迹。

由此，既要在孔门及儒学新资料的基础上，对于先秦两汉的相关儒学及经学问题给出新的解答，同时又要深入到西汉的政治文化问题中去，透过衣镜文字后的"《春秋》笔法"，一窥墓主刘贺的心路历程及权力斗争的风云诡谲。也由此，论题要得以深化，在研究过程中就不仅仅是就衣镜而论衣镜，就孔子图像而论孔子图像。与此相关的儒学及经学研究、秦汉政治文化研究，以及其他的海昏历史文化研究成果等，都为本论题的展开及深化奠定了良好的知识基础。这些方面的论著可谓汗牛充栋，在后面的论述中将随文注出，不再一一列举。

在此需要提出的是，关于汉代图像及美术考古研究，尤其是西王母等问题的研讨，现在越来越受到学界的重视。

纵览近年来的学术成果，顾森的《秦汉绘画史》是颇具才识的宏观把握之作。而巫鸿的《礼仪中的美术：巫鸿中国古代美术史文编》《黄泉下的美术：宏观中国古代墓葬》，牛天伟、金爱秀的《汉画神灵图像考述》，邢义田的《画为心声：汉代的画像石、画像砖与壁画》，练春海的《器物图像与汉代信仰》，姜生的《汉帝国的遗产：汉鬼考》等，则是关于古代，尤其是汉代图像研究的力作。

倘再进一步细化，关于汉代壁画的专题研究，主要有贺西林的《古墓丹青：汉代墓室壁画的发现与研究》，刘兰芝的《洛阳汉代墓室壁画研究》，汪小洋的《汉墓壁画宗教思想研究》《汉墓壁画的宗教信仰与图像表现》等成果。关于汉代画像石的研究成果，则主要有信立祥的《汉代画像石综合研究》，蒋英炬、杨爱国的《汉代画像石与画像砖》，王建中的《汉代画像石通论》，朱存明的《汉画像的象征世界》，李锦山的《鲁南汉画像石研究》，黄宛峰的《汉画像石与汉代民间丧葬观念》等成果。此外，关于武梁祠的研究成果中，朱锡禄的《武氏祠汉画像石》以及巫鸿的《武梁祠：中国古代画像艺术的思想性》是颇有水准的论著。

---

① 王刚：《海昏侯墓画像中的孔子形象及相关问题探论》，《地域文化研究》2022 年第 4 期。经修订后，成为本书第三章的内容。

　　而关于西王母的研究成果，主要有由迟文杰主编的多卷本《西王母文化研究集成》，将相关资料及成果做了汇编。在相关研究中，最值得重视的应该是李凇的《论汉代艺术中的西王母形象》，此书对于西王母图像及相关问题做了全面深入的研究。近年来的其他相关研究则有王青的《中国神话研究》，萧登福的《西王母信仰研究》，张勤的《文化人类学视野下的西王母神话传说研究》，王倩的《汉画像石西王母图像方位模式研究》等。

　　毫无疑问，他人的直接或间接的成果，为本论题的深入打下了良好的研究基础。也正是在这样的基础之上，多年来，本人聚焦于新材料与新问题，发表了不少论作，提供了阶段性思考。以此为起点，下一步工作应该是进一步深入各类材料，聚焦问题，夯实认识，查漏补缺，运用科学合理的研究手段，对"孔子衣镜"的图文问题做出全面、系统的研判。

五　研究意义

　　通过对"孔子衣镜"研究现状的分析，我们已经了解到，现阶段虽取得了不小的进步，但还有不少值得推进的空间，循此而进，做出进一步的深入研究，成为题中应有之义。然而，除此之外，这一论题更为重要的意义，还体现在以下几个方面：

　　（1）图文本身所具有的资料意义。无论是图像还是文本，都是极为珍贵的新出土材料，利用它们，可以突破传世文献的局限，在补充乃至纠正原有认知的基础上，有力地推进相关研究。质言之，衣镜图文是重要的学术增长点。

　　（2）图文互释的意义。长期以来，史学研究所重视的主要是文字资料。但是，研究要得以深化，光依赖文字显然是不够的。由此，图像越来越成为今后学术深化发展的资料依托。很幸运的是，"孔子衣镜"为我们提供了一流的图像资料。更重要的是，这些图像可以和文字内容相印证，从而图文互释，在论断上更为精准合理。

　　著名学者邢义田在作秦汉图像研究时，曾有一段重要的议论。笔者以为，它对于本课题的考察颇具指导意义，我们不妨就以此作为支点，来展开后面的讨论。邢氏指出：

　　　　在秦汉史研究的领域里，研究政治、社会、思想、制度、经济史的学者和研究图像、画像或艺术史的，基本上极少交集。这是令人十分遗憾的情况。我深深相信"画为心声"就如同"文为心声"。古人留下文字或图画，是以不同的形式和语言在传达所思、所感，其信息之丰富多彩，并无不同；其易解与难明，各有优劣，难分轩轾。后人要了解古代的人、事或社会文化，不能图、文兼用，仅凭"只"眼，不论闭上哪一只眼，都将无法"立体"呈现那个时代。[①]

这段文字的核心关注所在，乃是从史料运用的层面出发，去思考图、文对于史学研究，尤其是秦汉研究的作用或价值。

长期以来，在史学研究中，重文而轻图是一个普遍现象，文字材料成为挖掘"心声"的基本依据。但是，要"立体"地呈现时代，全面地挖掘论题，光有"文为心声"的意识是不够的。诚如邢氏所言，"画为心声"实为可堪注意的另一面。图画，也应成为重要的研究载体。挖掘它的"心声"，作出正确的解读，是每一个研究者所应致力的方向。

但是，图的解读并非易事。

邢义田一方面肯定"画为心声"，对于图像或图画研究的学术意义给予了充分的肯定，并将相关成果结集为《画为心声》一书。但另一方面，他又说：

> 这些年，陆续读了不少和汉代画像有关的中外论著。他们的解读和论证有些不免捕风捉影，信口雌黄。因而逐渐明白为何"正宗的"秦汉史学者不轻易使用图像材料，也难以接受图像学者提出的解释。[②]

在邢氏看来，在现今的史学研究中，以图像材料为依据所得出的结论，很多都值得怀疑，较之文字材料所推出的成果，说服力和严谨度皆有不足。

笔者无意对此展开具体讨论，限于篇幅和主题，也不打算延续着邢氏的思路，去做进一步的理论推演。仅由本论题出发，提出一点小认识，那就是，图像材料十分重要，不可不用。但倘能最大限度地与文字材料相结合，则研究中的可信度和科学性将大为提升。

---

① 邢义田：《汉画解读方法试探——以"捞鼎图"为例》，《画为心声：画像石、画像砖与壁画》，中华书局，2011年，第398页。
② 邢义田：《汉画解读方法试探——以"捞鼎图"为例》，《画为心声：画像石、画像砖与壁画》，中华书局，2011年，第398页。

进一步言之，图与文都是承载"心声"的材料，二者不可偏废，也不应偏废。因载体不同的缘故，通过读图，固然能看出文中所不具，或难以显现的信息。但是，图的劣势在于，信息的不确定性。仅凭图像去作推定，未免言人人殊，极端者甚至给人一种"画鬼"之谈的感受。但是，与图像相配套的文字往往能弥补这一短板。当面对着图像，不知是何人、何物、何事时，一段解说的文字，立马可以呈现出清晰准确的答案。就说"孔子衣镜"吧，没有文字说明，面对着背板上的几个人物，凭什么去断定，那就是孔门师徒呢？从这个角度来说，"图"的解读，很需要"文"的配合，而且只要方法得当，"文"越丰富，"图"就解读得越合理。

由此来看"孔子衣镜"。作为图文兼具、文字丰富的材料，一方面解读图像是题中应有之义；另一方面，由解"文"而进一步读"图"，为极佳的研判之道，反之亦然。这也就是邢义田所谓的"交集"与"兼用"吧。

（3）对衣镜图文展开有效研究，需要将先秦、两汉的知识及各种认知打通汇融在一起，这既是难度所在，也是意义所在。

长期以来，在中国文史研究中，伴随着专业化的深入，在研究实践中往往裂土封王，各守藩篱。做先秦的不管秦汉；做秦汉的亦不理会先秦。这样的做法，对于系统内的某些问题，固然可以起到深化的效果，但对于横跨二者之间的论题，却很有可能气脉隔离，呈现支离之势。由此，学界已越来越意识到了研究中综合的意义。在"人事代谢""往来古今"之间做打通的研究，成为另一种学术追求。笔者虽不敏，但一直以来特为注重各时代之间的融汇与衔接，在研究路径上，崇尚以通人之资成就专家之业，也由此积累了一些粗浅的研究经验。如今倍感欣喜的是，"孔子衣镜"恰恰为此提供了一个极佳的研究平台和机会。

在这样的问题意识下，可以发现的是，在衣镜之上的图文内容大多与先秦有关，尤其是孔门师徒的文献材料，对它们的解读，是先秦学术研究的重要内容。但与此同时，且不说这些先秦材料为汉代学者所整理，有着汉的思考与逻辑，甚至直接关联着汉代政治文化背景，是在时势刺激下的知识生产。更为重要的是，有些先秦论题直接延承到了汉，非先秦史范围所能完全涵盖。例如，以太史公为代表的汉儒对孔子的评价；"四科十哲"意识的发生、发展；孔子及弟子图画形象后面的历史思考；西王母、东王公的信仰崇拜等。它们都贯通了先秦至两汉的大时段，需要汇通，方可一窥究竟。

（4）就中国的古代文本研究来说，衣镜文为我们提供了一个极佳的考察范本。

在衣镜图文的研究中，图固然重要，但文更为核心，不仅体量更大，而且就表意而言，它是主体所在。综合考察这些文本内容，笔者以为，它们不是简单的文字抄录，而是寄托了墓主刘贺的情怀之作。

依据性质的不同，这些内容可分出两大部分，一是《衣镜赋》，二是像赞。

就文学水准来看，《衣镜赋》固然不够上乘。但恰恰因为这一原因，笔者推断，它应该就是刘贺本人的作品，否则的话，代笔之作应文藻郁郁，更为富丽。

在中国古代的诗歌创作中，历来有"诗言志"的传统。《礼记》曾载孔子之言道："志之所至，诗亦至焉。"① 一般来说，自由的诗歌创作，总是反映着创作者的内在心声，是有为而作的产物。《衣镜赋》也不例外。

细绎赋文，可以发现的是，虽有一些吉祥语的使用，但总的来说，并非一般性的套语组合，而是专题性很强的作品，属于有针对性的私人创作。即便有他人参与其间，但作为日日观瞻的随身器物，书写于其上的作品，应该也属于很私人化的情感表达。它无论如何都要反映刘贺的心境和旨趣，没有本人的深度参与，是不可想象的。尤其重要的是，《衣镜赋》与那些历史性资料不同，它无需任何前期的文本搜索或整理工作，以刘贺的知识背景，创作这样一首作品，是无需假借他人之手的。而且，感兴所至，也不需要他人代笔，他人的参与，反倒阻塞了自己的表情达意。

相较之下，体量更大的图赞内容多为历史性的叙述及评论，它们多有原始出处。那么，接下来的问题是，这些也能反映刘贺的心声吗？

答案是肯定的。要对此有真切的体认，关键是要理解古人，尤其是汉儒的"述作"观念。

就传统文本的生成及解读来说，"述作"，是儒学乃至整个中国学术史上的一个大问题。

在《论语·述而》中，孔子有一句非常著名的话："述而不作，信而好古。"② 就字义而言，"述"指的是叙述前人的学说，并不添加自己

---

① 《礼记》卷 29《孔子闲居》，朱彬撰，饶钦农点校：《礼记训纂》，中华书局，1996 年，第 751 页。
② 朱熹：《四书章句集注》，中华书局，1983 年，第 93 页。

的意见，由此，它与独自创作的"作"，被区划开来。也由此，往往有人认为孔子对于六经没有创作，而只是整理。但问题是，文本的整理工作就仅仅停留于"述"的层面，而真的没有"作"的成分吗？

当然不是。

在文本整理的过程中，也往往有着思想的生产。尤其是孔子在整理六经时，是"述"中有"作"的，或者说，通过"述"而产生"作"。甚至还可以说，这种整理工作不仅有新的内在意义，而且意义非凡。吕思勉说："六经皆古籍，而孔子取以立教，则又自有其义。孔子之义，不必尽与古义合，而不能谓其物不本之于古。……此两义各不相妨。"[①] 不仅经籍、经学如此，只要是有分量、有深度的文本生产，哪怕是所有的文句都渊源有自，但当它们被组合成为一个新的文本系统时，"古义"之外，当有新意存焉。

汉代属于"经学时代"，士人多重微言大义。衣镜文内容多涉经学，自不会特异于这一学风之外。另外值得一提的是，即便是偏重史学的作品，在那个时代也是强调述而有作的，《史记》就是典型代表。当他人谬奖这一作品比肩孔子"作《春秋》"时，司马迁一方面自谦道："余所谓述故事，整齐其世传，非所谓作也，而君比之于《春秋》，谬矣。"但另一方面，他又言之凿凿地声明"作《五帝本纪》"云云[②]。从内心深处来说，司马迁是绝不会让自己的作品止步于"述故事"的。"述"然后"作"，"述"中有"作"，最终建构自己的意义世界，才是目标所在[③]。刘贺读过，并引用过《史记》的相关内容，衣镜图文亦充满着情感寄托。他与太史公的水准高下，那是一回事，但是通过"述"而有"作"，在文本生成过程中，建构自己的意义世界，寄托内在关怀，与司马迁应该是别无二致的。

由此，本课题的论证，在文本方面的意义将是双重的。

从明面上来看，如果就文句而论文句，将像赞文中的每一句子拆散来看，都渊源有自，本义存焉。按照文献学理路，在找寻文本出处的过程中，确定本义所在，然后做基本的释义工作，是题中应有之义。但潜于其后的另一面问题是，新文本的生成，不是简单的文句堆砌及抄录，而是撰作于别有关怀的情境之下。当一些本有的文句被组接起来后，在特定的语境下，它们产生了特定的结构功能，并反映着整理撰作者的情

①　吕思勉：《先秦学术概论》，中国大百科全书出版社，1985 年，第 67 页。
②　《史记》卷 130《太史公自序》，第 3300、3301 页。
③　具体论述，可参看本书第十三章。

感关怀。这就使得在新的文本系统中，每一文句不仅赋予了新的生命，而且一些重要的部分，可以成为进入文本主人情感世界的知识通道。总的来看，衣镜文不仅具有以上旨趣，作为独立文本，它还具有原初性，及完整与系统性，实在是考察古代知识生产、发展的极佳范本。

六　方法与思路

本书是围绕着出土文物而展开的研究。

研究对象决定了本论题的实证性质。所以，本书的结论都将围绕着具体材料而加以展开，以"论从史出"为基本旨趣，以复原基本的历史事实为逻辑起点，所有的推演及引申，都建立在这一基础之上。沿着这样的逻辑理路，笔者虽也高度关注理论的作用，但基本原则是，不预先抱持任何先入之见，理论关照只是为了更好地揭示事实，解释事实，而不是反之。王国维曾有言："吾侪当以事实决事实，而不当以后世之理论决事实，此又今日为学者之所当然也。"① 这是笔者深为服膺的治史信条，在本书中将一如既往地将其贯穿始终。

这一基本取向落实到史料的处理之上，笔者特为注重的是两点：

一是以"二重证据法"来梳理材料，"不屈旧以就新，亦不黜新以从旧"②，融通考古学和历史学的基本方法，建构坚固可信的证据链。

之所以要运用这一方法，最基本的考量是，就传世文献来说，新材料的引入，可以在互证之中获得新的认知，使得历史事实及脉络更加清晰，为进一步的解释打下更为坚实的史料基础。

这种互证主要体现在两个方面，一方面对这些材料加以细审，可以为刘贺及相关汉代政治问题的思考提供助力。例如，可以通过《衣镜赋》的创作时间及相关问题，去一窥武、宣时代的政治面貌。通过衣镜文看出刘贺避祸的企图，从而对其身处的危险境地及背后的政治动向获得更为真切的认知。当然，我们更可以通过衣镜图文，看出汉代的儒家信仰及对西王母的崇拜等面相。另一方面通过衣镜文材料与传世文献的互证，可以对文本层面的问题获得更为细密准确的理解，为厘清相关文本的流传状况及学术史的发展，提供新的视角和解释路径。例如，衣镜对于《论语》等文本的引用，可以为汉代《论语》学的研究提供新的历

---

① 王国维：《再与林博士论〈洛诰〉书》，《王国维全集》第八卷，浙江教育出版社、广东教育出版社，2010年，第18页。

② 王国维：《〈殷虚文字类编〉序》，《王国维全集》第十四卷，浙江教育出版社、广东教育出版社，2010年，第208页。

史思考；对于《史记》的引用，可以为《史记》的早期流布问题提供新的证据。

需要指出的是，新、旧材料的碰撞不仅只有肯定的一面，也有否定，甚至"否定之否定"的另一面。通过深入追溯相关历史图景，可以校正视野，激活原有的思想文本。这里面最重要的就是刘贺个人形象的重审。正史中对其不堪的描画，且不说可以完全推翻，但至少他对于"礼"的重视以及熟稔，和那个孟浪、骄淫的刘贺是颇有差距的。如果不做无谓的立场选定，至少可以从中看出他屈辱和隐忍的一面，从而对当时政治的凶险有着更为深刻的认识。

此外，通过考察西王母、东王公图像材料，可以在欣赏最早图像的同时，推翻以前所认为的东王公在东汉之后才出现，并与西王母相配的陈见。还可注意的是，由于汉代《孔子见老子图》的繁盛，往往有学者将孔子像与老子像系统混杂在一起，在推翻传世文献孔子崇高地位的基础上，得出老子高于孔子的"新见"，但衣镜中的孔子像不仅印证了传世文献的记载，可以推翻，至少是修订此前的"新见"，更在"否定之否定"中，使我们对于汉代老子及孔子图像的不同系统有了新的了解。

20世纪20年代，傅斯年在《史语所集刊》的《工作之旨趣》中说："材料愈扩充，学问愈进步。"因为"破坏了遗传的问题，解决了事实逼出来的学问，这学问自然进步"①。以此问题意识来看"孔子衣镜"的研究，就可以发现，新材料的引入，从面上看，似乎仅仅是某些事实的肯定或否定，但实质上，它更为重要的意义在于，使得各种历史问题或者说问题意识不断涌现和碰撞，一些过去根本没有想到的问题开始浮现，并不断扩张"疆域"。笔者的研究及结论，如果说还有些"学问"的模样，那毫无疑问，就是由各种不同层面的"事实"所"逼出来"的。

为了让这样的"事实"更多，"逼"得密度更大，笔者还有意识地以衣镜图、文为基础，扩展地下新材料，如对汉代画像石、壁画等的考察；又如，将海昏考古中其他出土文物也纳入视野。在传世文献上，则尽量扩大范围，在"破坏"一层层的"遗传"中，激活新的问题，由"破"而"立"，从而将本论题的研究引向深入。

二是以"小处入手，大处着眼"为研究的基本取向，不做无谓的饾饤考订，力求每一个细节都能反映大历史的深邃背景。通过"以小见

---

① 傅斯年：《历史语言研究所工作之旨趣》，《史语所集刊》第一本第一分册，1928年10月，第5、6页。

大"的学术取径，以他人不经意或者有所误解的细节为切入口，进入历史的现场，由内而外地进行层层推进。

由此，在图像方面，除了由细节入手，对孔门图像及西王母、东王公图像的文化内涵和历史演进等作出论述，笔者更关注衣镜的"礼器"性质，以此为基础，注意到了图像的两种方位及空间秩序，并在对这些问题还原的基础上，对刘贺的"容礼"及礼器之用作了论述。笔者还注意到了图像中的老子缺位问题，循此对于图像系统的分析，及背后所承载的儒道关系；大、小传统之别及武、宣政治的相关问题等，作了较为深入的阐释。

在对衣镜文作考察时，我们的推演路径也是如此。例如，笔者以"周室威"为切入口，以《公羊传》的文本复原为基础，从经学与政治的关系层面去讨论"周秦之变"。同样是讨论"周秦之变"，在另一论域，则以先秦两汉的子路问题为切入口，聚焦于"质文"维度，思考"周秦之敝"的汉代解决方案。但是，这一论述的起点，是从衣镜文"质美可教"的文本生产，及盐铁会议上的刺激—回应等问题开始的。又如，笔者对于孔子出生问题的不同书写模式，对于"至圣"及"素王"的讨论等，都是汉代乃至中国政治文化的重要论题。但以上的种种论述，都是通过寻绎衣镜文的逻辑理路为前提，然后置于武、宣政治及刘贺的心路历程中去加以考量。

要之，笔者所做的工作，都没有预设宏大理论，然后顺着理论之路一一梳理材料。而是问题意识在心，从一条条细微的材料入手，随着问题的深入，步步为营。在此进程中，随着材料及思考的变化来做相应的学术考察。既有观点的深化与确定，更推翻了不少的前论。在来回往复中，一次次地修整认知路径，调整观点，甚至推倒重来。

例如，笔者曾有一篇文章，是关于颜回问题的讨论。切入口为衣镜文中的一段新材料，依据此前资料，本来释读为"颜回为淳仁□直"，但南昌汉代海昏侯国遗址博物馆后来重新释读为"颜回为淳仁重厚好学"。经比对和仔细思考后，笔者以为，后来的释读应该更为准确合理。虽然此文已经完全成型，且已被某刊物接收用稿。但笔者不得不撤回原稿，在重作一篇的情况下，重新审稿刊用①。在这一历程中，对于编辑老师的宽容，固然要表示由衷的敬意和谢忱，但本人的研究路径，也决

① 王刚：《文本述作与意义生成：海昏侯墓"孔子衣镜"文"颜回为淳仁重厚好学"发微》，《南开史学》2021年第2期，社会科学文献出版社，2021年。

定了这次的"自讨苦吃"及"甘之如饴"，实为一种学术必然。

也正是在这样的研究路径下，笔者不间断地"探路"，在艰难"前行"中考察、试错、再考察，在历经反复中也推出了不少的"成果"——一些专题性的研究文字。这些"成果"或许有着不够丰盈，甚至干瘪的特点，但值得欣慰的是，它们都是我一步步学术观察所得，说是心血之作，亦不为过。这些文字大部分已经发表，有些"深藏闺中"，但正是有了它们作为前期基础，本书的基型和脉络得以建构。

讲求实证，不代表不要理论方法。但本论题的基本性质决定了，理论方法的运用，主要在于问题意识的自觉建构，而且这些意识从决定考察"孔子衣镜"开始即已确定，并始终萦绕于心间。或许也正是这些问题意识的贯穿，各层面的实证研究呈现出了逻辑性的内在关联，它们"形散而神不散"。具体言之，本书中最重要的问题意识落实在两个层面：

一是就文本而言，以知识社会学理路来关注文本生产的整个过程。在具体考察中，最基础性的工作，当然是文献学和历史学的专业性处理。但是，笔者不是简单地做文献比勘和史料排比，而是自始至终思考着知识产品的创意、具体生产过程及推出等问题。将衣镜图文作为极佳的知识社会学范本，力图找寻背后的"画外之意"和"话外之音"。并在力求突破中，既尊重传世文本中的既有论述，更注意在文本缝隙中去追踪有意、无意的"遗漏"，及"放大"和"缩小"。既注意文本及传统的自然传承，更注意时势刺激之下的有意编排及《春秋》笔法。既注意文本之"述"，更在"作"的层面一窥"作者"的心路与学路。总之，本论题的基本取向，深入到文本的起点及入口处，力求追随其历史过程，在"随流而下"中观其会通。

二是力图深切理解作为"物"的衣镜与背后的"人"之间的历史关联及思想情怀。这个"人"当然就是衣镜主人刘贺，衣镜作为重要的"礼器"，图文之间寄托着他欲言又止的情愫，并承载着丰富的历史内容。从特定意义来看，不理解刘贺，对于衣镜图文就只能止于表面。那么，如何理解刘贺呢？笔者的态度是依据陈寅恪所提示的"应具了解之同情"。具体说来，就是"神游冥想，与立说之古人，处于同一境界，而对于其持论所以不得不如是之苦心孤诣，表一种之同情，始能批评其学说之是非得失，而无隔阂肤廓之论"①。

---

①　冯友兰：《中国哲学史》，华东师范大学出版社，2000 年，第 432 页。

在这样的问题意识下，笔者不准备去做历史的"裁判"，在"是非对错"的粗浅评判中，作"翻案"或"不能翻案"之类的论战性文章。我们的立场是，力戒浮于表面，力求沉潜于历史的深处，从刘贺真实的外在环境及内在心境出发，将其作为一个人去共情，去理解，从人性上、心理上去把握个人与时代、"破壁"与无奈、心态与物件之间的关系。由此紧密切合历史的现场，进入历史的内核，尽力呈现出"无隔阂"的真实图景。

这样的学术愿景是否能完全做到，笔者不敢言必，但一直在向着这一方向努力奋进，并时刻准备接受专家及读者们的严格审查。

第二章　衣镜图像的构图方位及空间问题

一　问题的提出：从"尊左"还是"尊右"说起

在衣镜图文的研究中，有一个很重要，却很可能为大家所忽视的问题，那就是，衣镜构图中的方位及空间，也即图像的东西南北、左右上下的安排。由于它的实际情形与现在所理解的一般性的空间习惯不一致，循着当下的思维惯性，有学者出现了认知偏差，导致了某些误识。

根据整理者所披露的信息，可以知道的是，衣镜中的图像分布在正面的衣镜边框，及背面的衣镜背板之上。正面主要为西王母、东王公及其侍者，以及苍龙（青龙）、白虎等瑞兽；而背面则是一组孔子师徒画像。对于这两组图像（图1.4），整理者作了如下的解释：

> （正面）镜框内框四周边框正面绘有一圈神兽和仙人图案，上方中间是神鸟（朱雀），两侧为仙人（东王公、西王母），左侧为白虎，右侧为青龙，下方图案不是很清楚。背板以黄色粗线在四周绘有方框，在方框内有两条黄色粗线将屏风（应为衣镜，整理者笔误——笔者按）分割为大小一致的上下三部分，每个部分的格局基本一致，中间彩绘相向而立的两个人像，人像头部后上方标有人物姓名作为榜题，在两侧用墨书该人物有生平和言行的短传记。最上面一栏的人物为孔子和颜回，孔子位于左侧……中间一栏人物为子贡（子赣）与子路，子赣像在左……下面一栏为堂驺子羽和子夏，子夏位于右侧，子羽位于左侧。①

总的来说，整理者以较为详尽、准确的文字对衣镜上的图像作了概

---

① 王意乐、徐长青、杨军等：《海昏侯刘贺墓出土孔子衣镜》，《南方文物》2016年第3期，第62、63页。以下所引衣镜中的文字，未加特别注明者，皆引自此。另外，在江西省考古研究院、北京师范大学：《江西南昌西汉海昏侯刘贺墓出土漆木器》（《文物》2018年第11期，第49页）中，亦有基本相同的文字。

述。但唯一遗憾的是，对于左、右方位的介绍，是由今人的立场，以图像观察者的视角去加以阐释的。事实上，衣镜本身左、右判定恰恰是与之相反的。

笔者得出这一看法，依据就在衣镜之中。由前已知，在衣镜掩正面有一篇《衣镜赋》，虽然在前面已作了引述，但为了论证的需要，我们还是不避重复，将其抄录如下：

> 新就衣镜兮佳以明，质直见请兮政以方。幸得降灵兮奉景光，俯容侍侧兮辟非常。
>
> 猛兽鸷虫兮守户房，据两蜚虡兮囮凶殃。傀伟奇物兮除不详。右白虎兮左仓（苍）龙，下有玄鹤兮上凤凰。西王母兮东王公，福熹所归兮淳恩臧，左右尚之兮日益昌。
>
> □□圣人兮孔子，□□之徒颜回、卜商，临观其意兮不亦康。□气和平兮顺阴阳。
>
> □□□岁兮乐未央，□□□□□皆蒙庆……①

由此赋的"右白虎兮左仓（苍）龙"可知，白虎所在的"左侧"，恰恰被视为右；反之，青龙（苍龙）所在的"右侧"，则被视为左。也就是说，整理者所谓的"左侧为白虎，右侧为青龙"只是今人的观感，衣镜对图像所作出的方位标示，与之正好相反。

由此，衣镜正面的构图思路应该是这样的（图2.1）：

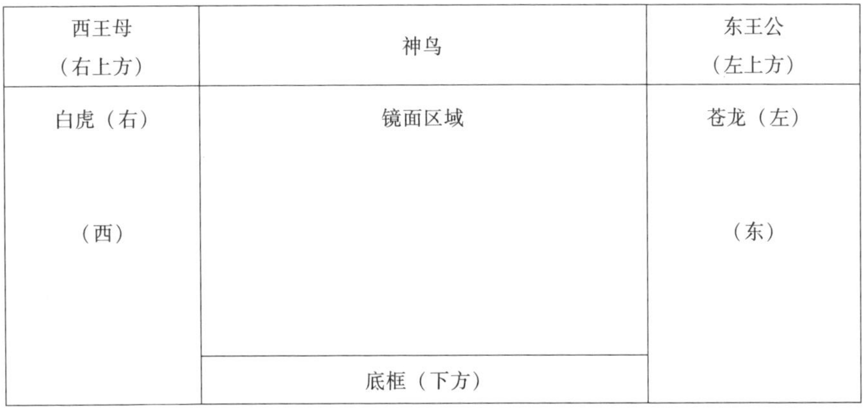

西王母 （右上方）	神鸟	东王公 （左上方）
白虎（右）	镜面区域	苍龙（左）
（西）		（东）
	底框（下方）	

图 2.1　衣镜正面构图思路示意图

---

① 王意乐、徐长青、杨军等：《海昏侯刘贺墓出土孔子衣镜》，《南方文物》2016 年第 3 期，第 64 页。

在这一平面图上，以镜面及其上的神鸟为中心，衣镜左面（西）的位置被当作了右方；右面（东）的位置则被当作了左方。很显然，它不以观察者眼中的左、右为标准，而恰恰是反过来的。循此理路，背板之上的人物排列，则应该是这样的（图 2.2）：

孔子	颜回
子赣	子路
堂驷子羽	子夏

右（西） 　　　　　　　　左（东）

图 2.2　衣镜背板示意图

对于这一特异现象，整理者未作出说明或标示。遂有学者按照惯常的左、右思维来分析图文，以致出现了错讹。例如，有学者在讨论"孔子衣镜"所反映的汉代儒家思想与信仰时，为了证明那时具有"尊左"意识，有这样一段论述：

> 镜框背板所绘六位人物的尊卑顺序也就可以判定为：孔子—颜回—子赣—子路—堂驷子羽—子夏。这一顺序不仅与"孔子传文"中以"颜回子赣"代指"孔子弟子"相吻合，还与"衣镜赋"中显示的苍龙、白虎的方位排列保持一致，其文曰"右白虎兮左苍龙"，由于龙尊于虎，所以还是可以看到"尊左"的意识。①

然而，由前可知，这一论断违背了图像的实际情形，论证基础显然存在偏差，以此为前提的后续论述，也连带着失去了依据。

这一误识的发生，在于将孔子、颜回等的左、右位置颠倒了。并且在展开论证之前，没有仔细审查图像，以"右白虎兮左苍龙"的叙述为依凭，在惯性思维的支配下，认定眼中所见的图像左边为龙，右边为虎。但由前已知，诗赋中的左、右，与我们面对图像所做出的判断正好相反，"右白虎"，恰恰就在画面的左边；而"左苍龙"则在画面的右边。

当然，或许有人会说，是不是图画出现了错置呢？在画面的左边，

———————————

① 何丹：《从海昏侯墓出土"孔子衣镜"看汉代儒家思想与信仰》，《文化遗产》2017 年第 4 期，第 108 页。

本应该是苍龙，结果画成了白虎；而反过来，画面右边本应该是苍龙，结果画成了白虎。答案是否定的。

我们看到，白虎、苍龙位于边框左、右两侧，再往上，其所对应的上方镜框中的人物，是西王母与东王公。按照中国古代"左东右西"的方位习惯，恰恰是西（右）、东（左）的配置。只不过和前面的苍龙、白虎一样，与我们视觉上的左、右正好颠倒了位置。如果是画面误植，是不可能连他们一起颠倒错植的。所以，在衣镜中的方位应该是，我们视觉中的左（东）、右（西），恰恰在这里是倒置过来的，在画面上左边为"右（西）"，右边为"左（东）"。

同理，孔子所站的位置，恰恰在右（西），而不在左（东），呈现出居右（西）而向左（东）的状态。上述所谓的"尊左"意识，不仅不能成立，甚至是完全弄颠倒了。

当然，尊左、尊右是一个聚讼纷纷的问题。古代的礼学家对此多有讨论，当代也不乏各种成果。但到最后，似乎也没有得出完全统一的结论。歧见的产生，很重要的因素在于，左、右的认定标准并不统一。由此，如果要以"孔子衣镜"为讨论材料，并参与其间，需注意两大关键问题：

一是对于左、右的判定，是以所在位置（西），还是面向的位置（东）为准？在此问题意识下，来看所谓的"尊左"意识，它如果真的要成立，也只能是以孔子面向于左（东）作为理由，而不是以脚下所处的位置为依据。也就是说，如果以孔子所在的位置（西）来判定对左、右的尊崇，所体现的绝不可能是"尊左"，而是反之的"尊右"意识。

二是图像中的左、右，必须与东西南北结合起来才有意义。究其实，所谓的"尊左"还是"尊右"，实质上是一个"尊东"还是"尊西"的问题。失去了东、西的对应性，这里的左、右就失去了意义。我们注意到，同是方位概念，左、右与东西南北这种四方概念有所不同。简言之，前者可随时变化，是不固定的，属于变位；而后者才是固定的常位。

就人群或物群之间的左、右关系建构来看，倘不考虑东西南北的对应，一般来说，只有具备共同面向时，才有清晰的孰左孰右。不同的面向及调整，会产生各种动态复杂的左、右关系。仅以孔、颜为例，他们其实是相对而立的，孰左孰右，并没有清晰地呈现。以图像观察者的角度来看，现在似乎是孔子在左边。但是，当这个观察者转到对面去，视角方向扭转180度之后，相对而立的场景并没有变化，但左、右的判定则逆转了。我们知道，衣镜中有左苍龙、右白虎的描绘，已点明了左、右与东、西的对应性，由此，衣镜中的"尊左"或"尊右"，要与东、西方位结合起来加以考量，才会有其意义。

细审上述衣镜"尊左"的论述，它显然是以脚下所处的位置为标准。而由前可知，孔子居右（西）而向左（东），颜回则居左（东）而向右（西）。以孔子所处之位（西）为尊，显然是"尊右"的表现，而非"尊左"。事实上，在史籍中，以居右（西）而向左（东），也即所谓的"东向"为尊的记载，可谓俯拾皆是，正可与图像相印证。

仅以《史记》为例。在《项羽本纪》所载的鸿门宴中，项羽就是"东向坐"①。坐西而面东，其位最尊。当然，在鸿门宴上，东西南北四方都安排了座次，而在衣镜中的孔、颜，只是在相对的两个方位上。如果认为这样的类比存在缺位，不能说明全部问题的话，还可以看看《淮阴侯列传》的记载，韩信在擒住了广武君后，"乃解其缚，东乡（向）坐，西乡（向）对，师事之"②。请注意，既然是"师事之"，在两人相向之时，韩信乃是以尊师之礼以待广武君的。

毫无疑问，他们之间的方位序列，代表着师、生二人之间的对位，对于解读衣镜中孔、颜的位序、尊卑极有参考价值。而可见的事实是，当广武君东向，韩信西向的时候，前者在西（右），故而东向；后者在东（左），故而西向。它说明，在师生之礼中，尊西、尊右是重要标准。

当然，如果再进一步思考，或许有人会接着说，广武君与韩信是坐而论礼，但孔、颜是立姿，这样一来，在左右东西的位次安排上，会不会因坐、立的不同，而有所差异呢？答案是否定的。据《刘敬叔孙通列传》，在汉初行朝堂之礼时，官员肃立于东、西两厢，他们的位序是这样的："功臣、列侯、诸将军、军吏以次陈西方，东乡（向）；文官丞相以下陈东方，西乡（向）。"③ 此时正是军功贵族掌权的时代，"功臣、列侯、诸将军、军吏"的地位尊于"文官丞相以下"，但他们"陈西方，东乡"，是居右（西）而面左（东）。这就说明，立与坐一样，也是以右、以西为尊的。

以上是因对衣镜方位的认知错误，而产生进一步误识的典型案例。基本前提发生了误判，后面的结论随之失去了依托。必须指出的是，在对孔子衣镜做研究时，这样的前提不是可有可无，或者不甚重要的。因为很多后续的结论，必须在此基础上才能加以推演，它是衣镜中很重要

---

① 《史记》卷 7《项羽本纪》，第 312 页。
② 《史记》卷 92《淮阴侯列传》，第 2617 页。
③ 《史记》卷 99《刘敬叔孙通列传》，第 2723 页。

的知识起点。如果对其缺乏正确的认知，后续的推论越"周密"，反而错讹越大。

以笔者的浅见，方位及空间之所以会成为一个起点问题，不仅仅在于，它为衣镜图文的展开提供了依托。更关键的一点在于，孔子衣镜不是简单的生活器，它是刘贺"修容侍侧兮辟非常"的载体，从特定视角来看，具有礼器的意义。

礼，必须在一定的空间才能运作。有空间，必有方位。遵循古代的礼制要求，方位体现着尊卑秩序，故而对其有着严格的规定。如果方位错了，对其所承载的制度安排及思想意识，必然会认识不清，甚至南辕北辙而不知。有学者在研判"左右之辨"问题时，曾有过这样的论述：

> "左右之辨"在古代礼俗领域中，扮演了区别分殊的重要角色，它不只是二元相对的分类概念而已，它更是深具文化意涵的象征符号，被用来区分阴阳、男女、文武、吉凶、生杀，被用来建立人文社会，架构伦理秩序。[①]

这样的看法移之于衣镜之中，一样可以成立。它所论及的"阴阳""吉凶""生杀"等，亦是衣镜中的重要关注点，《衣镜赋》中的"据两蜚虡兮囮（无）凶殃，傀伟奇物兮除不详（祥）""左右尚之兮日益昌""□气和平兮顺阴阳"云云，就指向于此。试想，如果衣镜对于方位及空间安排较为随意，何来的"无凶殃""除不祥"呢？可以说，在衣镜中，"左右尚之"及相关的东西南北上下等，是意义重大的命题，顺之，就"日益昌"以及"顺阴阳"；逆之，则带来"凶殃"和"不祥"。

要之，衣镜图像中的方位及空间问题颇为重要。作为很多后续推论的知识起点及生发点，它事关礼制文化，蕴含着丰富的历史信息。由此，它不是一个简单自明的问题，一些基本面迫切需要加以厘清。

二　孰左孰右？——图像中的"左右东西"问题

在中国古代的方位意识中，讲究的是"左东右西"，苍龙或青龙对应着东方，白虎对应着西方。衣镜图像也是如此，在确定方位时以"左

---

① 彭美玲：《古代礼俗左右之辨研究——以三礼为中心》，台湾大学出版委员会，1997年，第21页。

苍龙""右白虎"为标准。但由前已知，衣镜图像的特异之处在于，我们视觉中的左（东）、右（西），在这里是倒置过来的，在画面上，左边为"右（西）"，右边为"左（东）"。

为什么会这样呢？最外在的原因，是观察视角的转换所带来的方位变化及颠倒。由此，似乎与常态相反的衣镜画面，不仅不违反左（东）、右（西）的方位及空间安排，恰恰是一种正常的古代构图法，只是与一般性构图的左、右标示不一样而已。

之所以如此，是因为在中国古代的"左右之辨"中，主体的确定是基础性的，也就是说，以何为主体来确定方位，是首先要考虑的问题。我们注意到，衣镜在构图时，是以某个特定物为主体，服从其空间安排。这一特定物，类似于某种正规建筑，它作为独立单元而存在。在构图过程中，又遵循着空间主体处于正位，即面南背北的原则。由此，以此为主体来指向或标示左、右，虽与观察者所看到的正相反，但它并非某种例外，反倒是一种规范的方位构图。进一步言之，在构图过程中，构图者面对着主体，而他与主体之间不是同向，而是相向的关系，遂使得"左右东西"在画面上出现了视觉差异。下面，作具体的论述。

在对衣镜图像作个性考察之前，先对一个虽看似简单，但极为重要的道理作点说明。那就是，如果正向观察，在人眼中所看到的所有的正面图像，它实际上的左、右方位，都是呈现反向状态的。对观察者而言，他眼中的左，恰恰是图像中的人或物的右；反之，右却是图像中的左。这一点，是古今共有的普适性问题，稍加留意，便足以把握，并无多少值得深论之处。它的问题只在于，到底是以图像中的人或物为依据，还是以图像观察者为依据，来标示左或右，在不同的人那里往往各行其是，跟着感觉走。

以此视域来观察，衣镜图像中的左、右，与此同一道理。那些正对着我们的神仙、圣贤，及各种灵物，在观察者眼中的方位，实际上是反向的，画面上所呈现的左，恰恰是右；右，则恰恰是左。当然，对于这样的问题，大家一般不会太留意，尤其是在现代社会，孰左孰右，又有什么关系呢？怎么去看待和解说，问题都不会大，它实在是无伤大雅之事。但在古代中国，情况就不一样了。左右与尊卑、阴阳、吉凶等相关，并且需要与东、西的方位相配，不仅是礼制的重要组成部分，还具有形而上的思想意义。由此，它的方位安排及命名，就不能太随意，衣镜作为具有礼器性质的物品，更是如此。

但是，对图像的方位及空间做具体分析之前，还有一个值得注意的问题，那就是，在衣镜中其实是有两套左、右方位系统的。除了图像系统外，还有一套无需经过构图，以观察者为主体的书写系统。它所呈现的左、右，与我们眼中的左、右是一致的。

本文的核心关注点，是图像中的方位及空间关系，书写系统问题无需细加考量。但是，在比较中，才能获得更为清晰的认知，由此，在具体论述图像问题之前，还是有必要了解一下另一套系统的情形。

这套书写系统出现在背板的衣镜文中。在孔门弟子的画像旁，以观察者或读者的视角来看，从右至左有一些介绍性的文字，按照传统的纵列左行书写习惯，在每一篇结束之后，以"●右颜渊""●右子赣"等文字作结。它与一般古籍一样，按照读者的视觉习惯，从右至左作出文字说明，只要是研习中国传统文史之人，对此应该都不会陌生。

但进一步的问题是，它为什么不与图像中的左、右系统达成一致呢？这是一时的疏忽，还是另有缘由？我们的答案是后者。基本理由在于，决定左、右方位的主体不同。

就衣镜文字而言，它的左、右序列必须服从书写者的需要，它的主体，就是面对着背板的书者或读者。这就譬如所看的一本书，所书写的一张纸，它的左、右，当然是由读者、作者来作决定，服从的是读者、作者的意志。从这个意义上来说，背板文字的空间展示，不具备独立性，它附属于使用者，以使用者的左、右来"左右"它。

但是，图像中的方位就不同了。它本就独立存在，不是观察者，甚至也不是绘图者可以决定它的方位的。也就是说，在绘图过程中，画像中的左、右方位是不附属于任何外在因素的，它具有自己的独立性。它的方位由这一独立主体所决定，绘图者及其他各种外在之物，只能是将此事实呈现出来，而不能去改造它。

具有独立性的左、右关系，一般来说存在两种状态，一是由自身所决定的本有的左、右关系；二是平行的人群或物群之间建构的左、右关系。前者是内在的、固定的；后者是外在的、变化的。为了更好地理解这一点，我们可以通过孙武练兵来加以展示。

根据司马迁的记载，孙武曾经用吴王的宫女来做军事队列的训练，他将一百八十人分为两队，"以王之宠姬二人各为队长，皆令持戟"。然后问她们："汝知而心与左右手、背乎？"在获得肯定答复后，孙武下达指令："前，则视心；左，视左手；右，视右手；后，即视背。"即每个人需要以心、后背、左手、右手，作为前、后、左、右的标准及行动方向。在三令五申而不听之后，孙武"欲斩左、右队长"，并最终成功地训练出了这支队伍①。

由上可注意的是，每个人的左、右，根据自己的左、右手加以判断，它是固定不变的，属于前所论及的左、右关系的第一种状态。但由"左、右队长"一词可知，她们被分成了左、右两组人群，这种左、右关系属于第二种状态，随时可以变化。例如，当两支队伍180度转弯之后，左、右就实现了互换。

以此衡之，衣镜图像的左、右方位属于第一种状态，由自身的主体性内在决定其方位。但是，与孙武练兵中的情形不同的是，它不是以人，而是以独立之物为主体的。这个独立之物是什么呢？一般而言，是建筑。衣镜图像中的左、右，之所以与视觉出现相反的情形，正在于我们所面对的是一栋"建筑物"。"建筑物"有自己固有的左、右，不以观察者的视觉来"左右"它的方位。

在中国古代的方位观上，存在一个重要的事实，古人有着面南背北的习惯。虽说在实际生活中，这一方位安排往往会被打破，但是，面南背北作为"正位"而存在，是最为常态的。也就是说，在中国古人的心理"定位"中，面南背北是最为正当规范的位置，人的位置如此，建筑物更是如此。由此，就形成了这样的一种站位（图2.3）：

	南方	
东方 （左）	中央	西方 （右）
	北方	

图 2.3　面南背北的平面方位示意图

我们来看一张汉代的画像石拓片（图2.4）：

我们看到，上层左侧画面分为左右两组，左侧中心人物头戴"山"字冠，他就是东王公；而与之相对的，头戴胜的中心人物则是西王母。这样的方位安排，就是前面所展示的，左东右西、上南下北的构图②。在中国古代，作为正位或常态面向，是方位展示的规范构图。宋代之前的地图，也大致是这样的。

---

① 《史记》卷65《孙子吴起列传》，第2162页。
② 张从军：《汉画像石》，山东友谊出版社，2002年，第135页。

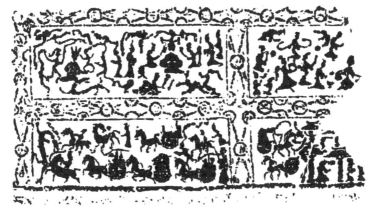

图 2.4　山东曲阜梁公林石椁画像

但是，在纸面上呈现左东右西的构图，仅仅是一种方式而已。当我们面对着观察对象，并将其形象呈现出来时，还会出现如衣镜中那样反过来的构图情形（图2.5）：

	北方	
西方（右）	中央	东方（左）
	南方	

图 2.5　衣镜中的平面方位示意图

就东西南北的方位安排来说，它与现在的地图构图是一致的，不同只在于左、右的标示，它按照原物的状态而加以判定，而不是由观察者的视角来决定。在古代中国，哪怕是同一场景的展示，一般来说有两种构图法，一是由东而西的构图方式；另一种则是由西而东。它的差异只在于观察者的站位不同，前者是在观察面南背北时所描画，后者则反之。

由本论题出发，需加提出的是，衣镜采用后者的构图方式，显然是更为合理的。因为建筑物面南背北时，要对其作图像再现，观察者必然在外，恰恰是面北背南，由此，将眼中的图景画下来，就有了衣镜中那样的方位及空间安排。但行文至此，极为关键的一个问题也随之而来，有人或许会问：凭什么说衣镜的图像是模拟"建筑物"，并以其为方位主体呢？

基本理由在于，出土资料中的西王母、东王公，尤其是与东、西方位相配时，常常是与建筑物联系在一起的，并由此承载着丰富的文化意蕴。

以画像石为例，出现西王母、东王公的画像石，在祠堂和墓室之中都有出现。据有关研究成果可知，在祠堂中，他们一般出现于两侧最高的山墙位置，"而且形成规律，左右相向对应"。尤为重要的是，"西王母画像的左壁其实是右壁，象征西方白虎方位，而东王公画像所在的右壁其实是左壁，象征东方苍龙方位"。而在墓室中，他们的画像要以左、右两侧加以区分时，往往置于墓门的门框两侧。而这门，则往往象征着著名的"天门"①。

西王母、东王公这种有规律的构图方式，移之于铜镜时，上部镜框的位置，就类似于建筑的上部或顶部，而两侧镜框则类似于门框，它们组合在一起，形成了一种类似于具有"天门"的房屋结构。由此，看似相反的东（左）、西（右）构图，不仅正常，而且很有规律。尤为重要的是，"天门"与西王母结合在一起，是汉代图像中的标配。也就是说，西王母出现时，没有"天门"或者某种"门"相配套，反倒是一种例外。

为了更为直观形象，来看一幅汉代的西王母天门铜牌图（图2.6）：

图2.6　土城坡南东井坎墓出土铜牌线图

这种带有"天门"图样的铜牌，在东汉的西北、西南等地墓中还有不少，构图大同小异，有学者做过专门研究②，有兴趣的读者可参看。

---

① 李锦山：《鲁南汉画像石研究》，知识产权出版社，2008年，第431、432、453页。
② 张勋燎、白彬：《中国道教考古》，线装书局，2006年。图2.6引自第761页。

由本论题出发，值得注意的是，"天门"的左、右两阙所刻绘的苍龙、白虎，以观察者的视角而言，左为白虎，右为苍龙。但与衣镜一样，它的左侧恰恰是右；右则为左。如果将这一铜牌配置于身，就与人之左、右相统一了。

以此思路来看衣镜正面图像，"天门"可用镜框来替换，它无需专为绘制。镜框上绘有苍龙、白虎的左、右两侧，类似于支撑"天门"的双阙。在面向这一"建筑"时，以其固有的左右东西为标准，在画面上就呈现出了由西（右）而东（左）的构图，它并非某种特异的视图，恰恰是观察者眼中的实景呈现，并与西王母图像系统相契合。

三　六合空间与刘贺的礼位

由前已知，在汉代画像石中，西王母、东王公同时出现时，往往处在西、东两方的高处，他们"左右相向对应"，并且"形成规律"。由此再进一步，可以发现的是，在整个空间布局中，除了他们所处的上方，以及苍龙、白虎所在的东、西方位之外，再补齐与"上"相对的下位，以及"四方"之中的南、北方位，就建构出了所谓的"六合"空间，也即包含上、下、东、西、南、北六个方位的空间。循着这样的事实及问题意识，在对汉代画像石做研究时，有学者将墓前的祠堂视之为"一个缩小的六合空间"①。

孔子衣镜在制作图像时，所仿的就是此类建筑。照理，它也应该建构出"一个缩小的六合空间"。但《衣镜赋》云："右白虎兮左仓（苍）龙，下有玄鹤兮上凤凰。"其中只说到了四个，而不是六个方位。在思维惯性下，人们往往将其与东、西、南、北四方对应起来，三维构图遂被拉平成了二维构图，不仅产生了事实上的错讹，同时也遮蔽了刘贺在六合空间中所占的位置。

但是，衣镜在构图中所展现的，实质上是具备上、下、东、西、南、北的三维空间。其中，除了左（东）、右（西）的安排，上、下也是实指，它们不能简单地等同于南、北方位。也就是说，衣镜中的南、北，是一种隐而不显的存在。更重要的是，作为礼位所在，它们是刘贺"习礼容"的重要载体。正是由于此种南北方位及空间的存在，刘贺可与圣贤融为一体，从而"修容侍侧兮辟非常"。下面，就来作具体的分析。

---

① 李锦山：《鲁南汉画像石研究》，水利水电出版社，2008 年，第 432 页。

（一）"下有玄鹤兮上凤凰"与三维视图

在中国古代，人们论及四方问题时，东、西、南、北往往联袂出现，而且常与青龙、白虎、朱雀、玄武等所谓的"四灵"相配。但这只是一般情形。可注意的是，在有些时候，四方可以用东、西来涵盖，在省略南、北的状态下，与上、下方位相配。

衣镜就是这样的。在《衣镜赋》中，只说到了左、右、上、下，省略了六合中的两个方位。由前已知，左、右对应的是东、西，那么，再加之上、下，所省略的方位，当然就是南、北了。

但是，由于东、西方位已对应了"四灵"之中的苍龙（青龙）、白虎，在惯性思维下，人们遂将凤凰、玄鹤对应起"四灵"中的另外两种动物——朱雀、玄武。加之倘以平面构图来看，在古代的方位习惯中，与左东、右西相对应者，亦有所谓的上南、下北之说。由此，误读发生了：将"上凤凰"的"上"误为南方；"下玄鹤"所在的"下"归作了北方。因这种误读的存在，衣镜中本应存在的三维视图，被改造成了二维视图。在这样的问题意识下，我们来审看整理者对衣镜所作的说明文字：

> 镜框内框四周边框正面绘有一圈神兽和仙人图案，上方中间是神鸟（朱雀），两侧为仙人（东王公、西王母），左侧为白虎，右侧为青龙，下方图案不是很清楚。[①]

很显然，由于受着"四灵"观念的影响，整理者将"上凤凰"这样的"神鸟"认作了南方的朱雀，由此，"上"等同于"南"，衣镜也随之呈现出东、西、南、北二维空间的情形。

但问题是，朱雀与凤凰尽管都属于神鸟，终究是两种不同的鸟类，玄武与玄鹤的差别就更大了。它们可以混用吗？这是一个不得不直面的问题。因为这样的缘故，另有学者对"四灵"形象作了一番改造，认为衣镜中的"四灵"为"白虎、苍龙、玄鹤、凤凰"，凤凰代替朱雀主南方，玄鹤则代替玄武主北方。由此得出了这样的结论：

> 四灵——白虎、苍龙、玄鹤、凤凰，以及西王母、东王公，都

---

① 王意乐、徐长青、杨军等：《海昏侯刘贺墓出土孔子衣镜》，《南方文物》2016 年第 3 期，第 62、63 页

见于衣镜描绘。一般常识中，四灵与南方位相当者为朱雀，……海昏侯墓发掘整理者判定为"朱雀"与西王母、东王公的镜框上方图案（上方为南），但根据赋文可知，位于中间者其实就是凤凰形象，只是没有区分雌雄二者而已。①

对于衣镜中的凤凰问题，论者还做了更进一步的分析。通过这一专门研究，衣镜中的神鸟是凤凰，而不是朱雀，应该是没有疑义的，而且它也契合了《衣镜赋》中"下有玄鹤兮上凤凰"的表述，显然比判定为朱雀的论述更为准确。但进一步的问题是，在衣镜中，凤凰与玄鹤真的就是指代南、北方的"四灵"吗？

在笔者看来，这样的研判也是值得商榷的。

不可否认的是，在早期中国，"四灵"的载体往往会有所变化，并非就固定在"青龙、白虎、朱雀、玄武"之上，由此，将凤凰指为类似于朱雀的"四灵"，不能说毫无理据。但是，不可否认的另一面——也是更为重要的一面是，"青龙、白虎、朱雀、玄武"的形象呈现着越来越定型的趋势。在汉代的出土资料中，这种定型的图像才是最为常见的范式，并在礼学典籍中，有着明确的记载。如《礼记·曲礼上》曰："行，前朱鸟而后玄武，左青龙而右白虎，招摇在上。"② 也就是说，在刘贺时代，定型的"四灵"不仅为常态，也是礼的基本要求。

由本论题出发，在刘贺墓的出土材料中，发现了大量的礼典，其中就包括了《曲礼》。它被归为单独的一组，并且不同于其他经籍以三道编绳，它是以四道编绳③，刘贺对其重视程度可见一斑。前已论及，衣镜是"修容侍侧"的重要礼器，没有特殊情况，修礼之时，自当呈现常态、规范的面目。那么，在构图时，刘贺怎么可能会不循礼而作，又怎么会背弃自己所注重的礼学文本呢？倘这样为之，那是不合常理的。

而倘遵循《曲礼》这一重要文本，可以看到的是，"四灵"所对应的东、西、南、北方位，乃是以"左、右、前、后"，而并非以"左、右、上、下"来加以显现。尤为重要的是，在这一系统中，与"左、右、前、后"相匹配的"上、下"之位也是存在的。证据就是，《曲礼

① 郭永秉：《"衣镜赋"的凤凰》，《文汇报》2018年4月14日第8版。
② 朱彬撰，饶钦农点校：《礼记训纂》，鼎文书局，1972年，第41页。
③ 江西省文物考古研究院、北京大学出土文献研究所、荆州文物保护中心：《江西南昌西汉海昏侯刘贺墓出土简牍》，《文物》2018年第11期，第89页。

上》所谓的"招摇在上"，它指的不是南方，而是四方之外的"上位"。在这种三维，而非二维的视图系统里，位于上位的"招摇"居高临下，统摄着东、西、南、北四方。

由郑玄注可知，《曲礼上》所记的，主要是军中阵型，而所谓的"招摇"，指的是北斗星，它与"四灵"图像都绘于旌旗之上。还需一提的是，居于上位的北斗，并不在天庭的北方，而是居于中央上方，并把控着下面的四方及阴阳。而四方及"四灵"，虽也对应天上的星宿，但与北斗所居之"上"不同的是，它们落脚点主要还是在地上，二者之间是有空间距离的。这一情形，不仅在《曲礼》中可以看出，在其他典籍中也常被提起。如《史记·天官书》曰："斗为帝车，运于中央，临制四乡。分阴阳，建四时，均五行，移节度，定诸纪，皆系于斗。"① 《汉书·天文志》则文字略同。

要之，无论是从刘贺所看重的礼学文本，还是从当时的知识见解出发，"四灵"中的"南、北"，应以"前、后"，而不是"上、下"来加以指代。与"四灵"相关联的"上"，并不在南，而在真正的"上"——上方，并最终归属到北斗所在的位置。由此，所谓的"上凤凰"，绝不能说其位向南方。这里的"上方"，甚至可与地位显赫的北斗发生关系，是"四灵"的统领者。

在先秦两汉时代，这种超逸而上的图景，常在人们的头脑中盘旋，并见之于诗文之中。例如，屈原的《远游》吟诵道："凤皇翼其承旗兮，遇蓐收乎西皇。揽慧星以为旍兮，举斗柄以为麾。"细绎文句，凤凰"揽慧星""举斗柄"，皆为天上的作为。尤为重要的是，"斗柄"指的就是北斗星，而"承旗"正与《曲礼上》所言及的军旗、军阵相契合。

更有说服力的例子，是西汉大儒刘向的同名诗篇，在这篇楚辞体的诗歌中，刘向是这样说的："驾鸾凤以上游兮，从玄鹤与鹪明。孔鸟飞而送迎兮，腾群鹤于瑶光。"这里讨论到了凤凰的"上游"，还说到了"瑶光"。瑶光是什么？"北斗杓第七星，亦作'摇光'。"② 这就与屈原诗一样，都是描写凤凰上飞于天，直至"招摇"之上的情形。它为凤凰处于上位，而非南方，再添一有力的证据。而更为重要的是，凤凰后面还跟随着玄鹤，即所谓"从玄鹤"。它们的上下于飞，与"下有玄鹤兮上凤凰"正相契合。这就进一步说明，凤凰、玄鹤在一起时，它们无关南、

---

① 《史记》卷 27《天官书》，第 1291 页。
② 屈原、刘向诗作，分见汤炳正等注：《楚辞今注》，上海古籍出版社，1996 年，第 187、372、373 页。

北方位，也不是"四灵"中的两种。

这一情形不仅体现在衣镜图文中，如果观察其他的西王母图像资料，也是如此。有学者指出"在西王母图像系统中常有凤凰出现"①。或者也可以说，凤凰本是西王母图像系统中的主要标配物，作为天上之物，非"四灵"系统所能限。所以，回看图 2.6 可以发现，在西王母图像系统中，天门之上，赫然是一只凤凰。衣镜中的图像，正与之相类。

由本论题出发，更需注意的是，在这一类图文中，凤凰还常与龙、虎相配，一起构成"上游"而进入天界的重要媒介。仅以汉代铜镜为例，据孔祥星、刘一曼主编的《中国铜镜图典》，其中有这样的铭文："参驾蚩龙乘浮云，白虎失，上大山；凤鸟下，见神人。""驾文龙兮乘浮云，白虎□兮上泰山，凤凰舞兮见神仙。"而在一些其他的汉镜上，一边是"东王公，西王母，青龙在左，白虎居右"的镜铭，一边是西王母、东王公配以青龙、白虎，镜中并无南、北灵物相配。不仅如此，镜铭中还常有"左龙右虎主四澎（旁）""左龙右虎备四旁"的句子②。这说明什么？"四灵"无需备齐，在必要时，可省略南、北，以东、西的龙、虎为代表即可，它们是可以"主四旁""备四旁"的。

也就是说，在西王母图像系统中，凤凰处于上位，并可直达天界的北斗之上。由此，凤凰不仅无需归入"四灵"范畴，它所在的位置，反倒是统摄东、西、南、北四方的重要方位，并与玄鹤等其他瑞鸟相伴相随。另外，在东、西、南、北方位及"四灵"中，可省略南、北，而以东、西的青龙、白虎来代表之。细绎"孔子衣镜"的构图，完全符合这些基本原则。其中最关键的问题就是：凤凰在上位，而非在南，南、北之位隐而不显。

倘看不到这些基本前提，而去一味地附会东、西、南、北"四灵"之位，就会产生误判，如果还要由此做进一步推演，将三维抹平后，去建构新的二维视图，生产出来的方位观，很可能就是扭曲怪异的。沿着这样的思路，再来审视镜框上部的图像（图 2.7），就可以发现，如果将凤凰所在的位置视为南方，即所谓"上方为南"，那么无法回避的疑问就是与之处在同一水平线的西王母、东王公，难道也在南方吗？又或者，南方与东、西方没有差别？这显然是有悖常理的。

需要特别指出的是，在西王母图像系统中，这样的方位安排，并非

---

① 李凇：《论汉代艺术中的西王母形象》，湖南教育出版社，2000 年，第 65 页。
② 孔祥星、刘一曼：《中国铜镜图典》，文物出版社，1992 年，第 273、293、441~443、278、297 页。

图 2.7   镜框上部的图像①

孔子衣镜的特例。其他相关图像中的方位，也多是这样的三维视图，即前所言及的"六合空间"，只是往往习焉不察而已。事实上，在中国古代的空间观及宇宙观中，"上下四方"的三维视图，是最为正宗的解释模型。所以《周易》乾卦"象辞"曰："六位时成。"而《说文解字》段注在解释"宇宙"的"宇"字时，引述道："《文子》及《三苍》云：上下四方谓之宇，往古来今谓之宙。"看不到这些，去做简单的二维对应，就会违背实际的情形。倘还要沿着这种二维进路向前，所得的，只能是更大的误判。

由此而进，可注意的是，因为这样的缘故，在孔子衣镜发现之前，有学者利用画像石资料，对西王母方位问题做过专门研究。但是，在获得"左西右东"的事实后，加之于"上南下北"的惯性思维，推演出来的，竟是这样的"十字形方位"构图（图 2.8）：

	南方	
西方	中央	东方
	北方	

图 2.8   西王母图像系统中所谓的"十字形方位"②

但是，无论是按照我们现在所熟悉的左西右东，上北下南，还是古代所盛行的左东右西、上南下北的构图，这一模式都是无法契合的。它的最大问题，是扭曲了东、西、南、北的基本方位秩序。这种扭曲，在某些较为复杂的天文图中或有出现，如曾侯乙星图，因"投影图与仰视

---

① 图 2.7 及第六章的图 6.5 引自于刘子亮、杨军、徐长青：《汉代东王公传说与图像新探——以西汉海昏侯刘贺墓出土"孔子衣镜"为线索》，《文物》2018 年第 11 期。

② 王倩：《汉画像石西王母图像方位模式研究》，江苏大学出版社，2018 年，第 34～37 页。

图之别，从而造成东西方位互易"①。但是，就西王母图像系统来说，一是不涉及复杂的星象问题；二是虽天、地可贯通在一起，但往往以常态构图为基础。

我们还注意到，论者为了论证此种二维系统的"正确性"，以河南濮阳西水坡 45 号墓的龙虎图（图 2.9）加以佐证。在这一距今 6000 多年的墓葬中，在墓主骨架的左右两侧及脚端，分别发现了用蚌壳摆放的龙虎图像和三角形图案。其中，龙位于东方；虎居于西方；而三角形图案在北面。

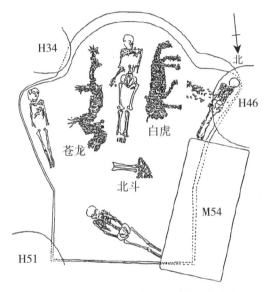

图 2.9　河南濮阳西水坡 45 号墓平面图

论者提出："这种方位模式皆与西王母图像的方位模式相吻合，二者如出一辙。"② 但事实是，龙虎图恰恰为这一观点提供了反证。说它是反证，所"反"者，不是它与西王母图像的方位模式不吻合。笔者也认为，这一模式与西王母图像模式"如出一辙"，作为西王母图像范式之一的衣镜构图，就很是契合它。但问题只在于，论者所提出的那套扭曲的方位模式，与西王母图像的方位观是不吻合的，与龙虎图形也是不匹配的。

由前可知，以观察者视角来看，论者所提供的西王母方位图是左西右东，上南下北。而这里则是规范的左东右西，上南下北，二者有着明

①　冯时：《中国天文考古学》，社会科学文献出版社，2001 年，第 282 页
②　王倩：《汉画像石西王母图像方位模式研究》，江苏大学出版社，2018 年，第 39 页。

显的错位，它们怎么能够"如出一辙"呢？而衣镜构图与之"如出一辙"，是出于它本有的事实。那就是，衣镜构图看上去是左西右东，上北下南，与龙虎图的左、右标示正好是反过来的。但是，倘将这张龙虎图颠倒一下，翻转 180 度，就是衣镜的构图模式。它们之间如果有差异，那只是观察的视角不同而已，在本质上是完全一致的。惟其如此，"如出一辙"云云方可成立。

不仅如此，因左东右西的明确，龙虎图必然是有着上南下北的方位安排，但是，墓主脚下的三角形图案并非就指向着同一平面的北方，而是居于上位。据学界的基本共识，龙虎图所反映的是一种星象图，墓主脚端的图案为北斗，冯时称其为"二象北斗星象图"，并指出，这种构图，"一度成为天文图与地图普遍采用的方位形式"。还需注意的是，在曾侯乙墓的漆箱星象图上，围绕着北斗，也只绘了青龙和白虎的图像，而缺少朱鸟和玄武。由此，冯时进一步指出："五宫的建立构成了中国传统的天文学体系，然而在五宫形成的过程中，以北斗为主组成的中宫及由后世东、西二宫的部分星象组成的东、西二宫似乎受到了特别的重视。……三宫的建立来源于一种最原始的识星模式。"①

天文学的问题比较复杂，不在文本的具体讨论范畴内，但是，由以上考古资料可知的是，北斗在上，并与青龙、白虎相配的模式很早就出现了。再结合汉镜所呈现的事实，这种传统在汉代一直存在，它也应该影响了"孔子衣镜"的构图。

前已论及，衣镜的构图与建筑物相类似。面对着中国古代建筑，这种构图其实已是最为常态化的呈现。为了更为直观，最后就以曲阜孔庙的棂星门为例（图 2.10），在具体的三维比照中来作总结吧：

我们看到，如以衣镜作类比，两侧边框可比拟门柱，呈现出东、西两大方位；而凤凰及西王母、东王公所在的位置，则类似于棂星门的门额及左、右两旁。很显然，它们不在南面方位，而在上位中间及东、西向。南、北方向没有显现出来，但倘若人居于门下，视野的前面就是北方，后面则是南方。

所以，正如前面笔者所指出的，衣镜的平面二维构图，本应是如图2.5 所示，它在平面构图方面，方位完全正常，也未发生任何的扭曲。它的与众不同之处，除了左、右的标示，是按照原物的状态判定，而不以观察者的视野决定，更关键的问题在于，在实际的图像中，它隐去了

---

① 冯时：《中国天文考古学》，社会科学文献出版社，2001 年，第 277、282 页。

图 2.10 山东曲阜孔庙棂星门

南、北方位，而将上位与东、西方位进行组合。仅就图文的呈现而言，是一种隐蔽的三维构图。但是，这种构图无论是从对传统的遵循，还是对古建的描画来说，都是顺理成章的。总之，在对"下有玄鹤兮上凤凰"作解读时，只要跳出二维视野，以常态的三维构图去加以考量，一切都朴素而正常，无需作扭曲而繁复的论证。

（二）由"得其门"到"升堂"：作为礼位的南、北方位

在衣镜中没有显现出来的南、北方位，因人的存在而显示其意义。这里面的人，可分出两类，一是孔门圣贤；二就是"修容待侧"的刘贺。他们与刘贺因"门"而隔离开来。作为具有象征意义的"门"，它一方面可与西王母的"天门"实现意义的对位，另一方面，"门户"推开后，镜面后面就是孔门圣贤。由此，这一"门"在南北方向上，又承担了圣人之门的象征意味。

具体说来，在镜框部位，上方是凤凰与西王母、东王公，左东为苍龙，右西为白虎。如以建筑物相比拟，这些神灵之物处在类似门额与门柱的位置。由此，主体的镜面，对应着门内的范围，是留给人的位置。我们可以将图 1.4、图 2.10 结合起来做考察。倘站在图 2.10 的棂星门前，大门推开，就是南、北方位，立于门前的人，面北而背南。里面有人的话，是正对着门的方位，面南而背北。按照中国传统，尊者、王者面南；而卑者、侍者则面北。将图 2.10 的场景移之于图 1.4，主体镜面被衣镜掩所遮蔽，这就类似于一道门。"门"推开后，"修容待侧"的刘贺，面北背南，在衣镜深处，孔门圣贤面南背北，接受着他的礼敬。

当然，或许有人会问：刘贺推开衣镜掩（门）后，有那么多关乎礼

的含义吗？会不会仅仅就是一个简单的照镜行为呢？

答案是否定的。

前已论及，孔子衣镜具有礼器的意义，核心根据乃在于，它是刘贺"修容侍侧"的载体。"侍侧"，是弟子们与孔夫子在一起的常态，《论语·先进》载："闵子侍侧，訚訚如也；子路，行行如也；冉有、子贡，侃侃如也。子乐。"① 刘贺既然要"侍侧"，就不是单纯的个体行为了，他有特定的礼敬对象，他的照镜，是有所寄托的。更何况，刘贺并不缺乏生活用镜，现已发现了 5 件圆铜镜②。这些铜镜不是"侍侧"的专用品，或许更多地承担着生活用具的功能。

要之，所谓"侍侧"，乃是侍奉在孔子身旁。在衣镜中，孔子被誉为"至圣"，刘贺的推崇，可说是无以复加了。循此理路，刘贺应该是希望效仿孔门弟子的作为，并获得教诲。而要"侍侧"于孔子身旁，就要循礼而为，由此，刘贺要"侍侧"，也就必须"修容"，所谓"修容侍侧"是不可分离的两面，它们都是礼容的表现。

前已论及，在展现礼容的过程中，方位及空间的选择十分重要。

行礼总是要挑选一定的场所。当在某一建筑物内进行时，建筑物的正向是面南背北的，行礼之人，自当由南而北进入，就像前面所看到的棂星门，先要北向入门，然后才有各种后续的礼仪安排。

相关的具体仪程，在《仪礼》中有不少的记载。由本论题出发，值得注意的是两点，一是辨方位，二是升堂。如《士相见礼》云："凡燕见于君，必辨君之南面。"君臣见面时，倘在正式场合，君主南向，臣下则北向而对，这是基本规范。但所谓的"燕见"，是闲暇时的见面，因没那么正式，有时会随意性较强，不太讲究。这时，倘要遵礼而为，就应辨识好方位，君上面南，臣下或卑者面北。又如《乡饮酒礼》云："北上，……主人升，宾升，……（主人）北面再拜，……（宾）北面答拜。"不仅君、臣之礼如此，行宾、主之礼时，亦以北向表示尊重。

而所谓的"主人升，宾升"，"升"到哪里呢？"升堂"。也即入门后，沿阶而上，进入堂屋，在堂上，正式的行礼活动才算真正展开。故而《大射礼》载："揖进，当阶北面揖，及阶揖，升堂揖。"③ 由入门、当阶、及阶、升堂；由门外而进入堂屋，北面行礼的程序，很清楚地呈

---

① 朱熹：《四书章句集注》，第 125 页。
② 江西省文物考古研究院、中国人民大学历史学院考古文博系：《江西南昌西汉海昏侯刘贺墓出土铜器》，《文物》2018 年第 11 期，第 20、21 页。
③ 阮元校刻：《十三经注疏》，中华书局，1980 年，第 977、981、1035 页。

现在眼前。

当刘贺"修容侍侧"时，所在的方位就是面北，而孔门师徒相对他来说，则处在面南的位置上。这自然是一种礼敬的表现，孔子为尊，自己为卑，呈现一种觐见的姿态。《衣镜赋》又有"质直见请"云云，《论语·述而》曰："自行束脩以上，吾未尝无诲焉。"① 对于请教者，孔门是敞开门户的，所谓"有教无类"是也。由此，图像中的方位及空间安排，还暗示着刘贺希望能在这种礼敬之中，入得孔子之门，并得升堂而求教的意蕴。

为了更好地理解这一点，我们可以看看《论语·先进》的一段记载："子曰：'由之瑟奚为于丘之门？'门人不敬子路。子曰：'由也升堂矣，未入于室也。'"② 这就是著名的"升堂入室"的故事。它的主要意思是说，子路师从孔子，所学虽达到了一定的水准（升堂），但还不够精微（入室）。在这里，以房屋为喻，虽不可拘泥，但也的确契合了当时的为学及行礼仪程，是值得高度重视的一段资料。

在这段话中，室所指向的，是私人空间的小屋，得为入室弟子，当然就获得了亲授秘传。但它因与本论题无关，可以置之勿论。而"门"及"堂"，作为获得公开教诲最重要的场所，在本论题中，则需要重点关注。

前已论及，行礼首先要做的，是由南向北，入得门来。师生之间，亦是如此。由此，孔子在此用了一个"丘之门"的概念。在老师门下求学，按照一般的理解，都会虚化"门"，包括"门人"之类的概念。但是，此种意识的形成，并非建立在虚构的基础上，而是有实在的具象作为依据的。在先秦两汉时代，要成为某位大师的学生，即所谓进入"师门"，不仅仅是停留在某种概念的"门"之上，它还面临着实实在在的门。《曲礼上》说："礼闻来学，不闻往教。"③ 要向学求教，就需要到老师的居所去觐见，需迈入那道真正的门。从《论语·先进》所谓的"及门"，到《孟子·告子下》的"受业于门"④，皆可以体会出这样的意味。

但问题是，"及门"之后，未必可以获得老师的亲授，一般来说，老师只在堂上教诲少数人，其他人只能在堂下陪侍，甚至都见不到老师本人。

---

① 朱熹：《四书章句集注》，第 94 页。
② 朱熹：《四书章句集注》，第 126 页。
③ 朱彬撰，饶钦农点校：《礼记训纂》，第 5 页。
④ 朱熹：《四书章句集注》，第 123、339 页。

由于先秦时代缺少具体的材料，在此先以汉代的记载为基础来做考察。《后汉书·郑玄传》载，郑玄在向马融问学时，"马融生徒四百余人，升堂进者五十余人。康成在门下，三年不得见，乃使高业弟子传授"①。而《汉书·董仲舒传》载："孝景时为博士。下帷讲诵，弟子传以久次相授业。"颜注曰："但就其旧弟子授业，不必亲见。"② 这些当时的大师如此授徒，不完全是因为派头大，而是身旁无法容纳那么多人。进入师门的人实在太多，学生们需经过挑选，才能由"门下"而来到身旁。否则就只能在门下，甚至是墙外徘徊。

我们知道，后世称师门为"门墙"。它来自《论语·子张》："夫子之墙数仞，不得其门而入，不见宗庙之美，百官之富。得其门者或寡矣。"③ 汉儒扬雄的《法言·修身》则曰："或问：'人有倚孔子之墙，弦郑卫之声，诵韩庄之书，则引诸门乎？'曰：'在夷貉则引之，倚门墙则麾之。'"④ 由这两段材料可以知道，要成为孔子的学生，最基本的，是要"得其门而入"，如果只是"倚孔子之墙"，那是连成为弟子的资格都没有，所以此时"引诸门"成为关键。要找到并允许进入"丘之门"，才具备了成为孔门弟子的资格。刘贺当然不会愿意仅仅"倚孔子之墙"，他要"侍侧""见请"，当然需要入得门来。在"得其门而入"的知识背景下，衣镜掩俨然成为"孔门"的象征，刘贺则由南向北拜谒圣哲。

但是，进入"丘之门"，只是准入而已，这里面的门人或许就像马融弟子一样，多不能亲见师父。所以，当孔子说"升堂"时，那是在正面肯定子路，不是所有门人都可以有此待遇的。通过细审图像，可以看到，子路呈现着两臂外张之势，这是礼仪中所谓的"翔"。《曲礼上》曰："室中不翔。"⑤ 也就是说，进入屋内后，翔，不可在室内展开，它是在堂上时才有的情形。由前可知，这些弟子们由"及门"到"升堂"，要遵循的礼仪，是入得门来，北向而上，"当阶北面揖，及阶揖，升堂揖"。子路的情形，应该就是"升堂"之后的表现。

刘贺要想做到"修容侍侧"，必须也得如此。在"得其门"后，只有"升堂"，才可以做到"侍侧"并"见请"。由此在衣镜图像中，那个看上去省略掉的南北方位，从来就没有消失。它的意义，在刘贺参与时

① 《后汉书》卷35《张曹郑列传》，第1207页。
② 《汉书》卷56《董仲舒传》，第2495页。
③ 朱熹：《四书章句集注》，第192页。
④ 汪荣宝撰，陈仲夫点校：《法言义疏》，中华书局，1987年，第102页。
⑤ 朱彬撰，饶钦农点校：《礼记训纂》，第17页。

得以充分地显现。作为极为重要的要素，它以"礼位"的性质而存在，并与东、西、上、下一起，建构出了一个完整的"六合"空间。

总之，方位及与此相关的空间问题，具有"礼"的意义，在衣镜图像中占据着举足轻重的地位，不可不细加省察。

综合考察之后，我们看到，与衣镜中的书写系统不同，图像系统的方位及空间具有自己的独立性。衣镜在构图时，以类似建筑物的独立单元为主体，镜框成为虚拟之"门"。在构图过程中，遵循着空间主体处于正位，即面南背北的原则。由此，以其为主体来指向或标示左、右等方位时，虽与观察者所看到的正相反，但它并非某种例外，而是规范的方位构图。

这种构图，就二维平面来看，由于构图者面对着主体，与主体之间不是同向，而是相向的关系，遂使得"左右东西"在画面上出现了反向的差异。但是，图像最终所展现的，是一种三维构图，是具备上、下、东、西、南、北的"六合空间"。在这一空间结构中，左、右、上、下皆为实指，左、右对应着东、西，而代表上、下的"凤凰"及"玄鹤"，尤其是凤凰，乃是飞于天上的瑞鸟，而不是"四灵"系统中的神物。它的位置在上，而不在南，为"六合空间"的上方。

而且在这一系统中，东、西的龙、虎，往往可以代表四方及"四灵"，并与上、下之位相配。衣镜所遵循的，就是这样的规则。但是，衣镜中隐而不显的南北方位，不是可有可无者，而是非常关键，充满了寄托的载体。它作为刘贺的礼位所在，因刘贺的参与，使得六合空间得以完整呈现。南北之位成为刘贺进入"孔门"，乃至"升堂"而"见请"的空间，从而建构出与圣贤融为一体的愿景，"修容待侧"由此得以展开。

第三章　衣镜图像中的孔子形象及相关问题

一　引言：由孔子图像说到孔子形象问题

"孔子衣镜"的出土，为学界提供了宝贵的研究资料。在这些资料中，除了大量的文字内容，最引人注目的或许就是孔子图像了。前已论及，孔子与五位弟子像，共同出现在衣镜的背板之上。这六人两两相对，分置于三个图框之内，其中，孔子与颜回在最上面的一栏（图3.1）。

图 3.1　"孔子衣镜"背板上的画像
（左为孔子像，右为背板拼合全图）

考古工作者还对这一图像作了如下的文字说明：

（孔子）画像与其他人略有不同，其他人都是线描身体轮廓，而孔子画像是满绘，身上服饰用粉彩。画像中孔子像高约 28.8 厘米，宽约 8.4 厘米，面向颜回拱手而立，背微前倾。孔子头戴小冠，由于水渍，面目不是很清楚，但可以看到有长须，身材消瘦；孔子身穿深衣长袍，腰部有束带，脚上穿翘头履。①

作为最早的孔子画像，它所具有的历史价值是毋庸多论的。由此，细审图像，钩沉出背后的文化信息，做出必要的研判，成为题中应有之义。

面对着一幅人物画，就一般的认知来说，人们首先看到或想知道的，或许就是这个人的样貌如何。加之海昏侯墓葬中的孔子像是同类图像资料中的最早实物，有人提出："这将为研究孔子的实际形象提供珍贵的实物资料。"② 似乎衣镜图像的出土，为孔子的样貌问题提供了权威准确的答案。

但事实远比这复杂得多。

查核各种图像资料，在现今的传世作品中，孔子形象并不完全一致。严格说起来，那里面的孔子往往是，甚至仅仅是绘画者或者时人心目中的孔子而已。衣镜中的孔子亦复如是。刘贺及其身边的人，距离孔子时代已有四五百年了，他们靠什么来展现"孔子的实际形象"呢？固然，海昏侯墓中的画像出现最早，也最值得重视，但绝不可因为这样，就将其当作"标准像"来看待。由此我们注意到，在与衣镜图像同一时期的汉代，在画像石及壁画中，有大量的孔子见老子图。那里面的孔子形象虽大体相近，但从细节或统一的标准来看，往往面貌不一。再较之于衣镜图像，它们之间的差异又更为明显了。

说到底，孔子图像作为艺术作品，时代观念及创作者的意趣是不可忽略的因素。进一步言之，它一方面固然要以历史的真实性作为依托，但另一方面，"真实"的孔子到底如何，往往是创作者的一种知识想象，属于有意识地寻绎，以及思考之后的选择。进一步言之，倘要对孔子图像做严格的历史审视，样貌的再现，本质上只是在呈现创作者心目中的孔子形象而已。在这样的问题意识下，一个值得重视的事实是，这种"实际形象"不能仅仅限于外貌的描绘。倘要系统全面地去做研判，在论及孔子形象问题时，衣着、仪态等各种表现，无一不可成为重要的载体形式。

尤为重要的是，在儒家观念中，对于容貌本身并不是那么看重。据

---

① 王意乐、徐长青、杨军等：《海昏侯刘贺墓出土孔子衣镜》，《南方文物》2016年第3期，第63页，本章中的图3.4亦选自于此文。

② 胡晓军：《海昏侯墓出土"孔子屏风"》，《光明日报》2015年11月15日第004版。

《史记·孔子世家》，孔子在听闻郑人对自己的样貌做了描绘，并以"丧家狗"一词概述之后，笑曰："形状，末也。而谓似丧家之狗，然哉！然哉！"① 故事或许为杜撰，但重"神"而不重"形"的逻辑理路昭然可见。而由本论题出发，接下来的问题则是，既然外在的"形状"，也即具体样貌是"末"，那么，什么才是更为核心的"本"呢？答案是，通过衣冠、仪态所表达出的"礼"的气质。所以在上博简《孔子见季桓》中，夫子有言："仁人之道，衣服必中，容貌不求异于人。"② 也就是说，"衣服"及仪态重于容貌。由此，邢义田指出："不强调容貌外形，应是自孔子以来儒门的正宗看法。"③

由前已知，由于水渍等原因，衣镜图像中的孔子面目并不是太清楚，这为精准地复原外在样貌带来了困难。要通过衣镜图像来回答"孔子到底长得什么样"这样的问题，在现有条件下很难获得满意的效果。但是，如果不是将孔子形象的呈现简单地等同于容貌或具体的面目问题，而是注意到衣服、仪态后面的"礼"意蕴，并由此进入到图画的创作意图之中去。以此作为切入口，在当时的历史大背景下去细加考察，一些重要的历史文化问题，亦可随之浮出水面。

在此还需要指出的是，因材料所限，创作衣镜图像的具体人物到底是谁——是刘贺亲绘，还是另有画工？尚不得而知。但无论是何种情形，作为日日伴随，并随葬于地下的私人物品，它反映了刘贺的价值取向，那是不言而喻的。由此，在研判图像问题时，将刘贺作为孔子形象的创作者，或者说承认这样的事实：孔子形象反映了刘贺的认知，应该是可以成立的。下面，笔者就不揣浅陋，围绕着衣冠、仪态等核心要素，对衣镜图像中的孔子形象问题做一个初步的分析。

二　"夫子之服"还是"汉衣冠"？——刘贺心中的"儒衣冠"及孔子形象问题蠡测

自儒学开创后，"儒服"，或作为"儒服"主体的"儒衣冠"成为儒生的标志。《史记·仲尼弟子列传》载，子路"性鄙，好勇力，志伉直，冠雄鸡，佩豭豚"。但当他决定投入孔门后，"儒服委质，因门人请为弟

---

① 《史记》卷 47《孔子世家》，第 1922 页。
② 此处释文为陈剑所释，邢义田从之，并以之作为后面论证的基础。
③ 邢义田：《画外之意：汉代孔子见老子画像研究》，生活·读书·新知三联书店，2020 年，第 119 页。

子"①。立刻弃其旧装，以"儒服"来展示自己的转向。而在《庄子·田子方》中，当庄周认为"鲁少儒"时，鲁哀公不解地问道："举鲁国而儒服，何谓少乎?"② 在他看来，鲁国有那么多的"儒服"之士，怎么能说"少儒"呢? 由此可知，在先秦时代，"儒服"或"儒衣冠"作为特定的文化符号，成为"儒"的外在表征。

至汉代，此风未衰。尤其是在儒术"独尊"后，着"儒衣冠"更是成为士林风尚。《汉书·匡张孔马传》赞曰:

> 自孝武兴学，公孙弘以儒相，其后蔡义、韦贤、玄成、匡衡、张禹、翟方进、孔光、平当、马宫及当子晏咸以儒宗居宰相位，服儒衣冠，传先王语，其醖藉可也，然皆持禄保位，被阿谀之讥。彼以古人之迹见绳，乌能胜其任乎!③

那些居于相位者，都要通过"服儒衣冠"来表明自己"儒"的属性，此风之盛，可见一斑。

《韩非子·显学》曰:"儒之所至，孔丘也。"④ 既然孔子是儒学的起点，那么，"儒衣冠"自当以"夫子之服"为圭臬，也就是说，后世"儒衣冠"的体系应参照孔子的穿戴来加以建构。

然而，对汉代的"儒衣冠"做细致考察后，可以发现的是，它虽在某些方面保留了孔子时代的痕迹，但更重要的是，实质上已另建了系统。这样的历史后果反映在汉代图像问题上，使得时人往往倒果为因，不仅是时下的"儒衣冠"，甚至是孔子之"衣冠"，都有了汉代的烙印。也就是说，在确定"儒衣冠"时，汉人根据当时的习惯，改变了孔子原有的装束。以至于这些图像沿袭到后世，被评述为:"像之最古者，然皆汉衣冠也。"⑤ 那么，衣镜图像中的孔子"衣冠"是怎么样的呢? 它有哪些值得我们注意的方面呢? 隐于其后的文化意义是什么呢? 下面，就具体论之。

（一）衣镜及汉图像中不同的孔子衣冠

细绎衣镜图像，可以发现的是，它并未被世风所裹挟，那里面的孔

① 《史记》卷67《仲尼弟子列传》，第2191页。
② 王先谦撰，沈啸寰点校:《庄子集解》，中华书局，1987年，第180页。
③ 《汉书》卷81《匡张孔马传》，第3366页。
④ 王先慎撰，钟哲点校:《韩非子集解》，中华书局，1998年，第456页。
⑤ 司居敬:《设尼山圣像记》，《全元文》第28册，凤凰出版社，2004年，第242页。

子"衣冠"，尤其是"冠"，与汉代的流行样式颇有不同。看起来，刘贺并不满意当时对孔子形象的塑造。在他看来，以"汉衣冠"加诸孔子之身，并不太合适。由此，对海昏考古中的孔子衣冠问题做考察时，就不应局限于简单的历史复原，更应关注的，是历史演进后面的观念变迁、差异及相关问题。

有学者指出："纵览历代孔子图像，其着装形象不外乎三种：布衣孔子、为鲁司寇时的孔子和'帝王式'的孔子。"[①] 这一问题落实到汉代，有以下事实值得特别注意：

1. 孔子虽号称"素王"，但由于"文宣王"一类的官方封号尚未祭出，所以在"素王"形象中，倘不言"怪力乱神"，其着眼点，乃在"素"而不在"王"。由此而带来的直接后果是，为表现"素"的一面，汉代图像中所呈现的孔子形象，以布衣为常态。

2. 孔子虽做过司寇这样的高官，但表现这一身份的图像作品，主要在晋、唐之后。如在曲阜孔庙圣迹殿中的此类图像，或传为顾恺之，或认为是吴道子之作[②]。翻检各种资料，以笔者目力所及，在汉代图像中，似乎还未见以司寇形象出现的孔子。

也就是说，在汉代，孔子形象主要以"布衣"面目而出现。但问题是，当历史进入到汉代，"布衣孔子"所穿戴的"儒衣冠"到底如何，以何种款式加以展示，已是言人人殊，莫衷一是了。我们注意到，在这一问题上，有两段重要的孔子言论，作为夫子自道，成为后世孔子衣冠及相关问题的文本依据。一是《论语·卫灵公》的"服周之冕"；另一段则是《礼记·儒行》所载：

> 鲁哀公问于孔子曰："夫子之服，其儒服与？"孔子对曰："丘少居鲁，衣逢掖之衣。长居宋，冠章甫之冠。丘闻之也，君子之学也博，其服也乡。丘不知儒服。"

郑玄注曰："逢，犹大也。大掖之衣，大袂禅衣也。"[③] 也就是说，孔子所穿的"逢掖之衣"为宽袍大带式的长衣。这种样式的服装，自孔子时代始，即成为儒生的标配，秦汉时代亦是如此。史载，当叔孙通

---

① 邢千里：《中国历代孔子图像演变研究》，山东大学出版社，2013 年，第 21 页。
② 骆承烈、孔祥民：《画像中的孔子》，上海古籍出版社，2003 年，第 16 页。
③ 朱彬撰，饶钦农点校：《礼记训纂》，第 856 页。

"儒服"去见刘邦的时候，"汉王憎之，乃变其服，服短衣，楚制，汉王喜"①。"儒服"与"短衣"相对，正可见其基本特点。衣镜图像上的"深衣"就是此种类型的儒服，这与其他汉代图像上的儒生或士人之服正相吻合，在认同上异见不多。

问题出在"儒冠"之上。这也是衣镜图像与其他汉代作品的关键性差异所在。

此一问题倘再作细分，又有不戴冠与戴冠之别。

所谓的不戴冠，当然就是头上没有冠。但这样的话，该如何束发或穿戴头衣呢？直接以巾帻约发，或者在头上加上由巾发展而来的帽。

在先秦时代，巾帻是老百姓的穿戴，汉末蔡邕的《独断》说："古者卑贱执事不冠者之所服。"但汉代以后"上下群臣贵贱皆服之"②。直至汉末魏晋时代，在公众场合出现了以幅巾装扮为儒雅的情形。可以说，汉以来是巾帻逐渐摆脱地位低微的时代。另外，《史记·秦始皇本纪》载："更名民曰黔首。"③《礼记·祭义》则曰："明命鬼神，以为黔首。"孔颖达正义曰："凡人以黑巾覆头，故谓之黔首。"④ 还有当时的奴仆谓之"苍头"，则是"以苍巾为餂"。也就是说，老百姓的头衣，多为巾帻一类。由此，要表现孔子"布衣"的形象，就有了不戴冠的选项（图3.2）。

图3.2　汉代《孔子见老子图》（局部）中不戴冠的孔子⑤
（左为洛阳烧沟61号汉墓壁画，右为内蒙古和林格尔壁画墓）

但在汉代图像中，不戴冠的孔子并不常见，或者说，那不是常态的孔子形象，至少不是正式场合下的孔子。衣镜图像也遵循这一规律。然而，由于水渍等原因，受画面模糊的影响，有学者在对衣镜图像做考察时，将孔子看成了以巾帻束发的形象。例如，恩子健所提供的画像摹本

---

① 《史记》卷99《刘敬叔孙通列传》，第2721页。
② 《续汉书·舆服志下》，《后汉书》第3671页。
③ 《史记》卷6《秦始皇本纪》，第239页。
④ 阮元校刻：《十三经注疏》，第1595页。
⑤ 图3.2中的左图，来自王意乐、徐长青、杨军等：《海昏侯刘贺墓出土孔子衣镜》，《南方文物》第3期；右图来自骆承烈、孔祥民选编：《画像中的孔子》，上海古籍出版社，2003年，第2页。

就是如此。通过图3.3，我们先对此问题作个简单的论述：

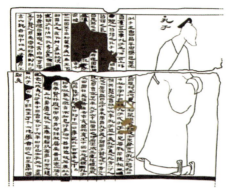

图3.3　衣镜图像中的孔子之冠
（左为恩子健所摹画像，右为孔子画像原图局部）①

　　将这一摹本与衣镜图像放在一起进行比较后，可以发现，由于在图像中，孔子头部所戴不是巾帻，而是冠。故而，在图3.3左的摹本中，将孔子头衣画为弯曲至头顶后部的巾状物是不准确的。仔细观察图3.3右的上部，可注意到，孔子头上的冠，似乎呈挺拔向上之势，虽左边有一处阴影，似乎与向上部分的冠连接在一起，但这一部分印迹或许是漫漶所致，并非实际画面。即便这一弯曲部分存在，也并非如左图所示的，头衣拖至头顶后部，呈现出巾帻的模样，而不过是冠的向上弯曲部分。要之，孔子所戴，是冠而不是巾。

　　将视野再次拉回到汉代。

　　翻检史籍，汉代的"儒冠"主要为"进贤冠"。《续汉书·舆服志下》曰："进贤冠，古缁布冠也，文儒者之服也。"② 更为重要的是，不仅汉代的儒生们以此为身份标识，画像中的孔子也多戴此冠。最重要的证据就是，在汉代的《孔子见老子图》中，孔子的首服，基本上都是前高后低的进贤冠（图3.4）。

　　进贤冠是一种覆盖面积较大的冠。海昏画像中的冠显然更为小巧，故而整理者称其为"小冠"。由于画面的模糊及漫漶带来的不确定性，它的形制有两种可能，一是如衣镜原图中所显示的，似乎是一种向上挺拔的高冠。另一种更大的可能，正是出现在南昌汉代海昏侯国遗址博物

　　① 恩子健所摹图像来自杨军、恩子健、徐长青：《海昏侯墓衣镜画传"野居而生孔子"考》，《江西师范大学学报》（哲学社会科学版）2018年第1期，第106页。局部图来自图1.4。
　　② 《后汉书》，第3666页。

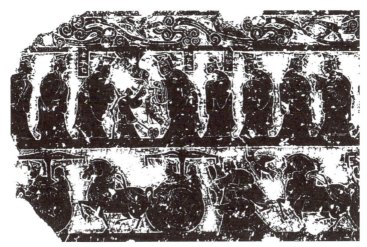

图 3.4　嘉祥齐山汉画像石墓中戴进贤冠的孔子及弟子们

馆推出的复原图中的小冠，其所显示的冠形与山东东平县出土的壁画一致（具体情形参见图 3.5）。对于这一壁画所表现的场景，一般认为可归入《孔子见老子图》的范畴。

当然，我们也注意到，有学者对此图的孔、老相见问题提出了质疑，认为"似证据不足，表现的应是墓主人接受谒见或谒见其他贵人的场景"①。但无论它是否为孔子图像，不妨碍一个重要的事实，那就是，这种小冠图样出现在汉代图像之中，在揖拜作礼的场合之下，作为礼服的性质而加以呈现（图 3.5）。

图 3.5　山东东平县出土的汉墓壁画②

① 张龙：《山东东平汉墓"孔子见老子"壁画探析》，《中国文物报》2015 年 3 月 20 日006 版。

② 叶芷：《汉代画像中的孔子像》，《文史知识》2009 年第 6 期，第 154 页。

（二）衣镜图像对孔子之冠的选择及相关问题

如前所述，在海昏图像中，孔子之冠不属于"汉衣冠"系统，由此明显异于汉代的一般画像。之所以如此，最大可能就是，在刘贺心目中，孔子之冠应该展现出更接近"事实"的"古衣冠"面貌，所以，要与当下的样式有所区分。但是，什么才是真正接近"事实"的"古衣冠"呢？要解答这样的问题，不仅需要深入到衣镜图文的旨趣之中，更受制于当时的历史认知。下面，就对此作一些历史的分析。

首先加以要确定的是，衣镜具有礼的意蕴，这就决定了图像中的孔子必须戴冠。

在古代中国，冠是礼的重要载体。当刘贺以孔子为榜样，并充满崇敬之情地"修容侍侧"时，出现不戴冠的孔子，那是不可想象的。要之，孔子所戴为冠，而不是巾帻，符合"儒衣冠"的常态。究其原因，除了巾帻是"卑贱执事"者"所服"之外，在儒家系统中，"衣冠"本为一体，在正规或公众场合，"儒冠"早已成为儒生的重要标志。在楚汉相争时，刘邦厌恶儒生，曾有"溺儒冠"的闹剧，如儒生可以无冠，或冠并不重要，则此一闹剧，就无用武之地了。只是与深衣不同的是，汉代"儒冠"虽有相对聚焦的对象，但始终没有深衣那样的共识性载体。在"妾身未分明"中，与孔子时代有着历史性的断裂，由此在"冠"的对应上，始终找不到密合的衔接之物。

之所以会产生这样的历史现象，很关键的一点在于，秦王朝建立后，由于其反传统的立场及高度统一的政治举措，使得过去的各种"礼制"传统或被消灭，或被整合在秦系统之中。过去的"衣冠"制度，尤其是"儒冠"，至汉时已变得暗昧不清，混杂无序。虽然汉初的叔孙通初定礼仪，"卒为汉家儒宗"。但作为"进退与时变化"的结果，它以"秦仪"为主，混杂着古礼[①]。王夫之评述为"苟简""汉之疵"，理由在于："秦灭先王之典，汉承之而多固陋之仪。"[②] 也就是说，到了秦汉时代，由于这一服饰传统实质上已经断绝，实物难以辨识。留下的仅仅是一些历史的记录。由此，要恢复"古衣冠"，往往需要根据个人的理解，去揣测当年的"真实"原貌。

查核相关资料，在古文献中的孔子之冠，主要为"周冕"和"章甫"。所谓的"古衣冠"应以其为基本依据。值得注意的是，根据有关

---

① 《史记》卷99《刘敬叔孙通列传》，第2726页。
② 王夫之著，舒士彦点校：《读通鉴论》，中华书局，1975年，第485、486页。

记载，"章甫"为殷商之冠，"周冕"则主要是"委貌"，而夏代的冠冕称为"毋追"。《仪礼·士冠礼》曰："委貌，周道也；章甫，殷道也；毋追，夏后氏之道也。"尤为关键的是，它们只是在文献上留存其"名"，其"实"如何，汉儒已难以判定真确的情形了。由此，与对"逢掖之衣"作出确解不同，郑玄注道："三冠，皆所服以行道也。其制之异同，未之闻。"① 博洽多闻如郑玄，尚不能做出基本研判。很自然地，汉代的"儒冠"，只能是想象多于事实，已不太可能直接延承孔子时代的旧貌了。也由此，进贤冠开始成为"儒冠"的主要代表。

需要指出的是，进贤冠虽为汉代儒者的标志，但它从来也没有一统过"儒冠"之天下。翻检史籍就可以发现，在汉代，除了"进贤冠"之外，"侧注冠"也一度被作为"儒冠"。《史记·郦生陆贾列传》载，郦食其初见刘邦时，"状貌类大儒"，其中标志性的穿戴，就是"冠侧注"。裴骃《集解》引徐广曰："侧注冠一名高山冠，齐王所服，以赐谒者。"

细绎衣镜图像，里面的孔子之冠与二者无关。看起来，刘贺是不愿采纳这类汉代的流行样式。史载："昭帝时，昌邑王贺遣中大夫之长安，多治仄注冠，以赐大臣，又以冠奴。"它作为"狂悖"的表现被记载了下来，并认为"贺无故好作非常之冠"。但倘联系本论题，可以发现的是，刘贺所为并非"无故"。颜师古注曰："仄，古侧字也，谓之侧注者。"② 也就是说，刘贺赐予手下的就是当年的所谓"儒冠"——侧注冠。

不管如何评价刘贺的为人，但他尊孔重儒，那是没有问题的，"孔子衣镜"中的种种内容及趋向都可以说明这一点。如果侧注冠为儒冠，或者刘贺认同其为儒冠，他是不可能这样滥赏的。那么，他又为什么要将侧注冠赐予手下呢？《续汉书·舆服志下》载，它是"中外官、谒者、仆射所服"③。也就是说，在汉代，侧注冠早已由齐王之冠，转而成为侍从近臣们的穿戴。刘贺将其赐予手下，并无太大不妥，"狂悖"云云言之过甚。毫无疑问，在刘贺看来，侧注冠是没有资格作为儒冠而出现的。史书言其"非常"，而在刘贺心目中，或许反倒是对"非常"的纠正——这样的冠，怎可作为"儒冠"的代表？将其赐予手下，正在于"拨乱反正"。

那么，进贤冠呢？它作为汉代儒冠的主体，为何也不被刘贺采纳呢？

从本质上来说，与侧注冠相类的是，进贤冠只不过是"周冕"或

---

① 阮元校刻：《十三经注疏》，第 958 页。
② 《汉书》卷 27 中之上《五行志中之上》，第 1367 页。
③ 《后汉书》，第 3666 页。

“章甫”的替代物。作为“汉衣冠”，它也不是“夫子之服”的本来面目。而它与侧注冠不同，并得以流行的缘由或许在于，与“古衣冠”有着更多的历史联结性。孙机曾指出，进贤冠与周代的“委貌”有着某种关联，由此，后世在描画“委貌”时，甚至直接以“进贤”来加以代替①。但问题是，这二者毕竟不是一回事。作为“古缁布冠”的遗存或发展，“进贤”虽有“古”以为依托，但从本质上来说，既不是“古衣冠”的复原，也不是“周冕”的延续或发展。

更为重要的是，由前已知，孔子虽认同“服周之冕”，但他实际上的穿戴，是“冠章甫之冠”。也就是说，孔子是以殷商之冠，而不是“周冕”作为自己所穿戴的“儒冠”。由此，要恢复“儒冠”的古貌，应以“章甫”为准。进贤冠不仅不古，而且与“章甫”之制不相契合，将其摒弃有一定的合理性。

前已论及，汉代的“章甫”之制早已不再明晰，难以复原。不仅如此，甚至到了战国时代，章甫到底如何，也可能言人人殊。

但是，在战国晚期至汉初的文献中，有两条记载值得注意，一是《荀子·儒效》所载：“逢衣浅带，解果其冠，略法先王而足乱世术，缪学杂举。”这是荀子对当时俗儒们的抨击。由本论题出发，值得注意的是他们所穿戴的所谓“儒衣冠”。“逢衣浅带”同于深衣之制，可置而勿论。但“解果其冠”是什么？杨倞注曰：“解果，未详。或曰：解果，陿隘也。”又引战国时代淳于髡所言：“蟹螺者宜禾”，进而解释道：“蟹螺，盖高地也；今冠盖亦比之。”② 也就是说，“解果其冠”具有两个特点，一是具有隆起之势，由此像高地；二是较为窄小，也即所谓“陿隘”，这正与小冠的特征相契合。

另一条值得注意的材料，来自《庄子·盗跖》：“尔作言造语，妄称文、武，冠枝木之冠。……缝衣浅带，矫言伪行。”③ 这是盗跖对孔子的攻击之词，但它反映了战国以来儒者的装扮，或时人心目中的孔子形象。其中值得特别注意的是“冠枝木之冠”，据杨柳桥的研究，它与“解果其冠”为同类物。杨氏认为，“解果，谓如木果之皮甲坼裂然也”④。即如裂开的枝木，它与复原图中的冠形颇有相合之处。

宁镇疆曾指出，与“更强调普适性的”“服周之冕”不同，在孔门

① 孙机：《中国古舆服论丛（增订本）》，文物出版社，2001 年，第 426 页。

② 王先谦撰，沈啸寰、王星贤点校：《荀子集解》，中华书局，1988 年，第 138 页。

③ 王先谦撰，沈啸寰点校：《庄子集解》，第 261 页。

④ 杨柳桥：《荀子诂译》，齐鲁书社，2009 年，第 215、216 页。

之中，儒冠以"章甫"为主，在孔子的提倡下，作为"标识儒者身份的外在符号"，"在孔门弟子中深入人心了"①。或许，"解果其冠"云云，正是由章甫发展而来。由此再来看《荀子·儒效》篇，可以发现，"俗儒"们虽被抨击，但他们既然要以衣冠来体现自己的"儒"身份，"解果其冠"等应关联着"章甫"才更有说服力。而这样的冠形由战国传至汉代，虽然也不能说，它就是完全的"古冠"，但毕竟与孔子及先秦之儒联系更为紧密，并且有着文献上的支撑，这或许是刘贺选择这一冠形的原因。

总之，细审海昏画像中的孔子之冠，可以发现，它以隆起窄小为特点，并颇为符合"枝木之冠"的造型，很可能以"章甫"或古制为蓝本。还需一提的是，依照孙机的看法，如图 3.5 中所展现的孔门之冠，属于无帻之冠的服装样式，为西汉及以前的衣着习惯。由此，《续汉书·舆服志》说："古者有冠无帻。"② 二者叠加，在刘贺心目中，它应该更接近孔子穿戴的"真实"面貌，是"真正"的"儒衣冠"，由此与当时所流行的一般样式拉开了距离。

三 "服备而后容体正"：磬折的意义

在儒家理念中，"儒衣冠"承担着礼的功能。《礼记·冠义》曰："凡人之所以为人者，礼义也。礼义之始，在于正容体、齐颜色、顺辞令。"③ 值得注意的是，在这篇专论"冠礼"的文献中，归宿所在是"礼"或"礼义"。"容体正"云云，成为核心关注点，即所谓"冠而后服备，服备而后容体正、颜色齐、辞令顺"。由此言之，"儒衣冠"的完整和规范，不是为了别的，基本目标所在，是为了展现出"容体正"的礼学形象。

由此来看衣镜图像，孔子之所以是孔子，最重要的，不在于穿戴了什么，而是穿戴之后，通过它们表现出何种仪态及风范？质言之，"儒衣冠"不过是"儒者气象"的外在载体，在设计孔子图像时，衣冠确定后，紧接而来的问题应该就是——与之相配套的动作仪态。也就是说，在图像中，着"儒衣冠"的孔子表现出什么样的仪态动作最为合适？它既契合孔子的身份，又能展现衣镜的思想主题？

① 宁镇疆：《"章甫"之冠与儒家初起阶段的"儒服"问题——兼论先秦儒家群体意识的觉醒》，《中国文化研究》2015 年第 3 期，第 52 页。
② 孙机：《中国古舆服论丛（增订本）》，文物出版社，2001 年，第 265、266 页。
③ 朱彬撰，饶钦农点校：《礼记训纂》，第 874 页。

　　答案是磬折之礼。

　　什么是磬折？磬是由石或玉所制成的打击乐器，形若曲尺，呈现出一定的角度。当人弯腰施礼时，在外形上与之颇为神似，故而可称之为磬折。磬折，不仅是重要的行礼方式，更重要的是，它配合着衣冠及具体的容色举止，是礼容或容礼的重要组成部分。所以《新书·容经》在论及坐、行、趋、跪、拜等礼仪动作时，多次出现"磬折"，或属于这一系统的"微磬"要求①。在这样的视域下来观察衣镜图像中的孔子，可以认为，通过磬折的形象，既可展示出孔子所具的君子乃至圣贤的好礼风范，同时又可为刘贺的"修容侍侧"提供直观的礼仪范本。下面，就图像中为何要选择磬折之礼，或者说意义及理由何在的问题，作进一步的补充说明。

　　首先，从先秦到两汉时期，磬折作为谦恭好礼的象征，成为孔子的标志性动作。除了在前所引及的《新书·容经》等文献中可以看出这一点之外，更为重要的是，在汉代的其他孔子图像中，也是如此。

　　所谓其他孔子图像，就现有材料来看，最主要的就是衣镜图像之外的《孔子见老子图》，图像载体为画像石或壁画。由本论题出发，孔子几乎无一例外都是磬折的姿态，并以此来展现谦恭好礼的形象。有学者甚至认为，此类图像的准确定名应为"孔子问礼图"②。这一结论能否成立，或许还可商榷。但不管其主题是什么，这些图像以"孔子问礼"为基本依托和出发点，通过老子为尊，孔子为卑，后者向前者施礼的方式来加以展现，而且是以磬折这样的方式来表示极大的敬意，则是没有疑义的。还需一提的是，在行礼的过程中，除了弯腰以致敬之外，更需配之于面容神色的肃穆恭谨。

　　关于这一点，《庄子·渔父》中的相关记载可为佐证。在这个寓言

---

① 有学者将磬折和微磬加以区分，并参考相关汉代图像，指出："所谓'磬折'，大致是指腰身像磬那样曲折，其角度约135°（即前倾约45°）；而所谓'微磬'，则大致是指腰身曲折而成的角度大于135°（即前倾小于45°）。"（马怡：《汉画像所见"磬折"与"微磬"》，《湖南省博物馆馆刊》（第七辑），岳麓书社，2010年，第316页）从狭义上来说，这是应该可以成立的。但是就一般意义上来说，磬折与微磬之间没有泾渭分明的区分，微磬也是磬折的一种。我们注意到，在衣镜图像中，孔子对于颜回的弯腰角度并不深，当属于"微磬"之礼。而且老师对于弟子施礼，也本应如此，不可能深度弯腰。但是，倘泛泛而言，这种微磬也可以算作磬折。理由在于，在《新书·容经》中，孔子对于弟子子赣的拜谒，以"磬折"加以回应。以颜回之例及情理推度，在这一施礼过程中，实际上也应是"微磬"，但在严判礼仪制度的《容经》中，既然被称为"磬折"，可见广而言之，微磬也是磬折的一种。在本文中，对此问题不做细化，磬折取其广义上的意义指向。

② 王元林：《试析汉墓壁画孔子问礼图》，《考古与文物》2012年第2期，第77页。

故事中，当孔子在杏坛授业时，作为世外高人的渔父"下船而来"，面对着他的教诲，孔子多次"再拜而起"，恭敬受教，与"孔子问礼图"中的情形实无二致。以至于孔门弟子不解地问道："万乘之主、千乘之君见夫子，未尝不分庭抗礼，夫子犹有倨敖之容。今渔父杖拏逆立，而夫子曲要磬折，言拜而应，得无太甚乎？"① 对于这个故事本身的真伪及相关问题，本文不作展开。就本论题出发，值得注意的是孔子的仪态，即所谓"曲要磬折，言拜而应"，孔子一改往日对于王侯的"倨敖之容"，在容色上表现得恭谨异常。这是磬折之时所应有的态度，或者说是"正容体"所需。而对面的渔父"杖拏逆立"，似乎并没有回礼。就礼的角度来说，它所聚焦的一面是，当磬折之时，孔子对于尊者的恭敬态度。

由此来观察各类孔子见老子图，就可以发现一个有趣的现象，孔子作为卑者而施礼，其仪态是一贯的，即以磬折之礼来表现恭敬之意。而老子的表现则不一而足。既有如图 3.4 所呈现的以磬折的姿态加以回礼；更有如图 3.2 所展现的持杖受礼，甚至带着几分倨傲之容。在这些图像中，老子处于尊者的地位，不回礼似乎也无不妥，但是，从重礼的儒家角度来说，这样的倨傲，是颇有些问题的。《礼记·曲礼上》曰："夫礼者，自卑而尊人。虽负贩者，必有尊也。"② 就礼而言，尊者对于卑者亦应表示出相应的尊重。由此，在磬折之时，尊者向卑者回礼，应更为合理及合礼。可以说，在衣镜图像中，颜回向孔子磬折施礼，孔子以磬折之礼加以回应，就反映了这种取向，并可与图 3.4 中的形象表现互为印证。

这一点在传世文献上亦可获得证明。《新书·容经》载，当孔子的学生子赣（子贡）"由其家来谒于孔子"时，"孔子正颜举杖，磬折而立"③。并辅之以一连串的语言、动作，《容经》评价道："故身之倨佝，手之高下，颜色声气，各有宜称，所以明尊卑别疏戚也。"④ 从某种意义上来说，这简直是教科书般的礼仪范本。要之，在孔子见老子图中，老子或倨傲，或如孔子一般谦恭，其图像表现的不同，固然有各种缘由。但倘易位处之，儒学的本质决定了，孔子所面对者，无论尊卑，都必然呈现出谦恭有礼的形象。对于卑者，乃至于弟子亦当如是。由此，选择磬折这一招牌性动作来展现此种取向，就很是顺理成章。

---

① 王先谦撰，沈啸寰点校：《庄子集解》，第 275 页。
② 朱彬撰，饶钦农点校：《礼记训纂》，第 7 页。
③ 贾谊撰，阎振益、钟夏校注：《新书校注》，中华书局，2000 年，第 229 页。
④ 贾谊撰，阎振益、钟夏校注：《新书校注》，第 230 页。

其次，磬折与孔子的"圣性"及"成圣之路"的推进有着重要的关联。

在孔子形象塑造史上，西汉是一个关键时代。其中最值得注意的是，随着谶纬之风的强劲，"把一个不语怪力乱神的孔子浸入怪力乱神的酱缸里去了，……成了孔教的教主"①。由此，在谶纬系统中，为了突出孔子形象的神圣性，有着种种异相的孔子开始登上了历史舞台，并在怪异之中，越来越失去了常人的形貌。但是，在衣镜文中，未见孔子样貌方面的任何怪异之谈，仅仅说他为"长人"，"生而首上汗顶"②，与《史记·孔子世家》所载正相吻合。反映在衣镜图像上，细审画面，面容的具体情形虽不可见，但似乎也看不出太多异相的存在，那里面的孔子应该属于样貌正常之人，仅仅身材高大而已。

由此而论，衣镜图文中的孔子实为常人模样。那么，是不是可以说，在这里面的孔子形象已毫无"圣性"可言了呢？或者说，刘贺无意展示孔子的"圣性"呢？答案是否定的。

细绎衣镜文字，可以发现，对于孔子的"圣性"问题，不仅是正面肯定，而且高度重视，直至最后给出了"至圣"的无上之誉，并隐隐可见"素王"意蕴。也就是说，衣镜文中的孔子之"圣性"，是极为浓郁的，只是与谶纬的"怪、力、乱、神"之流不同，它不依赖异相来加以呈现。那么，它是如何体现孔子之"圣"的呢？衣镜文给出的答案是礼。也就是说，孔子之圣，在形象表现上，依靠的是礼或礼乐，而不是神神道道的异象。事实上，与谶纬取径不同的是，在正宗经学，尤其是礼学文献中，所用的就是这一取向。所以《中庸》有云："大哉圣人之道！洋洋乎！发育万物，峻极于天。优优大哉！礼仪三百，威仪三千。待其人而后行。"③

但进一步的问题是，所谓的"礼仪三百，威仪三千"，可谓内容繁杂。在衣镜的画像中，以什么样的具体仪态来展现此种形象呢？答案就是磬折。或者也可以说，由磬折来展示礼之意蕴及孔子的"圣性"。

由此再来看衣镜文，就可以发现，其中一条重要的叙述理路是，孔子之"圣"与"礼乐"相关。所以，弟子们之所以投身孔门，乃在于：

---

① 顾颉刚：《春秋时代的孔子和汉代的孔子》，《古史辨伪与现代史学》，上海文艺出版社，1985 年，第 103 页。

② 王意乐、徐长青、杨军等：《海昏侯刘贺墓出土孔子衣镜》，《南方文物》2016 年第 3 期，第 64 页。

③ 朱熹：《四书章句集注》，第 35 页。

"孔子行礼乐仁义□久，天下闻其圣，自远方多来学焉。"而孔子在成长为圣人的过程，虽有各种因素，但礼是最为关键的。从"为儿嬉戏，常陈俎豆，设□（容）礼"。到十七岁时"诸侯□称其贤"，皆与礼息息相关①。尤为重要的是，在十七岁时，孔子以礼而闻名，是关键的节点。

　　关于这一问题，可参看本书第九章的相关论述，此处不再展开。由本论题出发，值得注意的是，当孔子十七岁受到重视时，一个很重要的理由在于，孔子作为"圣人之后"，在礼学方面具有家学传统，而这种礼学的家传，与磬折密切相关。这一问题在《左传》昭公七年中有载，其中就说到孔子的祖先正考父恭敬有礼，并留下鼎铭："一命而偻，再命而伛，三命而俯。循墙而走，亦莫余敢侮。"②其中的偻、伛、俯等，与磬折的形象极为契合。它被时人作为"圣人有明德者"的表征，其后能继承这一传统的"达人"正是孔子。可以说，当孔子因礼方面的造诣，而使得"诸侯□称其贤"之时，在人们心目之中，所浮现的具体形象，正是磬折的情形。作为"圣人之后"所应传承的传统，磬折是礼的表征，也是"圣性"的载体。

　　此外，还值得一提的是，刘贺对于磬折之礼极为重视与熟悉。据《汉书·武五子传》，在刘贺改封海昏之前，汉宣帝特派张敞来侦讯其情，在这次命运的转折点，刘贺表现得极为恭敬有礼，在参见张敞之时，"簪笔持牍趋谒"，这样的举动，为此后由罪人而向诸侯的转变加分不少，并从"非常之祸"中暂时脱困③。从某种意义上来说，因刘贺的"有礼"，终于转祸为福。可注意的是，刘贺的"簪笔持牍趋谒"，就与磬折之礼有关，或者说配合着磬折而来。《史记·滑稽列传》载："西门豹簪笔磬折，向河立待良久。"张守节《正义》曰："簪笔，谓以毛装簪头，长五寸，插在冠前，谓之为笔，言插笔备礼也。磬折，曲体揖之，若石磬之形曲折也。"④也就是说，簪笔为礼，是与磬折相关联的。刘贺十分熟悉这一礼仪，并以此来表达自己的肃穆恭谨。在他心目中，这就是礼的重要表现。

　　笔者曾经论证，"孔子衣镜"之所以出现，一个很重要的目的是，刘贺在获封海昏之后，以此来提醒自己要以孔子师徒为样板，通过"修

---

①　王意乐、徐长青、杨军等：《海昏侯刘贺墓出土孔子衣镜》，《南方文物》2016 年第 3 期，第 64 页。

②　阮元校刻：《十三经注疏》，第 2051 页。

③　《汉书》卷 63《武五子传》，第 2767、2768 页。

④　《史记》卷 126《滑稽列传》，第 3212 页。

容"以避"非常之祸"，即《衣镜赋》中所言的"修容侍侧兮辟非常"。衣镜不仅是生活器，更是具有镜鉴作用的礼器。其中，孔子的礼仪动作无疑更具有示范性①。

要之，在孔子的图像设计中，选择孔子的标志性动作——磬折，不仅可以展现出孔子的礼容及圣性。在由"儒衣冠"而"容体正"的理论进路中，亦为刘贺"修容侍侧兮辟非常"提供直观画面，是具有历史和现实意义的形象选择。

四　剑履问题

较之于"儒衣冠"，佩剑及鞋子，也即所谓"剑履"属于相对细微的小物件。但细微不代表就可以忽略，事实上，此类构图的存在，不仅事关孔子形象的设计，背后亦蕴含着丰富的礼制及相关问题。通过它们，可以由小见大，颇具学术价值。以这样的问题意识来细审画面，可以发现的是，孔子佩剑，而弟子们皆无剑，就礼制而言，展示了一种尊崇的态度。而他们皆不脱鞋的状况，则反映着师徒立于堂上的情形。此外，孔子之履显得特别大，特别突出，不仅与其高大的身材相匹配，同时也是一种重要的文物及文化符号。下面，展开具体的论述。

我们从佩剑问题说起。

关于这一问题，《汉书·隽不疑传》中的相关记载颇具典型性，下面就以此为核心来做研判。细绎传文，起首是这样介绍隽不疑的："字曼倩，勃海人也。治《春秋》，为郡文学，进退必以礼，名闻州郡。"紧接着则叙述道，当武帝末年时，暴胜之奉命来到勃海郡"逐捕盗贼"时，"素闻不疑贤，至勃海，遣吏请与相见"。于是，隽不疑应约而来，并有了下面的情形：

> 不疑冠进贤冠，带櫑具剑，佩环玦，褒衣博带，盛服至门上谒。门下欲使解剑，不疑曰："剑者，君子武备，所以卫身，不可解。请退。"吏白胜之。胜之开阁延请，望见不疑容貌尊严，衣冠甚伟，胜之徒履起迎，登堂坐定。不疑据地曰……②

通过这段文字，可以看到，当隽不疑儒服出行，尤其是"盛服"的

---

① 关于这一问题，可参看本书第十二章。
② 《汉书》卷 71《隽不疑传》，第 3035 页。

时候，除了"儒冠"及"褒衣博带"之外，还"带櫑具剑"。由前已知，隽不疑"闻名州郡"的原因是"进退必以礼"，当他如此郑重地去谒见尊者时，毫无疑问，自当遵礼而行。由此，在隽不疑的服饰系统中，佩剑绝非可有可无之物，而应该是"盛服"的重要组成部分。事实上，在早期中国，剑不仅是男子护身的需要，也从属于"衣冠"系统。所以，人们在展现"富贵容"时，往往要"饰冠剑，连车骑"①。儒生亦不例外。也就是说，当一个士人着"儒衣冠"，并且"盛服"而行时，为体现庄重而严谨的礼制要求，佩剑是必不可少的。

由此再来观察孔子的着装，可以发现的是，除了"儒冠"及"褒衣博带"的装扮，在其左腰上还有一把佩剑（图3.6）。这自然是配合着"儒衣冠"而来的，是符合礼制的装扮。

图 3.6　孔子腰间的佩剑（孔子画像局部图）

但接下来的问题是，为什么画像中的孔门弟子没有和孔子一样佩剑呢？是画师的一时疏忽所致吗？这样的穿戴，是不是可以认定违礼了呢？答案恰恰是相反的。弟子们没有佩剑，正是礼的要求。

在展开具体论述之前，要先加以确定的是，在一般状况下，孔门弟子是可以佩剑的。

以图3.5为例，这是山东东平汉墓壁画中的《孔子见老子图》，除了孔子佩剑，随从的弟子们也一一佩剑。还需一提的是，即便图中几人不是孔门师徒，右边二人也是作为前方拜谒人的随侍者而出现的，与孔门情形具有共通性。也就是说，师生之间，或者卑者与尊者在一起时，是可以共同佩剑的。

问题只在于，为了表示尊重，在拜谒尊者之时还有一个重要选项，那就是：通过解剑以示礼敬之意。由此来看图3.2、图3.4的《孔子见老子图》，就可以发现，孔子及弟子在谒见老子时，是没有佩剑的。尤需

① 《史记》卷129《货殖列传》，第3271页。

注意的，是图 3.2 和林格尔壁画中的孔子形象。由于墓主人为东汉时期的使持节护乌桓校尉，墓室也有意追仿生前的"幕府"而建①。由此，壁画中充满了武勇之气。前已论及，那里面的孔子没有戴冠，这种礼制上的松弛，既反映了时代的变化，同时也与墓主的武官身份有关。质言之，表现在"儒衣冠"问题上，武人对此不是太讲究的。

但恰恰是在这一稍显"粗犷"的图像中，孔门师徒谒见老子时皆不佩剑。这说明什么？很大的可能就是，在谒见尊者时，解剑是一种更为关键性的礼敬态度。作为起起武夫都明白或看重的观念，且不说儒生或具有儒学观念者，就是一般民众都应知之，并力行之。在汉代，与之相类似的著名例子是，自叔孙通定朝仪之后，臣子们都需要解剑、脱鞋才能上殿觐见皇帝。但作为例外，萧何不受此约束。史载："乃令萧何赐带剑履上殿，入朝不趋。"② 为什么要下这样的命令呢？因为萧何与一般臣子不同，通过这种礼遇，皇权自降尊严，有意地表现出非同寻常的尊崇。

由此，"萧何故事"作为"殊礼"的标志，为后世重臣所沿袭，并成为政治史研究中的一大聚焦点。但这显然不是本论题的致思方向，通过这个故事，我们所关注的，是礼的时空性问题。具体说来，解剑是一种礼的要求。为表现礼敬之意，它固然可以根据具体情形，在不同场合下加以展现。但如果按照礼制的严格要求，必须解剑的情形，是需要先定条件的。质言之，倘按要求必须解剑，它应是在特定时候、特定空间下的产物。

也就是说，萧何的同僚们进入宫殿之后，不是在任何时候、任何地方都需要解剑的，主动权在己。所谓"上殿""入朝"云云，已经告诉了我们，解剑发生在大殿之上，在朝见皇帝之时，限定在所谓的"庙堂"或"朝堂"之上，宫廷中的其他地方并非有这么严格的规定。例如，东方朔为侍郎时，曾"拔剑割肉"；霍光初掌朝政时，欲将皇帝印玺控于己手，逼使得掌印的尚符玺郎"按剑曰：'臣头可得，玺不可得也'"。而在权势煊赫之后，霍光在未央宫与群臣谋废刘贺时，手下田延年"离席按剑"，对群臣加以恐吓③。以上剑不离身的故事都发生在皇宫之内，说明非"朝堂"之上的觐见并没有那么严格的要求。

循着这样的问题意识再来看《汉书·隽不疑传》，就可以发现一个

①　内蒙古文物工作队、内蒙古博物馆：《和林格尔发现一座重要的东汉壁画墓》，《文物》1974 年第 1 期。

②　《史记》卷 53《萧相国世家》，第 2016 页。

③　分见《汉书》卷 65《东方朔传》，第 2846 页；卷 68《霍光传》，第 2933、2937 页。

重要的细节：当隽不疑登门谒见时，"门下欲使解剑"。为什么要在"门下"解剑呢？因为正式拜见是在堂上，入门后，随即就要"登堂"，即文中所谓的"登堂坐定"。作为会面行礼的场所，"登堂"类似于上殿觐见，所以，遂有了请隽不疑解剑之举。但隽不疑为何拒不从命呢？因为他是被礼请而来的，解剑意味着被对方所俯视，失去了礼遇的意义。但是，当"胜之徒履起迎"，以十分恭敬的态度亲迎入内后，事情则发生了改变，"登堂坐定"后的隽不疑"据地"而言，显现出一种自贬的仪态。《礼记·曲礼上》曰："往而不来，非礼也；来而不往，亦非礼也。"① 也就是说，由于"胜之徒履"，按照礼数，需回报以卑微和谦逊。

隽不疑拒绝解剑及一系列的仪态动作，建立在对等的情形之下。在这种会面中，由于理解上的不同，佩剑还是解剑，往往会因人而异。这就好像汉画像中的孔、老相见，孔子有佩剑，也有不佩剑的情形，最终结果如何，取决于绘画者的理解。但是，当弟子们在"登堂"聆听老师教诲时，师、弟之间并不存在身份的对等性，毫无疑义是需要解剑的。

由前已知，解剑是非常态的情形，孔门弟子一般皆佩剑。解剑这种情形的出现，或礼的发生，在于空间的转移。《左传》宣公十四年载，楚庄王听说自己的使臣被杀，气得冲出门去准备征讨。文载："楚子闻之，投袂而起，屦及于窒皇，剑及于寝门之外，车及于蒲胥之市。"② 在这个"剑及履及"的故事中，楚王在往外冲时，手下赶紧追上他，将剑奉上。这就说明，在屋外佩剑才是常态，即便放下了，外出时也需要赶紧拿上。也就是说，所谓解剑，应该发生在门内，尤其是"登堂"之时。

在孔门弟子中，武勇的子路最为"好剑"。《孔子家语·子路初见》载："子路见孔子，子曰：'汝何好乐？'对曰：'好长剑。'"③ 但最后子路拜入孔子门下后，解剑而学。即《庄子·盗跖》所谓的："使子路去其危冠，解其长剑，而受教于子。"④ 所以，在衣镜图像中，喜爱长剑的子路与其他弟子一样，没有任何武器在身。关于这一问题，《说苑·贵德》中的一段文字：

子路持剑，孔子问曰："由，安用此乎？"子路曰："善，古者

① 朱彬撰，饶钦农点校：《礼记训纂》，第 7 页。
② 阮元校刻：《十三经注疏》，第 1886 页。
③ 杨朝明、宋立林：《孔子家语通解》，齐鲁书社，2013 年，第 232 页。
④ 王先谦撰，沈啸寰点校：《庄子集解》，第 262 页。

固以善之；不善，古者固以自卫。"孔子曰："君子以忠为质，以仁
为卫，不出环堵之内，而闻千里之外；不善以忠化寇，暴以仁围，
何必持剑乎？"子路曰："由也请摄齐以事先生矣。"①

在这个先持剑、后解剑的故事中，关键词是"摄齐"。作为"登堂"
或"升堂"的礼仪动作，"摄齐"在史籍中屡见不鲜。如《论语·乡党》
载："摄齐升堂，鞠躬如也。"朱熹注曰："摄，抠也。齐，衣下缝也。
礼，将升堂，两手抠衣，使去地尺，恐蹑之而倾跌失容也。"② 也就是
说，子路不仅要解剑，在登堂的时候，还要恭敬小心地提着衣服进入。
综合这些材料，我们有理由相信，从整个衣镜画像的构图安排来看，孔
门弟子的解剑，所表现的应该就是在堂上行礼的图景③。

但由本论题出发，更进一步的问题是，在解剑之外，按照早期中国
的规矩，为表示尊重，入他人家门之后，还需要脱鞋，鞋不能上堂，是
那时的常态。入座后，只有长者、尊者的鞋履才可以放在席旁。那么，
或许有人就要问了，孔子不脱鞋自然可以理解，但为什么这些弟子们也
不脱鞋呢？这里的关键所在，是孔门弟子所呈现的姿势。进一步言之，
他们"侍侧"于孔子身旁的画面，表现的是"侍立"，而非"侍坐"的
情形。

《仪礼·燕礼》曰："宾反入，及卿大夫皆说屦（脱鞋），升就席。
公以宾及卿大夫皆坐，乃安。"郑注曰："凡燕坐必说屦，屦贱，不在堂
也。"贾公彦疏则曰："凡在堂立行礼，不说屦，安坐则说屦，故郑云
'凡燕坐必说屦'。"④ 由此可知，虽一般来说"升堂"需脱鞋，但那是
"侍坐"时的情形，"侍立"时就可以不脱鞋。既如此，孔门师徒在堂上
着鞋，就不算违礼，而且这样的情形还可与弟子解剑问题相印证，它们
共同构成堂上行礼的场景。

最后值得一提的，是孔子那个大鞋子所引发的问题⑤。细绎画面可
以发现，孔子的鞋子特别大。这样的规模，自然与孔子高大的身材相匹
配。但此种问题，与本文主旨关系不大。我们的兴趣由《宋书·五行志
三》所引发：

---

① 刘向撰，向宗鲁校证：《说苑校证》，中华书局，1987 年，第 113 页。
② 朱熹：《四书章句集注》，第 118 页。
③ 关于这一问题，可参看本书第二章。
④ 阮元校刻：《十三经注疏》，第 1022 页。
⑤ 赵灿鹏的《孔子的鞋》，对于此问题有简明亲切的评述，可以参看赵灿鹏：《汉宋相假：
中国学术思想史论集》，中国社会科学出版社，2017 年。

晋惠帝元康五年闰月庚寅，武库火。张华疑有乱，先固守，然后救灾。是以累代异宝，王莽头，孔子履，汉高断白蛇剑及二百万人器械，一时荡尽。①

由上引材料可知，"孔子履"作为"累代异宝"，一直到晋朝时都是珍贵的国家藏品，后毁于大火。从文中所列出的另外两种重要文物——高祖剑、王莽头来看，它们无疑是源自汉代的收藏。高祖剑、王莽头的问题可存而勿论，由本论题出发，自然就要问：作为顶级文物的"孔子履"，在汉代是一种什么情形？相关的问题有哪些？衣镜图像是否参照了实物呢？

翻检史籍，"孔子履"在汉时未进入官家库房，还属于孔家私物。《后汉书》载："今鲁国孔氏，尚有仲尼车舆、冠履。"②但此处值得注意的是"冠履"连言。也就是说，在汉代，孔氏收藏的孔子遗物中不仅有履，还有冠。不仅如此，我们注意到，司马迁在为孔子作传时，曾"适鲁，观仲尼庙堂车服礼器"③。在对孔子遗物所做的实地考察中，对于这些孔子庙堂里的文物，司马迁用了"车服"一词来概括。比照《后汉书》的记载，"车服"中的车自然可以对应"车舆"；而"服"所对应者，应该就是"冠履"。因为在《孔子世家》中，司马迁还有这样的表述："故所居堂弟子内，后世因庙藏孔子衣冠琴车书，至于汉二百余年不绝。"并且说："高皇帝过鲁，以太牢祠焉。诸侯卿相至，常先谒然后从政。"④

但由此，一些难解的疑问也随之产生：一是"孔子履"得以成为"累代异宝"，比"履"更为重要的"冠"，为什么反而不获珍藏呢？二是由前面的论述可知，汉代在"儒冠"问题上没有统一的认识。如果孔子冠的实物就摆在那里，而且"诸侯卿相"都要"常先谒然后从政"，孔子之冠这样的昭昭之物，应成为国之重宝，在定礼时为什么不对它加以参照并热烈讨论呢？在"儒衣冠"问题上，还有比这更有说服力的证据吗？但是，为什么连郑玄这样渊博的人都会对此问题一筹莫展，而不加征引呢？

毫无疑问，由"冠履"连言到最后独见"孔子履"，是不容忽视的

①　《宋书》卷32《五行三》，中华书局，1974年，第933页。
②　《后汉书》卷42《光武十王传》，第1438页。
③　《史记》卷47《孔子世家》，第1947页。
④　《史记》卷47《孔子世家》，第1945、1946页。

问题。但由于材料的极度缺乏，无法形成定论，只可作一些简单的猜测。笔者以为，一个很大的可能是，"孔子履"在汉晋时代的存在，应该是渊源有自。但孔子之冠倘在汉代存在的话，很可能是新出的赝品，并不为儒林所信从。这样，也可以部分解释前面的疑问。也正是出于这样的原因，笔者在研判"儒衣冠"时，对这一暗昧问题并不加以提出，而只在讨论"孔子履"时附而论之。

循此理路，笔者注意到了东汉时期的一段材料。说的是钟离意在明帝朝担任鲁相一职时，"出私钱万三千文，付户曹孔欣修夫子车，身入庙，拭几席剑履"。并且在这一过程中，发现了所谓孔子留下的"素书"，里面有"护吾车，拭吾履，发吾笥"的文字①。这段故事来自李贤注引的《钟离意别传》，但它也出现在《水经注·泗水》中，由此可以推定，它的出现不会晚于汉末魏晋时代。

这段故事中"怪力乱神"的叙述，足见后世编造的痕迹。但本文所关注的不是这些，比照此前的"今鲁国孔氏，尚有仲尼车舆、冠履"。在"拭几席剑履"云云中，已没有了冠，而代之于剑。孔子剑留存下来了吗？冠的真实性尚有疑问，"剑履"只怕是"冠履"一词的变形。而后面的"护吾车，拭吾履，发吾笥"中，则只见履，而没有了冠与剑。可见履才是实的，冠与剑则较为虚空。

限于材料，对于这些相关问题，还无法获得细部的了解。但最大的可能是，"孔子履"是"车服"之"服"中相对靠谱的实物，所以在这些材料中，主要围绕着"孔子履"而展开故事或讨论，冠与剑的问题则真伪杂陈，无法明晰。因材料所限，衣镜图像在创作中是否参考了"孔子履"这一实物，还是不得而知。

"孔子衣镜"出土之后，由于水渍等原因，使得相关图像的判定，在某些细节上具有不确定性。本章遂以衣冠、仪态等为考察点，将其作为展现孔子形象的重要载体，围绕着它们，对图像中的孔子形象问题作了一个初步的分析，提出了若干的意见。

通过我们的考察，有些问题可得以明确，其中最主要是，衣镜图像在儒冠问题上不采用当时的流行样式，而应该是以"章甫"或古制为蓝本。在刘贺心目中，这应该更为接近孔子穿戴的"真实"面貌，是"真正"的"儒衣冠"。在衣冠确定后，在图像设计中，以"磬折"之礼来表现穿戴"儒衣冠"的孔子形象，既契合孔子的身份，又展现了衣镜的

---

① 《后汉书》卷41《钟离意别传》，第1410页。

思想主题。此外，画像中弟子们的解剑而侍，就礼制而言，展示了一种尊崇的态度。与孔门师徒皆不脱鞋的状况相结合，反映着他们立于堂上的情形。

　　有些推定则还处在不确定之中，如剑履等问题。故而在具体的研判过程中，仅仅作出思考，提出可能性，不作出明确的结论。以笔者浅见，在学术考察中，有一份材料说一份话，出现缺环，无法判定具体的情形固然遗憾，但借助孔子图像的讨论，提出问题，也不失为一种学术态度，希望高明君子在此基础上进一步解疑释惑，有以教我。

第四章 图像表现与创作旨趣：衣镜图文中的孔门弟子问题

一 引言：材料与问题

"孔子衣镜"因孔子而得名。但是，在衣镜图文中，除了现存最早的孔子像及介绍性文字之外，孔门弟子资料也是重要组成部分。由前已知，有五位弟子与孔子一起出现在衣镜的背板之上，他们为：颜回、子赣（子贡）、子路、堂骀子羽（澹台灭明）、子夏。这六人两两相对，分置于三个图框之内。此外，在衣镜掩的背面虽然存有子张和曾子的图文资料，但损毁严重。图像部分仅能模糊看到人物的头颈，榜题部分可以辨识姓名，其中子张的文字内容可以部分释读，但"右侧曾子传记文字基本无法辨识"①。

对于研究者来说，跟踪这些珍贵的出土材料，并做出进一步的研究，是题中应有之义。

有鉴于此，笔者曾根据文字资料，对于它们所展现的历史信息及弟子选配旨趣等，作了一些初步的分析。通过这些资料，不仅厘清了一些相关的历史事实，还可知道的是，在背板之上，与孔子并立的颜回、子贡、子路、子夏的选配，乃是遵循着"四科十哲"的规矩，并与澹台灭明，及他处的曾子、子张一起，成为孔门"七十子"的代表。他们的出现及选配，既有着对传统的尊重与遵循，更蕴含着刘贺的内在考量及微言。也就是说，这些孔门弟子出现于衣镜之上，不仅仅是传统或历史的呈现，也反映了衣镜主人刘贺的心声②。

这些推断是否准确到位，可以见仁见智。但是，笔者做这样的考察，一个很重要的旨趣在于，希冀通过图文所透现的信息，进入到历史的现场及当事人的创作心态之上。通过这些资料，笔者特别想知道的是，它

---

① 相关内容参见王意乐、徐长青、杨军等：《海昏侯刘贺墓出土孔子衣镜》，《南方文物》2016 年第 3 期，第 63、64 页。

② 关于这些问题的具体情形，可参看本书的第九、十、十一章内容。

们可以反映出哪些历史的场景？这些场景的"呈现"及选择，又体现了当事人哪些内在的心声呢？

需要指出的是，以上这些认识的获得，所凭借的主要是文本资料。而这些资料，并不是孤立的，究其实，都是与图像相配套的解说文字。由此，要获得新的认知，挖掘图像的内在意蕴，成为新的学术突破口。

新知的获得，主要在两大层面展开：一是探求图像本身所具有的意义；二是图与文交集之后所带来的启示。在绪论中，笔者已经指出，在图像研究中，当图与文出现"交集"，图文可以最大程度地互释时，它的学术价值将随之扩展。循着这样的致思理路，在"孔子衣镜"的研究中，笔者一直在努力寻找着图文中的交集点及逻辑链条，并以此为基础，进一步展开合理的推断。

纵览衣镜图文，在这种"交集"的过程中，孔门弟子问题具有特别的研究优势。理由在于，在"孔子衣镜"中，无论是图还是文，孔门弟子的内容最为丰富，覆盖面最广。当然，与孔子直接相关的图、文资料，也较为丰富，而且孔子就是整个图文系统的核心。但是，相较之下，孔子图像只有一个，而图像中的孔门弟子成为一组系列，并且表现各异，呈现出动态和场景化的画面，对他们可以进行组合研究。加之孔门弟子作为孔子的衬托面而出现，此类问题得以深化后，对于孔子的讨论也就更进一步。由此，利用孔门弟子的图文资料做深入考察，具有重要的意义。

曾子和子张的图像由于残损的缘故，已经无法对其做出清晰的研判，所以，我们的讨论只针对背板上的画面及文字加以展开。笔者的基本考虑是，以图为主，图文互证，在相互"交集"中，对图像所表现的场景、意义作分析，并由此进一步探求创作旨趣及相关问题，寻绎出衣镜主人刘贺的内在"心声"。下面，就展开具体的论述。

二 "立则习礼容"与"学而时习之"：孔门弟子的场景再现

在海昏侯墓"孔子衣镜"出土之前，已知的汉代孔子及弟子图像，一般都是以故事画的形式加以表现。其中最为著名的是《孔子见老子图》中的场景，此种图像在很多地方都有出土。此外，在著名的武梁祠画像石中，则有"孔子击磬"图（图4.1）。在这些图像中，孔子并非孤立存在，而是与弟子及他人一起，共同构成一个或一组故事画面。

相较之下，比它们时间更早的"孔子衣镜"，呈现了不一样的图像特点。

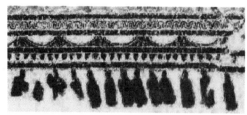

图 4.1　安丘画像石墓中的《孔子见老子图》（局部）（左）；
武梁祠"孔子击磬"图（右）

查核图文，从人物的相互关系及榜题中，看不到明确的故事提示。也就是说，它的画面不是用来述说某个或某组故事的。加之相配套的文字，主要是对于孔门师徒的介绍和评述。由此，整理者认为，较之其他的汉代同类图像：

> （"孔子衣镜"的）内容和表现形式不同。刘贺墓中的孔子与弟子是以肖像画和传记的形式出现，而其他的孔子形象是以壁画和浮雕或浅浮雕的故事化形式表现。①

整理者的研判有一定的合理性。但是，仅做出肖像画的判定，似乎又有所欠缺。其中最关键的，是忽略了每幅图画之间的内在关联及动态的图像表现。我们注意到，与一般肖像画不同的是，衣镜图像中的孔门师徒并非互不关涉，他们之间有着明显的互动与呼应。

细审图画内容，按照整理者的说法，第一栏的孔子与颜回之间，所呈现的图景，应该是颜回在"向孔子躬身行礼"，而孔子，则在做着回应的动作，呈现出师徒对揖的姿态。第二栏的子贡和子路也显现出动态的图像呼应，并非完全静态的人物形象。具体表现为"（子贡）右手在胸前，似乎手中拿笔"。子路则是"双手向下，两臂外张，手心向后，两袖飘动"。第三栏的澹台灭明与子夏之间，则是这样的画面：当子夏"双手持一册打开的竹简，正低头专心看竹简"时，澹台灭明"头扭向右侧，似乎在看子夏手中的竹简"②（图 4.2）。

---

① 王意乐、徐长青、杨军等：《海昏侯刘贺墓出土孔子衣镜》，《南方文物》2016 年第 3 期，第 68、69 页。图 4.1 亦引于此，其中，"孔子击磬图"被写作"孔子荷蒉图"。查核画像原石，虽在榜题中有"何蒉"一词，但那是对另一人物所呈现动作的一种标示，"孔子荷蒉"图的概念似乎不是太严谨，故而做了文字的改定。
② 王意乐、徐长青、杨军等：《海昏侯刘贺墓出土孔子衣镜》，《南方文物》2016 年第 3 期，第 63 页。图 4.2 亦引自此文。

图 4.2 衣镜背板上的孔子师徒画像

　　审查这些图画，虽然没有表现出某个或某些特定的具体故事，但它们也并非就是一些孤立、静态、无关联的肖像。因为将这些画面连接起来，应该是某种场景的呈现。面对着这些互为呼应的画面，与其说它们是肖像画，倒不如说是一种场景画。

　　那么，它要表现什么样的场景？为什么要做这样的选择呢？

　　以笔者的浅见，衣镜图像中所呈现的，是"立则习礼容"的图景。作为日常生活中极为重要的内容，它与"坐则诵《诗》《书》"一起，成为孔门弟子，也是所有倾心于"孔子之道"的儒生们学习、生活的两大重要层面。更进一步的是，画面之内的场景与画外之意联系在一起，还可以反映出"学而时习之"的意蕴，并与衣镜所论及的孔子"圣性"相契合。下面，就展开具体的分析。

　　众所周知，孔门弟子们因孔子的教导而成才。他们与孔子之间是师与生，教与学的关系。也就是说，当他们与孔子在一起时，孔子"传道、授业、解惑"，而他们则相应地接受孔子之道。这是孔门之中的常态，要呈现典型场景，自当以此为主题。

那么，孔子教什么？弟子们又学什么呢？最主要的就是《诗》《书》、礼、乐。史载："孔子不仕，退而修《诗》《书》、礼、乐，弟子弥众，至自远方，莫不受业焉。"① 在此值得注意的是，"《诗》《书》、礼、乐"的修习，可分出两种状态，一是以"《诗》《书》"为代表的经书的修习，坐下来聆听老师的讲授，最为常态。二是"礼乐"这样的活动，需落实在容止、行动之上，不能光静坐倾听，更要起而行之。由此，汉代有所谓的"坐则诵《诗》《书》，立则习礼容"之论，作为修习"孔子之道"者，应将这两大内容贯穿于生活起居之中。

这一要求，还在刘贺做昌邑王时，就曾被手下提出，并付之于实践。由于年轻的刘贺好游乐，未能将其贯彻到底。后来，当"失帝王礼谊，乱汉制度"② 成为废黜理由时，"礼"的问题，就成为突破口及"非常"之祸的重要源头。由此，笔者认为，"习礼容"作为反思的痛点，连接起了刘贺的过去和当下。也由此，"孔子衣镜"并非普通的生活器具，而是"修容侍侧兮辟非常"的礼器，通过它，刘贺希望能像孔门弟子一样，"侍侧""见请"于"至圣"孔子的身旁。

在这样的问题意识下，当年的"坐则诵《诗》《书》，立则习礼容"，由于未加贯彻，带来了"非常"之祸，在痛定思痛之后，刘贺的日常起居当以读书、脩礼容为主要内容。也就是说，当生活归于平静，帝王之想日渐成为迷梦之后，恢复当年的修习状态，成为一种重要的选择。此种认知并非主观臆想，海昏侯墓中出土了大量的经籍，足以证明"坐则诵《诗》《书》"已成为刘贺生活的一部分，而"修容侍侧兮辟非常"则与"立则习礼容"相契合。

关于这一问题，可参看本书的第十二章，在此不再展开。进一步的问题是，"坐""立"为儒生起居生活的两面，在衣镜图像上呈现此种面貌时，刘贺为什么不选择"坐则诵《诗》《书》"的这一面呢？是随性为之，还是有所考量呢？笔者以为，应是后者。基本理据在于，"孔子衣镜"是为"修容侍侧兮辟非常"服务的，画面中的孔门弟子"侍侧"于孔子身旁，为刘贺提供了样板，他们的形象自然需要符合这一主题。也就是说，所谓的"修容侍侧"，着眼于"礼容"之上，在场景的选择上，

① 《史记》卷47《孔子世家》，第1914页。
② 《汉书》卷68《霍光传》，第2944页。

当以展现"习礼容"的这一面为佳。

尤为重要的是，这样的儒学理念，在《论语》中可以找到不少的契合之处。

众所周知，在诸多儒家文献中，对于孔门师弟生活场景的描述，最权威、最集中的乃是《论语》。它不仅是一本孔子语录，从某种意义上来说，也是孔门的学习及生活记录。由此，在孔子衣镜中，有关孔门师徒的文字内容，尤其是孔门弟子的资料，大部分都来于《论语》之中。与之相应的是，要对他们的生活场景做图像描画，作为文献依据者，也当首选《论语》。

但具体落实下来，《论语》中的哪一文句最能承担这一功能呢？在笔者看来，应该是开篇的"学而时习之"及"有朋自远方来"。这种由"学"而"习"的场景，与衣镜图像中孔门弟子的情形十分契合，它应该是刘贺在选择图像时的思想底本。

就一般的理解，一看到"学而时习之"，首先想到的，是知识的授受，也即"坐则诵《诗》《书》"。这样的场景在汉代画像中也有出现，如著名的"传经讲学"画像砖（图4.3）。

图 4.3　四川出土"传经讲学"画像砖图①

然而，在"学而时习"中，这不是"学"的全部。或者说，它主要展现的，是单向度的"学"。如果将"习"作为"学"的延展，并将其包含在内，"学"除了知识，还有实践的内容，其中最主要的就是习礼。

---

① 高文：《四川汉代画像砖》，上海人民美术出版社，1987年，图三三。

《论语·述而》引孔子之言道："德之不修，学之不讲，闻义不能徙，不善不能改，是吾忧也。"① 清儒汪中认为，"讲"与"习"可通，"讲学"可落实为"习礼"，并因"礼"的群体性，而连接着"有朋自远方来"②。也就是说，孔门中极为重要的"学而时习之"，不仅是《诗》《书》的诵读，更有礼、乐的贯彻及群体性的修习。

质言之，要真正做到"学而时习之"，就必须将"诵《诗》《书》"与"习礼容"结合起来，它们不仅不是毫无关联的对立面，反而具有递进的逻辑关系。简单地说，《诗》《书》诵习是一种知识授受，即所谓的"文"。但君子风范的建构，光有这一层面是不够的，它还需要"行"的一面。《论语·学而》曰："行有余力，则以学文。"③ 在儒家系统中，"行"是最后的目标，它高于"文"。由此，在"《诗》《书》、礼、乐"中，先"《诗》《书》"，而后"礼、乐"，作为孔门授受的内容，前者是起点，后者才是目标和贯彻点。也就是说，知识的修习，是需要落实到礼乐的实践和行动中去的，二者相融而互动。

不仅如此，可注意的是，"学而时习"的"时"有两种解释，一是时常；二是按照一定时间④。但从当时作息的规律性及礼制的规定来说，后者应该更为接近事实。后者的诠释源头，可追溯至南朝时期的皇侃。皇氏认为，"学"有"三时"，"一是就人身中为时，二就年中为时，三就日中为时"⑤。由此在《学而》篇中，"时"指的是"日中之时"。这样的话，"习"的时间，就应该在大白天的正午前后。

但这一说法应该是有问题的，并不符合先秦时代的状况。在《国语·鲁语下》中有这样一段话："士朝受业，昼而讲贯，夕而习复，夜而计过无憾，而后即安。"⑥ 说明主要是在"夕"，也即下午至黄昏的时间点，进行"习"的工作。当然，"昼而讲贯"时，亦可包含习礼的成分。但是，倘以规范的时间点来看，"夕"是最优的"习复"时间，此时最适合"立则习礼容"。而"朝受业"及"昼而讲贯"，则更多地与

---

① 朱熹：《四书章句集注》，第 93 页。
② 汪中：《讲学释义》，汪中著，田汉云点校：《新编汪中集》，广陵书社，2005 年，第 354 页。
③ 朱熹：《四书章句集注》，第 49 页。
④ 持前者意见的有钱逊《论语浅解》（北京古籍出版社，1988 年）、杨义《论语选评》（岳麓书社，2006 年）等；后者则以杨伯峻《论语译注》、孙钦善《论语本解》（生活·读书·新知三联书店，2009 年）等为代表。
⑤ 皇侃：《论语集解义疏》，商务印书馆，1937 年，第 2 页。
⑥ 上海师范大学古籍整理研究所点校：《国语》，上海古籍出版社，1988 年，第 205 页。

"坐则诵《诗》《书》"发生关联。

孔子衣镜中的"立则习礼容"，应该就在这个时间点。基本依据是，孔子师徒身着深衣，《礼记·玉藻》曰："朝玄端，夕深衣。"玄端是黑色的礼服，而在衣镜中，孔子衣服的色彩并非黑色①，它显然不是玄端，而是深衣一类较为随意的日常服装。孔颖达正义曰："其私朝及在家，大夫士夕皆深衣也。"② 以表现"礼"为基本面的衣镜图像，是不应该违背这种原则的。也就是说，孔门弟子图像，所表现的应该是"夕而习复"的场景。

孔门弟子在"夕而习复"时，所呈现的是"立"的姿态，即所谓"立则习礼容"，它是接续着"朝受业"而来。毫无疑问，师生授受之"业"，主要围绕着"坐则诵《诗》《书》"而展开，在早上完成了《诗》《书》的讲授，并"昼而讲贯"之后，下午至黄昏，是师生，或生徒之间自主"习礼"的阶段。

在这样的问题意识下，来比较图 4.2 和图 4.3，就可以发现，在图 4.3 的讲经场景中，学生面前往往有简册的存在，这是"坐则诵《诗》《书》"的需要，因为无论是读书还是做记录，都需要简牍。所以，在图 4.3 的右下角，可以看到的是，一名奉简的学生，身上挂了一把书刀，这是在书写出现错讹时，用来删削的工具。这说明，在"诵《诗》《书》"时，随身所带的是简、书刀，当然还应该有笔③。细审图 4.2，在衣镜图像中虽没有师生讲学的情形，但出现了子夏持简的画面。笔者以为，这应该就是延续着"坐则诵《诗》《书》"的情形，表现着诵经结束后，"夕"时"习复"的场景。

《论语·里仁》曰："朝闻道，夕死可矣。"④ 这段话正可印证朝"学"夕"习"的这么一种状况。孔门弟子跟随夫子，当由"朝"而"夕"，毫不松懈地修习"《诗》、《书》、礼、乐"。"孔子衣镜"对此做场景描画，应是可以成立的。要之，由诵"《诗》《书》"，而习"礼、

---

① 按照南昌汉代海昏侯国遗址博物馆的孔子衣镜复原图，孔子的衣服偏于黄色。关于此点，可参看彭明瀚：《刘贺藏珍：海昏侯国遗址博物馆十大镇馆之宝》，文物出版社，2020 年，第 67 页。

② 朱彬撰，饶钦农点校：《礼记训纂》，第 454 页。

③ 在先秦两汉时代，除了著于竹帛，还有口耳相传的师生授受方式，关于这一问题，可参看葛志毅：《今文经学与口说传业》，葛志毅、张惟明：《先秦两汉的制度与文化》，黑龙江教育出版社，1998 年；王刚：《"偶语诗书"与孔门传业问题探赜》，《华中国学》2020 年秋之卷。

④ 朱熹：《四书章句集注》，第 71 页。

乐"，这是孔门弟子的基本生活状态。在二者具有接续关系的基础上，衣镜以"礼容"或"礼乐"情形，作为图像表现的基本内核。

细绎衣镜文，也正是如此。在对孔子"圣性"的肯定与推扬中，其中很关键的，就是"礼"或"礼乐"的展开。从小时候的"设容礼"，到十七岁时"诸侯□称其贤也"，再到最后"孔子行礼乐仁义□久，天下闻其圣，自远方多来学焉"①。在由"贤"而"圣"的道路上，"礼"是孔子成长的基本路径。

关于这一问题，笔者有专文讨论，在此无赘论的必要。但是就本论题出发，特别需要注意的是，由"孔子行礼乐仁义□久，天下闻其圣，自远方多来学焉"，可以知道，在因"礼乐"而成圣的过程中，孔子赢得了大量弟子的追随，从而"专行教道，以成素王"。就弟子层面来说，"自远方多来学焉"，与《论语》中的"学而时习"，并且"有朋自远方来"，是相类相通的②。也就是说，刘贺在推崇孔子为"至圣"时，特为注重礼容及《论语》首句的阐发作用。由此，在呈现孔门弟子的图景时，"立则习礼容"不仅有着刘贺自己的旧影，更有着"学而时习"的文本依托。

对于总体上的图像表现有所了解之后，接下来的问题是，具体落实到每个弟子的画面之上，他们的图像后面还有什么值得探究的意蕴吗？笔者以为，在衣镜背板上的五位弟子中，第一栏颜回的形象，是与孔子互为礼答，在图像上显现不出更多的画外之意。但是，第二、三栏的四位弟子的形象颇为活泼，在动态的图景之下，一些细节耐人寻味，有值得进一步挖掘的必要。下面，就试做分析。

三　图像中的子贡与子路

孔门图像第二栏上，是子贡和子路两大弟子。他们何以会在一起呢？

由前已知，衣镜上孔门弟子的选择，遵循着"四科十哲"的规矩。所谓"四科十哲"——德行、言语、政事、文学，涵盖了孔门弟子四大方面的代表性人物十人。在创作衣镜背板图像时，从中挑选出了四人，各代表一科，再加上澹台灭明，这五人的事迹及形象，成为创作的基本素材。依照这样的逻辑理路，颜回作为"德行"的代表人物，在第一栏与孔子并立，接下来的"言语"代表人物——子贡；"政事"代表人

---

① 王意乐、徐长青、杨军等：《海昏侯刘贺墓出土孔子衣镜》，《南方文物》2016 年第 3 期，第 64 页。

② 关于这一问题，可参看本书第九章。

物——子路归入第二栏，似乎很是顺理成章。

从构图角度来看，这样的顺理成章，是建立在人物两两相配的基础之上的，由此使得"言语"与"政事"者处在同一画面之内。然而，这仅仅是一种自然而然的随机偶合吗？一个显而易见的事实是，如果一栏出现三个及以上人物，就不再会有子贡和子路这样的组合方式。倘这不是随机组合，而是有意安排，那么，在这一构图中，将子贡、子路放在一起的原因是什么呢？想传递出什么样的内在观念呢？譬如，认为他们都是"实干"者？又譬如，他们是"侍侧"弟子中的"文、武"代表①？以上这些可能性是否存在，可能性有多大，以现有的材料，尚不得而知，无法作出更进一步的推论。

但是，不管是何种情形，当子贡、子路在一起时，在画面安排中，应该有着特定场景的呈现和意义的渗透。通过画面的审视，对此问题作出必要的推断，在现有条件下得出符合情理的结论，应该是可行的。据笔者的浅见，这一图景所要表达的意义应该是这样的：当子路呈现出"礼"的一面时，子贡做着"方人"与"观礼"的工作。

在礼的问题上，衣冠或者说"儒衣冠"是重要载体，我们就先从子路的穿戴问题上来展开讨论吧。

（一）子路的穿戴与其形象问题

在孔门弟子中，子路是一个被孔子教化后，改造成为君子的典型。《论衡·率性》曰："世称子路无恒之庸人，未入孔门时，戴鸡佩豚，勇猛无礼，闻诵读之声，摇鸡奋豚，扬唇吻之音，聒圣贤之耳，恶至甚矣。"② 由此可知，子路原是一个逞勇好斗之人，在服饰上以"戴鸡佩豚"，即通过穿戴鸡冠和猪配饰，来显示自己的勇气和力量。可以说，这样的人与知书达理的君子之间，本有着不小的距离。尤为值得一提的是，他在初见孔子时，就是这套装束，并"陵暴孔子"。由于这样的表现，《论衡》给出了"恶至甚矣"的差评。但最终子路发生了巨变，他被孔子降服，折节向学，成为孔门贤徒。衣镜文是这样描述此事的：

---

① 子路所属的"政事"，是行政能力方面的表现；但子贡的"言语"，并非普通言谈，而是礼仪场合及外交辞令方面的表达，这在当时都是实际的才干。而《孔子家语·致思》载，"孔子北游于农山，子路、子贡、颜渊侍侧"，在"各言尔志"的时候，子路、子贡先发言，颜回由此评述道："文、武之事，则二子既言之矣。"此段论述又见于《韩诗外传》卷九、《说苑·指武》，由此可知，在时人看来，子贡、子路是孔门中"文"与"武"的代表人物。

② 王充撰，黄晖点校：《论衡校释》，第 73 页。

　　　　姓（性）鄙，好勇力，伉直，冠雄鸡，配猳豚，陵暴孔子。孔
　　　子以为质美可教，设诮礼，稍诱子路。子路后儒服委质，因门人请
　　　为孔子弟子。①

　　《史记·仲尼弟子列传》中的文字大同小异。由本论题出发，值得
注意的是，因为这种事实的存在，在汉代画像石中，"戴鸡佩豚"或
"冠雄鸡，配猳豚"，成为子路形象的基本要素。尤其是头上顶着一个雄
鸡或鸡冠，束腰张臂，几乎成了一种程式化的符号。
　　我们可以通过山东齐山画像第三石来作分析（图4.4）。
　　这是一幅著名的《孔子见老子图》。在所截取的局部画面中，处在
最右端的那位，就是子路。在这幅画像中，子路和颜回一样带有榜题，
在身份的确认上，毫无争议之处。但此处值得注意的是图像造型，朱锡
禄说："子路头戴雄鸡冠，腰悬小野猪，双袖上捋至臂，显出一副勇武有
力的样子。"②

图4.4　山东齐山画像第三石（局部）

　　这种构图，正与前所述及的文本相契合，表现了子路蛮勇的一面。
由于这种"标准形象"的广泛存在，有学者不假思索地认为，在"孔子
衣镜"中也具备着同样的图像表现，并由此论述道："他'儒服委质'
之前的这种形象，正突出了汉人对他勇敢品质的认可。"③
　　但问题是，在为子路作图像设计时，刘贺会选择"'儒服委质'之
前的这种形象"吗？并且让这种"恶至甚矣"的形象，来陪伴自己"修
容侍侧分辟非常"？这有可能吗？
　　很显然，它不合情理，与衣镜图像的实际状况也正相违背（图4.5）。

---

①　此段文字依据南昌汉代海昏侯国遗址博物馆的孔子衣镜复原图，见彭明瀚：《刘贺藏
　　珍：海昏侯国遗址博物馆十大镇馆之宝》，文物出版社，2020年，第70页。
②　朱锡禄：《嘉祥汉画像石》，山东美术出版社，1992年，第128页。另外，图4.4来自
　　此书第65页。
③　何丹：《"孔子衣镜"不能作为刘贺的翻案依据——基于汉代"孔子画像"的考察》，
　　《中国社会历史评论》（第二十一卷），天津古籍出版社，2018年，第191页。

图 4.5　衣镜图像中的子贡与子路

（左为原图照片，右为南昌汉代海昏侯国遗址博物馆展出的复原图）

细审画面。可以发现的是，子路虽"两臂外张""两袖飘动"，就勇武之风而言，与画像石中的表现有相似处，似乎呈现出了所谓的"定型化"或"格套"的一面①。但问题的另一面是，在衣镜图像中，子路形象并未限定在画像石系统的那类"格套"之中，在"同"之外，更有关键性的"异"。见"同"而不见"异"，造成的后果只能是，只知其一，不知其二。

其中最关键的问题是，衣镜中的子路已完全没有了"戴鸡佩豚"的装束。这一标志物绝不是可有可无的，它不仅是子路悍勇的标志，更是"陵暴孔子"的装扮，是万万不可忽略的物件。不仅如此，细加观察，在衣镜图像中，子路的两足之间有长长的大带随风而起。

这一少一多说明了什么？

就"少"而言，从严格意义上来说，除去了"戴鸡佩豚"的子路，才能入得孔门，与夫子及同门并立。质言之，作为重要的文化符号，"戴鸡佩豚"展现的是非儒家的一面。即便出于个性原因，通过展现子路此前的装束，使其显得与众不同。但在儒门系统内，无论如何也应除去"陵暴孔子"时的装束。否则，子路此后的"儒服委质"从何谈起？

就"多"而言，从特定视角来看，多出的大带是君子之风的一种表现。关于带或大带，在《诗经》中屡有出现。如在《卫风》中，《有狐》曰："心之忧矣，之子无带。"《芄兰》则曰："容兮遂兮，垂带悸兮。"②这下垂的带子，正式的装束及称谓为"绅"，亦可称为"厉"。扬之水指出："以佩绅垂厉为仪容之美，流风且被于两汉，成为'汉官威仪'之

①　关于这一问题，可参看邢义田：《画外之意：汉代孔子见老子画像研究》，生活·读书·新知三联书店，2020 年，第 20、37、38 页。

②　阮元校刻：《十三经注疏》，第 326、327 页。

一。汉画像石中，常见身前绶带宛转长垂的人物——绶用来系印，与绅又自不同，但系佩方式，依然古风。"①

尤为重要的是，根据汉代画像所提供的信息，子路形象并非只有"戴鸡佩豚"这一类型。在邹州车夫山东汉墓出土的《孔子见老子图》中，左端第三人"正面朝前，大袖旁张"，与子路的穿戴颇为相似，但他不再是"戴鸡佩豚"的装束，而是"腰系绶带"，并且"下裳膨大，向两侧飞卷而上"。加之左侧有华盖的存在，遂使得有学者认作了周公辅成王图。但整体看来，这一结论似乎很难成立。邢义田提出疑问道：

> 按比例，成王身材应该矮小，不会如此高大，也不会有如子路那般旁张的大袖。就上半身的造型而言，不能排除他是子路，但他的造型不太典型，难以完全确认无疑。②

邢氏虽看到了此图像与子路相似的一面，却不敢确认。不敢确认的阻力，就来自所谓的"造型不太典型"。那么，什么是子路的"典型"形象呢？应该就是"戴鸡佩豚"的装扮。但是，不可忽略的另一典型应该是"腰系绶带"，或系佩长带的形象，这或许是子路形象的另一种"定型化"的"格套"，这一点又正与衣镜图像相印证。

此外，在图4.1所示的"孔子击磬"故事中，据《论语·宪问》，当孔子击磬之时，一旁的荷蒉丈人歌道："深则厉，浅则揭。"③ 亦以衣带为喻。从特定意义上来看，在时人眼中，衣带或类似物，可以说是儒门中一种标志物。在这样的历史背景和艺术氛围下，子路成为大带"宛转长垂的人物"，应是对其儒门身份的一种暗示。

要之，"孔子衣镜"中的子路形象，反映了他作为孔门弟子的情形；而画像石中的子路，则表现出了这一形象的对立面。当子路与孔子在一起时，按理说，不应再有以前那些粗野的装扮。但在画像石中，为了视觉效果，往往不顾这一事实。虽可以由此表现出子路武勇甚至野性的一面，但呈现出的，显然是不严谨、非历史的性格。

二者之间何以会产生这样的差异呢？

在笔者看来，相较而言，画像石与"孔子衣镜"虽都是汉画，但前

---

① 扬之水：《诗经名物新证》，北京古籍出版社，2000年，第390页。
② 邢义田：《画外之意：汉代孔子见老子画像研究》，生活·读书·新知三联书店，2020年，第417页。
③ 朱熹：《四书章句集注》，第159页。

者主要是民间作品，后者则反映着精英意识。在互证时，应特别注意的，是它们的思想差异和文化分际。

进一步言之，当子路以"戴鸡佩豚"的形象出现在画像石上，勇武之气固然呈现了出来，典型形象也得以展示。但倘要较真，在表现进入孔门之后的场景时，这样的形象设计肯定是不当的。但问题在于，画像石是民间丧葬用品，对此不会那么讲究，历史人物所拥有或关涉的某些特点，作为创作中的基本素材，往往会"脸谱化""程式化"，就像戏曲中诸葛亮的那身道袍、那把羽扇，事实哪里真的是那样？但民间的文化特点，有时就是图个热闹，更加关注的，是那些具有视觉冲击力的形象或道具。"锣鼓"一响，"戏剧"开场，对于若干细节上的"错讹"，实在不必太过较真。

然而，精英阶层的文化产品倘也如此，必遭诟病。更何况，刘贺实质上是以衣镜为礼器，在严谨的礼制要求下，不是说绝不会出错，但这么低端粗糙的错误，是绝不能容忍的。

衣镜文在介绍孔子及其弟子时，有这样的表述："孔子弟子颜回、子赣（贡）之徒七十有七人，皆异能之士。"《衣镜赋》则吟咏道："□□圣人兮孔子，□□之徒颜回、卜商。"包括子路在内的"七十子之徒"，是颇受推崇的对象，甚至是作为楷模人物而推出的。他们的形象，当然要和圣人孔子相匹配，子路作为圣人的学生，在衣镜上所表现的，也应是受业之后的贤人气象。倘若将他此前"勇猛无礼"的场景呈现于衣镜之上，那是无论如何也说不过去的。

（二）观礼与"方人"

在这样的问题意识下，再来观察衣镜图，就可以发现，当子路展现他的动作容止之时，子贡正在注视着他，子路的一举一动皆在子贡的视线范围之内。按照整理者原来的意见，"（子贡）右手在胸前，似乎手中拿笔"。但审视图4.5中的复原图，可以发现，子贡并没有执笔，只是执手而立，似乎在对子路提出自己的意见。

他们当时在做什么交流？具体情形如何？已不得而知。但可以确定的是，在衣镜图像中，当子路与子贡在一起时，不是来展现其"无礼"一面的，刘贺也不可能让一个出丑的子路出现在"修容侍侧"的图文中。

前已论及，衣镜中孔门弟子的图像组合，总的来说所呈现的，是"立则习礼容"的图景。子路当然也不例外。除去了"戴鸡佩豚"装束，且大带飘飘的子路，其动作举止虽尚带勇悍之气，但其所表现的，不仅不是"无礼"，恰恰是反之的"礼"之容止。笔者曾经推断，图像中所呈现的子路形象，应该是他"升堂"之后，堂上而"翔"的动作，作为展现刘贺礼位的重要内容被提出①。由此，一旁的子贡或执笔，或挥手而论，这一细节作为某种符号或暗示，应是呈现着"礼"的观察者形象。事实上，作为孔门高足，子贡本就以"方人"而闻名，喜欢品评人物，品评的标准，一般来说就是"礼"。也就是说，"观礼"而"方人"，是子贡的重要侧面。

关于"子贡方人"问题，据《论语·宪问》，孔子曾评价道："赐也贤乎哉？夫我则不暇。"看起来，似乎颇不认同此种行为。朱熹解释道："比方人物而较其短长，虽亦穷理之事。然专务为此，则心驰于外，而所以自治者疏矣。"② 但由此可知的是，孔子并不是要对"方人"本身作否定，只不过认为，子贡不宜在此问题上耗费过多的精力。

据相关儒学材料，正面而公允地作出评判，由"方人"而达"知人"，对此，孔子其实是持肯定态度的。据《大戴礼记·卫将军文子》，有人询问孔门弟子的学行，子贡在对同门作了一番评述后，禀告了孔子。孔子听后赞赏道："汝伟为知人。"子贡回应道："赐（子贡）也焉能知人，此赐之所亲睹也。"③ 子贡是否真的"知人"，以及所表现出的谦逊态度等问题，不在本文的讨论范围。但由"所亲睹也"一句，可以看出，子贡是个喜欢观察的人，他对同门所作出的评价，正是建立在这一基础之上。

画面上的子贡，是在表现着他观察子路的举止，然后加以评论吗？对于这样的问题，或许还不能作出定论。但是，衣镜将这种细节勾画出来，无疑是在对子贡个性作全面考量之后，结合图像主题所作的一种艺术创造。而子路呢，在他人眼光之下，表现得那么自然，应该也是他本真性格的呈现。不拘小节，为人豪爽，是子路个性的基本面。与此同时，或许更为值得重视的是，由于自身有着这样或那样的缺点，子路特别希望得到他人的指点，在他人指出其不足的基础上，以帮助自己纠偏补过，最终取得进步。所以，子路有着"闻过则喜"的处事态度，即《孟子·公孙丑上》所言的："子路，人告之以有过，则喜。"④

---

① 关于这一问题，可参看第二章相关内容，此处不再赘述。
② 朱熹：《四书章句集注》，第 156 页。
③ 王聘珍撰，王文锦点校：《大戴礼记解诂》，中华书局，1983 年，第 112 页。
④ 朱熹：《四书章句集注》，第 239 页。

一个好"方人"，一个喜"闻过"，知晓了这一知识背景，对于理解两大弟子各异的图像表现，无疑是大有助益的。但更进一步的问题是，子贡的"方人"，并非漫无边际。《左传》定公十五年载：

> 邾隐公来朝。子贡观焉。邾子执玉高，其容仰。公受玉卑，其容俯。子贡曰："以礼观之，二君者，皆有死亡焉。夫礼，死生存亡之体也。将左右周旋，进退俯仰，于是乎取之；朝祀丧戎，于是乎观之。今正月相朝，而皆不度，心已亡矣。嘉事不体，何以能久？高仰，骄也，卑俯，替也。骄近乱，替近疾。君为主，其先亡乎！"①

这是子贡"方人"中的典型案例。虽然孔子认为子贡未免"多言"了，但同时也承认，子贡的"方人"还是颇为精准的。可注意的是，子贡在品鉴人物时，核心所在，乃是礼，从"容仰""容俯"的细节中见人所未见。由此，子贡所做的工作，从面上看是"方人"，但实质上是"观礼"，"以礼观之"是他的出发点，更是目标。对于子路的评判，也当如此。

另外，值得一提的是，据《礼记·檀弓下》，延陵季子在礼方面有着深厚的造诣，被孔子誉之为："吴之习于礼者也。"孔子因而一度"往而观其葬焉"②。但在《说苑·修文》中，"观礼"者由孔子转而成为子贡。这说明了什么呢？在汉儒看来，子贡实为孔门中"观礼"的最佳代表。刘贺深谙儒学，随葬物中有大量礼学典籍，尤其是《礼记》。对于这些故事，他不可能不熟悉。加之汉代儒风的影响，在突显"礼"意蕴的衣镜图中，以子贡来展现"观礼"的形象，就很是顺理成章了。

循此理路，我们看到，在《大戴礼记·卫将军文子》中，子贡对这位同门所作的评价，虽然主要是围绕着"勇"而来，所谓"不畏强御，不侮矜寡"云云，但最终的落脚点，是子路的"强乎武哉，文不胜其质"③。《论语·雍也》曰："质胜文则野，文胜质则史。文质彬彬，然后君子。"④ 子路的"文不胜其质"，即"质胜文"，表现为质朴有余，礼文不足，从而呈现出"野"的特点。按照儒家理念，文质彬彬方为合乎

---

① 阮元校刻：《十三经注疏》，第 2152 页。
② 朱彬撰，饶钦农点校：《礼记训纂》，第 153 页。
③ 王聘珍撰，王文锦点校：《大戴礼记解诂》，第 108、109 页。
④ 朱熹：《四书章句集注》，第 89 页。

"礼"的表现，所以，《史记·太史公自序》才会说："叔孙通定礼仪，则文学彬彬稍进。"① 就"礼"的表现而言，子路因其野性的勇气，而显得"文"稍有不足。

子路要在"礼"方面取得进步，除了孔子的教诲，同门的帮助是一个重要途径。从本质上来说，子贡的"方人"及观礼，是符合孔子之道的。由此，"闻过而喜"的子路，与好"方人"的子贡出现交集，也就顺理成章。《荀子·子道》曾载有这样一个故事：

> 子路问于孔子曰："鲁大夫练而床，礼邪？"孔子曰："吾不知也。"子路出，谓子贡曰："吾以为夫子无所不知，夫子徒有所不知。"子贡曰："汝何问哉？"子路曰："由问：'鲁大夫练而床，礼邪？'夫子曰：'吾不知也。'"子贡曰："吾将为女问之。"子贡问曰："练而床，礼邪？"孔子曰；"非礼也。"子贡出，谓子路曰："女谓夫子为有所不知乎！夫子徒无所不知。女问非也。礼：居是邑不非其大夫。"②

这段故事说明，子路在从学于夫子之时，在"礼"方面不能把握之时，往往是子贡示范与引领着他。这些知识背景综合在一起，或许正是衣镜构图的基础。将"方人"而"观礼"的子贡，与虽欲行"礼"，但"文不胜其质"的子路放在一起，他们动态的画面及图像表现，成为孔门弟子"立则习礼容"的有机组成部分。

四　澹台读书及相关问题

如果将衣镜背板上的三栏画面加以细化，第一栏或可称为行礼图，第二栏为观礼图，第三栏则可称为观书图（图4.6）。由此来观察第三栏上的澹台灭明与子夏，可以看到，在画面右侧，手持竹简的是子夏，而左边的澹台灭明，朝着子夏及书简的方向扭头观瞧。整理者描述道："头扭向右侧，似乎在看子夏手中的竹简。"③

子夏，是孔门"四科"中"文学"的代表，在中国经学史上，经书的传承多可追溯于此。以至于有学者说："孔子之后，子夏实为绍述传授

---

① 《史记》卷130《太史公自序》，第3319页。
② 王先谦撰，沈啸寰、王星贤点校：《荀子集解》，第531页。
③ 王意乐、徐长青、杨军等：《海昏侯刘贺墓出土孔子衣镜》，《南方文物》2016年第3期，第63页。

图 4.6　衣镜图像中的澹台灭明与子夏

（左为原物照片，右为南昌汉代海昏侯国遗址博物馆展出的复原图）

孔子六经之第一人。"① 由此来看子夏读书的形象，实在是一种"标准像"。但问题是，何以要让澹台灭明也一起来读书呢？它的寓意是什么？在笔者看来，这应该主要表现了澹台读书为礼的形象，这一形象既是"立则习礼容"的表现，同时也是对"学而时习之"问题的承接与扩展。下面，就具体论之。

我们先从孔门之"学"与子夏读书的关联说起。

读书，是孔门之"学"的起点，但最终的落实，则在"礼乐"之上。所以，"学而时习之"的"学"要得以成立，就必须"《诗》《书》、礼、乐"齐头并进，"坐则诵《诗》《书》"与"立则习礼容"，是儒生的一体两面，二者需相应相成。

从一定意义上来看，子夏是孔门中读书最为突出之人。但问题是，如果子夏仅仅停留于这一阶段，而不延伸到"礼乐"之上，则没有做到孔门"学"的全部。在《论语·雍也》中，孔子曾经教导他："女为君子儒，无为小人儒。"② 实质上就是担心他囿于读书，而忘记了"礼乐"之行，假若由此滑向技术性的泥沼，就不能成为真正的有礼君子了。

但反之，只注重"行"，而无"文"，也是危险的。我们看到，《论语·先进》载子路之言："有民人焉，有社稷焉，何必读书，然后为学？"③ 子路认为，"学"的成立，不必以"读书"为基础，结果遭到了孔子的痛斥。也就是说，孔门之"学"固然以"礼乐"为归宿，由此成为有礼君子，甚至是最终成为圣人。但它的起点，乃在于读书，即"诵

---

① 葛志毅：《孔子、子夏与早期经学》，《先秦两汉的制度与文化》，黑龙江教育出版社，1998 年，第 181 页。

② 朱熹：《四书章句集注》，第 88 页。

③ 朱熹：《四书章句集注》，第 129 页。

《诗》《书》"或"诵经"。《荀子·劝学》曰："学恶乎始？恶乎终？曰：其数则始乎诵经，终乎读礼；其义则始乎为士，终乎为圣人。"① 要之，在儒门之中，读书，乃是礼乐得以施行的重要前提。

由此再来细绎衣镜文中有关子夏的内容，就可以发现，整个文本都是讨论"学"的问题，但是这种"学"是要落实在"礼"之上的。所以，衣镜文在介绍了子夏的名姓、年龄等基本情况后，接下来就是一段著名的师徒对话，它载于《论语·八佾》篇，衣镜中的文字为：

> 子夏问："'巧笑倩兮，美目盼兮，素以为绚兮。'何胃（谓）也？"孔子曰："绘事后素。"曰："礼厚（后）乎？"孔子曰："起予商也，始可与言诗已。"②

关于这一章句，历来有不同解释，但中心的意思为，"礼"的展开，就像画布上的绚烂图画，是需要前期基础或条件的。这个基础或条件是什么呢？文本中没有明确的交代，也引发了后世的各种争论。但是，倘按照上述的逻辑理路，"读书"，也即"诵《诗》《书》"是一个重要的选择项。"礼乐"处在其后，所谓"礼后乎"。依照这样的逻辑理路，衣镜图像中子夏的读书，就不仅仅是"文学"之科的身份符号，更是"礼"的前提及表现，并与"立则习礼容"的主题相吻合。

但进一步的问题是，为什么澹台灭明要与子夏一起读书？其中具体的"礼"之寓意又在哪里呢？

在历史上，澹台灭明一个很重要的事迹，是在吴楚之地传播孔子学说。据《史记·仲尼弟子列传》，澹台"南游至江，从弟子三百人，设取予去就，名施乎诸侯"。与此同时，"孔子既没，子夏居西河教授，为魏文侯师"③。影响更大的子夏在北方已成为诸侯之师。衣镜文作："……子三百人，设□□取予去就□□□……""孔子殁，而子夏居西河，致为魏文侯师。"④ 文字表述基本一致。也就是说，孔子过世后，孔门弟子在传扬孔子之道时，一北、一南，以子夏和澹台灭明为核心的两大派最引人注目。有学者说："他（澹台灭明）和他的弟子已经形成了

---

① 王先谦撰，沈啸寰、王星贤点校：《荀子集解》，第 11 页。
② 王意乐、徐长青、杨军等：《海昏侯刘贺墓出土孔子衣镜》，《南方文物》2016 年第 3 期，第 66 页。
③ 《史记》卷 67《仲尼弟子列传》，第 2203～2206 页。
④ 王意乐、徐长青、杨军等：《海昏侯刘贺墓出土孔子衣镜》，《南方文物》2016 年第 3 期，第 66 页。

势力不小的学派，如果说在北方是子夏的势力最大的话，那么在南方就数到澹台灭明了。"①

《史记·儒林列传》载："自孔子卒后，七十子之徒散游诸侯，大者为师傅卿相，小者友教士大夫，或隐而不见。"② 由此可以说，子夏是"为师傅卿相"的代表，而澹台则是"友教士大夫"的典范。但无论是"为师傅卿相"，还是"友教士大夫"，他们在推广孔子礼乐教化之道时，是要以"诵经"为起点和载体的。由此，他与子夏一起读书，就很顺理成章。

但问题是，衣镜是刘贺"修容侍侧"的重要载体，光只是读书，缺少与"礼容"直接相关的一面，与图文的主题还是颇有些距离。

而且前已论及，图像所表现的主题，核心所在，是以"学而时习之"为文本依托的"立则习礼容"。读书，能表现出这些内涵吗？答案是肯定的。在笔者看来，澹台与子夏的读书，就是"礼"的表现，且可直接关联着"学而时习之"的情形。

我们通过《论语·公冶长》中的典型故事——"宰我昼寝"，来进一步理解这一问题。

"昼寝"，也即是在大白天睡觉。因为宰我的这种表现，遭到了孔子的怒斥："朽木不可雕也，粪土之墙不可朽也。于予与何诛？"话说得很重，翻检《论语》，这样责骂弟子是绝无仅有的。孔子还进一步指出："始吾于人也，听其言而信其行；今吾于人也，听其言而观其行。于予与改是。"③

故事中的"昼寝"，在引发后世兴趣的同时，往往聚讼纷纷，难有定见。古人在索求无解之下，因昼（書）、画（畫）二字在繁体正字中字形相近，有认为"昼寝"是"画寝"之误者，也即认为，宰我装饰寝室，因奢华而遭到孔子痛斥。而更离谱的是，当代学者认为"昼寝"实为"昼御"，即白天行男女交合之事，故而为孔子所深恶。但是，这些说法皆无理据，令人无法信从。

有学者注意到了这些问题，在以上解释不通的情形下，认为还是应回到"昼"的原始语义上来。前已论及，在士人的作息时间中，有所谓"朝受业，昼而讲贯，夕而习复，夜而计过"。加之《左传》昭公元年

---

① 李启谦：《孔门弟子研究》，齐鲁书社，1987年，第152页。
② 《史记》卷121《儒林列传》，第3116页。
③ 朱熹：《四书章句集注》，第78页。

载："君子有四时：朝以听政，昼以访问，夕以修令，夜以安身。"①《淮南子·天文训》曰："禹以为朝、昼、昏、夜。"② 由此，"昼"的语义有两解，既可以指广义上的大白天，也可以是狭义上一天"四时"之中的"昼"。他们认为，"昼寝"之"昼"，属于后者，是狭义上的时间概念，对应着正午之时，由此将"昼寝"与"睡午觉"等同起来，并推论道：

> 《论语》宰我"昼寝"其实是睡午觉，不能笼统说"白天睡觉"，也不必曲为之解为"画寝"或"昼御"；孔子"朽木不可雕也"云云也还是一般所理解的打比方对宰予的批评。③

较之前面的怪论，此说显然更为平实。但进一步的问题是，《吕氏春秋·任数》载，孔子被困于陈、蔡时，"黎羹不斟，七日不尝粒，昼寝"④。这里也出现了"昼寝"一词。难道在陈、蔡绝粮，最为困顿之时，也要通过睡午觉来加以缓解吗？虽然提出该说的学者补充解释道："这'昼寝'大概是饿昏了头罢，与宰予之'睡午觉'不是一回事。"⑤ 但在笔者看来，大白天其他时间睡觉与睡午觉之间，似乎没有什么本质的不同。它们都是睡觉，"昼寝"能引发夫子之怒，本质上不完全在于睡觉时间问题，什么情形下睡觉才是关键，因为它直接关涉着"礼"的表现。

孔子的不高兴，因亲眼所见而引发。他是在什么情形下看到学生睡觉的呢？那就是在师生授受讲习的时候，如果宰我在家里睡觉，他怎么可以亲见呢？"观其行"也就没了着落。尤为重要的是，"观"不是一般的看，而是具有"礼"的意义。《论语·八佾》曰："禘自既灌而往者，吾不欲观之矣。""居上不宽，为礼不敬，临丧不哀，吾何以观之哉！"⑥ 皆可以说明这点。

由此，倘复原当时的场景，宰我的睡觉，不是在自家屋里酣睡，而是在"坐则诵《诗》《书》"及"立则习礼容"时公然入睡——因精神懈怠，在孔子眼皮底下睡着了。随侍于孔子身旁，弟子们或"诵《诗》

---

① 阮元校刻：《十三经注疏》，第 2024 页。
② 刘文典撰，冯逸、乔华点校：《淮南鸿烈集解》，中华书局，2013 年，第 110 页。
③ 杜贵晨、杜斌：《"宰我昼寝"新解》，《孔子研究》2001 年第 1 期，第 123 页。
④ 许维遹撰，梁运华点校：《吕氏春秋集释》，中华书局，2009 年，第 447 页。
⑤ 杜贵晨、杜斌：《"宰我昼寝"新解》，《孔子研究》2001 年第 1 期，第 124 页。
⑥ 朱熹：《四书章句集注》，第 64、69 页。

《书》"，或"习礼容"，而孔子则或讲学、或观礼，这是当时的一般情景。朱熹指出："昼寝，谓当昼而寐。……言其志气昏惰，教无所施也。"① 进一步言之，这种"寝"，并非正规的睡觉，而是趴在那里偷睡、打盹，也即古人所谓的"假寐"或"假卧"。在东汉时期，有一个相似的例子可以说明这一情形：

> 边韶字孝先，陈留浚仪人也。以文章知名，教授数百人。韶口辩，曾昼日假卧，弟子私嘲之曰："边孝先，腹便便。懒读书，但欲眠。"韶潜闻之，应时对曰："边为姓、孝为字。腹便便，五经笥。但欲眠，思经事。寐与周公通梦，静与孔子同意。师而可嘲，出何典记？"嘲者大惭。韶之才捷皆此类也。②

与宰我正相反，边韶的"昼日假卧"，是在教学之中"昼寝"，故而遭到了众弟子的嘲笑。虽然他以诙谐之语应付过去，但是，在边韶一生中，这已然成为遭人诟病之处。他后来曾作《塞赋》以遣怀，文中还念念不忘此事，作为儒者之耻而加以提出。他说，自己从事塞棋这种游戏，有着"惊睡救寐，免昼寝之讥"的用意。为什么呢？因为在行棋时，道义和"礼容"蕴意于此，即所谓"行必正直，合道中也。趋隅方折，礼之容也"③。

由此可以知道的是，"昼寝"核心所在，乃是儒生在修习过程中违背了"礼容"。在向学之时，或"坐"或"立"，都应以饱满的热情积极地投入其中，这是理想或普遍的状态。宰我正是违背了这一常态，故而遭到痛斥。

《吕氏春秋》所载的"昼寝"也是如此，据《史记·孔子世家》，在这一路之上，孔子师徒在"坐""立"之间，"《诗》、《书》礼、乐"的修习从未间断，甚至"习礼大树下"，但陈、蔡绝粮的打击实在是太大了，虽然"孔子讲诵弦歌不衰"，但"从者病，莫能兴"④。弟子们在大白天也撑不住了，昏昏欲睡，无法再跟随孔子"诵《诗》《书》"及"习礼容"了。但这是属于非常态时的情形，而宰我则是在正常状态下，也即在"诵《诗》《书》"或"习礼容"时睡着了，孔子当然不能忍

---

① 朱熹：《四书章句集注》，第 78 页。
② 《后汉书》卷 80 上《文苑列传上》，第 2623 页。
③ 边韶：《塞赋》，严可均辑：《全后汉文》，商务印书馆，1999 年，第 631、632 页。
④ 《史记》卷 47《孔子世家》，第 1921～1930 页。

受。在这样的问题意识下，可以发现，当孔门弟子"学而时习之"时，无论是"坐则诵《诗》《书》"，还是"立则习礼容"，应表现出何种精神状态成了关键，它事关"礼"的表现。也就是说，在这一过程中表现欠佳者，实属无礼。

反之，精神饱满地读书，就是"有礼"的表现，尤其是跟随着夫子"诵《诗》《书》"之后，在与同门"习礼容"时，呈现出读书的场景，才是"礼"的展示。我们可以想见的是，当弟子读书之时，孔子应在旁"观其行"，此刻不再会有"观"宰我时的怒火，而是一派雍容的礼乐面貌。子夏作为"文学"高弟，成为"读书为礼"的代表人物那是毫不奇怪的。但是，澹台灭明何以入选呢？一个很重要的因素乃在于，在儒家典籍中，他往往作为宰我的对立面而出现，由此他成为表现此种情形的另一人选。

我们注意到，从"听其言而信其行"到"听其言而观其行"，是一个重大改变。它说明，因为宰我的言行，孔子自承有识人不当之处。但更重要的是，与宰我的言过其实不同的是，澹台灭明曾因"状貌甚恶"，一度不受孔子的赏识，成为孔子又一次识人不当的典型案例。孔子曾为此自责道："吾以言取人，失之宰予，以貌取人，失之子羽。"[①] 因为这样的缘故，后来的文献在言及澹台灭明之事时，常常要将宰我之事拎出来加以比较。不仅《史记》如此，在《大戴礼记·五帝德》《韩非子·显学》中亦有相似的记载。

孔子衣镜也不例外。在衣镜文中，对于澹台的文字介绍中，有近乎一半的宰我内容，尤其是"昼寝"之事，占据不小的篇幅，以至于整理者将这段文字视为他们共同的"传记"。但细审图文可以发现，在衣镜文字的最后，有"●右堂骈子羽"（澹台灭明）的字样，在弟子图像中，也只有澹台，而无宰我，这说明，这些图文是专属"堂骈子羽"（澹台灭明）的，宰我不过是以"负面形象"来作陪衬的。再联系到他和子夏一起读书的图景，应是对文中"宰我昼寝"的一种呼应，在否定宰我"无礼"的情形下，通过绘画的形式，呈现出"读书为礼"的范式。

在"孔子衣镜"上，不仅有着最早的孔子图像，还有最早的孔门弟子图像。对后者的研究，可以进一步深化对孔子图文及相关问题的理解。由此，笔者以图为主，通过图文互证，对图像所表现的场景、意义作分

---

① 《史记》卷 67《仲尼弟子列传》，第 2206 页。

析，并进一步探求背后的创作旨趣及相关问题，成为本章的主要旨趣及内容。

在笔者看来，孔门弟子的图像组合在一起时，呈现出了动态和场景化的画面。它以《论语》中的"学而时习之"的意蕴为思想底本，与衣镜所论及的孔子"圣性"相契合，重点表现了"立则习礼容"的图景。落实到具体的图像之上则是，当子路呈现出"礼"的一面时，子贡做着"方人"与"观礼"的工作。而澹台灭明与子夏一起读书的图景，则是对"宰我昼寝"的一种呼应，在否定宰我"无礼"的情形下，通过绘画的形式，呈现出"读书为礼"的范式。

还需提出的是，作为充满寄托的艺术创作活动，它的构图中所呈现的创作旨趣，不仅来自过去的文本，也有着现实的触动。所以，以"立则习礼容"这样的场景作为构图依据，不仅可以与"坐则诵《诗》《书》"相配套，呈现出孔门弟子，也是所有倾心于"孔子之道"的儒生们学习、生活的两大重要层面。同时，与刘贺日常起居中读书、修礼容，应该也有着某种思想的联结。

第五章　图像系统与思想观念：
衣镜图像中老子缺位问题蠡测

一　问题的提出——在考察孔子图像时，为何要引入老子视角？

"孔子衣镜"的得名，来自器物上珍贵的孔子图文资料。毫无疑问，针对这些内容展开专题性研究，是题中应有之义。所谓"有一份材料说一份话"，在一般情形下，学术研究总是根据已有材料来做出合理推定。但是，材料亦有延展性的问题。尤其是在针对图像做研判时，人们总是希望能突破画面的限定，在关联性的研究中，找到更为隐性的"画外之意"。

由此，一个重要的相关问题或许可以提出，那就是：在衣镜图像里会有老子像吗？

初看之下，或许会觉得，提出这样的问题很是突兀。但是，如果明了这样一个事实——在海昏考古资料披露之前，在汉代出土图像中，孔子形象一般都是通过《孔子见老子图》这样的载体而得以展现。那么，上述提问就绝非不着边际的闭目悬想，而是有着学术意义的大问题。

我们注意到，鉴于汉代《孔子见老子图》的数量之多，意义之大，著名学者邢义田自20世纪90年代以来，对此类图像及相关问题做了不间断的研究，近年来，整理成《画外之意：汉代孔子见老子画像研究》一书。在该书中，邢氏提出，这种研究涉及诸多层面，尤其对于"重新评估孔子在汉代的地位和形象，应该是一个有意义且不容再忽视的课题"。

他还特别提到，在这一图像系统中，在老子的强势形象映衬下，孔子显得谦逊甚至卑微，与经学或儒籍中的"至圣""素王"等伟岸形象相距甚远。

但需要知道的是，这些图像多来自武帝朝之后。随着"推明孔氏，抑黜百家"① 的发生，中国开始进入了"经学时代"。按说，孔子地位日

---

① 《汉书》卷56《董仲舒传》，第2525页。

隆，本不应如是。邢氏据此指出："这些图像和墓葬里的材料呈现出一位和儒经里颇不一样的孔子，可以帮助我们从不同角度去认识孔子的形象和变化。"并在此基础上进一步论证道：

> 今天的学者多依据传世文献立论，几乎不用文字以外的材料。如果他们曾利用汉墓缤纷的画像砖、石和壁画，稍窥汉世儒生和地方官员的内心世界，即不难发现他们的内心图景其实十分复杂，远不是"儒教的胜利"或"经学时代"简单一句话可以概括。现在已走到值得重新评估汉人的思想精神面貌的时刻。①

概而言之，《孔子见老子图》的学术意义在于，比照传世文献的叙事，它提供了一个"不一样"的历史图景。这种"不一样"，说到底，乃是打破了汉代以来孔子及儒学尊崇的文化地位及理论架构，冲击了文本传统中的孔子形象，直至逼使我们"重新评估汉人的思想精神面貌"。

随着衣镜孔子图像的出土，这一新的出土图像会为"重新评估"再次提供新的证据，并利用图画中的"孔子"，来进一步冲击传世文献中的"孔子"吗？

或许就是因为这样的缘故吧，在审看衣镜图像时，邢义田心心念念所在，就是希望能在孔像旁找到老子，或者《孔子见老子图》中常见的童子项橐（图5.1）。

由于在图版第一栏中，孔、颜之间有一定空间距离，加之画面漫漶，这使得他一度疑心孔、颜之间有一个矮小人物——项橐的存在。但由于在画面上实在找不到相关痕迹，最终只能无奈放弃了这种猜想②。不得不承认这样一个事实：衣镜图像中没有老子的存在。

邢氏所为，实质上是要将衣镜中的孔子像纳入《孔子见老子图》系统中去，此外，在《海昏侯刘贺墓出土孔子衣镜》一文中，研究者在介绍孔子像时，也将《孔子见老子图》拈出。但遗憾的是，限于主题和篇幅，对于老子缺位的原因及相关问题，没有做出进一步的解答。

由此，一个新的问题浮出水面。那就是，衣镜孔子图像与《孔子见老子图》是什么关系？

---

① 邢义田：《画外之意：汉代孔子见老子画像研究》，生活·读书·新知三联书店，2020年，第8、9、12、13页。

② 邢义田：《画外之意：汉代孔子见老子画像研究》，生活·读书·新知三联书店，2020年，第24~27页。另外，图5.1亦来源于此。

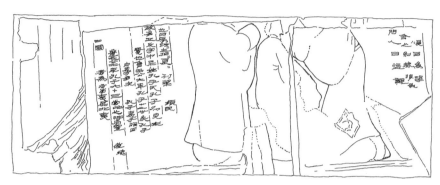

图 5.1　邢义田的衣镜猜想图

　　如果前者是后者的一种省略图，那么它算是后者的子系统，上述"重新评估"的致思理路还可以继续推进。如果不是呢？也就是说，二者本属不同的系统。如果是这样，那么，此前的研究理路就需要重新盘点。

　　首先，不再是质疑或否决传世文献的记载，而是应该从方法论层面，来重新审视出土资料，尤其是图像中孔子形象的多样性及相关问题。进一步言之，衣镜图像所带来的连锁反应是，在研究过程中，不再像以往那样，在出土图像中单向度地寻绎"不一样"的图景，并援用图画中的异样"孔子"，来进一步冲击传世文献中的记载。如今的题中之义乃是，在两种不同图像系统的对冲下，对"重新评估孔子在汉代的地位和形象"问题，做出及时的再评估。

　　事实上，《孔子见老子图》与衣镜孔子像的确是两种不同的图像系统。但进一步的问题是，为何衣镜图像会舍弃在汉代画像石系统中流传甚广的前者，而另择系统，其原因何在？有哪些值得注意的历史文化要素呢？

　　总之，因老子视角的引入，可以在视野的扩展中，探寻到许多前所未见的"画外之意"，从而带来新的问题，带动新的思考。在这一进程中，衣镜孔子图像背后的历史文化图景亦随之丰富和立体起来。需要指出的是，因材料及学力所限，在具体的论证中，很多观点尚处在揣度之中，不敢言必，故而，以"蠡测"一词来加以涵盖。但是，它并不意味着这种研究没有意义，或者说可以就此止步。恰恰相反的是，因巨大的挑战性，它是需要大力推进的课题。

二　刘贺时代存在《孔子见老子图》吗？——社会转型、思想基础及可能性思考

从特定意义上来说，探究所谓的"老子缺位"问题，其实要思考的乃是，在汉画像中兴盛的"孔子见老子"的构图及形象，为何没有出现在衣镜图像中。

但在对此问题做出解答之前，一个更关键的前置问题是，刘贺时代必须存在着与图像相关的内容或观念。也就是说，采纳或不采纳此种图像系统是需要有前提条件的。如果在刘贺时代根本就没有这样的图像内容，甚至思想意识都极为淡漠，那么，"老子缺位"及与之相关的推断，将成为无本之木、无源之水。这一论题要成立并获得充分的展开，首先要解决的基础性问题是：刘贺时代有《孔子见老子图》吗？或者说，存在与之相关的构图意识吗？这类事实成立与否，可能性有多大，以及由此而作出的相关思考，是本论题得以展开的第一起点。

根据现有材料，在出土的汉代《孔子见老子图》中，时间最早者，为20世纪70年代山东省微山县沟南村出土的画像石。它收录于《中国画像石全集》，定名为《孔子见老子，送葬画像》（图5.2），时间确定为"西汉宣帝至元帝时期"①。

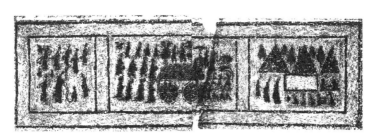

图5.2　孔子见老子，送葬画像

查核史料，刘贺生于武帝晚年，卒于宣帝神爵三年（前59年），此时，宣帝继承皇位已经过去了15年。11年后，元帝即位。也就是说，画像石与刘贺的生活年代有着时间上的重叠。那么，我们不禁要问：刘贺在世时，这种图像存在吗？仅就刘贺的生卒时间来看，正、反两种可能皆存在。

在刘贺死前的神爵三年，如果已经有了《孔子见老子图》的流行，

① 中国画像石全集编辑委员会：《中国画像石全集》第二卷，山东美术出版社，2000年，第18页，图5.2亦来自于此。

相关思考自然会简单一些。但问题是，依据现有材料，并不能给出确切而肯定的回答。微山画像石也有在神爵三年之后出现的可能，如果不能找到更早、更确切的图像，在现有条件下，就不得不承认，刘贺时代没有出现《孔子见老子图》的实物证据。

倘真如此，那么，这一问题就没有了进一步探究的必要吗？不是的。我们知道，图像作为一种艺术载体，留存着时代的烙印，是社会现实和思想观念的反映。也就是说，艺术作品所反映的主题及内容不是凭空而降的，此前种种的社会变化为其积累了素材，打下了思想基础。尤其是《孔子见老子图》覆盖面甚广，所折射出来的观念，不可能在刘贺过世的神爵三年之后才发生。基本依据在于，这一图像所反映出的思想内容，是建构在长期演进而来的观念之上的。它的思想基础，关乎汉代儒、道关系的形成、转折与发展。由此，以刘贺卒年的宣帝时代为基点，时间节点至少要向前推衍至武帝时代。

在刘贺所成长和生活的武、宣时代中，即便此类图像没有最终成型，但在刘贺的耳濡目染之间，图像得以成立的基本要素是完全具备的，只是在以后的时段内，它更为清晰和丰富而已。下面，来做具体的分析。

（一）"儒术"与神仙方术：刘贺时代的思想图景

刘贺是武、宣时代的人物。由此，所谓的刘贺时代，大体就是由武帝至宣帝的历史时段。查核这一时期的各种政治文化举措及格局，在历史发展的逻辑进路上，武帝开其端，宣帝奠定基本规模，是一大鲜明特征。也由此，宣帝以武帝的传人而自居，"武帝故事"成为其时重要的政治资源。

众所周知，就政治文化及思想意识的大转型而言，武帝时代最具开创性的事件，乃是所谓"儒术"的独尊。以此为开端，在汉王朝及此后的思想版图中，不再是黄帝、老子，而是孔子占据了中心位置，"经学时代"就此拉开序幕。但问题是，在武帝朝的思想文化世界中，除了"儒术"的日渐繁盛，还有为人所忽略的另一重要事实——神仙方术的春风得意。关于这一点，在《史记·封禅书》中有着生动的记载。细加检视，可以发现，一方面是儒学日隆；但另一方面，由于武帝对神仙世界的向往，装神弄鬼的方士们反倒更受推崇。他们所获的实际礼遇，根本不是儒生可以比拟的。如方士栾大不仅身居高位，迎娶长公主，甚至"衣羽衣，夜立白茅上受印，以示不臣也"[①]。获得了与皇帝分庭抗礼的

---

① 《史记》卷28《封禅书》，第1391页。

最高待遇。

　　到了宣帝时代，因有意踵武先皇，在思想文化面貌上，一方面是奠定了经学规模，有了著名的"石渠阁"会议；另一方面，对于神仙方术的热爱旧影如昨。翻检《汉书》，可以发现这样的记载："宣帝时修武帝故事，讲论六艺群书，博尽奇异之好。"在这里面，与"六艺群书"相对应的"奇异之好"，很重要的内容就是神仙方术。而另一段材料则明载，宣帝"复兴神仙方术之事"，使得邹衍、刘安的"神仙使鬼物为金之术"，及所谓"重道延命方"等"秘书"得以盛行①。

　　由此，一个重大疑问随之产生：是不是可以说，武、宣以来的"儒术"之兴只是一个虚幻的假象，神仙方术才是当时的思想核心呢？

　　当然不是这样的。倘如此，当时的太学之兴如何解释？"经学时代"又如何能得以展开呢？问题的关键点在于，"儒术"与神仙方术各有分际。前者代替"黄老之术"成为治国理政的意识形态，是"入世"性质的学说；后者虽备受推崇，但作为脱离世俗主体社会的追求，是一种"出世"之想。以皇帝为代表人物的求仙之举，实质上是与国计民生毫无关联的个体行为，主要因摆脱死亡，追求长生富贵的心理所导致。

　　《史记·封禅书》记载了这样一个故事，武帝在听了黄帝升仙之事后，极为钦羡，他感叹道："嗟乎！吾诚得如黄帝，吾视去妻子如脱躧耳。"② 皇帝不想做了，妻子儿女也无所谓了，人世间的一切对他都没有吸引力了，那一刻，一门心思就想做神仙。但问题是，只要还没做成神仙，作为皇帝，就不可以抛弃实实在在的治国理政之术，并以此为手段来君临天下。这也就决定了，在汉武帝时代管理国家的，只能是"世间法"的"儒术"。同理，秦始皇也笃信神仙，但从来没有动摇过秦政的理论基础——法家的统治地位。

　　沿着这样的思想理路，就必须承认这样的事实：神仙之事毕竟虚妄，尤其在"不语怪力乱神"的儒家文化圈内，它不可能获取主流思想的全面认同。所以，哪怕是汉武帝这样的人，在临终之时，也对此有了幻灭感。在遗诏中，他要求太子："善禺（遇）百姓，赋敛以理，存贤近圣。"言"圣"而不言"仙"，注重实际作为，而且终于承认："人固当

---

　　① 分见《汉书·王褒传》及《刘向传》。
　　② 《史记》卷 28《封禅书》，第 1394 页。

死，慎毋敢怯。"① 从某种程度上来说，这是武帝在强调"儒术"这种圣人之道的重要性，而神仙方术则相应地被摈弃。要之，不管神仙之术多么繁盛，它没有取代，也不可能取代"儒术"及孔子地位。事实上，自武帝以来，神仙方术与"儒术"一直并存。但就思想地位而言，一边缘、一主流；一居于一隅、一全面覆盖，这样的格局没有发生过质的改变。在进入近代之前，中国的思想世界也大抵如此。佛道和各种神仙信仰在民间不是也同样兴盛吗？但在实际的政治生活中，它们何曾替换"儒术"成为过统治思想呢？

由此来再审《孔子见老子图》，就可以看到，虽然在这种构图中，谦卑的孔子与稍显倨傲的老子同时并列，让人怀疑"独尊儒术"的实际效果。以至于邢义田认为："呈现出一位和儒经里颇不一样的孔子。"并以此为思想基础，要求"重新评估汉人的思想精神面貌"②。但在我们看来，汉代的《孔子见老子图》再怎么重要，也不过是随葬之物，反映的是特殊和局部的思想场景。在人世间的思想舞台上，只要一个铁的事实存在——"黄老之术"的主导地位被"儒术"所替代。那么，从特定意义上来说，图像中的老子看似风光，但反映的恰恰是事实的另一面——在思想舞台上退守一隅，从地上转而到地下世界去表现曾经的荣光。

总之，在武、宣以来的思想文化大转型中，不仅仅有着"儒术"之盛，还有着神仙方术的备受青睐。刘贺身处其间，成为这一历史进程的见证人。尤为重要的是，在这一转型期内，后世所见《孔子见老子图》的思想要素得以酝酿发生，老子开始了神仙化的历程③。

（二）老子神仙化问题

出于论证的需要，我们从《孔子见老子图》的构图说起。

观察这类资料可以发现，虽然有七十弟子、项橐，以及飞鸟、曲杖等其他符号性图像，但画面终究是围绕着两大主要人物——老子和孔子而展开。那么，我们就要问了：这两大主角因何而并立呢？

---

① 嘉峪关市文物保管所：《玉门花海汉代烽燧遗址出土的简牍》，《汉简研究文集》，甘肃人民出版社，1984 年，第 16 页。
② 邢义田：《画外之意：汉代孔子见老子画像研究》，生活·读书·新知三联书店，2020 年，第 13 页。
③ 如果要取其狭义，神与仙还有着不同的概念分际。但这一问题一旦细化，就颇为烦琐与复杂，对于本论题的展开也没有本质的影响。为了不枝蔓，我们取其广义上的内涵与外延。

《史记·老子韩非列传》载："孔子适周，将问礼于老子。"① 由于流行着孔子在年轻时向老子问礼的故事，再加之画面上的孔子总是以磬折之态面见老子，有学者认为："基本体现的是孔子好学、问礼的本源。"由此，建议定名为"孔子问礼图"②。

作为一种传说，向老子"问礼"，固然可以体现孔子好学的精神，但问题是，孔子仅仅是因为，或主要是因为"问礼"，而对老子毕恭毕敬的吗？

《孔子见老子图》的思想立场，是偏于儒家还是道家，可先存而勿论。但揆之于史，无论儒家还是道家，并不以"礼"作为道家的标识。换言之，"问礼"即便存在，也难以构成孔子卑微，老子倨傲的根本理由。

就儒家的认识而言，《汉书·艺文志》曰："道家者流……及放者为之，则欲绝去礼学，兼弃仁义。"③ 道家是以"绝去礼学"的面目而出现的。"礼"在老子思想体系中即使不是完全弃置，至少也不像在儒家思想中那样占有核心地位。而在道家系统，如在《庄子·天运》中，也论及孔子向老子求教的传说，但那是"问道"，而不是"问礼"，即所谓："孔子行年五十有一而不闻道，乃南之沛见老聃。"④

由此来观察《孔子见老子图》，孔子虽然礼仪卒度，但往往有着长须，甚至曲杖，完全是一副长者的装扮，加之众弟子的出现，诚如有学者所指出的："说明汉画孔子见老子的素材来源于《庄子》孔子年五十一向老子'问道'的记载，而非儒家所说的少年孔子'问礼'于老子。"⑤ 也就是说，将孔、老联系在一起的核心动因不是"礼"，而是"道"，老子乃是以"道"的优势居于孔子之上。

尤为重要的是，在"儒术"成为"世间法"后，在汉代思想版图中，这种"道"势必要超越世间法度，方能产生生力量。在《史记·老子韩非列传》中，面对着儒、道的理论争斗，太史公感慨道："世之学老子者则绌儒学，儒学亦绌老子。'道不同不相为谋'，岂谓是邪？"⑥ 在汉代现实世界中，道家之"道"对于儒家而言，并无理论优势可言。在当

① 《史记》卷 63《老子韩非列传》，第 2140 页。
② 王元林：《试析汉墓壁画孔子问礼图》，《考古与文物》2012 年第 2 期，第 77 页。
③ 《汉书》卷 30《艺文志》，第 1732 页。
④ 王先谦撰，沈啸寰点校：《庄子集解》，第 126 页。
⑤ 刘湘兰：《汉画孔子见老子的图像解析及宗教指归》，《学术研究》2014 年第 6 期，第 136 页。
⑥ 《史记》卷 63《老子韩非列传》，第 2143 页。

年黄老占据统治地位时，尚能分庭抗礼，随着"儒术"的独尊，道家还能依靠什么凌驾于儒家之上呢？只能是"道"的神仙化路径。也就是说，老子之"道"通过延伸到神仙领域，取得超世间的力量。

据现有材料，老子神仙化至少在东汉初期已十分明朗了。史载，楚王刘英"诵黄老之微言，尚浮屠之仁祠，絜斋三月，与神为誓"①。老子成为与佛陀一样的大仙。但问题是，这只是老子神仙化的下限。此前，尤其是刘贺时代老子开始了神仙化的历程吗？我们以为，应该拉开了序幕。在《史记·老子韩非列传》中，司马迁说："盖老子百六十余岁或言二百余岁，以其修道而养寿也。"钟肇鹏指出："说明西汉时已经流传着老子修道养寿是个活了几百岁的活神仙。这是神化老子的开端。到东汉，老子已经完全被神化了。"②

在这样的问题意识下，可注意的是，"黄老"实质上有两个层面：

一是明面上的政治性之"道术"，核心是"君人南面之术"。与儒家和其他诸子一样，它特别注重"内圣外王"，有学者评述道："其理论基础是推天道以明人事。……这种内圣，既不同于原始道家注重长生久视的养生之道，也不同于儒家《诗》《书》教化的修养方式，是独属于黄老之学的内圣外王之道。"③ 在这样的理论背景下，圣人，也即"内圣"，是理论的重要发动点。

另一个则是养生之术。这一趋向使得它出现了另一条理论进路：一方面与圣相关，另一方面与神仙方术有着千丝万缕的联系。李零指出："《老子》书中没有直接谈到神仙，但古之所谓'神仙'只是养生的最高境界。……古代方技讲养生神仙，道家也讲养生神仙，二者有不解之缘。"④

随着前者被"儒术"替换，一度黯淡的后者开始显现出独有的价值。由前已知，在武帝时，黄帝已成为一尊高高在上的大神，"黄老"本为一体，老子的神仙化也就顺理成章了。而且这样的老子形象，才符合墓葬图像的基本逻辑。

还有一个重要的事实是，汉代老子图像出于墓葬之中。神仙本是长生不老的，但他何以会在死亡空间中得以大量展示呢？在我们看来，追求养生及长生，正在于死亡所带来的恐惧。生与死的一线之隔，总是触

---

①　《后汉书》卷42《光武十王列传》，第1428页。

②　钟肇鹏：《老子的神化》，《寻根》1996年第2期，第14页。

③　李笑岩：《先秦黄老之学渊源与发展研究》，上海古籍出版社，2018年，第385页。

④　李零：《说"黄老"》，《李零自选集》，广西师范大学出版社，1998年，第286页。

动着人们在这方面的思考。由此，丧葬往往会成为神仙思想的孵化器，汉代老子的神仙化，往往由此而来，成为丧葬文化中的一个重要组成部分。

熟悉考古文化的人都知道，汉代崇尚厚葬。但是，这一风气主要是从武帝时代开始的，昭、宣以后愈演愈烈。在《盐铁论·散不足》中对此有过详细的讨论，并因社会财富的浪费，而遭到时人的诟病。关于这一问题，本文不拟展开。由本论题出发，我们所关注的是，武帝以来厚葬的增加，一方面是社会财富的增长为其提供了物质基础，实为经济社会发生转型的一大表征。另一方面，墓葬问题的重视，也说明了随着物质生活的提升，面对着生命终点的拷问时，生死问题成为当时人们重要的思想聚焦点。

但同样是重丧，儒家与"黄老"的思想关注点颇为迥异。前者以"慎终追远"为依托，关注的是族群的绵延和仁德的依托；而后者则更注重生与死的互动及终极意义。史载，武帝时代的杨王孙"学黄老之术"，"厚自奉养生"。当他临终之时，特别提出："吾欲裸葬，以反吾真。"并进一步申论道：

> 且夫死者，终生之化，而物之归者也。归者得至，化者得变，是物各反其真也。反真冥冥，亡形亡声，乃合道情。夫饰外以华众，厚葬以隔真，使归者不得至，化者不得变，是使物各失其所也。且吾闻之，精神者天之有也，形骸者地之有也。精神离形，各归其真，故谓之鬼，鬼之为言归也。①

从杨王孙的故事中，可以看到，武帝后的"黄老"派，关注点已从"世间法"的争夺，转而向"养生""反其真"转化。但"真"在哪里呢？不仅存于地上，还在地下的世界中。尤其是当"鬼"被视之为"归其真"之时，死亡不仅不值得害怕，甚至是"反（返）真""合道"的必然。

倘审视黄老思想，一个特别值得注意的方面，就是关于"真"的论述，以及由此发展而来的所谓"养性守真"。与儒家养性追求"知天乐命"的理性风格不同，道家在这方面的旨趣，乃是以养生为基础，并可直通神仙世界。

---

① 《汉书》卷67《杨王孙传》，第2907、2908页。

　　由此，在传世的《文子》一书中，首篇即为向老子问道的《守真》篇；而在《庄子》中，则大力推崇"真人"理念。《庄子·大宗师》曰："古之真人，不知说生，不知恶死。"① 据此，真人乃是超越了生死之人。在这样的思想背景下，我们看到，《史记·秦始皇本纪》载，为求长生不死，晚年的秦始皇甚至不称皇帝，而自称"真人"了。而《淮南子·本经训》则曰："莫死莫生，莫虚莫盈，是谓真人。"② 从秦皇到汉武时代，"真人"已成为神仙的代名词。

　　如何"守真"，并最终超越生死呢？除了人世间的修炼之术，还有一条路径，就是在冥界中获得飞升。

　　在汉代的墓葬空间中，这样的逻辑进路俯拾皆是。通过它，既安抚着人心，又可在祛除死亡的恐惧中，寄托着永生的希望，出现于汉墓中的《孔子见老子图》遂担负起了这样的功能。姜生说："这就是汉代宗教思想关于死者转变为仙的仪式逻辑。"③ 要之，墓葬之中的这种图像，不是为了缅怀死亡，而是追求永生。这种"永生"的理念，使得鬼与神获得了沟通，留存了一条"守真"，并最终成为"真人"的希望之路。它既与神仙方术相关联，又连接着当时的丧葬文化。

　　由此来看图 5.2 微山村画像石，那里面的老子和孔子同在送葬队伍之中。虽然《礼记·曾子问》有载："昔者吾（孔子）从老聃助葬于巷党。"④ 似乎可以由此找到葬礼方面的若干证据。但由前已知，老子与孔子并立时，连接起他们的，主要在"道"而不在"礼"。并且自武帝时代开始，习老子之"道"者意在寻求地下世界中的"归其真"。我们相信，宣、元时代中的"老子"，应该延续着这一思想理路，而这必将走上神仙化的历程。

　　耐人寻味的是，当杨王孙面对着死亡之时，没有直接引出神仙问题，甚至还颇有些理性的态度。但由于淡化了生死，并以"各归其真"为追求，在理论上就与"莫死莫生"的"真人"间只隔了一步之遥。加之由前已知，武、宣时代之后，邹衍、刘安都被认为可以"使鬼物""延命"，已颇有些神仙气息，比他们地位更高，并在画像石中凌驾于孔子之前的老子，怎么会毫无神仙之气呢？另外需要一提的是，《史记·封禅书》载，汉武帝时为了招致神仙，为之画像成为一个重要手段，即所谓：

① 王先谦撰，沈啸寰点校：《庄子集解》，第 56 页。
② 刘文典撰，冯逸、乔华点校：《淮南鸿烈集解》，第 261 页。
③ 姜生：《汉帝国的遗产：汉鬼考》，科学出版社，2016 年，第 439 页。
④ 朱彬撰，饶钦农点校：《礼记训纂》，第 309 页。

"作画云气车，及各以胜日驾车辟恶鬼。又作甘泉宫，中为台室，画天、地、太一诸鬼神，而置祭具以致天神。"①

循此思想理路，就可以看到，伴随着武、宣时代的社会大转型，老子从治国理政的舞台上日渐退出，开始了神仙化的历程，他的这类图像亦有可能出现。即便没有，它得以成立的基本要素也是完全具备的。

这些要素是什么呢？

其中最关键的是从武帝时代以来，随着"独尊儒术"的推出及加深，黄老之术失去了思想界的主导地位。但是，在这种转型和转换中，它并没有彻底消失，而是转为了早期道教的资源。并由庙堂到民间；由"入世"到宗教的过程中，老子通过日渐神仙化，在宗教及地下的世界中占据了优势地位，《孔子见老子图》正是这种观念的反映。它让我们看到了一个不一样的汉代思想世界，虽然是非主导性的观念，但它在局部所发生的作用也是不容忽视的。刘贺正处在这一变化的时间节点之上，不可能对此毫无感知。

简言之，刘贺有很大的可能看到过，或者知道老子的图画形象。所以，研究者在看到衣镜图像时，希望能寻找到老子及相关图像，是有其道理的。但是，这仅仅是事物的一个层面。为什么衣镜图像中没有老子呢？在笔者看来，那不是刘贺时代有没有老子图像的问题，而是采不采纳的问题。而这就需要进入到图像系统及大、小传统的讨论之中了。

三　圣像与神像：两种图像系统及相关问题

由前已知，有学者试图在衣镜图像中寻找老子及相关形象，但最终以失望而告终。之所以会有这样的后果，很重要的原因在于，衣镜图像与《孔子见老子图》属于两种不同的图像系统。由此，画面呈现出了迥乎不同的意趣。

具体说来，在衣镜图像中，孔子的形象定位为"圣"，主题及画面围绕着它而逐次展开。在这样的逻辑理路下，图像的创作以现实生活为依托，呈现出的是"世间法"面貌。而在《孔子见老子图》系统中，虽有孔子及弟子们的加入，在各种相关画面中，世间生活场景也常常出现。然而，由于最终的归宿是宗教神学，所以，在图像所呈现的思想宗旨中，即便有着对世间生活的留恋与赞赏，这种要素也终究是边缘和次要的，生死观念及另一个世界的走向问题，才是核心及终极关怀所在。

---

① 《史记》卷28《封禅书》，第1388页。

尤为重要的是，在经学时代中，生活的世界主要由"圣"所统领，具备神仙色彩的图像系统不管如何生活化，本质上都是与之对立，至少是相隔离的。这样的图像要得以成立，并占据优势地位，就必然要对"圣"产生突破①。由此，老子能够凌驾于孔子之上，不是"世间法"及"圣"获得升级，而只能是跳出这一系统，展示出更具"高度"的"思想追求"，其最终后果是，老子在超"圣"入"神"中，作为被神化的形象而呈现。

从这个角度来看，我们可以将没有老子的衣镜孔子像视为"圣像"系统；而《孔子见老子图》则是与之相对的"神像"系统，那里面的孔子已失去了至高的位置，成为老子这尊大神的衬托。要言之，前者对于后者是排斥的；而后者则往往要将"圣"加以降格，在纳"圣"入"神"的进程中，"圣像"资源成为神性叙述的一个重要支点。

下面，作具体的分析。

（一）为什么说衣镜孔子像与《孔子见老子图》是两种不同的图像系统？

对此问题的解答，可以从器物性质及图像的绘制目的、画面的主题两大层面来加以展开。

先看器物性质及图像的绘制目的。

泛泛而观，两类图像都来自墓葬中，属于随葬艺术品，二者在性质上似乎颇有一致性。但细加分析，可以发现的是，无论是绘制了图像的随葬物，还是艺术旨趣、主题思想，在创制之初时，就有着根本不同的目的，实为两类器物、两种作品。

由前已知，衣镜出土于刘贺墓主椁室的西室，与床榻、杯盘等生活用具同置一室，这就说明了，它们为同类物品。质言之，作为刘贺生前所用器物，衣镜不是因为墓葬的特别要求而生产出来的，而是在"事死如事生"的观念下，将世间之器转为了陪葬物。由此，有必要将其与墓葬专用品加以区分。

衣镜之上的图像亦当如是。

其中最关键的问题在于，图像服务于"修容侍侧兮辟非常"的目标，器物主人刘贺自誓以孔门师徒为榜样，从而规整自己的言行，以避

---

① 当然，也有学者认为经学具有神学化意味。但那种"神学"即便可以成立，也是一种与世俗生活密切相关的政治神学，是意识形态的拓展与论证，与脱离世俗的神仙及宗教神学不是一回事。限于主题，本书不对此作比较阐释及进一步的讨论。

免不必要的灾祸。从衣镜文的表述中，一望而知的是，所谓"修容侍侧"明显关联着生前的行为，倘若人都死了，有什么"修容"可言？而避免灾祸，更是人世间的基本要求。要之，这是为生者而准备的图像，与人世间的实际生活状态发生着密切的关联。由此，衣镜画像中的孔子形象是公开且生活化的，在阳光下展现着"世间法"及相关价值。

而《孔子见老子图》则不同，它们大部分出现在墓室的画像石或壁画上。虽然墓室建造完成后，哀悼者在最后的仪式中可以循礼而观，但此后就要永久封闭，深藏于黄泉之下。虽然另有一部分《孔子见老子图》及相关图像出现在作为地面建筑的祠堂之中，甚至"画像之主要观众还是生人"。但是，由于它附属于墓葬系统，"墓祠之功能最终非为生人"。姜生指出："坟墓乃去世者之所居；研究汉代墓葬画像，须特别注意世俗和宗教两种性质下的时空观念及其对于人物的不同规定性。"① 要之，不管对《孔子见老子图》作出何种解读，一个很关键的属性在于，它是为墓葬的需要而专门制作出来的艺术品。这种画像再精美，与俗世有再多的联结，也终究是用来安慰死者灵魂，承载亲友精神寄托的物品，目的不在于价值观念的公开宣扬，也非世俗生活中的主体部分。

在这样的问题意识下，笔者认为，要研判汉代的孔子图像，不应以《孔子见老子图》为基础或标准，因为它属于非典型图像。进一步言之，在"经学时代"中，就国家层面而言，孔子是"为汉制法"的圣贤；在民众那里，则更多的是将其作为精神及生活的导师而加以礼拜。出现在墓葬之中的孔子，实非常态之孔子。尤其是对于士人而言，孔子是日日膜拜的对象，不应只存于墓葬系统之中。他的图像，最常态的居所，应是世俗礼殿及人们的栖居之所，是日常精神生活的重要部分。

衣镜图像就属于这一系统，虽然相关出土物很少，在汉代图像资料中，至今仅为一例，但这恰恰是主流所在，它与正宗的孔子图像紧密相连。以常理度之，此种图像只要不属于为陪葬而生产的专用品，自然不会大量深埋于地下。正如宋明以来，在孔庙、文庙及各种政治文化场所中，曾有着巨量的孔子像巍峨地矗立于地表之上，难道能因为出土资料的不足，而否定其主流地位？所以，那些专为墓葬而制作的《孔子见老子图》，反倒应以另类而视之，在研判孔子像问题时，可作为参考，而不可以视之为正宗或主流。

接下来，再来看看两类图像所呈现的主题有何不同。总的来看，一

———————————

① 姜生：《汉帝国的遗产：汉鬼考》，科学出版社，2016年，第213页。

个是以"圣"为立足点，表现了儒家精英的立场；另一个则是在神仙主题下围绕着道家资源，以生死问题为核心，表现出民间宗教性思维。

具体言之，衣镜图像热烈颂扬了孔子及弟子，直至将孔子誉为"至圣"。从这个意义上来看，将其视为"颂圣"作品亦不为过。但孔子何以"圣"呢？它的起点和表征为"礼"。由此，衣镜文在论及孔子时，呈现出了十分清晰的由礼而圣的思想路径①。也就是说，孔子的成圣之路，是依托于礼而加以展开的。但值得注意的是，在这一进程中，图文中未见一丝一毫的老子痕迹。为何如此呢？应该就与刘贺所持儒家立场有关。进一步言之，他对于老子和"礼"的关系不以为意。

事实上，在儒家系统中，孔子之礼另有源头，主要根植于西周的礼乐文化之上。孔子毕生以周公为崇拜对象，在《论语·八佾》中，他宣称："郁郁乎文哉，吾从周。"② 所以衣镜文在讨论孔子"以成六艺"时，所强调的历史背景乃是"周室威"之后的"王道坏，礼乐废"。也就是说，孔子的由礼而圣，乃是对周代礼乐文化的接续，而非老子的教导。

当然，"颂圣"并非衣镜图像的全部，它还有一个很现实的功能，那就是，在修习礼容中比照圣贤，以时刻警示自己，即所谓"修容侍侧兮辟非常"。由此，衣镜图像落实到现实要求中，分化出两大具体的内容，一是通过习礼来向圣贤看齐；二是以此来避免灾祸。但后者是以前者为基础的，也即以礼为承载，以圣为圭臬。很显然，这是儒者的立场及追求。

综上所述，我们认为，无论从器物性质及图像的绘制目的，还是画面的主题来看，衣镜图像与《孔子见老子图》的确分属两种图像系统。

（二）"顺阴阳"的图文旨趣不影响衣镜图像的"圣像"性质

然而，在衣镜图像中，并不只有孔子及弟子的存在。在衣镜上方边框上还出现了东王公和西王母的画像及相关形象。加之在《衣镜赋》中有"顺阴阳""乐未央"等字句，有人或许会觉得，这些图文与儒家气息颇为不同。且不说"顺阴阳""乐未央"云云，令人联想到神仙道术，更为关键的是，在汉代，在与《孔子见老子图》相配套的图像系统中，常常有西王母的出现。其间所透现的信息，多为神灵保佑，长生不死等旨趣。有学者据此断言："二位仙人作为神界阴阳两大主神的出现，与《衣镜赋》中提到的'阴阳顺''乐未央'的表述相吻合，共同体现了时

---

① 关于这一问题，可参看本书第九章。
② 朱熹：《四书章句集注》，第65页。

人对于'长生不死'的追求。"①

我们不否认衣镜图像中西王母、东王公的神仙色彩，也不否定刘贺对神仙护佑的渴盼，及由此而具备的远离灾祸的愿景。但这是问题的全部吗？它代表着最根本的核心要素吗？如果是这样的话，这一图像不就与《孔子见老子图》意蕴一致了吗？还能说衣镜图像是儒家立场？是圣像系统吗？

答案当然是否定的。

在笔者看来，图像中虽有神仙、瑞兽等象征性符号，但总体而言，衣镜图文以"颂圣"，以及"修容侍侧"为依托，这是最根本的思想基础。这一基本结构没有改变，东王公、西王母画像的出现，就不能推翻衣镜图像所具有的"圣像"性质。且不说汉代是一个"霸王道杂之"②的时代，思想文化的一大特点乃是，在坚持主体性的前提下不失融合与驳杂。故而，东王公、西王母的进入，不能改变衣镜图像的主体面貌，也即儒家立场及圣像系统这一基本性格。

倘再进一步观察，可以发现的是，在衣镜的图像系统中，东王公、西王母确非主体内容。佐证于相关文字，可以看到的是，他们虽然为刘贺"避祸"提供了庇佑，但是，既不与老子问题相关联，更没有表现出一丝一毫"'长生不死'的追求"。固然，在《衣镜赋》中有所谓的"辟非常""除不详（祥）"的内容，但是，它们怎么可以就直接等同于有些论者所谓的"长生不死"及相关的仙道追求呢？

事实上，刘贺的感慨，更多的是感时伤逝，而且是围绕着"修容"而展开的，其间并无太多清晰明确的神仙道术指向。将"阴阳"问题与"长生不死"等联系起来，明显是将《孔子见老子图》的理念移用至了衣镜图像之上，而且还因为这种先入为主，误读了《衣镜赋》中的"顺阴阳"一句。

由前可知，将"顺阴阳"与神仙或宗教问题挂钩，很重要的一个依据是，东王公、西王母是"神界阴阳两大主神"。

但更为重要的问题是，"阴阳"是一个公共概念，"顺阴阳"不等于就是"顺神仙"。也就是说，"西王母、东王公"固然可以展现"顺阴阳"的意义，但此种意义的呈现，并非他们的专利。在中国文化语境中，

---

① 何丹：《海昏侯墓"孔子衣镜"与西汉西王母信仰》，《诸子学刊》（第十六辑），上海古籍出版社，2018年，第120页。

② 《汉书》卷9《元帝纪》，第277页。

"阴阳"几乎无所不在，它的涵盖面极广，可承担此功能者俯拾即是①。尤为重要的是，在武、宣时代，"天人感应"之说盛行，"顺阴阳"或"逆阴阳"更多地与经学、儒学发生联系，其间关键性的人物就是董仲舒。史载："董仲舒治《公羊春秋》，始推阴阳，为儒者宗。"② 在董学的引领下，武帝以来，"天人灾异"的论说充斥于汉代的政治及现实生活之中。

而如果将视野聚焦于在刘贺撰作衣镜的宣帝时代，更可以发现的是，在遵循"汉武故事"的背景下，"阴阳"问题成为经术或儒学的标配。在那时，"神"固然有其重要性，但它并不居于政治舞台的中心。在汉宣一朝，最看重的，是以经学模式来应对天地灾异。也就是说，与"阴阳"发生关联的首选项乃是经学和儒生。所以，可见的事实是，在天地"阴阳"不合，发生灾异之时，朝廷首先不是求神问鬼，而是到经学中去寻找答案。皇帝在诏令中特别指示："丞相、御史其与列侯、中二千石博问经学之士，有以应变。"③

由此，宣帝一朝在接续"武帝故事"的历史进程中，虽然也推崇神仙方术，但那是第二位的，甚至在行动上对此要有所遮蔽。真正光明正大，并大力宣示天下的，是治国理政的经术。在历史的聚光灯下，宣帝时代对于经学、儒学的推崇，成为意识形态中最为重要的工作。直至皇帝亲临裁决经学问题，有了著名的石渠阁会议。研究者指出，宣帝朝经学的一个重要特点，就是接续武帝以来的"推阴阳"，它不仅推动了学术的转型，而且对此后的政治文化走向产生了巨大的影响④。

限于主题，本文对此不加展开。但值得注意的是，刘贺制作衣镜时，正是儒家型"推阴阳"颇为火热的时段。刘贺的获封海昏，也与此有着丝丝入扣的关联。揆之于史，刘贺正式获封是在元康三年（前 63 年），但它的缘起，至少要追溯至三年前的地节四年（前 66 年），并与霍光集团的覆灭直接相连。据《汉书·宣帝纪》，在地节四年，也即霍光去世两年后，七月，霍光之子被定为谋反罪，八月，皇后霍氏被废黜，霍光家族遭到了毁灭性打击，政治势力被彻底铲灭。然而，这边的事件一结

---

① 自先秦以来，阴阳问题就是各家各派共同讨论的热点，并与五行等问题密切关联。具体情形，可参看彭华：《阴阳五行研究（先秦篇）》，吉林人民出版社，2011 年。

② 《汉书》卷 27 上《五行志上》，第 1317 页。

③ 《汉书》卷 8《宣帝纪》，第 245 页。

④ 关于这一问题，可参看王洪军：《"推阴阳"与石渠阁会议后汉代经学的转型》，《清华大学学报》（哲学社会科学版）2019 年第 4 期。

束，九月间，宣帝就派遣山阳太守张敞来到刘贺的居处进行巡察，并由此形成了给皇帝的上报材料，为此后改封海昏埋下了伏笔①。

作为皇权时代的特例，霍光的专权显然是非常态的。在重视"天人感应"的汉王朝，不少士人相信，这将招致"阴阳不调"，引来天谴。史载，宣帝刚刚亲政后，"治《春秋》，以经术自辅"的张敞就奏称，在霍光专权时出现了诸多可怕的天灾，所谓"月朓日蚀，昼冥宵光，地大震裂，火生地中，天文失度，祅祥变怪，不可胜记"。灾异何以频频出现呢？在张敞看来，就是霍光的专权破坏了天地间的阴阳秩序，"皆阴类盛长，臣下颛制之所生也"。直至最后"感动天地，侵迫阴阳"②。在霍光擅权时，众人对此是敢怒不敢言。很自然地，霍光死后，不仅可以对此大胆言说，同时也使得"顺阴阳"问题成为宣帝朝的一大施政重点。

那么，如何"顺阴阳"呢？除了皇帝亲掌乾纲之外，"亲亲尊尊"，奉行宽仁之政，成为重要选项。由此也就有了张敞的探视，以及随之而来的海昏之封。在张敞探视的两年后，元康二年（前 64 年），为了不"伤阴阳之和"，宣帝"弃车师之地"，不再对外主动征战。丞相就此论道："人君动静，奉顺阴阳，则和气应而灾害不生。"并建议："选用明经通知阴阳者。"也由此，第二年春天，祥瑞呈现，"神雀集泰山"。宣帝封赏天下，并在三月份封刘贺为海昏侯③。

从这样的视角来看，"顺阴阳"不仅是宣帝时期的经学和政治的要求，也影响了刘贺的命运走向。或者也可以说，改封海昏，本就是"顺阴阳"的重要表征，西王母、东王公的阴阳和顺，也应在此背景下加以体察。那么，当刘贺感慨"阴阳"问题时，岂能眼中只有神仙，而脱离了这种重大的政治文化背景呢？回到当时的历史现场，再结合刘贺的身世与心境，可以确定的是，这一理念并不直接关联着神仙及仙道观念，从本质上来说，它更多的是儒家文化系统的产物。"阴阳顺"，则国泰民安；"阴阳顺"，也为个人远离灾祸提供了良好的氛围，它显然与"修容侍侧"在主题上联系得更为紧密。

① 《汉书·武五子传》载，张敞于地节三年五月来昌邑王居处"视事"，地节四年九月则"入视居处状"。此外，关于刘贺改封海昏的问题，可参看王刚：《身体与政治：南昌海昏侯墓器物所见刘贺废立及命运问题蠡测》，《史林》2016 年第 4 期。
② 《汉书》卷 76《张敞传》，第 3217、3222 页。
③ 荀悦：《汉纪》卷 18《孝宣皇帝纪》，张烈点校：《两汉纪》上册，中华书局，2002 年，第 318、319 页。

（三）大传统与小传统：刘贺的图像选择及所透现的问题

前已论及，在刘贺时代，很可能已经有了老子画像，以及《孔子见老子图》这样的图像系统。但是，在衣镜图像中，并未见此痕迹，刘贺所选择的，是绘有孔门图像的圣像系统。

他为什么要这样做呢？根本性的原因，当然与其儒家立场有着直接关系，故而在图文之中，一方面是对孔门的颂扬及"至圣"的崇敬，另一方面，在相配套的文字中不仅未见老子，也未见神仙道术方面的内容。但进一步的问题是：既然在《孔子见老子图》中可以容纳儒家，那么，为什么在衣镜图像中就不能容纳作为道家的老子呢？

对这一问题的解答，由不同角度出发，可以找到多种答案，但不可忽略的一个思想基点是，两种图像系统关联着汉代思想文化的大传统和小传统。刘贺的选择基于思想文化的大传统，就精英思维和帝国的合法性而言，两套系统不容混淆。而神仙方术的逻辑理路则不同，作为小传统，不仅不能排斥大传统，甚至要借助它来抬高身价。如果没有这样的问题意识，不仅对于衣镜中的图文旨趣无法获得深入的理解，在考察孔子图像时，面对着两种既相连又有明显性格差别的系统，就很容易发生类型混淆，做出不必要的误判。

用大传统与小传统这种二分法来研究汉代历史，主要始于余英时。他借用的这组概念，对应的是偏于官方系统的上层精英文化和流行于民间的通俗文化。此外，刘向、刘歆父子曾对汉代文献做了一次大分类，其中，对于后世较为陌生的术数、方技类知识，余氏也认为："显然是民间小传统中的产品。"而后世所熟悉并大力传承发展的"六艺、诸子、诗赋三类"，则"似乎应该划到上层大传统之内"。他还特别指出，一方面，"汉代的大一统开创了一个'布衣将相'的新局面，……在文化上所表现的特殊形态便是大、小传统互相混杂"。另一方面，虽混杂，但不代表没有分际与核心。其中最为关键的是，重视教育，传承经典知识的儒家成为大传统的突出代表，即"以文化、社会价值而言，我们不能不承认儒家在汉代大传统中的主流地位，道、法二家似不能与之争衡"①。

但问题是，以上所论只是一个概貌，中间还有着不少曲折、复杂的变化。由本论题出发，特为重要的是，这一文化格局的正式奠定和展开，是在武帝朝开启"经学时代"之后。此前，汉王朝以黄老之术为意识形

---

① 余英时：《士与中国文化》，上海人民出版社，1987年，第129、137、140页。

态，而并非以儒学为指导思想。那么，后来汉代的道家是怎样被儒家从大传统的舞台上排挤下来？对于本论题而言，有哪些值得注意的问题呢？

在对历史上的道家做考察时，学者们往往聚焦于两大层面，一是政治上兴盛于汉初的黄老之术，二是注重形上思辨的老庄之学。由于论题的需要，本文主要围绕着前者展开讨论。

在汉代政治文化的演进中，"黄老"是一种特殊的存在。这种特殊性主要表现在，它虽然是为政方面的指导思想，但所提供的多为具有暂时性和过渡性的统治术。作为对法家严苛政治的反弹，在实际的政治生活中，更多地表现出对社会管控的放任和"松绑"，这使得它在文化和制度建设上乏善可陈。尤为重要的是，它以乡里的"长者"为精神资源和根基，鼓吹"厚重少文"，与儒家的"王者师"之间产生了深刻的矛盾。由此，即便是在"黄老"占据绝对统治地位时，也被儒者讥讽为"家人言"①。

这些说明了什么？"黄老"有着对经典和知识的隔膜，独自承担不起作为大传统代表的重任。事实上，就思想深度而论，老子的道家理论本来十分精深，但是，在"黄老"系统中，由于取其"反智"的一面，可说轻"道"而重"术"，或者说融"道"于"术"。加之老子学说中具有浓郁的"出世"追求，要以此为核心思想来治理天下，在理论基因上有着天然的匮乏。尤为重要的是，汉王朝虽然有黄老之治，也有所谓的"汉承秦制"，道与法的色彩似乎不离左右。但在立国精神上，它一开始就是以"法周"为追求的，宣称自己所接续的乃"五帝三王"之法统②。这可谓与儒家气息相通。由此，道、术兼济，有着制度依托，注重经典知识教育和入世的儒家最终替代道家，也就毫不奇怪了。

当儒家成为大传统的代表之后，同时也成了精英思想的吸纳器，道与法等其他学说为其所改造吸收。在这一进程中，道家随之发生了重要的裂变。具体说来，在武、宣之后，就大传统而言，道、儒的融合成为趋势，所谓的"儒主道辅"是很多士人的思想底色。例如，下葬时间稍晚于刘贺的中山怀王刘脩，在其墓中既有《论语》《儒家者言》等反映

---

① 对于这些问题的具体论述，可参看王刚：《学与政：汉代知识与政治互动关系之考察》，黑龙江人民出版社，2012年，第二章第三节。

② 据《史记·郦生陆贾列传》，汉初在宣扬汉家威德时曾说："（刘邦）继五帝三王之业，统理中国。……政由一家，自天地剖泮未始有也。"《史记·太史公自序》则曰："维我汉继五帝末流，接三代绝业。"关于这一问题，还可看王刚：《"谊主"说与"推明孔氏"：董仲舒在"独尊儒术"中的理论贡献及相关问题探微》，《董仲舒与儒学研究》（第8辑），巴蜀书社，2019年。

儒家本位的文献，同时又有《文子》等道家文献，研究者指出："竹简《文子》文风朴素，言简意赅，其思想主旨为充分融合了儒家思想的新道家。"①

　　但是，汉代道家的演进不是单线的——进入以儒家为主导的大传统之中。它还有一条路径，那就是与小传统的结合。它们为什么要结合？并能够结合在一起呢？

　　基本的思想文化背景在于，重理性、思辨及经典传承的大传统不能覆盖一切，重视鬼神、巫术的小传统在汉代还十分兴盛。所以一方面，大传统在向民间社会输出思想，承担着教化的功能，起到了，并越来越起到所谓"化俗"的作用。但另一方面，在底层民众的精神世界中，有着根深蒂固的非理性土壤，鬼神、巫术等神秘主义的内容更易为民众所接受，并深植于他们的头脑之中，方技、术数等偏于民间性的知识比经典更为深入人心。

　　再加之（1）道家的思想主导地位被挤压后，深入民间寻找生存空间成为必然。（2）民间巫术等虽然可以蛊惑一时之人心，但它缺乏理论知识的滋养，这一缺失的存在，为老子理论在民间的生存及主导地位找到了契合点。（3）"黄老"道家本就具有民间性，作为"家人言"，它与精英文化有距离，与民间社会的思维反倒更为契合。这一点表现在知识结构上，诚如李零所指出的："古代道家本与方技相通，常被研究者忽略。其实对道家来说这是更根本的东西。"② 由此，道家及老子在整合变化之后，除了进入以儒家为主导的大传统之外，还进入了小传统之中，并日益占据重要地位，为原始道教的酝酿、发生提供了养分。

　　细审图像，《孔子见老子图》实为老子或道家进入小传统的一大证据。那里面的老子早已不是思想家或世间的隐士，而是地地道道的神仙。姜生指出，"汉墓画像'孔子拜老子'图乃是汉代道教墓葬仪式的重要组成部分"。尤其是老子常与西王母一起出现时，成为"神格仅次于西王母的'太上老君'"。而相应地，孔子及其弟子也逐渐获得了神格，甚至演进出这样的逻辑理路："孔子见老子图在汉墓中所暗示的是，死者在地下世界将如孔子及其弟子们一样，拜见老君得道受书，免鬼官之谪，接着赴昆仑朝西王母而成仙。"③

　　这样就造成了如下的后果：进入小传统的老子不仅神仙化，而且逐

---

① 张丰乾：《出土文献与文子公案》，社会科学文献出版社，2007 年，第 52 页。

② 李零：《说"黄老"》，《李零自选集》，广西师范大学出版社，1998 年，第 287 页。

③ 姜生：《汉帝国的遗产：汉鬼考》，科学出版社，2016 年，第 505 页。

渐居于主神地位。在人世间获得思想主导地位的孔子，虽有着圣人的至上尊崇，但是，其"人间性"的特性，反倒使得他在作为神仙的老子面前被降格处理。质言之，在这种汉代小传统中，儒、道之间不再是当年"道不同不相为谋"的抗争，而是圣性对神性的匍匐。毫无疑问，此种思想走向如果积聚出一定的规模与能量，由于"不修其行而丰其祝，不敬其上而畏其鬼"①，势必受到世俗政治的打压，更别说挤入上层社会。而对于士大夫来说，这种"怪力乱神"的话语体系，由于与经义相违，获得的多为荒诞不经的观感。

这样一来，在大、小传统的裂灭中，两个不同的"老子"开始分道扬镳并有着不同的命运。

在大传统中，老子成为儒学主导下的理性主义的一部分。并且，"老"及附之其上的"庄"，其哲学化的个性在获得后世推扬后，在大传统范畴内，以理性的自然主义隐隐抗衡着儒学的"入世"主张。这是大传统中可接受，并与作为主体的儒学构成张力的部分。而小传统中的老子则与原始宗教及巫术结合起来。在这样的思想背景下，我们注意到，无论是在《老子》《庄子》，还是《文子》的大传统文本中，无论是褒还是贬，其中的圣人崇拜是一个重要主题。但是，小传统中的老子开始弱化圣人意蕴，并以神仙身份凌驾于"圣"之上。这样的"老子"，显然是被大传统所排斥的。

据《盐铁论·散不足》，在昭帝时代的盐铁会议上，当时的民间社会"街巷有巫，闾里有祝"。可见巫风极盛。推崇精英文化的贤良文学们对这种"饰伪行诈"的"世俗"极为厌恶。他们提出："圣人非仁义不载于己，非正道不御于前。是以先帝（武帝）诛文成、五利等，宣布建学官，亲近忠良，欲以绝怪恶之端，而昭至德之涂也。"②虽然这些大传统的拥护者们也知道武帝曾经推崇神仙方士，但他们更愿意看到武帝对这种风尚的打压。从某种程度上来说，这实质上表现的，是当时大传统对于小传统的态度。

由此，遂产生了这样的思想分际：与小传统混杂各色人物、神怪不同，精英的基本态度是，在圣人本位的基础上，强调清晰的逻辑理路，不语怪力乱神，不与之发生混杂。所以，《论衡·知实》曰"圣人不能神而先知"，"神怪与圣贤，殊道异路也"③。《法言·问神》则曰："惟

---

① 王充《论衡》卷 25《解除》，黄晖撰：《论衡集释》，中华书局，1990 年，第 1046 页。

② 桓宽撰，王利器校注：《盐铁论校注》，中华书局，1992 年，第 356 页。

③ 王充撰，黄晖点校：《论衡校释》，第 1086、1100 页。

圣人为不杂。"① 以"仁义""正道"为思想内核，坚持"世间法"的纯净，断绝"怪恶"在这一文化系统中的滋生。作为尊孔崇儒的刘贺，其立场也应大抵如此，衣镜图像正是这一立场的表现。

循此思想理路，在宣帝时代，对于"老子"的接受和排斥，刘脩和刘贺或许可以作为代表。但二者所面对的显然是两个不同的"老子"，前者是融入"经学时代"的"新道家"。后者则是凌驾于孔子之上的"神仙"。对于刘贺这样的人来说，绝不可能接受一位孔子之上的神仙老子。有学者没有意识到大、小传统的分际，将《孔子见老子图》与衣镜图像两大系统混淆起来，神像与圣像不分，错误地以世俗所理解的孔子好学及教育问题为构图主题，认为《孔子见老子图》与衣镜图像这样的所谓"孔子与弟子画像"是同类"圣像"，孔子像由此被一分为两大亚类型，并进一步推断道：

> 汉代孔子画像的类别，除了"孔子与弟子""孔子见老子"这两类基本题材之外，还在嘉祥县武氏祠各发现一副"孔子师项橐"和"孔子荷蒉"的画像，分别与孔子谦逊好学、教育弟子有关，所以这两类题材也可附属于孔子画像的两大基本类别之下。其中"孔子见老子画像"占有绝对优势。②

然而，这显然是误判。

众所周知，教育是孔子的本色，论及孔子固然离不开教育，但这并不意味着，所有的孔子图像都是为了突出教育。《孔子见老子图》的主题是什么？是儒家的教育情怀吗？当然不是。就说前所引及的微山村图像中的老子和孔子吧，表现的送葬画面与教育有什么关系呢？

由于这一问题在本文中已详加论述，不再赘述。可注意的是，上述引文中所提及的"'孔子荷蒉'的画像"，即便它所在的武氏祠画像系统，因浓郁的儒家色彩被视为"儒主道辅"的典型代表③。但是，那里面的孔子可不是在展现教育家及圣人情怀，而是在恭恭敬敬地接受老子及道家人物的训导。榜题说："荷蒉丈人，养性守真。子路从后，问见夫

---

① 汪荣宝撰，陈仲夫点校：《法言义疏》，第 163 页。

② 何丹：《孔子画像与汉代教育——以海昏侯墓出土画像为中心》，《上海交通大学学报》（哲学社会科学版）2018 年第 3 期，第 94 页。

③ 关于这一问题，可参看殷仁允：《武氏祠画像石所见"儒主道辅"的思想特色及其原因》，山东大学硕士学位论文，2014 年。

子。□以勤体，杀鸡为黍，仲由成立，无词以语。"① 所谓"养性守真"
云云，与教育何关？质言之，这就是衍生出来的原始宗教系统，在这里
面的孔子和儒学是居于次要地位的。加之"荷蒉"之人与"杀鸡为黍"
的"荷蓧丈人"混淆②，属于明显的用典错误，粗糙中所展现的民间小
传统底色，一览无余。墓主武氏本为地方精英，但一旦进入这一墓葬系
统，也不得不放下，至少是折损了大传统的威严，向这种小传统低头。

　　由此，对于衣镜孔子像当然可以从教育入手，从圣像系统上加以解
读，但将《孔子见老子图》混入这一系统，是万万行不通的。在这两套
系统中，《孔子见老子图》系统，绝不是专为孔子而设计的图像系统，
它的思想旨趣中有着对孔子的凌驾，至少是对儒学的突破。更多的是非
理性色彩，与生死问题及鬼神相关，逻辑上也较为粗糙。反之，属于大
传统的圣像系统不仅更为严密理性，就教育角度来说，在相关图像中，
也从来没有老子存在的理由。具体证据就是，在汉末的鸿都门学——被
士大夫所排斥的教育系统中，所悬挂的画像也只是孔门图，在事关教育
之中，有孔而无老，是当时的惯例③。

　　总之，在主流的孔子及弟子图中，并不需要老子的加入，它以孔子
为核心，属于"圣像"系统，反映了当时大传统的要求。而在小传统
中，随着老子的神仙化，在与巫风相合中，成为凌驾于孔子之上的"道
祖"，并为后来原始道教的发展提供了养分。《孔子见老子图》的出现，
正反映着这样的事实，并成为汉代墓葬系统中"神像"的代表。由此，
当刘贺在衣镜中选择前者时，自然不会有老子像的出现。或者说，它所
透现的，是"圣像"系统对"神像"系统的排斥，神仙化后的老子由此
而缺位，也就成为顺理成章之事。

四　小结与思考

　　在出土资料大量问世之前，对早期中国孔子形象的认识，主要依凭
着大传统中的典籍而得出，在这一系统中，孔子被尊为"至圣""先师"
甚至是"素王"。这些称谓无一不反映着孔子及儒学的核心地位，并作
为文化传统中的重要内容而代代相传。可以说，自汉代"经学时代"以

---

① 朱锡禄：《武氏祠汉画像石》，山东美术出版社，1986 年，第 128 页。
② "荷蒉"与"荷蓧丈人"的故事分见《论语》的《宪问》和《微子》篇，是十分著名
　的典故。
③ 关于这一问题的具体论述，可参看王刚：《学与政：汉代知识与政治互动关系之考察》，
　黑龙江人民出版社，2012 年，第六章第五节。

降，孔子占据着政治及文化传统中的核心地位，已成为一个众所周知的事实。

但是，随着出土资料，尤其是《孔子见老子图》这种图像的大量涌现，传统的观念一度受到颠覆，至少是巨大冲击。在这一图像系统中，孔子及弟子们以谦卑的形象出现在老子面前，呈现出"和儒经里颇不一样的孔子"。它打破了汉代以来孔子及儒学尊崇的文化地位及理论架构，冲击了传世文献中的孔子形象。面对着这种出土材料所呈现的新"事实"，以至于有研究者提出："重新评估汉人的思想精神面貌。"① 似乎在汉代图像系统中，孔子像旁有一个高高在上的老子成为"标配"，并由此说明，孔子地位并非传世文献中的那般尊崇。

"孔子衣镜"图像的出现，打破了这种所谓的"事实"。在这一系统中，不是老子居于孔子之上的问题，而是根本没有老子的位置。它切合了儒经，颠覆了此前的"不一样"，对由《孔子见老子图》这一图像系统中所推导出的结论，构成了某种否决之势。综合地上、地下的二重资料，如果说传世文献中的孔子形象是"正"，《孔子见老子图》为"反"，衣镜图像则是对《孔子见老子图》的否定之否定，为"合"。在这种"正、反、合"的逻辑推进中，我们所看到的孔子及相关历史图景，不再是"一面之事实"或正、反的"两面事实"，种种被遮蔽的层面在比较之中得以逐次呈现。

在这样的问题意识下，就可以看到，在衣镜图像中没有老子的出现，但是，刘贺时代应该已经有了老子图像。揆之于史，西汉武、宣时代以来，老子应该开始了神仙化的历程，或者至少为这一历程做了思想铺垫。具有神仙意味，而不是"内圣外王"取向的老子画像得以出现，已具备了条件。随着各种转型的推进及加深，以刘贺时代为重要起点，这种思想产物应该为此后的《孔子见老子图》的细化和丰富，提供了不可或缺的素材和养分。

由此，衣镜图像中的老子缺失，是一种主动选择的结果。对于刘贺而言，主要的不是知与不知、有没有老子图像的问题，而是采不采纳的问题。问题的根源在于，衣镜图像与《孔子见老子图》属于两种图像系统。前者为"圣像"系统，是大传统的产物，并与儒籍中的孔子形象相契合。而后者为小传统中的"神像"系统，那里面的老子以

---

① 邢义田：《画外之意：汉代孔子见老子画像研究》，生活·读书·新知三联书店，2020年，第13页。

神仙身份凌驾于"圣"之上。这样的"老子"，显然是被大传统所排斥的。

循此而论，衣镜图像中没有老子，实在是大传统及儒学立场的必然。也就是说，在这里面没有老子，是大传统中的惯例，属于主流的孔子图像。而那些专为墓葬而制作的《孔子见老子图》，反倒应以另类而视之，在研判孔子像问题时，可作为参考，而不可以视之为正宗或主流。

第六章 衣镜图像中的西王母与东王公问题

审视衣镜图像，除了占据主体地位的孔门画像之外，还绘有西王母、东王公等神仙人物及相关瑞兽。据考古工作者所披露的信息："在（正面）镜框内框四周边框正面绘有一圈神兽和仙人图案，上方中间是神鸟（朱雀），两侧为仙人（东王公、西王母），左侧为白虎，右侧为青龙。"

这一图像已录于本书的图1.4，作为展开研究所依凭的基础资料，读者可自行参看。此外，在器物上还有一篇《衣镜赋》，为理解图像及相关问题提供了重要的信息。为了更好地论证，笔者不避重复，将相关内容摘引如下：

> 新就衣镜兮佳以明，质直见请兮政以方。幸得降灵兮奉景光，脩容侍侧兮辟非常。猛兽鸷虫兮守户房，据两蜚虡兮囧凶殃。傀伟奇物兮除不详。右白虎兮左仓（苍）龙，下有玄鹤兮上凤凰。西王母兮东王公，福熹所归兮淳恩臧，左右尚之兮日益昌。……临观其意兮不亦康？□气和平兮顺阴阳。①

纵览出土的各种汉代图像，这是所见最早的西王母和东王公资料，内容丰富且重要。在本书的绪论及第二章中，笔者已对其基本内容和意义，以及图像的方位空间等问题作了初步讨论。在这一章中，将以西王母和东王公像的构图旨趣为考察核心，紧扣刘贺时代的历史环境，对图像表达、画外之意及相关问题作出必要的分析，力求在图文结合的基础上，使得相关研究获得进一步的推进。

因材料及图像主题的缘故，本章将以资料更为丰富、地位也更为重要的西王母为论述核心。主要思考方向在两大层面：一是图像主题及背后的关怀。西王母的身份属性如何？刘贺为什么要引入这一图像？它有

---

① 王意乐、徐长青、杨军等：《海昏侯刘贺墓出土孔子衣镜》，《南方文物》2016年第3期，第62~64页。

哪些画外之意？二是图像表达所呈现的个性特点，及由此所带来的历史思考。主要聚焦于西王母的形象变化，以戴胜及配对等问题为切入口，考察西王母、东王公知识谱系的演进及接受，阐释此类图像系统中的海昏模式及意义，探究背后所蕴含的历史文化内容等。

需要说明的是，以上两大层面的内容并非截然二分，各不相关。笔者只是为了论述的方便，特在此分而言之。在后面的论述中，因行文需要，也尽量作出了逻辑性的区隔，但两大层面的内容更多的是互补、互证的关系。而且对这些问题的研判，不仅可直接切入到汉代西王母、东王公的论题之中，也隐隐可见刘贺的身世感怀。要之，它们是一系列融贯的内容，不仅体现在各种细部的观点互证之上，而且图与文、画内与画外之间都有着高度的关联。当然，限于材料和水平，据此所得出的结论，不敢言必，只能算是一种管窥之见。

下面，作具体的论述。

一　西王母的身份属性及相关问题：从所谓的"道家代表人物"说起

在讨论西王母问题时，身份属性是不可不辩的。

初看之下，这是一个不成问题的问题。西王母是什么身份呢？答案是古代的神仙，倘再进一步确认，她是后来道教中的一尊大神。面对着这种几乎可为常识的事实，有人或许会说：这样的问题还有深入讨论的必要吗？有的。如果将视野落实在西汉时代，复杂性就显现了出来。

其中，最根本性的问题乃是，在西汉时代，由于道教尚未正式产生，将西王母及相关信仰系统完全归入于道教，或与道教相关的思想范畴之中，显然是不合适的。在那一时段，可见的重要事实是，西王母一方面有着比后世更高，甚至是至上的地位；另一方面，在其神仙身份中，没有脱尽远古传说中的"人"之一面。加之道教以老子为道祖，与道家之间纠缠交杂，关系颇为复杂。在后世认知的"诱导"下，讨论汉代的相关情形，往往会时空错乱、概念混淆、界限难明。研究者如果意识不到这些问题，以后世的尺度来直接衡定西王母形象，就会遮蔽复杂的历史多面性，由此对其身份属性所作出的判定，将是片面，甚至是扭曲的。

可注意的是，因这种问题意识的缺失，在对衣镜图像中的西王母做研判时，有学者得出了这样的结论：

> "孔子画像"，在突出孔子及其弟子的同时，却总是有道家代表人物作为陪衬随同出现，孔子衣镜"中的西王母、东王公是如此，

其他画像中的老子也是如此。这种图像的并现，反映了汉代社会儒道思想的并存、儒主道辅的格局。①

在这一评断中，西王母居然成为与老子并立的"道家代表人物"，由此，在论者的心目中，老子已然成为与西王母一样的神仙。也由此，在另一段相关论述中，有了这样的推定：

> 其中"西王母"为大众所熟知，"东王公"则所知甚少，但二者又共同被奉为道教尊神。由此可见，"孔子衣镜"中两位仙人形象的出现，展示的就是刘贺所处的西汉武、昭、宣时期所盛行的道家神仙思想中的西王母信仰。②

很显然，这两段论述一脉相承，呈现出道家与道教不分的情形。否则，西王母既被定义为"道教尊神"，又何以被归入"道家神仙思想"之中呢？但是，且不说此时的西王母与道教无涉，仅就道家与道教的关系来说，它们可以无别互通吗？再进一步言之，道家理论是以神仙思想见长的吗？老子是神仙吗？

答案是否定的。

查核史籍，在中国古代由于编目的需要及内在思想的承接性等原因，有将道家、道教的资料汇为一处者，如著名的四库全书就是如此，道家、道教的资料皆被总括在子部的"道家类"。但这绝不代表二者能随意混同。它们在思想性格上是迥乎不同的，其中最主要的区别，就是神仙鬼怪的有无或多少。概言之，道家以哲学思辨为特征，而讲求神仙之术者，是道教而非道家。故而纪昀在《四库总目提要》中说："后世神怪之迹多附于道家，道家亦自矜其异。……世所传述，大抵多后附之文，非其本旨。"③

所以，一个明显的事实是，在严肃的文史研究中，虽然对于老子其人、其事中的种种细节有着不同的判定，但对于老子的身份及其在思想史上的定位，从来都是公认的——道家的创立者，是思想家而不是神仙。

---

① 何丹：《"孔子衣镜"不能作为刘贺的翻案依据——基于汉代"孔子画像"的考察》，《中国社会历史评论》（第二十一卷），天津古籍出版社，2018年，第199页。

② 何丹：《海昏侯墓"孔子衣镜"与西汉西王母信仰》，《诸子学刊》（第十六辑），上海古籍出版社，2018年，第109页。

③ 四库全书研究所整理：《钦定四库全书总目（整理本）》，中华书局，1997年，第1932页。

不仅今人是如此理解，在《汉书·艺文志》中，老子及其相关著述归入"诸子略"的"道家"类中，而并没有进入"方技略"的"神仙家"中。这就足以看出，在汉代主流知识界中，对于老子的身份认知是清晰的。

那么，老子就不可以与西王母并列了吗？不是的。他可以与西王母并列，但是，那属于学术之外的思想谱系，是道教系统之内的认知。在那里，老子已不是哲人身份，而是被改造成为道教的祖师——当然也是地位极高的神仙。

揆之于史，道教正式产生于东汉中晚期，它以张道陵的传教为正式起点，并以老子作为本门的"道祖"。由此，道教的产生，很重要的一条路径就是，老子的逐渐神仙化，直至将其打造为所谓的"太上老君"。但随之而来的问题是：一则在学术研究中，道家与道教需有分际；二则"孔子衣镜"是西汉时代的器物，既然那时道教尚未正式产生，西王母是如何与道教中人发生联系的呢？对此须有历史的观念。

由此我们注意到，在汉代的墓葬画像中，往往可见这样的情形：老子与西王母的图像系统相互呼应，形成一种内在的意义关系。根据研究者的意见，构图"按照当时道教信仰的逻辑"而得以展开，反映的是"一种严密的死者升仙仪轨"，呈现出"朝西王母于'昆仑之阙'"的目标指向①。观察这类图像系统中的"西""老"关系，可以发现，在当时的神仙谱系中，虽然老子成为了大神，但似乎还没有获得后来那样的"道祖"地位，他在西王母的管辖之下，接受着后者的训导②。

前已论及，道教正式产生于东汉中晚期的张道陵时代。但进一步的问题是，此前有一个长期的酝酿过程，其中一个重要的时间节点在东汉初年。在那时，原本哲学化的"道"开始"具有'神'的特征，成为创造宇宙、化生天地的伟大神灵"。与此同时，老子逐渐神化为了"道"的化身，出现了"把老子与道合而为一的创世说"，从而正式拉开了老子"被奉为道祖的序幕"③。另据《后汉书·光武十王列传》，楚王刘英"诵黄老之微言，尚浮屠之仁祠，絜斋三月，与神为誓"④。可见至少在东汉初期，老子与佛祖并立，已身份极高。那么，他又何以会屈身于西

----

① 姜生：《汉画孔子见老子与汉代道教仪式》，《文史哲》2011年第2期，第46页。
② 关于老子的神仙化及相关问题，还可参看本书第五章，本章仅就论题所及，做出必要的考察，而不作重复性的论证。
③ 卿希泰：《中国道教史（修订本）》第一卷，四川人民出版社，1996年，第88页。
④ 《后汉书》卷42《光武十王列传》，第1428页。

王母之下呢？

要解答这样的疑惑，就必须通观道教的发展历程。

前已申论，在东汉初期，已拉开了老子"奉为道祖的序幕"。在这一时间节点上，虽然还没有产生正式的道教，但西汉治国理政的"黄老之术"已经一变而为了神仙崇拜的"黄老道"，成了道教产生的直接源头。由此，"黄、老"，尤其是老子，在神仙化之后地位不断升级。但相较之下，在西汉时代，不完全是这样的情形。一方面"黄老之术"被儒家赶下政治舞台之后，老子的逐步神仙化为后来"黄老道"的发展及定型铺设了道路。关于这一问题，在前一章已有所讨论，在此不再赘论。结合本论题，需要加以特别关注的，是另一方面的事实，那时的"黄老道"尚未完全定型，在神仙信仰领域发挥作用的是所谓的"方仙道"，西王母是其中的重要主神。

尤为重要的是，在"方仙道"兴盛的西汉时代，西王母俨然有着至高无上的地位。伏羲、女娲等原始大神也位于其下，这与后来道教女神的身份设定是很不一致的。汪小洋指出，西王母成为至尊神是从西汉后期开始的，"也可能时间的上限在西汉中期"①。但问题是，老子的神仙化既然在此时也迈开了历史的脚步，由此，理论的冲突亦随之而来。质言之，道教之所以是道教，乃在于以"道"为尊，老子作为"道"的化身有着至高的地位，后来的所谓"一气化三清"以及"元始天尊"的出现，就是由这一路数推衍而来。来自上古传说的西王母要在道教中获得合法的神仙身份，就势必要降格。

所以，自老子神仙化以来，在西汉时代，西王母居于老子之上，那是毫无问题的。东汉时期倘还留存着这一情形，则应该是惯性使之然也。但不管怎么说，自东汉，尤其是汉晋以来，在道教的神仙谱系中，"老"升"西"降成为趋势。今日道教谱系中所看到的西王母形象，是后来加工、整合而成的。在西汉时代，西王母作为主神，另有一套神仙系统。诚如有学者所指出的："不能因为后来的西王母融入了道教神系而将汉代的西王母也纳入道教。两汉的西王母信仰不属于严格意义上的道教，在图像上尤其如此。"②

总之，我们不否定西王母与道家及道教的关联。但在严谨的学术研究中，首先，不能混淆二者之间的边界。道家是道家，道教是道教，思

---

① 汪小洋：《汉墓壁画宗教思想研究》，上海古籍出版社，2011年，第199~201页。
② 李凇：《论汉代艺术中的西王母形象》，湖南教育出版社，2000年，第72页。

想分际必须分明，西王母问题不能随意归入到哲学性的道家论题之中。如果以后世的宗教文献为标尺，认为道家思想系统以神仙修炼为旨趣，那么，被这种认知所裹挟的"道家"，实质上已不能算是道家了，至少是被改造变形了的"道家"，它所讨论的问题，只能属于道教范畴。其次，不能以后世的道教形象来判定和裁剪西王母。在汉代，尤其是西汉的鬼神信仰世界中，一方面，道教系统中的那个"太上老君"还在酝酿之中，他的至尊地位没有树立，至少是未最后定型。另一方面，此时的西王母，不是后世的王母娘娘，而是手操生死大柄的至高神。由此，在对西汉的神仙系统作学术判定时，不能脱离"方仙道"的特定语境。

　　严格说起来，只要西王母没有降格，就不能围绕着老子，及相关的由"道"而"气"的"三清"系统大做文章，将"方仙道"中的西王母与道教中的西王母直接对应起来。要之，西汉时代的西王母是自成系统的主神，绝不可能是什么"道家神仙思想中"的人物，也不可归入还未产生的道教范畴。

二　身世感怀与画外之意：西王母图像与刘贺的选择

　　由前已知，西王母是西汉时代的一尊大神。

　　但是，汉代的神仙有那么多，在衣镜图像系统中，为什么一定要选择她呢？在笔者看来，"孔子衣镜"中的西王母像，不是随意安排的神仙图，后面有着丰富的历史内涵，并与刘贺的身世感怀直接相连。这就不能不深入到刘贺的立场和态度之上，对画外之意做出考察。

　　选择西王母进入图像系统，最值得注意的问题有两点：一是西王母具有"神"与"人"的两面性。具有"人"之属性的西王母与"礼"关联甚密，而"礼"又恰恰是"孔子衣镜"的思想核心。这两者之间的契合应非偶然，是刘贺的一种主动选择。二是西王母是赐福避祸的重要选择，而且她与刘贺立废以来的种种"异象"及现实困境有着丝丝入扣的关联。从"犬祸"到"阴病"，似乎都在验证着过去的预言。为了摆脱这种"不祥"，祈求西王母消灾，成为必然选择。再进一步，为了和顺阴阳，画像之中更引入了东王公，以求达到"金气病，则木渗之"的效果。

　　下面，就分而论之。

　　（一）"另一面之事实"后面的"孔子衣镜"旨趣：儒家系统中的西王母与礼的意蕴

　　如果聚焦于"孔子衣镜"的旨趣，可以发现，刘贺之所以选择西王母图像，很大程度上与其形象的两面性有着紧密的关系。

在前面的论述中，我们所看到的，都是西王母"神"的一面，但是，她还有着"人"的"另一面"。尤为重要的是，具有"人"之属性的西王母有着大量关于"礼"的"历史"书写，并由此与衣镜内在旨趣发生了思想关联。

通过衣镜图文及出土的简牍等资料，可以确定，刘贺是偏于儒家立场之人，这就决定了，"孔子衣镜"的旨趣不能过于偏离儒学轨道。总的来说，儒家的总体风格是重"人"而轻"神"。但是，在那样一个科技尚未昌明的时代，鬼神在汉代集体意识的深处占据着重要位置。刘贺虽以儒学为本位，但并不能脱离时代，衣镜上出现神仙，当属正常之举。只不过，更进一步的问题在于，倘西王母仅以神仙形象出现于衣镜之上，虽无伤大体，但依据严格的儒家立场，终究会对其所具有的人文色彩产生稀释。反之，当这一形象具有了"人"的"另一面"后，则可形成中和作用，与儒学气息更为相合。

下面，对这一问题展开具体的讨论。

前已言及，刘贺选定西王母作为护佑之神时，是一种有选择性的行为。作出这种选择，就在于西王母的"另一面"贴近儒家理念，并被汉代的儒家系统所采纳。

我们注意到，虽然西王母信仰在西汉如火如荼，也得到了官方系统的承认，甚至在西汉中后期，当权者将其比附元后王政君等人①。但总的来看，这种信仰主要流行于民间，而不在官方系统之内，诚如汪小洋所指出的："从深层结构看，西王母信仰在发展过程中并没有从国家宗教的载体国家祭祀中获得多少支持，帝王的意志促进了它长生内容的发展，但是至上神的内容却完全是在民间的宗教活动和非主流的宗教活动中形成和发展的。"②

以此为视域，可见的事实是，在西汉时代，官方系统的主神是太一。《史记·封禅书》载："天神贵者太一，太一佐曰五帝。"又曰："神君最贵者太一，其佐曰大禁、司命之属。"③虽然官佐等细节还有些混乱，还有，就是研究者所认为的，太一的神仙信仰有着某些民间的来源。但即便如此，不可不承认的是，对太一的祭祀，是"王朝祭礼中的国家祀

---

① 关于这一问题，可参看白坤：《西王母与汉皇后——汉代皇后身份变迁管窥》，《人文论丛》（2017 年卷 27），武汉大学出版社，2017 年。
② 汪小洋：《汉代壁画的宗教信仰与图像表现》，上海古籍出版社，2011 年，第 48 页。
③ 《史记》卷 28《封禅书》，第 1386、1388 页。

典"。而且这一过程在武帝时就已展开并基本完成①。在这样的问题意识下，我们的疑问是：刘贺虽为废黜的皇帝，但显然与民间人士有别。那么，他为何在为衣镜选定神灵时，不采纳官方的太一等主神，而最终选择了西王母呢？

答案当然还是要到衣镜的旨趣中去寻找。

细绎"孔子衣镜"图文，可以发现，在浓郁的儒家色彩后面，核心追求乃是"修容侍侧兮辟非常"，并可由此可分解为两大主题，一是修习礼容，二是避祸。"避祸"，当然是需要神仙来加以护佑的，至于为什么选择西王母这个神仙来承担这一职能，在后面会有具体讨论，为了论证的方便，就先不作展开。现在主要聚焦于"礼"的问题上，来看看西王母的独特性。

在笔者看来，这一问题的关键点在于，西王母不仅为"避祸"提供庇佑，还受着"礼"的制约，有着"人"的一面，一般神仙人物难以符合此种条件。查核史籍，从《尚书大传》到《大戴礼记》，都可找到相关的内容。可以说，在战国至汉的儒家文献中，西王母所呈现的"人"之形象不乏记载，并占据着主导位置。尤需指出的是，她不仅在儒籍中多被提及，而且因"礼"的缘故，与舜、禹等儒家系统的圣王产生着关联。从这个意义上来看，西王母最重要的"一面"固然是神仙，但当她呈现出人的"另一面"时，实质上也能算是儒家系统之内的人物了。

这方面最突出的证据，在《大戴礼记·少间》篇，其中有这样的记载：

> 昔虞舜以天德嗣尧，布功散德制礼。朔方幽都来服；南抚交趾，出入日月，莫不率俾，西王母来献其白琯。粒食之民昭然明视，民明教，通于四海，海外肃慎北发渠搜氐羌来服。②

《礼记》是汉代重要的儒籍，也是刘贺墓中出土资料的大宗。加之这段话是作为孔子之言而加以提出的，它在儒林之中的影响力不言而喻。

不唯如是。《风俗通义·声音》载：

> 《尚书大传》：舜之时，西王母来献其白玉琯。昔章帝时，零陵

---

① 杨英：《祈望和谐——周秦两汉王朝祭礼的演进及其规律》，商务印书馆，2009年，第367页。

② 王聘珍撰，王文锦点校：《大戴礼记解诂》，第216页

　　文学奚景，于冷道舜祠下得生白玉管，知古以玉为管，后乃易之以竹耳。夫以玉作音，故神人和，凤皇仪也。①

　　《风俗通义》虽然是汉末之书，但所引的《尚书大传》是西汉时代的重要儒籍，据称为伏胜所作。这里面也出现了"西王母来献其白琯"的故事，而且汉章帝时有人在舜祠堂内获得白玉管，可见这一事实是汉代儒家系统内的共识。由此还可知道的是，既然有与西王母相关的舜祠堂，那么，关于西王母"人"的"另一面"，就不仅仅是儒籍之上的记载，而且也转而成为汉代的普遍认知。也就是说，在汉代的精神世界中，不是只有作为神仙的西王母，还有作为"人"的西王母。这些毋庸置疑地反映着儒家系统内的认知，也应该是刘贺那个时代的士人所熟知的材料。

　　尤为重要的是，这一层面上的西王母几乎没有任何的神性表现，与之相反的是，她似乎颇有"历史性"，作为一个传说人物而出现，主要事迹是"来献其白琯"，是舜时代天下大治的表征。而舜是何以做到天下大治的呢？答案是"布功散德制礼"。这里面很重要的一条就是——制礼。而且，据《尚书·尧典》，舜帝在论及音乐时，曾有过"神人以和"的论述，这正可与"神人和，凤皇仪"的论述相契合，并依稀展现出凤凰与西王母的关系，对应着衣镜中的画面。总的来说，不管"人"与"神"之间如何纠缠交错，在儒家系统内，西王母的故事主要是一种人事的表述，至少是淡化了神的意味，成为礼乐系统内的历史书写。

　　由此，当西王母进入衣镜图文系统时，她亦"神"亦"人"的两面性，不仅可以承担神灵护佑的意义，同时，也在儒家系统内获得了与"礼"的对接，从而与衣镜主题产生了更为密切的互动。还需一提的是，据现有资料，刘贺本人对于"礼"及相关文献颇为熟稔，墓中出土的大量典籍，很重要的一部分就是礼类文献。与"礼"相关的西王母资料，他不可能不知晓。

　　不仅如此，通过汉代文献《论衡·无形》可以知道，在那个时代，"图仙人之形，体生毛，臂变为翼"，"毛羽"是图像中仙道的普遍特征，但汉儒王充进一步指出："禹、益见西王母，不言有毛羽。"② 也就是说，以王充目力所及，当禹、益等与儒学系统更为密切的人物与西王母在一

---

　　① 应劭撰，王利器校注：《风俗通义校注》，中华书局，1981年，第284页。
　　② 王充撰，黄晖点校：《论衡校释》，第66、67页。

起时，后者并没有"毛羽"。

而在海昏衣镜中，西王母恰恰也是没有"毛羽"的。

以此为背景，来观察现有的出土图像资料，可以发现，在西王母的形象设计中，的确存在着有"毛羽"与没有"毛羽"的两种类型。结合本论题，笔者以为，"毛羽"的有无或许就与西王母分属不同的系统有关。倘突出她"神"的一面，自然可以"毛羽"来装配她。但如果更多地按照儒家系统的逻辑理路，与舜、禹等圣王同类，这样的西王母固然也有着超凡的特性，但终究强调"人"的"另一面"，由此，儒家系统的西王母应该是没有"毛羽"的。

需要指出的是，我们并非否认衣镜中的西王母所具有的神性，偏执地认定西王母完全执着于"人"的形象之上。我们的立场是，承认她有着"神"的"一面"，但她更是有着"人"的"另一面"。或许就是这个缘故，就形象上来看，衣镜图像中西王母是没有"毛羽"形象的，俨然就是普通女性。

然而，进一步的问题是，为什么西王母这样的神仙会具有"人"的"另一面"呢？很重要的一个原因就在于，她是来自上古时代的传说人物。从那一时代辗转留存而来的故事里，出现的种种重要人物，往往是神人交杂，面目不清。

这样的现象，是上古时代的通例。王国维指出：

> 研究中国古史为最纠纷之问题。上古之事，传说与史实混而不分，史实之中不免有所缘饰，与传说无异；而传说之中亦往往有史实为之素地，二者不易区别，此世界各地所同也。……即百家不雅驯之言，亦不无表示一面之事实。[①]

为一般人所熟知的是，在考察炎、黄；尧、舜、禹等传说人物时，神话传说与历史事实纠缠在了一起。在上古神话中固然可以看到他们的身影，但与此同时，他们又是上古英雄，以圣人或超人的形象出现。也就是说，在上古神话系统中，神仙与英雄人物往往交叠，神仙的原型可能就是某个或某些英雄人物的夸大与集中。炎、黄，尧、舜、禹等如此，西王母亦如此。由此在对他们作研判时，很重要的一点是，无论是"神"还是"人"，都是"一面之事实"。不可因"一面"的呈现，而忽

---

① 王国维：《古史新证》，谢维扬、房鑫亮主编：《王国维全集》第十一卷，第241、242页。

略"另一面"的存在。"两面"相合，才是完整的形象。

就西王母而言，从"神"之层面来看，相关的"一面之事实"是，她是西汉时代的尊神，虽然与后来的道教颇有关联，但以她为中心，建构了一个不同的神仙信仰系统，不可与道家、道教随意混同。就"人"的层面来说，除了汉代的认知，还可注意的是两部先秦时代的典籍，一是《山海经》，二是《穆天子传》①，西王母的早期文本就源自此。

在《山海经》这部书中，多次提到了西王母。其中《西山经》载："其状如人，豹尾虎齿而善啸，蓬发戴胜，是司天之厉及五残。"《海内北经》载："西王母梯几而戴胜杖。其南有三青鸟，为西王母取食。在昆仑虚北。"而《大荒西经》则云："昆仑之丘，有神人面虎身有文，有尾皆白，处之其下，有弱水之渊环之其外。有炎火之山，投物辄然。有人戴胜，虎齿，有豹尾，穴处，名曰西王母。"② 这种半人半兽的形象，是人还是神呢？从外在形象看，像是神怪，而不是人；但《山海经》中又明明白白地说"其状如人""有人戴胜"。虽然有着种种的神性表达及神异之处，但终究还是有着"人"的一面。

事实上，这正是早期神话中"传说与史实混而不分"的表现。从神话角度固然可以看到作为"神"的西王母，但如果剥去神话的外衣，往往可见的是上古社会中若干历史的情形。由此，在另一部书《穆天子传》中，西王母虽然自称"帝女"，并有"虎豹为群"云云，在"瑶池之上"与周穆王唱和。但是，这里的西王母，已基本脱尽神怪面貌，俨然是"人"的形象，文字中神性叙述也大大淡化。由此，纪昀在《四库总目提要》中说："书中所记，虽多夸言寡实，然所谓'西王母'者，不过西方一国君。"③ 朱芳圃则认为，这是一种被夸张的史实，再结合《山海经》中的描述，那些所谓的"豹尾虎齿"，实为上古部落的图腾形象。他说：

　　《穆天子传》一书，文辞简质，确是周代的作品。记载两君相

---

① 虽然《穆天子传》有着复杂的情形，但是一般来说，它所反映的故事是有先秦依据的。当然我们也注意到，有学者将其定为西汉的作品，如汪小洋说："我们可以认定汉人整理、补充的事实，目前《穆天子传》中所见西王母故事的记载，自然也应当可以被认为是西汉人所认识的西王母。"（《论汉代西王母信仰的宗教性质转移》，《浙江社会科学》，2009 年第 1 期，第 88 页）但即使是如此，也无损于本文的基本判定。

② 郭世谦：《山海经考释》，天津古籍出版社，2011 年，第 181、554、690、691 页。

③ 四库全书研究所整理：《钦定四库全书总目（整理本）》，第 1872 页。

见的事，饮酒赋诗，温文尔雅，固然不免有缘饰词句，然大体告可信为史实。后世史学家们对于此事，疑信参半，甚或视为神话，盖由于不了解《山海经》所载的西王母是貘族的图腾，穆王所见的西王母是貘族的君长，人与神，混为一谈，自然不能得到事实的真相。①

西王母的真相究竟如何？其或神或人的渊源到底在哪？由于它们已溢出本论题之外，在本文中可以不作深究。但有一点是明确的，那就是，在汉代儒家系统中，西王母具有"人"的"另一面"，并与"礼"及儒籍密切相关。可以说，刘贺选择西王母这样的神仙于衣镜之上，或许就在于这"另一面"的存在，可以更好地契合"礼"的要求及儒家本位，本质上反映着衣镜的思想旨趣。

（二）"犬祸"与"阴病"

前已论及，刘贺让西王母这尊大神来护佑自己，一个很重要的目标是"避祸"，也即"囹（无）凶殃""除不详（祥）"。但纵观刘贺短促的一生，"凶殃"与"不祥"并非在制作衣镜这一时间节点上才发生，它们的缘起，基本上都可追溯到皇位立废之时。也正是从那时起，灾祸不断，"阴阳"不顺，身心频遭重创。由此，要消除灾祸，就必须倒追源头，在探因与切割中做出新的调整。在这一过程中，种种旧事往往会涌上心来，它们对于内心的激荡与折磨，不可能不影响着刘贺的当下思考。

以这样的问题意识来考察刘贺的"灾祸"及"避祸"，可以发现的是，"犬祸"和"阴病"是其时最为核心的"灾祸"。而这两者恰恰又与西王母有着重要关联，更为重要的问题是，也只有借助西王母的力量，才可以消灾避祸，转祸为福。许多年后，当刘贺提出"避祸"愿景时，西王母很自然地成为"除不祥"的最佳选择。下面，就展开具体的论述。

所谓"犬祸"，并非指由某只或某群狗所惹出的具体事端，而是将与犬相关的异象作为凶兆，结合阴阳五行等学说，以附会人事。在今人看来，它们神神道道，根本不值一哂。但在天人灾异之说盛行的汉代，对于"犬祸"一事，时人不仅重视，而且心怀忧惧。在《汉书》的《天文志》《五行志》中记载了不少这方面的事例，刘贺则被作为代表性人

①　朱芳圃：《西王母考》，《开封师院学报》1957年第2期，第4页。

物而出现。由此，《五行志中之上》有这样的说法：

> 贺为王时，又见大白狗冠方山冠而无尾，此服妖，亦犬祸（祸）也。贺以问郎中令龚遂，遂曰："此天戒，言在仄者尽冠狗也。去之则存，不去则亡矣。"贺既废数年，宣帝封之为列侯，复有罪，死不得置后，又犬祸无尾之效也。

"犬祸"何以会发生？按照《五行志》的解释系统，责任在于刘贺的"狂悖"，典型事例为："昭帝时，昌邑王贺遣中大夫之长安，多治仄注冠，以赐大臣，又以冠奴。"[①] 史书声明，这样的行为违逆了天地阴阳之气，为"犬祸"埋下了伏笔。但问题是，这些乃是刘贺即位之前的事情，如果那时"犬祸"显著，"天意"已定，他怎么可能有资格承接大统呢？事实上，所谓"犬祸"不过是权力斗争的装饰品，是为废黜刘贺而寻找的一个借口。那些若有若无的故事，本质上都是在刘贺成为失败者后，通过倒叙"历史"而补充出来的"证据"。

"犬祸"的真正起点，应该从《尚书》学大师夏侯胜及"久阴而不雨"的预警说起。

据《汉书·夏侯胜传》，夏侯氏"少孤，好学，从始昌受《尚书》及《洪范五行传》，说灾异"。在刘贺即位后，他成为第一个指出"凶兆"存在之人，即所谓："天久阴而不雨，臣下有谋上者。"依据所在，就是《洪范五行传》。刘贺不相信这种言说，甚至"谓胜为祆言，缚以属吏"[②]。但是，严厉处置不仅没有拦截住刘贺眼中的"妖言"，反倒使之成了被废黜的灾异理由。而且更重要的是，在后续的一连串连锁反应中，由"天久阴"而"犬祸"，乃至于"阴病"的出现，使得"凶殃"与"不祥"成了一生中难以摆脱的噩梦。

继续回到上面的故事中去。

后续的发展是这样的：夏侯胜之言虽不为刘贺所采纳，但事情一经传播，惊出了权臣霍光的一身冷汗。霍光何以会惊恐呢？因为通过"久阴而不雨"，所获得的预判是"臣下有谋上者"。此时，他正与车骑将军

---

① 《汉书》卷 27 中之上《五行志中之上》，第 1366、1367 页。
② 《汉书》卷 75《夏侯胜传》，第 3155 页。另外，关于"久阴不雨"问题，在董涛的《"久阴不雨"解》（载于江西师范大学海昏历史文化研究中心编：《纵论海昏——"南昌海昏侯墓发掘暨秦汉区域文化"国际学术研讨会论文集》）中，还有精彩的论述，可参看。

张安世密谋废上，夏侯胜之言可谓是直指要害了。在排除了涉密的可能后，霍光"乃召问胜"，于是有了如下的一段对话及后续事件。

> 胜对言："在《洪范传》曰'皇之不极，其罚常阴，时则下人有伐上者'，恶察察言，故云臣下有谋。"光、安世大惊，以此益重经术士。后十余日，光卒与安世白太后，废昌邑王，尊立宣帝。光以为群臣奏事东宫，太后省政，宜知经术，白令胜用《尚书》授太后。迁长信少府，赐爵关内侯，以与谋废立，定策安宗庙，益千户。①

夏侯胜因祸得福，他通过所谓"经术"而获得的判断"应验"了，霍光正是"臣下"中的"谋上者"。但是，霍光集团并没有采取灭口行动，而是惊诧于这一巧合的"天意"，"以此益重经术士"，对夏侯胜委以重任。更重要的是，十余日后，夏侯胜参与废主行动，并因拥戴后任的宣帝而获得了巨大利益。

夏侯胜转入霍氏阵营，从拥戴刘贺到成为谋废者，其间具体发生了哪些故事，已难寻其踪。但倘循着这一历史线路而行，可以发现的是，"久阴而不雨"本是用来警戒刘贺的，此后转而成为刘贺被废，汉宣帝登极的预兆。与之相关联者，还有前所言及的"犬祸"。汉儒曾有言："孝宣兴起之表，天狗夹汉而西，久阴不雨者二十余日，昌邑不终之异也，皆著于《汉纪》。"② 由此可知，在汉代官方系统的权威表述中，"久阴而不雨"与"犬祸"共同打造成了"昌邑（刘贺）不终""孝宣兴起"的表征③。

但与前所引述不同的是，这里面的"犬祸"，表现为"天狗夹汉而西"，它以天象为载体。《汉书·天文志》载有此事，并附有刘贺废黜，霍光行权的评述。其文曰：

> 二月甲申，晨有大星如月，有众星随而西行。乙酉，牂云如狗，赤色，长尾三枚，夹汉西行。大星如月，大臣之象，众星随之，众皆随从也。天文以东行为顺，西行为逆，此大臣欲行权以安社稷。占曰："太白散为天狗，为卒起。卒起见，祸无时，臣运柄。牂云为乱君。"到其四月，昌邑王贺行淫辟，立二十七日，大将军霍光白皇

---

① 《汉书》卷75《夏侯胜传》，第3155页。
② 《汉书》卷36《楚元王传附刘向传》，第1964页。
③ 这里面的《汉纪》，是当时的官方史书，结论代表着官方立场。

太后废贺。①

不管如何去评述这段记载，它在本质上不过是用来证明刘贺被废的"天意"基础。但问题是，为什么要在"久阴而不雨"之后，再加上"犬祸"这样的异象呢？主要原因或许在于，"久阴而不雨"一开始存有对霍氏集团的指向性，虽然它后来被改造，但在说明废黜的正当性时，将其作为主要理由，终究不是太理想。在天人感应的氛围下，由"天狗"而引出"犬祸"，则不仅增添了新的"证据"，而且它直接关联天上的星象，"天"的意味及"天意"的表现更为直接鲜明。故而，以它为主，"久阴而不雨"退而为辅，就成为情理之中的事了。后来的"大白狗冠方山冠"云云，应该就是在此"天意"的提示下，进一步"挖掘"出来的旁证。

所以，如果结合前述的夏侯胜之事，参校之下，不难发现的是，这其实是官方后来编造出来的政治说辞。在维护霍光集团正面形象的同时，对"犬祸"以及与之相关的"久阴而不雨"的责任人，及附加意义做了颠覆性的修订②。

限于主题和篇幅，对于这类问题，本文不拟再作展开。由本论题出发，值得注意的是，与"久阴而不雨"一样，"天狗"云云，以及由此而来的"犬祸"，主要依托的是那段时间的特殊气象条件，在预言性的"天象"中，聚焦于阴阳五行范畴之内的"阴"。而这种"阴"所对应的神灵，正是西王母。《汉书·天文志》载有这样一个故事：

> 哀帝建平元年正月丁未日出时，有著天白气，广如一匹布，长十余丈，西南行，谨如雷，西南行一刻而止，名曰天狗。传曰："言

① 《汉书》卷26《天文志》，第1307页。

② 所谓"犬祸"的天象，出现在元平元年二月。据《汉书·昭帝纪》，"夏四月癸未，帝崩于未央宫"。也就是说，此时正是汉昭帝在位之时。那时或许根本没有将此当一回事，也根本与刘贺无关。因为如果要找对应者，只能是在位的昭帝，不可能应对到毫无牵连的刘贺身上。而且"占曰"云云，必然是在昭帝驾崩后才发生，是针对刘贺所发出的论调。因为所谓的"此大臣欲行权以安社稷。臣运柄，豨云为乱君"。正是刘贺废黜时期的写照，后文所谓的"到其四月，昌邑王贺行淫辟，立二十七日，大将军霍光白皇太后废贺"。很明显就是在为霍光行废立之事寻找借口。但是，刘贺是在六七月间才接续皇位，他怎么可能为几个月前的天象负责呢？而且，专门为数月前的天象来补充一次占卜，不是很明显在罗织罪名吗？如果这一异象早已昭昭于世，由刘贺负责，又何必选定他为帝呢？可见这些都是污蔑之词，甚至很可能就是由夏侯胜之流在其间周纳而成。

之不从，则有犬祸诗妖。"到其四年正月、二月、三月，民相惊动，谨哗奔走，传行诏筹祠西王母，又曰"从目人当来"。十二月，白气出西南，从地上至天，出参下，贯天厕，广如一匹布，长十余丈，十余日去。占曰："天子有阴病。"①

这一故事发生在哀帝朝，虽然在时间点上晚于刘贺时代，但极有参考价值。在此段文字中，特别值得注意的是两点，一是消除"犬祸"的重要手段是祈求西王母，乃至于最终发生了百姓"谨哗奔走，传行诏筹祠西王母"的群体事件。二是"天子有阴病"。这里面的天子，指的是哀帝。他因"犬祸"之"阴"，而感应致疾。

什么是阴病呢？简单地说，属于风湿病一类的症状，从而不良于行，也即古人所谓的"风痹疾"。《汉书·哀帝纪》载："即位痿痹，末年浸剧。"师古注引如淳曰："病两足不能相过曰痿。"② 与之相类的是，废黜后的刘贺也患有同样的病症，《汉书·武五子传》载："疾痿，行步不便。"师古注曰："痿，风痹疾也。"宣帝"由此知贺不足忌"③，遂有了海昏之封。

刘贺患病的主因，要归于潮湿阴毒的环境，由政治软禁所导致。从特定意义上来说，他是政治打造出来的病夫。但更重要的是，在天人灾异的视角下，刘贺的"阴病"，极大地证明了"犬祸"的存在，并"应验"于刘贺之身。对于汉宣帝来说，他内在的真实想法，一方面当然是希望刘贺加重病情，而不是痊愈；另一方面则希望"天意"永在己身。所以我们看到，海昏在汉时乃是阴湿之地，刘贺来此只会加重"阴病"。改封海昏，一则可借潮湿的环境，在外示宽仁中借刀杀人。二则"阴病"愈重，愈加可以说明"昌邑不终""孝宣兴起"的"天意"。持续地展现这一点，对于合法性的宣示极为有力。

对于刘贺而言，要从"犬祸"和"阴病"中走出来，身体机能的锻炼，以及医药治疗和饮食调整都十分重要④。但是，在那样一个时代，又不可能只重人事，而完全不要"天意"。很自然地，就乞求神灵而言，西王母成为不二之选。由前已知，西王母为女神，在阴阳五行之中"主

---

① 《汉书》卷26《天文志》，第1311、1312页。
② 《汉书》卷11《哀帝纪》，第345页。
③ 《汉书》卷63《武五子传》，第2767、2768页。
④ 关于以上这些问题，可看看王刚：《身体与政治：南昌海昏侯墓器物所见刘贺废立及命运问题蠡测》，《史林》2016年第4期。

阴"，在求取西王母赐福的过程中，阴阳的调和，也即"顺阴阳"由此成为一个重要的路径。据《汉书·五行志下之上》，在祈求西王母赐福的进程中，百姓们有着如下的表现：

> 哀帝建平四年正月，民惊走，持槁或棷一枚，传相付与，曰行诏筹。道中相过逢多至千数，或被发徒践，或夜折关，或逾墙入，或乘车骑奔驰，以置驿传行，经历郡国二十六，至京师。其夏，京师郡国民聚会里巷阡佰，设张博具，歌舞祠西王母，又传书曰："母告百姓，佩此书者不死。不信我言，视门枢下，当有白发。"至秋止。

对于此次事件中的各类行为及其象征意义，时人杜邺是这样解说的：

> 《春秋》灾异，以指象为言语。筹，所以纪数。民，阴，水类也。水以东流为顺走，而西行，反类逆上。象数度放溢，妄以相予，违忤民心之应也。西王母，妇人之称。博弈，男子之事。于街巷阡陌，明离阃内，与疆外。临事盘乐，炕阳之意。白发，衰年之象，体尊性弱，难理易乱。①

从今人的眼光来看，杜说固然琐碎而牵强。但如果不纠缠于那些形式化的说辞，究其实，不过是在说，"犬祸"及"阴病"的应对之道，要在获得以西王母为代表的"主阴"因素之外，增加"阳"的成分。哀帝时的百姓，以"博弈""临事盘乐"等形式加以展现。而刘贺呢？用什么达到这种"顺阴阳"的效果呢？答案就是东王公。

关于这一问题，在后面还有详细的论述。但联系"犬祸"及"阴病"的问题，可以看到的是，东王公的引进，很大的一个可能就是，进行阴阳的调和。也就是，在"除不祥"的过程中，需要"阳"的因素介入及调和。汉人相信，在神灵世界中，西王母与东王公的相配，既可达成阴阳调和的目标，也是解决"犬祸"问题的重要手段。《汉书·五行志中之上》曰：

> 言气毁故有犬祸。一曰，旱岁犬多狂死及为怪，亦是也。及人，

---

① 《汉书》卷27下之上《五行志下之上》，第1476页。

则多病口喉欻者，故有口舌疴。金色白，故有白眚白祥。凡言伤者，病金气；金气病，则木沴之。①

按照阴阳五行理论，东属木，为阳，为左，东王公亦可称"木公"。与之相应的，西属金，为阴，为右，西王母又可称"金母"。当他们在衣镜上方，分处东西左右两方时，"左右尚之兮日益昌"，不仅可达成阴阳的和顺，也是"金""木"之间的一种互动。由上文的"金气病，则木沴之"，就可以知道，这样的安排，对于"气毁"而致的"犬祸"，会产生有针对性的效果。

由此，西王母，乃至于联袂而出的东王公成为"避祸"的神仙选项，并非随意而为。当衣镜制作之时，刘贺虽正在走出人生的最低谷，但那时的他依然被监控，处境依然微妙艰险，种种事实足以说明，"犬祸"并未完全远去。加之在海昏湿冷的环境下，"阴病"必将继续折磨着身体，要摆脱这些灾祸，在西王母的神力之下去和顺阴阳，就成为必然的选择。而这些又直通往事，刘贺不可能不感慨系之。也由此，这样的图像安排不是简单地求神拜佛，而是充满了画外之意，有着丰富的历史内涵。

三　不戴胜的西王母：图像表达、意义指向及相关问题

由前已知，根据《山海经》等资料的记载，西王母形象很重要的特点是"蓬发戴胜"。与之相伴的，还有"豹尾虎齿"，及与后来所谓的"三足乌"混而难分的"三青鸟"等内容。

由此，在汉代图像中，以"戴胜"为核心，整合相关要素来共同展现那个半人半兽，既有人的一面，又饱含神性的西王母形象，成为一种通例，在大量的汉代图像中，较之其他的图像表达，"戴胜"或"胜"与其身份标识有着最为重要的关联。根据这样的事实，有学者认为，"戴胜"为汉代西王母形象的"核心图像"，而与之相关的"三足乌"等则为"第二等重要和普遍的图像"②。

从字义上来看，对于"戴胜"最直接的理解是，头上戴着"胜"这种头饰。"胜"，有时又称为"华胜"。《释名·释首饰》曰："华胜，华象草木华也，胜言人形容正等，一人著之则胜，蔽发前为饰也。"③《续

---

① 《汉书》卷 27 中之上《五行志中之上》，第 1377 页。
② 李淞：《论汉代艺术中的西王母形象》，湖南教育出版社，2000 年，第 254 页。
③ 毕沅疏证，王先谦补：《释名疏证补》，中华书局，2008 年，第 161 页。

汉书·舆服志下》则载："太皇太后、皇太后入庙服，……簪以瑇瑁为摘，长一尺，端为华胜，上为凤皇爵，以翡翠为毛羽，下有白珠，垂黄金镊。左右一横簪之，以安菌结。"[1] 根据有关学者的研究："两端加华胜的头饰，汉时为太皇太后、皇太后所专有，是帝室中辈分最高的女家长的标志，用于入宗庙、行先蚕礼这样的隆重场合。"[2]

由于"戴胜"的重要性，在许多学者看来，汉人在作图像表达时，一个重要准则是："以'胜'代替和象征西王母。"将其作为"西王母的简略和抽象表达方式"[3]。依此而论，只要有西王母的出现，在常态下，"胜"就不可或缺（图 6.1）。

图 6.1 戴胜的西王母：沂山墓门上的石刻（右为配对的东王公像）[4]

但问题是，"戴胜"不能涵盖所有的情形。查考汉代图像，西王母不戴胜的现象也有存在。直至汉晋之后，逐渐成为不"戴胜"的道教女神。如在第二章中，图 2.4 与图 2.6，一"戴胜"，一未戴。

在这种情况下，学界往往认为，西王母形象有一个"弃胜"的过

① 《后汉书》，第 3676 页。
② 马怡：《西汉末年"行西王母诏筹"事件考——兼论早期的西王母形象及其演变》，《形象史学研究》（2016 上半年），人民出版社，2016 年，第 50 页。
③ 李凇：《论汉代艺术中的西王母形象》，湖南教育出版社，2000 年，第 64 页。
④ 巫鸿：《武梁祠：中国古代画像艺术的思想性》，生活·读书·新知三联书店，2015 年，第 138 页。

程。如有学者根据西王母进入道教系统后已不再"戴胜"，最终展现佩戴"太真晨缨之冠"形象的事实，提出了"弃胜加冠"的论断，认为在"层累造史"中，"戴胜"是一个逐渐消退的现象，直至"给西王母加上了一顶'太真晨婴之冠'，同时也给她减去了陪伴千年的'胜'。"① 西王母原本以"戴胜"形象而存在，后来"胜"逐渐不那么重要，直至于被取消，被冠或其他头饰物所替换，这所展现的是一个历史的一元演进过程（图 6.1）。

与之相似的是，李淞认为，在汉代图像系统中，"戴胜"作为抽象符号，"是识别西王母的重要标志。它与西王母的关系可分为两个阶段：第一阶段是西汉至东汉中期，在这个时期的绝大多数西王母图像上都有这个标志；第二阶段是东汉后期，西王母常为不戴胜的形象"②。

然而，东汉时期的问题可先置而勿论，仔细审查衣镜中的西王母图像，可以发现，作为现存最早的西汉实物，西王母并没有戴胜。为什么会这样？作为重要礼器，刘贺自然不会随意为之。而且由画面的精美也可以看出，制作者是十分用心且慎重的（图 1.4）。那么，它是一个特例的存在吗？事实并非如此。由此，所谓"弃胜加冠"及与之相关的结论就必须加以修正。

在笔者看来，长期以来，人们多以一元化思维来看待西王母图像的变化，但这只是"一面之事实"。反映在"戴胜"问题上则是，在汉代西王母图像中，"胜"的消失不是历史演进的结果，而是一开始就有着戴与不戴两种形态。衣镜图像的意义在于，它为我们展现了另一面的事实下的西王母形象。在二元系统的视角下，不"戴胜"的西王母主要反映了另一图像系统的内在意蕴。通过对两种不同图像系统的考察，在综合比较之下，才可以看到西王母图像演进的整体面貌，并由此更为深入地理解衣镜旨趣及刘贺的思想倾向。

下面，展开具体的论述。

（一）"戴胜"：符号化及其意义

考察中国古代的美术作品，在识别人物身份时，可以依赖两种办法，一靠榜题，二是符号化。前者直接用文字加以标识，一般不会产生争议。而后者因其具有一定的模糊性，往往会聚讼纷纷。

---

① 施爱东：《"弃胜加冠"西王母——兼论顾颉刚"层累造史说"的加法与减法》，《青海社会科学》2011 年第 5 期，第 200 页。
② 李淞：《论汉代艺术中的西王母形象》，湖南教育出版社，2000 年，第 249 页。

汉代西王母图像的特殊性在于，榜题出现不多，大多通过符号化手段来作身份展示。当然，需要一提的是，符号也有各种不同的表现方式，这里所说的符号，指的是图像符号，或者可称为符号化图像，在某些人物或物件出现时，对相伴于旁的某类固定图像赋予意义，使其成为一种身份标识。

按照邢义田的意见，在汉代画像系统中，这种图像符号已经形成了一定的套路，即所谓"格套"，在约定俗成之下一望即知，无需附加文字于其上。对于作为这一模式代表的西王母图像，邢氏评价道："西王母、东王公都有相当固定的格套表现形式；它们或者从无榜题，或者极少标示榜题。""像西王母这样出现最多的画像，也偶尔有榜题。偶然出现的榜题，对当时的人来说，或许可有可无。"① 换言之，在汉代西王母图像中，符号化比文字榜题更受重视。那么很自然地，我们要问了：与西王母相关的符号化图像有什么呢？最核心的就是"戴胜"。

在这样的逻辑理路下，当邢氏看到山东微山两城乡的西王母画像（图 6.2）时，一度产生了困惑。原因在于，这位西王母不"戴胜"，只在头顶上立有一只小鸟。如果不是因为榜题上标有"西王母"的字样，他甚至不敢确认。邢义田说：

> 这只小鸟不见于足部，无法确定它是青鸟或三足乌。……我猜想这件画像会特别加上榜题，一个主要的原因是画中的西王母和当时一般人理解的西王母造型出入太大，为了弥补造型上不可挽回的偏差，只好加上榜题以确定画中人物的身份。②

由上已知，邢氏不敢贸然确认西王母的身份，很核心的一条就在于，图像中没有出现"戴胜"的情形，最后凭借榜题，才消除了心中的疑窦。这样来看，"戴胜"在身份辨识方面的确有着非同一般的意义。由此，接下来的问题是："戴胜"的核心旨趣是什么呢？通过它，想表达什么呢？更为重要的问题是，倘若说"戴胜"是一种符号化的意义表达，不"戴胜"不也是另一种样式的意义表达吗？而且落实在衣镜图像

---

① 邢义田：《汉代画像内容与榜题的关系》，《画为心声：画像石、画像砖与壁画》，生活·读书·新知三联书店，2020 年，第 67~70 页。

② 邢义田：《汉代画像内容与榜题的关系》，《画为心声：画像石、画像砖与壁画》，生活·读书·新知三联书店，2020 年，第 87 页。

图 6.2 山东微山两城乡西王母画像①

中，西王母不仅不"戴胜"，甚至连榜题都没有。它比微山西王母画像走得更远。

为什么会这样？

对此所作出的解答，可以牵扯到许多层面的问题，具体的情形也非常复杂。但在对其他问题做出考察之前，第一步的工作应该是去思考"戴胜"及胜的符号意义。

以此为问题意识，首先可注意的就是，在汉代图像，尤其是在相关神话人物的图像中，符号化的运用是一种常态，有着鲜明的意义指向。

关于这一点，顾森的一段论述值得重视。他以大量事实为依据，在对汉代图像进行深入研究之后，提出了这样的观点："汉代在将神祇创作成可视形象时，通用的手法是用现实生活中的某一特有的物象或现象去附会而成。"从本质上来看，这里所说的"物象或现象"，实为一种特定的图像符号；而所谓的"附会"，则是对符号作出意义的解说。

沿着这样的致思理路，就可以发现，从表面上看起来，这些神祇形象似乎高高在上，甚至在充满神性中违反常识，脱离了世俗生活。但诚如王国维在讨论史实与神话传说之间的关系时所指出的："传说之中亦往往有史实为之素地。"由此而论，神话传说不论多么高妙，都无法脱离日常生活的一般经验，有着历史的烙印，"物象或现象"作为展现神祇形象的"素地"，离不开具体的历史空间和生活环境。再分而落实，则此类图像符号有两大依托，一是日常的生活经验；二是文本记载。

---

① 邢义田：《汉代画像内容与榜题的关系》，《画为心声：画像石、画像砖与壁画》，生活·读书·新知三联书店，2020 年，第 86 页。

　　由此，顾氏举出了这样的例子："雨师（持瓶倾倒水）和风伯（持筒状物置于嘴吹气）这些神祇等等。"另外，他还特别指出：

　　　　在汉画像中，伏羲双手捧日或一手举日一手持规；女娲则是双手捧月或一手举月一手持矩。古代记载中有以规测天，以矩量地之说。伏羲举日持规，女娲举月持矩，除了是天空的象征外，还有天地阴阳协合之意。①

　　在这段论述中，雨师、风伯的图像符号无疑依托于日常的生活经验；而伏羲、女娲则还有着文本记载作为支撑。以此来看西王母"戴胜"问题，属于将二者结合在一起的情形，既以文本记录为依据，又符合生活中的经验常识。可谓既"言之有据"，又入情入理，贴近生活。
　　我们先看文本依据。
　　关于西王母的文本依据在哪呢？主要就是《山海经》中的记载，那里面的西王母虽然"其状如人"，有着亦神亦人的特点，甚至由于"豹尾虎齿而善啸"，还有着亦兽的一面。当然，在前面也专门讨论过，在相关儒家资料中就没有这么多神异的描述，那里面的西王母基本上是以人的形象而出现。但问题是，一则较之《山海经》的主流影响，它们所展现的内容为一般人所忽略，属于非主流的另一面；二则就神性表达而言，《山海经》显然更为占优。
　　不仅如此，还可注意的是，回到汉代的历史现场，就西王母形象而言，在《山海经》中不仅有许多与外形有关的具体描绘，同时也有着现成的图像可作为"历史资料"以供参考。袁珂指出："《山海经》一书尤其是其中《海经》的部分，大概说来，是先有图画，后有文字，文字是因图画而作的。"②那么，在对西王母作图像呈现时，尤其是将其视之为神仙之时，《山海经》中的图文依据就显得十分重要了。
　　因材料缺失，在今日已无法对《山海经》系统中的图像作全面复原，但是，哪怕只是依赖文字，将这些有关外形的具体描绘汇总在一起加以比较，也可以发现，"戴胜"更加符合汉时的一般生活经验及历史习惯，是承载西王母神性符号的优选项。
　　具体说来，倘以"豹尾虎齿而善啸"为核心依据来打造西王母形

---

① 顾森：《秦汉绘画史》，人民美术出版社，2000年，第184~187页。
② 袁珂：《〈山海经〉写作的时地及篇目考》，《神话论文集》，上海古籍出版社，1982年，第12页。

象，那么，西王母必然要以兽形而示人。在远古时代，这样的图像安排是没有问题的。从特定意义来说，天国不过是地上世界的投影。在记录早期神话的《山海经》中①，当"豹尾虎齿"之神出现时，那正是人类社会与丛林世界还十分紧密的时段。事实上，它所反映的，也正是远古以来的图腾崇拜的情形，或许这种形象正与那时的原始状态甚至畜牧的生活经验相契合，从中可以找到许多真实历史的"素地"。

但这样的图形与汉以来逐渐发达的农业社会的现实就有些不符了。当然，从对传统的尊重和继承来说，也不是不可以允许这样的神异形象存在。如在汉代图像中，有些神仙，如伏羲、女娲就往往以人面蛇身的形象而出现。或许有人会提出，伏羲、女娲可以呈现兽形，西王母为什么不可以呢？笔者以为，最根本的问题在于，汉代的西王母具有至尊的地位，她已成为汉代神仙世界中的主神，与地上的君王形成呼应关系。这样的主神，如果其主流形象还依然是虎豹面容，就失去了人们心目中所预想的高贵气质，与时代精神相违背。

相较之下，与作为主神的西王母不同的是，一则在汉代神话系统中，伏羲、女娲已被降为她的辅助神。如在前所引述的微山西王母画像中，伏羲、女娲就在西王母座下，一阴一阳，形成一种对称的构图。作为一度的全能大神，在汉代，他们的地位下降，从属于西王母。这样的类似图像还有不少，汪小洋说："在画像石中，女娲基本上是依附于西王母而参加长生过程的。"② 二则伏羲、女娲虽有着兽的一面，但主要是以人面，而不是以禽兽面目而出现。可注意的是，《山海经》在论述"昆仑之丘"的神仙时，还有一位"人面虎身有文"的大神——陆吾③。虽然此后被逐渐忽略，但作为排在西王母之前的神仙，陆吾显然是"比西王母地位更高的神"④。细加比较可以发现，这位昆仑主神是人面虎神，这就与伏羲、女娲的图像形态相似了，哪怕是禽兽之身，但人的面目很重要。地位越尊崇，越需要以人的面目，而不是以禽兽面目而示人。

同理，在《山海经》系统中，西王母作为次神，以禽兽面目出现是可以理解的。但转入汉代之后，作为高高在上的主神，已不适合以虎豹

---

① 袁珂说："它主要记叙的，是从母系氏族公社到父系氏族公社这一段时期人头脑中幻想的反映。奴隶制社会时期的神话，也记叙了一些。"见袁珂：《中国神话史》，上海文艺出版社，1988年，第19页。

② 汪小洋：《汉墓壁画的宗教信仰与图像表现》，上海古籍出版社，2012年，第151页。

③ 郭世谦：《山海经考释》，天津古籍出版社，2012年，第690页。

④ 施爱东：《"弃胜加冠"西王母——兼论顾颉刚"层累造史说"的加法与减法》，《青海社会科学》2011年第5期，第195页。

面目而出现了。即便有这样的图像存在，那也是因传统而残留下来的非主流样式。很难想象，在帝制时代，地下宫廷已是一片雍容肃穆，而在它的精神世界中，主宰天地的大神会是一只动物或充斥着兽面的神？需要知道的是，此刻，历史已经脱离了质朴的图腾崇拜时代。就时代需求而言，神仙形象虽然也可以有着种种的变异，但它所需要的主神，大体上应该是与地上人主一样具有"人形"，又高于"人形"的神。

沿着这样的历史逻辑，"豹尾虎齿"等要素就必须淡化甚至祛除。当然，有人或许会说，三青鸟等要素不也是西王母文本中的重要内容吗？它们为什么不可以替代"戴胜"成为西王母的核心标识呢？答案是，它们与西王母的外形没有直接关联，属于"第二等重要和普遍的图像"。只有"戴胜"，既直接联系着西王母的容颜，又可以与虎豹等兽形象脱离，接榫于日常的生活经验及一般认知。

由此，西王母的性格特点不仅有着远古的生活痕迹，也可能保留着非华夏族群的特点。但要进入汉民族的精神世界，就需要被汉民族的生活经验所改造。自华夏民族文化建构发展以来，这一族群对于服饰赋予了丰富的意义，在冠带之国中，服饰不仅仅只有御寒和审美的功能，更体现着等级身份。尤其在帝制时代，这一点强调得极为严格，即服饰可以成为身份的标识。

循此理路，当"戴胜"被理解为头戴发饰之后，西王母的形象就悄然与早期西方部族的装扮拉开了差距，而与汉民族的特点相融贯。还需一提的是，就服饰的性别差异来说，由于古代男子戴冠，"胜"一类的头饰品又恰恰与女子的簪钗可以找到共同点。当西王母以女神形象而出现时，"胜"俨然成为女性代名词，女神的女性特征得以展现。李凇说："胜的原始对应物确应与织胜有关，它所表达的首先是西王母之'母'字的特性，即是女性的标志。"[1]

当然，如果仅仅凭借《山海经》的文本记载，"胜"是什么，可以见仁见智。事实上，汉代的太皇太后、皇太后在隆重场合"戴胜"，那个"胜"是不是符合《山海经》中的"胜"，本来就是一个问题。即便是，也无法确定，到底是世人模仿西王母而为，还是在制作西王母图像时，以世间饰物为参考，才有了汉代的图像样式，这些都不得而知。但有一点可以肯定，"戴胜"的存在，可以为西王母形象与现实生活之间找到契合点，它成为西王母符号化的首选是顺理成章的。

---

[1] 李凇：《论汉代艺术中的西王母形象》，湖南教育出版社，2000年，第252页。

而这种符号化，不仅仅是女性符号，更重要的是它的神性意蕴。即在对"特有的物象或现象去附会"时，有意识地去作神性解读。我们注意到，《淮南子·览冥训》谈到世界失去秩序时，有这样的表述："西老折胜，黄神啸吟；飞鸟铩翼，走兽废脚。"高诱注曰："西王母折其头上所戴胜，为时无法度。黄帝之神伤道之哀，故啸吟而长叹。"①

由此可知，这里面的"胜"不仅仅是一种头饰，也成为法度的象征。什么法度？当然是由西王母所把控的天地准则，而不是一般的人间规范。这样的西王母显然是以神，而不是以人的身份而出现。

所以再绎上述《淮南子》的引文，就可以发现，其后的"黄神"一词已表明，黄帝被视为神，排序在前的西王母自然不会例外。因为这样的缘故，回观图6.1，还可以发现的是，不仅西王母"戴胜"，与其配对的东王公也是"戴胜"形象。男性亦"戴胜"，可以证明的是，在西王母图像系统中，"胜"已不再局限于女性头饰的意义，更重要的是，被扩展出了神性意蕴。即利用"胜"与女性身份的相合，通过至尊女神的佩戴，在新一轮的附会下，使其具有了天地法度的意蕴。由此，汉代西王母神话中的"胜"不仅仅是女性的饰物，更是神性的象征。

（二）"戴胜"存在的问题及应对

当"戴胜"以佩戴头饰的形象而出现，并被附会出神性意蕴时，不意味着西王母的神仙面貌由此而打造成功，其后存在的问题亦随之而来。

之所以存在种种问题，核心在于，汉代的"戴胜"西王母，是对《山海经》的相关记载进行附会的结果。附会，总是要夹杂着后世的曲解与加工，意味着某种程度的失真。尤其是对于人物的容貌及形象的附会，必然会与本相产生差距。只要细加考察，各种破绽及存在的问题必将一一显现，如何对此加以因应，成为重要的后续工作。

当然，有些附会因为其严丝合缝，通过后世的缝弥，能将破绽一一抹去，不细心核验，往往难以发现原初的本相。但汉代的西王母形象是另一番情形。且不说儒家系统中非神话的一面赫然存在，随着经学时代的发展，它们不可能被淡化，只会越来越为人所重视，直至成为质疑其神仙形象的依凭。即便是在神仙形象，或接近神仙形象的描绘中，如在《穆天子传》中，西王母虽有着"帝女"的身份，并且"虎豹为群"，但

---

① 刘文典撰，冯逸、乔华点校：《淮南鸿烈集解》，第211页。

并没有太多的怪异之形，甚至与世间的美人形象更为接近，这些资料也足以对源自《山海经》的"戴胜"西王母形象形成冲击。

也就是说，哪怕就是在神仙系统中，在各种外在要素的冲击下，西王母的"戴胜"形象往往也要淡化甚至取消，直至依据另一系统来重构形象。事实上，自汉晋之后，西王母在逐渐进入道教系统时，形象演进正是沿着这一路径而发生的。但另一面的事实是，在西汉时代，作为神仙的西王母，其形象建构依然在《山海经》的影响之下，"戴胜"依旧是西王母的重要标志。既然问题已经出现了，如果还要保持西王母的神性，接下来应做的就是，面对着这些问题，通过内在的改造，以求得某种自洽，并形之于图像之上。

那么，这样的"戴胜"，具体的问题出在哪呢？又将如何回应与改造呢？

问题主要在两方面，一是"戴胜"不仅与头饰发生联系，更关联着"豹尾虎齿而善啸"，以及"蓬发"等外在形象。如何协调它们之间的矛盾成为主要工作。二是"戴胜"并非就一定是头戴首饰之义，语义上的新理解及新的图像呈现，成为问题解决的另一思考方向。

先看第一方面的问题。"戴胜"是人之装扮，而"豹尾虎齿而善啸"呈现的却是禽兽之貌。如果西王母真的是虎豹面目，还需要"戴胜"吗？答案应该是否定的。再退一步，西王母即便是以人的面目出现，但在"蓬发"状态下，头发松散，如何能将头饰固定住呢？细想之下，实在有些不合常理。

学界已有人注意到了这一矛盾，并以此为突破口来展开相关的论述。前已论及，有学者认为西王母形象有一个"弃胜加冠"的一元演进过程。在这一过程中，西王母由原始女神逐渐转换为了佩戴"太真晨婴之冠"的道教神仙。他认为，这种穿戴的原始出处是《汉武帝内传》，反映了汉晋以来的形象改造，里面的西王母"被塑造成一个端庄的中年少妇模样"。

其实，这一形象是延承了《穆天子传》的叙述脉络。相关情形可先置而勿论，值得注意的是，该研究者特别提出："只要'戴胜'，就很难与'蓬发'，乃至'豹尾虎齿'脱离干系。"并进一步认为：

　　　大概是为了避免后人的这种联想，从《汉武帝内传》开始，道教文学家们干脆对西王母进行了脱胎换骨的大洗底，甚至把她的标志性饰物"胜"都给撤掉了，换上一顶"太真晨婴之冠"，进行全方位的整容和改装。①

　　能由"蓬发"及"豹尾虎齿"等，看出其与"戴胜"的不相容，反映了研究者敏锐的学术眼光。但前已论及，这种"去胜"不仅仅是神仙及道教系统的内在变化，在另一系统之中，西王母本就可以不"戴胜"。更为关键的是，"去胜"并非唯一选项。即便在神仙系统的形象演进中，就协调"戴胜"的矛盾来说，未必一定要"去胜"，也可以在"存胜"的前提下去做出改造和调整。

　　事实上，西汉时代的西王母神仙形象，主要就是沿着这种路径而行的，它为西王母"戴胜"形象的神性表达奠定了基础。

　　查核图文资料，西汉时代的人已经注意到了"蓬发"等与"戴胜"的矛盾。所以，"戴胜"的西王母几乎都是"束发"装扮，从而与"戴胜"相契。这样的情形不仅在图像上有着直接的反映，相关文字亦可形成呼应关系。在西汉文字资料中，作为神仙的西王母不再有着"蓬发"的外形，而且"豹尾虎齿而善啸"的形象也大多被淡化或忽略。

　　如在前所引及的《淮南子》中，对于西王母的外形描画，突出的仅仅是"戴胜"，其他的矛盾冲突之处则被省略。以至于有研究者指出："《山海经》中的西王母人身、虎齿、豹尾，并且有纹身，都是白色，蓬头乱发戴着玉胜，对西王母的外貌做了很大幅度的描写；而《淮南子》对西王母的外貌仅有戴胜这一细节的描写。"② 不仅如此，还可注意的有两点，一是《淮南子》中有所谓的"黄神啸吟"之说。"啸吟"显然是来自西王母的"善啸"，但在这里被移之于黄帝身上。二是因"母"的特征，而推想出年长特点，遂增加了长生不老等要素。如在《览冥训》篇，记载了"羿请不死之药于西王母，姮（嫦）娥窃以奔月"的故事。

　　这种细节及故事的增删，应该不是淮南王刘安及其门客的创造，而是反映了汉代所造作或承接的神仙思维，并且可以找到不少与之相印证的图像。沿此理论来再绎文字资料，又可发现的是，"戴胜"西王母不仅束发，而且往往要伴之于白发，以体现长生不老的指向。前所论及的哀帝时代"视门枢下，当有白发"的预言，就可以证明一点。从特定意

---

① 施爱东：《"弃胜加冠"西王母——兼论顾颉刚"层累造史说"的加法与减法》，《青海社会科学》2011 年第 5 期，第 196、197 页。
② 李书慧：《〈淮南子〉中的西王母形象分析》，《淮南师范学院学报》2020 年第 3 期，第 23 页。

义来说，白首、束发而"戴胜"，成为西汉时代神仙西王母的标准像。

关于这一点，在司马相如的《大人赋》中有着更为生动的描绘："低徊阴山翔以纡曲兮，吾乃今日睹西王母。暠然白首戴胜而穴处兮，亦幸有三足乌为之使。必长生若此而不死兮，虽济万世不足以喜。"这是"相如拜为孝文园令"，"见上好仙"之后，专门为武帝所作的诗赋①。

要之，那个时候的西王母神仙形象虽然突出"戴胜"这一特点，但以束发，往往再加上"白首"为新特点，相关的"豹尾虎齿而善啸"等文字或被删芟，或被移用，以使得人物形象在神性中获得自洽。从特定视角来看，这种"戴胜"西王母已是改造了的汉代神仙，与《山海经》中的西王母有着相当大的差距。

需要附带一问的是，司马相如笔下的西王母形象是从哪里来的呢？作为呈奉给皇帝的诗赋，是不是依据官方图像资料而作出的描写呢？倘如是，这样的西王母形象就具有相当的权威性。

一个重要事实是，"与神仙信仰有关的壁画见于武帝的甘泉宫"②。它的历史背景是，武帝听信方士之言，"作甘泉宫，中为台室，画天、地、太一诸鬼神"③。在此需要注意的是，"画天、地、太一诸鬼神"，不意味着甘泉宫相关画像中只有"天、地、太一"三类。就"诸鬼神"的涵盖面来说，其他的鬼神也应包含在内。

理由在于，"天、地、太一"皆为神，而非鬼。《史记·封禅书》载："祠神三，一天，一地，一太一。"④ 如果仅仅三者存在，只说"诸神"好了，无需用"诸鬼神"加以表述。而且在《史记·孝武本纪》中亦载此事，除了有"祠神三一"，也即祭祀"一天，一地，一太一"之外，还有祠黄帝、冥羊等记载⑤。这就说明，在武帝时代，所祠，包括所画的"诸鬼神"绝非只有三种，而是一个系列。在当时，应有广泛的鬼神被绘之于甘泉宫壁画上。很自然地，西王母作为重要的主神，应该在"诸鬼神"的图像系列中。

那么，是不是可以说，司马相如所"睹"的西王母，原型应该就在

① 《汉书》卷 57 下《司马相如传》，第 2592、2596 页。
② 邢义田：《汉代壁画的发展和壁画墓》，《画为心声：画像石、画像砖与壁画》，生活·读书·新知三联书店，2020 年，第 11 页。
③ 《史记》卷 28《封禅书》，第 1388 页。
④ 因《汉书·郊祀志上》缺一"神"字，作："祠三一天一地一泰一。"有人将此句误解为祠三一、天一、地一、泰（太）一四神。参见梁玉绳撰，贺次君点校：《史记志疑》，中华书局，1981 年，第 809 页。
⑤ 《史记》卷 12《孝武本纪》，第 456 页。

汉宫之中，"皓然白首戴胜而穴处兮"的形象，就是甘泉宫中的"诸鬼神"图像呢？那也未必。可以注意的是，晚于司马相如的扬雄在《甘泉赋》中有这样的描写："想西王母欣然而上寿兮，屏玉女而却宓妃。玉女亡所眺其清庐兮，宓妃曾不得施其蛾眉。"① 这里面的西王母不在"穴处"，也不见"戴胜"、白首的描写，应该是正常的妇人了。既然是关于甘泉宫的诗赋，西王母形象应该符合官方的定位。那么，司马相如与扬雄笔下的不同形象说明了什么？是司马相如所描写的来自民间？还是同来自官方图像系统，但最迟至扬雄时期做了一次常态化的改造呢？

因材料所限，具体情形已难以复原。但不管是哪一种情形，"皓然白首戴胜"及由此所演绎出的西王母形象，其图文表述必须建立在以"胜"为头饰的基础之上。但问题是，"戴胜"不过是文本中的记载，它的本义就真的是头戴"胜"这样的首饰吗？如果不是这种意义指向，那么，该如何表现出她的神性呢？这样就转入了第二方面的讨论之中。

在此问题意识下，可以发现，由于"戴胜"的模糊性，一直以来，对其本义有着各种不同意见。例如有学者从甲骨卜辞的原义出发，在综合考察各种意见后，得出了这样的结论："戴胜"二字的原义及西王母的"蓬发戴胜""豹尾虎齿"，与"狩猎民族生活方式及惯有习俗"相关。"蓬发"是"因狩猎民族多披散头发，不像中原人有束发的习惯"。"豹尾"，"即以豹尾为头上的装饰"②。又如，关于"戴胜"的含义，有学者归纳出学界的六种意见，分别为华胜说、机能说、图腾崇拜说、神职说、阴阳及生殖崇拜说、神王说③。

要之，对于胜为何物，以及胜的功能，至今言人人殊。尤为重要的是，不仅仅是今人聚讼纷纭，汉代也不例外。非神话系统的西王母问题可先不论，现在主要来看看在神话系统中的情形。

可见的事实是，在学界的六种意见中，就"胜"的原型而言，除了以其为头饰的观点之外，与之相关的，还有一种主要倾向是，将其作为纺织器物来加以看待。例如，李淞认为："胜作为一种图像或物体，随着它的语境不同而含义有别。胜的原始对应物确应与织胜有关，它所表达的首先是西王母之'母'字的特性，即女性的标志，在'胜——纺

---

① 《汉书》87上《扬雄传》，第3531页。

② 张勤：《西王母原相初探——兼论"戴胜"之原义》，《苏州大学学报》（哲学社会科学版）2005年第1期，第71页。

③ 王薪：《从汉墓考察西王母"戴胜"图像涵义及流变》，《西部学刊》2018年第4期。

织——女性（母）'之间产生联系和语义延伸。"① 在这样的逻辑理路下，又有学者发现，汉代画像砖中，有一些西王母手持"工"或"Ⅸ"形等器物的图像（图6.3）。他认为，此类器物的名称应即文献中所说的"纴器"，也即纺织中的绕线器。由此，《山海经》中的西王母"戴胜"应读为"持纴"②。

图6.3　西王母持纴图

这样一来，西王母图像的神性意义或许就像有学者所说"'胜'这种东西本来象征整个纺织工作，进而延伸出织出这个世界，因此，这个有关'织'的行为本身具有了宇宙论性质的意义。"

又可注意的是，将"戴胜"解为"持纴"，不仅有着图像为依凭，还有着传世文献加以佐证。理据所在乃是，在文献中"戴胜"的"胜"与"纴"音近通假。如扬雄《方言》卷八云，有一种鸟"自函谷关以东谓戴鵀，东齐海岱之间或谓之戴南，南犹鵀也，……或谓之戴胜"。郭璞注："胜所以缠纴。"③ 又根据《尔雅·释鸟》"戴鵀"条，郭璞注云："鵀即头上胜，今亦呼为戴胜。" 由此，研究者得出结论道：

> 《淮南子·览冥训》云夏桀昏庸不明，以致"西老折胜"，传统注释均云西王母折断玉簪，我们认为，这里的"胜"也应读为"纴"，"折胜"指西王母折断用以理丝线的竹木制纴器。④

① 李淞：《论汉代艺术中的西王母形象》，湖南教育出版社，2000年，第252页。

② 刘海宇：《汉代画像砖中的西王母持纴器图考》，《清华大学学报》（哲学社会科学版）2018年第1期。另外，图6.3亦引自此文。

③ 钱绎撰集，李发舜、黄建中点校：《方言笺疏》，中华书局，1991年，第285页。

④ 刘海宇：《汉代画像砖中的西王母持纴器图考》，《清华大学学报》（哲学社会科学版）2018年第1期，第117页。

这样的解释可谓别开生面，有其合理性。但不足之处在于，在对"戴胜"作出新解时，只关注其"持纩"的一面，而忽略了它的另一面——戴胜（戴𪂃）鸟的意义。

其实，无论是以"胜"作为"织胜"的代表，还是将其视为"持纩"，毫无疑问的是，它所涵盖的仅仅是一面的意义。

由此来回观图6.2，因西王母头顶的小鸟，邢义田对此不"戴胜"的西王母不敢做身份确认。但很大的一种可能是，这也是一种"戴胜"。"戴胜"还有着另一面的意义——戴胜鸟。因为不理解这一点，邢氏一看到头顶之上的鸟之图像后，他的第一反应是："不见于足部，无法确定它是青鸟或三足鸟。"然而，如果将小鸟视为"戴胜"，这又何尝不是"有人戴胜"的一种图像表达呢？不仅如此，汉魏以来的人将戴胜鸟视为"阳鸟"，阴阳失序则会引起灾祸[1]。西王母与戴胜鸟的相配还可以有着"顺阴阳"的指向。在"戴胜"的头饰意义之外，这是一种完全可能的意义指向[2]。

要之，"戴胜"的西王母虽然可展现出神性的一面，但所存在的问题也不少。在保持"戴胜"及神仙意象的前提下，为了回应和自洽，一是忽略或改定"蓬发"及"豹尾虎齿"等形象定位，二是将"戴胜"演绎为"持纩"及"戴胜鸟"图形等，成了延续神性表达的可能手段。

（三）"考信于六艺"：不"戴胜"与衣镜图像的意义指向

在"戴胜"成为西王母主要标识的西汉时代，衣镜图像的反其道而行之，成为一种似乎另类的表现。但倘结合图文旨趣，又可以发现，这样的图像表达实属情理之中。那么，这种不"戴胜"的图像得以存在及展现，其意义指向何在呢？有哪些值得注意的问题呢？以笔者浅见，因为衣镜图像总体上属于圣像系统，将其纳入儒学及经学系统，在理性精神下来"考信于六艺"，或许是核心所在。

由前已知，在西汉时代，"戴胜"已成为神性标志，不管是直接以

---

[1] 《三国志》卷11《魏书·管宁传》，中华书局，1959年，第361页。

[2] 在汉代画像石中，有西王母与子路配对的情形。姜生以此为前提，提出头顶小鸟的微山西王母图像"在思想上受到了西王母与子路组合模式的影响。乃西王母—子路组合信仰之变相出现。换句话说，此乃因乎子路之冠雄鸡，转换为西王母冠雄鸡独自出现，而暗示其与子路之组合关系"。（姜生：《汉帝国的遗产：汉鬼考》，科学出版社，2016年，第134页）笔者以为，这一说法颇为迂远，戴胜鸟的意义指向应该更贴近真相。

头饰形态出现，还是加以某种改造，在神像系统中，这样的西王母形象是一种当然的存在。但进一步的问题是，从总体上来看，衣镜上的图像不管如何充满神性，都从属于圣像系统。因为这样的缘故，"戴胜"需要加以删芟。

在前一章的相关论述中，对于衣镜图像的圣像属性已作了讨论，此处不再展开。结合本论题，需要明了的是，圣或者说圣人，无论他们如何高大上，本质上都是人，而非神，只要与"圣"相关，大体是不能离开人间性问题的。很自然地，就圣像的思想依托而言，世间法必然占据核心，以符合理性和生活常态为旨趣。

在中国传统思想中，圣人之道主要由孔子所开创的儒学来承载。从特定意义来说，儒学就是致力于圣人之道的学问，由此对于生活日用和国家治理有着重大的现实意义。落实到刘贺及衣镜图像的思想依托问题上，可以看到的是，刘贺以儒学及经学为思想底色，并以孔门师徒为核心。在这样的逻辑理路下，考察"戴胜"的消失，便不能就事论事，而应从图像系统的思想土壤——儒学的圣人之道及相关问题出发，方能获得深入的体认。

按照孔子的教导，智者当以"务民之义，敬鬼神而远之"为追求，所以，"子不语怪、力、乱、神"①。在儒家理念中，神怪问题与暴力、悖乱等量齐观，大量地讨论这些问题是不智之举。故而，孔子不加论列。也就是说，只要相信儒家及孔子的圣人之道，与鬼神问题就应该拉开距离。

但是，衣镜图文中并非只有孔门圣贤。那里面的西王母、东王公不管如何具备"人"的一面，但本质上就是神仙，苛刻一点去说，她们的存在已经溢出了圣道的核心论说范畴。那么，可不可以由此而言，此类图文的存在，证明刘贺已经远离了儒家本位呢？或者说，衣镜图像并非属于圣像系统。

答案是否定的。"不语怪、力、乱、神"，并不意味着完全排斥对鬼神的讨论。且不说孔子还有着"祭神如神在""非其鬼而祭之，谄也"这样的论述②，其间分明透现出对鬼神虽疏离，却依旧为其保留着一定精神空间的事实。尤其在中国古代，从祭祖到祭拜天地鬼神，是最为重要的礼仪活动。从修身齐家到治国理政，它们是维系社会稳定和集体意

---

①　分见《论语》"雍也""述而"篇。
②　分见《论语》"八佾""为政"篇。

识不可或缺的要素。

只不过，这些鬼神的存在与神本主义有着一定的疏离，不能直接干涉人间事务，更多是在天道的阐释中，紧密联系着阴阳五行等问题。在历代史书中，《郊祀志》《五行志》等篇章就颇能反映这种思想取向。而且沿着这样的思想路径，在面对一些神话时，作出理性论说往往成为了儒学的思维习惯。

最典型的例子是"黄帝四面"的讨论。据《太平御览》卷七十九及三百六十五所引《尸子》，子贡问他的老师："古者黄帝四面，信乎？"结果孔子回答道："黄帝取合己者四人，使治四方，不计而耦，不约而成，此之谓四面。"在马王堆帛书《黄帝书》中有类似的记载："昔者黄宗质始好信，作自为象（像），方四面，傅一心。"①虽然对于后者的解释还有所争议，但相较之下，前者的意义取向十分清楚，否定黄帝故事的神性，并进行理性的改造和解说。而它的基本落脚点在于"信乎"，即这种神话叙述不可信，甚至荒诞，与基本理性不符，由此产生一定的质疑。

这一思想路径发展到汉代后，可注意的问题是，一方面汉代属于早期中国，非理性的土壤依然深厚，神话十分兴盛，以至于林剑鸣等学者认为那时的"信仰具有浓厚的迷信色彩"②。且不说民间的鬼神信仰如火如荼，就是王公贵族们也是趋之若鹜。如前所论及的武帝笃信鬼神，迷信方士，就是明证。但与之相对，不可忽略的历史大趋势是，"独尊儒术"日渐成为思想主流，尤其是士大夫深受儒学影响，在思想底色中理性越来越占据着核心地位。落实于神话层面，虽然在"浓厚的迷信色彩"下，不能对早期神话完全排摈，但神话受着理性的节制和改造，成为不可不察的另一面。

在这样的交互作用下，一个看似奇怪的现象出现了。当经学和儒学在管控着神话汪洋恣肆的叙事边界时，它们自己也似乎反向地沾染上了某些神性色彩。最明显的证据就是，在汉代所盛行的谶纬中，神神道道，甚至荒诞不经，与真正的六艺之学颇有差距。虽然许多儒生提出了质疑和抗议，但最终还是被纳入了解经的范畴之中。董仲舒的阴阳灾异之说与之有着千丝万缕的联系，衣镜文中的"顺阴阳"的思想脉络也直承于此，以至于在作为汉代意识形态之书的《白虎通》中，都有着这样的思

---

① 魏启鹏：《马王堆汉墓帛书〈黄帝书〉笺证》，中华书局，2004年，第95、96页。

② 余华青、林剑鸣、周天游等：《秦汉社会文明》，西北大学出版社，1985年，第267页。

想痕迹，直至影响了孔子姓名的论述。

关于这些问题，笔者已有专文加以论述，在这里不再重复。仅就论题所及，指出一个重要事实，那就是，在这样的思想基础上，衣镜中的西王母虽有着"神"的一面，并有着瑞兽等与之相配套，但她更有着"人"的另一面，这成为刘贺所关注的重点。易言之，在西王母的图像表达中，一方面固然有着神性成分，但另一方面，这种神性表达需要服从圣像系统这一大前提。西王母"神"的一面，只能是在服从圣像系统下的神性保存。

尤为重要的是，沿着这样的思维，"信乎"及考镜源流成为关键所在。在前面的论述中已经看到，子贡在对黄帝神话质疑时，以"信乎"一语向孔子发问。故事的真实性或许有待考订，但它反映了一个重要的思想事实，那就是，在儒学系统中讲求可信的理据。可是，神话，尤其是早期神话，哪里有那么多理性的思考？于是，在"信乎"的要求下，神话的理性改造成为汉以来的一大趋势。在西王母"戴胜"图像中，束发的出现，与虎豹之形的切割，都是绝好的佐证材料。

有了这样的思想要求，我们就注意到，与民间信仰不同，作为精英的汉代儒者对于神话描写并不完全采信，而取审视的态度。最著名的例子就是黄帝的故事。当司马迁作《史记》时，他指出："百家言黄帝，其文不雅驯，荐绅先生难言之。"与"荐绅先生"一样，太史公其实也不相信那些神神道道的述说，但为了不使材料丢失，"择其言尤雅者，故著为本纪书首"①。也就是说，要审查神话传说。那么，在审查材料时，又是以什么为标准呢？除了理性的思考，还有一个重要的文本标准——孔子所传的经学系统。由此，太史公又说："夫学者载籍极博，尤考信于六艺。"②

这种看法不是个人私见，而是士林的一般认知，甚至影响了民众的集体意识。说白了，神话中的很多内容不靠谱，反之，孔子所传的典籍，因为理性而产生的权威性，倘能与之相合，就有了采信的基础。汉晋时代，著名的道士葛洪针对人们不相信《列仙传》的记载，在《抱朴子·内篇·论仙》中，有一段这样的论述：

　　邈古之事，何可亲见，皆赖记籍传闻于往耳。《列仙传》炳然

---

① 《史记》卷1《五帝本纪》，第46页。
② 《史记》卷61《伯夷列传》，第2121页。

其必有矣。然书不出周公之门，事不经仲尼之手，世人终于不信。然则古史所记，一切皆无，何但一事哉？①

这段论辩文字正确与否，不在本论题的论列范围。可注意的是下面这段话："书不出周公之门，事不经仲尼之手，世人终于不信。"它反映的事实是，对于神话故事的文本，如果没有儒学依托，为孔子所传，世人大都不会相信。一般民众如此，作为知识阶层的士大夫更不会例外。例如汉人，尤其是儒生对于谶纬的态度，核心所在乃是，是否承认其与孔子及经学的关系，虽然它们神神道道，但只要能认可其在经学轨道之内，不至于太离谱，就拥有了合法性，同样对西王母的讨论也在此认知范畴内。

与黄帝的故事相似，西王母"神"与"人"的两面不仅存于民间口口相传中，也在儒籍中能找到不少材料，刘贺当然取后者立场。能"考信于六艺"的西王母，才是值得采信的西王母。大部分的材料及问题，在前面已有讨论。现在主要结合"戴胜"问题来展开分析。

我们发现，在前引儒籍，如《大戴礼记·少间》《尚书大传》中，西王母的形象与《山海经》明显有别，而与《穆天子传》的记载相合。由此，清儒汪照指出：

> 考《穆天子传》云，天子宾于西王母，觞于瑶池之上，西王母为天子谣。天子执白圭元璧，乃献锦组百纯，组三百，西王母拜受之。则西王母服食语言与常人无异，并无所谓豹尾虎齿之象也。《竹书纪年》："虞舜九年，西王母来向白玉环玦。"则西王母不始见于周时，《庄》《列》俱言西王母，亦不言其诡形。惟司马相如《大人赋》有豹尾虎齿之说，盖据《山海经》耳。②

循着此说的理路，显然可以看到，在先秦两汉时代，西王母形象的描绘有两个系统，一个是以《山海经》为依托的，展现"诡形"的西王母；另一个则是与《穆天子传》以及《竹书纪年》相合的，以儒籍为核心的西王母，表现出"服食语言与常人无异"的面貌。衣镜图像中的西王母就是后一系统。她不仅没有出现任何异相，与"豹尾虎齿"相关联

---

① 王明：《抱朴子内篇校释》（增订本），中华书局，1985年，第16页。
② 黄怀信、孔德立、周海生：《大戴礼记汇校集注》，三秦出版社，2005年，第1233页。

的"戴胜"也被省略。

需要加以说明的是，倘进一步查核经籍，严格说来，在这类资料中，"戴胜"也并非不可见。在《礼记·月令》中，有这样的记载：

> （季春之月）命野虞毋伐桑柘。鸣鸠拂其羽，戴胜降于桑。具曲植蘧筐。后妃齐戒，亲东向躬桑。禁妇女毋观，省妇使以劝蚕事。蚕事既登，分茧称丝效功，以共郊庙之服，毋有敢惰。

但这里的"戴胜"指的是戴胜鸟，而非头饰及其他具有神性意义的物事。它所在的文句，反映的是耕织之事，郑玄曰："蚕将生之候也。"① 体现了古代中国对于农事的重视，也是儒家所念兹在兹的问题。而且，这样仪式感十足的情形，还真能在海昏出土材料中找到印证物。那就是，"昌邑籍田"青铜鼎和青铜豆形灯②。它们是属于刘贺还是其父之物，已不得而知。但对于"籍田"的重视，充分反映了刘贺对于农事之礼的关注。很自然地，与此相关的"戴胜"，更不可能溢出"六艺"解释系统之外，在转换新意中成为神性的象征。

四　东王公及相关问题

在衣镜图像上，与西王母配对的是东王公。作为最早的出土资料，它的出现不仅填补了西汉时代此类图文的空白，更修正了以往所认为的，至东汉中期，东王公与西王母才开始相配的认知。审视其间所透现的历史信息，将会获得哪些新的思考呢？下面，作一具体的论述。

（一）东王公图像出现的上限及相关问题

东王公图像的出现，改写了以前的若干认识。

那就是，在衣镜图像出土之前，一方面，根据当时的考古资料所获得的信息是，无论是单独的，还是与西王母相匹配的东王公图像，没有早于公元 2 世纪，即东汉中期者。另一方面，由于在此前的汉代图像中，有着大量缺失东王公画面的西王母，使得学者们一般都认为，在公元 2 世纪之前的汉代图像中，都是"西王母独霸天下的画面"。直至斩钉截

---

① 郝懿行著，管谨讱点校：《郑氏礼记笺》，齐鲁书社，2010 年，第 1174 页。
② 具体情况，可参看彭明瀚：《刘贺藏珍：海昏侯国遗址博物馆十大镇馆之宝》，文物出版社，2020 年，第 128～134 页。另外，笔者撰有《礼器与"汉道"：海昏侯墓"籍田"器的制度及政治考察》［《江西师范大学学报》（哲学社会科学版）2023 年第 2 期］，对于籍田器的礼制及礼学意义做出初步考察，可参看。

铁地推断："作为我们判断画像镜年代的第一条原则，即，凡是有东王公图像的铜镜都在 2 世纪以后。"①

由此，作为第一张"骨牌"，东王公最早出现于东汉中期这样的预设前提，成为很多相关论证的第一起点。现在，以海昏出土资料为依据来做再考察，必然要改变很多成说。而在改变成说之时，确定东王公出现的上限问题，自然成为第一要义，即东王公最早出现于何时？对于东王公的认知，有哪些值得注意的问题呢？

以考古资料为依据，首先要做的当然是，将东王公出现于东汉说推翻。由于衣镜是西汉中期的器物，根据这一点，东王公图像的出现，就绝不能晚于西汉中期的昭、宣时代，这将原来的说法向前推进了两百来年。但进一步的问题是，这就是东王公图文的上限吗？他的出现会不会还要更早一些呢？倘如是，又能早到什么时候？

在展开具体论证之前，需要说明的是，东王公、西王母的配对，所体现的是性别差异，并承载着阴阳的意义，这是所见汉代图像中极为明确的核心内容。在溯源的过程中，能否与之发生关联，是必须加以关注的基本内容，也是考察东王公问题的关键所在。

在这样的问题意识下，值得注意的是，在汉代之前，神话传说中的东、西对举不乏其例，但大多不具备性别差异及阴阳对立的意义。故而，即便有着东、西对举的名目，在语词上能找到某些相似性，但在本质上未必就吻合后世的东王公、西王母的意义指向。

循此理路，饶宗颐的一项研究引起了笔者的注意。在饶氏所作的《谈古代神明的性别——东母西母》② 一文中，他将具有性别意识的神仙分为四期，第一期为红山文化期，由考古发现中的女神塑像推定，那时只有女神的存在，而无相配对的男神。第二期为殷商时期，根据甲骨文中的东母、西母、王母，饶氏认为，以上皆为女神，且没有相配的"王父""东王"等。第三期为战国时期，出现了东皇、西皇和西王母。由前已知，西王母主要来源于《山海经》等典籍，并且在《穆天子传》等文献中也多有记载。而前二者的出处则是《楚辞》等，并且还有相类似的"东皇太一"之称。但与殷商时期不同的是，他们都属于"阳性"神仙。另外，再加上《吴越春秋》中所出现的"东皇公、西王母"的名

---

① 李淞：《论汉代艺术中的西王母形象》，湖南教育出版社，2000 年，第 2、222、223 页。巫鸿也说："其（东王公）出现也不会早于公元 2 世纪。"见巫鸿：《武梁祠：中国古代画像艺术的思想性》，生活·读书·新知三联书店，2015 年，第 108 页。

② 饶宗颐：《饶宗颐二十世纪学术文集》第一册，新文丰出版股份有限公司，2003 年。

目，饶氏认为，秦汉以来第四期的东王公、西王母，就"导源于此"。

饶氏之论虽有小疵，但总体上来说颇为周全。尤为重要的是，对于汉代之前的西王母、东王公问题作了全面的概述。笔者就以此为基础来作进一步的推论。

由四期说的划分和递进，可以看出一个明显的趋势，那就是，先是没有配对的女神出现，然后是男女相配，直至男性占优。这与人类社会先母系氏族，后父系氏族，最后男权占据主导地位的演进趋势高度契合。

落实到本论题中，可以看到的是，第一、二期为女神主导，是早期阶段的一种思想投影。在此期间，当然不会出现东王公。值得思考的问题仅仅是，这些女神与西王母有关系吗？她们是否为西王母的原型呢？由于现在没有充分的证据，只能存疑。所以饶氏说："西母、王母是否即西王母，不敢遽定。"① 值得关注的是第三、四期中的变化。依据饶氏的说法，在第三期的战国时代不仅出现了"东皇""西皇"这样的男性神，还在《吴越春秋》中有了"东皇公、西王母"的配对。如果是这样，东王公的意识，及东王公、西王母的配对在战国时期已经产生，上限可由西汉中期向前推进于此。

但问题是，这样的结论要得以成立，尚有许多的疑点，就如同西母、王母不能直接认定为西王母一样，不仅"不敢遽定"，甚至在笔者看来，以现有材料来加以推定，否定性的意见更占优势。

在这些疑点中，最主要的是以下两点：

1. 东皇易使人与东王公发生关联，但此"东"非彼"东"。究其实，东皇的对立面是西皇，与配对西王母的东王公相较，二者不能等量齐观。最根本的不同在于，东皇、西皇皆为同性，而西王母、东王公乃是异性相配。而且在《山海经》等文献中，没有出现过与西王母相配对的东皇这类神仙，西王母自始至终都是孤身一人。那么，仅就性别上的阴阳之配而言，依据《楚辞》《山海经》等文献，是不能推定战国时代东王公已经出现的结论的。

这种情形不仅出现在战国时代，至西汉武帝时期，依然如此。证据是司马相如的《大人赋》。虽然较之《山海经》的记载，西王母增加了"白首"、长生不老等元素，但当司马相如吟咏"必长生若此而不死兮，

---

① 饶宗颐：《谈古代神明的性别——东母西母》，《饶宗颐二十世纪学术文集》第一册，新文丰出版股份有限公司，第 285 页。

虽济万世不足以喜"时，有着感慨甚至哀怜的情愫。颜师古注曰："昔之谈者咸以西王母为仙灵之最，故相如言大人之仙，娱游之盛，顾视王母，鄙而狭之，不足羡慕也。"① 不足羡慕的主要原因在于，西王母虽长生，但孤冷一人，实在没什么意思。顾颉刚进一步解说道：

> 当他看见了西王母的矗然白首和穴处就起了反感，笑她既无伴侣，又不美好。仅有三足乌供驱使，心想：这样的长生算做什么，不是成了"老厌物"吗？②

依据这种说法，很显然，直至武帝时代，西王母都还是没有配偶的女神。

2. 在《吴越春秋》中有所谓东皇公、西王母的记载，它来自卷九《勾践阴谋外传》："立东郊以祭阳，名曰东皇公；立西郊以祭阴，名曰西王母。"③ 倘按照这一说法，似乎东王公在春秋战国时期已然出现，并与西王母相配。但进一步的问题是，《吴越春秋》虽为记载春秋战国史事的著作，但并非先秦文本。严格说起来，此书是汉晋以降的作品。研究者指出："今本渊源于东汉赵晔的《吴越春秋》，晋时曾经杨方刊削，后由皇甫遵改写、编定。"④ 根据作者的基本状况，可以推定，此书的正式编定最早不能超过东汉。

当然，我们不否定此书有着历史的"素地"，文本中体现着春秋战国以来的某些历史信息。但与此同时，汉晋人写先秦故事，倘不是根据新出土资料，它更多地展现出的，是后世的层累与加工。就本论题而言，哪一种情形占优呢？在笔者看来是后者。

细绎"东皇公、西王母"一词，可以发现，东皇公由东皇演化而来，但在战国典籍中，东皇的对立面是西皇，西皇亦是男神。如以女神来对应东皇公，就必须改造西皇，将其转化为所谓的"西皇母"。但这一用词没有出现，而是沿用了西王母之称，正可见其间的对应与拼凑。不仅如此，《山海经》等文献中的西王母孤身一人，没有东王公，更没有所谓的东皇公出现。此处的东皇公是后世之人所提供的一条孤证。这

---

① 《汉书》卷 57 下《司马相如传》，第 2598 页。
② 顾颉刚：《〈庄子〉和〈楚辞〉中昆仑和蓬莱两个神话系统的融合》，《中华文史论丛》1979 年第 2 期，第 57 页。
③ 周生春：《吴越春秋辑校汇考》，中华书局，2019 年，第 137 页。
④ 周生春：《今本〈吴越春秋〉作者、成书新探》，《吴越春秋辑校汇考》，第 330 页。

种东、西的对应，可以说属于后起之事，即东王公这一类神仙的出现晚于西王母，是作为其对应物而产生的。

巫鸿说："西王母在中国古代神话中有着悠久的历史和极其重要的地位。""这个男性神祇几乎是西王母的一个'镜像'，其出现也不会早于公元 2 世纪。"① 综合各种材料，"镜像"的判断是准确的。只不过东王公出现的时间，要比原先所确定的公元 2 世纪更为早而已。

倘延续这一路径加以观察，还可以发现的是，当东王公出现之后，有一个"西"降"东"升的趋势。一开始东王公作为镜像，是从属于西王母的，西王母是核心所在，在话语系统中应该先"西"而后"东"。但慢慢地，随着东王公的地位超过西王母，顺序应该颠倒过来。

且不说在后世道教的改造中，东王公逐渐与东华帝君、玉皇大帝等混同；西王母与王母娘娘合体，在那一系统中，"东"高于"西"成为不争的事实。由本论题出发，可以确定的是，这一趋势并非汉晋以降才发生。在东汉时期，西王母作为尊神的地位也在下降，反映在"东""西"关系上，东王公呈现出超越之势。例如，据孔祥星、刘一曼主编的《中国铜镜图典》，在东汉铜镜上，西王母、东王公常常配以青龙、白虎，并有着"东王公，西王母，青龙在左，白虎居右"的镜铭②。需要注意的是，东王公排序在西王母之前，这证明，西王母不仅丧失了西汉时期的独尊地位，而且地位隐然低于东王公。

当然，或许有人会认为，所谓的"东西"，包括与之相关的"左右""青龙白虎"等，历来顺序如此，并非体现了某种差序意识。但倘结合衣镜图文来看，事实就并非如此了。可注意的是，在《衣镜赋》中有"右白虎兮左仓（苍）龙"，"西王母兮东王公"的表述，赫然先"右"后"左"；先"西"后"东"。由前已知，西王母是西汉时期的至尊之神，"左右""东西"在此顺序颠倒，正反映着西王母的主导性。

再回观哀帝时期的西王母事件，可以看到的是，"经历郡国二十六，至京师"。在如此声势浩大的求神活动中，"设张博具，歌舞祠西王母"。只有西王母，却未见东王公的分毫痕迹。如果昭、宣之时，东王公已经与西王母地位相等，怎么会忽略这位配偶神呢？由此只能说，在西汉时代的相关信仰中，西王母为主，东王公为从的基本态势没有改变。也可以说，"东""西"不可并论。

---

① 巫鸿：《武梁祠：中国古代画像艺术的思想性》，生活·读书·新知三联书店，2015年，第 108 页。
② 孔祥星、刘一曼：《中国铜镜图典》，文物出版社，1992 年，第 441~443 页。

落实在衣镜图文中，"阴病""避祸"等也主要关联着西王母，东王公实在只是一个补充要素。再看衣镜中的西、东语序，就可以推断，它不是随意而为，而是与西汉时代西王母的地位相匹配。而由此来细绎《吴越春秋》中的东皇公、西王母，可以发现，其语序与衣镜文正相反，与东汉以来的"东"升"西"降的趋势相契合。所以，它不符合西汉时代的思想意识，是东汉以降的知识附会。

在这样的问题意识下，《吴越春秋》所载的相关材料，不仅不能用以论证先秦的情形，甚至连西汉时代的面貌都不能反映。依据现有材料，我们只能说，东王公的出现，并且与西王母配对，不会早过武帝时期。从武帝之后，到刘贺所在的昭、宣时代，就是他的上限所在。而且作为一种弱存在，没有获得广泛的接受，至公元 2 世纪后才慢慢地"东""西"并举，直至逐渐超越于西王母之上。

（二）为什么是东王公？——"不稳定"视角下的衣镜图像

前已论及，虽然在西汉时代出现了东王公与西王母的配对，但相对于西王母的显赫地位，东王公是一种弱存在。根据考古资料，这种弱存在落实于汉代图像之上，呈现出以下的情形：一方面，在公元 2 世纪之前，东王公与西王母相配对的情形仅见于孔子衣镜；另一方面，在此后的漫长时段内，风伯，甚至子路等往往成为与西王母配对的神祇。

后一方面的情形很早就引起了学者的关注。在衣镜图文出现之前，根据当时的材料，姜生在深入研究后指出，那些图像都属于过渡现象，他认为，在公元 2 世纪"东王公出现之前，西王母匹配神祇一直处于不稳定的状态"[①]。

姜生的论断基本是准确的。在公元 2 世纪之前，不同神祇与西王母配对，而不是固定于东王公之上。它的确可以说明，"不稳定的状态"是一种不争的存在。在东王公、西王母固定配对之前，有一个不稳定配对的过渡时期。

只是根据"孔子衣镜"的图文要修正一点，公元 2 世纪之前，东王公已经出现。但与此同时，他没有像公元 2 世纪以后那样稳定地匹配着西王母。可以说，孔子衣镜中仅见的图像，无法改变东王公长期缺位的事实，这使得他似乎成了一个可以忽略的神仙。只有到了公元 2 世纪以后，这种配对成为常例，才有了真正的稳定性。即便在昭、宣时代出现

---

① 姜生：《汉帝国的遗产：汉鬼考》，科学出版社，2016 年，第 122 页。

了东王公及配对西王母的图像，但西王母匹配神祇处于"不稳定"状态的特性没有发生根本性的改变。

　　然而，由本论题出发，更为重要的问题是，面对着东汉中期之前大量的西王母图像独自出现，或者匹配者"处于不稳定的状态"，所延伸出来的事实是，在刘贺时代，在西王母画像系统中，可以出现东王公，但未必一定要出现。据现有资料，前者成为特例，后者的情形反倒居多。由此，刘贺不愿西王母独尊，而配之于东王公，并非因为西王母、东王公对举已经成为通例，从而循例而行。进一步言之，与后世稳定的"东""西"配对不同，这是在"不稳定"状态下所做的主动选择，具有主观能动性。那么，刘贺为什么要这么做？这种主动选择又有何动机呢？

　　在展开正式论证之前，为了加深对论题的理解，请允许笔者对先前所使用的概念"配对"作一点小小的说明。可注意的是，在论证西王母的配对问题时，学者们往往会以"配偶"一词加以概述。从一般意义上来笼统言之，这没有特别大的问题。但倘加以精细化考察，就要注意一些微妙的分际了。所谓的"配偶"，具有"夫妻"的意蕴。它表明男女的正式结合，有着对等的身份。更重要的是，在传统观念中，男性身份还得稍高于女性。这样的意义指向，在公元2世纪后日渐清晰，并直接通向了玉皇大帝、王母娘娘等神仙夫妻的故事逻辑之上。

　　但与之相反的是，在"不稳定"状态下，风伯、子路等神祇无论如何不会与西王母具有质的对等性。衣镜中的"东""西"配对固然与这一意蕴有所接近，但与后世不同的是，西王母居于主导，女性在男性之上，这并不符合传统社会的"夫妻"模式，故而，亦不应严格地以后世所谓"配偶"神的眼光来加以审视。他们的对举，主要的就是一种阴阳的配对，以所谓的"顺阴阳"为核心所在。

　　沿着以上的问题意识，还可由此将相关考察延伸到战国。此时虽然没有汉代那种明晰的配对意识，但已为后世的理念演进埋下了伏笔。可见的事实是，就身份而言，与西王母相配对的男性可以分出两种类型，一为人，二为神，也即"人神"相配与"神神"相配。

　　与女神相配的"人"为帝王，主要代表是周穆王，它为《穆天子传》故事逻辑的展开提供了思想基础，此后汉武帝成为接续者。当然，"神"与"人"的界限在早期神话中没有那么分明。甚至有学者认为，后世的东王公就是由穆王改造而来，所谓的"东王公"，"是居于'东土'的周穆王的演变"①。

而在"神神"相配中，东王公及风伯、子路等是下一步讨论的重点，这里先考察一下《山海经》文本中所展现的问题。

由前已知，西王母的神仙形象主要来于此，并在汉代有了各种新的改造及变化。由前亦知，那里面的西王母是孤身一人。但是，这不意味着其间没有提供任何的配对资源。在考察《山海经》神仙系统时，袁珂指出，黄帝是"神国最高统治者"②。由此，笔者以为，《淮南子》中的"西老折胜，黄神啸吟"应该就隐然体现了阴阳、男女相配的意蕴。只不过西王母地位越来越高，黄帝神性却越来越弱，一升一降之下，二者终究显得不太匹配。故而，在"神神"系统中需要有新的配对者出现。东王公由此应运而生，他是"神神"相配的代表。

但进一步的问题是，在公元2世纪之前，不是还有其他的配对吗？东王公的优势在哪里？刘贺为什么要选择东王公呢？

由此，我们注意到，有学者提出了这样的疑问："在这众多男神中，为什么要选择一个资历尚浅的东王公作为西王母的配偶呢？"最后的答案是，认为二者完全是"阴阳观念的一种代表而已"③。

这一说法有其道理，但过于决绝。说起来，其他的"男神"也是"阳性"的表征，何以只有东王公与之相配，才是"阴阳观念的一种代表"呢？在笔者看来，问题的关键是，就阴阳层面来加以考察，这样的搭配更为和顺贴合。西与东看似是方位及空间之别，但按照阴阳五行的思维，西为阴，主杀，属金；东为阳，主生，属木。落实到西王母、东王公称谓问题上，后世在"东""西"相配时，还往往冠之以"金母""木公"之名。如南朝道士陶弘景在《真诰·甄命授》中有这样一段记载：

> 昔汉初，有四、五小儿，路上画地戏。一儿歌曰："著青裙，入天门，揖金母，拜木公。"到复是隐言也，时人莫知之，惟张子房知之，乃往拜之。此乃东王公之玉童也。所谓金母者，西王母也；木

---

① 袁珂：《神话选译百题》，上海古籍出版社，1980年，第262页。还有学者认为穆王的"穆"通"木"，由穆王发展为"木公"，即东王公。参见方艳：《"穆天子见西王母"题材汉画像辨析》，《民族艺术研究》2015年第1期，第119页。

② 袁珂：《中国神话史》，上海文艺出版社，1988年，第22页。

③ 刘勤：《西王母神格升降之再探讨》，《四川师范大学学报》（哲学社会科学版）2008年第3期，第44页。

公者，东王公也。仙人拜王公，揖王母。①

　　这段故事有多少后世的层累与加工已不得而知，但至少说明汉代以来，金与木、西与东的配套成为重要认知。这样一来，东王公的阳性意义显然更为"合理"。孔子衣镜的一个目的就是"顺阴阳"，基于此，选择东王公将显得阴阳更顺。

　　但是，这不是全部的答案。

　　在其他的配对依然存在的情形下，使得我们不得不进一步追问的是，在做图像安排时，这些主其事者为什么不像刘贺一样，也去采用阴阳更顺的东王公作为配对者呢？笔者以为，要解答这一问题需要更为广阔的视野，绝非阴阳之义所能限。还需一提的是，衣镜中的"顺阴阳"的意蕴也并非全部由东王公、西王母来加以承担。以笔者浅见，现在所见的其他西王母图像中配对者不是东王公，更关键的原因在于，它们属于"神像"而非"圣像"系统②。进一步言之，它们的主题与墓葬相关，选择非东王公的神祇来加以配对，正在于特定的升仙及生死主题的需要，而"孔子衣镜"与此风格不一，故而有了不同的图像表现。

　　质言之，主题的不同，不仅使得东王公成为衣镜图像的上选，风伯、子路等神祇反倒是应该避免的元素。极端一点说，西王母不配对东王公不是因为别的，而是因为系统的不可融通，即不能将墓葬理念与生活器的构图混为一谈。

　　循此理路，可以发现，风伯等成为配对者时，首要的着眼点不在于阴阳，而是聚焦于生死及升仙等相关问题，所对应的是死者的愿景。

　　例如，以前在论及风伯的意义时，常有学者将其与箕星混同，从阴阳五行方向上加以解说。李淞以一幅风伯吹屋的汉画像石（图6.4）为例，对此作出了精彩的辨正。他指出：

　　　　风伯身后跟有一位扛锤的羽人，其作用当是协助风伯打开升天的通道。屋前柱已被吹断开，另一位羽人跑向房屋向墓主作迎接状。这个生动的画面正是上述之情节。……风伯不是靠它兼有的箕星身份来代表东方和阳，从而取得与代表西方和阴的西王母相匹配的资格，……图像表达的是灵魂升天的祈望和升天的具体方式，风伯及

其部众只是实现这个过程的帮助者。①

图 6.4 汉画像石中的风伯吹屋图

这样的情形，在其他过渡时期的图像中也大同小异。总的来说，都离不开墓葬及升仙的具体情境。限于篇幅不能一一论列。在这里，选取与衣镜主题最为密切的子路图像加以论述。

子路——西王母的组合模式主要出现在山东微山、邹城的一些画像石中，它们属于宣、元时代的资料，与衣镜图文的时间点相契合。对于这些资料所做的研究，姜生的成果最为深入。他发现，在这些画像中居然同时出现了风伯，作为比风伯模式更早的"过渡模式"，其意义的重大在于，子路的地位甚至高于风伯。他说："风伯虽然在当时信仰中的地位相当高，但尚未成为跨越中央空间而与西王母构成阴阳匹配对应关系的东方男性神。""在其象征的神祇世界，子路乃是与西王母相对应相匹配的东方男性神。"②

可注意的是，也有学者认为子路并非"配偶神"，子路"冠雄鸡，佩猳豚"的装扮，"与在其他汉画中的形象基本相同，未表现出神性以与蚩尤等诸神相对"。"子路的形象较为固定且特征鲜明，应当为大多工匠所熟知，因此，不改变其本身的形象，转而通过带有神性的侍从来展现他的神力，应是一种较好的方式。"③

以上的观点都有自圆其说之处，可备一说。但笔者引述这些看法，无意对此做接续性的研究。由本论题出发，笔者要提出的是，以上所引述者，其论述的主题皆不能脱离汉代墓葬的具体语境。从严格意义来说，

① 李淞：《论汉代艺术中的西王母形象》，湖南教育出版社，2000 年，第 95 页。另外，图 6.4 引于第 89 页。
② 姜生：《汉帝国的遗产：汉鬼考》，科学出版社，2016 年，第 126 页。
③ 戎天佑：《邹城卧虎山 M2 南石椁画像新探——兼议汉画中子路与西王母的组合关系》，《故宫博物院院刊》2021 年第 8 期，第 56、57 页。

其中的子路，绝不是常态的子路，而是被神化了的子路：一个经加工之后表达升仙及生死理念的子路；一个变形的子路。为什么子路可以配对西王母呢？他其实死得颇为悲壮甚至是凄惨。或许因为这一点，再加上他生前的豪气，作为"鬼雄"出现于墓葬之中——死去的子路反而被神化了。这样的例子在历史上很多，像关羽、钟馗等在民间信仰中的繁盛，就可以与之互证。

在汉代画像中，与此相类的例子还有数量可观的《孔子见老子图》。有学者因为衣镜图像中的老子缺位感到十分困惑，一直想将衣镜中的孔子纳入这一系统之中。但是，这应该是一个错误的致思方向。在前一章中，我们已经指出，那样的图像属于"神像系统"，与衣镜的"圣像系统"在旨趣上有着根本的不同。质言之，孔老图中的孔子不是常态的孔子。故而，衣镜图像中老子阙如。子路也是如此。那个"冠雄鸡，佩猳豚"的子路更多地出现在墓葬中，而衣镜中的子路却是另一番装扮，体现着儒者的追求①。

明了这些问题后，我们就能理解为什么与西王母配对者，不会是当时流行的风伯，甚至孔门高足子路。因为他们的出现，所满足的是墓葬要求，而衣镜是生活器，并提示着世间的礼法要求。由此，在"不稳定"的配对情形下，选择东王公，而不是其他流行的神祇，就十分顺理成章了。

（三）小冠与黑发：衣镜图像中的东王公形象及意义

在前面的论述中，对于东王公，而不是其他神祇成为西王母配对的原因及相关问题做了初步的分析。循此理路，下一步的问题是，画面里的东王公将呈现出什么样的形象呢？

考察汉代图像，可以发现的是，东王公的形象并不统一，甚至可以说五花八门。毫无疑问，以什么样的形象来对其加以展示，不是简单的人物画或肖像画问题，而是反映着图像主人的内在理念。对东王公形象的选择，关联着刘贺的思想认知，后面有着历史文化的依托。

由于衣镜图像距今已两千多年，它不可能像后世作品那样毫发毕现。在现有的条件下，对东王公面部表情及各种细节作出推定，是不可能完成的任务。但倘扩展至装束及须发等层面，再结合相关材料，还是可以发现一些与众不同之处，其中最重要的乃是小冠与黑发。

先说小冠问题。

---

① 关于这一问题，可参看本书第四章。

有学者在观察东王公和西王母图像后，得出了这样的结论：

> 上方边框左侧人物是西王母，右侧为东王公。细观图像可知，西
> 王母挽髻，髻两侧似有一尖状凸出，可能是发笄；东王公似有胡须，
> 头戴高冠，似有梁，应该是进贤冠；二人身体均向边框中心微微倾斜，
> 可能在对视，表现的不是完整的正面形象，是四分之三侧面。①

但仔细观察衣镜图像（参看图 6.5 及图 2.7），可以发现的是，这样
的论断尚可商榷。西王母挽髻与否难以看出，但画面中并未见发笄的痕
迹。因论题所限，我们不对此做深入的讨论，重点来看看关于东王公的
描述。所谓的进贤冠，是前高后低的大冠，也是汉代流行的冠式，在汉
代画像中经常出现。但是，衣镜图像中的东王公根本就没有戴进贤冠，
所戴的是一种小冠。这一点，只要比较一下图 6.6 与衣镜中的画面，可
谓一目了然。

为什么会出现这样的错误？或许因为在汉代画像中，男性戴进贤冠
较多，东王公也常有这样的穿戴，故而未加审视而遽下论断吗？由于致
误之因已溢出了本论题的核心，笔者无意对此深究。但需要了解的一个
问题是，进贤冠属于时下的头衣，对于古人的穿戴而言，多少有点古今
易位。这样的情形不仅出现在东王公图像中，在汉代画像石中，孔子及
弟子们也常常戴进贤冠。

图 6.5　衣镜图像上的东王公和西王母（局部图）

---

① 庞政：《从海昏侯墓衣镜看西王母、东王公图像的出现及相关问题》，《江汉考古》
2020 年第 5 期，第 80 页。另外，图 6.6 引自此文第 83 页。

图 6.6　戴进贤冠的东王公

　　作为民间美术作品，对此或许可以不用措意，也是小传统中的常态。但是，刘贺作为上层知识精英，对此更为讲究。所以，衣镜图像中的孔门师弟子皆不戴进贤冠，而是小冠，如此，就颇有些古意了①。同理，东王公不戴进贤冠，也应如是。

　　但进一步的问题是，东王公的常用冠式并非只有进贤冠，有些其他的冠式也很有特点。由前已知，东王公亦"戴胜"，与西王母形成一种呼应。但在衣镜图像中，既然西王母不"戴胜"，那么，这一作为对应性的选项就完全可以不用考虑。此外，还有两种冠式常常出现，那就是通天冠和三山冠（图 6.7）。

通天冠　　　　　　　　　　　　　　三山冠

图 6.7　戴通天冠和三山冠的东王公②

　　为什么这两种冠式没有被采用呢？

　　通天冠，也称高山冠，是汉冠中的重要类型。其来自秦，或许还有着古代的渊源。但问题是，它属于天子服饰系列，为"乘舆所常服"③。

————————

①　关于这一问题，亦可参看第三章中的相关论述。
②　张富泉：《论东王公、西王母图像的流变及特征》，暨南大学硕士学位论文，2012 年，第 12、13 页。
③　《续汉书·舆服志下》，《后汉书》，第 3665 页。

孙机指出："在汉代的冠类中，它的规格是最高的。"① 所以，在两汉之际，当刘玄匆匆登上帝位的时候，为表示其地位的转变，一个重要的举动就是"奉通天冠进"②。也就是说，通天冠非一般人可以拥有，着此冠，表示至上的地位。

至于三山冠，其冠形类似三座大山，在现实生活中找不到对应物。因它在东王公"头上屡屡出现"，孙机说："名称不详，只能暂称之为王冠。"③ 但不管其定名如何，作为东王公的重要象征，应该有深意存焉。以笔者浅见，它或许与东方蓬莱仙境中的三座仙山有关，即三冠象征着三座仙山。就神仙的居处而言，西王母属于西部的昆仑山系统，但顾颉刚指出，自战国中后期开始，西部的昆仑和东部的海上仙山蓬莱出现了融合的趋势。在司马相如的《大人赋》中，当他神游之际，也是由西部昆仑开始，"东归之后"，"走蓬莱区里的路线"④。在汉代神话中，因东王公居处在东，与蓬莱发生联想成为很自然的事情。由此，三山冠可以说是一种神性的表达。

了解以上的事实，再来探究刘贺不愿采用这两种冠形的原因。

笔者以为，最根本的原因应该是，刘贺不愿意过于突显东王公、西王母的至尊及神性地位。总的来说，在衣镜中，神性的一面是次要的，"除不详（祥）"所依凭的，不是主神的神力如何巨大，而是阴阳的和顺。从本质上来看，"东""西"的对举，最主要的不是对神仙的崇拜，而是作为"顺阴阳""辟非常"的组成部分，并服从"圣像"系统的逻辑。质言之，刘贺所着意的主要是阴阳，而非神力问题。因对称关系的缘故，倘若东王公着通天冠这样的王者之冠，那么，西王母也必着类似的头饰，而这种头饰的首选就是太皇太后、太后所戴之华胜，它与《山海经》所载的"戴胜"有着关联。倘若东王公着三山冠，那么，西王母也应"戴胜"，从而作出神性的呼应。由前已知，"去胜"是衣镜图像的基本立场。由此而论，通天冠与三山冠不能进入图像视野。

冠形问题厘清之后，下面来看黑发及相关问题。对它所作的讨论，需要比照着西王母形象加以展开。

由前已知，从《淮南子》到《大人赋》，在刘贺之前，作为神仙的

---

① 孙机：《中国古舆服论丛（增订本）》，文物出版社，2001 年，第 266 页。
② 刘珍等撰，吴树平校注：《东观汉记校注》，第 261 页。
③ 孙机：《中国古舆服论丛（增订本）》，文物出版社，2001 年，第 266 页。
④ 顾颉刚：《〈庄子〉和〈楚辞〉中昆仑和蓬莱两个神话系统的融合》，《中华文史论丛》1979 年第 2 期，第 57 页。

西王母有着白发的形象，而哀帝时期的故事则进一步说明，直至西汉末期，西王母依然有着以白发为其表征的现象。也就是说，根据西汉传世文献的明确记载，在西王母的神仙形象中，在一般情形下，白发似乎成为一个不可或缺的特征。考察相关的汉代图像，情形也大抵如此。那么，在汉代有没有黑发的西王母图像呢？有的。根据其他相关材料来看，它主要在东汉晚期，并且不"戴胜"。因为这样的事实，有学者说："'黑发而不戴胜'的西王母形象，自东汉晚期以后或许逐渐成为人们的通识。"①

但问题是，这样的事实只是"一面之事实"，不是全部的事实。衣镜图像的出现，对于以上问题提出了新的挑战。

由于图像的模糊，衣镜中的西王母到底是白发还是黑发，已难辨识。细加观察（参看图6.5），似乎有着大半圈的白色环绕在头顶，但由于衣服的轮廓旁也有类似的白圈，所以，那未必就是白发的表征。

因材料所限，西王母问题先暂时放下，我们将视线聚焦于东王公图像，这里的画面相对清晰。在此我们要问的是：图像中的东王公是什么颜色的头发呢？答案是黑发。不仅黑发，黑色的胡须亦清晰可辨。就对称关系而言，笔者高度怀疑，西王母也应该是黑发。而这一结论如果能成立，将修正以前的认知，并连带着对相关文献作出新的审视。

这些相关文献，除了前所论及的《山海经》《穆天子传》等，还有一部很重要的典籍——《神异经》。在这部托名东方朔的作品中，具体描绘了西王母和东王公的关系。袁珂认为："此书最引人注目者，是关于与西王母为偶的东王公这个配偶神的创造。"② 更重要的是，这部书虽然是托名，但应该是汉代作品。朱芳圃指出："《神异经》为综录古代神话的一部书籍，服虔《左传注》已引之，则其成书当在汉代，今本或非旧。"③ 李剑国则进一步提出，此书"出于西汉成、哀前后"④。

尤为重要的是，在对衣镜中的东王公图像做研究时，刘子亮等学者注意到了《神异经》中这样一段记载：

> 昆仑之山有铜柱焉，其高如天，所谓天柱也。围三千里，周圆

① 马怡：《西汉末年"行西王母诏筹"事件考》，《形象史学研究》（2016上半年），人民出版社，2016年，第59页。
② 袁珂：《中国神话史》，上海文艺出版社，1988年，第268页。
③ 朱芳圃：《西王母考》，《开封师院学报》1957年第2期，第7页。
④ 李剑国：《唐前志怪小说史》，南开大学出版社，1984年，第153页。

如削。下有回屋，方百丈，仙人九府治之。上有大鸟，名曰希有。南向。张左翼覆东王公，右翼覆西王母。背上小处无羽，一万九千里。西王母岁登翼上，会东王公也。①

将此段材料与衣镜图像（可参看图2.7）相结合，针对"画在东王公和西王母之间的凤鸟图像"，他们提出，依据《神异经》的记载，"在此图中该凤鸟似乎还应可视作大鸟希有"②。但这一说法并不准确。在《衣镜赋》中已明明白白地写作凤凰，东王公与西王母之间的大鸟就是凤凰，那应该是没有疑问的③。

由本论题出发，还可注意的是《神异经》中的另一段描述："东荒山中有大石室，东王公居焉，长一丈，头发皓白，人形鸟面而虎尾，载一黑熊，左右顾望，恒与一玉女投壶。"④ 细绎文字，这种描写诚如巫鸿所言，文中的东王公只是西王母的一个"镜像"。朱芳圃说："其言东王公居处、形状、服饰，全仍山海经述西王母事所编成。一公一母，一东一西，真是天造地设，西王母从此不感寂寞了。"⑤ 也就是说，在《神异经》中的东王公着意模仿着西王母。最关键的是，东王公也"头发皓白"，这就与衣镜图像完全相悖了。既如此，衣镜图文就不可能是以《神异经》为底本。那么，又怎么可能依据这一文本得出大鸟为希有的论断呢？

也就是说，《神异经》与衣镜图像是两个系统。前者来自《山海经》系统，那里面的东王公除了白发，还模仿着西王母的虎豹之形。由此，李剑国说："一东一西，一公一母，两个老怪物倒也班配。"⑥ 可是，在衣镜图像中的东王公和西王母不仅不是怪物形象，而且充满着贵族气。在这种贵族气下，连带着相配套的侍者、羽人、瑞兽都呈现出愉悦、轻松的氛围，与《山海经》所关涉的那种怪异、肃杀之气格格不入。

在刘贺时代，东王公已然出现。即便《神异经》出现在昭、宣时代以后，那里面的白发东王公的雏形，或者说依据《山海经》进行这样的

① 王根林、黄益元、曹光甫校点：《汉魏六朝笔记小说大观》，上海古籍出版社，1999年，第52页。
② 刘子亮、杨军、徐长青：《汉代东王公传说与图像新探——以西汉海昏侯刘贺墓出土"孔子衣镜"为线索》，《文物》2018年第11期，第83页。
③ 进一步的推论可看本书第二章第三部分的内容，此处不再展开。
④ 王根林、黄益元、曹光甫校点：《汉魏六朝笔记小说大观》，第49页。
⑤ 朱芳圃：《西王母考》，《开封师院学报》1957年第2期，第7页。
⑥ 李剑国：《唐前志怪小说史》，南开大学出版社，1984年，第156页。

想象，也是很有可能的事情。之所以不采纳这样的形象模式，笔者怀疑，起作用的首要因素，是与作为神仙的西王母疏离，使得刘贺在文本来源上，不用《山海经》以来的怪异描写，所用者偏于儒家系统，展现其"人"的一面。但在《大戴礼记》《尚书大传》等的记载中，皆无西王母形貌的描写。与之相关的文字在《穆天子传》卷三："天子觞西王母于瑶池之上，西王母为天子谣。"在互相唱和中，西王母歌道：

> 比徂西土，爰居其野。虎豹为群，于鹊与处。嘉命不迁，我惟帝女，彼何世民，又将去子。吹笙鼓簧，中心翔翔。世民之子，唯天之望。①

二人的依依不舍为后世增添了不少小说的素材，但在此最值得注意的是，在这段传说中，虽然有着"虎豹为群，于鹊与处"的描写，但更洋溢"吹笙鼓簧，中心翔翔"的礼乐场面，这里面已没有了"穴处"、虎豹之形等元素，西王母是以"帝女"的身份而出现。

还需一提的是，周穆王的传说还进入了战国的史官系统。《史记·赵世家》在回顾赵国神圣谱系时，有这样的描写："（周穆王）西巡狩，见西王母，乐之忘归。"②此处应加以说明的是，《赵世家》的底本有着官方记录为依凭，这不仅是修史的基本要求，在追溯神圣谱系这种极为重要的历史时，更应该有着当时的文本依据。虽然因秦"焚书"而烧毁了不少资料，但太史公一定会尽量以官方文本为准。例如在《赵世家》中有"秦攻我蔺"③的记载，此句就很可能直接录于赵国的史书。

让君王"乐之忘归"的"帝女"见之于正史材料，这样的事实至少可以说明一点，在知识精英的主流观念中，西王母有着很吸引人的一面。既然史书都明载"乐之忘归"，可以反推的是，她倘若是《山海经》中的那个"老怪物"，如何让君王"乐之忘归"？

在一般观念中，"帝女"总是与青春年少相关联，这其实为后来西王母的贵妇形象埋下了伏笔。而在这样的观念下，只要采纳非《山海经》系统的西王母形象，与之对应的东王公就不可能是另一个白发的怪物，而是与"帝女"形象相匹配的贵族男子，黑发黑须实为常态。由此再来观察图 1.4，就可以看出浓郁的贵族生活气息。虽然也有着羽人、

---

①　王根林、黄益元、曹光甫校点：《汉魏六朝笔记小说大观》，第 14 页。
②　《史记》卷 43《赵世家》，第 1779 页。
③　《史记》卷 43《赵世家》，第 1801 页。

瑞兽等神话要素，但这与"虎豹为群，于鹊与处"及"吹笙鼓簧，中心翔翔"的文字正相合拍，而且它的艺术原型，很可能就是刘贺这些贵族们的生活情态。通过自己的生活，来想象东王公、西王母的情形，并付之于图像之上，这应该是合情合理的解释。

综上所论，"孔子衣镜"中的西王母图像，不是随意安排的神仙图，而东王公图像则作为西王母的配对，反映着"顺阴阳"的要求。这种要求，既符合当时的图文逻辑及时代性格，更与刘贺的身世感怀直接相连。由此，在"戴胜"成为西王母主要标识，以及东王公作为配对具有不确定性的西汉时代，衣镜中的相关构图似乎呈现出了一种另类的表现。但倘结合图文旨趣，可以发现的是，这样的图像表达实属情理之中，后面有着深厚的历史文化依托。

第七章　"孔子衣镜"中的姓氏问题再探

在衣镜文中，有一句介绍孔子的话，是这样说的："姓孔，子氏。"①与其他文献相较，它对于孔子的姓氏问题，作了与众不同的表述。为此，当这一文物刚刚出土，一度还以为是屏风之时，即引起了学者的高度关注，并作了初步的讨论②。

细绎这些成果，有一个共同点，那就是：基本上都是针对衣镜文中的"错误"发表己见。而且，这一"匡误"，似乎也已为学界所接受，至今未见异辞。然而，这是全部的真相吗？进一步言之，"姓孔，子氏"，真的仅仅只是一种错误的表达？如果这是错误，那么，为什么会错呢？如果不是，它又深藏了什么样的历史底色？有哪些相关问题值得去进一步探寻呢？

笔者以为，以上问题并未得到圆满地解决，有做进一步研究的必要。有鉴于此，提出一些粗浅的看法，以正于同道。

一　"姓孔，子氏"是错误的吗?

（一）姓、氏之别与司马迁、刘贺的"错误"

在今日，当论及姓氏问题时，姓与氏是混而不分的，它们几乎就是无所区别的概念。不仅当下如此，古人也曾如是。典型的例子出现在司马迁的《史记》中，太史公在介绍某人时，一般都以"姓某氏"的句型加以概括，如《孔子世家》曰孔子"姓孔氏"；在《高祖本纪》中则云，刘邦"姓刘氏"。从词义来看，姓与氏混在一起，无根本性的差别。

然而，这主要是秦汉以降的情形。在此前的姓氏制度中，情况就比

---

① 王意乐、徐长青、杨军等：《海昏侯刘贺墓出土孔子衣镜》，《南方文物》2016 年第 3 期，第 64 页。

② 对于这一问题展开研究的，主要有邵鸿：《海昏侯墓孔子屏风试探》，《江西师范大学学报》（哲学社会科学版）2016 年第 5 期；唐百成、张鹏波：《海昏侯墓"孔子屏风"姓氏问题释析》，《西南交通大学学报》（哲学社会科学版）2016 年第 5 期。

较复杂了。姓是姓，氏是氏，二者的内涵、外延各有不同，不应随便混淆。沿着这一问题意识，将眼光追溯到先秦时代，就必须要问什么是姓？那时的姓与氏又有什么不同呢？

《说文解字》云："姓，人所生也。"姓，表明了一个人的血缘身份，自出生以来所属的血缘集团，所以，"姓"字从"女"。简单地说，"同姓"者，都是一个老母亲的后代，属于同一血缘的亲族。尤为重要的是，在西周宗法制度下，产生了"同姓不婚"的制度规范。在这一要求下，为了婚姻的需要，女子必须称姓，如历史上著名的褒姒，是姒姓女子；孟姜，则是姜姓女子。在名号之中，从女之姓不可或缺。

而男子的称谓，则与之不同。尤其是在宗周制度中，"姓"是不能冠之于名字之前的。例如周文王名昌，属于姬姓集团，但他并不能像后世那样，被称为"姬昌"。与女子称姓不同的是，在男子名字之上，一般来说应冠之于"氏"，以示区别。

氏晚于姓，或者说，由姓衍化而来。顾炎武说："男子称氏，女子称姓。氏一再传而可变，姓千万年而不变。"[1] 为什么"姓"是固定的，"氏"却可以变呢？"姓"的基本内核是血缘属性，当然永不可变；而"氏"虽也关乎血缘，但所聚焦的，是身份的分化与确定。简单地说，作为贵族男子，随着人群及家族的繁衍，在同姓分化的前提下，他需要给自己的名字前面冠一个新的标识，以表明自己的身份，这就是"氏"。在秦汉之前，它灵活多变，随着家族或宗族的演进，处在不断地分化组合之中。

在周代的宗法礼乐制度下，这套规范对于人群等级的区划，具有十分重要的意义。女子通过"姓"的标示，进而在"同姓不婚"的规范之下，确立血缘归属；而男子则通过"氏"的区分，来展现族群的分化及高下。由此，顾炎武在考察《春秋传》后发现，作为"周道"的载体之一，春秋时代的"二百五十五年间"，没有"男子而称姓者"，"女子则称姓"。比较司马迁的"姓某氏"句型，顾氏认定："姓氏之称，自太史公混而为一。"[2]

可注意的是，关于这一问题，此前的宋儒郑樵也有所讨论，他在《通志·氏族略·序》中说道：

① 顾炎武：《日知录》卷二十三《氏族》及所附《原姓篇》，秦克诚点校：《日知录集释》，岳麓书社，1994 年，第 798 页。
② 顾炎武：《日知录》卷二十三《氏族》及所附《原姓篇》，秦克诚点校：《日知录集释》，岳麓书社，1994 年，第 798、799 页。

> 三代之前，姓氏分而为二，男子称氏，妇人称姓。氏所以别贵贱，贵者有氏，贱者有名无氏……故姓可呼为氏，氏不可呼为姓，姓所以别婚姻……故女生为姓，故姓之字多从女，如姬、姜、嬴、姒、妫……三代之后，姓氏合而为一，虽子长（司马迁）、知几二良史，犹昧于此。①

　　郑樵所论，与顾氏之言可相印证，二人之说，广为后世征引，成为论述姓氏制度的重要知识基础。在本文中，笔者无意于对他们的观点作全面的学术评判，由本论题出发，值得注意的是，按照郑樵的看法，司马迁出现了明显的误识与误写，错误的根源就在于，太史公没有认识到，在人名称谓上，男性只可称氏，不可称姓。

　　为了更好地论证，下面，我们以此认识为切入口，围绕着孔子的姓名问题，来具体看看司马迁的"错误"。

　　在《史记》中，司马迁是这样介绍孔子的：

> 祷于尼丘得孔子。鲁襄公二十二年而孔子生。生而首上圩顶，故因名曰丘云。字仲尼，姓孔氏。②

　　熟悉中国文化史的人都知道，孔子是殷商王族及其遗族——宋国贵族的后代，本为子姓。作为殷商王朝的"国姓"，子姓常与夏代的姒姓、周朝的姬姓并论。由此，有学者认为："孔子，绝不是姓孔名丘。'孔'只能是他的'氏'……孔子的姓应是殷代贵族之姓，即姓子。"③ 从某种意义上来说，这样的论述，实质上就是对郑樵之说的具体化，为司马迁的"错误"补充了证据。而司马迁犯"错"的原因，具体何在呢？如果按照郑樵的说法，"三代之前，姓氏分而为二"，"三代之后，姓氏合而为一"。处在秦汉时代的司马迁看不到这种变化，也即"昧于此"，以后世的"合而为一"，来对应三代的"分而为二"，当然就出现"误识"了。

　　然而，如果司马迁这种对于姓、氏"合而为一"的做法算"错误"的话，那么，孔子衣镜中写作"姓孔，子氏"。则不仅仅是姓、氏无别的混同问题了，而是将孔子的姓、氏做了颠倒的处理。这样的"错误"，

---

①　郑樵撰，王树民点校：《通志二十略》，中华书局，1995 年，第 1、2 页。
②　《史记》卷 47《孔子世家》，第 1905 页。
③　袁庭栋：《古人称谓》，四川教育出版社，1994 年，第 9 页。

不是更进一步，属于"一误再误"了吗？由此，有学者毫不犹豫地将其认定为"文字的错误"①。

在东周的话语系统中，就严格的历史事实来看，孔子为子姓、孔氏，姓与氏不应混同或颠倒。从这个角度来说，认定这是一个"错误"，有其合理性。但问题是，无论是司马迁还是刘贺，都是饱读诗书之人，前者更是一代鸿儒与史家。如果这是一个明显且重大的错误，为何他们都会犯"错"呢？就太史公来说，"姓某氏"在《史记》中反复出现，已成为一种固定句型。知识渊博，为学严谨，是太史公的基本面貌。在心血之作中，他会允许反复出现同一种低级错误吗？而在"孔子衣镜"的《衣镜赋》中，则这样咏道"修容侍侧兮辟非常""临观其意兮不亦康"。作为每日面对，既修容整束，又平复心情的事物，衣镜文无论是刘贺本人亲自撰写，还是最后审定，它都属于极为珍爱之物，由此直至陪葬于地下。如果这是无可置疑的"错误"，刘贺会让它赫然存在，不加删定吗？

从司马迁到刘贺，他们不约而同的"错误"方向，使得我们不得不追问："错误"的认定，是否需要再加审视呢？由此，要进一步思考的问题则是怎么看待司马迁与刘贺的"错误"。

（二）怎么看待司马迁与刘贺的"错误"？——"古义"与"新义"问题

正与误的判定，是相对而言的。

当认定某种"错误"发生的时候，必须有一个"正确"的参照系。也就是说，在"正确"答案的比照之下，才能了解何以为"错"，"错"在哪里。由此，当论定司马迁、刘贺出现"错误"时，实质上就是在论定他们违反了某种"正确"的原则。这一原则是什么呢？那就是：姓、氏有别，不可混淆或颠倒。

但是，这一"正确"的原则，是先秦时代，甚至仅仅只是周代的原则。与之相反的是，秦汉以降，姓、氏无别才是常态。也就是说，如果以秦汉以来的语义标准来看司马迁、刘贺的表述，并无太多的"错误"可言。

进一步言之，司马迁及刘贺所论述的，如果是秦汉以下的人物，那么，由于这些人物已经处在发生了变化的语境之中，"新义"代替了

---

① 邵鸿：《海昏侯墓孔子屏风试探》，《江西师范大学学报》（哲学社会科学版）2016 年第 5 期，第 23 页。

"古义"，此时当然就不再有所谓的"合而为一""昧于此"之类的"错误"指责。然而，由于讨论对象是孔子，孔子所处的时代，语义的变化尚未完成，此时，在论及姓氏之义时，是用秦汉以来的"新义"，还是沿袭春秋"古义"，成了一个问题。要言之，由于历史的间隔和演进，到了秦汉时代，姓与氏在语义上已发生了本质性的改变，由此在阐释古人姓氏时，就有了"古义"与"新义"的冲突。

在此种逻辑理路下，需要特加留意的是，姓氏称谓的变化，主要是社会习俗层面的问题。一般来说通过民众生活逐渐累积、演进而最终化成，而并非由某些个体，尤其是无权无势者"错误"地引导，就可以扭转乾坤的。顾炎武说："姓氏之称，自太史公混而为一。"似乎是司马迁的"错误"引领了后世的走向。但是，无论是司马迁还是刘贺，他们哪里有能力改变称谓与习俗呢？而且他们所谓的"错误"，从根本上来看，并非个人的认识误差所致。恰恰相反的是，是外在的现实让他们的表达趋向于"不古不今"，在"古""今"的两面"夹攻"下，才显现出了所谓的"错误"。

王力指出："语言是发展的，所以古今的词义是有变化的。""我们应该把每一个词在每一个时期的意义范围加以确定，而不是囫囵吞枣。"由此，他提出了"词义的历史研究"问题[1]。毫无疑问，对于司马迁及刘贺的"错误"，要知其所以然，就不应执着于"古义"，以静止的"定点"观察来衡定"正误"。具体的做法应该是，既不否定它与"古义"之间的相违之处，更须在"点"的延伸中，由"点"而"线"地连接出"古""今"之间的意义轨迹，探明真实的"意义范围"。在阐释论证时，"古义"当然要考察，但是，"新义"的影响如何，表述者对于"古义"与"新义"之间的缝隙，是如何弥缝及利用的，也应成为主要的观察方向。

简单地说吧，在孔子时代，姓是姓，氏是氏，二者的概念分际是相对明晰的。但到了秦汉之后，在一般的共识中，姓就是氏，氏就是姓，二者的混同已成常态。在语义已发生变化的前提下，来介绍孔子的姓氏问题，是用时人容易理解的"新义"，还是完全遵循"古义"，就成为一种选择。

习文史者皆知，司马迁作《史记》，是有着"通古今之变，成一家

---

[1]　王力：《汉语史稿》，中华书局，1980 年，第 537 页。

之言"① 的雄心的，他是一位才华与情志兼具的不世出的人物。对于这样的人，出现这样的"错误"，切不可简单视之。以笔者之见，司马迁的"错误"，其实并不是不知"古义"所引致，而是在表述过程中，希望将"古今"熔为一炉，使得自己的"一家之言"能获得更好的理解，于是才出现了与"古义"有所差距的表述方式。考察《史记》的撰史手法，可以发现，司马迁十分重视语言的通晓易读，不仅不故作艰深，还往往将一些古语通俗化，例如对于《尚书》中的篇章，就做了类似于"今读"的工作。季镇淮由此指出，《史记》的文字虽然讲究，但是，"它和当时的通俗语言是很接近的"。"他的整齐（规范化）古代历史的工作，实际上也包含着整齐古代语言的工作。"②

这样来看"姓某氏"问题，从特定意义上来说，可以这样认为，司马迁是在对"姓氏"问题做"今读"与统一工作，这不是司马迁要有意无意地"混同"，而是要用"新义"来概述"古义"。刘贺所谓的"姓孔，子氏"的表达，也属于"新义"之下的运用，它渊源有自，而非个人的随意编造。关于这一问题，在后面将逐渐展开，在此要指出的是，这种"新义"不仅是适合民众及时代的产物，与此同时，它还是契合"经学时代"的成果。笔者以为，后者还是更为关键的要素，或者也可以说，它的存在，应该才是司马迁和刘贺敢于下笔的底气所在。

习文史者皆知，汉代自"独尊儒术"以来，经学对后世的思想文化及社会性格发生了重大影响。由此，冯友兰曾提出了"经学时代"的概念。在他看来，自秦汉以降，两千多年来的中国社会，都是以经学典籍为出发点，来建构、发展意识形态和思想文化的。他说："在此时代中，诸哲学家无论有无新见，皆须依傍古代哲学家之名。"③

在汉代尤其是西汉，"经学时代"一经发生，就起着极为重要的作用。经学深入社会生活之中，起着至高的指导作用。

正是在经学力量的鼓荡之下，西汉后期的王莽得以篡汉建新。而王莽在中国历史上很重要的一面，就是遵循和利用经学为自己的"改制"提供知识基础。作为中国历史上著名的复古狂人，他以经学为依据进行了一系列的所谓"改制"，表现出的偏执和不知通融，直至到了可笑的地步。史载"专念稽古之事"，"每有所兴造，必欲依古得经文"④。这些

① 《汉书》卷62《司马迁传》，第2735页。
② 季镇淮：《司马迁》，北京出版社，2002年，第132、134页。
③ 冯友兰：《中国哲学史》，华东师范大学出版社，2000年，第343页。
④ 分见《汉书》卷99中《王莽传中》，第4131页；卷24下《食货志下》，第1179页。

作为文史研究者所了解的一般常识，无需赘论。在此需要指出的是，对于姓氏问题，王莽也没有放过，典型表现就是，不允许有双名，而只允许使用单名。即所谓"莽奏令中国不得有二名"①，并劝喻匈奴等少数民族仿效之，以作为"慕化"的功绩。

但奇怪的是，对于远比名更为重要的姓氏，王莽却没有"改制"之举，还是沿用着姓氏混同的汉代习俗。史载，他曾经下令，姓姚、妫、陈、田、王之人不可通婚，理由在于："姚、妫、陈、田、王氏凡五姓者，皆黄、虞苗裔，予之同族也。"② 我们注意到，作为同宗同族，所谓"姚、妫、陈、田、王氏"云云，乃是以"氏"相称，但他们又统称为"五姓"，此外，在这一命令中，王莽在论及"黄帝二十五子"问题时，是这样说的："分赐厥姓十有二氏。"③ 与"五姓"问题一样，姓与氏也是混而不分。我们还注意到，《汉书·高帝纪下》载："徙齐楚大族昭氏、屈氏、景氏、怀氏、田氏五姓关中，与利田宅。"④ 这应该是王莽可以参照的旧制及惯称了。

但是，如果是因为姓与氏已经混用，所以索性沿用旧称不加"改制"，那就不是"必欲依古得经文"⑤ 的王莽之做派了。"不得有二名"尚且要扩之于夷狄，何况是直接表现血缘、宗法的姓氏呢？所以，不加"改制"的核心理由，不是别的，而应该是——它符合经义。

翻检典籍，"不用二名"来自《公羊传》，即所谓"讥二名"。虽然古人早已指出：《公羊》说本无稽，后人信之者，惟王莽耳。"⑥ 完全将其当作一个笑话来看。但在神圣的经籍面前，看起来王莽还是比较信从的。而更为重要的是，在公羊学系统中，姓氏也应该是混同的。证据来自《春秋繁露·三代改制质文》："天将授汤，主天法质而王，祖锡姓为子氏。"与此同时，舜则"祖锡姓为姚氏"；夏禹"为姒氏"，周的后稷"为姬氏"，等等。再加之"以子为姓""以姬为姓"的文字⑦，很显然，它们完全是姓、氏不分，混而用之的。

习文史者皆知，《春秋繁露》是一代大儒董仲舒的著述。

在中国思想史上，董仲舒无疑是一位重量级的人物。但他的思想基

① 《汉书》卷 94 下《匈奴传下》，第 3819 页。
② 《汉书》卷 99 中《王莽传中》，第 4106 页。
③ 《汉书》卷 99 中《王莽传中》，第 4106 页。
④ 《汉书》卷 1 下《高帝纪下》，第 66 页。
⑤ 《汉书》卷 24 下《食货下》，第 1179 页。
⑥ 秦克诚点校：《日知录集释》，第 828 页。
⑦ 苏舆撰，钟哲点校：《春秋繁露义证》，第 212、213 页。

础,是来自经学,尤其是公羊学,他是汉代乃至中国最为重要的公羊学大师,且门生甚多。黄开国说:"董仲舒不仅是西汉最有成就的春秋公羊学大师,而且培养出一大批春秋公羊学者,武帝以后西汉春秋公羊学的名家皆出于董仲舒之门。"由此,他的言论及他著述,应该代表了那时最为权威的公羊学理论。也由此,黄氏进一步指出:"(《春秋繁露》)这部书不仅是研究董仲舒的春秋公羊学,也是研究西汉春秋公羊学最重要的著作。"①

不仅如此,在东汉的《白虎通》中,也对此作了接续性的阐释。作为东汉皇帝钦定的经学讨论集,《白虎通》试图"以经学方式确立起一个适合政治需要的解释系统"。但与本论题特别相关的是,在这部"以名号制度等为具体阐说重点"②的国家意识形态之书中,它对于姓氏,也有所谓的"禹姓姒氏""殷姓子氏""周姓姬氏"等论述,在承袭董氏公羊学的同时,同样是姓氏不分。

要之,从西汉至东汉,一以贯之的是,姓氏不分不仅是百姓日用之间的习惯,更是一种国家认同的制度,它是具有官方经学依据的称谓。《白虎通·五经》论道:"经,常也。有五常之道,故曰五经。……圣人象五常之道而明之,以教人成其德也。"③ 在汉帝国的意识形态里,凡经文、经说所论,都涵摄天人,具有神圣不可动摇的地位,是一切行动的指南。所以,在这一标准之下,不仅司马迁、刘贺受到影响,连王莽这样的"改制"狂人,亦不敢完全回到"古义"之上。可以说,经学"新义"的力量加上民间习惯用法,最终使得姓、氏不分在两汉以来得以奠定,同时也为司马迁、刘贺的表达提供了知识基础和社会背景。

(三)汉代语境下的"姓孔,子氏"并非笔错或"混淆"

在学界,对于"姓孔,子氏"的表述"错误","笔误"或"混淆",是研究者们的两种归因。但倘以汉代语境为基础,细绎这两种结论,似乎并不能完全成立。

先看"笔误"说。有学者这样评述:

　　氏本自姓出,但是西汉时期姓氏已经混淆,所以司马迁才会说

---

① 黄开国:《公羊学发展史》,人民出版社,2013年,第155、161页。
② 王刚:《学与政:汉代知识与政治互动关系之考察》,黑龙江人民出版社,2012年,第273、274页。
③ 陈立疏证,吴则虞点校:《白虎通疏证》,中华书局,1994年,第447页。

出"姓孔氏"这样的话。这种描述，实际上很符合当时已普遍以古氏为姓的情形。而屏风写成"姓孔，子氏"，则完全不通。西汉人以氏为姓不足为奇，但同时将古姓倒过来降格为氏却绝无可能。

顺此理路，还提出了两种"致误"的可能：

> 一是孔子祖先出于商人，商人子姓，当然可以说孔子氏孔，子姓，此处误倒；二是其本同于《世家》，作"姓孔氏"，因为"孔子"一词极为惯用而衍出一"子"字。

并进一步认为："鉴于西汉时期的姓氏实际，且前说不见于任何文献，因此后一种可能性最大。"① 也就是说，"姓孔，子氏"除了是"氏孔，子姓"倒置的结果，更大的可能是在转抄"姓孔氏"时出现了多余的衍字。

但事实真的是这样的吗？

且不说衣镜是刘贺的珍爱之物，出现笔误后，加以改定，几乎是必然的选择。更重要的是，前已论及，在汉代语境下，姓氏不分，无论是"姓孔"还是"子氏"，都是可以独立存在的表达方式。在那个时代，它们是完全"正确"的语辞。

具体说来，就前者而言，在"西汉时期姓氏已经混淆"，"普遍以古氏为姓的情形"下，不仅有司马迁的"姓孔氏"这样的表达方式，也即是将姓与氏混同在一起的表述法，也可以有"姓孔"这样直接"以氏为姓"的表达方式。例如，在扬雄所撰的《法言·吾子》中有这样的句子："或曰：'有人焉，自云姓孔，而字仲尼，入其门，升其堂，伏其几，袭其裳，则可谓仲尼乎？'曰：'其文是也，其质非也。'"② 可以看到，在这里，直接以"姓孔"来称谓孔子，甚至都没有采用"姓孔氏"这样的表达法。尤为重要的是，"其文是也"，说明在当时，这种用法是公认的表达方式。

而就后者来看，认为"子氏"不能存在的理由，主要在于西汉"普遍以古氏为姓"，由此司马迁"姓孔氏"这样的表述还可勉强成立，但倘与之相对应，"古姓倒过来降格为氏却绝无可能"。

---

① 邵鸿：《海昏侯墓孔子屏风试探》，《江西师范大学学报》（哲学社会科学版）2016年第5期，第21页。
② 汪荣宝撰，陈仲夫点校：《法言义疏》，第71页。

但揆之于史,在姓、氏无别的汉代,"以氏为姓"固然常见,"以姓为氏"也并非"绝无可能"。由前已知,在汉代经学系统中,"子氏"与"姒氏""姬氏"等概念赫然存在,它们无一不是"降格为氏",作为官方的权威表达方式,正与衣镜所述相吻合。不仅如此,汉儒王充在《论衡·奇怪》中论道:"时见三家之姓,曰姒氏、子氏、姬氏。"① 所谓"时见",指的是常见之事,看起来,"子氏"在汉代属于无误的常规表述。

这样,在汉代语境中,论定"姓孔,子氏"出现讹误,就失去了历史的依据。也由此,认为"姓孔,子氏"这样的表述,"其本同于《世家》,作'姓孔氏',因为'孔子'一词极为惯用而衍出一'子'字"。就是不易成立的揣测之辞。不仅如此,在这种"错讹"的裁定中,对于古代的惯用词,亦有疏于观察之处。

具体说来,"孔子"作为惯用词,人所共知。但在两汉,"孔氏"也是一个惯用词。翻检史籍,在《史记》中,有"余读孔氏书,想见其为人"。"孔氏述文,弟子兴业,咸为师傅,崇仁厉义"之论,而在《汉书》中,更有著名的"推明孔氏,抑黜百家"之论②。也就是说,在论及孔子时,"极为惯用"的词汇除了"孔子","孔氏"也是使用频率极高者。既如此,汉人肯定不会一写到"孔",就只想到"孔子",从而"衍出一'子'字"来。反过来,在"姓孔氏""孔氏"这样的惯用词之中插入一个"子"字,反倒是有意义的安排,它不是错误,应该是反映了书写者的特定认知。

其次,再简单看看"混淆"说。

有学者在论证"姓孔,子氏"的"错误"缘由时认为,这是刘贺在改订司马迁的表述方式时,一时疏忽,出现了姓、氏的混淆。

在他们看来,在秦汉以来姓氏合一的背景下,"司马迁'姓某氏'的这种写法代表了一种新型的姓氏记述方式",由于刘贺对于儒学和孔子"异常推崇",故而"尝试采用'周制'的方式,即先秦时期姓与氏分开称呼的方式",于是就有了"姓孔,子氏"这样的表达法。也就是说,"姓孔,子氏",不是抄写的讹误,而是刘贺"有意为之",但遗憾的是,"记载者混淆了孔子的姓与氏,这很可能受惑于西汉产生的'新孔姓'。加之这一时期姓氏观空前混乱,姓氏互相混淆错乱,来源错综复杂,因

---

① 王充撰,黄晖点校:《论衡校释》,第163页。
② 分见《史记·孔子世家》《太史公自序》,及《汉书·董仲舒传》。

而可能产生'姓孔，子氏'的说法"①。

　　然而，这一观点也是不能成立的。它的问题主要在于，夸大了刘贺或衣镜文撰作者的"创造性"劳动，而忽略了文本的渊源所在。我们不否定刘贺的"微言大义"或有存焉，但是，对于制度或者称谓，书写者还是应该要保证符合时代要求，而且在这种平实的人物介绍中，也没必要出现怪异之论。研究者没有看到这一点，将称谓范式的沿用，视之为个人的改订工作，并由此得出了"混淆"之论。

　　但无论是"笔误"还是"混淆"之说，一个根本性的问题是，他们都没有看到"姓孔，子氏"的制度依据。由此对于汉代的称谓制度，遮蔽了许多本有的内容，在所见不全的情形下，不能看到"姓孔，子氏"，尤其是"子氏"的文本来源，而仅仅归之于个体的传抄及撰写之误上。

　　也由此，在笔者看来，面对这样的问题，将简单的"正"与"误"的讨论暂时放在一旁，把握住时代背景和语境，并获得历史性的理解，才有更为深入的研究意义。职是故，本文的目标所在乃是，深入于"错误"的背后，开掘出鲜为或不为人知的历史图景，在索隐发微中求其所以然，以获得文化的理解。下面，笔者就循此理路，作进一步的展开。

二　何以"姓孔"："得之于祖"还是"得之于天"？

　　孔子为什么姓孔？这样的问题，如果在先秦时代提出，可以算作一个伪问题。因为在那时，孔不是姓，而只是氏。那么，是不是可以转换一下提问方式：孔子为什么是孔氏？这样就严谨准确了吗？这样的发问及解答，如果只局限于孔子所在的春秋时代，当然是没有问题的。然而，秦汉以来，在姓氏混同的情形下，本属于"氏"的"孔"，就是被看作"姓"的。它不仅是一种习惯，也是经学中的准则。也就是说，在汉代人的眼里，孔子为什么姓孔？这样的提问不仅正当合理，属于惯常思维，而且为经学所规定。

　　由本论题出发，值得注意的是，随着历史的演进，到了汉代，对于何以"姓孔"，有了两种溯源路径，一是"得之于祖"，二是"得之于天"。虽然都为"姓孔"的成立提供了正当性的支撑，但二者依据的路径不同，前者属于历史性的探寻；后者则偏于神学的阐释。然而重要的是，无论是哪种路径的讨论，都已不再是纯粹的先秦问题，而是夹杂着

---

　　①　唐百成、张鹏波：《海昏侯墓"孔子屏风"姓氏问题释析》，《西南交通大学学报》（哲学社会科学版）2016 年第 5 期，第 89、90 页。

汉代的思维，反映着由先秦至秦汉以来的社会流变及性格差异。下面，对此展开具体的分析。

（一）"得之于祖"视野下的姓氏制度之变与"氏姓"的产生

一个人的姓是从哪里来的？一般来说，共识性的答案应该是，来自父系这一序列，即从这一世系中代代相传而来，我们可以称之为"得之于祖"。但接下来的问题是，究竟得之于哪一个"祖"呢？倘追溯到后世《百家姓》系统的"赵钱孙李，周吴郑王"谱系之中，它的原点，主要是定型于秦汉的"以氏为姓"，汉人称之为"氏姓"。

进一步言之，中国人在追溯祖先时，有所谓的始祖、高祖之分。一般来说，在姓、氏有别的状态之下，"姓"所对应的为始祖。而随着姓氏的合一，以"氏姓"为基础来追溯祖先时，那个远古的始祖就已成为模糊的传说，真正能建构证据链条，形成可信传承系统的，是始祖之后的高祖，也即《礼记·大传》所谓的"别子为祖"①。

孔姓或孔氏，就是这样的"别子为祖"，也是重要的古代"氏姓"，并由此产生了"姓孔"这样的表达法。虽然这一称谓主要流行于汉代以来，但是，它的内在理路却深埋于秦汉以上，从特定意义上来看，它就是东周以来礼乐崩坏的结果。下面，结合本论题，以"氏姓"的产生为切入口，先看看在追溯祖先及姓氏由来时，姓氏制度是如何演进的，以及背后的历史动因。

要追溯这一变化，需从春秋时代说起。

那时，由于变化刚刚展开，一方面在历史的惯性下，姓、氏有别的机制似乎还依然维系着主流地位。另一方面，各种问题或者说弊端已暗流浮动，冲击着原有的制度架构。《礼记·曲礼上》载："取妻不取同姓，故买妾不知其姓则卜之。"② 从特定意义上来看，这一文句所折射的，正是当时姓氏变化所带来的问题。娶妻之时，能够知道妻子的"姓"，是因为贵族还保持了一定的身份传承；而妾属于下等或败落之家，已不知道自己原本的"姓"了，为了"同姓不婚"的原则得以贯彻，此时只有通过占卜加以探明。相类的文句，在《礼记·坊记》中也出现过，并将"子云"冠之于文句之前，强调这是孔子的话语。所以这里所反映的，应该就是春秋以来的情况。

至战国时，此种情形每况愈下，到了秦汉之后，原本的"姓"是什

---

① 朱彬撰，饶钦农点校：《礼记训纂》，第523页。
② 朱彬撰，饶钦农点校：《礼记训纂》，第23页。

么，知道的人就更为少见了。由此，钱大昕说：

> 三代以前有天下者，皆先圣之后，封爵相承，远有代序。众皆知其得姓受氏之由，虞姚、夏姒、殷子、周姬，百世而婚姻不通。小史奠系世，序昭穆，实掌其事，不可紊也。战国分争，氏族之学久废不讲。秦灭六雄，废封建，虽公族亦无议贵之律，匹夫编户知有氏不知有姓久矣。汉高帝起于布衣，太公以上名字且无可考，况能知其族姓所出耶？故项伯、娄敬赐姓刘氏，娥姁为皇后，亦不言何姓。以氏为姓，遂为一代之制，而后世莫能改焉①。

钱氏之论，极为精当地概述了先秦至秦汉姓氏变化的轨迹及原因。就本论题出发，特别值得注意的是，秦汉以来，姓氏的合一，主要定型为"以氏为姓"，并由此"遂为一代之制，而后世莫能改焉。"

这种变化及定型，原因所在，一方面是原来贵族体制的逐渐消除，作为身份的"姓"亦随之松弛。简单地说，在西周时代，姓、氏的本原和分际还是比较清楚的。但是，随着贵族社会的崩解，族群的升降直接冲击了身份的界域，"姓"的丢弃与混乱越来越加剧。另一方面，随着西周宗法制度的约束力日渐消散，属于贵族的"氏"，开始为一般百姓所用。

而随着战国"变法运动"的深入，以宗法制为主导的大家族的结构系统被打散后，先秦姓氏制度则完全失去了存在的历史土壤。最重要的表现就是，发展至秦汉，盛行所谓的"五口之家"，在专制主义日益加强的情形下，各色人等都成为国家直接管辖的民众，当年反映贵贱之别的姓氏泯灭了界限。尤为关键的是，作为"编户齐民"，名姓需要书之于竹帛，作为基本数据为中央集权的国家直接管控。在这一进程中，"姓"虽已逐渐遗失甚至不用，但是，在名录中，不可没有完整的"姓名"。由此，"氏"普遍性地冠之于民众名字之前。它造成的后果是，"氏"不仅取代了当年"姓"的地位，而且使其失去了贵族专属性，呈现出"匹夫编户知有氏不知有姓久矣"的历史面貌。

而就本论题来说，更进一步的后果则是知"氏"不知"姓"的情形得以加剧，直至成为常态，"氏姓"应运而生。

---

① 钱大昕：《十驾斋养新录》卷12《姓氏》，陈文和主编：《嘉定钱大昕全集（柒）》，江苏古籍出版社，1997年，第310页。

为了更好地论证，我们先回到"买妾不知其姓则卜之"这一问题上来。

汉儒王充在《论衡·诘术》中有过这样的讨论：

> 礼："买妾不知其姓则卜之。"不知者，不知本姓也。夫妾必有父母家姓，然而必卜之者，父母姓转易失实，礼重取同姓，故必卜之。①

依照王充的逻辑理路，一个人哪能真的没有，以至于不知道自己的"姓"呢？这个自己所知道的"姓"，得之于父母，被称为"父母家姓"。但所要占卜的不是这种"姓"，而是所谓的"本姓"，即原来姓氏制度下的那个"姓"，至东周以后，由于"转易失实"，在逐渐不清晰的情形下，只能通过占卜，以实现当年的"同姓不婚"。

在《论衡·诘术》中，这种"父母家姓"，王充给出的正式名称是——"氏姓"。由前已知，姓氏制度上的变化在春秋时代已经出现。在此值得注意的是，那时已产生了与"氏姓"相类似的称谓——庶姓。《礼记·大传》曰："其庶姓别于上。"郑注云："姓，正姓也。始祖为正姓，高祖为庶姓。"孔疏则进一步阐明道："庶姓，若鲁之三桓……及郑之七穆。"②

"三桓""七穆"，是春秋时代著名的权臣氏族，他们同为姬姓之后，以"桓""穆"为氏。这就说明，这里的"庶姓"，也就是"以氏为姓"的"氏姓"，它与所谓的"正姓"相对应，伴随着姓与氏的界限逐渐抹平而出现。由此，《穀梁传》隐公九年曰："南，氏姓也。"襄公二十九年在论及守门的寺人时，亦有"不称名姓"之语，清儒于鬯指出：

> 此姓即氏也。……然则正姓，姓也；庶姓，氏也。即《穀梁传》于隐九年传云："南，氏姓也。"氏姓犹庶姓也。曰庶姓，曰氏姓，皆所以别之于正姓，而浑言则通为姓而已。③

结合本论题，接下来的问题则是，为什么王充用"氏姓"，而不用"庶姓"这类传统概念呢？这是随意为之的结果吗？

---

① 王充撰，黄晖点校：《论衡校释》，第 1038 页。
② 阮元校刻：《十三经注疏》，第 1507 页。
③ 于鬯：《香草校书》卷 48《春秋穀梁传二》，中华书局，1984 年，第 966 页。

不是的。笔者以为，在姓氏制度转型及定型后，"氏姓"的概念更为准确，也与秦汉以降的实际情形更为契合，从而不易产生误读，用此概念是较为严谨的。质言之，所谓的"氏姓"，就是以当年的"氏"来替换取代"姓"的功能，"庶姓"概念则看不出这一变化。但问题的要害还不止于此。"庶姓"是对应着"正姓"而来的概念，换个角度来说，比之于具有远古传统的那个"正姓"，"庶姓"就是"不正"的。但这种"正"与"不正"的感觉只在东周发挥影响，秦汉以来，在人们的心目中，"氏姓"系统恰恰是"正"，是姓氏制度的核心所在。

综上所论，秦汉所定型的"姓氏合一"，主要是"以氏为姓"。随着历史的演进，原初的那套姓氏制度越来越不适应时代的需要，一则与"氏"有别的"姓"越来越不清晰，直至忘却或丢弃；二则从女之"姓"，也即所谓的"本姓"太少，随着时间的推移，"氏"，不仅在数量上大大超过了这类"姓"，而且逐渐取代了它，成为新制度中的"姓"。如前所论及的孔、刘，都是如此。本来是"氏"，现在作为"姓"，而加以称谓与使用了。再加之少量的"以姓为氏"，如姬、姜，原本不能冠之于名字之前的"姓"，也开始冠于名字之前，与氏无别。这些姓氏合一之后的"姓"，有学者将其称为"新姓"，并指出，它从"姓氏二级制"，转而成为"新姓一级"。[①] 要之，在由"二级"转为"一级"制的历程中，出现了"氏姓"为主，"本姓"为辅，但总的来说，统一在"氏姓"之下的情形。

翻检典籍，"氏姓"这一名词在春秋时代应该已经出现。据《国语·楚语下》，在楚昭王时，有这样的言论："坛场之所，上下之神祇、氏姓之所出。"[②] 但此处的"氏姓"，其实也就是"姓氏"，是对二者的统称。而在汉人的理解中，"氏姓"则开始成为一种与"本姓"相对应的，狭义上的概念，它是对二级制度时代"氏"与"姓"的演进及发展。

进一步言之，"本姓"直接关联着血缘而来，直追一个人的始祖所在，王充在《论衡·诘术》中说："以本姓则用所生。"[③] 它对应着当初姓氏有别体系下的"姓"，与《左传》隐公八年载："天子建德，因生以赐姓。"[④] 可以意义相通。而"氏姓"，就是当初"氏"的发展。在《论

① 张淑一：《先秦姓氏制度考索》，福建人民出版社，2008年，第142页。
② 上海师范大学古籍整理研究所校点：《国语》，上海古籍出版社，1988年，第560页。
③ 王充撰，黄晖点校：《论衡校释》，第1037页。
④ 阮元校刻：《十三经注疏》，第1733页。

衡·诘术》中，被认为"用事、吏、王父字"①。也即三种命名方式。具
体言之则是："古有本姓，有氏姓。陶氏、田氏，事之氏姓也；上官氏、
司马氏，吏之氏姓也；孟氏、仲氏，王父字之氏姓也。"②

　　比较而言，"氏"乃至演进而来的"氏姓"，本是作为"姓"或者
"本姓"的分支而存在的。由此，不能说它与血缘没有关系。但是，它
的着眼点不全在于此。

　　简单地说，在秦汉之前，"姓"用来维系和表明血缘宗法身份，而
"氏"基本上不指向于此。所以，"氏"往往多变，甚至同一个人可以有
不同的氏，和后世的各类名号相仿佛。而且，一个人即使一生只用一个
"氏"，他的子孙不仅无需传承，甚至可以根据不同情况，不断地改动氏
号。如孔子与他的父辈以上，虽同为"子姓"，但所采之"氏"就完全
不同。治先秦史者应该都有这样的体会，翻检《左传》等书，在同一家
族中，不同氏号的例子比比皆是。由于"氏"冠于名前，通过名字来判
断血缘关系，甚至父子之间的关系，往往会遇到不少困难。相较于后世
那种父子"同姓"，也即同一"氏姓"永不再变，传承脉络清晰可见，
简直不可同日而语。

　　所以，在由"氏"而"氏姓"的发展演进中，一个很重要的变化就
是，"氏"依然冠之于名前，但它和当年的"姓"一样，逐渐稳定固结
了下来，并代代相传，不再变化，从而使得"氏"具有了"姓"的特
征。"氏姓"统摄于名前，同一祖先，同一"姓"号，后世所谓的"赵
钱孙李"等"新姓"，皆是如此，概莫能外。

　　(二)"氏姓"与先秦时代的"孔姓"溯源及传承

　　在"氏姓"中，"孔姓"名号的稳定性极为突出。与其他"氏姓"
主要盛行于秦汉以来不同，自孔子之后，就开始以氏为姓了，后世子孙
不再改之。由此，孔姓代替子姓，逐渐成为万世不变的"新姓"。追根
溯源之下，在这一系统中，孔氏后人就将"姓"的来源归之于孔子这一
共同祖先身上。

　　从这个意义上来看，今日庞大的孔氏后人，其姓氏都是"得之于
祖"——孔子这个共同的祖先。但是，如果回到孔子时代来讨论这一问
题，则没有这么单一清晰的系统。由前已知，"氏姓"有三大命名原则：
"用事、吏、王父字。"所谓的"事"，指的是职业；"吏"，指的是官职。

---

① 王充撰，黄晖点校：《论衡校释》，第 1037 页。
② 王充撰，黄晖点校：《论衡校释》，第 1035、1036 页。

以它们为氏，作为"氏姓"，在"本姓"丢失的情形下，年深日久后，是难以确切知道"氏姓"之前祖先是谁的。

"孔"作为最重要的"氏姓"，似乎更为复杂，又似乎较为例外，它可以由此上追祖先谱系。

就命名原则来说，作为"氏姓"的"孔"，采取的是用"王父字"的原则，即以祖先的名字为氏。据《孔子家语·本姓解》，"孔"这一姓氏的获得，与孔子的先祖孔父嘉有关。孔父嘉是宋国人，本为国君的后代，但传到他那一代时，"五世亲尽，别为公族，故后以孔为氏焉"。《孔子家语》又云："一曰孔父者，生时所赐号也，是以子孙遂以氏族。"[①] 所谓的"五世亲尽"，正符合前引郑注所论的"高祖为庶姓"。也就是说，作为孔父嘉的后代，"孔"这一"氏姓"，乃是与"正姓"有别的"庶姓"。

揆之于史，"孔"，作为"得之于祖"——孔父嘉这个祖先的"氏姓"，在孔子那里，是没有疑问的。但是，由孔父嘉至孔子之间，在这几代人中，其他的孔父嘉后人也与孔子一样，一直以"孔"为"庶姓"或"氏姓"，几代相传，不加更改，从而沿传至今的吗？如仔细审查，可以发现，这一传承脉络疑云重重，是很成问题的。

我们注意到，在孔子及此前的时代，那时的"庶姓"，不像汉代以后的"氏姓"那样，成为姓氏制度中的主流。表现在孔子家族的人名称谓上，在孔父嘉之后，孔子之前，几乎未见将"孔"冠之于名前者。这里面的关键人物，是孔父嘉的曾孙——防叔。他避祸奔鲁，与前面的谱系记载较为模糊不同，防叔生伯夏，伯夏生叔梁纥，叔梁纥生孔子，入鲁后的家族传承清晰而可靠。

关于这一传承脉络，《史记·孔子世家》与衣镜文所载一致，都是从防叔开始正式追溯谱系，此前，则以一句"（孔子）其先宋人也"加以概括。防叔，在衣镜文中作"房叔"，这种称谓，与此后的伯夏、叔梁纥，在范式上是一致的。可注意的是，皆为子姓后人，但都不将这一"本姓"冠之于名前。按照男子"称氏不称姓"的传统，不用"本姓"那是可以理解的，但是，他们的"氏"是什么呢？有统一的"氏"或"氏姓"吗？就言人人殊了。

尤为重要的是，在《史记》中，"防叔"写作了"孔防叔"，比之衣镜文，为什么要增加一个"孔"字呢？是为了将"氏姓"冠之于名前

---

① 杨朝明、宋立林：《孔子家语通解》，齐鲁书社，2013年，第457页。

吗？可是这种做法为什么不扩展至伯夏、叔梁纥的名字之上，以取得统一呢？

还可注意的是，在《左传》中，春秋时代的各式人名，与衣镜文的风格是相契合的。它没有将后世那种不变的"氏姓"，也即共同的"庶姓"冠于名前的习惯。也就是说，"氏"虽冠于名前，但并不统一固定。再进一步言之，孔子之后，因"孔"这一"氏姓"不变，他的后人所具有的"孔姓"，乃是代代不变。"得之于祖"表现为，孔子作为祖先原点而存在。而孔父嘉之后，孔子之前的祖先，也都直承孔父嘉，以"孔氏"相称吗？似乎还不能得出这样的答案。

且不说那时还在遵照着西周以来的姓氏制度，冠于名前的"氏"总的来说是变动多端的，并不固结于某"氏"之上。从事实的角度出发，自孔父嘉以下，孔子先祖们的名姓各有不同，看不出将统一的"氏"冠于名前的迹象。那么，作为孔父嘉的子孙们，他们的名字，都是省略了"孔"的氏名吗？似乎也不像，而且也不应该那么整齐划一。

据《世本·氏姓篇》，不仅载有孔子的"孔氏"，更载有与之相关的"邹氏"，并说明道："食邑为邹，生叔梁纥，为邹氏。"[1] 这里面的"邹"，是孔子父亲叔梁纥的采邑，也称"陬"或"鄹"，也是孔子的出生地。我们的问题是，如果叔梁纥与他家族的前辈都接续着"孔氏"之号，"邹氏"从何谈起呢？习文史者皆知，《世本》一书曾被司马迁所引用，虽有着汉代材料掺入的可能，但总的来说反映着先秦的真实状态。尤其是与孔氏相关的材料，时代离得更近，应该说是很值得重视的文本。

可是，在这里，明载叔梁纥不是"孔氏"，而是"邹氏"，即便是两"氏"并用，也只能说明，在这一时代中，"孔氏"不属于固定权威的名号，失去了"氏姓"的基本特征。另外值得一提的是，《孔子家语·子路初见》载："孔子兄子有孔蔑者。"[2] 孔子的兄长名为孟皮，亦未见孔氏之号冠于名前，在他的儿子名字之前，怎么就有了孔氏之号呢？

由于材料的缺乏，现在还不能对于孔父嘉以下的情况加以明晰地判定。据笔者看来，孔子以上的祖辈，不能说完全不用"孔氏"之号，但这一情形的存在，至少有着很大的疑问。也就是说，严谨地来看，孔子之"孔"，与孔父嘉有关，可以说是"得之于祖"，但其他家族成员，未

---

① 宋衷注，秦嘉谟等辑：《世本八种》之"秦嘉谟缉补本"，商务印书馆，1957年，第268页。
② 杨朝明、宋立林：《孔子家语通解》，齐鲁书社，2013年，第236页。

必如此。

再进一步言之，孔子的兄子"姓孔氏"，也很可能是后世的附会。至于孔防叔之"孔"，更有可能为添加之辞。证据在于，汉儒王符在论及孔子家族姓氏谱系时，也提到了防叔，说他"出奔鲁，为防大夫，故曰防叔"。与衣镜文相同的是，防叔名字上没有"孔"冠于前。而且在说到叔梁纥时，是这样表述的："叔梁纥，为鄹大夫，故曰鄹叔纥，生孔子。"① 细绎文字可以发现，它与"防叔"一句，句式基本一致。既然"邹氏"可以为叔梁纥之"氏"，那么，此处的"防"也应该不是本有的名或字，而是属于以"吏"或者所在属地来命氏。也就是说，"防"为氏号。由此，防叔之前的"孔"字，应非本有，而是添加之辞。

总之，处在自春秋至秦汉的社会大转型期内，伴随着姓氏制度的转变及复杂性，孔父嘉的后人中，唯有孔子氏号清晰，是"得之于祖"的结果，并自此以下，因其稳定固结，最终转而成为汉代以来最有影响的"氏姓"。从这个角度来说，"孔"虽得之于祖，但真正开启"孔姓"的是孔子。

（三）"圣人无父"与"吹律定姓"

前已论及，孔子之所以姓孔，是因为用"王父字"。作为"得之于祖"的自然后果，反映的是一种理性的、历史的认知，并且很自然地成了孔姓渊源的主流认识。但是在汉代，这仅仅是认知中的一种，另一种认知则是，姓孔，乃"得之于天"，手段则是"吹律定姓"。

在今日看来，这种说法当然是荒诞不经，它也因此为后世所抛弃，使得当下知之者甚少。

然而，在汉代，尤其是西汉特殊的文化氛围里，这一说法却广为流传，直至成为经学中的重要内容。尤为重要的是，在那时，以这一认知为基础，"姓孔"不仅表现为一种家族身份的符号，更打造为浸染着神学色彩的"天意"表征。并因神学的力量加持，极大地阻击了由"子姓"这一"本姓"所带来的冲击，"姓孔"由此获得了后世难以想象的权威地位。

我们注意到，要在这一维度下研判"姓孔"及相关问题，一个重要的知识基础，是"圣人"的"感天而生"。

毫无疑问，"感天而生"是一种非理性的存在。从理性的角度出发，

---

① 王符著，汪继培笺，彭铎校正：《潜夫论校正》，中华书局，1985年，第434、435页。

我们都应承认如下的常识：每一个人能来到这个世界，都是因为父母给了自己生命，只要是人，都是父母所生。但是，在汉代今文学派那里，圣人，作为一种特殊的存在，与常人不一样，他们的生命，本质上来于"天"。沿着这样的理论逻辑，在西汉极具影响力的公羊学及三家《诗》中，就有这样的说法："圣人皆无父，感天而生。"① 由此，《春秋演孔图》载，孔子母亲"梦感黑帝而生"，并有所谓的"生丘以空桑之中""乳生也"等故事②。这样，孔子就成了神的儿子，并为所谓的"圣人无父"提供了又一个注脚。

当然，《春秋演孔图》之类的谶纬之书，时间不明，来路不正，多为后人所诟病。但在此必须指出的是，在汉代，尤其是在西汉经学系统中，谶纬占据了极大的势力，它们往往与经说相呼应。尤需进一步指出的是，"圣人无父"说不仅来于今文经学，而且出现的时间点不晚于刘贺所在的武、宣时代。理由在于，与刘贺同一时代的褚少孙在《史记·三代世表》中以较大篇幅专门讨论过这一问题。

但是，就本论题出发，一个新问题随之而来，依据常识和通例，一个人出生后随父姓，父亲的姓，就是子女的姓。人皆有父，也就人皆有姓。那么，圣人由于感生而来到这个世界，在知母不知父的情形下，他们的姓又该怎么确定呢？

落实到本论题中，孔子有两个"姓"，一个是本姓——子；一个则是后世常用的姓氏——孔。由于孔子的感生故事主要流行并定型于汉，在这"以氏为姓"的时代里，虽也有涉及"子姓"问题者，但这些故事，几乎都是指向于"孔姓"的产生。由此，接下来的问题则是，在这一系统中，作为"氏姓"的孔，是如何推定出来的呢？按照当时的流行观念，孔子之"姓孔"，乃是依据阴阳五行，吹律或推律定姓而来。

关于"吹律定姓"，在汉代经学的权威著述《白虎通·姓名》中是这样论述的：

> 姓所以有百者何？以为古者圣人吹律定姓，以记其族。人含五常而生，正声有五，宫、商、角、徵、羽；转而相杂，五五二十五，转生四时异气，殊音悉备，故姓有百也。③

---

① 陈寿祺撰，曹建敦点校：《五经异义疏证》，上海古籍出版社，2012年，第168页。
② 安居香山、中村璋八辑：《纬书集成》，河北人民出版社，1994年，第576页。
③ 陈立疏证，吴则虞点校：《白虎通疏证》，中华书局，1984年，第402页。

　　具体落实到孔子，《论衡·实知》中的一段记载，特别值得注意。它是这么说的："孔子生不知其父，若母匿之，吹律自知殷宋大夫子氏之世也。"①

　　习文史者皆知，王充为东汉初期的学者，但此段记载是对"儒者论圣人"问题的进一步阐释，也就是说，它的结论是建立在前人基础之上的。由此可以看到，在《春秋演孔图》中就有所谓"丘援律而吹，命得羽之宫"的记载②。更重要的是，比刘贺生活年代稍晚一些的京房，他之所以姓京，就是"吹律定姓"的结果。史载："房本姓李，推律自定为京氏。"③ 京房是西汉经学中的重要人物。也就是说，在刘贺时代，孔子之所以姓孔，作为"得之于天"的结果，并通过"吹律"等手法加以确定，是当时经学中的重要内容。

　　当然，我们也注意到，对于这一观点，古文学派曾有不同的意见，如《左传》学派就认为："圣人皆有父。"东汉大儒许慎则以此为切入口，对"圣人无父"论进行了驳斥。

　　然而，古文学派所反对的，只是"无父"这样的怪论，并非圣人不感生，那时的学者还不敢作如是想。就他们的反对意见来看，核心所在，圣人也是人，他们也要有父。又要感生，又不否定父亲的存在，那么，怎么协调这一矛盾呢？汉末大儒郑玄说："天气因人之精，就而神之。"也就是说，圣人虽有父亲，但他们的出生，是因为母亲感受了天地的精气，从而导致了圣人的降生④。郑玄是著名的古文经学大师，但他也持感生说，只是尽力协调矛盾，弥缝冲突而已。这说明，虽然古文学派有反对感生说者，但是，并不占主流地位。而在西汉，在今文派占有绝对统治地位的状态下，圣人感生说更是无可置疑的基本理论。

　　感生说的权威地位，无疑为孔子的"姓孔"，提供了神学支撑和精神动力。但是，感生说并非汉人的创造，它实际上源于人类的早期认知，在汉以前的很多神话传说中都有所反映。它的出现，很大一部分原因在于，人类社会曾存在着"知母不知父"的阶段，将"姓"归于感生及天

① 王充撰，黄晖点校：《论衡校释》，第 1070 页。
② 赵在翰辑，钟肇鹏、萧文郁点校：《七纬（附论语谶）》，第 716 页。
③ 《汉书》卷 75《京房传》，第 3167 页。另外，京房为《易》学大师。而在刘贺墓出土的《卜姓》竹书中，可以看到以《周易》卦象来推定姓氏的内容，这与京房之事可以互证，证明在汉代推律定姓有着一定的普遍性，刘贺也应该知晓或受到了这些观念的影响。《卜姓》竹书问题，可参看朱凤瀚主编、柯中华副主编的《海昏简牍初探》第十四章。
④ 陈寿祺撰，曹建敦点校：《五经异义疏证》，第 168 页。

意，可以为含糊不清的始祖找到一个"源头"。由此，可注意的是，在神话传说中，论及夏、商、周三族之姓时，他们的始祖之"得姓"，皆是天意所为。其中，对于殷商先祖契的降生，在《诗经·商颂·玄鸟》中，就有非常著名的"天命玄鸟，降而生商"① 的吟诵。到了汉代，它早已成为殷商得姓的基本依据。如《白虎通·姓名》曰："殷姓子氏，祖以玄鸟子也。"② 也就是说，殷商王族之所以姓子，是因为他们的始祖母吞下了燕子（玄鸟）卵，也即所谓"子"的缘故。

事实是否真的如此，不在本文讨论范畴内。但是，在汉代论及感生问题时，这些早期的神话传说，成了仿效的蓝本。然而，同样是感生，孔子与早期传说中的那些圣人有一个很大的不同在于，传说时代的人，其真实面貌言人人殊，神性多于人性，就史学要求来看，很难精准地确定他们的行迹与存在。从某种程度上来说，历史真实性的缺乏，反而为神性的阐发提供了空间。而孔子的言行和作为，是较为清晰地记载在史书之上的，虽然可以为他造作神话，但是作为进入历史时期的人物，神话性的描述，总是要与真实的历史记载之间，发生这样或那样的冲突及矛盾。

由此，在历史力量的牵扯下，孔子的"感天而生"及"得姓于天"，就需要与真实的历史相协调，尤为重要的是，孔子的的确确有个父亲明载于史籍之上。也由此，与传说时代的圣人故事纵横于神话之中不同，它需要更多地表现出对历史的修改和附会。

在这样的问题意识下，再来审视《论衡·实知》的记载，就可以发现，孔子在"吹律定姓"中，有两个重要的历史要素为基本点。一是"孔子生不知其父，若母匿之。"二是"吹律自知殷宋大夫子氏之世也。"③ 这两点都能找到历史依据，但是它们的出现，不是为了用来证明历史的真实，而是为神性话语的建构提供历史的"证明"。

我们注意到，《史记·孔子世家》载，由于"母讳之也"④，少年时代的孔子，对于父亲葬于何处毫不知情。关于这一故事的全部内容及种种要素，今日已不能周知，但重要的是，这样一个故事在感生、定姓的系统中，演变成了"孔子生不知其父，若母匿之"的叙事，在导向"历史"场景时，既有对原本历史的修订，更使其与"圣人无父"实现了某

---

① 阮元校刻：《十三经注疏》，第 622 页。
② 陈立疏证，吴则虞点校：《白虎通疏证》，第 405 页。
③ 王充撰，黄晖点校：《论衡校释》，第 1070 页。
④ 《史记》卷 47《孔子世家》，第 1906 页。

种程度上的沟通。这样，既在孔子血缘的追溯上不违背基本史实，又使得"姓孔"获得了"天意"。

总之，孔子的"姓孔"，无论是"得之于祖"还是"得之于天"，虽然由很多错综复杂的因素纠缠于其间，但它们总的趋向所在，都为"孔"姓的正当与合理提供支撑。由此，在汉代的语境及知识体系下，"姓孔"这样的表达方式出现在"孔子衣镜"中，就完全是情理之中的事了。

三　对于衣镜文中"子氏"问题的两点猜想

前已论及，秦汉之后姓、氏无别。尤其是在经学系统中，"子氏"等称谓成为完全合规，甚至是标准的用法。但是，这并不意味着"子姓"用法的完全抛弃，只是自此之后，"子姓"与"子氏"混而用之，再也不像先秦时代那样具有明确的界限了。例如，在前引的《论衡·实知》中，有"吹律自知殷宋大夫子氏之世也"之说，但在《论衡·怪奇》中，又云："故殷姓曰子。"[①] 在同一部书中，对于"子姓""子氏"如此混同，毫无区别，反映的正是这种历史的变化。

既然"了姓"与"了氏"可以混同，那么，在汉代，"子姓"或者"子氏"之称，就皆可成立，实质上不存在孰对孰错的问题。在前面的论述中，笔者已经就"姓孔"的正当性问题作了讨论。由此，将"姓"归之于"孔"时，"子"——原本为"子姓"的称谓，转而成为"子氏"，就成了一种自然的后果。然而，进一步的问题是，既然将"姓"冠之于"孔"或"子"之前，并无严格及明确的排他性规定，那么，在刘贺对二者作取舍时，仅仅是因为"孔姓"在汉代语境中的习惯或"强势"，从而用"孔"舍"子"，难道就没有其他的原因在起着作用吗？结合刘贺身处的政治环境、知识背景及心路历程，笔者特提出两点猜想，以就教于同道。

首先，就语义来看，在汉代，"子姓"并不仅仅是用来表达姓氏的称谓，它还是别有意义的专有名词。这一名词与刘贺的身份及遭际有着密切的关系。由此而论，如果这一名词是刘贺不愿面对，或者心存隐痛之处，那么，代之以"子氏"之称，就成为可理解之事了。

质言之，"子姓"在汉代具有子孙后辈的含义。《史记·魏其武安侯列传》载，武安侯田蚡对魏其侯窦婴极其恭敬，在"侍酒"时，"跪起

---

①　王充撰，黄晖点校：《论衡校释》，第156页。

如子姓。"① 这里面的"子姓",就是这种意义指向。但是这一名词最早并非泛指所有人群,而是指向于王公子孙。在《史记·外戚世家》中有这样的论述:"甚哉,妃匹之爱,君不能得之于臣,父不能得之于子,况卑下乎? 既驩合矣,或不能成子姓,能成子姓矣,或不能要其终,岂非命也哉?"② 杨希枚指出,这一段话与《韩非子·八经》所谓"乱之所生者六也:主母、后妃、子姓",意义有相通之处, "并指后妃之子而言"③。

　　而就本论题出发,值得注意的是,这些王公子孙与他们母族的命运,常常是捆绑在一起的。尤其是在西汉时代, "子姓"们的命运往往令人唏嘘,在司马迁撰作相关文字时,那一幕幕惨痛的历史,自然是重要的感触点。由此,又可注意的是,在对"能成子姓矣,或不能要其终"作阐释时,唐司马贞在《索隐》中,有着这样的评述:"谓有始不能要其终也。以言虽有子姓而意不能要终,如栗姬、卫后等皆是也。"④ 也就是说,当眼光聚焦于汉代皇族子孙时, "子姓"们往往不能所终的命运,引起了汉、唐两司马的感慨。

　　尤为重要的是,司马贞举了卫子夫的例子。熟悉汉史的人都知道,在武帝晚年,皇后卫子夫及其卫氏集团遭到了覆灭,卫子夫的亲生子——戾太子全家,除了作为皇曾孙的刘病已,也即后来的汉宣帝侥幸活了下来,其他人全部遇难。此一事件过后,刘贺的父亲——刘髆,作为武帝最宠爱的女人——李夫人之子,本应最具接位的可能,然而,他及所在集团,也遭逢了类似的命运。在武帝晚年,刘髆不明不白地死去。而在李夫人死后,兄长李广利所在的李氏集团,也一并被铲灭。可以这么说, "子姓"不得所终的惨剧,不只存于卫氏集团中,刘贺及其父亲所在的李氏集团,亦复如是。

　　不仅如此,在昭、宣朝,尤其是宣帝时期,在宣扬政治合法性问题时,特为强调接续武帝正统的问题,无论是宣帝还是刘贺,或明或暗地,都极为重视这一资源⑤。但是,就本论题来看,倘由武帝开始,来追溯"子姓"的最终走向,汉宣帝作为卫氏后人,毕竟还重登了大位,可谓

---

① 《史记》卷 107《魏其武安侯列传》,第 2841 页。

② 《史记》49《外戚世家》,第 1967 页。

③ 杨希枚:《姓字古义析证》,《先秦文化史论集》,中国社会科学出版社,1995 年,第 34、35 页。

④ 《史记》49《外戚世家》,第 1969 页。

⑤ 关于这一问题,可参看王刚:《海昏侯墓"大刘记印"研究二题》,《江西师范大学学报》(哲学社会科学版) 2016 年第 2 期。

家道重振；而刘贺则立而旋废，他才是"子姓"中，"不能要其终"的典型代表。

毫无疑问，作为武帝时代李夫人一脉而来的"子姓"，刘贺对此身份，应该是较为看重的。他能成为皇帝候选人，这一血脉是主要原因。由此可注意的是，在刘贺陪葬品中，还有着带"李"字的漆耳杯，这或许应该就属于李夫人及其家族所传①。但从武帝至昭帝时代，一直到他自己立而旋废的历史过程中，刘贺及武帝时代传承而来的其他"子姓"，大体都处在凋敝的状态之下。"不能要其终"，成为这些"子姓"的共同命运。

然而，在经学系统中，"能要其终"才是值得歌颂的趋向。《诗经·周南·麟之趾》是这方面最重要的文本，它吟诵道：

> 麟之趾，振振公子，于嗟麟兮。
> 麟之定，振振公姓，于嗟麟兮。
> 麟之角，振振公族，于嗟麟兮！②

以麒麟之趾作为首句，反复赞咏，意在歌颂王公子孙的繁盛及仁德。其中子、姓、族，对应着公子、公姓、公族，都是公子公孙的代名词。而公姓，即为公孙，孙，即"子姓"。马瑞辰在《毛诗传笺通释》中对此有专门的阐释，特别指出："所谓子姓者，孙也。"③

《毛诗序》说："《麟之趾》，《关雎》之应也。《关雎》之化行，则天下无犯非礼。虽衰世之公子，皆信厚如麟趾之时也。"④ 我们知道，在经籍之中，以麒麟为意象，最为著名的是《春秋》，孔子因获麟而绝笔，表现的是对乱世的哀叹。但《诗经》与之不同，《周南》是表现王者之化的诗篇，《麟之趾》作为尾篇，呼应着开篇《关雎》的礼乐之化，是作为正面形象而出现的。

尤为重要的是，这一以"子姓"及"公孙"为歌颂对象的诗篇，不仅仅是先秦遗文，更深刻介入了武帝以来的政治生活之中，对于汉人的政治想象有着重要影响。

武帝年间，据说获得一白麟。对于今人而言，或许根本就不以为意，

---

① 徐蕾：《"李字"漆耳杯为刘贺传家宝》，《南昌晚报》2016 年 12 月 29 日第 7 版。
② 阮元校刻：《十三经注疏》，第 283 页。
③ 马瑞辰撰，陈金生点校：《毛诗传笺通释》，中华书局，1989 年，第 70 页。
④ 郑玄笺，孔颖达疏：《毛诗正义》，阮元校刻：《十三经注疏》，第 283 页。

但在当时,这是具有深远意义的政治大事。麒麟作为顶级祥瑞而出现,给世人带来了盛世的想象,由此武帝改年号为元狩。许多年后,武帝还对此念念不忘,追纪前瑞,铸麟趾金以为纪念。我们知道,在刘贺墓中,麟趾金之多为世人所瞩目。但如果我们能从金钱上移开目光,可以发现的是,在特定意义上,它其实与李家的漆耳杯一样,发端于武帝时代,是可以勾起刘贺的"子姓"回忆的载体,而不仅仅是一种金钱的陪葬。在经学氛围浓郁的背景下,武帝时代一度洋溢着《麟之趾》的诗歌精神,那是自不待言的。由此,抚今追昔,诗篇中的祥和氛围,与"子姓"及"公孙"的绵延不绝的意象,应该是常常打动刘贺的核心要素①。

不仅如此,与《麟之趾》中的"公姓",也即"公孙"有关的政治谶言——"公孙病已立",还是昭、宣时代最为引人注目的政治预言,汉宣帝以此作为登极的"天意"而加以利用。这些在汉史之中,都是人所熟知的事件,无需再加赘述。在此要提出的是,刘贺及其所在的昌邑王国,也与此有着重要关联,并与当时的舆情掌控及获封海昏,有着一定的关联度②。总之,对于刘贺而言,作为"子姓"代表,甚至"公孙"所对应者,使得以上名词关涉着政治的敏感地带,也牵扯着痛苦的过去及家族回忆。由此,笔者揣测,"子姓"带给刘贺的,是个人及家族性的创伤,是阴郁和伤痛,不用"子姓",较为符合他的心态。

其次,用"子氏"而不用"子姓",或许与刘贺手中的"历史凭证"有关。他很可能凭借着手里的证据,认定"子氏"的称谓更为合理。

什么是刘贺的"历史凭证"呢?那就是他收藏的商代铜器。刘贺是一名文物收藏者,在墓葬中发现了不少的古器物。这些从之于地下的文物,当然是刘贺的心爱之物,它们或许就日日把玩、摩挲于手,对于它们,刘贺是极为熟悉的。由此值得注意的是,这些物品上留存的历史文化信息,对于刘贺而言,不仅可以,而且应该成为他建构历史认知的重要支撑。

在这样的问题意识下,引起我们特别关注的,是一件"子畎父乙"卣。作为商末周初的铜器,刻于座底的"子畎父乙"四字铭文曾为学界所讨论。陈致指出,在殷周铜器中,与"子畎父乙"相类的句式还有很多,如"子刀父乙""子眉父乙""子鼎父乙"等,这种"子某父乙"

的表达方式，"是殷人常见的子姓贵族名称"。陈氏还进一步指出，"子
眈"即为"子允"，"作为人名，文献有征"。春秋时，作为宋人之子的
鲁桓公，名为"子允"，"这可能是沿袭其母家殷商王族取名的传统"①。

前已言及，秦汉之前，男子称氏不称姓，氏冠于名前。关于这一规
范，司马迁、刘贺等人应该是清楚的，只不过他们在表达时，以秦汉以
来的"新义"覆盖了"古义"，故而似乎产生了所谓的"错讹"。但就
"子氏"这一称谓来说，在"子眈父乙"卣这一殷代器物的印证下，即
便用"古义"来加以解读，似乎也是可以成立的。理由在于，在"子眈
父乙"及"子某父乙"的称谓中，"子"冠于名前，而且"父乙"云
云，明显就是男子之名。按照"男子称氏"的规矩，这不正说明，冠于
名前的"子"，不仅仅只有"姓"的属性，它也可以成为"氏"吗？

当然，我们注意到，在学界的研究中，学者们一般将这一名号中的
"子"，作为一种特定身份来看，也即所谓的"子族"。朱凤瀚指出，
"'子族'是王祖以外的与王有近亲关系的同姓家族"。由此，他注意到
一个重要的现象，"在卜辞中，'子某'有时亦可称作'某'"②。也就
是说，"子"是一个可省略的身份，而不是姓氏名称。而吴镇烽则认为，
这一名号的表达方式，是"由表示身份的称谓与私名组成。在商代
'子'是族长的称谓，……到了春秋战国时期，'子'则演变成尊称、美
称及有德之称"③。

但是，我们必须明白的是，以上这些研究成果，都由今人所推出，
是现代学术的产物。最重要的是，它需要进入甲骨文研究之中，在大量
的卜辞文例之上作研判。在本书中，笔者无意于，也不可能去做这种接
续性的研究，因为它已溢出了论题的研究范畴及主题。在此需要指出的
是，刘贺没有现代学者所具的甲骨学材料及知识体系，他手中的殷商器
物，只能与他所具的知识结构相结合。笔者很怀疑，当他日日观摩"子
眈父乙"时，很容易与"子"可为氏名发生关联，并为此提供依据和底
气。以至于在书写孔子姓名时，不再有所犹豫。

当然，以上都仅为猜想。但是，当它们与"姓孔"问题结合起来

---

① 陈致：《海昏侯墓所见子眈父乙卣试释》，江西师范大学海昏历史文化研究中心编：《纵
论海昏——"南昌海昏侯墓发掘暨秦汉区域文化"国际学术研讨会论文集》，第89、
94、95 页。另外，苏辉在《海昏侯墓出土青铜卣小识》（《纵论海昏》第102 页）中亦
指出："（器物的时代）应该以商末周初较为稳妥。就笔者的个人意见，倾向于在
商末。"

② 朱凤瀚：《商周家族形态研究》（增订本），天津古籍出版社，2004 年，第40、41 页。

③ 吴镇烽：《金文人名汇编》（修订本），中华书局，2006 年，第460 页。

时，可以构成完整的系统，存在着合理性及可能性。

四 小结与思考

衣镜文中的"姓孔，子氏"，一直以来被视为错误的表述。但是，如果在汉代语境下对此加以考察，可以发现的是，当这一表述在汉代提出时，不仅不会被视为"错误"，反倒是共识。从司马迁到刘贺，这种"错误"表达的后面，不仅有着积习已久的称谓习惯作为支撑，更有建构在经学之上的国家典章作为依据。要言之，所谓的"错误"，不是一时的笔误或混淆，更不是个人的随意编造，而是历史演进及变化的后果。

这种变化，最主要的在于，与先秦时代，尤其是西周以来的姓氏有别不同，到了秦汉时代，姓氏无别成为常态，姓氏制度，由二级转而成了一级制度。在语义发生了本质性改变的前提下，在阐释古人姓氏时，遂产生了"古义"与"新义"的冲突空间。衣镜文中的"错误"发生，主要就在于，当以"新义"来解读孔子姓名时，"古""今"之间出现了历史缝隙，不仅刘贺如此，司马迁的表述法也与之相类。

但是，从司马迁到刘贺，他们的文字表述之所以如此，不是受限于个人的认识水准或学养，从而出现了"错误"。更大的动因应该是，"从古"还是"从众"的选择，导致了此种后果。或者也可以说，当他们的表述被彼时所流行的"新义"所影响时，就显得与"古义"相违，遂被后世视为"错误"。所以，要真正理解他们的表述，仅仅依靠简单的正、误之判，而不深入到具体的社会历史背景中去，那是远远不够的。

由此，当我们以历史和变化的眼光来看"姓孔，子氏"的表述时，就不仅仅要看到春秋时代的规范，更要注意到，汉代对古人的称谓，既要符合此前历史的性格，同时又是汉人所在时代的思想产物。尤其是孔子这样充满圣性甚至神性的人物，他的名号，注定具有了更多的复杂性。

在这样的问题意识下，可以看到的是，到了汉代，"姓孔"这样的称谓有两种溯源路径，在"得之于祖"与"得之于天"中，从历史和神学的两个基点上，为"姓孔"的成立提供了正当性的支撑。它虽然是对春秋时期以来相关问题的论述，但夹杂着丰富的汉代思维。与此同时，当"姓孔"成为主流范式后，"子"——原本为"子姓"的称谓，转而成为"子氏"，就成为一种自然的结果。它使得"子氏"这样在先秦错误的表述，在汉代赢得了正当性。

不仅如此，笔者猜想，"子氏"的表述，还很可能与刘贺所处的政治环境、知识背景及心路历程有关。进一步言之，一方面，由于"子姓"在汉代可连接刘贺的王公子孙身份，与个人遭际有着密切的关系。这一名词很可能是刘贺不愿面对，或者心存隐痛之处，故而，代之以"子氏"之称。另一方面，他手握的商周器物中有可以证明"子氏"得以成立的证据。这些都很可能形成合力，推动衣镜文中"姓孔，子氏"这一表述方式的产生。

当然，就事实及语义来说，我们不能否定的是，"姓孔，子氏"这样的表述，倘放在先秦时代，它绝对具有不严谨，甚至是"错误"的一面。只是问题的另一面在于，"姓孔，子氏"及相关称谓，是完全符合汉代意识形态及习惯的用法，如果不进入汉代语境之中，如果对于汉代姓氏问题的变化及复杂性忽视甚至不假思量，郢书燕说也同样地在所难免。也就是说，对于"姓孔，子氏"的"正确"或"错讹"的判定，既要面向于先秦时代，也应考量汉代的语境及制度，在不同视角下，它会呈现出不同的历史面相及判定。要言之，它是一个"正"中有"误"，"误"中有"正"的复杂问题。

第八章　"野合"还是"野居"?

——孔子出生问题再探

"孔子衣镜"的出土，为相关学术研究提供了不少新资料。其中最为重要的，或许就是衣镜文中关于孔子出生问题的一段论述——"野居而生孔子"①。

在《史记·孔子世家》中，相关文字作"野合而生孔子"。而且，由于"野合"一词的特殊性，自古以来就聚讼纷纷，孔子出生问题由此成了儒学史上的一大公案。"孔子衣镜"的新表述，使得这一问题再次成为聚焦点，对于相关研究的推进有着重要意义。有学者为此撰作了专题论文②。虽然其间有着精彩的论述，但相关论题还有着进一步深化的空间，加之某些具体结论微有小疵，需要加以辨正。有鉴于此，笔者不揣浅陋，对此问题再做探研，以就正于方家。

一　"野合"与"野居"：一字之别所带来的思考

在"孔子衣镜"出土之前，关于孔子出生问题的材料，最重要的是《史记·孔子世家》。一开篇，司马迁即说道：

> 孔子生鲁昌平乡陬邑。其先宋人也，曰孔防叔。防叔生伯夏，伯夏生叔梁纥。纥与颜氏女野合而生孔子，祷于尼丘得孔子。鲁襄公二十二年而孔子生。生而首上圩顶，故因名曰丘云。③

在这段文字中，最有争议的内容当属"野合"。较之于衣镜文，"野合"与"野居"仅一字之别。

---

① 王意乐、徐长青、杨军等：《海昏侯刘贺墓出土孔子衣镜》，《南方文物》2016 年第 3 期，第 64 页。

② 杨军、恩子健、徐长青：《海昏侯墓衣镜画传"野居而生孔子"考》，《江西师范大学学报》（哲学社会科学版）2018 年第 1 期。

③ 《史记》卷 47《孔子世家》，第 1905 页。

依照字面意思，"野"为野外之义，"野合"也就是野外交合，落实在男女问题上，与私奔于野及男女关系混乱等意义指向难脱干系，甚至还会让人联想到野外的性行为。以一般观感而言，这样的用词出现在圣人父母身上是颇为不雅的，甚至会让人感觉到，这是一种污名化的表述。尤其是在孔子地位尊崇的古代中国，这样的解释系统不易为人所接受。

由此，古人另辟蹊径地提出，"野合"之"野"，并非野外，"野合"也不是引申而来的男女苟合之义，而是不合乎礼仪规范。"野合"，也即是不合礼制的结合。唐宋以来，这成了传统中国主流的解释路向。

这一说法的理据所在，是《孔子家语·本姓解》。依据这一文本的记载，孔子父亲叔梁纥的正妻生了九个女儿，小妾虽然生下了一个儿子孟皮，但因有残疾，难以成为继承人。为了添加正常的子息，叔梁纥向颜氏求亲，结果颜氏的小女儿颜徵在听从父命，与之结为了夫妻。并留下了这样的文字："徵在既往，庙见。以夫之年大，惧不时有男，而私祷尼丘之山以祈焉。生孔子，故名丘，字仲尼。"①

根据这一记载，年龄问题成了新解释的突破口。即因为叔梁纥太老了，使得这种婚姻不合礼数。唐司马贞在《史记索隐》中说：

> 今此云"野合"者，盖谓梁纥老而徵在少，非当壮室初笄之礼，故云野合。故论语云"野哉由也"，又"先进于礼乐，野人也"，皆言野者是不合礼耳。

而张守节则在《史记正义》中以阴阳之说引申道：

> 男八月生齿，八岁毁齿，二八十六阳道通，八八六十四阳道绝。女七月生齿，七岁毁齿，二七十四阴道通，七七四十九阴道绝。婚姻过此者，皆为野合。《家语》云："梁纥娶鲁施氏女，生九女，乃求婚于颜氏，颜氏有三女，小女徵在。"据此，婚过六十四矣。②

这样一来，因"野"的释义问题，"野合"就有了两种解释系统。一是指野外的结合，有人由此引申出男女苟合及孔子为私生子的结论。

---

① 杨朝明、宋立林：《孔子家语通解》，齐鲁书社，2013年，第457页。
② 《史记》卷47《孔子世家》，第1906页。

二是违反礼数的结合,有人由此质疑孔子母亲作为合法妻子的身份。沿此理路,有学者总结出了"野合"的四种可能:

> 一、二人年龄相差悬殊,不合周礼;二、未按父母之命、媒妁之言订婚(叔梁纥已无父母,系自己前去求婚);三、也许叔梁纥家有妻妾,不便在家成婚,改到家外;四、成婚时既不合"壮室初笄之礼",便与乡鄙间"野人"的婚礼相近,办得简单、草率,故《史记》用此二字。①

但到底是哪一种呢?又或者,这四种可能皆不存在。自汉至今,在没有其他旁证的情况下,只能言人人殊,见仁见智了。

"孔子衣镜"文的出现,为相关问题的推进提供了新的可能。从"野合"到"野居",看似一字之别,但作为一种新表述,它直接反映着与太史公同时代人——刘贺的认知。作为稍晚于司马迁的刘贺,他眼中的孔子是"野居而生"。

那么,接下来的问题就是,为什么刘贺不用"野合而生"这一说法呢?再进一步言之,还可以细化为以下的问题:这一说法是随意言之,还是严谨的论说呢?它与《史记》文本的关系如何?对于《史记》是补充还是纠正的关系呢?如果是补充,"野合""野居"之义可以相容,是可以融贯于一个系统之内的自洽之说。如果是纠正,则衣镜文带有否定的意义,属于《史记》说法的改订版。可以说,一字之别的后面,有着大量的问题需要解答。对于这些问题的思考,将成为后一步论证的基础和前提。下面,对此作出进一步的分析。

以笔者之见,衣镜文的表述绝非随意为之。理由在于,"孔子衣镜"作为重要器物,是"修容侍侧兮辟非常"的载体,遣词造句必然会慎重斟酌。而且细绎衣镜文字可以发现,在浓郁的儒家情怀下,字里行间尽显对于孔子的崇敬之情。以至于沿用了《史记·孔子世家》的"太史公曰"这样的赞文,并将"至圣"的名号冠于夫子。

关于这一问题,在第十三章中有专门的讨论,此处不再展开。由本论题出发,需要高度注意的问题是,刘贺既然已见过并参考了《史记·孔子世家》的内容,对于"野合而生"这样敏感且关键的内容不可能视而不见。那么,从"野合而生"到"野居而生",在有意的取舍之间,

---

① 骆承烈:《孔子出身解》,《齐鲁学刊》1985 年第 1 期,第 49 页。

即便不是对前者充满了严重的异议，至少也是偏重、信从后者的立说价值。有了这样的基本前提，下一步，则需要考察衣镜文与《史记》表述之间的文本关系。笔者以为，最核心的问题在以下两个层面：

1. 从《史记》文字到衣镜文，这种重要的一字之别如果属于材料或意义方面的补充，那么，其前提就是，认同"野合"的合理性。但由前可知，"野合"之"野"有两种意义指向。如果"野居"的意义要与之相容，要认可的将是哪一种释义呢？在笔者看来，倘若二者的意义要相容，那么，只能是落实在"野外相合"的意义指向上，而不可能是不合礼制之"野"。也就是说，长期以来占据主流的解释系统在衣镜文那里属于被否决项。

细绎字义，"野居"之"野"只有野外的意义，也即是在野外居住。它的意义清晰简明，与违礼沾不上半点关系，更不要说男女年纪悬殊这一附带而起的问题。此前学者对于"野合"属于违礼的论述，多是从逻辑及语义上加以否定。其中最重要的理据是，年龄相差大的婚姻有很多，为什么孔子父母就属于违礼，是"野"的表征呢？诚如有学者所指出的，就违礼之义而言："'野合'一语，是否有此义项，尚属难定，因为除《孔子世家》之外，未见其他用例，这在训诂学上称为孤证，孤证乃训诂之大忌也。司马迁不可能不考虑语言的实际，而为'野合'独创一新的语义；即使为太史公独创，后世也应沿用，否则就真成了空前绝后！"①

但以往这些推论都属于内证，很难从根本性否决。现在以出土资料为外证，基本上可以对"野合"的违礼之义提出否决性的意见了。那么，在同为"野外"之义的前提下，进一步要思考的是，"野合"与"野居"是什么关系？它们在意义上可以融贯吗？关于这些问题，将在后面作具体展开。

2. 如果这种一字之别是不相容的关系，那么，衣镜文上的"野居"就是在为今本《史记》做文字正误工作。也就是说，《史记》中出现了错别字或错误的表述，"野合"写错了，要用"野居"来改正它。当然，也可以反过来说，《史记》原本无误，是衣镜文出现了文字错误。

循着这样的问题意识，我们注意到，当"孔子衣镜"出土不久，就有学者对此进行了讨论，他们认为，"合""居"二字字形相近，两种写

---

① 张立华：《孔子父母"野合"及〈檀弓〉真伪考辨》，《古籍整理研究学刊》1997年第1期，第47页。

法的出现，是因为出现了错别字。有学者说："《史记》'野合而生孔子'之载应为后世传抄错误。"也有认为："《史记》'野合'不误"，是衣镜文"错了"，是"误'居'为'合'"产生的后果①。

真实的情况是怎样的呢？无论是《史记》中的"野合"，还是衣镜文中的"野居"，它们都不是传抄错误，而是本字就是如此。

先来看《礼记·檀弓上》的一段记载："孔子少孤，不知其墓，殡于五父之衢。人之见之者皆以为葬也。其慎也，盖殡也，问于郰曼父之母。然后得合葬于防。"按照一般性的理解，这段材料告诉了我们这样一个故事：孔子在年少之时父亲即已去世，但他居然不知道父亲的墓地，于是在母亲去世后，将其浅葬于五父的道路旁，当时见到的人还以为这是深葬。但这是孔子为慎重起见不得已为之。当他通过郰曼父的母亲获得父亲墓地信息后，最终让母亲与父亲合葬在防这个地方。

这里面最生疑窦的问题是：孔子为什么不知道父亲的墓地呢？当然是母亲没有告诉他。但进一步的问题是，为什么不告知此事呢？郑玄注曰："孔子之父郰叔梁纥与颜氏之女徵在野合而生孔子，徵在耻焉，不告。"②《史记·孔子世家》亦载此事，具体文字是这样的：

> 丘生而叔梁纥死，葬于防山。防山在鲁东，由是孔子疑其父墓处，母讳之也。孔子为儿嬉戏，常陈俎豆，设礼容。孔子母死，乃殡五父之衢，盖其慎也。郰人挽父之母诲孔子父墓，然后往合葬于防焉。③

这两段材料所反映的问题非常多，在后面还会有进一步的讨论。按照郑玄的说法，不告诉孔子父亲的墓地，是因为他的母亲认为自己的婚姻有着"耻"的一面，这种"耻"，就是明明白白出现的"野合"二字，即以"野合"为耻。"野合"的提法来自《史记》，博览群书的郑玄不可能没有读过这一重要文本。而且郑玄所谓的"徵在耻焉，不告"，应该与《史记》所载的"母讳之也"一句有着高度的关联度。由此可见，《史记》中的"野合"二字明确存在。否则，同是汉人的郑玄何以引述它？又何以会出现"耻""讳之"等相关表述呢？

① 邵鸿：《海昏侯墓孔子屏风试探》，《江西师范大学学报》（哲学社会科学版）2016 年第5 期，第21 页。
② 郑玄注，孔颖达疏：《礼记正义》，阮元校刻：《十三经注疏》，第1275 页。
③ 《史记》卷47《孔子世家》，第1906、1907 页。

"野合"在文字上无误，那么，会不会是衣镜文中的"野居"为错字呢？答案也是否定的。"孔子衣镜"的重要性无需多论，虽不能说一定不会出现错字，但在这么重要的地方能错吗？何况《史记》中的"野合"一词在前，在撰作衣镜文的过程中，对此问题必然要倍加关注。加之随葬于地下之前，刘贺对于衣镜必是日日观摩，如果有这么明显的错误，是必然要加以修订的。

还可注意的是，在衣镜文中，有"孔子为儿僖戏，常陈俎豆，设□（容）礼"①等内容，可与《史记》文本形成呼应，但"疑其父墓处，母讳之"云云，却不见踪迹。是这些内容不重要吗？应该不是。最大可能是，这些文字易与"野合"问题发生联想，故而被删芟。也就是说，"野居"没有"讳之"的必要，衣镜文上不需要出现这些存疑的内容。再进而推之，"野居"就是"野居"，不存在"野居"是因为传抄"野合"而致误的可能。

总之，从"野合"到"野居"，不是随意书写，而是一种重要的替换。在刘贺眼中，"野合"应该没有"野居"那么准确和适合。但是，这种替换的具体原因在哪呢？不同的认识得以产生的历史文化环境是什么呢？相关问题还有哪些呢？

带着这些问题，转入下面的讨论。

二　史源与想象："野合"的出现

当"野合"被排除了违礼之义后，野外交合或苟合成为仅有的意义指向。但是，此种表述既非不可或缺的常态叙事，也容易使人心生不雅之感。由此有学者得出了这样的结论："从现有的资料看，孔子父母野合之事，《史记》以前并无记载，亦无人征引或言及。很有可能是太史公的想象。"②

就历史的事实来看，应该承认，"野合"的确存在着某种想象的成分在内。但是，如果将其仅仅作为一种想象，则失之于武断了。原因在于，对于孔子这样一位重量级人物，司马迁绝不可能胡乱想象。即便有想象，也是建立在有着充分的材料来源及根据的基础之上。说秉笔直书也好，合理想象也罢，《孔子世家》的相关史源何在，是进行推论之前

---

① 王意乐、徐长青、杨军等：《海昏侯刘贺墓出土孔子衣镜》，《南方文物》2016 年第 3 期，第 64 页。
② 张立华：《孔子父母"野合"及〈檀弓〉真伪考辨》，《古籍整理研究学刊》1997 年第 1 期，第 47 页。

必须加以考量的基础性问题。最合理的论证路径应该是，先辨析材料出处，再来考究历史叙事方法。

在中国史学史上，作为一代良史，司马迁的撰史风格被时人概括为："善序事理，辨而不华，质而不俚。其文直，其事核，不虚美，不隐善，故谓之实录。"① 这样的一位史家，又是如此推崇孔子，如果"野合"像后世那样让人感觉到不雅，甚至极为不堪，太史公怎么会随随便便就将这样的名词冠于"至圣"的出生问题上呢？由此，不仅是材料问题，材料及观念得以产生的历史文化土壤也应一并加以考量。如此，方能不为后世的观念所遮蔽，从而跳将出来，识得"庐山真面目"。

在撰史之时，史料来源不外乎书面资料和实地调研所得。可见的重要事实是，一方面司马迁搜集了大量文献，号称"天下遗文古事靡不毕集太史公"，可以说几乎穷尽了当时的资料。另一方面，他进行实地考察。"二十而南游江、淮，上会稽，探禹穴，窥九疑，浮于沅、湘。北涉汶、泗，讲业齐、鲁之都，观孔子之遗风，乡射邹、峄。厄困鄱、薛、彭城，过梁、楚以归。"② 在此基础上，经过严肃认真地研究和整理，最终"通古今之变，成一家之言"③。

循此而论，接下来的问题是，就书面资料而言，当"天下遗文古事靡不毕集太史公"时，有多少关于孔子的资料呢？资料性质如何呢？它们对于《史记》及衣镜文发生了什么样的影响呢？有学者这样论述：

> 其时《太史公书》（《史记》）尚不为世人知晓，衣镜漆书文字不大可能抄自《孔子世家》。最大可能是汉武帝时，立五经博士，教授弟子，朝廷颁发有统一规范的孔子评传，《孔子世家》及《孔子衣镜》，均抄自同一官方文本。④

在笔者看来，衣镜文字与《史记》有所差异，当然"不大可能抄自《孔子世家》"。但将原因归之于《史记》"尚不为世人知晓"，则是一个明显的误判。前已论及，刘贺见过《史记》，衣镜文也参考了《孔子世家》的文字，只不过刘贺有自己的独立判断，没有全盘沿用。细审文

① 《汉书》卷62《司马迁传》，第2738页。
② 《史记》卷130《太史公自序》，第3293、3319页。
③ 《汉书》卷62《司马迁传》，第2735页。
④ 杨军、恩子健、徐长青：《海昏侯墓衣镜画传"野居而生孔子"考》，《江西师范大学学报》（哲学社会科学版）2018年第1期，第107页。

本，且不说其他的文字差异，仅就"野合"改换为"野居"而言，就反映了这种独立性的存在。更重要的是，如果再进一步，认为武帝时代因为立"五经博士，教授弟子"的需要，"朝廷颁发有统一规范的孔子评传，《孔子世家》及《孔子衣镜》，均抄自同一官方文本"。更是于史无据了。

揆之于史，在修撰《史记》之前，从未有过所谓"统一规范的孔子评传"，《史记》完成后也没有这样的文本，此后最权威的孔子评传就是《史记·孔子世家》。也就是说，所谓"孔子评传"这样的"官方文本"在汉代根本不存在。"天下遗文古事"已囊括了获得孔子资料的文本源头，但如何选择，则是司马迁和刘贺的自由了。

由此而进，在汉代，关于孔子出生问题的文本资料，最为重要的当然是儒籍。其中经学类书籍为人所熟知，如前面所引及的《礼记·檀弓上》就是这一类资料。但还有两类材料或许为今人所忽视，一是汉魏时期的孔氏家学资料，二是谶纬材料。它们虽与儒籍有着千丝万缕的联系，但严格说起来，又很难归入经学体系。更重要的是，就史源而言，由于其间关于孔子的记载确乎不少，司马迁不可能无视它们的存在，必然要成为撰史的重要参考。

我们先看汉魏时期孔氏家学的资料。李学勤曾有这样的评价："这一时期的孔氏家学，在学术史上非常重要，又同经学的重大公案相联系，可惜迄今没有很好探讨。"① 可见的事实是，司马迁在作《仲尼弟子列传》时，就利用了孔氏家传的原始材料——《弟子籍》②。《弟子籍》今已不可见，与孔氏家传有关的今存本中，最为重要的是两部书——《孔子家语》和《孔丛子》。

这两部典籍一直以来蒙受着伪书之名，但近年来的考古发现在逐渐为它们"去污"。不可否认的是，由于成书的时段漫长及复杂性，文本中的确有着汉魏以来的内容及意识的渗入。这是以前认定其属于伪书的重要依据。但与此同时，先秦时代的材料及"素地"还是占有相当大的篇幅，而且也是汉代学术史中不可忽略的内容。李学勤注意到，20世纪70年代在河北定州发现了宣帝时代的《儒家者言》，"和安徽阜阳双古堆简牍中的一种性质相类，内容以孔子及其弟子言行为主，且多和《说苑》及今本《孔子家语》有关"，他据此推断这些材料"应该都是《家

---

① 李学勤：《竹简〈家语〉与汉魏孔氏家学》，《简帛佚籍与学术史》，江西教育出版社，2001年，第382页。

② 关于这一问题，还可参看本书第九章的论述。

语》的原型"。而《孔丛子》则应该是汉魏"孔氏家学的学案"①。

在查核这两部书时，不管今本情形如何，可以确定的是，刘贺时代的文本中与之相关的孔子材料应该存在，并且有着重要影响。

为了论证的方便，先看《孔丛子》。首先可以确定的是，刘贺应该看过与此相关的文本。理由在于，衣镜文中的"周室咸"出自汉代《公羊传》文本，同时与《孔丛子》的内容形成了呼应关系②。那么，在《孔丛子》中有没有与孔子出生及"野合"的相关内容呢？有的。在《陈士义》篇有一段这样的记载：

> 李由之母少寡，与李音窃相好而生由。由有才艺，仕于魏，王甚爱之。或曰："李由母奸，不知其父，不足贵也。"王以告由，且曰："吾不以此贱子也。虽然，古之贤圣亦有似子者乎？吾将举以折毁子者。"李由对曰："今人不通于远，在臣欲言谁耳？且孔子少孤，则亦不知其父者也。孔子母死，殡于五父之衢，人见之，皆以为葬。问郰曼父之母，得合葬于防。此则圣人与臣同者也。"王笑曰："善。"子顺闻之，问魏王曰："李由安得斯言？"王曰："假以自显，无伤也。"对曰："虚造谤言以诬圣人，非无伤也。且夫明主之于臣，唯德所在，不以小疵妨大行也。昔斗子文生于淫而不害其为令尹。今李由可则宠之，何患于人之言而使横生不然之说？"③

在这段战国时代的故事中④，李由因父母苟合受到了轻视，但他的出生符合"野合"的核心意蕴。魏王要李由提出一个与其相似的圣贤，以此来为之辩护。一番思考之后，李由提出，孔子的情况与其相符。但此说遭到孔子后代子顺的强烈抨击，认为这是"虚造谤言以诬圣人"，属于"患于人之言"，即害怕他人非议而"横生"的"不然之说"。

子顺作出否定的基本理据在于，李由父母的"野合"情形属于人所鄙视的"生于淫"的行为，不管是在野外还是其他场所，这是一种为人

---

① 李学勤：《竹简〈家语〉与汉魏孔氏家学》，《简帛佚籍与学术史》，江西教育出版社，2001年，第380、383页。

② 具体论述，可参看本书第十六章。

③ 傅亚庶：《孔丛子校释》，中华书局，2011年，第330页。

④ 虽然《孔丛子》的确有后世掺入的材料，但此段应该基本反映了战国时代的面貌。诚如研究者所指出的："关于子顺的此材料，应早于《礼记》，……决非虚妄不实之词。"（孙少华：《〈孔丛子〉的成书时代与作者及其材料来源》，曲阜师范大学硕士学位论文，2006年，第28、29页）

不齿的苟合。更重要的是，既然否定它与孔子的出生状况毫无相似性，那么，如果孔子父母真是在野外苟合，不是更为人所不齿吗？从魏王"假以自显，无伤也"的表述来看，在人们心目中，这也的确属于无中生有之事，是李由用以抬高身份的做法。而李由之所以有这样的认识，依据乃是："孔子少孤，则亦不知其父者也。孔子母死，殡于五父之衢。"也即前所引及的《礼记·檀弓上》所载的故事。

但问题是，《檀弓上》的故事核心是孔子不知父亲墓地，而不是"少孤，则亦不知其父者也"。李由将"不知其墓"偷换成了"不知其父"的"事实"，再由此与其父母的"野合"情形接榫。在先秦时代的人看来，孔子父母不存在令人羞耻的"野合"行为，倘有如此认知，则是"虚造谤言"。

由此来回观《孔子家语》，可以确认的另一个事实是，不管司马迁是否看到了今本《孔子家语》中的内容，那里面的孔子材料中也不存在明确的"野合"一说。虽然其间的记载为"野合"的"新解"提供了文本基础，但一则那是后世的附会；二则，较之李由那种"生于淫"的"野合"情形，二者完全不是一回事。前已论及，所谓"违礼"说是不符合"野合"之义的。综合起来可以说，在汉魏的孔氏家学中，与先秦时代的认知一脉相承，不接受，也不存在所谓的"野合"之说。

然而事实是，在《史记》中的确是留下了"野合"的记载。为什么会这样？它的材料依据在哪？有学者认为，这是司马迁误读《礼记·檀弓上》的结果①。但问题在于，不管如何误读，如果这种"野合"属于"生于淫"的模式，司马迁无论如何都要下笔慎重，至少要对这种让孔子后代愤怒的"虚造谤言"作点解释吧？质言之，只要"野合"有着不雅的内涵，怎样解说都是令人费解的。

但如果转换思路，"野合"未必一定污秽，并受人鄙视呢？情况就完全不同了。这样的情形存在吗？存在。由《孔丛子》等材料可以知道，这样的情形不会发生在先秦时代。但当历史进入西汉时代后，某种思潮却为特殊"野合"的正当性提供了土壤——它就是谶纬思想。

以此为理论基础，孔子出生也开始变得与众不同。他不再是凡人出世，而是直接关联着天意与天神。如在《春秋演孔图》中，有这样的记载：

---

① 徐仁甫著，徐湘霖校订：《史记注解辨正》，中华书局，2014年，第112、113页。

孔子母徵在，游于大泽之陂，睡梦黑帝使请己，已往梦交。语曰："汝乳必于空桑之中。"觉则若感，生丘于空桑之中。

还有一条记载是这样的："孔子母徵在，梦感黑帝而生，故曰玄圣。"而《论语撰考谶》则云："叔梁纥与徵在祷尼丘山，感黑龙之精，以生仲尼。"①

很显然，这里面的孔子已经不是凡夫所生了，从某种程度上来说，他是神的儿子。且不管是"梦交"还是"梦感"，按照如上说法，他是生身母亲在"大泽之陂"或尼丘山与神交合的产物，是实实在在的"野合"果实。或许人们会问了，按照前引李由的故事，难道不会像李由一样"患于人之言"，并为人所轻贱吗？

答案是否定的。"野合"分为两种，一是为人所鄙夷的世俗之淫，即所谓"生于淫"，李由被轻视就来于此；另一种则是高高在上的圣人感天而生，在感生神话中，这种"野合"不仅不受鄙视，反倒有了神性的光芒。可注意的是，在西汉的神性叙事中，这样的手法也运用于高祖刘邦的出生问题上。《史记·高祖本纪》载：

父曰太公，母曰刘媪。其先刘媪尝息大泽之陂，梦与神遇。是时雷电晦冥，太公往视，则见蛟龙於其上。已而有身，遂产高祖。②

《汉书·高帝纪上》的记载与其一致。后者是官方权威文本，在这一充满神性的叙述中，刘邦作为"野合"产物，不仅不"患于人之言"，反而成为神性表征及官方认可之事。值得注意的是，孔子母亲与刘邦之母的遭际几乎一模一样，叙述手法相通，连地点都是一样的——"大泽之陂"。有学者指出："很可能是先有高祖感生之说于前，纬书作者认孔子为素王，当比于高祖，遂有孔子与高祖相似之感生。"③

在学术史或思想史研究中，对于谶纬问题有着不同层面的理解与研究。但就本论题出发，值得注意的问题是，在西汉时代，谶纬之学大盛，它与今文经学，尤其是"公羊春秋"学相配合，将孔子打造成预言汉王朝兴起之人，即以《春秋》等经典为预言工具，孔子以"为汉制法"的"素王"面目而出现。以至于在以《公羊传》为核心的西汉今文学系统

---

① 安居香山、中村璋八辑：《纬书集成》，第576、1069页。
② 《史记》卷8《高祖本纪》，第341页。
③ 曾德雄：《谶纬中的孔子》，《人文杂志》2006年第1期，第99页。

中，也充满了神性的叙说。何休曾言"非常异义可怪之论"，使得东汉以来的古文家们认为"《公羊》可夺，《左氏》可兴"①。

但后世所谓的"异义可怪"，在西汉特殊的思想环境下，或许反倒是理所应当的常态叙述，在强劲的思想主潮下，成了"素王"得以成立的"证据"。在这样的思想史视角下，顾颉刚指出，到了西汉时代，孔子由战国时的圣人，转而成了"教主"②。所谓的"教主"，体现在某些今文经学及谶纬神学中，孔子成了呼风唤雨的大神，他执行天命，指导着汉代的政治及社会实践。由此，孔子与汉高祖一样感天而生，也就毫不奇怪了。只不过，这与先秦时代的孔子已经拉开了差距。

当司马迁撰史之时，正处在这一思想氛围之下，有着这类叙述风格的文本绝不会在少数，一些传说的"遗迹"也会应运而生。就是在现在的曲阜，还有所谓的"坤灵洞"和"夫子洞"，传说孔子就在那里出生。匡亚明说："大概司马迁说的'祷于尼丘得孔子'，即根据这个传说。或此传说是根据司马迁说的那句话衍生出来，亦未可知。"③

经过历史的沧桑流变，夫子洞一类的遗迹是汉时已存在，还是后世的附会已不可知。但在西汉时代，当司马迁前来实地调查时，能与"感天而生"文本相"印证"的"遗迹"只会多于今日，想必还有着更为细致的故事依托于其上。这些都将成为司马迁笔下"野合"的史源。如果说有想象，"野合"中恐怕不乏想象的成分，但是，它应该不是司马迁空想而来，而是他对当时的想象加以整理的结果。虽说对于这种想象，他给予了历史性的"纠偏"，但受时代所限，而不得不如此表述，或许，这就是他所认为的最合适的历史书写吧。

三　"感天而生"与历史书写

在一般情形下，"野合"因"生于淫"，可以说是受人鄙视的非正常状态。如果再细加审视，还可以注意的是，在前引《孔丛子·陈士义》中，子顺在为先祖辩诬时，将楚国令尹斗子文作为反面例证加以比较道："且夫明主之于臣，唯德所在，不以小疵妨大行也。昔斗子文生于淫而不害其为令尹。"有德行本领者，即便"生于淫"也一样可以受人敬重，获得高位。由此，如果孔子真的是"生于淫"，在论及生平时，要么对

---

① 何休：《春秋公羊传序》，阮元校刻：《十三经注疏》，第2190、2191页。
② 顾颉刚：《春秋时代的孔子和汉代的孔子》，《顾颉刚经典文存》，上海大学出版社，2003年，第41页。
③ 匡亚明：《孔子评传》，南京大学出版社，1990年，第23页。

此根本不值一提之事或忽略或隐讳；要么说明虽"野合"，但不妨碍为圣人，而不至于只留下"野合"二字。也就是说，在作历史书写时，论述孔子的出生问题时不应作出如此怪异反常的描述。而唯有在神性的"野合"中，才会将变例转为常例，非理性成为"合理"。是故，笔者才认为，这一描绘与谶纬思潮有着密切关联。

而谶纬之所以具有权威性，很重要的一点乃是与经学的结合。一方面它依傍于经学之上，另一方面，西汉今文经学亦往往援引谶纬之说，使其风动一时。在西汉极具影响力的"公羊"学及三家《诗》中有这样的说法："圣人皆无父，感天而生。"① 这应该就是孔子"野合"及相关论述的理论源头了。那么，我们自然要问了：在孔子出生问题上，这种融贯在谶纬之中的思想进路能发挥多大的作用呢？对于历史性的叙事又有何影响呢？

就历史书写的要求而言，谶纬或相关系统之中的孔子，与追求理性客观的历史文本有着本质的差异，故而，它必然要被改造。落实在孔子出生问题上，前有司马迁以史家眼光来改定相关材料，后有衣镜文的进一步推进。它们与谶纬之间的差别，反映着神性叙事与历史书写之间的联系及分际。下面作进一步的展开。

首先，可以看到的是，在孔子出生问题上存在着两种书写模式，一是神性书写，二是历史书写。无论是《史记》还是衣镜文，都属于后者。《史记》作为"二十四史"的开山之作，其史学属性是无需多论的，而纵览衣镜文的行文，也属于相对客观真实的历史性叙述。落实在"野合""野居"的问题上，作为历史书写，理性与日常生活经验固然是它们的思想根基，但与此同时，在时代性格的影响下，它们又不得不受谶纬思想的牵制。

在这样的问题意识下，我们注意到，现在还有汉学家认为孔子是一个难以坐实的传说人物，并以"野生的圣人，感孕而生的神话典型"为题来展开论述。在过度诠释中，甚至否定叔梁纥的存在，并将颜徵在视之为女巫，直至提出："儒家是在战国时期的混乱中以及对社会的记载中形成了另一种统一性，并通过证实产生生殖祭祀的痕迹来神话他们的创始人。"②

---

① 陈寿祺撰，曹建敦点校：《五经异义疏证》，第168页。关于这一问题在本书第七章中亦有相关论述，在此不再赘述。

② ［美］詹启华：《孔子：野生的圣人，感孕而生的神话典型》，《远方的时习：〈古代中国〉精选集》，上海古籍出版社，2008年，第115页。

这样的论述虽然颇具创意，但已违背了基本的事实。它最大的问题在对于孔子在历史上的基本定位发生了严重的误判。毋庸置疑，孔子是历史上的典型人物，但他从来就不是什么"神话典型"；而是圣人的代表。从司马迁到刘贺，都将其视为"至圣"，既然是圣人，人间性的存在以及具备历史的根据，是探讨其身份问题的基本前提。固然，无论是谶纬中的孔子形象，还是"野合"与"感天而生"的关联，都体现着神性的色彩。但在历史文本及一般认知中，这些并非孔子形象中的核心内容。质言之，圣人虽有神性，但落实点还在于圣，神性的存在，只是为其高贵的出身增添了几分权威性。

这样的形象认知不仅关涉着孔子，也体现在人间帝王身上。如在前所引及的刘邦出生故事中，虽然汉高祖属于感天而"野合"的典型，但《史记》《汉书》记录下这样的故事，并非在借此展开一段神话叙述，而是体现"圣上"的受命于天。循此逻辑理路就可以发现，所谓的"圣人皆无父，感天而生"也是如此，其聚焦人物往往是帝王，尤其是开国帝王。

从这个角度来看，孔子的"野合"，实质上乃是与其"素王"身份相配套的一种话术。倘再将其置于汉代的史学话语中，孔子与汉高祖情形一致更是耐人寻味，有着历史的原因。

可注意的是，虽然孔子与刘邦在远祖方面都能追溯到早期圣王，但到他们那一代毕竟已成"布衣"，此时更需要神性或天命来支撑其无上的权威。汉儒有言："人不知，以为泛从布衣匹夫起耳。夫布衣匹夫安能无故而起王天下乎？其有天命然。"[1] 在大汉王朝，这里面的"布衣而王"者，以高祖为当然代表，太史公评说道："奋发其所为天下雄，安在无土不王？此乃传之所谓大圣乎？岂非天哉？岂非天哉？非大圣孰能当此受命而帝者乎？"[2] 正与此相呼应。然而，从特定意义来看，在汉人眼中，"布衣而王"的典型有二，一是高祖，二是孔子。只不过前者为实，后者为虚；前者开辟了实实在在的大汉王朝，后者则是"为汉制法"的素王。

沿着这样的逻辑理路，我们的问题是，高祖刘邦虽然有着神性的出身，但能够由此认为他只是一个神话人物，而不是开国帝王吗？同理，孔子出生时的神性本就是模仿帝王而来，能由此将其认定为一个神话人

---

① 《史记》卷13《三代世表》，第505、506页。
② 《史记》卷16《秦楚之际月表》，第760页。

物，从而忽略了他最为重要的圣人身份吗？也由此，前引汉学家所谓的儒家"来神话他们的创始人"云云，恰恰是翻过来的。

《论语·述而》云："子不语怪、力、乱、神。"① 儒家本质上以理性精神为追求。真正的儒家及史家所做的，是努力消除孔子的神话痕迹。只不过在时代的思想氛围下，汉代士人无论如何都要受着谶纬的熏染，想与后世一样完全将神性消除干净，那反倒是非历史的作为。具体的证据就是，一方面儒林中的主流一直在排斥或者减弱谶纬对经学的侵扰；另一方面又自觉或不自觉地受其影响，甚至连大儒郑玄在理性的经解中也援引谶纬材料。

无论是司马迁，还是撰作或认同衣镜文内容的刘贺，既以理性的眼光来审视孔子，使文本中的孔子呈现出历史的面貌，与此同时，他们又不得不受着谶纬及与之相关的思潮影响。从"野合"到"野居"的表述，正可见这样的痕迹。

其次，前已论及，"感天而生"的"野合"思路在谶纬中可以找到源头。但进一步的问题是，学界一般都认为，谶纬思想从西汉后期开始兴盛，两汉之际是它的黄金期。然而，司马迁及刘贺皆为西汉中期的人。面对着这样的历史时间线，有人或许会奇怪：既然谶纬兴盛于西汉后期，在时间上分明晚于司马迁及刘贺所在的时代，那么，司马迁和刘贺怎么可能会受晚于他们的后起思想的影响呢？

问题的关键在于，思想的兴盛不代表思想的出现，钟肇鹏指出："邹衍和董仲舒都是谶纬的思想渊源。"谶纬渊源不仅可推至战国至西汉中前期，甚至"谶纬的哲学思想正是继承了董仲舒的天人感应神学目的论，并且综合网罗了古代各种方术迷信，形成东汉以来占统治地位的官方意识形态。"② 或者也可以说，西汉中后期是谶纬文本系统化的时代，但此前有一个很长的演进历程。在这一历程中，一些基本的思想面已经建构，尤其是关于圣人感生的问题，它们很自然地影响着当时的知识表述。

落实到本论题，不仅在司马迁与刘贺之前已有谶纬之书，如《淮南子·说山训》载："六畜生多耳目者不详，谶书著之。"③ 更为重要的是，圣人"感天而生"这样的思想意识是西汉中期以来的热点议题。关于这一问题，在前一章中已有论及，现在，根据论题需要作进一步的展开。

据《史记·三代世表》的褚先生补，褚少孙被问及这样一个问题：

---

① 朱熹：《四书章句集注》，第98页。

② 钟肇鹏：《谶纬论略》，辽宁教育出版社，1991年，第82页。

③ 刘文典撰，冯逸、乔华点校：《淮南鸿烈集解》，第531页。

"《诗》言弃、后稷皆无父而生。今案诸传记咸言有父，父皆黄帝子也，得无与《诗》谬乎？"①褚少孙是元、成间的博士，据此而论，这种"圣人感生"的讨论应晚于刘贺时代。但问题是，一则褚少孙在宣帝时代为郎官，他在引及霍光的神性预言时，还有这样的表示："臣为郎时，与方士考功会旗亭下，为臣言。"也就是说，至刘贺所在的宣帝时代，这种讨论已经很兴盛了。

　　还需向前推进的是，无论是《诗经》还是《公羊传》，它们在景帝时代已写定，武帝时成为士子们学习的官方定本。根据褚少孙的博士身份，所讨论的文本至少应追至景、武时代，再加之董学中"天人感应"的兴盛，谶纬中的相关论述由此附会而出，那是毫不奇怪的。它们当然可以影响司马迁和刘贺，因"感生"而"野合"的故事，已明见于刘邦出生问题上，当然也可以移之于孔子之上，证明在司马迁之前，这种思想土壤已然具备。

　　最后，"感天而生"有一个重要的关键点，那就是"无父"与"有父"之别。感生有两种形态，一是前所言及的"圣人皆无父，感天而生"，二是接近世间常态的"有父"之说。前者属于神话类型，后者则有着人间力量的介入。在历史书写中，出于理性的需要，在吸纳相关谶纬思想时，往往要摈弃前者，而以后者为基础来作历史的改造。从"野合"到"野居"，在相关文字后面，这样的思想痕迹若隐若现。

　　以这样的视角来再绎《三代世表》，所谓的"《诗》言契、后稷皆无父而生"，分别指的是《诗经·商颂·玄鸟》所载"天命玄鸟，降而生商"，以及《大雅·生民》的"履帝武敏歆"②。前者指的是商始祖契的出生，后者则是周始祖后稷的出生。依据诗义，契的母亲吞鸟卵，后稷的母亲则因踩到了大神的脚印而得以感孕。以今日的科学知识可以知道，这反映的是早期"知母不知父"的情形，然后通过神话来加以展现，它们当不得真。但对古人而言，在特定的历史氛围里，面对着神圣经典的记载，不敢彻底否定它们的真实性。而如此一来，契与后稷都成为"无父而生"之人，也即"圣人皆无父，感天而生"。

　　但问题是，这不符合基本的理性。不仅造成了解经的困难，更重要的是，"诸传记咸言有父"正与此相矛盾。所谓的"诸传记"其主体是解经文字，倘涉及事实的呈现及考订，则具有史学性了，属于先秦两汉

---

① 《史记》卷13《三代世表》，第504页。
② 分见阮元校刻：《十三经注疏》，第622、528页。

儒者相传的资料。看起来后世儒者在面对着这种感生神话时，并没有"尽信书"。于是，这种矛盾该如何调和，成了汉儒所面对的重要理论课题。在《三代世表》中，褚少孙是这样回答的："鬼神不能自成，须人而生，奈何无父而生乎！一言有父，一言无父，信以传信，疑以传疑，故两言之。"① 虽然在信、疑之间"两言之"，没有提出排斥性的意见，但从"鬼神不能自成，须人而生"，到"奈何无父而生乎"。理性和常识还是使得他更愿意相信，有父亲的存在。

同样的情形出现在郑玄和王充身上。

在前一章中，我们已经说到，当郑玄既承认感生，又不否定父亲的存在时，是这样弥缝二者矛盾的："天气因人之精，就而神之。"并引刘邦有父亲的例子来作为证据②。而王充面对着"孔子生不知其父，若母匿之"的这种"儒者论圣人"之论，在《论衡·实知》篇中直接断言道："此皆虚也。"③ 也就是说，虽然"圣人皆无父，感天而生"的理论力量颇大，但对其进行理性的质疑或弥缝越来越成为常态。

这样的问题落实在孔子感生问题，即便在突出神性的谶纬中，也有了两种形态，一种是"无父"，一种是"有父"，前引《春秋演孔图》《论语撰考谶》中的记载分别呈现出这两种不同的情形。但不管怎么样，诚如周予同所指出的，这种记载要突显的是孔子的"玄圣""素王"面相，"孔子是黑帝的儿子是无疑的"④。

有了这样的知识基础后，再来审视《史记·孔子世家》与衣镜文的相关论述：

> 孔子生鲁昌平乡陬邑。其先宋人也，曰孔防叔。防叔生伯夏，伯夏生叔梁纥。纥与颜氏女野合而生孔子，祷于尼丘得孔子。鲁襄公二十二年而孔子生。（《史记·孔子世家》）
>
> 孔子生鲁昌平乡聚邑。其先□（宋）□（人）也，曰房叔。房叔生伯夏，伯夏生叔梁纥。叔梁纥与颜氏女野居而生孔子，祷于尼丘。鲁襄公廿二年而孔子生。（衣镜文）

---

① 《史记》卷13《三代世表》，第505页。

② 陈寿祺撰，曹建敦点校：《五经异义疏证》，第168页。

③ 王充撰，黄晖点校：《论衡校释》，第1069、1070页。

④ 周予同：《谶纬中的孔圣与他的门徒》，朱维铮编：《周予同经学史论著选集》（增订本），上海人民出版社，1996年，第293页。

在这两段文字中，除了"野合""野居"的差异，其余表述几乎一致。倘结合前所论及的问题，细加审视之下，又可以发现的是，无论是在《史记》还是衣镜文中，已难以看出神性色彩，孔子不仅有人间之父，而且家族谱系十分清楚，这是一个人的诞生。但是，当司马迁将"野合"置于叔梁纥与颜氏女的结合故事中，透过史家笔法，史源的神性痕迹还是隐然若现。

由此在《史记》之中，关于孔子的出生有了三种表述：（1）"孔子生鲁昌平乡陬邑"；（2）"纥与颜氏女野合而生孔子，祷于尼丘得孔子"；（3）"鲁襄公二十二年而孔子生"。第三点是出生时间的论述，可置而勿论。本文所讨论的问题聚焦于第二点，前已论及，它大体属于神性的叙事，只不过在历史书写中被人间化了。但如果细审，可以发现的是，先说"孔子生鲁昌平乡陬邑"，然后才是"野合""野居"的表述。

据《论语·八佾》，孔子被称为"鄹人之子"①，在时人眼中，孔子的身份认定是很清晰的，他是出生于鄹邑的孩子，这与"孔子生鲁昌平乡陬邑"的规范认知正相吻合。但问题是，鄹邑地方很小，《说文》曰："鄹，鲁下邑，孔子之乡。"据说叔梁纥曾为鄹邑大夫，但那里也就相当于后世小乡村的建制。它能涵盖"野"以及尼丘山吗？实质上，第一与第二点是两种不同的史源。并且无论是《史记》还是衣镜文，都将鄹邑作为首句，"野合"及相关史源是排在后位的。其模糊性不仅值得存疑，更重要的是，"祷于尼丘得孔子"云云，意为孔子是通过祈祷而获之于天，而非一般意义上的常态生子。在衣镜文中作"祷于尼丘"，"得孔子"云云被省略。一个很大的可能就是，《史记》文字中还残存了谶纬的痕迹，而衣镜文则将其消除干净，反映着历史书写中的祛魅与改造。

四 从"野合"到"野居"：场域与意义转换

文本或者说知识的产生需要落实在一定场域之内，有着核心地带、边界及种种问题。法国学者皮埃尔·布尔迪厄（Pierre Bourdieu）认为，在知识生产的过程中，"场域"为作品所涉或作者所身处的"社会空间的结构"，这些结构造就了作品生成的"引导机制"，文本由此得以"规范化和确立为经典"②。

在这样的问题意识下，可以发现，"野合"存在于两大知识场域。

---

① 朱熹：《四书章句集注》，第65页。
② ［法］皮埃尔·布尔迪厄著，刘晖译：《艺术的法则：文学场的生成与结构》，中央编译出版社，2011年。

它们既是有形的地理空间，同时也有着背后的知识依托。一是在历史书写中歧义纷披的世间"野合"，属于为人所鄙夷的行为。另一个则是谶纬系统的"感天而生"，作为神性书写中不可或缺的要素，展现着孔子的与众不同。由这一视角去看，可以说，当司马迁进行历史书写的时候，"野合"所展现的，是场域及其后意义的转换，即由神学场域转入史学场域。

然而，大场域之下又有不同的场域区分。从这个角度来看，即便是在史学书写中，"野合"的所在场域也并非完全统一。以此问题意识去审视，可以发现的是，此后接续这一理路的相关叙述或论证，当然也包括衣镜文在内，虽说它们总体上都属于史学范畴，但内在的论述场域往往各不相同。在不同的人眼中，虽都是"野合"，但持年岁相差或者私生子观点者，与持野外交合观点者，以及前所引及的四种可能性的论述之间，故事所发生的场域空间并非一致。而因场域的不同，故事的意义也随之发生着转换。

落实于本论题，在考察"野合"问题，及"野合"发展为"野居"的过程中，很多学者对于"野"的场域认知出现了误判。大前提一误，对于从司马迁到刘贺的历史书写及意义转换等问题，也随之发生了误判，至少是不能够获得深入真切的理解。那么，"野合"及"野居"的故事场域在哪里呢？其间有些什么意义上的转换呢？下面，作具体的展开。

在史学范畴内，解读"野合"或"野居"问题可以有各种不同的视角和切入口。但就场域问题而言，首先要回答的应该是："野"在哪里？或者说，何处是"野"呢？

（一）尼丘山与"大泽之陂"

对于"野"，《说文》是这样解说的："郊外也。"段玉裁注曰："邑部曰，距国百里曰郊。冂部曰，邑外谓之郊。郊外谓之野。野外谓之林。林外谓之冂。"也就是说，"野"是都邑或城（国）外的郊野之地。按照西周以来的国野制度，居于城内的贵族及平民，为从属于周政治系统的"国人"；居于城外之"野"，未经开化，以力田为主者则为"野人"。按照这样的理解，所谓的"野"，也即野外，就是城外的区域。

再结合"祷于尼丘得孔子"，在很多人看来，孔子"野合"之"野"，乃是城外郊野一带的尼丘山。依据这样的思路，在解读《史记·孔子世家》所载的"纥与颜氏女野合而生孔子，祷于尼丘得孔子"时，崔适提出，此句应作："纥与颜氏女祷于尼丘，野合而生孔子于尼丘。"

在他看来，所谓"野合"，反映的是"感天而生"的情形，具体表现是在尼丘山"扫地为祭天之坛而祷之"①。沿着这样的逻辑理路，有研究者认为：

> 出土"孔子衣镜"所载是当时社会对孔子生平的认知。史料记载孔父叔梁纥与孔母颜氏"祷于尼丘得孔子"，是为"野居而生"，即居于野（郊）而非居于邑（城）而生。这是《史记》"野合"的本义。②

然而，这种结论是难以成立的。

细绎前引的《史记》及衣镜文字，可以发现，它们在孔子生于鄹邑这一点上无异辞，紧接着就是"野合"与"野居"之异，然后，才是"祷于尼丘得孔子"的说法。从其间的逻辑关系中，并不能看出"野合"与"祷于尼丘"的直接对应性。"野合"在前，"祷于尼丘"在后，文字中看不出有必然的同一性。所以，才会有崔适的改字。但崔适前无所据，后无旁证，所谓"野合而生孔子于尼丘"云云，只是一种个人私见。如果"野合"之处不在尼丘山呢？以上的观点及以此为起点的后续结论都将成为无源之水。

事实也正是如此。

前面在论及作为史源的谶纬文本时，主要引述了《春秋演孔图》与《论语撰考谶》。可注意的是，虽然都是感生故事，但《春秋演孔图》属于"无父"类型，其间没有叔梁纥的存在，是孔子母亲与黑帝的交合，并"生丘于空桑之中"，"野合"之地为"大泽之陂"。而《论语撰考谶》则属于"有父"类型，孔子母亲"感黑龙之精，以生仲尼"，由于这一行为发生在尼丘山，是"祷尼丘山"的后果。由此，在前述的成果中，将"野合"地定为尼丘山，实为舍前而取后。

然而，这样的取舍理据何在呢？一在"大泽之陂"，一在尼丘山，二者显然并非一处。何处是真正的"野合"之地呢？细加审视，答案反倒是前者，而非后者。

细绎《论语撰考谶》的文义，究其实，其间并没有出现"野合"及相关要素。固然，山野也可算是"野"，但进一步的问题在于，在向大

---

① 崔适著，张烈点校：《史记探源》，中华书局，1986年，第146页。
② 杨军、恩子健、徐长青：《海昏侯墓衣镜画传"野居而生孔子"考》，《江西师范大学学报》（哲学社会科学版）2018年第1期，第104页。

山或山神祈祷时，一定要在野外进行吗？不可以进入祭室或庙宇之类的场所吗？即便是在野外祈祷，那就算是"野合"吗？或者需要通过"野居"才能完成这一仪程吗？

更关键的是，从本质上来说，"祷于尼丘得孔子"属于求子行为，这样的行为绵延至今，在古代更是一种常见之事。谁见过向各路神仙去求子时，必须通过"野合"的方式？更何况，在严肃的文献中也没有这样的记载。从严格意义上来看，"祷于尼丘"与"野合"有着很大的距离。所以，为了证明"野合"于尼丘山，后世及今日的很多相关解说，总是要增添不少的"佐证材料"，使得"野合"或"野居"由暗而明，似乎真的有那么一番情形。但究其实，多是附会和想当然。

事实上，与后世不同的是，明确公开的野外交合之风在先秦时代是存在的，并与《春秋演孔图》所描写的情形相吻合，为一般的文史研究者所熟知。这种"野合"，就是盛行于宋、郑、卫一带的"桑林之会"。作为一种古老的婚配习俗，在仲春之月，男女聚会于社或高禖神庙旁，在此地自由地交合，由于社庙旁常有桑林，故而号称"桑林之会"。

关于这一点，在《诗经·国风·鄘风·桑中》有这样的记载："爰采唐矣？沬之乡矣。云谁之思？美孟姜矣。期我乎桑中，要我乎上宫，送我乎淇之上矣。"孙作云说"桑林之社也是男女聚会的地方"，"至于淇水，也就是他们在举行这种祭祀时所被禊洗涤的水"[1]。因为存在着这种具有原始遗习的婚俗，有不少学者认为，孔子父母的结合正是这一情形的反映。由此，李衡眉在批评孔子父母的婚姻"不合礼仪"时，有这样的评述："所谓'不合礼仪'，这是后儒用后世的眼光看待先民的婚姻习俗而得出的结论，而这种古老的习俗在当时，毋宁说是最合乎礼仪的，如果那时有'礼仪'的话。"[2]

仅仅就古代的婚俗而论，这一说法是符合事实的，"野合"属于"桑林之会"一类的婚配习俗，那是没有问题的。但孔子父母是否真的这样做过呢？答案反倒是否定的。"野合"是一种存在事实，但并非可以说它合乎礼仪，更不可以径直说，孔子是"野合"的产物。这种"野合"本是"桑林之会"的民间行为，将其记载下来，属于社会风俗层面的历史书写，但当它被移于神性书写场域时，不过是将其附会到了孔子母亲身上。而当司马迁撰史之时，又二度转移到历史书写的场域。

① 孙作云：《诗经与周代社会》，中华书局，1966年，第305页。
② 李衡眉：《野合习俗的由来》，《社会科学战线》1990年第1期，第343页。

前已论及，因史源不一，司马迁的论述中本就存在矛盾。而且在先秦时代的材料及孔氏家学中，都否决了孔子父母与此所发生的关联。更为重要的是，孔子强力反对"淫声"，其中尤以"郑卫之声"为代表。而这种"淫声"很重要的载体，就是男女关系的混乱，并与"野合"有着直接的关系。《白虎通·礼乐》引孔子之言道："郑声淫何？郑国土地民人，山居谷浴，男女错杂，为郑声以相悦怿，故邪僻，声皆淫色之声也。"① 连相关音乐都讨厌，"野合"怎么可能会发生在孔子身上呢？

关于这一问题在前面已有不少论述，无需再加展开。就本论题出发，下面要问的是，这种"桑林之会"的"野合"是如何与"大泽之陂"发生关联的呢？或许有人会奇怪，不是"野合""野居"吗？较之尼丘山，难道"大泽之陂"更有"野"的属性？更具文化意义吗？

回到历史的现场，还真是如此。

（二）"大野"与"获麟绝笔"

揆之于史，"桑林"等地并非只有树木，更有着水泽。所谓"桑间、濮上，郑、卫、宋、赵之声并出"②。与"桑间"相应的著名的"濮上"，正在濮水一带。此外，《墨子·明鬼下》载："燕之有祖，当齐之社稷，宋之有桑林，楚之有云梦也，此男女之所属而观也。"其中，"祖"即"祖泽"③，桑林、云梦等，也皆为水泽之地。由此，才会有孔子对"山居谷浴，男女错杂"的反感，没有水泽，如何"谷浴"？这绝不是对山神祈祷所能呈现的景象，处在山泽之"野"才具备如此条件。质言之，泽是关键所在。也由此，"大泽之陂"与"野合"之"野"更有关联性，并且所谓的"生丘于空桑之中"，也正与"桑林之会"的场景相呼应④。

更为重要的是，前已论及，谶纬依托于经学之上，并以孔子为"教主"。受其影响，孔子所在之"野"，当然也需要不同凡响。由此，"大泽之陂"不仅与"野"相关，而且是经学系统中最为重要，最具神圣性的"野"——"大野"，它源自春秋学"获麟绝笔"。

"获麟绝笔"出现在《春秋》经的"哀公十四年"，作为全书的终篇，被后世赋予了特殊的意义，也是谶纬中大肆渲染的内容。在汉代的

---

① 陈立疏证，吴则虞点校：《白虎通疏证》，第780页。
② 《汉书》卷22《礼乐志》，第1042页。
③ 孙诒让撰，孙启治点校：《墨子间诂》，中华书局，2001年，第228页。
④ 王政说："孔子'生于空桑'当与古之'桑林社会'及'春社会男女'有关系。"见王政：《孔子"生于空桑"民俗考论》，《孔子研究》2002年第6期，第109页。

历史文化环境下，各种相关论述要不受其影响几乎不可能，衣镜文自然也不例外。由此，笔者注意到，衣镜文中的"周室威"一句就与之相关，并能在《孔丛子·记问》篇中找到原始的文本遗存①。但就本论题出发，最为值得注意的是《左传》哀公十四年的这段文字：

> 十四年春，西狩于大野，叔孙氏之车子鉏商获麟，以为不祥，以赐虞人。仲尼观之，曰："麟也。"然后取之。②

相关文字在《孔丛子·记问》中作"叔孙氏之车子曰鉏商，樵于野而获兽焉。"③ 司马迁在《史记》中亦引述了这段故事，其文曰："鲁哀公十四年，狩大野。"《集解》引服虔曰："大野，薮名，鲁田圃之常处，盖今巨野是也。"④ 可以说，"野"或"大野"作为"获麟"之地，是得到普遍认可的。大野也称"大野泽"，是一大片草泽之地，后来的巨野县由此而得名。还需一提的是，这一带在汉代属于山阳郡或昌邑国，它不仅离鲁国十分近，也是刘贺当年的封国所在。

有学者已经指出，《孔子世家》所载"纥与颜氏女野合而生孔子，祷于尼丘得孔子"一句，所述内容乃是婚配、乞子两种行为，实乃循当时高禖节风俗而行⑤。由此而论，司马迁心目中的"野合"之处不可能在尼丘山，加之"大野泽"的重要性与神圣地位，无论是《史记》还是《春秋演孔图》，"野"之所在，就是"获麟绝笔"的"大野泽"。

刘贺从小生长于此，甚至他的父亲也很可能葬于这一带⑥，他对于"大野"的熟悉及内在感情是无需多论的。也或许那里就有着不少的孔子"遗迹"。但进一步的问题是，刘贺为什么要改"野合"为"野居"呢？由前已知，"野合"的接受甚至神圣性的出现，在于"感天而生"。当司马迁将这一神学场域的主角完全改换为人，让孔子父母来承担这一功能时，在史学场域的转换中不仅出现了诸种矛盾冲突，而且使人联想

---

① 关于这一问题，可参看本书第十六章。
② 阮元校刻：《十三经注疏》，第 2172、2173 页。
③ 傅亚庶：《孔丛子校释》，中华书局，2011 年，第 97 页。
④ 《史记》卷 47《孔子世家》，第 1942 页。
⑤ 毛忠贤：《高禖崇拜与〈诗经〉的男女聚会及其渊源》，《江西师范大学学报》（哲学社会科学版）1988 年第 4 期，第 16 页。
⑥ 20 世纪 70 年代在山东巨野县东南发掘的红土山西汉墓很可能就是刘贺父亲，第一代昌邑王刘髆之墓。参看山东省菏泽地区汉墓发掘小组：《巨野红土山西汉墓》，《考古学报》1983 年第 4 期。

丰富。最主要的，它与真正的世间"野合"联系在一起时，的确有辱圣
人之名。

在汉代，这种野合风习依然浓烈，例如，在出土的画像砖中就有这
种在桑林之下的男女交媾之图（图8.1），对于这种"野合"画面，虽然
有学者认为："表现的野合，可能起着一种'压胜'的作用，汉代人是
为了乞求吉祥、美好的生活，期望子孙昌盛，繁衍后代，绝不是像有些
人说的是黄色、淫秽的野蛮行为。"[1] 但它毕竟与"生于淫"有着无法切
割的关联。

图 8.1　汉代"野合"画像砖

由此，司马迁文本所产生的种种猜测甚至是误解，并非今日才有，
汉代也不会例外。由前已知，郑玄就以"野合"来解读孔子母亲对于墓
地"讳之"一事，认为它属于"耻焉，不告"的表现。

由于材料的缺失及各种附会，甚至神性的书写太多，孔子事迹中本
就存在很多杂乱矛盾之处，在处理和解读这些材料时，易生误解是很正
常的。但孔母为何要"讳之"呢？"野合"当然是无稽之谈。如果联系
到孔子父亲一过世，孔母即将其带离鄹邑，孤儿寡母移居至曲阜的阙里，
就可以知道，这个家族中有着各种复杂的冲突和关系。或许诚如匡亚明
所分析的："颜徵在为了避免妻、妾、子、女间复杂的家庭矛盾，确以离
开叔梁纥家为较好的选择。"[2] 对于墓地的"讳之"亦应如此。

这些细节刘贺是否知道，又是否认可，已不得而知。但从"野合"
到"野居"的改变，反映了刘贺对于"野"的认同。主要原因就在于，

---

① 高文：《野合图考》，《四川文物》1995 年第 1 期，第 20 页。另外，图 8.1 亦来于此。
② 匡亚明：《孔子评传》，南京大学出版社，1990 年，第 24 页。

"野"及"大野"在当时的文化意义非同凡响，所以将其沿用下来。但不用"野合"的表述，一则易生歧义，与"生于淫"难以切割。二则自孔子时代以来，的确有着在大泽"野居"之人，如孔子的学生原宪在孔子过世后，"亡在草泽中"①。这其实就是"野居"。而陈胜、吴广在大泽乡起义，刘邦隐于芒砀一带起事，都依赖于水泽之地②。可以说，这也是"野居"。还需一提的是，刘贺来到海昏，此地为所谓的彭蠡泽，也可以算是"野"，刘贺居于此地，亦属"野居"。

"野"在汉代文化氛围中是有着象征意义的符号，在经学系统中，它有着特定指向，而非后世的泛泛之称。衣镜文与《史记》皆在这种"野"的场域中进行历史书写，是对于这一神圣传统及文化意义的认同。与此同时，"野居"的替换，一方面避免了"生于淫"的尴尬，另一方面，也很可能与刘贺的生长环境有着内在的共鸣。

作为中国学术史上的重要公案，在孔子出生问题上，"野合而生"是聚讼纷纷的一大问题。"孔子衣镜"的出土及衣镜文的新表述，为深化相关认识，厘清事实提供了新的材料。学界对于这一问题的专门性研究成果尚不多，不能形成定论，加之有些错讹需要进一步辨正。由此，对其进行再探，成为题中应有之义。

从字面上去加以理解，"野合"即野外交合或男女苟合。如孔子是以这样的情形来到人间，是颇为不雅之事。为了回避这种颇具污名化的叙述及相关想象，唐宋以来，在主流解释系统中，将"野合"视作不合礼制的结合。衣镜出土后，"野居而生"的新提法给传统文本带来了挑战。它的出现可以证明，唐宋以来的解释路数是不成立的。"野"只能是野外之义，循此理路去加以理解，才能真正体会《史记》文本的真实含义。

尤为重要的是，衣镜文的一字之别，并非文字错讹，而是刘贺对于《史记》文本的一种修订。后面不仅有着历史的依据，文本的辨析，它更与时代性格、学风，以及刘贺的生长环境，有着密不可分的关系。要之，从"野合"到"野居"的文本变化，固然有着撰作者的个人考量，但它脱不开特定历史文化的熏染，找准它的知识场域，方能见到历史的真面目。

---

① 《史记》卷67《仲尼弟子列传》，第2208页。
② 关于居于水泽的问题，可参看王子今：《战国秦汉交通格局与区域行政》，中国社会科学出版社，2015年，第118～121页。

第九章　从"孔子衣镜"文看孔门授业问题

审视"孔子衣镜"的图文，除了现存最早的孔子图像及介绍性文字之外，孔门弟子资料也是重要组成部分。这一部分的内容，除了在介绍孔子的图文资料中能寻绎到若干信息之外，更重要的是，还有专门的弟子图像及相关文字附列于后。在前面，我们主要从图像的角度对此作了一些讨论①。下面，根据衣镜文内容，来作进一步的展开。

众所周知，孔子桃李满天下，尤其是门下的贤弟子，即所谓"七十子之徒"，在孔子的教导下，为儒学的传承与发展作出了重要贡献。由此，孔门的学业授受及相关问题，成为学术研究中不可绕过的环节。而"孔子衣镜"的出土，为这一研究的深入提供了难得的机遇和材料。下面，就以孔门授业问题为聚焦点，尝试做一初步的研讨。

一　孔子授徒时间及相关问题

孔子何时授徒？一直以来没有形成过定论。在"孔子衣镜"中，撰作者明确指出："孔子年十七，诸侯□称其贤也。鲁昭公六年，孔子盖卅矣。"② 也就是说，以十七岁作为重要起点，孔子名声初显，由此，在三十岁时开始授徒。这一说法，正与有些学者所推断的孔子行教时间相吻合，再细绎相关内容，更可使我们对当时的具体情形产生进一步的认识，对于推进相关论题的研究，颇有助益。

下面，就展开具体的论述。

据《史记·孔子世家》："孔子年十七，鲁大夫孟釐子（孟僖子）病且死。"临终前，他叮咛儿子懿子道："孔丘年少好礼，其达者欤？吾即没，若必师之。"于是，"及釐子卒，懿子与鲁人南宫敬叔往学礼焉"③。按照这一说法，孔子授徒之始在十七岁。然而，司马贞在《史记索隐》

---

① 相关内容，可参看本书第二、三、四章。
② 王意乐、徐长青、杨军等：《海昏侯刘贺墓出土孔子衣镜》，《南方文物》2016 年第 3 期，第 64 页。
③ 《史记》卷 47《孔子世家》，第 1908 页。

中指出，此段记载有误。孔子十七岁正当鲁昭公七年（公元前535年），此时孟僖子并未过世，属于病而未亡。依据《左传》的记载，昭公二十四年才是"僖子卒"的准确时间，此时孔子三十四岁。也就是说，如以孟僖子过世年份为时间节点的话，孔子授徒时，就不是十七岁，而是三十四岁。

关于这一问题，钱穆做过进一步的考订，他指出："懿子、敬叔生于昭公之十一年，当七年之时，二子固犹未生，安得有学礼之事？"这一结论，无疑可以彻底否定孔子十七岁授徒的说法。但他并没有由此直接论定孔子在三十四岁时授徒，而是以三十岁作为这一进程的起点，从而推测道："孔子自称'三十而立'，其收徒设教，或者亦始于是时耶？"① 此后，这一思路为很多学者所承接，将三十岁左右定为孔子行教之始②。

不定于三十四岁，而是三十岁，是因为三十四岁可作为孔子授徒的时间下限，从一般情理出发，孔子授徒还可以早于这一时间点。诚如学者所说："孟、南宫二子师事孔子时，孔子已经（实岁）三十四岁，难道说他在此之前就不会收授过其他弟子？"③ 然而问题是，三十岁授徒的推定虽颇具情理，并为很多重要学者所认可或接受，但它毕竟在传世文献中找不到直接证据，乃是以"三十而立"为材料的起点做出的研判，属于难以坐实的推断之辞④。故而，钱穆在作这一判断时，并不敢出之于肯定的语气，而是以疑问句式试探言之。这不仅是学术上的谨慎，更说明这一判定的支撑力较弱的事实。

而"孔子衣镜"文的出现，为这一观点提供了肯定性证据。三十行教不再是臆测之论，它至少可以证明，最迟在汉代人看来，孔子的三十岁，作为重要时间节点，就体现为设帐授徒。但需要进一步追问的是，同为汉代人的司马迁何以在这一问题上会出错呢？另外，值得注意的是，衣镜文在论述孔子三十授徒的问题时，系年于"鲁昭公六年"，此时孔子十六岁，也属于明确的错讹。固然，任何的撰作者都只是人，而不是

---

① 钱穆：《先秦诸子系年（外一种）》，河北教育出版社，2002年，第33、34页。

② 如李长之的《孔子的故事》（北京出版社，2002年，第16页）说："就在孔子三十岁左右吧，他有了第一批弟子。"匡亚明的《孔子评传》（南京大学出版社，1990年，第287页）说："现根据孔子自己所说'三十而立'及其他旁证，定孔子收徒讲学为三十岁左右。"常会营、吴博文的《孔子生平事迹考（上）》（《孔庙国子监论丛》2015年，第110页）说："（三十岁时），孔子开始创办平民教育，收徒讲学。"

③ 高专诚：《孔子和他的弟子们》，新华出版社，1993年，第17、18页。

④ 王齐洲在《关于孔子办学的几个基本问题》[《暨南学报》（哲学社会科学版）2018年第3期，第40、41页]中，承认孔子三十授徒有其可能性，但以此为基础，认为孔子是三十七岁才正式"招生授徒，培养人才"。遗憾的是，此文未注意到海昏侯的材料。

神，是人就会出错。但这不是我们关注的重点，我们要追问的是，错误的发生可以说明些什么吗？

翻检《史记·孔子世家》和衣镜文，可以发现，总的来看，《史记·孔子世家》和衣镜文，对于孔子生卒年的记载完全一致，对于孔子生平的其他材料，在系年上也是比较准确的。还可注意的是，它们在孔子的年岁节点问题上，除了前所引及的十七、三十岁之外，还有一些其他的年岁加以特别提出，以显示重要性和历史参照性。由于篇幅的缘故，《孔子世家》所载更为丰富一些，而衣镜文则较为简略。但是，凡是衣镜文中所论及的时间节点，在《孔子世家》中皆未遗漏。看来在对孔子的历史叙述中，注重年岁及相关事迹，是当时的一大特点。

由此，结合地上、地下材料，在笔者看来，有两点可以确定，一是有些重要的年岁，如前所提及的十七、三十等，应该在孔子生平中具有特别的意义，故而流传下来，成为后世历史书写中的支柱性时间节点；二是汉儒所拥有的孔子资料多有出入，并无完全统一的标准。

查核史料，孔子十七岁时的事迹材料，司马迁应得之于《左传》或相关材料之中。《左传》昭公七年曰："九月，公至自楚。孟僖子病不能相礼，乃讲学之，苟能礼者从之。及其将死也，召其大夫曰……"[1] 我们注意到，此段材料主要讲述的是，在与它国交往之中，孟僖子因不能够"相礼"而"病"，于是"讲学之"的故事。"讲学"的内容是什么呢？是礼。由此，在礼学方面具有造诣者备受重视，甚至师事之，即所谓"苟能礼者从之"。

在昭公七年，孔子十七岁时，鲁国何以会有这一"讲学"之举呢？根据《左传》的记载，在这一年的三月，"公如楚，郑伯劳于师之梁。孟僖子为介，不能相仪。及楚，不能答郊劳。"昭公与孟僖子君臣在诸侯聘会之际，居然不能答之以礼，对于礼乐之邦的鲁国来说，实为巨大的耻辱。高专诚指出：

> 鲁国号称是周公之后，保存周礼最完备的地方，竟"不能相仪"，"不能答郊劳"，自然很失体面。所以，孟僖子"病"之，要开始在鲁讲习礼仪。[2]

---

① 阮元校刻：《十三经注疏》，第 2051 页。
② 高专诚：《孔子和他的弟子们》，第 17 页。

根据相关文献资料，孔子自小就好礼，《史记·孔子世家》载："孔子为儿嬉戏，常陈俎豆，设礼容。"衣镜文作："孔子为儿僖戏，常陈俎豆，设□（容）礼。"① 在他十七岁时，应该已经是一个礼学造诣颇深的青年。此时，"苟能礼者从之"的文化氛围为他的脱颖而出提供了一大契机。我们相信，孔子的出现，不仅对于鲁国的礼乐重建有着巨大帮助，同时也应该是他在诸侯间赢得声名的开始。所以在衣镜文中有这样的句子："孔子年十七，诸侯□称其贤也。"

然而，十七岁的孔子虽然第一次赢得诸侯间的称颂，但是，由于年未及弱冠，对于重视礼乐及制度规范的鲁国来说，应该还不能够具备为师的资格。尤为重要的是，细绎《左传》文本可以发现，在孟僖子"病"之后，接下来的文字是："及其将死也，召其大夫曰……"很显然，这里说的绝非孔子十七岁时的事情，而是"为行文方便，于昭公七年记孟僖子病重时，顺便把孟僖子临终前的嘱托记述下来"，司马迁"错解了《左传》，误以为孟僖子死于鲁昭公七年"②。孔子为师只能在此后的时间，也就由此有了很多学者所主张的三十行教的推断。要之，十七岁是孔子赢得声名之始，而非授徒之年。在此，司马迁所记出现了错讹，衣镜文的表述更为准确。

但问题是，衣镜文在随后的三十岁的记述中，也出现了时间的错乱。其原因又何在呢？

在笔者看来，汉代所见的孔子材料，应远比后世丰富得多，十七和三十岁的事迹不仅是重点所在，还很可能因其关联度紧密，常常夹杂在一起，这就使得"整齐故事"者及撰作者在利用材料时，一时疏忽之下，易发生错误。《史记》中的问题我们已经明了。如果和衣镜文相比较，可以看出，司马迁由于关注孔子在十七岁时，鲁国因再兴礼学而脱颖而出，以至于为此后授徒打下基础，而将三十岁之后的事迹掺入了这一时段。两相比较之下，衣镜文正好相反。它以三十行教为关注点，很可能在将为此奠定基础的十七岁事迹纳入视野时，未加注意，而出现了疏漏。因为所谓"鲁昭公六年，孔子盖卅矣"，按照当时的算法，昭公六年应该是在孔子十七岁之时。

然而，前已论及，孔子十七岁时为鲁昭公七年，何以此处是六年呢？二者不是有矛盾吗？我们认为，这与孔子生年的算法有关系。依照《史记·孔子世家》的说法："鲁襄公二十二年而孔子生。"① 折合为公历，为公元前551年。但据《公羊传》《穀梁传》的说法，则比它早了一年，即鲁襄公二十一年（公元前552年）。钱穆在总结这一论题时，曾胪列了大量重要学者的观点，其中采纳《史记》说的，有晋、唐以来的杜预、陆德明，直至宋以来的朱熹、梁玉绳等；而采《公羊传》《穀梁传》说的，则主要有汉以来的贾逵、服虔、边韶、何休等②。稍加留心，可以发现，钱氏所列出的汉儒，皆用《公羊传》《穀梁传》之说。也就是说，在汉代，对于孔子生年的认识，司马迁的观点并不占主流。

但是，衣镜文所载孔子生年与《史记》完全一致，以襄公二十二年为准。我们以为，这是对主流观点纠偏的结果，质言之，这一时间点是在纠正《公羊传》《穀梁传》的基础上所得出的。对于《公羊传》《穀梁传》之误，《史记索隐》指出："盖以周正十一月属明年，故误也。"③这种历法上的核算问题不在本文讨论范围之内，在此无需展开。我们要强调的是，一方面衣镜文和《史记》一样，纠正了《公羊传》《穀梁传》等经学派的一般说法，但另一方面，在经学兴盛的汉王朝，撰作时所面对的初始材料，大部分应该还是以襄公二十一年为基础。如以此为基点进行年龄推算，则昭公六年，而不是七年，才是孔子十七岁的时间点。

我们颇怀疑，衣镜文撰作时所依据的材料，不仅十七和三十岁时的事迹夹杂在一起，而且也多是以《公羊传》《穀梁传》所主张的孔子年龄来做测算的。如此，我们就能理解衣镜文何以会出现这样的错讹。它与《史记》之误相互印证，正说明，十七岁、三十岁不仅是孔子人生中重要的时间节点，而且二者之间有着极大的关联度，面对着纷扰的材料，在引述、整齐故事之时，撰作者在颇为留意特定年龄段的意义时，疏于将这一时间点与其他相关材料相参验，从而造成了误判。

二 孔门弟子数问题

孔门弟子数是多少？这也是一个争讼纷纷的问题。在"孔子衣镜"中，撰作者是这样说的："孔子弟子颜回、子赣之徒七十有七人，皆异能之士。"④ 通过这一论述，再结合传世文献，我们可以得出一些新的认

---

① 《史记》卷47《孔子世家》，第1905页。
② 钱穆：《先秦诸子系年（外一种）》，河北教育出版社，2002年，第31、32页。
③ 《史记》卷47《孔子世家》，第1906页。
④ 王意乐、徐长青、杨军等：《海昏侯刘贺墓出土孔子衣镜》，《南方文物》2016年第3期，第64页。

识吗？

习文史者皆知，在孔门弟子数量问题上，史所艳称的"三千""七十"云云，充斥于各种文献之中，几乎成为常识。如《吕氏春秋·孝行览·遇合》曰："委质为弟子者三千人，达徒七十人。"①《淮南子·泰族训》则曰："孔子弟子七十，养徒三千人。"② 粗粗一阅，似乎都是人所共知的"事实"，没有争讼的必要。

然而，倘对这些问题做严格的学理研判，其实没有这么简单明了。以《史记》为例，作为最早系统地为孔子及其弟子作传记的《孔子世家》和《仲尼弟子列传》，它们所记数字，多有疑窦及抵牾之处。

首先，三千弟子的说法仅出现于《孔子世家》中一次，即所谓"孔子以诗书礼乐教，弟子盖三千焉，身通六艺者七十有二人"③。在《仲尼弟子列传》中，反而未见提及。

其次，由于"七十"并非实指，作为一个概数，分而言之，又有七十二、七十七两种不同的说法，它们并存于《史记》之中。除了前引《孔子世家》中作"七十二"之外，在《仲尼弟子列传》中作"七十七"，此篇开卷即引孔子之言，作出了如下的论述：

> 孔子曰："受业身通者七十有七人，皆异能之士也。德行：颜渊，闵子骞，冉伯牛，仲弓。政事：冉有，季路。言语：宰我，子贡。文学：子游，子夏。师也辟，参也鲁，柴也愚，由也喭，回也屡空。赐不受命而货殖焉，亿则屡中。"
>
> 孔子之所严事：于周则老子；于卫，蘧伯玉；于齐，晏平仲；于楚，老莱子；于郑，子产；于鲁，孟公绰。数称臧文仲、柳下惠、铜鞮伯华、介山子然，孔子皆后之，不并世。④

细审文本，作为一代良史的司马迁，对于孔门弟子究竟是"七十二"还是"七十七"，竟不能统一，情况的复杂可想而知。现在，因"孔子衣镜"的出土，旧事重提，促使我们对这一问题再审思。

在此，首先值得注意的是，在衣镜文中，没有出现"三千"的提法，而是以"七十七"为标准数字。

① 许维遹撰，梁运华点校：《吕氏春秋集释》，第 341 页。
② 刘文典撰，冯逸、乔华点校：《淮南鸿烈集解》，第 681 页。
③ 《史记》卷 47《孔子世家》，第 1938 页。
④ 《史记》卷 67《仲尼弟子列传》，第 2185、2186 页。

就传世文献来看，关于"三千"的来历有两种说法：

一是出于《大戴礼记·卫将军文子》："夫子之门人，盖三就焉。"① 《孔子家语·弟子行》作："盖有三千就焉。"② 王念孙认为，"盖三就焉，当作'盖三千就焉'。"他还进一步认为："《史记·孔子世家》：'弟子盖三千焉'，语即本于此篇。"《孔子家语》乃"袭此篇之文。"

二是出自前所引的《吕氏春秋·孝行览·遇合》。于鬯认为，"三千"之说始见于此，为战国风气使然，"盖犹之言孟尝、春申食客三千之比"。由此，"三就"并非错讹，而是指弟子们分三批次至孔子之处受业，它不仅不误，反倒可以证明，《孔子家语》的"千"字为"王肃妄补"。

于鬯的说法，在论证上更为详密。尤为重要的是，他不仅质疑孔门三千弟子的数字，更指出，司马迁对于"三千"之数，也不能完全确定，故而以"弟子盖三千焉"加以表述，"特著一'盖'字，盖之者，疑之也"③。

然而，与此同时，值得注意的是，史载，在汉代有些经学大师，徒众成千上万，吕思勉指出，这些人中，"大抵千人为及门者之数，万人则编牒之数，……所谓编牒，其人不必亲至门下"。他们仰慕大师名声，有些只是在"大会都讲"中"借资声气"④。受此启发，李零认为，距此时间不远的孔门弟子也有类似情况，并由此将其分为了三大类：

> 一种是登堂入室，亲炙师教者，是所谓"受业""及门""入室"的弟子。一种是登记在册，不一定能见到老师，而由前者辗转传授，则是所谓"编牒""著录""在籍"的弟子。还有一些，只是"仰慕虚名、借资声气"的热心追随者。⑤

按照这样的思路，"三千"作为追随者的数字而存在，似乎也有很大的可能。但是，不论三千弟子是否真的存在，一则皆为推测之辞，难以核实，故而司马迁以"盖"字加以表述；二则"七十子"是弟子中可验明身份者，为核心所在。要之，孔门弟子虽众，但范围、时间、程度

① 王聘珍撰，王文锦点校：《大戴礼记解诂》，第 108 页。
② 杨朝明、宋立林：《孔子家语通解》，齐鲁书社，2013 年，第 133 页。
③ 黄怀信、孔德立、周海生：《大戴礼记汇校集注》，三秦出版社，2005 年，第 672~674 页。
④ 吕思勉：《讲学者不亲授》，《吕思勉读史札记》，上海古籍出版社，2005 年，第 736、738 页。
⑤ 李零：《重见"七十子"》，《读书》2002 年第 4 期，第 38 页。

具有差异性和模糊性，很多应属于边缘人，可"登堂入室"，亲自获得夫子面授者，还是不会太多，"七十子"大概就属此类。

由前已知，衣镜文中无"三千"之说。虽不能由此遽然否定"弟子三千"这一事实的存在，但它或许可以进一步证明，最迟在汉代，在孔门弟子数量问题上，应该是"七十"这样的数字更得认可，"三千"之数在确定性上相对要含糊一些，故而未被衣镜文所采纳。

然而，衣镜文中最值得注意的，还不是"三千"这一既不能证实，又无法证伪的问题，而是"七十有七人"的表述。它将"七十二"这一数字排斥在外，不仅使得孔门弟子数方面的材料又添一例，尤为重要的是，与《史记》相比较，衣镜文中的"七十七"之数，不仅与《仲尼弟子列传》所载相合，而且接续而来的"皆异能之士"的文句表述，也一模一样。难道这一段是因袭了太史公的文字？

笔者以为，答案是否定的。

因为，一则刘贺在那个时代所拥有的孔门一手材料，与时间接近的司马迁不会相差太大，无需通过《史记》转抄。二则查验衣镜文中关于孔门弟子的表述，与《仲尼弟子列传》有所差异，显非径直袭用史公之文。三则当时拥有或解释孔门材料最权威者，不是司马迁的文字，而是留存至汉代时的孔子本人之语及经传之说。其中除了今天能看到的《论语》《礼记》等儒籍之外，还有一些已经散佚的材料。这些材料且不管真的是孔子，还是假托孔子之言，在汉儒看来，应该更具权威性，数量也不会太少，衣镜文中所采，首选的应该就是这些。由此，它与《仲尼弟子列传》的重合就不是沿用所致，而是具有共同的文本来源。

在这样的思路下，来进一步比勘和讨论相关文本，可以发现，前引《仲尼弟子列传》开篇那一段，下所接续的文字为"孔子之所严事，于周则老子"云云，可确定为太史公所概述的自创文字。但此前的一大段内容，是司马迁所作，还是孔子本人的言论呢？对它的解答，不仅关系到《史记》中"七十七""七十二"弟子数的辨析，同时对于认识孔子衣镜中相关文字的性质，也是关键所在。

细绎文本，此段文字劈头就是"孔子曰"。对其作解读时，至少涉及两个问题：一是"孔子曰"的真实性如何？二是以下这些内容都属于"孔子曰"的范畴之内吗？这两大问题如皆作肯定性回答，则可明确的是，"七十七"的弟子数因其出自孔子，具有无上的权威，同时"皆异能之士"，也因来于孔子，可说明《史记》与衣镜文皆依据于同源权威材料，也即孔子之言。

　　然而，对于这两个问题，历来质疑者众多。首先，有学者怀疑此段文字中"孔子曰"的真实性，如陇川资言认为："孔子盖无此语，曰字，宜改为弟子。"① 王叔岷接续此说，进一步推论道："'孔子曰'为习用语，传写者因致误耳。"王氏还认为，《汉书·地理志下》所载"弟子受业而通者七十有七人"，"即本此文"②。其次，虽不怀疑"孔子曰"的文本真实性，但学界多将其所辖范围框定在"受业身通者七十有七人"一句，以下所谓"皆异能之士也"云云，皆视之为司马迁的概述之辞。如中华书局点校本、张大可的《史记全本新注》等皆是如此③，代表着现今的一般通识。

　　然而，遗憾的是，它们实属误判。

　　查核文献，"皆异能之士"以下的文句，《论语·先进》篇："德行：颜渊、闵子骞、冉伯牛、仲弓；政事：冉有、季路；言语：宰我、子贡；文学：子游、子夏。"为孔门弟子中著名的"四科十哲"，它紧接着上一章，"子曰：'从我于陈、蔡者，皆不及门也。'"朱熹将它们并为一章，认为："因孔子之言，计此十人。"④ 在他看来，这种分类是根据孔子的话而作出的概括，故而与上章连为一体。但大多数学者并不同意朱子的意见，在二章各自分离的基础上，坚持上章为孔子之言，此章则否。如程颐认为："十哲世俗论也。"⑤ 此种意见对后世影响甚大，当下有学者虽对程子之说提出修正，认为："（'四科'）体现了孔子对弟子们的评价，不能否认其真实性。"但最终还是认定"至少不是出自孔子之口"⑥ 终究跳不出程子的思维。

　　就本论题来看，一个特别重要的问题是，如果此说真的不出自孔子之口，以下大部分文句就不是直接引述于孔子，而只能是司马迁"整齐"话语或概述而成，那么，"皆异能之士"随之排除于孔子话语之外，就成了一种必然的选择。

　　但问题是，这一认识是不准确的，至少不符合汉代人的思维。《新序·杂事三》云："孔子曰：'言语：宰我、子贡。'"很显然，汉人认

① 陇川资言：《史记会注考证》，新世界出版社，2009 年，第 3344 页。

② 王叔岷：《史记斠证》，中华书局，2007 年，第 2101 页。

③ 《史记》卷 67《仲尼弟子列传》，第 2185 页；张大可：《史记全本新注》，三秦出版社，1990 年，第 1351 页。

④ 朱熹：《四书章句集注》，第 123 页。

⑤ 朱熹：《四书章句集注》，第 123 页。

⑥ 韩高华、刘洁：《〈论语·先进〉"陈蔡章"考辨》，《晋阳学刊》2013 年第 6 期，第 37 页。

为,"四科十哲"就是孔子之言,而非"世俗"之论。石光瑛评价道:
"是汉儒旧说皆以《论语》此节为孔子之言。"① 由此,在《仲尼弟子列
传》中,此章作为孔子之言,就应与上面的话连为一体。不仅如此,以
下的"师也辟,参也鲁,柴也愚,由也喭,回也屡空。赐不受命而货殖
焉,亿则屡中",也应属司马迁所引述的孔子之语。此句在《论语·先
进》篇中作:"柴也愚,参也鲁,师也辟,由也喭。子曰:'回也其庶
乎,屡空。赐不受命而货殖焉,亿则屡中。'"② 由"子曰"可知,"回
也屡空"以下为孔子之语,但"师也辟"等,并未出现"子曰"的字
样,它们也是孔子之语吗?

答案是肯定的。因为它们除了与后面的"子曰"连为一体之外,
"师""参""柴""由"等孔门弟子皆直呼其名,显然不是再传弟子或
他人所记,而是孔子本人的语辞③。

由此,可断定的是,在汉代,自"受业身通者七十有七人",至
"亿则屡中",皆为引述孔子之语,而非司马迁所造作。也由此,"皆异
能之士"与"七十有七人"属于连为一体的文句,作为孔子之语,为
《史记》及衣镜文所采纳。也就是说,在汉儒看来,"七十七"之数来自
孔子本人,是孔门弟子的确解。

但问题是,既然七十七人为孔子之说,为何当时还要用七十二之数
呢? 在笔者看来,主要原因在于,一方面,孔门弟子的具体状况在汉代
已经模糊,存在着各种争议,司马迁说:"学者多称七十子之徒,誉者或
过其实,毁者或损其真,钧之未睹厥容貌。"④ 由于没有确切统一的标
准,为异说并存提供了空间。另一方面,秦汉以来由于深受五德终始和
阴阳五行思想的影响,七十二"凑'五行之数'"⑤,为官方所采。我们
注意到,在《后汉书》的《明帝纪》《章帝纪》《安帝纪》中,载有祠
孔门弟子之事,所记人数皆是七十二。此外,在西汉景帝时代的蜀守文
翁所作的《孔庙图》中,也是七十二人⑥。它逐渐排挤了七十七人之说,
成为主流说法。此风延及魏晋,在《孔子家语》中,《七十二弟子解》

---

① 石光瑛校释,陈新整理:《新序校释》,中华书局,2001 年,第 328 页。
② 朱熹:《四书章句集注》,第 127 页。
③ 清儒刘宝楠也认为:"此节亦夫子所论,而不署'子曰'。"(刘宝楠撰,高流水点校:
《论语正义》,中华书局,1990 年,第 457 页)但刘氏未具体说明其理由何在。
④ 《史记》卷 67《仲尼弟子列传》,第 2226 页。
⑤ 李零:《重见"七十子"》,《读书》2002 年第 4 期,第 38 页。
⑥ 《史记》卷 67《仲尼弟子列传》,第 2185 页。

一篇，在篇末还称"右夫子弟子七十二人"①，但实载为七十七人。

《孔子家语》是沿承孔氏家学而生成的文本。七十七人的数目不仅与《史记·仲尼弟子列传》相同，更重要的是，它们应该都是来自于孔氏家传的原始材料——《弟子籍》。司马迁在作《仲尼弟子列传》时曾说："论言《弟子籍》，出孔氏古文近是。余以弟子名姓文字悉取《论语》弟子问并次为篇，疑者阙焉。"由此，李零推断道："以'七十有七人'为受业弟子，估计就是出自《弟子籍》。"② 也就是说，七十七人的数字是靠《弟子籍》而统计出来的，但是，七十二则只是一种官方认可的流行数字。

总之，在笔者看来，衣镜文不用七十二之数，而以七十七为标准，应该是以孔氏原材料为依据，体现了尊重事实的精神。

三　孔门七十子与圣化及相关问题

孔子衣镜文所提供的相关信息，为厘清孔门弟子受教的时间、数量等问题提供了新的材料和视角。在此基础上，还可注意的是，依据衣镜文的记载，七十子的问学，与孔子的圣化也颇有关系。

检视衣镜文，在述及诸弟子投身孔门之时，是这样说的："孔子行礼乐仁义□久，天下闻其圣，自远方多来学焉。"这与孔子十七岁时"诸侯□称其贤"，恰可形成一个呼应。依据衣镜文的内在逻辑，孔子之所以有这么多学生投其门下，与其由贤而圣的成长历程密不可分。要之，十七岁开始为"贤"，三十岁后开始逐渐向着"圣"而迈进，由此吸引了大批的弟子问学求教，"圣"，是孔子桃李满天下的重要原因。由此，研讨孔门弟子及相关问题，圣化问题应作为重要的考量因素。下面，就展开具体论述。

习文史者皆知，孔子的圣化主要在他死后，但在孔子生前，已埋下了种子，隐然可见若干痕迹。如《论语·述而》载孔子自谦之辞道："若圣与仁，则吾岂敢！抑为之不厌，诲人不倦，则可谓云尔已矣！"《孟子·公孙丑上》则载子贡对此事的看法道："学不厌，智也；教不倦，仁也。仁且智，夫子既圣矣。"③ 杨伯峻指出："可见当时的学生就已把孔子看成圣人。"④ 且不管孔子是否真的从内心推辞圣人之号，不可

---

① 杨朝明、宋立林：《孔子家语通解》，齐鲁书社，2013 年，第 452 页。
② 李零：《重见"七十子"》，《读书》2002 年第 4 期，第 38 页。
③ 朱熹：《四书章句集注》，第 101、233 页。
④ 杨伯峻：《论语译注》，中华书局，1980 年，第 76 页。

否认的事实是，一方面，在生前，弟子及时人的确将其视之为圣；另一方面，孔子虽辞圣人之号，但接续圣人之统的态度，是不遑多让的。据《论语·子罕》，他以文、武、周公之道的传人自居，宣称："文王既没，文不在兹乎？"① 要之，借重和承接圣统，是从孔子时代就开始的。

在这样的问题意识下，值得注意的是，七十之数与"圣"之间有着密切关联。而且这种关联并非始于孔门，而是渊源在前的圣人之数。这一圣人，就是孔子最为崇拜的周公。《墨子·贵义》载："昔者周公旦朝读书百篇，夕见七十士，故周公旦佐相天子，其修至于今。"②

按照这种说法，周公因礼贤下士七十人，天下得以大治。有鉴于此，有学者提出："称孔子弟子为'七十子'是仿比'周公行为'，是孔门后学追圣贤的一种表现。"③ 笔者赞成"七十子"与"周公故事"的关联，不同意见在于，这种关联不是孔门后学所创，而应该是在孔子本人那里就存在的作为，只是在后来的叠加层累中越来越主题鲜明，论题集中而已。

基本理由在于，作为孔子及孔门圣化的重要起点，在弟子籍中有七十多人，这一数目应该是得到孔子认可，并传承下来的。由此可注意的是，《说苑·尊贤》引孔子之言道："昔在周公旦，制天下之政，而下士七十人。"并进一步指出："周公旦白屋之士，所下者七十人，而天下之士皆至。"④ 也就是说，在战国秦汉以来，周公礼贤下士七十人不仅成为一个延绵不绝的故事，孔门系统自孔子以来，更将其作为"天下之士皆至"的前提所在，对此给予了特别的重视。这些作为重要的知识资源，在孔门圣化的过程中，当然要加以利用。

笔者认为，孔门弟子三千之数，或许终究无法坐实，但以孔子的声望及能力，一生授徒，绝不会止于七十之数。在弟子籍中的七十多人，应该就是比附周公故事而来，这不是一个巧合，而是对众弟子精心挑选的结果。孔子一生最崇敬的就是周公，《淮南子·要略》曰："述周公之训，以教七十子。"⑤ 既然在师、弟相授的过程中，周公之道为核心内涵所在，那么，孔子将手下的弟子择出七十之数，以比附周公故事，应是符合情理的。

---

① 朱熹：《四书章句集注》，第 110 页。
② 孙诒让撰，孙启治点校：《墨子间诂》，第 445 页。
③ 刘全志：《论孔门"七十子"之称的由来和流变》，《保定学院学报》2010 年第 1 期，第 83 页。
④ 刘向撰，向宗鲁校正：《说苑校证》，第 183 页。
⑤ 刘文典撰，冯逸、乔华点校：《淮南鸿烈集解》，第 709 页。

在这样的认识基础之上，再来细绎衣镜文所载："孔子行礼乐仁义□久，天下闻其圣，自远方多来学焉。"就可以发现，这不是一时的随性之笔，而是有所传承及内涵的。它非汉儒所造作，而是逐渐积淀的句式和思维。核心所在，除了前所论及的相关问题，还应更进一步的是，孔子虽为布衣圣人，但在他之前的圣人，皆为圣王，所谓尧、舜以至文、武、周公，皆属这一系统。由此，在论及孔门圣性问题时，无论如何都离不开政治视角。

当然，这种情形及其拓展，并非全部都符合最初的事实，而主要是一种时间之维下的思维投射与改造。在这里面，有多少历史事实为孔子时代所具，又有哪些是后世损益加工所致，是一个复杂的问题。但由衣镜文可知，这一思维在汉代已成为一种公认的"事实"。也就是说，最迟在那个时候，人们就是这样来看待孔门的。从某种意义上来看，对这一问题的探究，已不在于讨论孔子及孔门弟子原来怎么样，而是在历史的演进中，被认为是怎么样。

也由此，我们注意到，在《盐铁论·殊路》中，有这样一段阐述："七十子躬受圣人之术，有名列于孔子之门，皆诸侯卿相之才，可南面者数人云。"① 结合本论题，可以发现，在汉儒眼中的孔门弟子就是政治化的，所谓"诸侯卿相之才""可南面者"云云，所折射的正是这种眼光。这样的态度，当然影响着对相关问题的研判，并由此有了衣镜文中的表述。

循此理路，再加审思，就可以发现，作为授徒基础的"孔子行礼乐仁义□久"既是孔子为圣的表征，更是那一时代王者的标配，它与孔子原来的身份并不匹配。

简单地说，"行礼乐仁义"乃天子之事，孔子所行，是非常态的作为。首先，在中国古代，尤其是先秦两汉时代，礼乐有着严肃的政治意义，最早由"先王"这样的圣人所制定，为后世所遵行，是为治理天下而推出的举措。《荀子·大略》曰："三王既已定法度，制礼乐而传之。"② 具体到周代，礼乐不仅主要由周公所定，并与"周道"紧密关联。汉人说："昔周公制礼乐，成周道，故成王命鲁郊祀天地，以尊周公。"③ 其次，仁义固然人人可行之，但与礼乐相匹配时，亦是王者的行为。《淮南子·泰族训》曰："五帝三王之莅政施教，……考乎人德，以

---

① 桓宽撰，王利器校注：《盐铁论校注》，第 271 页。
② 王先谦撰，沈啸寰、王星贤点校：《荀子集解》，第 518 页。
③ 《汉书》27 中之上《五行志中之上》，第 1372 页。

制礼乐，行仁义之道，以治人伦而除暴乱之祸。"① 而据《史记》，陆贾曾抨击秦王朝"并天下"后，不能"行仁义，法先圣"。汲黯则讥讽武帝："内多欲而外施仁义，奈何欲效唐虞之治乎?"② 都可反映这一鲜明的指向。

当衣镜文论及"孔子行礼乐仁义□久"之时，已不是一种一般性的论述，而是以王者视之，并成为孔子担荷"七十子"之师的资格及理由。也就是说，孔门师徒的结合，已不是由一般性教学活动所引致，而主要在于孔子的由圣而"王"。《淮南子·主术训》曰："专行教道，以成素王。"③ 所谓"素王"，乃是针对孔子有德无位而发，他由此获得了天子一般的尊荣。而所谓"教道"，则是将孔子的教化或教学活动，推崇为充斥着政治和道统的行动。

揆之于史，这一指向并非孔子本人所造作，而是后学逐渐聚焦而成，并在经学系统，尤其是《春秋》学中得以大力阐扬。

习文史者皆知，孔子虽有接续圣统的意向，想挽救这个"礼乐崩坏"的时代，回到周公礼乐制度上去，但从现有材料来看，作为一介布衣，他所希望的，是依托真正的王侯以建立事功。由此，不仅看不出他以王者自居的要求，甚至他就是那个时代最为强调"尊王"之人。他无论如何不会有着"行礼乐仁义"以成圣，从而以王者的姿态号令天下这样的思维和言辞，《论语·季氏》曰："天下有道，则礼乐征伐自天子出；天下无道，则礼乐征伐自诸侯出。"④ 正反映着孔子希望礼乐仁义属之于王的鲜明态度。

但随着历史的演进，对孔子形象的改造越来越向王者靠拢，最初发生关键作用的，正是这些"七十子"们。最为典型的记载，存于《孟子·公孙丑上》。细绎文本，可以发现，孔门弟子们在阐发夫子的"圣性"时，不仅将自己的老师比之于尧舜，甚至认为早已超过这些圣王，所谓"自生民以来，未有夫子也"。而其具体指标正在于"行礼乐仁义"，即所谓"见其礼而知其政，闻其乐而知其德"；"仁且智"；"行一不义，杀一不辜，而得天下，皆不为也"⑤。自此，孔子的形象被塑造得越来越高大，而且随着时间的推移，在理论建构上也越来越丰满。而在

---

① 刘文典撰，冯逸、乔华点校：《淮南鸿烈集解》，第671页。
② 分见《史记·郦生陆贾列传》及《汲郑列传》。
③ 刘文典撰，冯逸、乔华点校：《淮南鸿烈集解》，第313页。
④ 朱熹：《四书章句集注》，第171页。
⑤ 朱熹：《四书章句集注》，第233~235页。

这之后，最值得注意的在于两点：

一是自战国初期以来，孔子就因其"教道"，在后学心目中确立了"天子"般的地位，《墨子·公孟》所载时人之语："昔者圣王之列也，上圣立为天子，其次立为卿、大夫，今孔子博于诗、书，察于礼乐，详于万物，若使孔子当圣王，则岂不以孔子为天子哉？"① 就可以看出这一趋向。

二是战国以来，在《春秋》学，尤其是《春秋》公羊学中，孔子被认为以《春秋》大义褒贬天下。它由孟子发其先声，《孟子·滕文公下》曰："世衰道微，邪说暴行有作；臣弑其君者有之，子弑其父者有之。孔子惧，作春秋，春秋，天子之事也。""孔子成《春秋》而乱臣贼子惧。"② 在此后的思想演进中，后儒接其统绪，最终将孔子认定为了"素王"，而他手下的七十子们，则随之成为所谓的"素相"。也就是说，在战国至汉以来经学系统中，孔门师、弟所建构的，不再是简单的教学团队，而逐渐演化成了史所艳称的"素王""素相"组合③。

这种演化是如何具体发生、发展的？因主题和篇幅所限，不作全面展开。但值得注意的是，衣镜文正是遵循着这一理路，而对孔子及弟子加以论述的，并与《春秋公羊传》的经义紧密相连④。

我们看到，在衣镜文中，所谓"周室威，王道坏，礼乐废，盛德衰"云云，既阐明了周公以来的道统及制度失坠，又与孔子以"教道"承接圣王道统，"行礼乐仁义"，形成了比照与呼应。由此，"天下闻其圣，自远方多来学焉"，就不再是一种泛泛之论，而是颇具政治文化内涵的表述。其典型表现就是，自战国、秦汉以来，孔子与弟子之间的关系，在传圣的基础上，常常与文王以来的王者之治相提并论。如《孟子·公孙丑上》载："以德服人者，中心悦而诚服也，如七十子之服孔子也。"⑤ 就反映着这种取向。换言之，七十子投身孔门之下，犹若贤人及民众归附于王者。

由本论题出发，这一取向中特别值得注意的，是孔门弟子"自远方

---

① 孙诒让撰，孙启治点校：《墨子间诂》，第 454 页。
② 朱熹：《四书章句集注》，第 272、273 页。另外，孟子与《春秋》经学建构问题，亦可参看王刚：《圣统与路径：孟子与〈春秋〉经学的建构》（《华中国学》第 8 卷，2017年）《孟子与〈春秋〉的经学建构问题探论》（《衡水学院学报》2018 年第 6 期）。
③ 如《论衡·超奇》曰："孔子作《春秋》以示王意。然则孔子之《春秋》，素王之业也；诸子之传书，素相之事也。"
④ 关于这一问题的具体论述，可参看本书第十六章。
⑤ 朱熹：《四书章句集注》，第 235 页。

多来学焉"的表述。揆之于史，在先秦以来的"王道"政治理念中，在圣王统治之下，远方之人得以归附，为重要的政治图景及指标。依据《论语·子路》所鼓吹的，王者的为政之道，就是"近者说（悦），远者来"。① 由此，当孔子作为"素王"而感召七十子时，突出"远方"，就不仅仅是一种事实描述，更有着特定的政治内涵。就像周公治下七十人的归附，成为"天下之士皆至"的表征，孔门"七十子"作为一种文化符号，受"圣性"感召，则是作为"素王"的臣属而来。所谓"自远方多来学焉"，在"学"的表象下，更有"政"的意蕴，"学"与"政"在此实现了交融。

稍知中国文史之人，都知道《论语·学而》中的名句："有朋自远方来，不亦乐乎？"两相比较，很容易看出，它与"自远方多来学焉"的表达颇有相类之处，或进一步言之，这应该就是它的源头所在。按照一般理解，此处的"朋"意为同门，引申则为同类，所以朱熹解说道："朋，同类也，自远方来，则近者可知。"② 历来对其作出的解释，一般都不超出砥砺德行，修德向学的范畴。此外，究竟是谁的"朋""自远方来"，则不细究，多泛泛而指。也就是说，这句话是孔子的夫子自道，还是对弟子或一般人群提出的要求，没有成为争讼的聚焦点。

但可注意的是，在汉代典籍《白虎通》中，将此处的"朋"解为孔门弟子，也即《辟雍》篇所载："师、弟子之道有三：《论语》：朋友自远方来。朋友之道也。"③ 这一说法与衣镜文可互证，说明在汉儒看来，"有朋自远方来"的"朋"，是可以指向孔门弟子的，而"朋"的对应者，正是孔子本人。翻检相关资料，我们还发现，清儒宋翔凤在解说这一章句时引用了《白虎通》的说法，并引《史记·孔子世家》所载："孔子不仕，退而修《诗》《书》、礼、乐，弟子弥众，至自远方，莫不受业焉。"以为佐证④。

比较衣镜文与史公之文，里面都出现了"至自远方"这样的用法，我们还注意到，在比之稍前的文献《吕氏春秋·孟冬纪·异用》中，亦载道："孔子之弟子从远方来者。"⑤ 说明这一表述在当时的普遍性。毫无疑问，这一用法的源头在于《论语》，是对夫子之言的拓展。但是，

① 朱熹：《四书章句集注》，第 145 页。
② 朱熹：《四书章句集注》，第 47 页。
③ 陈立疏证，吴则虞点校：《白虎通疏证》，第 258 页。
④ 刘宝楠撰，高流水点校：《论语正义》，第 3、4 页。
⑤ 许维遹撰，梁运华点校：《吕氏春秋集释》，第 235 页。

衣镜文与《史记》的阐释路径颇有不同，前者在突出"圣"性及与政治结合的基础上，将孔子"素王"化；而在《史记》中，则突出孔子"师"的一面，推崇孔子为"至圣"的司马迁，在论及孔门师徒授受问题时，反而对其"圣"的一面避免着墨。为什么会这样呢？

前已论及，孔子本人并无成圣，并以王者的姿态号令天下的思维和言辞。对其进一步圣化，尤其是"素王"化，主要是此后经学阐释的重要任务。但是，这与《论语》以下，汉代经学所论及的孔子时代授徒的"事实"之间，易产生偏差。司马迁出于严谨的需要，对"行礼乐仁义"，"天下闻其圣"云云，避而不论，代之于"退而修《诗》、《书》、礼、乐"，反映的是一种实事求是的史学态度。

反之，衣镜文遵循的应该是当时的经学路数，颇具圣性的政治性叙述，成为它的核心所在。要言之，孔门师、弟的教学活动被赋予了鲜明的政治属性，孔子因其教，而被视为王者；孔门弟子投其门下，则是对王者的内在仰服，孔门师、弟的关系，在切磋琢磨、互相砥砺中，有了圣与贤、君与臣的分际及比附，这应该反映了当时的时代精神及学风。就事实本身来说，或有可商，但它的重要之处在于，为我们展现了战国至秦汉以来，人们心目中，孔子与弟子们师、弟授受的一种图景。对其复原和探究，可进一步深化孔门弟子及相关问题的认知，有着不可忽略的学术价值。

本章以衣镜文为切入口，结合传世文献，尤其是《史记》所载进行比勘和研判，聚焦于孔门授业问题，对于孔子授徒时间及相关问题、孔门弟子数，以及孔子的圣化问题等，做出了新的考察。

在这一进程中，笔者力求回到历史的现场，在对相关材料再释的基础上，能打通先秦两汉的诸种问题，从而复原其真貌。由此，有了新的认知，厘清了一些误识。在"二重证据法"的视域下，可见的事实是，比之《史记》的历史性叙述，在圣化思维下的政治化眼光投射中，衣镜文透现出了汉代经学话语系统的气息。这里面固然有后世层累损益之处，并使得对彼时《论语》等文献的解读，及孔门师、弟的教学活动被赋予了鲜明的政治属性。但在历史的时差下，它恰恰反映着时代的精神及学风，为我们展现了战国至秦汉以来，在人们心目中，孔子与弟子们师、弟授受的一种图景。

第十章　"孔子衣镜"所见"四科十哲"问题

一　引言：从"七十贤徒"到"四科十哲"

孔门弟子号称有"七十贤徒"。当涉及相关论题时，它成了不可绕过的环节。但在"孔子衣镜"中，限于体量和篇幅，"七十子之徒"不可能全部亮相，只能根据需要，有选择性地将一些"重中之重"的人物编排入内。而在这种选择中，首要的，是要尊重孔门传统。基于这样的原因，"四科十哲"成了衣镜图文编排和撰作的重要知识基础。

所谓的"四科十哲"，来自《论语·先进》篇，它将孔门的著名弟子分为了四个类别，共计十人。即所谓："德行：颜渊、闵子骞、冉伯牛、仲弓；政事：冉有、季路；言语：宰我、子贡；文学：子游、子夏。"① 因适中的数量及权威性，这十人成为"七十子"最重要的代表。由此，在《史记·仲尼弟子列传》中，司马迁在引述孔子之言"受业身通者七十有七人"后，首先列出的就是这十大弟子。也就是说，在太史公及汉儒看来，"七十子"固然是孔门杰出弟子的代表，但倘缩小范围，"四科十哲"则为首选。

这样的情形在出土资料中亦可获得印证。有学者对汉代孔门弟子画像石进行考察后指出，在这些画像石的榜题中，既有"七十子"的标示，更可发现与《论语》中"四科十哲"的一致性。作为一个重要事实，"很多人认可'十哲'之类的人和事"②。要之，在论及"七十子"之时，无论是在传世文献中，还是在出土图像中，"四科十哲"的序列颇为重要与核心。

由本论题出发，我们不禁要问，这样的思维方式在"孔子衣镜"中，是否也有所体现呢？答案是肯定的。

可注意的是，在介绍孔子的文字中，这样论道："孔子弟子颜回、子

---

① 朱熹：《四书章句集注》，第123页。
② 杨爱国：《山东汉画像石上孔门弟子图的启示》，《中国汉画学会第十二届年会论文集》，中国国际文化出版社，2010年，第142页。

赣之徒七十有七人，皆异能之士。"但出现的几大弟子图像，主要聚焦于"四科十哲"，并没有将"七十子"的图像一一呈现出来。此外，《衣镜赋》这样说道："□□圣人分孔子，□□之徒颜回、卜商。"① 据笔者的考察，"颜回、子赣之徒""□□之徒颜回、卜商"云云，应该也是与"四科十哲"相对应的概念，它们作为"七十子"的代表，对于衣镜中的弟子编排及相关问题，发挥了指导性的作用。

二　从"渊、骞之徒"到"颜回、子赣之徒"

翻检史籍，"孔子衣镜"文中所论的"孔子弟子颜回、子赣之徒七十有七人，皆异能之士"，与《史记·仲尼弟子列传》中的表述具有高度的相似性，二者应该具有同源文本及理念。

在《仲尼弟子列传》中，开篇这样说道：

> 孔子曰："受业身通者七十有七人，皆异能之士也。德行：颜渊、闵子骞、冉伯牛、仲弓；政事：冉有、季路；言语：宰我、子贡；文学：子游、子夏。师也辟，参也鲁，柴也愚，由也喭，回也屡空。赐不受命而货殖焉，亿则屡中。"②

太史公首先引述："孔子曰：'受业身通者七十有七人，皆异能之士也'。"接续而来的文字，就是"四科十哲"，他是以此作为"七十子"的核心代表。而衣镜文在"皆异能之士"的表述之前，则是直接以"孔子弟子颜回、子赣之徒"加以概述。

在同源文本的视野下，我们的问题是，代表"七十子"的"颜回、子赣之徒"，是否也是由"四科十哲"中抽绎而出的呢？笔者以为，事实正是如此。

在西汉大儒扬雄所撰的《法言》一书中，有一篇名为《渊骞》，它以"七十子"为核心展开讨论，一开篇即问道："渊、骞之徒恶在乎？"汪荣宝指出，依据此书《学行》注所言，"徒犹弟子也"。由此可推定的是，"渊、骞之徒，犹言七十子之弟子"。汪氏还进一步指出，这一理念提出的根据是："《仲尼弟子列传》以颜渊、闵子骞居首，故举渊骞以统

---

① 王意乐、徐长青、杨军等：《海昏侯刘贺墓出土孔子衣镜》，《南方文物》2016 年第 3 期，第 63、64 页。
② 《史记》卷 67《仲尼弟子列传》，第 2185 页。

其余也。"① 我们知道，汪氏所谓"举渊骞以统其余"，虽标示其出于
《仲尼弟子列传》，但文本源头乃是《论语》所载的"四科十哲"。也就
是说，以"四科"的概述性说法来指代"七十子"，在汉代是有例可循
之事。

与扬雄的"渊、骞之徒"相类，"颜回、子赣之徒"为同一类型的
表达法。所不同在于，扬雄在居首的"德行"科中，将颜渊和闵子骞列
出；而衣镜文中的"颜回、子赣之徒"，则是将"德行"科的颜渊和
"言语"科中的子赣（贡）并列，在前两科中各举一人，以概述"七十
子"。由于这种手法比扬雄之论的概述性更强，接受程度也更高。

由此可注意的是，《孟子·公孙丑上》载："以德服人者，中心悦而
诚服也，如七十子之服孔子也。"汉儒赵岐注曰："颜渊、子贡等之服于
仲尼，心服者也。"② 此外，西汉大儒刘向曾在奏章中有言："昔孔子与
颜渊、子贡更相称誉，不为朋党。"在东汉时期，则有人将自己弟子比附
为孔门中人，"名为'颜渊''子贡''季路''冉有'之辈"③。看来，
在整个汉代，"颜回（渊）""子赣（贡）"常可并论，在那时，以
"颜回（渊）、子赣（贡）之徒"来概述"四科十哲"，进一步指代"七
十子"，应该是可接受的通例。

在此，需稍加辨析的一个问题是，汪荣宝虽然准确地将"渊、骞之
徒"与"四科十哲"加以联系，但在他看来，"渊、骞之徒"为孔门再
传，指的是"七十子"的学生辈。倘从语义上分析，汪氏乃是从"颜
渊、闵子骞等七十子的弟子"这一层面上，去进行释义的。这种看法在
语义上固然可通，但它只见其一，不见其二。因为"渊、骞之徒"，更
可指"颜渊、闵子骞这些弟子们"，直接对应着"七十子"，而不是再传
弟子。现在通过审视衣镜文，扩而展之，在这一层面上的疑义可以完全
明确，不成疑问。

在衣镜文中，已明言"孔子弟子颜回、子赣之徒七十有七人"，由
于直接对应面就是"七十子"，很显然，"颜回、子赣之徒"在此属于后
一种意义指向。还可注意的是，在《史记·儒林列传》及《汉书·儒林
传》中，亦载道："仲尼既没，七十子之徒散游诸侯。"在此，"七十子
之徒"指的也是子贡等孔门嫡传，而非再传弟子。不仅如此，在《史
记》《汉书》的其他篇章中，此语凡有明确所指者，皆与此有同一意义

① 汪荣宝撰，陈仲夫点校：《法言义疏》，第417页。
② 焦循撰，沈文倬点校：《孟子正义》，中华书局，1987年，第222页。
③ 分见《汉书·楚元王传附刘向传》《后汉书·独行列传》。

指向①。也就是说，至少在汉代，"七十子之徒"主要指的并不是孔门再传，而是"七十"门徒们。衣镜文所采取的，正是当时的通行用法。

值得提出的是，对于这一概念或名词的使用，虽然还可以找到许多旁证加以坐实，但我们也注意到了材料方面的一点疑问。那就是，在"言语"科中，列出的是"宰我、子贡"二人，那么，何以不将宰我与颜回并列呢？在笔者看来，在"言语"科中弃宰我，而将子贡与颜回排列在一起，作为"十哲"及"七十子"的代表，原因主要在于，《论语》等文本中宰我形象的消极影响。

宰我能进入"四科十哲"，说明其曾经获得过孔子的高度肯定，尤其在"言语"方面，他颇有造诣。但这些应该主要发生在孔子早年，后期他的一些言行引起过夫子的不满，并对其说过一些重话。如孔子曾言："吾以言取人，失之宰予；以貌取人，失之子羽。"② 既说明了后来对宰我的不满，却也反过来证明了，早年对宰我在"言语"方面的欣赏。

这样的情形在《论语》中亦可得到某种印证。《公冶长》篇载，宰我"昼寝"，孔子对这位弟子不好向学的惰行，愤怒地指斥道"朽木不可雕也"，并且指出："吾始于人也，听其言而信其行；今吾于人也，听其言而观其行。于予与改是。"③ 因这样的记载，宰我的"言语"，后来不仅不能成为他的光荣，反倒成了一种负面标签。前所引及的"以言取人，失之宰予；以貌取人，失之子羽"云云，就是将他与子羽（澹台灭明）加以比较，作为负面形象，以衬托后者。衣镜文亦将此语收入，可见宰我在"言语"方面的负面影响之大④。有了这样的背景，在"言语"科中选取代表人物，弃宰我而用子贡，也就可以理解了。

不仅如此，在孔子晚年，随着颜回、子路等弟子的纷纷离世，子贡成为孔子最为信赖的学生。孔子离世之前最期待见到的就是他，离世之后的丧事亦由其主持，诚如有学者所指出的："是孔子晚年最得意的门生。"在孔子过世后，"尽管子贡没有名正言顺地举起孔门'帅旗'，但

① 它们分见于《史记》之《十二诸侯年表》《伯夷列传》《仲尼弟子列传》《货殖列传》；《汉书》之《货殖传》。

② 《史记》卷67《仲尼弟子列传》，第2206页。

③ 朱熹：《四书章句集注》，第78页。

④ 王意乐、徐长青、杨军等在《海昏侯刘贺墓出土孔子衣镜》（《南方文物》2016年第3期，第66页）中认为："（衣镜中的有关文字）为子羽和我（宰我）传记。"这一说法是不准确的。宰我是作为反面陪衬而出现的，所以在衣镜的相关文字之后，很明白地写道"右堂骀子羽（澹台灭明）"，虽然录入了宰我的言行，但并不将其作为传主之一，由此，图像中也仅有澹台，而无宰我。关于这一问题的详细论证，可看本书第四章第四部分。

其在孔门弟子中的突出地位似乎也已基本确定"①。虽然此后孔门弟子发生分裂，子贡最终没有成为统领者，但他在晚期孔门中的突出地位，是无法忽略的。由此，以子贡，而不是宰我作为"言语"科代表，与颜回连及而言，即所谓"颜回、子赣之徒"，逐渐成为习惯，也就顺理成章了。

三 "颜回、子赣之徒"与先"政事"、后"言语"问题

"颜回、子赣之徒"的称谓，是依据今本《论语》"四科"的顺序"德行""言语""政事""文学"而定出来的。按照这一顺序，子贡作为"言语"的代表，紧接着"德行"而来，故而可与颜回并论。然而，在《史记·仲尼弟子列传》中，"政事"科的"冉有、季路"排在"言语"科的子贡等人之前，与今本《论语》有异。那么，衣镜文为何不遵循这一次序进行排列呢②？

《史记·仲尼弟子列传》，唐司马贞《索隐》指出："《论语》一曰德行，二曰言语，三曰政事，四曰文学。今此文政事在言语上，是其记有异也。"③ 但具体原因何在呢？他没有给出明确的答案。对于这一差异，清儒刘宝楠认为："《弟子传》先'政事'于'言语'，当出《古论》。"④ 由于何晏《论语集解》序有云："《古论》惟孔安国为之训说，而世不传；至顺帝时马融亦为之训说。"有学者遂以此为基点提出，在《论语》中的"四科"一章，此前采纳的为《古论》本，先"政事"后"言语"乃是最早的文本标准，他还认为，"孔氏《古论》早佚，流传是马融本"。"形成如此先言语后政事，恐怕出于东汉马融所改定"，并进一步推断，它影响了此后马融的学生郑玄对《论语》文本的改订⑤。

如果按照这样的逻辑理路，衣镜文中的"颜回、子赣之徒"，就不应该是来自"四科十哲"的原始文本了。因为当时的《论语》文本次序还是先"政事"后"言语"。由此，前所论及的"颜回、子赣之徒"，与

---

① 马勇：《中国儒学》第一卷，东方出版社中心，1997年，第47页。
② 当然，我们也注意到，在后世亦有将"文学"置于"言语"及"政事"之前的说法，但一则这主要是唐宋以来的说法；二则很有一些是文人之辞，具有一定随意性。具体例子，可参看程树德《论语集释》（中华书局，1990年），第742页。在汉代，由严谨的经学规范出发，主要就是"言语"与"政事"的前后次序问题，没有后世的那些状况，故而文中不再论之。
③ 《史记》卷67《仲尼弟子列传》，第2185页。
④ 刘宝楠撰，高流水点校：《论语正义》，第441页。
⑤ 金德建：《〈仲尼弟子列传〉孔门"四科"先"政事"后"言语"辨》，《史林》1991年第2期，第80页。

"四科十哲"的必然联系，就要遭到质疑。

但事实是这样的吗？答案是否定的。"四科"次序问题，今本所列渊源有自，不仅没有改窜，反倒应该是《论语》文本的常态。

我们注意到，在河北定州出土的西汉中山怀王刘脩墓《论语》中，"四科十哲"这一章的文字作："……渊、闵子骞、冉伯……有、子路；文学：子游，子夏。"① 在这里，虽然"言语"科文字有残，但由于"德行"在前，"政事"与"文学"联袂居后，很显然，"言语"必然接续在"德行"之后，"政事"之前，它与今本次序完全一致。与刘贺一样，刘脩离世于宣帝时代，定州本《论语》反映着早期文本的真实面貌。根据这一资料可断定，在《论语》文本中，先"言语"后"政事"绝无改窜可能，而是其原貌。

不仅如此，在东汉，马融之前的王充在其所著的《论衡·定贤》中，在论及"子贡之徒"时，是这样说的："以辩于口，言甘辞巧为贤乎？则夫子贡之徒是也。子贡之辩胜颜渊，孔子序置于下。"② 按照王充的看法，是孔子将"子贡之徒"置于颜回之下，而其根据，应该就是《论语》中的"四科十哲"。这一观点得以成立的理由在于，在汉人看来，这一弟子序次，就是孔子所言。《新序·杂事三》云："孔子曰：'言语：宰我、子贡。'"很显然，汉人认为，"四科十哲"是孔子之言，而非"世俗"之论。石光瑛评价道："是汉儒旧说皆以《论语》此节为孔子之言。"③ 由此，在汉儒看来，"颜回、子赣之徒"，不仅是当时被广泛接受的理念，而且确乎与《论语》文本中的"四科十哲"相契合。

还可一提的是，在汉代经学史上，《论语》早先有着所谓的齐、鲁、古三家文本。今本《论语》的源头可追溯至西汉成帝年间的张禹，他以今本《鲁论》为主，整合《齐论》，建构了"张侯本"，汉末的郑玄又在此基础上糅入《古论》④，魏晋时代的何晏则进一步融汇众家，成《论语集解》，从而奠定了今传本的规模。现在可以知道的是，定州《论语》属于《鲁论》，海昏《论语》虽未完全公布，但可基本确定为《齐论》，而且在汉代的齐、鲁、古三《论》中，前两者作为今文经学，早于《古

---

① 河北省文物研究所定州汉墓竹简整理小组：《定州汉墓竹简论语》，文物出版社，1997年，第49页。

② 王充撰，黄晖点校：《论衡校释》，第1115页。

③ 石光瑛校释，陈新整理：《新序校释》，第328页。

④ 何晏《论语集解》序云："郑玄就《鲁论》篇章，考之《齐》《古》，为之注。"杨伯峻则在《论语译注》的《导言》中说："郑玄以《张侯论》为依据，参照《齐论》《古论》，作了《论语注》。"

论》，在武帝之前基本定型，司马迁所采主要是不避讳的《古论》本①。由此，刘宝楠所提出的先"政事"后"言语"来自《古论》本，就似乎颇有见地。

但问题的复杂性在于，在汉代，先"政事"后"言语"的排序，或许可与《古论》文本相应，但这一排序又不完全由今古文学派及所属文本所决定。据《盐铁论·殊路》，在昭帝时代的盐铁会议上，贤良文学们提出："七十子躬受圣人之术，有名列于孔子之门，皆诸侯卿相之才，可南面者数人云。政事者冉有、季路，言语宰我、子贡。"② 这一排列次序正与《仲尼弟子列传》相同。

很自然地，我们要问，这一立论根据是来自《古论》还是《史记》呢？答案是，与《古论》和《史记》应皆无关系。

《古论》出自武帝时代，很可能来自孔壁，至宣帝时代由官府转为隶定本后，得以广泛流传，此前，获睹者罕。故而《论衡·正说》曰："宣帝下太常博士，时尚称书难晓，名之曰传，后更隶写以传诵。"③ 盐铁会议的时间早于《论语》隶写的宣帝时代，来自民间的贤良文学应该是看不到古文本的，至于《史记》文本，根据我们的研究，也非他们所易见④。如果依据今文《论语》文本，无论偏于齐的海昏本，还是属于鲁的定州本，都不应如此排序。在此，最大的可能乃是，汉儒对今文《论语》文本排序做了调整，最终有了这样的结果。

由此再做进一步的探究，就可以发现，在战国两汉时代，虽然"四科十哲"是广为流传的孔门传统，但对其引述之时，不一定要完全依据原文本，它是可以根据需要适度调整的。典型例子出现在《孟子·公孙丑上》："宰我、子贡善为说辞，冉牛、闵子、颜渊善言德行。"对照《论语》文本，此段文字显然与"四科十哲"章相合，由于孟子在引述时，所讨论的主题为所谓的"知言"问题，故而将"言语"提至"德行"之前。

同样，再审《盐铁论·殊路》中的文句，也可以发现，讨论的焦点是孔门弟子的政治才能，故而将"政事"推前，"言语"居后。文中所

---

① 关于这一问题，可参看王刚：《从定州简本避讳问题看汉代〈论语〉的文本状况——兼谈海昏侯墓〈论语〉简的价值》，《许昌学院学报》2017 年第 3 期；王刚：《南昌海昏侯墓〈论语〉文本及相关问题初探》，《中国经学》（第 25 辑），广西师范大学出版社，2019 年。

② 桓宽撰，王利器校注：《盐铁论校注》，第 271 页。

③ 王充撰，黄晖点校：《论衡校释》，第 1138 页。

④ 关于这一问题，可参看本书第十三章。

谓"皆诸侯卿相之才"，"可南面者"云云，正反映着这种意识。尤为重要的是，这种所谓的"诸侯卿相之才"，"可南面者"，作为孔门弟子的鲜明特色，在战国至汉以来，已几乎成了一种通论。一般在论及孔门弟子时，都这样说道："自孔子卒后，七十子之徒散游诸侯，大者为师傅卿相，小者友教士大夫，或隐而不见。"① 不仅在思想意识，甚至措辞上，都与贤良文学们声气相通。

　　总之，先"言语"后"政事"，固然是符合《论语》文本的排序，但由于思想意识的驱动，在汉代，先"政事"后"言语"，亦成为一种重要的选项。由此，与"颜回、子赣之徒"的表述相仿，"颜冉"，即颜回与冉有亦可以并称，它虽没有前者那么普遍，但可以反映"四科"的另一种次序安排。如《汉书》有"颜、冉之资"的记载，颜师古囿于《论语》文本，将其解释为："颜，颜回也。冉，冉耕也，字伯牛。皆孔子弟子。《论语》称子曰：'德行：颜渊、闵子骞、冉伯牛、仲弓。'"② 然而，这是一个误判。由前已知，在汉代，"德行"科一般以"渊、骞之徒"加以表述，即将"德行"科中的前两人颜渊、闵子骞并论。一般情况下，按照惯例，是不能跳过闵子骞，而直接将颜渊和冉耕并论的③。

　　以前所引及的《孟子·公孙丑上》为例，我们注意到，孟子虽然将"言语"和"德行"的次序做了调整，但每一科的内在次序还是有其规律的。"宰我、子贡"的排序，与《论语》原文本相合。在"冉牛、闵子、颜渊"的排序中，与《论语》文本相较，则是将排在最后的仲弓省略，然后，再按照重要性，层层递进地排序，虽与《论语》文本的次序正相反，但内在的逻辑是很清楚的，就论题而言，它每一科的内在次序是严谨的。由此，"颜、冉"之"冉"，不太可能是冉耕，因为这种乱其次序的做法，不符合当时对"四科"的表述及引用。要之，此处的"冉"，应该就是"政事"科的冉有，而非"德行"科的冉耕。

　　当然，可能有人会认为，《汉书》中的这个例子在表达上并不够清晰，易生歧义，要完全坐实似乎还有一些差距。为进一步证明之，我们可以再看看汉末大儒蔡邕对时人边让的一段赞誉之辞："让生在唐、虞，

---

① 《史记·儒林列传》《汉书·儒林传》皆如此措辞。
② 《汉书》卷80《宣元六王传·淮阳宪王刘钦》，第3315、3316页。
③ 在《法言·问明》及《君子》篇中，有"颜氏之子，冉氏之孙"，"回、牛之行德"的讨论，将颜回与冉伯牛并论，但细绎文本可以发现，不仅它们所使用的习惯用词不同，更重要的是，颜回与冉耕并论的理由，是因为他们都德行高尚，但皆早死。故而，文中讨论的是"命"与"寿"的问题，它与指代及概述"四科""七十子"的问题无关。

则元、凯之次,运值仲尼,则颜、冉之亚。"① 在这里也出现了"颜、冉",并且联系上下文,可以确证,在汉代,"颜、冉"并称时,其指向一般来说,就是颜回、冉有。

理由在于,在这段文字中,蔡邕将边让与尧舜时代的"八元、八凯",孔子弟子中的"颜、冉"相提并论。细绎文字,可以发现,这种比附中有着对边让政事能力的推崇。据《左传》文公十八年,"八元、八凯"以治国理政的能力而著称,即所谓"以揆百事,莫不时序,地平天成","内平外成"②。我们知道,孔门弟子中的"冉耕"未闻其政事能力如何,仅以身列"德行"科为后世所知;而冉有则居于"政事"科之首。毫无疑义,在汉代,一般来说,"颜、冉"之中的"冉",应该指的就是冉有,而非冉耕。要之,"颜、冉之资"中的"冉",是冉有,而非冉耕,颜师古的误判不能成立。

在此,还需要进一步指出的是,蔡邕在汉末主持熹平石经的刊刻,与古学派分庭抗礼,其中《论语》作为重要经籍,所用为《鲁论》本③。由此,蔡邕所采《论语》也应为这一系统的文本,至少是今文学派本。如果先"政事"后"言语"是来自《古论》,那么,蔡氏所谓的"颜、冉"云云,就显得有悖情理了。看起来,汉儒所谓的先"政事"后"言语",主要不是由于文本使用之异,而是因行文上的考量和习惯所导致。

四 "□□之徒颜回、卜商"与衣镜的图文编排

有了以上的知识基础,再来看"□□之徒颜回、卜商",就可以发现,它也与"四科十哲"及"七十子"关系密切。我们注意到,此句接续"□□圣人兮孔子"而来,前一句论述圣人孔子,很自然地,后一句讨论的就是孔门弟子了。它与前所述及的"孔子弟子颜回、子赣之徒七十有七人"正可呼应,只是语序上倒置,语言表达上也相应地稍有不同。

何谓语序倒置呢?"孔子弟子颜回、子赣之徒"是将孔门弟子的名字列在"之徒"二字之前,而"□□之徒颜回、卜商",则是将他们的名字置之于后。虽在表达上有异,但相较之下,很明显的是,二者指向一致,意义相当。既然"颜回、子赣之徒"由"四科十哲"抽绎而来,"□□之徒颜回、卜商"应该不例外,也当来自此。下面,就具体论之。

---

① 《后汉书》卷 80 下《文苑列传·边让》,第 2646 页。
② 阮元校刻:《十三经注疏》,第 1862 页。
③ 关于这一问题,可参看王刚:《文本与政治:熹平石经〈论语〉研究发微》,《华中国学》(2018 年春之卷),华中科技大学出版社,2018 年。

我们知道，颜回是孔子最器重的学生，回是他的名，因为他字子渊，也可敬称为颜渊；而卜商，则是孔子高足子夏之名。查核文本，他位于"四科"的"文学"一科，历来被认为是孔门弟子中最重要的传经人物，在经学领域，许多经籍的流布源头都可追溯于此。故而在衣镜图像中，他的形象是"双手持一册打开的简册，正低头专心看竹简"①。就极好地反映了这种普遍认知。众所周知，自汉以来，儒家思想能成为主流意识形态，一个核心原因就在于，其所传五经或六经占据着神圣地位。汉武帝"独尊儒术"以来的思想界，由此被称为"经学时代"②。从这个角度来看，子夏在孔门中的地位不可谓不重要。

然而，倘循此理路进行讨论，由本论题出发，有两大相关问题摆在面前，需正面作答。

一是既然地位如此重要，子夏及其所在的"文学"科，何以在"四科"中居于末位？而不加以调整呢？

笔者以为，这里面的关键性因素，除了很可能孔子原话如此，后世照录之外，它与战国至汉代以来的经学思维关系更大。我们注意到，在经籍之中，除了首章，末章也是十分重要的篇幅，常常被认为寄托了重大情怀。如《春秋》经，除了首章"元年王春正月"之外，末章"获麟绝笔"，也被认为寄托了丰富的"微言大义"。再如《论语》，以《学而》作为开篇，体现的是"入道之门，积德之基"，末卷《尧曰》篇则"以明圣学之所传者，一于是而已"③。要之，在经学思维中，由于重视"始""末"问题。子夏位于"四科"之末，不仅不减损其价值，反而是其地位的一种表现。

由此，在"四科十哲"中抽绎代表人物时，颜回固然是首选，与之相配的，除了接续其后的闵子骞、子贡等之外，最后压阵的子夏，也可

---

① 王意乐、徐长青、杨军等：《海昏侯刘贺墓出土孔子衣镜》，《南方文物》2016 年第 3 期，第 63 页。

② 冯友兰以"独尊儒术"为分水岭，将中国古代思想文化的发展分出了"子学时代"与"经学时代"两大阶段，他指出，在经学时代，"其立说无论如何新奇，皆须于经学中求有根据，方可为一般人所信受"。见冯友兰：《中国哲学史》，华东师范大学出版社，2000 年，第 25、296 页。

③ 朱熹：《四书章句集注》，第 47、194 页。当然，历来有一种观点，认为在《尧曰》之前，《论语》倒数第二篇的《子张》篇其实才是《论语》的终篇，它的特点是："皆是弟子，无孔子语也。"（皇侃：《论语集解义疏》，第 265 页）刘宝楠说："盖《论语》自《微子》篇（《子张》之前的一篇）说夫子之言已讫，故《子张》篇皆记弟子之言，至此更搜集夫子遗语，缀于册末。"（刘宝楠撰，高流水点校：《论语正义》，第 755 页）但不管是以《尧曰》还是《子张》作为《论语》的终篇，其间都有着特别的意蕴。与本论题的主旨不发生冲突。限于主题及篇幅，不对此问题详论。

成为当然之选。也由此，"□□之徒颜回、卜商"，是符合"四科"的内在逻辑理路及相关思想序列的。

二是颜回、卜商皆为名，而不是字。按照当时的规矩，出于敬称的需要，大都以字称之。也就是说，从"四科"中将他们的名字抽绎而出，规整的称谓应该是"颜渊、子夏"，而不是"颜回、卜商"。在儒门之内，直称其名，只有他们的老师孔子有资格，他人出于礼貌和敬意，是不应该如此称谓的①。遑论后世之人呢？

当然，我们也注意到，在先秦两汉，由于颜回之名为人所熟知，在各种不同立场的人群中，也可以看到名而不字的情况，还有时或名或字，似乎比较随意，如《庄子》中就是如此。另外在《法言·君子》中，有所谓"回、牛之行德"的提问②。

但务必注意的是，《庄子》是偏于道家立场的，且行文不羁，而《法言》中所出现的相关提问，应来自民间。由前已知，扬雄本人是以"渊、骞之徒"这样规范的敬称来称呼颜回等人的。不仅如此，我们还注意到，魏晋南北朝以后，以"颜回"，而不是"颜渊"为称谓者多了起来。如在唐代的奏对中，西汉时刘向所言的"昔孔子与颜渊、子贡更相称誉，不为朋党"。不自觉地被换成了"昔刘向云：'孔子与颜回、子贡更相称誉，不为朋党'"③。"颜渊"改为了"颜回"。甚至在《孔子家语·颜回》篇这样的儒家重典中，竟无一"颜渊"，皆作"颜回"，并出现了"颜回谓子贡曰"这样的句子，子贡称字，颜回反倒称名。

以上的例子固然说明了历史的复杂性，具体原因，尚需作具体的分析。但就本论题出发，可以肯定的是，在战国以至两汉时代，只要是偏于儒家立场的读书人，那时的规范还是以"颜渊"称之，所以，除了前所论及的刘向、扬雄等例子外，无论是在《论语》还是《史记·仲尼弟子列传》中，在"四科十哲"及相关称谓中，皆无颜回、卜商这样直呼其名的做法。

---

① 如在《论语》中，孔子对弟子们称名，但文本中一般皆称字，同门之间出于相互间敬意，按规矩也称字。如在《子张》篇："子张曰：'子夏云何？'""子游曰：'子夏之门人小子。'""曾子曰：'堂堂乎张也。'"皆是如此。在此需要稍加说明的是，在孔子面前，出于对师长的尊重，弟子间应相互称名而不能称字，如在《公冶长》篇，子贡在孔子面前，回答自己和颜渊之间的比较问题时，以"赐也何敢望回"云云作答；同样的，在《先进》篇，子贡在讨论子张与子夏时，以"师与商也孰贤"发问。
② 汪荣宝撰，陈仲夫点校：《法言义疏》，第 520 页。
③ 《新唐书》卷 180《李德裕传》，中华书局，1975 年，第 5339 页。

不仅如此，前所引及的，赵岐的"颜渊、子贡等之服于仲尼"，王充论及颜渊与"子贡之徒"时，也皆是如此，以字称之而不名。孔子衣镜以孔门师徒为主题，颂扬之情不言而喻，褒词比比皆是。对颜渊、子夏等可谓充满了温情和敬意。既如此，也当如是。但是，它何以会在这一问题上违反常规呢？

在笔者看来，答案要到《衣镜赋》中去寻找。

众所周知，中国古代的诗赋是需要押韵的，韵脚就在尾字。因押韵的需要，对原来的用字作若干变化，是常有之事。我们注意到，《衣镜赋》的尾字从"方""光""常"，至"阳""央"等，皆可与"卜商"的"商"字押韵。查检韵书，它们在平水韵"七阳"部，另外在《集韵》中，这些字大都在卷三的"平声三"的"第十"及十一部①。而子夏的"夏"字，则无法达成这一要求。为诗赋创作的需要，不以"子夏"称之，以"卜商"代之，再进一步，为了与"卜商"之称相协调，弃置以字相称的"颜渊"，而用"颜回"一名，以至于撰作"□□之徒颜回、卜商"的文句，就不难理解了。

也就是说，这不是常态下的称谓，而是诗文中的灵活变化。可参校的是，在衣镜中，在对各位弟子进行图文介绍后，作为提要性的规范用词，并配以文字符号，明明白白地写着"●右颜渊""●右子夏"云云，正可说明这一点。

在此，还有一个连带问题需要回答，那就是，在"孔子弟子颜回、子赣之徒"的表述中，前者称名，后者称字，依据规范的称谓，应该为"颜渊、子赣之徒"才对。此句出现在介绍孔子的图文资料中，无音韵及其他相关约束的要求，本可自由表达。那么，我们不禁要问，它为何也会出现这种不规范的状况呢？

在笔者看来，最大的可能是，在衣镜制作的过程中，就图文资料的推出来说，应该是《衣镜赋》成之在前，然后才是对孔子及其弟子的图文撰作。因为这样的原因，颜回之名被沿用了下来。但进一步的问题是，为何不用子夏之名端木赐，与颜回相配呢？毕竟"颜回、子赣之徒"一为名，一为字，二者本不匹配，质言之，是不够严谨的说法。

具体详情如何，现在已不得而知。但以笔者的揣测，不论是疏忽，还是为了求得与《衣镜赋》的统一，一个很大的可能是，因为"颜回、

---

①　丁度等编：《集韵》，上海古籍出版社，1985年，第211~226页。

卜商"行文在前，在书写时不自觉受其影响，并最终失之于察。毕竟对于刘贺这一类崇儒之人来说，"颜渊、子赣之徒"这样的习惯用法，在当时的读写之中，无论是在口头还是笔端，应该才会极为自然地出现。也就是说，从心理习惯来说，书写时顺理而下，应该是很自然地写为"颜渊、子赣"，写成"颜回、子赣"，反而是件奇怪的事情，它的出现，应该是受到外界影响所导致。

然而，子夏也好，卜商也罢，指向为同一人。作为孔子弟子，在《衣镜赋》中，他与颜回一起合称为"□□之徒颜回、卜商"。依据现有材料，其内在的行文缘由已难以穷究。现在可进一步厘清的工作，是对其残缺之字加以补正。依据考古工作及资料整理者所提供的材料，前两字残泐，无法释读，故以"□□"表示之。那么，很自然的问题就是，这里残缺的是哪两个字呢？笔者以为是"七十"，它们以合文面貌而出现。

笔者作出这一判定的依据，是建立在仔细查考书写形制的基础之上的。审视《衣镜赋》图文（图 10.1），整篇诗赋从右向左，可辨析出十九列，每列为一句，共十九句。由于左侧残缺，文本已不完整，估测整个诗赋应在二十列以上。就本论题出发，值得注意的是，在十九列文字中，除最后一列整体无法释读外，其他各列的句子大多比较完整，皆顶格书写，每列的首字基本维系在同一水平线上，第十四列的"□□之徒颜回、卜商"，也正是如此。但仔细查核，可以发现，"之"字已基本顶格，在此之上绝无再容纳两字的间距，仅可容一字。

图 10.1 《衣镜赋》局部

然而，如果由基本文义出发，"……之徒"这样的文句前面，仅补一个字是无法连贯成文的，它至少要两字。沿着上文的逻辑理路，并结合传世的文例及习惯，它们可以是：（1）"孔子之徒"；（2）"圣人之徒"；（3）"仲尼之徒"（4）"受业之徒"①。

由于在此句之前，有"□□圣人兮孔子"的表述，在这四种文例中，第 1、2 两种与之语义重复，出现的可能性不大。后两种虽然文义可通，但问题是，两字所占空间过大，也不大可能同时出现在顶格中。在这样的背景下，前所论及的"七十子"引起了笔者的注意，将"七十子"这几字补上，无疑文气畅通，是极佳的候选。但它的问题是，可容纳一字的空间，补足两字尚且不能，怎么还可以补上三个字呢？"七十子之徒颜回、卜商"云云，无疑是不能成立的。但又可注意的是，在古文献中，"七十子之徒"往往可省略为"七十之徒"，如《论衡·率性》曰："孔门弟子七十之徒。"②《三国志》曰："子张、子路、子贡等七十之徒。"③ 结合《衣镜赋》的书写形制，我们以为，"七十之徒颜回、卜商"，与原文最为接近。

之所以得出这一结论，不仅仅在于将字补足后，文义畅通，更重要的理由在于，"七十"可构成合文，虽也有两字，但合为一字后，仅占据一格，以上其他几种补字皆无法做到这一点。众所周知，"七"与"十"为字形相异的两个汉字，但这是汉以后的事情，在古文字阶段，它们字形相近，很易混淆。我们注意到，在甲骨文中，"十"一般写作"丨"，在金文中，中间加肥，写作"￫"，与后来隶定的"十"字，在形体上已较接近；而"七"在甲骨文中就写作"╋"，与后来的"十"字字形一致，在战国文字中，它常常作"✕"或"✕"。篆书"✕"与之较为接近，在笔画上不再是完全的直线，因横竖的转折变化，而与"十"字区分开来④。

然而，由于汉去古未远，在"七"字的写法上，往往还沿袭着古文字时代的遗风，不作横竖方面的转折变化，与"十"字差别较小。如在汉代的《汾阴鼎》中，有"╋╋枚之文，宋人误释为二十"。罗振玉指出，这是他们不能区分"七"与"十"造成的，罗氏还进一步指出，字形相近的这两字，汉人"以横画之长短别之"⑤。

---

① 如《韩非子·外储说左下》："季孙养孔子之徒。"《孟子·滕文公下》："能言距杨、墨者，圣人之徒也。"《孟子·梁惠王上》："仲尼之徒无道桓、文之事。"《史记·礼书》："仲尼没后，受业之徒沈湮而不举。"

② 王充撰，黄晖点校：《论衡校释》，第 72 页。

③ 《三国志》卷 64《吴书·诸葛恪传》，第 1432 页。

④ 其字形变化的具体情形，可参看李玲璞主编：《古文字诂林》第二册，上海教育出版社，2000 年，第 689~695、885~892 页。

⑤ 李玲璞：《古文字诂林》第十册，第 887 页。

在衣镜文中，罗振玉的说法再次获得验证。“十”写作“”，与后来的汉字字形一致，但“七”字则写作“”，与“十”字的差别，仅在于横长竖短，二者极易混淆。而更重要的是，当“七十”二字写在一起时，可合并为“”，它是在“”，即“七”字这一长横之下加一短横，共用一竖。在衣镜文中，在前所论及的“颜回、子赣之徒七十有七人”中，“七十”的写法正是如此（图 10.2，右起第二列倒数第三字）。

有些学者曾将其释读为“颜回、子赣之徒才有十人”，并认为：“‘才’，疑为‘七’字讹。原文或作‘颜回、子赣之徒有七十人’，‘七’误写为‘才’，又置于‘有’之前。”① 很显然，这是由于文字学方面的疏忽，产生了误判。在此，“七十有七人”固然不是“才有十人”，更重要的是，结合前所论述，这一合文的写法告诉我们，“□□之徒颜回、卜商”，当作“七十之徒颜回、卜商”为是。

图 10.2 衣镜有关孔子像赞的内容

由此，可再次确证的是，“四科十哲”是“七十子”之徒的核心所在，从中抽绎出典型人物，以代表孔门弟子，逐渐成为传统与习惯。前所论及的“颜回、子赣之徒”反映着这一指向，“七十之徒颜回、卜商”的表述，亦是如此。还可注意的是，这一逻辑理路不仅仅在文字上加以表现，对图像进行考察，亦可见到若干端倪。其中最典型的，是衣镜中

① 邵鸿：《海昏侯墓孔子屏风试探》，《江西师范大学学报》（哲学社会科学版）2016 年第 5 期，第 18 页。

与孔子相配的五大弟子，应该也深受"四科"思维的影响。质言之，虽有五人，但应该是在"四科"系统上的一种调整。

查核衣镜上的图像，与孔子一起出现在衣镜背板之上的弟子有五人，这六人两两相对，分置于三个图框之内。以孔子为核心，由左至右，由上而下，其排列顺序为：孔子—颜回—子赣—子路—堂驷子羽（澹台灭明）—子夏。除了中间插入的澹台之外，其余四大弟子正是按照"四科"的"德行""言语""政事""文学"的顺序，从中各取一人，加以排列的。

笔者以为，这不是一个偶然，因为这样的排序是有例可循的，反映着当时的思想习惯。

证据就是山东平阴实验中学出土的汉代画像石，其中7号石为《孔子见老子图》，孔子率领自己的多位弟子，面向老子，根据榜题，孔子之后依次是"左丘明""颜渊""闵子""伯牛""冉仲弓""宰我""子赣""冉有□""子路""子□""□□"，在孔子身后，可辨析出11人，有学者指出："除紧随其后的左丘明外，其他10人正是所谓'四科十哲'，排序与《论语·先进》别无二致。"①

由本论题出发，这样的一种图像排列传递了两方面的重要信息，一是"四科"作为孔门弟子图像的核心，在汉代得到重视；二是这种"四科"人物图像，可以根据需要调整添加人物。既然平阴画像石中可以添加左丘明，与此相类，"孔子衣镜"中增加澹台灭明，也就不奇怪了。这种增添固然可以说别有情怀，但不可否定的是，汉代在对孔门弟子进行图文编排时，"四科十哲"作为思维内核和原初模板，发挥着不可忽视的影响，"孔子衣镜"在这方面提供了又一个典型例证。

总之，在汉代，当论及"七十子"之时，无论是在传世文献中，还是在出土图像中，"四科十哲"的序列都颇为重要。

"孔子衣镜"的图文也遵从这一传统。

其中，"颜回、子赣之徒"的理念，由"四科十哲"中抽绎而出，它与"渊、骞之徒"等表述一样，是汉代对于"七十子"的称谓通则。这一称谓，是依据着今本《论语》"四科"的顺序"德行""言语""政事""文学"而定出来的，与《史记·仲尼弟子列传》中的先"政事"后"言语"的序列不同。但这种情形的出现，不是像有些学者所认为

---

① 杨爱国：《山东汉画像石上孔门弟子图的启示》，《中国汉画学会第十二届年会论文集》，第142页。

的，今本《论语》在文字上有改窜，恰恰相反的是，这是《论语》文本的原貌。汉儒所谓的先"政事"后"言语"，主要不是由于文本使用之异，而是因行文上的考量和习惯所导致。

而《衣镜赋》中的"□□之徒颜回、卜商"，"□□"应为"七十"二字，并以合文形式出现，它也与"四科十哲"及"七十子"的观念关系密切。但出于诗赋的创作需要，在《衣镜赋》中有着称名而不称字的情形，这不符合一般通例，并由此可能影响到了衣镜文的书写。此外，衣镜中与孔子相配的五大弟子，应该也深受"四科"思维的影响。他们虽有五人，但应该是在"四科"系统上的一种调整，这符合汉代的文化习惯，并反映着撰作者的内在旨趣。

以上思考，不敢言必，但力求以"二重证据"互证，希望为相关问题的深化，提供新的助力。

第十一章 "孔子衣镜"的弟子选配旨趣及相关问题蠡测

在前一章关于孔门弟子问题的探研中，有一个核心论题是，孔门弟子的选配以"四科"为核心，又有所调整变化。但由前已知的是，在衣镜背板之上与孔子相匹配的弟子，除了"四科"的四名弟子外，还增添了澹台灭明，合而为五。此外，在衣镜的另一处，还可见曾子、子张二人的图文资料，只是因为损毁严重，能模糊看到的，只是两个人物的头颈部，以及子张和曾子两人的姓名，子张的文字内容可以部分释读，但曾子的相关文字，已经基本无法辨识。

这种选定与组合，前无所承，显然不是由某种固定的程式所决定。作为一种个性化的表达，撰作者及物主，也即刘贺的思想，当寄托于此。在笔者看来，这种安排，乃是在现实际遇的冲击下，以往事浇胸中块垒，从而建构了一种微观的知识谱系，通过传达背后的思想，托物咏志，纾解心中的怨愤。

要之，孔门弟子的选配不是随意为之，背后的意蕴或旨趣乃是核心所在，然而，它若隐若现，难以明晰或穷究。下面，笔者就试作一番揣测，以提供某些可能的答案，抛砖引玉，以就正于方家。

一 "争臣"与"素王"：衣镜中弟子数的象征意义及相关问题

(一) 问题的提出

由本论题出发，细审衣镜图文，我们产生了如下的疑问，在衣镜背板之上，有五位弟子与孔子相配，虽然主体来自"四科"系统，但毕竟数量不是四，而改变为五。这是为何呢？此外，两位弟子曾子、子张虽出现在衣镜之上，但进一步的问题是，他们为什么不与颜回等一起，以七大弟子的组合共同出现于背板之上，以与孔子相配呢？

笔者以为，这些现象的出现，不是偶然无章的混合结果，而是具有深意的安排。

这种深意的产生，就所依托的文化土壤来说，是因为在秦汉时代，尤其是东汉之前，对于数字的敏感与比附，成为一种深入骨髓的文化习惯。与后世之人不一样的是，秦汉时代的人特别喜欢赋予某些数字特殊的意义。如在当时所流行的"五德终始"说中，有大量的数字问题缠绕其中，术数由此成了一种流行的学问，直至于所谓的"三七之厄""阳九之厄""百六之会"等话题，居然使得统治阶层忧心忡忡，甚至最终推动了王莽的篡权与改制①。

不仅如此，在作为意识形态的汉代经学中，也充斥着这些内容。如在汉代，尤其是在西汉《易》学中，以象数为基础而作推衍，在《齐诗》中，则有所谓的"四始五际"及"五性""六情""十二律"等论说。甚至董仲舒、司马迁这样的学者也都被打上了此种烙印。如在《春秋繁露》中，有许多的数字比附，在《人副天数》中，更是将人的骨节确定为三百六十六，大节十二，以与"天数"相对应。同样的，在公羊学中，十二公比附十二月，已成为常识②。而司马迁则仿其例，作"十二本纪"③。

要知道，《秦始皇本纪》《高祖本纪》可以算皇帝的传记，《殷本纪》《周本纪》是写一个朝代的，《秦本纪》的传主，更是非天下之主，严格说起来，它们的排序，是称不上协调一致的，但为了对应十二之数，故而有此安排。这些在后世都是难以想象的情形，但它们就实实在在地发生在秦汉时代。由此，在对数字敏感度极高的西汉时代，刘贺不能置身事外。

事实上，刘贺也没有置身事外。一个重要证据是，在墓中出土的《易占》《卜居》等相关文献中，依稀可见的，是与象数易之间的关联。例如，"八卦卜姓"一个很重要的程式乃是："便于各种术数的演绎、推算。"④ 也由此，所谓的"五""七"具有别样的意义，就不是笔者的呓语妄想，而是符合当时语境的可能的后果。

在这样的时代条件下，再结合刘贺本人的际遇，"争臣"问题引发

---

① 关于这一问题，可参看《汉书·路温舒传》《谷永传》《王莽传中》《王莽传下》等。

② 汉儒在解释《公羊传》时，特为注意数字与天人之间的呼应，如隐公元年："所见异辞，所闻异辞，所传闻异辞。"何休注曰："所以二百四十二年者，取法十二公，天数备足。"对于十二这个数字的"法象天数"，清儒解释道："天道十二纪一周，故十二公为取象天数也。"见陈立撰，刘尚慈点校：《公羊义疏》，中华书局，2017年，第124、132页。

③ 范文澜在《正式考略》中指出："其本纪以事系年，取则于《春秋》。"见范文澜：《范文澜全集》第二卷，河北教育出版社，2002年，第9页。另外，在《史记》中，关于孔子问题的撰作，不仅受到经学影响，亦有着谶纬的影子，这些问题可参看本书第八章。

④ 具体情形，可见朱凤瀚主编、柯中华副主编：《海昏简牍初探》第十三、十四章。

了我们的重视。

在笔者看来，作为一个重要的思想燃点，"争臣"问题激荡于刘贺的内心世界而无法公开言说。进一步言之，当刘贺对己所推崇的"至圣"及其弟子进行图文编排时，这种情愫不油然地渗入其间。它与孔子的"素王"问题交融在一起，遂使得衣镜中弟子数的编排，具有了强烈的象征意义。要之，孔子的政治定位与刘贺的惨痛际遇在此得以融汇，衣镜背后蕴含着丰富的政治文化内容。

据《汉书·霍光传》，所谓"争臣"问题，来自刘贺被废之际的最后争辩。当时，霍光等人以太后名义罢黜刘贺的皇帝身份，"令王起拜受诏"，在仓促无备的情况下，刘贺欲作最后的挣扎，不禁脱口而出道："闻天子有争臣七人，虽无道不失天下。"① 它出自《孝经·谏争章》，为一段著名的孔子言论："昔者天子有争臣七人，虽无道，不失其天下。诸侯有争臣五人，虽无道，不失其国。大夫有争臣三人，虽无道，不失其家。"② 引述此语，刘贺的言下之意为，即便我做得不好，你们这些手下的臣子们也应该劝谏我，做孔子所推重的"争臣"，而不是密行废黜。

然而，在残酷的宫廷政变中，讲的是实力，这种理论争辩显然苍白无力，霍光回应道："皇太后诏废，安得天子？"他以皇太后的名义，明明白白地告诉刘贺，你已不再是皇帝了，没有资格提任何要求。而且"乃即持其手，解脱其玺组，奉上太后，扶王下殿，出金马门，群臣随送"，强行将其赶下了皇位③。

毫无疑问，废黜一幕，是刘贺命运的大转折，也是他内心挥之不去的最大隐痛。在被逐出皇宫时，可以说，不仅没有一丁点讲理的地方，甚至高大上的孔子理论，也被无视和践踏，无法护卫一个皇帝应有的尊严。不消说，刘贺的内心是极不服气的，满腔的愤懑亦可想而知。然而，为了身家性命计，这种情愫只能深藏于心，无法公开表露。以一般情理揣度，得不到回应的"争臣"之辩，对心理的伤害和冲击之大，不言而喻。这样一种抑压于心的感受，终归需要抒发之所，而孔子衣镜恰恰可以成为这样的载体。

我们注意到，孔子虽为布衣，但衣镜中的孔子充满圣性，隐然以

---

① 《汉书》卷68《霍光传》，第2946页。
② 阮元校刻：《十三经注疏》，第2558页。
③ 《汉书》卷68《霍光传》，第2946页。

"素王"的面目而出现，孔门弟子与其有着君臣式的关系建构①。由此，在通观衣镜图文资料时，就不禁要思考这样的问题：既然孔子有着"君"，也即"素王"的身份，在图像表现中，弟子们当然也要以"素臣"的身份及数量与之相配，才合情合理。但进一步的问题是，相配的"素臣"之数，应该根据什么呢？以刘贺的遭际而言，"天子有争臣七人"云云，应当是最为适合的知识基础。这不仅在于，它为刘贺所熟悉和推重，并具有深刻的个人记忆和政治意义，更重要的是，它本身就是孔子之言，契合孔门的"君臣"配备逻辑。简言之，对于"争臣"有着不一般记忆的刘贺，将这一孔门系统之内的数目与衣镜图文相配，有着内在的情理支撑。

然而，按照所谓"天子有争臣七人"的论述，与孔子直接相配的弟子应该是七人，但为何是五人呢？这样的情状，不是与前论直接矛盾吗？在笔者看来，这与汉代对于"素王"的理解直接相关，并很可能有着太史公的影响。

（二）"素王"定位与五、七之数

习文史者皆知，孔子作为"素王"，是汉代经学，尤其是公羊学中的一种普遍共识，尤其是"独尊儒术"之后，孔子地位日渐尊崇，俨然赢得了天子一般的地位。"孔子衣镜"所采用的，正是这一路径。

但问题是，"素王"之"素"，乃虚空之意。孔子的地位，因其"道"而生，易言之，因朝廷奉行孔子之道，故而他的地位崇高，而不是真的说，孔子就是天子。所以，我们看到，在历史性的"天人三策"中，董仲舒一方面提出："孔子作《春秋》，先正王而系万事，见素王之文焉。"②"素王"孔子的《春秋》之道，需要成为行动的最高准则。但另一方面，在帝王祥瑞方面，孔子"自悲可致此物，而身卑贱不得致也"。董氏告诉我们，孔子因有德无位，所以他可以引致"王者之瑞"，却不能成为真正的"王者"，只能做"素王"。易言之，真正的"王者"是需要有德有位的，也即所谓"居得致之位，操可致之势，又有能致之资"的现实君王③。总之，"素王"虽有天子一般的尊位，但他毕竟是"素"，不能与真正的天子等量齐观。

由此，在汉代的历史谱系中，如何安排和定位孔子，成为一个重要

---

① 关于这一问题，可参看本书第九章。
② 《汉书》卷56《董仲舒传》，第2509页。
③ 《汉书》卷56《董仲舒传》，第2503页。

问题。进一步言之，既要体现其"素王"之中"王"的品质，又不能无视"素"的特性，如何最为恰当地结合和表达，成为关键所在。

可注意的是，在刘贺之前，司马迁较为成功地解决了这一问题。他在历史谱系中，将孔子列入"世家"。习文史者皆知，"世家"本指世代相传的高门贵族，司马迁移用过来，书写诸侯一级的传记，遂成为《史记》体例的一部分。

以诸侯这一政治级别为视野，来认真审视《史记》，可以发现的是，在"世家"中，有两篇颇为特异，它们是《孔子世家》与《陈涉世家》。

就前者而言，孔氏虽在后世成为显赫的高门大户，但孔子本人只能算是布衣，或没落贵族。由此，《索隐》曰："孔子非有诸侯之位，而亦称系家者，以是圣人为教化之主，又代有贤哲，故称系家焉。"① 也就是说，孔子虽非诸侯，但以文化传承，而成"世家"。就后者而言，陈胜在反秦之后，割据一方，虽具有入"世家"的资格，但问题是，一则他建号"张楚"，号令天下，刘、项无论谁得天下，都与这一系统密切相关，说起来，他的身份并不止于诸侯，而是曾具有天下之主的资格；二则陈胜无后代接续其位，与其他世家绵延传承完全不同。《索隐》解释道："胜立数月而死，无后。亦称'系家'者，以其所遣王侯将相竟灭秦，以其首事也。"②

揆之于史，《史记》之《索隐》《正义》等所给出的意见，固然有可取之处，可反映一面之事实，但疏漏也不在少数，不能解释全部奥义。依笔者所见，细绎《史记》撰作的旨趣，还有更为重要的一面在于，孔子与陈胜乃是承上启下的布衣王侯，既具有所谓的"王者"的身份，但又不是完全的"王者"。根据历史的贡献和特殊性，他们作为特例，而进入"世家"。

由此我们注意到，在讨论各篇作意之时，司马迁虽将孔子列入"世家"，但他是以周衰之后的"王道"承接人而得以入选，所谓：

> 周室既衰，诸侯恣行。仲尼悼礼废乐崩，追修经术，以达王道，匡乱世反之于正，见其文辞，为天下制仪法，垂六艺之统纪于后世。作《孔子世家》第十七③

---

① 《史记》卷47《孔子世家》，第1905页。
② 《史记》卷48《陈涉世家》，第1949页。
③ 《史记》卷130《太史公自序》，第3310页。

这样的孔子，可以说，与诸侯势位毫不相关，他的出现，乃是为后世树立"王道"规范，即以"六艺"作为后世的"统纪"。

而所谓的"统纪"，与后世所揄扬的"王道"及"王者"的地位密切相关。《孟子·梁惠王下》曰："苟为善，后世子孙必有王者矣。君子创业垂统，为可继也。"① 从这个角度来说，"垂六艺之统纪于后世"的孔子，已隐然被视为创业"天子"了，只是这一"天子"为"素王"，以"道"来统摄天下。作为握"道"者，他虽然可以"正王而系万事"，也即前所言及的"作《春秋》""见素王之文"，但由于"素王"毕竟是虚空之位，所以以"世家"来加以排序。因此，孔子虽入"世家"，但却不同于一般"世家"，其所具有的是"王者"之统。它不仅体现了孔子的至高地位，就本论题出发，更重要的是，它还需要后世绵绵接续，即所谓"继统"。也就是说，孔子"创业垂统"，其继承者则需"继统"。

翻检史籍，尤其是两汉资料，可以看到，"继统"是指对天子之业的接续，如《汉书·楚元王刘交传附刘歆传》曰："今圣上德通神明，继统扬业。"《韦贤传附子玄成传》则曰："孝宣皇帝以兄孙继统为孝昭皇帝后。"② "继统"者何以存在，其具体作为又该当如何呢？简言之，先帝"创业垂统"于前，接续者需要"继统"于后，将所创之"业"发扬光大，也即所谓"兴业"。所以《后汉书·黄琼传》曰："光武以圣武天挺，继统兴业，创基冰泮之上，立足积棘之林。"

由本论题出发，值得注意的是，《史记·太史公自序》曰："孔氏述文，弟子兴业，咸为师傅，崇仁厉义。作《仲尼弟子列传》第七。"③ 这种政治类型的话语，不仅限于孔子，亦出现于孔门弟子身上。也就是说，在司马迁撰作孔子及弟子的传记时，列入"世家"的前者，是以"创业垂统"的拟帝王身份而出现；而后者则等同于承接"王业"的"继统兴业"之人。

在历史上，孔子当然不是天子。"素王"角色附之于身，是一种特殊的历史哲学或者经学思维。这一逻辑理路的源头，来自"周道"的衰微。依据战国两汉以降的儒学及经学理路，尤其是从公羊学视角来看，在周王室已不能掌控天下，春秋战国"礼乐崩坏"之后，旧的"王者"已然不复存在，此后所追寻的乃是"大一统"的"新王"。直至汉王朝

---

① 朱熹：《四书章句集注》，第 224 页。
② 分见《汉书》，第 970、3130 页。
③ 分见《后汉书》，第 2037 页；《史记》，第 3313 页。

出现，才"继五帝三王之业，统理中国"①，使得"周道"得以重光，并推动了"素王"理论的盛行。

根据这一思路，在汉代思想界，在"上无天子，下无方伯"的特殊状态下，承接"周道"的孔子及《春秋》，被赋予了天子的权威，也即《孟子·滕文公下》所言的"天子之事"，但这是暂时性，不完整规范的权且之举。我们注意到，"孔子衣镜"在撰文时，亦遵循着这一思想理路。关于这一问题，可参看本书第十六章，此处不再赘论。

结合本论题，需要进一步注意的是，司马迁在撰作"世家"时，《孔子世家》"第十七"居于春秋、战国时代的各"世家"之后。作为"周室既衰"的产物，孔子所为，"以达王道，匡乱世反之于正"②，正是要回到王者所具的"五帝三王之道"，也即"周道"所属的这一类型的"正道"之上。在此，孔子显然是作为"周道"的总结性人物而出现。甚至孔子之前的东周"世家"们，也是因其不完全偏离"周道"而得以入传，所以太史公在论及《孔子世家》的前一篇《田敬仲完世家》的作意时，是这样说的："嘉威、宣能拨浊世而独宗周，作《田敬仲完世家》第十六。"③

不仅如此，陈胜入"世家"，亦与"周道"递嬗有关，它紧接着《孔子世家》而来。在秦以乱世视之，不计入"正道"的思维下，如果说，孔子以"素王"而暂代"王者"之责；陈胜则因其灭秦最终开辟了"拨乱反正"的道路，前者为承前，后者则是启后。故而太史公又云："桀、纣失其道而汤、武作，周失其道而《春秋》作。秦失其政，而陈涉发迹，诸侯作难，风起云蒸，卒亡秦族。天下之端，自涉发难。作《陈涉世家》第十八。"④

要之，在由周而汉的历史进程中，孔子及陈胜虽不是真正的世家，但又必须在历史中占据特别的地位，以他们为"世家"，乃是"不得已"之事。质言之，他们具有"王者"的身份，在由周而汉的历史进程中，曾行"天子之事"，以"素王"或相当的地位，使得天下"拨乱反正"，重新接续"五帝三王"之道，从而由乱世中走出，为汉家天下开启了序幕。从这个角度来看，孔子和陈胜入"世家"，为一时之权，属于司马迁的"《春秋》笔法"。

①《史记》卷97《郦生陆贾列传》，第2698页。
②《史记》卷130《太史公自序》，第3310页。
③《史记》卷130《太史公自序》，第3310页。
④《史记》卷130《太史公自序》，第3310、3311页。

在前面的论述中，笔者已经指出，刘贺在制作衣镜时，曾参考了《史记》中的《孔子世家》，对于司马迁的评价之语亦颇为认同。在"素王"的君臣位数安排上，看起来，他也遵循了太史公的先例，将孔子以诸侯之位视之，故而与之直接相配的就不是天子的"争臣"七人，而是因"诸侯有争臣五人"，将五大弟子与之相匹配。

但是，衣镜之上的弟子安排，又有耐人寻味之处，那就是，曾子和子张两位弟子单列在衣镜掩之上，如果与五大弟子相加，总数还是七位。因衣镜残缺，不能完全恢复原貌，故而完整的图文如何，不敢贸然断论。但如果弟子数就仅为这七人，而且采取的是这种五加二的模式的话，笔者揣测，这可能又是一种有意的安排。这种安排，一方面因孔子毕竟不是天子，故而用"世家"规格，以贴近事实；另一方面，总数为七，又不用七人直接相配，既是对其"王者"的认可，也是对于"素王"之"素"的一种体认。

二 曾子与子张

对孔门弟子作传记的早期文献，除了《史记·仲尼弟子列传》之外，《孔子家语·七十二弟子解》最为重要。两相比较，我们注意到，它们在记载孔门七十弟子时，前十位皆为"四科十哲"。虽内在次序稍有小异，即《孔子家语》依据《论语》的排序，而《仲尼弟子列传》则是先"政事"后"言语"，但它们都是以十大弟子居首，这种共同排序，应体现了孔门内部的某种共识。紧接着这十位弟子的，为子张、曾子、澹台灭明，二者顺序又完全一样。

我们有理由相信，在早期儒家的弟子排序中，子张、曾子、澹台灭明作为直追"十哲"者，比之其他弟子，应该有着不一样的分量。值得一提的是，"孔子衣镜"在绘作图文时，以观察者视角而言，居于图版左部者为尊。查核衣镜掩中的图文，曾子与子张在一起时，左为子张，右为曾子，也即先子张，后曾子，与《史记》《孔子家语》的排序完全一致。在笔者看来，刘贺在将这三人纳入衣镜图文时，应该是受到了这种传统的影响，从而沿用了原序列。

由本论题出发，排序问题虽值得关注，但并非本文核心所在。在笔者看来，更重要的是，这三位弟子的进入与编排，有着内在的寓意，传达了撰作者的"《春秋》笔法"，与刘贺的际遇和心境相结合，能窥见某些内在的"微言大义"。为了论证方便，我们先将子张、曾子放在一起作讨论，并将曾子居前；澹台灭明的问题，则在下一节文字中集中论述。

下面，就具体论之。

（一）曾子称谓问题

曾子与子张并论时，首先引起我们注意的，是曾子的称谓问题。具体说来，在衣镜文中，"曾子"的称谓，在孔门弟子中最为特异。与之并列的子张，与颜渊、子路等一样，皆称字不名，它们虽也属尊称，但较之曾参以"子"相称，显然是两种级别。

习文史者皆知，称"子"，表现着弟子对老师的尊重，与称字不名的性质完全不同。就此点而言，似乎在衣镜中，曾子的地位应该远在其他同门之上。但问题是，巨大的反证也同样存在。如果曾子地位特为尊崇，且不说他没有被列入衣镜背板的图文之中，从而与孔子相配。在与子张并列时，尚排在其后。看来，衣镜中的曾子之称，并非出于尊崇之故，而是另有缘由。

这一缘由是什么呢？简言之，曾子之称乃是当时的文化习惯，衣镜文沿用而已。

我们知道，春秋战国以来，各学派的弟子称师为"子"。也就是说，被称为"子"，最早当出于弟子门徒的手笔，后人加以传承，则属于沿用。与此同时，一般的尊称则是：称字不名。由此，在孔子门徒及再传弟子所编撰的《论语》中，对于孔子，一般都称"子"，孔子的言论，多以"子曰"出之。与之相对应的孔门弟子们，除了孔子对他们直呼其名，及自我称名外，大多以字相称。一般来说，他们是不具备称"子"资格的。然而，也有特例存在，那就是曾子。与孔子一样，在他称的状态下，自始至终被称为"子"，享受着与孔子一样的待遇。此外，有若因某种特殊的原因在《学而》篇中被称为"有子"。闵子骞、冉有等虽一般皆称字，也偶有称"子"之处，如《先进》篇的第十三、十四章，分别为"闵子侍侧，訚訚如也"；"鲁人为长府，闵子骞曰：……"① 在连续的两章中，闵子骞既有被称字者，也被称为"闵子"。

千百年来，对于这一问题多有讨论。一般都认为，"曾子"之称，表明了《论语》最后成书于曾子学派及门人。而有若称子，或认为，因其与孔子相像，在孔子殁后，曾子一度被作为孔子替代者，而接受众弟子参拜，因地位特殊，故而称"子"。或认为，这证明《论语》为曾、

---

① 朱熹：《四书章句集注》，第125、126页。

有门徒共撰①。这些作为《论语》学史上聚讼不休的常识，无需赘述，笔者也无意对此问题加以展开。就本论题出发，值得注意的是，称"子"，最早出于弟子尊师之故，在特定的师门之内，固然需要沿用此称以示尊重，但在师门之外，称名、称字方为常态。随着时间的推移，突破学派之限，保持称"子"习惯的，一则如孔子，因天下士林的共同尊重，而成了一种惯称；另一则如曾子，并非具有孔子"素王"地位，也一直称"子"，就属于习惯的沿用了，而非孔子那样的尊位所致。

我们知道，曾子在宋明理学兴盛后，地位极高。在孔孟之间，他与子思师徒二人作为不可逾越的桥梁，构成了后世孔孟一脉的正传。或许因为这一原因，有学者说："曾参于七十二弟子中，独得称'曾子'，谓得孔子宗传。"② 但这只能反映着宋以来的共识，先秦两汉以降，在儒林看来，他只是孔门的重要弟子之一，而且他是孔子的晚年弟子，由于资历较浅，在同门中并不具有压倒性优势。

翻检《汉书·古今人表》，可以看到，在当时，古今重要人物被分为了九等。仲尼，也即孔子，排在了一等"上上"，此等中，还有尧、舜、禹、文、武、周公等，作为圣人一级，曾子固然难以跻身于这一系列。但孔门弟子，如颜渊、闵子骞、仲弓等，都排在二等"上中"之列，甚至曾子的门徒及后学再传子思、孟子等，都在这一系列，但曾子与子张、子贡等，列为第三等"上下"，被降一格。由此，时至汉代，在当时的认识中，即便在儒门之内，曾子也谈不上是最为顶级的弟子，曾子或思孟学派的传人可对其称"子"，其他派别，则可无此必要。

然而，在先秦、汉晋以来的各种典籍中，与其他同门大多称字不名相异的是，不仅在《论语》中，在《孟子》《礼记》及各种史籍，甚至《孔子家语》中，都称其为"曾子"。《孟子·离娄上》曰："曾子养曾皙，必有酒肉。"③ 和他父亲并论时，父亲都只称名、称字，而作为儿子的曾参却称为"曾子"，这的确异于他人。甚至儒门之外也都是如此。如《韩非子·喻老》曰："子夏见曾子。"④《吕氏春秋·仲春纪·当染》曰："子贡、子夏、曾子学于孔子。"⑤ 无不是以"曾子"相称。

---

① 关于这一问题，可参看唐明贵、刘伟：《论语研探》，中国社会科学出版社，2014年，第40、41页。
② 骆承烈、孔祥民：《画像中的孔子》，上海古籍出版社，2003年，第56页。
③ 朱熹：《四书章句集注》，第285页。
④ 王先慎撰，钟哲点校：《韩非子集解》，第169页。
⑤ 许维遹撰，梁运华点校：《吕氏春秋集释》，第53页。

细审以上资料，儒门之内且不论，其他学派，尤其是作为儒家对立面的法家韩非，没有必要，也不会去尊重曾子。加之在《古今人表》中，排序在曾子之前的同门颜渊等，也不称"子"，这就证明，此处的"曾子"之称非出于尊称，而是惯称的沿用。而这种惯称在秦汉之前应该就已经定型。证据就是前面的《韩非子》《吕氏春秋》等非儒家典籍中的"曾子"之称。所以，衣镜中的"曾子"之名，并非有什么特别的含义，它再次说明，战国秦汉以来，"曾子"已成为一种惯称，撰作者沿用之。

（二）抗争与辩诬：废黜之痛下的曾子之孝

前已言及，刘贺被废黜，为其一生之痛。尤为重要的是，他还为此背负了大量的污名，作为罪人而被赶下了皇位①。在这些罪名中，尤为关键的一个是——不孝。作为冠冕堂皇的最基本理由，他由此彻底失去了作为皇帝的合法资格。所以在废黜刘贺的联名奏章中，一开始即说：

> 天子所以永保宗庙总壹海内者，以慈孝礼谊赏罚为本。孝昭皇帝早弃天下，亡嗣，臣敞等议，礼曰："为人后者为之子也"，昌邑王宜嗣后，遣宗正、大鸿胪、光禄大夫奉节使征昌邑王典丧。服斩缞，亡悲哀之心，废礼谊……

奏章的最后又与之呼应道：

> 五辟之属，莫大不孝。周襄王不能事母，《春秋》曰"天王出居于郑"，繇不孝出之，绝之于天下也。宗庙重于君，陛下未见命高庙，不可以承天序，奉祖宗庙，子万姓，当废。②

总之，从特定意义上来看，在当年的那场宫廷政变中，通过权臣的操作，刘贺被废，以及各种"罪恶"的一个重要生发点，就在于所谓的"不孝"。诚如有学者所指出的："刘贺被废，'不孝'是其首要罪名。"③

---

① 关于刘贺的"罪行"，在史籍中多有记载，廖伯源在《昌邑王废黜考》（廖伯源：《秦汉史论丛（增订本）》中华书局，2008年，第24页）中已一一加以胪列，本文不再赘举。
② 《汉书》卷68《霍光传》，第2940~2946页。
③ 宋超：《昌邑王刘贺再评论》，《纵论海昏——"南昌海昏侯墓发掘暨秦汉区域文化"国际学术研讨会论文集》，江西教育出版社，2016年，第172页。

之所以呈现如此结果，一个重要原因在于，汉是特为重视孝道的时代，史家所艳称的"汉以孝治天下"，渗透到政治社会的各个层面，有学者提出："孝从家庭范围内扩大至社会，成为调节汉代社会关系的重要原则，为汉代统治者把孝的精神与政治统治结合一起提供了可能。"① 在这样的背景下，指斥刘贺不孝，是比昏聩、无能更为恶毒的辞藻。因为后者还只是关乎智力、水准等层面，不孝则从操守上，对刘贺作了直接的否定。毫无疑问，如果刘贺不孝，不要说做皇帝，就是作为一个普通人，也破了当时社会的底线，人人皆可唾弃之，把他赶下皇位也就显然十分"正气凛然"了。

毫无疑问，对于这样的"污水"，刘贺绝不可能接受。不仅如此，在他的内在认知中，对于"孝"及"孝道"，他本是颇为在意，并身体力行的。只是他所认可的孝，是对自己亲生父亲这一支脉的极端重视，而不是作为昭帝后人的面目出现。所以，当他入承大统后，曾通过称"嗣子皇帝"，以宗庙太牢之礼祭奠父亲，来表明自己的态度。笔者曾撰文指出，这不仅是一种情感的寄托，更有着对于昭帝承统及霍光执政合法性的内在否决，以及与高庙系统相联接的渴盼②。结合本论题，可以说，这实质上就在展现他所看重的孝，或许在他看来，这应该是为此后君临万民，"以孝治天下"打下基石。然而，突然被废，使这一进程不仅中断，还被扣上了"不孝"的罪名。对于这样的指斥，他当然不服，而且是极为愤懑的。

由此，当刘贺被废黜，以"闻天子有争臣七人，虽无道不失天下"来抗辩之时，就不能仅仅注意到他对《孝经》的熟稔。这段来自《孝经》的文字，背后的深意更值得玩味。它虽是情急之下的话语，但针对性反倒更为真实、直接。简言之，以刘贺的视角来看，"孝"不仅是刘贺这个"君"该有的责任，霍光等为代表的"臣"又何尝不要承担责任呢？

就本论题出发，需加指出的是，这种理论路数，与曾子关系密切，并对于秦汉的思想意识产生了巨大的影响。刘贺饱读儒籍，自当浸润于此。或者也可以说，正是对此理论的熟稔，使其加以辩驳。这就提醒研究者，在注意面上话语的同时，切不可忘记其背后的理论意蕴和根基。从特定视角来看，刘贺之言只是思想果实的呈现，理论之根，则需到与

---

① 孙筱：《两汉经学与社会》，中国社会科学出版社，2002 年，第 337 页。
② 王刚：《宗庙与刘贺政治命运探微》，《人文杂志》2017 年第 8 期，第 92 页。

曾子关系密切的儒家思想中去找寻。

众所周知，作为孔门的重要弟子，曾子以孝而闻名于世。《新语·慎微》曰：“曾子孝于父母，昏定晨省，调寒温，适轻重，勉于糜粥之间，行之于衽席之上。”① 由于这样的原因，历来认为，孔子传《孝经》于曾子。如司马迁说：“孔子以为能通孝道，故授之业。作《孝经》，死于鲁。”② 班固则云：“《孝经》者，孔子为曾子陈孝道也。夫孝，天之经，地之义，民之行也。举大者言，故曰《孝经》。”③ 要之，由于曾子在孝的行为与思想方面俱受称道，凡论孝道者，几乎都无法绕过他。

刘贺也正是如此。

由前已知，按照主流说法，《孝经》为曾子所传。所以，当刘贺引此书之言时，后面当然要有曾子的影子。我们注意到，“天子有争臣七人”云云，乃是孔子对曾子提问的一个回应。在《谏诤章》中，当曾子问道“敢问子从父之令，可谓孝乎”时，孔子给出了断然否定的问答。我们还注意到，孔子之言，首句以“天子有争臣七人”而出之，似乎不是直接论及孝的问题，但一则这本就是关于孝问题的回应；二则在接下来的话语中，孔子论道：“士有争友，则身不离于令名；父有争子，则身不陷于不义。故当不义，则子不可以不争于父；臣不可以不争于君。”④由此文句，显而易见的是，所谓“天子有争臣”的问题，乃是由父子之孝的问题推引出来的。

质言之，按照儒家“家国一体”的思维，由“争子”而“争臣”，是一种从“修身齐家”向“治国平天下”的自然迈进。也就是说，作为臣子，在对待君王之时，应该仿效孝子对待父亲。而孝子该如何做？如何才是孝呢？是彻底听从父亲的命令吗？不是。恰恰相反的是，父亲有不对之处，孝子应该据理力争，同样，臣子对于君王也当如是。当刘贺引经据典加以抗辩之时，虽在政治强压下，不能容其具体展开，但其背后的理论逻辑是清晰、准确的。而这一理论的背后，曾子为最重要的阐释及身体力行者。

由此，可见的事实是，对上述问题，孔子虽提出了基本的原则与方向，但未作更多地发挥。而对此有着更进一步细致论述的，是曾子。如在《大戴礼记》中，《曾子事父母》篇以“父子一体”为出发点指出，

---

① 陆贾撰，王利器校注：《新语校注》，中华书局，1986 年，第 89 页。

② 《史记》卷 67《仲尼弟子列传》，第 2205 页。

③ 《汉书》卷 30《艺文志》，第 1719 页。

④ 阮元校刻：《十三经注疏》，第 2558 页。

父子是不可分割的整体，父母如违背道义，子女需同样担责，所以，"父母之行若中道，则从；若不中道，则谏；谏而不用，行之如由己"。又如在《曾子大孝》篇中，曾子曰："孝有三，大孝尊亲。"认为孝的层级，是让父母获得尊荣，由此，"不遗父母恶名，可谓能终也"①。再推而至君臣问题上，则是《礼记·祭义》所言的："事君不忠，非孝也。"② 这些与上述《孝经》中所指出的"不离于令名""不限于不义"云云，正可谓一脉相承。

这些思想意识对秦汉社会影响极大，如《吕氏春秋·孝行》曾引述这些文字以论孝道，司马迁则以不能做到"太上不辱先"③，为自己的终身之痛。尤为重要的是，按照"家国一体"的原则，它们也是臣子对君王所应践行的准则或操守。也就是说，按照这些原则，臣子们不仅应该对君王劝谏，而且还应该让他终身获得"令名"。现在，刘贺在毫无警示的前提下，骤然蒙受污名，是无论如何都不符合孔子及曾子之道的。

不仅如此，还可注意的是，《大戴礼记·曾子本孝》云："忠者，孝之本与？"《曾子立孝》云："君子立孝，其忠之用，礼为贵。"④ 在曾子看来，忠乃是孝的根本，并决定着礼的效用。何谓忠？《说文》曰："敬也，尽心曰忠。"这是"谋事者"的基本素养。在《论语·学而》中，曾子第一次出场，即曰："为人谋而不忠乎？"朱熹注曰："尽己之谓忠。"⑤ 按照这样的理路，刘贺所面对的那些臣子，谁是尽己、尽忠之人呢？只可说，皆是不忠不孝之徒。

当然，当废黜之际，以上所述，未必能在刘贺心中完全串联、记起。但他所依凭的理论土壤，展现的知识图景和思想路径，盖当如是。而且随着时间的积淀，在检点往昔再加思量之中，这些理论问题当更为清晰和恍然。

尤为重要的是，在霍光集团芟灭后，在宣帝时代，他终于获封海昏，前景似乎又处在光明之中。然而，在当时，这种身份的转换，仅属于皇帝的"恩典"。所以在封侯的诏书中，将其比之于舜的弟弟象，所谓"盖闻象有罪，舜封之，骨肉之亲，析而不殊。其封故昌邑王贺为海昏

---

① 王聘珍撰，王文锦点校：《大戴礼记解诂》，第83、86页。
② 朱彬撰，饶钦农点校：《礼记训纂》，第714页。
③ 《汉书》卷62《司马迁传》，第2732页。
④ 王聘珍撰，王文锦点校：《大戴礼记解诂》，第79、81页。
⑤ 朱熹：《四书章句集注》，第48页。

侯，食邑四千户"。由此，刘贺不仅没有摆脱罪臣的形象，还被定性为"嚚顽放废之人"①。要之，对他封侯也好，贬斥也罢，其目的不过是，以此负面形象，来衬托今上的"宽仁"与高大。

也由此，往事虽已矣，但无处申辩的苦楚依旧。这使得他即使想淡忘，都不太可能了。揆之于常情，在"孔子衣镜"中，对曾子图文的选择，在刘贺心中，触动往事，升腾起抗争和辩诬的冲动，也就顺理成章了。

（三）忠信还是"嚚顽放废"？——子张列入衣镜的逻辑理路及微言蠡测

与曾子一样，子张是孔子的后期弟子，或许是因为这个原因吧，他们都没有进入到"四科十哲"之中。但是，战国秦汉以来，与曾子一样，他是孔门颇有影响力的传人。据《韩非子·显学》，在战国时代具有重要影响力的儒学学派有八派，其中首先提到的，就是"子张之儒"。在前引的《史记·仲尼弟子列传》及《孔子家语·七十二弟子解》中，我们也可以看到，在子张、曾子、澹台灭明的排序中，子张排在首位，这也从另一个侧面，证明了其地位之显要。

不仅如此，我们还注意到，与"四科"不同的是，战国秦汉以来，在探讨孔子与其门徒问题时，对于重要的孔门弟子，有所谓的"四友"之说，它由《尚书》中的"钦四邻"引申而出。四部丛刊本《尚书大传》卷二下载："文王胥附、奔辏、先后、御辱谓之四邻，以免乎羑里之害。"由此，有了以下一段问答：

> （孟）懿子曰："夫子亦有四邻乎？"孔子曰："文王得四臣，吾亦得四友。自吾得回也，门人加亲，是非胥附邪？自吾得赐也，远方之士至，是非奔辏邪？自吾得师也，前有辉，后有光，是非先后邪？自吾得由也，恶言不至于门，是非御侮邪？文王有四臣以免虎口，丘亦有四友以御侮。"②

习文史者皆知，《尚书大传》源自西汉《尚书》学之祖伏胜，此段内容在《孔丛子·论书》中亦有记载，应该是属于今文《尚书》学的理论。它由所谓"四邻"，到文王的"四臣"，再到孔子的"四友"，在一

---

① 《汉书》卷63《武五子传》，第2769页。
② 上海涵芬楼影印本。

种君臣关系或类君臣关系的建构中，将颜回、子赣、子张、子路视为孔子门徒中最重要的四人。

在这四人中，除了子张外，其他三人皆来自"四科"。限于主题和篇幅，关于"四友"系统的建构及相关问题，不在本文讨论范围之内。在此需要思考的是，"四友"在当时的士林中，应该为人所熟知，刘贺当然也不会陌生。加之他父亲的老师夏侯始昌为当世著名的尚书学大师，就来自伏胜这一学术系统，始昌的族子夏侯胜则在劝谏刘贺的过程中，使得《尚书》"夏侯学"声名大噪①。此外，在《孝经》的"天子有争臣七人"云云的阐释中，历来认为，"七人"乃是"四邻"或"四辅"加上"三公"②。当刘贺娴熟地引经据典之时，他的知识结构不容他不知"四友"的存在。

由前已知，衣镜中的弟子选配以"四科"为主。既如此，子张所在的"四友"系统就需被放弃。但为什么会做出这样的取舍，则值得思量。在笔者看来，主因所在，一是由于"四科"的影响力大，而且来自《论语》文本，属于刘贺熟悉的领域③。二是"四友"所展现的情形，以"免虎口"和"以御侮"为焦点所在，尤其是"四友"中的子张，他的存在，使得孔子"前有辉，后有光"。而我们知道，刘贺恰恰是被侮辱，遭污名之人，自废黜以来，所谓的"辉"与"光"，与他已几乎没有关系。由此，如用"四友"系统，乃是对刘贺伤心往事及当下之痛的一种刺激，甚至是反讽，弃用它也就顺理成章了。

然而，"四友"系统虽被弃用，子张本人并没有由此被排摈在衣镜图文之外，只不过他没有被补充进入"四科"，以与孔子直接匹配。按照前所引及的子张、曾子、澹台灭明的排序，加之其他"三友"已在"四科"之中，按照一般情理，他似乎最应该优先补入。但为何他只是与曾子一起出现于衣镜掩之上呢？据笔者的观察，这很可能是一种别有用意的安排。

简言之，结合刘贺的遭际和心态，子张与曾子在一起，应有着内在的逻辑关联，并且对刘贺的遭际，有着某种影射与抗辩，它们很可能共同传递着某种不言之辩。

---

① 关于这一问题，可参看《汉书》卷 75《睢两夏侯京翼李传》。
② 关于这一问题，可参看皮锡瑞撰、吴仰湘点校：《孝经郑注疏》，中华书局，2016 年，第 102、103 页。
③ 在刘贺墓中出土了《论语》，而且他还对《论语》作了摘抄笔记，而且孔子衣镜中多引《论语》之文，可见他对《论语》的熟稔和喜爱。

我们注意到，曾子的思想内核，甚至可以说所具有的最大文化符号，就是孝，或者说孝悌。而子张呢？他以向孔子学"干禄"而著称。在《论语·为政》中载有孔子对他的教导："多闻阙疑，慎言其余，则寡尤；多见阙殆，慎行其余，则寡悔……"① 这段话也被衣镜所引。倘展开来看，所谓的"慎言""慎行"云云，乃是在政治生活中，要以笃敬之心来规范自己的言行，在儒家理念中，它直接关联的是"忠信之道"。《中庸》云："忠信重禄，所以劝士也。"② 正说明了"干禄"与"忠信"的内在关联。

由此，在《论语·卫灵公》篇中，孔子教导子张道："言忠信，行笃敬，虽蛮貊之邦，行矣。言不忠信，行不笃敬，虽州里行乎哉？"子张当时还十分恭敬地"书于绅"，以作为重要的教诲而谨记之③。也由此，对于郭店楚简中出土的《忠信之道》，廖名春指出："简文很可能就是子张本于孔子之说而成的论文。"理由在于，"在孔门弟子中，与他（孔子）讨论'忠信'最多的当属子张"，而在《大戴礼记·卫将军文子》所引的孔子师徒对子张的评价中，能看到简文与之"有着同样的精神"④。

由本论题出发，需进一步注意的，是在《大戴礼记·卫将军文子》中，孔子对曾子的一段评价："孝，德之始也；弟，德之序也；信，德之厚也；忠，德之正也。参也中夫四德者矣哉！"⑤ 由这一段话可以看出，在早期中国，依据孔子或儒学思想，作为德行的具化，"孝悌之德"与"忠信之德"是连为一体的，"孝悌"为始，"忠信"相承，二者正可实践前所论及的由家而国，"家国一体"的逻辑推进。由此，曾子之入衣镜，如果可用来表达"孝悌"及背后所关联的问题的话，子张则可承担"忠信"与政治之间的关联，二者为一种自然的逻辑展开。而这一理路置于皇位废黜及随后政治命运的背景下，隐约可见的，则是刘贺又一次对于污名化的愤懑及抗辩。

前已提及，刘贺获封海昏之时，被比之于舜的弟弟象，并被贴上了"嚚顽放废之人"的标签。所谓的"放废"，说明他虽为列侯，但地位等同于流放的犯人。事实上，当时的海昏地处江南，与富庶的中原相比，

---

① 朱熹：《四书章句集注》，第58页。
② 朱熹：《四书章句集注》，第30页。
③ 朱熹：《四书章句集注》，第162页。
④ 廖名春：《荆门郭店楚简与先秦儒学》，《中国哲学》第二十辑，辽宁教育出版社，1999年，第50、51页。
⑤ 王聘珍撰，王文锦点校：《大戴礼记解诂》，第110页。

为开发尚不完全的蛮夷之地，湿瘴之气遍野，生存环境不佳。而所谓的"嚚顽"，作为对其定性的一种描述，则来自《尚书·尧典》："父顽，母嚚，象傲。"① 虽说的是舜的父母及弟弟，但自古及汉，都是贬义词。我们注意到，《汉书·董仲舒传》载："（秦）弃捐礼谊而恶闻之……使习俗薄恶，人民嚚顽。"颜师古注曰："口不道忠信之言为嚚，心不则德义之经为顽。"② 由此可以知道，"嚚顽"作为无德行的表现，主要就集中于无"忠信"之言行方面，是"忠信"的对立面。毫无疑问，当刘贺带着这样的标签来到海昏，内在的不服与抗议是可以想见的，在他的内心深处，当然恨不得立刻撕扯掉这样的标签，但又不能为之。

不仅如此，与刘贺被比之于舜的弟弟相关联的是，子张是孔门弟子中，与具有崇高品德的舜具有相似性的人，而且这种相似性，与刘贺的遭际正可形成某种对应。考虑到当时特殊的舆论氛围及愤而难发的心态，我们以为，这种材料绝不可轻轻放过。

查核史籍，子张虽为儒家八派之首，但根据有些文献的记载，他有着苦难的过往。《吕氏春秋·孟夏纪·尊师》曰："子张，鲁之鄙家也……刑戮死辱之人也。"③ 按照这种说法，在士林显赫的子张，当年却是受到过刑法处置，遭到欺辱，濒临死亡之人，这就与刘贺有了共通之处。此外，《荀子·非十二子》曰："禹行而舜趋：是子张氏之贱儒也。"出于门派之争，此处虽对子张作贬斥之语，但我们由此知道了一个重要的细节，那就是，子张走路的姿态与舜、禹相像。杨倞注曰："但宗圣人之威仪而已矣。"④ 认为子张是通过特意模仿，以表现所谓的"威仪"。然而，这种"威仪"如仅就仪态来说，实在是不够潇洒飘逸。在同书的《非相》篇中，就有"禹跳汤偏"之说，杨倞注引《尸子》曰："偏枯之疾，步不相过，人曰禹步。"⑤ 可以看到，这种步法不仅不够美观，实质上还是病态的呈现。尤为重要的是，这种"偏枯之疾"所带来的"步不相过"，与刘贺的"疾痿，行步不便"⑥，具有高度相似性。笔者曾撰文指出，刘贺之病，很大程度上是由政治打造而出，他的身体与当时的

① 阮元校刻：《十三经注疏》，第 123 页。
② 《汉书》卷 56《董仲舒传》，第 2504、2505 页。
③ 许维遹撰，梁运华点校：《吕氏春秋集释》，第 94 页。
④ 王先谦撰，沈啸寰、王星贤点校：《荀子集解》，第 105 页。
⑤ 王先谦撰，沈啸寰、王星贤点校：《荀子集解》，第 75 页。
⑥ 《汉书》卷 63《武五子传》，第 2767 页。

政治有着高度的关联性①。

有了这样的知识基础，在子张身上，就有了比附意义和影射性。作为由"孝悌"而"忠信"的孔门高足，却遭际着"刑戮死辱"与"步不相过"，这是孰之过？又是谁为之？这样的问题，可以不作回答，也难以回答。但具有相似性的刘贺睹物思己，则应该是可以想见的。

由此，按照孔子的教诲，在政治生活中力求"言忠信"的子张，当他与曾子一起出现时，就应该不是毫无意义的搭配。由"孝悌"而"忠信"，有着对于"嚚顽"这一对立面的抗议与不承认。要知道刘贺所至的海昏，正是所谓的"蛮貊之邦"，在前引《论语》文句中，孔子对子张的相关教导，刘贺应该是熟稔的。我们认为，他引子张入衣镜，是有所自况的。或者也可以认为，正是通过这种寄托与比拟，与曾子之孝相呼应，不仅仅可以隐然展示出，入于"蛮貊之邦"的刘贺，才是"忠信"之士，而非"嚚顽"之人。在内心深处的侧面，或许还在贬斥着真正的不"忠信"者，即从霍光集团至宣帝臣下的那些"干禄"者。

三　澹台灭明及相关问题

在与孔子直接相匹配的五大弟子中，澹台灭明颇为特异。一则其余四人皆为"四科"弟子，是原有系统的继承，澹台则是后来插入；二则澹台虽也是孔门中的著名弟子，但相较于曾子、子张，影响力及排序都在他们之下。

那么，为什么曾子、子张未能与孔子直接相匹配，最终选择的，却是澹台灭明呢？结合刘贺的政治命运与其心境，以笔者之见，这种安排，应体现着某种内在的深意，它可以从影响力的空间性，以及德行的示范、比附性两方面去加以考察。

（一）空间转换与故事嫁接：刘贺与澹台灭明入居江南事件

以空间性或区域的视角去看，曾子、子张在全国范围，尤其是在北方的影响力当在澹台之上，但如果是在江南地区，因空间转换，澹台的影响反在他们之上。主要原因在于，战国两汉以来，澹台成了江南一带孔学或儒学的象征性人物。由于这一缘故，居于海昏的刘贺选择澹台，就不是件奇怪的事情了。

---

① 关于这一问题，请参看王刚：《身体与政治：南昌海昏侯墓器物所见刘贺废立及命运问题蠡测》，《史林》2016年第4期。

据《史记·仲尼弟子列传》，澹台灭明为武城人。武城，就在刘贺原来所居的昌邑国一带，无论就传统还是地缘而言，他和刘贺一样，皆为北方之士。但由于史载他曾过江、居楚，江南一带由此附会出各种传说，并以此为生发点，产生了很多所谓的"遗迹"与"故事"。如《史记·仲尼弟子列传》载："南游至江，从弟子三百人，设取予去就，名施乎诸侯。"《索隐》曰："今吴国东南有澹台湖，即其遗迹所在。"《儒林列传》载："澹台子羽居楚。"《正义》曰："今苏州城南五里有澹台湖，湖北有澹台。"① 依照这些说法，澹台自北而南渡过长江，来到了苏州地区②。但也有学者对此不予认可，在他们看来，澹台应该一直居于北方，并未进入长江流域。由此在《仲尼弟子列传》中，针对澹台入于江南，《正义》辨析道："澹子羽墓在兖州邹城县。"③ 对其过江、居楚，似乎并不信从。

澹台到底来没来江南？因材料所限，本文不作具体的讨论。但由《史记》所载可以知道，认为其入于江南或楚地的观念，至迟在汉代就已经有了。尤为重要的是，唐宋以来，不只是苏州，南昌人也认为澹台传道、终老于斯，故而以乡贤视之，将其作为当地孔庙的重要配享者。就文献的严谨性来看，这些地方资料或民间传说，或信或疑，显然有着后世的层累与加工，难以完全采信，而且，它的系统化与定型也应该不在汉代。

但问题的另一面是，战国两汉以来，过江、居楚作为生发点，为江南，包括南昌等地提供了故事的土壤。

查核文献，在南昌，澹台的许多故事，其渊源大致只能追至唐宋时期。由前引《史记》，及作为唐人之手的《索隐》《正义》，可以知道，汉唐以来，江南一带的澹台"遗迹"主要在吴国东南，也即苏州一线。以笔者目力所及，在上引材料及唐宋之前的其他文献中，找不到南昌之名。由此再往前推，在刘贺时代，应该还未出现澹台居于南昌的传说。要有，也不占主流。据笔者的揣测，刘贺选择澹台，当然是看重其过江、

---

① 分见于《史记》第2206、3116页。

② 《史记》的《索隐》和《正义》都是唐人著述，所以此处的"湖北"不是今日的湖北省地区，而是澹台湖以北，从吴国东南，到明确为苏州，反映了唐代的认识。我们知道，吴国最后被楚所灭，由此与《史记》中的"居楚"，不至于产生大的抵牾，但是，吴地毕竟算不得楚的核心所在，属于比较边缘的楚地，与历史上的楚颇有距离。所以，楚或者江南的其他地区，也就有了争夺澹台"遗迹"的可能，其中号称"吴头楚尾"的江西，颇占优势。

③ 《史记》卷67《仲尼弟子列传》，第2206页。

居楚的事迹，而且澹台来自家乡一带，又与自己入于江南的行程相仿。也就是说，刘贺从北方昌邑迁徙至江南，当其别离之时，将一个与两地皆有文化联系的圣贤加以提出，其中的自况，或者说文化选择，很可能对后世产生了影响。或者也可以这么说，不是澹台在南昌的传说影响了刘贺的选择，反倒可能是刘贺的选择，为后世的传说增添了文化土壤。

由本论题出发，着眼于刘贺与澹台的相似性，从空间的视角来看，还可注意的一个问题是，由于北方与南方在山川方面的风貌有所不同，这些传说发生的地理背景，亦当随着环境而发生变化。其中最重要的，是南方多临水而居，北方人进入南方，所发生的故事，就不再以北方的平原地貌为主流，而是大多与水有所关联。众所周知，北方乃至整个中华文明的源头就在黄河流域，它虽不乏水泽之地，但与江南，尤其是吴楚地区的大片水域相较，主要还是以平原山地居多。在魏晋南北朝，江南获得大开发之前，更是如此。惯于车马驱驰的北方人，入于此地，因换用舟楫，往往会感到种种不便。三国时期，著名的赤壁之战发生时，孙、刘联军敢于抗衡曹操大军，地理上的底气所在，就是此地的舟楫之用，作为北方大军的短板，诚如周瑜所言："且舍鞍马，仗舟楫，与吴越争衡，本非中国所长。"①

而时间更早的刘贺自北移居而来时，此地尚未完全开发，加之海昏临近浩渺的鄱阳湖，在此地行动的不便，可以想见。查核史籍，昌邑国应有大片平原及开阔地，由此，在立废事件发生之前，青年时代的刘贺驱马驰骋，成为日常乐趣。史载，他"好游猎，驱驰国中"，"曾不半日而驱驰二百里"②。被废黜后，幽闭于王宫，身体日坏，种种限制固然已使得他难以乘快马出行，但好车驾的习性应该尚存。进入海昏，他还有车马陪伴左右，陪葬的车马坑就是明证，但限于地理及身体条件，总的来说，已不复有旧日那种一驰千里的乐趣了。他所在的环境，不仅以舟楫为出行的常物，而且因水势的浩大，形同禁锢。宋人在对海昏地理作辨证时，曾有一番这样的考辨：

> 豫章大江之口，距海昏县十三里，地名慨口。今往来者不究其义，以海口称之，如云江海之口也。予按，《豫章记》曰：海昏侯国，在昌邑（今建昌县）城东十三里。县列江边，名慨口，出豫章

---

① 《三国志》卷54《吴书·周瑜传》，第1261页。
② 《汉书》卷72《王吉传》，第3061页。

大江之口也。昌邑王每乘流东望，辄愤慨而还，故谓之慨口。①

刘贺是否因水势所阻而心生愤慨，已不得而知。但是，由北而南造成的山川之变及重重阻隔，不可能不在内心深处有所感触。而这种感触扩之于孔门弟子时，澹台就成了最重要的载体及聚焦点。我们注意到，在《仲尼弟子列传》中，《正义》引《水经注》云：

> 昔澹台子羽赍千金之璧渡河，阳侯波起，两蛟夹舟。子羽曰："吾可以义求，不可以威劫。"操剑斩蛟。蛟死，乃投璧于河，三投而辄跃出，乃毁璧而去，亦无怪意。②

当澹台由北而南进入吴楚这片水域众多之地时，传说或故事，免不了要与水发生关系。从某种意义上来说，过江后的澹台灭明，其形象是应以水边的圣贤而呈现的，这也成为刘贺借镜和发挥之处。

但此处需注意的是，郦道元将此故事的发生地定为北方的河南延津。回看前所论及的澹台遗迹的南北之争，这一定位并不奇怪。在此需要指出的是，郦道元所言，或许本非事实，而只是反映了南、北地区对澹台传说的一种争夺。核心理由在于，澹台斩蛟的故事，在郦道元之前的西晋张华的《博物志》中已有出现，但文中也只是说道"阳侯波起"，并没有明确为延津地区。尤为重要的是，就故事原型来看，《水经注》中的澹台故事应属后起的嫁接，它本发生在楚地，而非北方。《吕氏春秋·恃君览·知分》载：

> 荆有次非者，得宝剑于干遂。还反涉江，至於中流，有两蛟夹绕其船。次非谓舟人曰："子尝见两蛟绕船能两活者乎?"船人曰："未之见也。"次非攘臂祛衣，拔宝剑曰："此江中之腐肉朽骨也！弃剑以全己，余奚爱焉！"於是赴江刺蛟，杀之而复上船。舟中之人皆得活。荆王闻之，仕之执圭。孔子闻之曰："夫善哉！不以腐肉朽骨而弃剑者，其次非之谓乎！"③

《淮南子·道应》亦载此事，事主亦为伙（次）非，而非澹台灭明。

---

① 吴曾《能改斋漫录》卷9《地理》，上海古籍出版社，1979年，第270页。
② 《史记》卷67《仲尼弟子列传》，第2205、2206页。
③ 许维遹撰，梁运华点校：《吕氏春秋集释》，第553、554页。

此外，李白亦有《观佽飞斩蛟龙图赞》。而在汉代，佽飞（次非）因其武勇，被作为名号冠之于军士之前，如《汉书·宣帝纪》中载有佽飞射士一职，颜师古注引服虔曰："周时度江，越人在船下负船，将覆之。佽飞入水杀之。汉因以材力名官。"① 虽此处说的是越人之事，但总体属于吴楚范畴。总的来看，这一故事应该在汉唐以来盛行于江南一带。由此我们注意到，南北朝的颜之推作《观我生赋》，亦引此故事，其中说道：

> 类斩蛟而赴深，昏扬舲于分陕，曙结缆于河阴。水路七百里一夜而至。追风飚之逸气，从忠信以行吟。

《颜氏家训集解》引述了此文，在集解中，根据卢文弨的意见，所谓"类斩蛟而赴深"就来自澹台和次非的故事，王叔岷则进一步指出，《吕氏春秋》《淮南子》所载文本，就是澹台故事的原型所在，尤其是在《淮南子》中，"'至于中流'下，有'阳侯之波'四字，与此上言阳侯尤合"②。

要之，澹台斩蛟的故事不是确切的史实，而是嫁接而来的传说。它将原有的楚人之事，移换到了澹台灭明身上。就现有的文献记载来看，澹台成为故事的主角最早在西晋时代，汉代是否已明确这一说法，还不得而知。但即便这一转换正式完成于魏晋，此前的汉代，亦为此提供了文化土壤。其中最主要的乃在于，正是在汉代，这一故事的内在精神发生了转换。我们注意到，在《吕氏春秋》至《淮南子》的文本流变中，故事结构虽大体不变，但精神内核却发生了游移。《知分》在论述此段故事时，强调的是："达士者，达乎死生之分。"而在《道应》篇中，则有着这样的引申：

> 昔孙叔敖三得令尹，无喜志；三去令尹，无忧色。延陵季子，吴人愿一以为王而不肯；许由，让天下而弗受；晏子与崔杼盟，临死地不变其仪；此皆有所远通也。精神通于死生，则物孰能惑之！③

由此段文句可以看出，对于斩蛟一事，虽然有着"精神通于生死"的阐释，但重点却在于孙叔敖等人对名位的淡薄与辞让。由前已知，

① 《汉书》卷8《宣帝纪》，第261页。
② 王利器撰：《颜氏家训集解（增补本）》，中华书局，1993年，第693页。
③ 刘文典撰，冯逸、乔华点校：《淮南鸿烈集解》，第413页。

斩蛟故事的原主人公次非乃是以勇士面目出现，而孙叔敖等的淡泊得失，则呈现着另一种面目。或许就是以此为出发点，有了后来澹台的进入与替换。

限于主题和篇幅，笔者无意于对澹台斩蛟的故事作过多的阐释。本文要强调的是，澹台与水域的结合，使得故事的嫁接有了结合点。而这一进程在刘贺时代应该已经开始，至少是埋下了根基。这种根基所在，不是别的，是将澹台的精神与吴楚的地理相结合，打造出更为"可信"的地域性故事。由此，在这些故事的构成要素中，固然要注意空间地理的因素，但精神内核更是实质所在。也就是说，地理空间为故事的发生提供了舞台，使其呈现出相当的区域特点，但故事后面所传达的思想或理念，才是本质所在，为整个故事的灵魂或内核。

（二）澹台精神与刘贺的心境

由本论题出发，这种内核所体现的理念，对于刘贺而言，不仅仅是空间的拉近，更主要的是，为其平复心境和疗治心理提供了堪为示范的典范，并在精神比附中，获得些许的慰藉。循此理路，我们的讨论可转到第二层面的问题上来，即澹台在德行方面对于刘贺所具有的示范和比附性。简言之，这种示范和比附，不仅在于澹台本人所具有的某些品质，为刘贺带来感怀伤世的可能，它还可由水边圣贤这一思想图景，通过与刘贺政治命运的契结，追至其他与南方相关的人物之上，其中最重要的，应该就是舜。

前已论及，斩蛟故事中的主角在由次非向澹台过渡的进程中，一个很重要的缘由在于，故事的内在精神由死生问题逐渐转换为了得失之辨。其中所透现的，主要不再是勇猛斩杀，而是对取予的淡泊。而这种淡泊，恰与《史记》所言的"设取予去就"相契合。

也就是说，澹台灭明能替换为故事的主角，乃在于，他是一个不追求得失之人，对外在宝物并不放在心上，他所坚持的，是更为重要的道义。所以在斩蛟故事中，特别强调了澹台"吾可以义求，不可以威劫"的理念，它正与《淮南子》等所阐扬的精神相吻合。刘贺所处的时代晚于司马迁及《淮南子》所在的武帝时代，我们不敢说澹台的故事已在此时嫁接成功，但斩蛟故事的内在精神，开始出现了位移，并为此后聚焦于澹台身上打下基础，则是可以确定的。

而值得进一步注意的是，澹台这种精神风貌并非过江之后才具有，据《论语·雍也》，澹台为孔子所知，来自孔门高弟子游的推荐，那时的澹台，应该还在家乡武城，处于不为天下所知的状态。其时，子游正担任武城宰，孔子问他："女得人为民乎?"① 子游答复道："有澹台灭明者，行不由径，非公事，未尝至于偃之室也。"在孔子衣镜中，作"非公事不见……"② 虽字句微有不同，但指向一致。

细绎以上文句，可以看到，淡泊得失的澹台有两大关键点，一是为民；二是"非公事不见"。而这两点如置于刘贺的政治命运中加以省察，可以为我们理解废黜之君的内在心境，提供观察的支点。

就第一点而言，"为民"的对立面无疑是为一己之私，前者站在道义的制高点上，后者则是为了自己的荣华富贵而行事。澹台为民的具体事例，虽渺然难寻，但在这方面的评价，得以清晰留存。除了《论语》中所折射的信息，在《大戴礼记·卫将军文子》中，有这样的句子："贵之不喜，贱之不怒；苟利于民矣，廉于其事上也，以佐其下，是澹台灭明之行也。孔子曰：'独贵独富，君子耻之，夫也中之矣。'"③ 也就是说，在"为民"的前提下，澹台对于贵贱得失毫不在意，他以"利于民"为旨归，鄙视"独贵独富"的行径。

在这样的问题意识下，我们就注意到，刘贺被征召入承大统之时，霍光大权独揽。按照霍光等人的盘算，是要将刘贺作为仅仅享受锦衣玉食的傀儡加以控制。这种局势，明眼人早就心知肚明。史载，当刘贺被征召入京时，昌邑国中尉王吉劝谏他不要轻举妄动，"慎毋有所发"，"政事壹听之，大王垂拱南面而已"④。王氏所言，正是看到了局势的微妙。刘贺虽贵为皇帝，但实际上并无实际的力量，如仅为了荣华富贵，迁就霍光集团是最为现实的选择。但是，刘贺表现出了自己的政治梦想，由此立而旋废。就帝制时代的政治要求来说，霍光长期掌权实非常态，刘贺作为皇帝，亲掌朝纲是极为正当的。它是长治久安，有利于民之举，当然，这也就开罪了霍光等人。

就常理而言，刘贺及其手下，不可能完全不知道这个道理及可能遇到的风险。但事后的全体覆灭，一则在于政治经验不足；二则刘贺等人未曾想到霍光等人私下密谋，行动速度如此迅疾。从某种程度上来看，

---

① 今本此句作"女得人焉耳乎"，但据海昏简可知，此句有讹误，今据以改订。关于这一问题，可参看王刚：《新见的若干海昏〈论语〉简试释》，《孔庙国子监论丛》，中国社会科学出版社，2017 年。

② 王意乐、徐长青、杨军等：《海昏侯刘贺墓出土孔子衣镜》，《南方文物》2016 年第 3 期，第 66 页。

③ 王聘珍撰，王文锦点校：《大戴礼记解诂》，第 111 页。

④ 《汉书》卷 72《王吉传》，第 3061、3062 页。

刘贺所为皆在明处，如果以澹台为参照，刘贺及其团队所为，是比较符合"非公事不见"的状态的，而霍光集团则是私下联络，属于密室政治。许多年后，当刘贺以澹台自况之时，在对于坦荡为民的孔门高弟的赞颂中，应该带着对自己过往的深深感伤，同时，也有对当年权臣阴谋的痛恶。

作为曾经的天下之主，经历立废的刘贺，起落不可谓不大，富贵贫贱，甚至生死存亡瞬间转换。有学者在对刘贺的政治命运进行研讨时，概括为"'过山车'式的政治生涯"①。经此一变，刘贺的心态应有重大变化，看淡与放下——不管被动还是主动如此，是重要主题。由此，澹台的道义坚守与淡泊，很容易打动他的心。更何况，他虽已封侯，但仍被比之于舜弟象，罪人的标签没有撕去，监控的眼睛依然在四周窥视。为了苟全性命，"全身之道"成为必修的功课。

但是，看淡不等于遗忘。前已论及，刘贺时时表现出辩诬的痕迹。就心境的两面来看，一方面，他确已看淡皇位之争；另一方面，由于侮辱与不甘感无法洗刷，时时又要跳出来敲打内心。沿着这种心理，就可注意，刘贺在获封海昏，"过山车"生涯告一段落后，虽有所梦想，但已不再惦念着危险的九五之尊，但他并非无所求，他的愿景，是希望能进入宗藩亲王之列，这不仅是地位的恢复，更是尊严的重拾②。

此外，在海昏侯国，与人聊起废黜之时的失策，深以为然。但是，他也知道，这些问题不能公开言之，所谓"非所宜言"③。然而，一时的失言，终究还是没有让他全身而退。刘贺的再次举措失当，不在本文论列范围，但就本论题而言，却反映出两大问题，一是刘贺已意识到危险，对于过往的"污迹"不敢公开辩诬，二是憋屈于心的感受，还是会时时冲破欲求淡泊的自我要求。这种复杂的心态，表现在刘贺建构澹台形象时，淡泊固然成为主旋律，但"义取"的存在，及对加之于身的"不义"之辞，又不能不表现出反抗甚至是愤懑。在选取其他孔门高弟时，刘贺心境如此，置于澹台灭明之上，亦如此。

在这样的问题意识下，我们注意到，水边的圣贤不仅有澹台灭明，由此及彼，还有更重要的舜。

《史记·五帝本纪》载："南巡狩，崩于苍梧之野。葬于江南九疑，

---

① 孙家洲：《海昏侯刘贺"过山车式"政治生涯，透露出啥？》，《人民论坛》2016 年第 10 期。
② 关于这一问题，可参看王刚：《宗庙与刘贺政治命运探微》，《人文杂志》2017 年第 8 期。
③ 《汉书》卷 63《武五子传》，第 2770 页。

是为零陵。"《集解》引《皇览》曰："舜冢在零陵营浦县。其山九溪皆相似，故曰九疑。"① 依据这一说法，舜最终来到了南方，这给后世的江南带来了许多文化创作的空间，其中很重要的，是屈原的作品。从某种意义上来说，他们都与水发生了关联。按照汉儒的意见，屈原徜徉水边，感慨之中，就有着舜的影子。《汉书·扬雄传上》所载汉赋云："舒中情之烦或兮，恐重华之不累与，陵阳侯之素波兮，岂吾累之独见许？"注引张晏曰："舜圣，卒避父害以全身，资于事父以事君，恐不与屈原为党与。"又引应劭曰："言屈原袭阳侯之罪，而欲折中求舜，未必独见然许之也。"②

在汉儒看来，舜帝不仅与南方水边有着关联，更重要的是，他还有着"全身之道"。就我们的主角刘贺来说，他被比拟于舜弟象，在"陵阳侯之素波"之际，与屈原一样，"折中求舜"的逻辑理路，恐不会差得太远。当然，这些问题很大一部分属于笔者的揣测，但如果深入当时的历史情境，追踪刘贺的命运及心境，回到历史的现场，以"了解之同情"来加以思量，笔者相信，所思、所见应该是合情合理的。

从思想史的角度来看，严格地说，澹台与江南的文化关系，实乃一种儒学图景的后世建构。在汉代，尤其是西汉，江南虽得到了一定的发展，但总体上是落后的。这种落后不仅体现在经济社会发展水平上，与北方相较，文化上也多有空白。随着汉代以来江南的发展和成长，需要填补空白，从这个意义上来看，对于北方文化及圣贤的迎应，由此成为一种趋势。在这样的背景下，澹台灭明在江南出现"遗迹"顺理成章。而刘贺的迁徙及作为，则无疑为澹台与江南的关联增添了一个新的平台。

笔者曾提出，当刘贺撰作衣镜图文之时，是在他获封海昏侯，至南昌后不久③。当此之际，虽然人生中的又一次转折开始了，但在向往未来光明一面的情形下，当年立废之时的惨痛一幕，很自然地会再次涌上心来，让他心生感慨。尤为重要的是，在刘贺依旧没有完全摆脱"有罪之身"的标签，受到言论钳制，不能自由表达的境况下，衣镜中的图文成为心灵寄托的一大载体。

由此，七大弟子的编排，既可反映出对孔子"素王"的体认，更可与当年"争臣七人"的争辩相呼应。而子张、曾子、澹台灭明三大弟子

---

① 《史记》卷1《五帝本纪》，第44页
② 《汉书》卷87上《扬雄传》，第3519页。
③ 关于这一问题，可参看本书第十三章。

进入图文之中，则依稀可见与刘贺遭际的相似性，其内在旨趣直通"孝悌忠信"的自我认知，及对水边圣贤的追慕。也由此，在弟子选配中，分明有着"《春秋》笔法"散于其间。如果由撰作者的处境和心境出发，去细察刘贺的个体生命史，就可以发现，看似简单的图文编排，并不那么简单。透过历史的烟云，深藏于后的，是内在的愤懑与无言的抗辩，及背后所承载的苦痛记忆。

第十二章　"修容侍侧分辟非常"的作意及相关问题：《衣镜赋》探微

在"孔子衣镜"上，有一篇被命名为《衣镜赋》的文学作品。整理者认为，它"对衣镜的功能及上面的图案内容进行了描绘"①。但细加研读可以发现，这篇诗赋并非只是简单的器物说明书，它还承载着衣镜主人刘贺的思考及情感。其中，"修容侍侧分辟非常"一句引起了笔者的兴趣。

在我们看来，它的后面有着宝贵而丰富的历史信息，对于探求刘贺的精神世界及相关历史问题，有着重要的研究价值。就目力所及，目前尚无专门的研究成果。有鉴于此，笔者不揣浅陋，对此文句的作意及相关问题作一初步的分析。

一　心中"块垒"与儒家情怀——为谁而"修容侍侧"？

笔者曾经研判，《衣镜赋》是刘贺在获封海昏之后亲自撰作的②。此时，对于结束幽禁生活的刘贺来说，未来呈现出了若干亮色。但问题的另一面是，刘贺成为海昏侯，不过是为了展示朝廷的"皇恩浩荡"，他在本质上依旧是一个罪人。由此，郁悒孤愤依然是精神的底色。当此之际，诗文的创作，成为浇心中"块垒"的一大途径。也由此，《衣镜赋》中的诗句往往传递出别样的用意。其中，"修容侍侧分辟非常"一句至为关键。

细绎文义，所谓的"修容"，不能简单地理解为修整面容，将视野仅限于独对衣镜时的顾影自怜。"修容"，是与"侍侧"联系在一起的。或者也可以说，"修容"是为了"侍侧"的需要。它所展现出的，是肃穆的"礼"行为，即所谓"礼容"。再进一步言之，"修容侍侧"不是泛泛而指，而是直接联系着孔子，刘贺乃是为孔子而"修容侍侧"。尤为

---

① 王意乐、徐长青、杨军等：《海昏侯刘贺墓出土孔子衣镜》，《南方文物》2016年第3期，第62页。

② 关于这一问题，可参看本书第十三章。

重要的是，这种取向，非一时起意，而是历经惨痛之后的寄情之举。

在这样的问题意识下，可注意的是，《衣镜赋》一开篇即说："新就衣镜兮佳以明，质直见请兮政以方。"① 其中的"见请"二字，颇为关键。所谓"见请"，是下对上，卑对尊所具的一种礼数。如《宋书·王僧达传》曰："宣城民庶，诣阙见请。"② 韩愈的《毛颖传》则云："惟不喜武士，然见请亦时往。"③ 刘贺要向谁"见请"呢？就是衣镜上的孔子——他欲效仿孔门弟子"见请"于夫子。在孔门中，最为常见的师生相处状态就是：弟子们"见请"夫子，并"侍侧"于旁，以获师训。《论语·先进》载："闵子侍侧，訚訚如也；子路，行行如也；冉有、子贡，侃侃如也。子乐。"④

但是，衣镜中的重要人物不仅仅只有孔门师徒。在镜框上部的左右两侧，还有着西王母、东王公这一对著名的神仙。在《衣镜赋》中，亦有对他们的颂辞："西王母兮东王公，福憙所归兮淳恩臧，左右尚之兮日益昌。"⑤ 那么，或许有人会问了：西王母和东王公会不会也是刘贺"修容侍侧"的对象呢？答案是否定的。

所具理由，除了"修容侍侧"具有鲜明的儒家属性，还可注意的是，在《衣镜赋》中：

1. 西王母、东王公与孔门师徒是各有功能的。细绎诗赋，在"修容侍侧兮辟非常"之前，还有一句"幸得降灵兮奉景光"，这才是对应西王母、东王公的诗句。由此可知的是，"降灵"与"赐福"这种事务，由西王母、东王公职掌。它们基本上无关礼容问题，只对应着后面的"福憙所归兮淳恩臧，左右尚之兮日益昌"，与"修容侍侧"是分而言之的。所以，紧接着"福憙所归""左右尚之"之后，才是关于孔门师徒的诗句："□□圣人兮孔子，□□之徒颜回、卜商，临观其意兮不亦康。"这三句是对应"修容侍侧"的，它说明了这样的事实：是孔门圣贤，而不是"西王母、东王公"观临着刘贺的为礼之意。

2. 西王母、东王公身边的侍从，不以展现"礼容"为基本取向。虽

---

① 王意乐、徐长青、杨军等：《海昏侯刘贺墓出土孔子衣镜》，《南方文物》2016年第3期，第64页。
② 沈约撰《宋书》卷75《王僧达传》，中华书局，1974年，第1955页。
③ 马永昶校注：《韩昌黎文集校注》，上海古籍出版社，1986年，第568页。
④ 朱熹：《四书章句集注》，第125页。
⑤ 王意乐、徐长青、杨军等：《海昏侯刘贺墓出土孔子衣镜》，《南方文物》2016年第3期，第64页。

然西王母与儒家之"礼"有着关联性①；虽然这些图像内容也要服从整个礼器的主题要求，但是，它们毕竟不是这一主题的核心所在。

细审画像，在衣镜中，"二仙的身边各绘着一个黄衫人物"，他们一个"左手把臼，右手持杵，作捣药状，或与捣药玉兔有关"。另一个则"面前放一盘状物，双手居于胸前，呈跪拜或献物状"②。如果这也算是"侍侧"的话，那么，他们主要是做着"弟子服其劳"的事务性工作，其意并不在于突显"礼"的寓意，或者说，这不是重点。而与之不同的是，孔子身边的颜回"拱手而立、背微前倾"③，或可称之为颜回行礼图。也就是说，"礼容"的落实点于孔门师弟，而不在西王母、东王公系统。或者说，前者承载着"礼"的主题；后者则服从这一主题。

综上所述，在刘贺的内心深处，并非要追随神仙的脚步，而是希望和孔门弟子一样，能"侍侧"于孔子身旁。由此而论，衣镜就绝非简单的生活化用具，作为"修容侍侧"的载体，它充满了儒家情怀。而这种情怀，又直通当年的往事。或者也可以反过来说，正是当年的种种经历，助推刘贺蕴积和生发着这种儒家情怀。

我们知道，刘贺命运的大起大落，在于皇位的立废。而且前已论及，当年他被赶下台时，乃是以"失帝王礼谊，乱汉制度"为借口的④。质言之，"礼"的问题成了废黜的一大突破口。之所以呈现出如此这般的历史面貌，其间固然有着诸多的政治阴谋交织纠缠，但刘贺本人的少年孟浪，确也给了他人口实，并由此遗祸终身。这是刘贺的痛点，也应该是一大心结。

在这样的问题意识下，《汉书》中的一段记载，引起了我们的注意。它是刘贺作昌邑王时的一段往事。大意是，在登上皇位之前，年轻的刘贺喜欢游乐，手下有一批玩伴，郎中令龚遂常常"内谏争于王，外责傅相，引经义，陈祸福，至于涕泣，蹇蹇亡已，面刺王过"。以至于刘贺："至掩耳起走，曰：'郎中令善愧人。'"有一次，龚遂又看到刘贺"久与驺奴宰人游戏饮食，赏赐亡度"，于是痛谏道：

---

① 关于这一问题的具体讨论，可参看本书第六章。
② 刘子亮、杨军、徐长青：《汉代东王公传说与图像新探——以西汉海昏侯刘贺墓出土"孔子衣镜"为线索》，《文物》2018年第11期，第84页。
③ 王意乐、徐长青、杨军等：《海昏侯刘贺墓出土孔子衣镜》，《南方文物》2016年第3期，第63页。
④ 《汉书》卷68《霍光传》，第2944页。

"大王知胶西王所以为无道亡乎?"王曰:"不知也。"曰:"臣闻胶西王有谀臣侯得,王所为似于桀纣也,得以为尧舜也。王说其谄谀,尝与寝处,唯得所言,以至于是。今大王亲近群小,渐渍邪恶所习,存亡之机,不可不慎也。臣请选郎通经术有行义者与王起居,坐则诵《诗》《书》,立则习礼容,宜有益。"王许之。遂乃选郎中张安等十人侍王。居数日,王皆逐去安等。①

在这里面,特别关键的一句是:"坐则诵《诗》《书》,立则习礼容。"在龚遂的要求下,读经书与习礼容,成了刘贺日常生活的一部分。但这样的状态没有维系太久,那些以"经术""礼容"相伴的随从不久被赶跑,刘贺又故态复萌了。围绕着他的,应该又是游乐的生活及随从们。而且,这样的情形应该一直沿袭到了皇位的立废时期。刘贺在遭废黜时,被网罗出的1127件乱事中,就包括了他与昌邑旧臣"常与居禁闼内敖戏""游戏掖庭中""夜饮,湛沔于酒"等②。从特定视角来看,这些人、这些事,就是当年昌邑王国中行为轨迹的一种延续。

刘贺喜欢游乐,这应该是事实。从严格的礼法要求来说,对于刘贺的这些行为,也可以找到不少的瑕疵。但是,上升到"失帝王礼谊",甚至"淫乱",那是言过其实的。

揆之于史,刘贺虽有些行为随意,但并非完全不遵礼法,没有收敛。可见的事实是,当龚遂进谏之时,他并无责怪之意,而是感到羞愧,并一度真诚地接受了建议。只不过,他不能善始善终,说起来,这更符合一个年轻人躁动不安的个性。这种个性的存在,或许正增添了成为新皇的砝码。因为霍光所需要的,不是励精图治的皇帝,越是庸庸碌碌,越是好控制,越符合他的期许。作为一位擅权多年,心思缜密的权臣,霍光将刘贺扶上大位,不可能不做足功课,不去预知他的这些行为方式。

然而,霍光没有想到的是,这位耽于游乐的新皇居然想有所作为,尤其是所带来的那些昌邑旧臣,很可能在宫省内建构一套新的中朝班子,从而将霍光集团排挤出权力的中枢。由此,政变发生了③。质言之,当霍光将刘贺扶上大位时,好游乐或许正是优势所在,而如今要将其赶下台,需要污名化之时,它就成了"失帝王礼谊"的最好借口。

---

① 《汉书》卷89《循吏传·龚遂》,第3637、3638页。
② 《汉书》卷68《霍光传》,第2940~2944页。
③ 关于这一问题,可参看王刚:《宗庙与刘贺政治命运探微》,《人文杂志》2017年第8期。

然而，由龚遂的建议，可以看到，刘贺对于"礼"并不外行，而且"习礼"曾是他生活的一部分。这一点，不仅通过传世文献可见其端倪，更直接的证据，就存于海昏侯墓的出土资料中。在那里，发现了大量的礼类简牍，其中，"有100余枚记录行礼仪式的文献"，整理者将其命名为"礼仪简"，并披露道：

> 这类竹简主要记录特定仪式中参与者站立的位置、进退仪节、主持者的号令等。其内容、措辞与《仪礼》等记载行礼仪节的文献十分相似。相关竹简记录的主体皆称"王"，应为刘贺做昌邑王时行用的礼仪。

整理者进一步指出："除《仪礼》外，记录实际行用礼仪的早期文献十分罕见。这批诸侯王实际使用的礼仪（资料）尚属首次发现，意义重大。"①

这批资料的文献意义，不在本文的探讨范围内。笔者所关注的是，在官方记载的所谓"失帝王礼谊"之外，分明看到了刘贺重礼的另一面。

尤为重要的是，"参与者站立的位置、进退仪节"等，不正是刘贺在昌邑王时代"习礼容"的实录或基本规范要求吗？也就是说，刘贺的习礼，不是仅停留于读礼书、礼文，而是有着"礼容"的实践要求的。这些资料是应龚遂的要求而整理出来的，还是本就为刘贺日常的一部分，已不得而知。但它们能随葬于地下，应该是刘贺珍视之物，他对于"礼"是重视的。或许在年轻时，没有持之以恒，日日专注，甚至传世的官方记录本身就是夸大其词，亦不得而知。

当日的情形具体如何，因资料的缺失，不可确定之处尚多。但由后见之明，可以知道的是，不经立废的巨变，龚遂所谓的"引经义，陈祸福"，"存亡之机，不可不慎也"，对于刘贺来说，或许只是某种善意的提醒，甚至就是危言耸听了。在他看来，或许一笑置之，也就这样过去了。难道真的相信祸患甚至死亡会随时发生？但是，命运的确给刘贺开了一个很大的玩笑。随着皇位的废黜，龚遂之言居然在不久之后"应验"了，一时间"祸福"颠倒，"存亡"悬于一线。龚遂的警告，转为

---

① 江西省文物考古研究院、北京大学出土文献研究所、荆州文物保护中心：《江西南昌西汉海昏侯刘贺墓出土简牍》，《文物》2018年第11期，第91页。

了残酷的事实。

一句话,刘贺为自己的轻率付出了代价。这里面固然有着霍光集团的阴谋与老辣,但是,刘贺及其随从们的不够稳重,也的确是致败之因。如果按照龚遂的建议,或许不至于如此不可收拾。从生死交迫的一刻到暗黑的幽禁时期,刘贺不可能不对此有所触动。作为一个巨大的心结,"修容侍侧"的出现,应伴随着沉痛的反思。在血淋淋的教训下,当年热热闹闹的游乐固然已不再有,也不可能再有。多年后,当"修容"成为一种政治应对时,自当连接着过去"习礼容"的种种情形。从礼仪简的随葬地下也可以看出,刘贺对此应该是念念不忘,块垒难消的。"坐则诵《诗》《书》,立则习礼容"一次次涌上心头,是可以想见的。

总之,探寻诗句的作意,依稀可见的,是儒家情怀下所透现的立废往事。或者也可以说,心中"块垒"郁结于多年之前,如今借助于衣镜和诗赋得以抒发,它促使刘贺在反思中,有了"修容侍侧"的情感延展及充满隐喻的自我警示。

二 "修容侍侧"与"辟非常"

细绎文义,"修容侍侧兮辟非常"中有两大关键词,一是"修容侍侧";二是"辟非常"。二者相互联结,建构了一个逻辑递进的整体。简单地说,"修容侍侧"是前提,"辟非常"是后果;"修容侍侧"是起点,"辟非常"是归宿。所以,在了解了"修容侍侧"的基本面之后,接下来需要解答的问题是:"修容侍侧"为什么可以联结着"辟非常"?刘贺又面对着哪些"非常"呢?

对这一问题,可以从两个方面加以思考。

一方面,就观念得以发生的思想基础来看,自先秦两汉以来,有一种极为流行的思潮,那就是,"礼"与祸福是紧紧地联系在一起的。由"修容侍侧"而推引出"辟非常",就是此种思维逻辑下的产物。另一方面,由刘贺的现实处境来说,以立废事件为核心生发点,各种"非常"遭遇就围绕在身旁。伴随着立废这一最大的"非常"之事,其他各种"非常"或不时发生,或潜在地不离左右。在创伤的神经时时受其煎熬的背景下,很自然地,"辟非常"成了刘贺生命中的重要内容。由于这些"非常"大多都与"礼"有着重要的关联,要尽力消弭之,"修容侍侧"就成了重要的选择。

在刘贺一生中,这些"非常"主要散布在两大阶段,一是皇位立废时期的"非常",以所谓"妖怪"的形态出现。当它们与不"习礼容"

相关联时，此种"存在"对于刘贺而言，有着警示甚至是震慑作用。由此，多年后反思旧事时，"修容侍侧"成为接受教训，不再重蹈覆辙的逻辑必然。二是被废之后苟全性命，直至获封海昏期间，依旧存在不少潜在的"非常"。它们使得刘贺不得不日夜惕厉，谨言慎行，提醒自己要"修容侍侧"，以避灾祸。

下面，就展开具体的论述。

为论证方便，我们从"礼"与"祸福"的关系谈起。

前已言及，"修容"是"礼"的修为与展示。从最直观的角度来看，"修容"可以带来雍容温和的气度，从而更能为人所接纳，为今后的发展获取益处。由此，"观威仪、省祸福"成了一种察人的传统，人们相信，观礼，也即观察一个人是否尊礼，是可以看出祸福走向的。《左传》成公十四年载：

> 卫侯飨苦成叔，宁惠子相。苦成叔傲。宁子曰："苦成家其亡乎！古之为享食也，以观威仪、省祸福也。故《诗》曰：'兕觥其觩，旨酒思柔，彼交匪傲，万福来求。'今夫子傲，取祸之道也。"①

在这段著名的故事中，苦成叔因傲而无礼，最终招致家族覆灭的命运。以本论题的视角来看，它就可以对应为，苦成叔因不认真"修容"，而终遭"非常"之祸。

但是，在"修容"与"非常"之间，又并非只有这种简单直接的因果联结。更值得注意的是，在早期中国，"礼"不仅是一种行为规范，更成了沟通天道与人道的桥梁，具有形而上的意义。《左传》昭公二十五年曰："夫礼，天之经也，地之义也，民之行也。"由此，在《左传》成公十三年中，刘康公说："吾闻之，民受天地之中以生，所谓命也。是以有动作礼义威仪之则，以定命也。能者养以之福，不能者败以取祸。"②

这一思想发展到了汉代，与当时流行的"天人感应"论结合起来，成了时人深信不疑的思维取向。显著的证据就是，在《汉书》的《律历志》和《五行志》中，都引述了刘康公的话，并循其逻辑理路，列举了不少罹祸的例子，除了前所论及的苦成叔外，刘贺也成了典型人物。只

---

① 阮元校刻：《十三经注疏》，第 1913 页。
② 阮元校刻：《十三经注疏》，第 1911、2107 页。

不过在这些文本中，作者并不停留在傲而无礼，终遭祸患这样的线性叙事上。在故事中，不时有着某些怪异的事件穿插出现，天人感应成为聚焦的主题。在神秘主义的气息中，"非常"的意味显得极为浓厚。由本论题出发，其中最重要的一条是："贺为王时，又见大白狗冠方山冠而无尾，此服妖，亦犬祸也。"

史载，面对着这样的"非常"现象，刘贺向龚遂讨教，龚遂说："此天戒，言在仄者尽冠狗也。去之则存，不去则亡矣。"颜师古注曰："言王左右侍侧之人不识礼义，若狗而著冠者耳。"① 依此叙事理路，在那时，"左右侍侧之人不识礼义"，无疑就是针对着刘贺中断"坐则诵《诗》《书》，立则习礼容"的状态，将张安等侍从逐去后，换上一批玩伴，继续游乐这件事而引发的。由此，我们注意到，在龚遂本传中，叙述完刘贺将张安等人被逐后，紧接着一句就是："久之，宫中数有妖怪，王以问遂。"② 毫无疑问，在时人看来，"妖怪"的频频出现，乃是上天通过某种"非常"的征兆，对刘贺的不"习礼容"作出严厉警示。

刘贺立废前后所出现的"妖怪"还有很多，它们主要载于《汉书·武五子传》中。根据记载，面对着这一情形，刘贺叹息道："不祥何为数来？"随后所载的，则又是龚遂的一番苦口劝谏，但刘贺最终的表现是"贺终不改节""贺不用其言"，由此带来了"卒至于废"的结果③。按照这样的逻辑，刘贺的败亡乃在于，面对着上天所昭示的种种"不祥"的"妖怪"，不思悔改，最终咎由自取，遭到了"非常"之祸。

这种描述，显然是一种后见之明的倒叙。是在提前预知结果的前提下，有意识地去寻找败亡的征兆。与其说是这些"非常"预示了刘贺的失败，倒不如说，是因为刘贺失败了，促使时人找寻到了不少"非常"的例子。如果真的"天意"昭昭，刘贺无论如何都会改变，而不至于"终不改节"。所以，那些神神道道的事情即便实有，也仅仅是当时的一种非理性解说而已，它不会那么笃定地指向最终的结局，最多是处在将信将疑的状态之下。只不过在刘贺惨败之后，它们被重新提起之时，得以"坐实"为致败的表征。

但刘贺失败所带来的震荡实在是太大了。在当时的思维条件下，或许每一次的"复盘"，增添的都是威慑和恐惧。在"天人感应"的氛围里，此种"非常"与"不祥"，应该早已作为一种"常识"而"存在"，

---

① 《汉书》卷27中之上《五行志中之上》，第1367页。

② 《汉书》卷89《循吏传·龚遂》，第3638页。

③ 《汉书》卷63《武五子传》，第2766页。

不接受也得接受。那么，如何走出这种"不祥"呢？无外乎是两个方面，一是神灵保佑，二是做好自己。作为当事人，刘贺在举措上是容不得拖沓与怠慢的。

由此，我们看到，在《衣镜赋》中有这样的句子："据两蜚虡兮迵凶殃，傀伟奇物兮除不详。"刘贺希望西王母麾下的那些神灵之物为他保驾护航，除去"凶殃"和不详（祥）。但问题是，祸福转换终究是因为不"习礼容"所导致的，所以，光靠神灵的拯救，治标而不治本，要从根本上祛除这种"不祥"，必须在礼容、威仪上正本清源。否则，旧的"凶殃"还没有清除干净，新的"不祥"又要到来。很自然地，"修容侍侧"成为刘贺被废之后自我保护的一种途径。

不仅如此，已失去权势的刘贺并不因为皇位的褫夺，而彻底远离了"非常"之祸。各种不可确定的危险依然围绕在左右，他的一举一动都在朝廷的监视之下，稍有不慎，新的"非常"之祸就会降临。《武五子传》载，宣帝即位之后，"心内忌贺"，在决定改封刘贺之前，特意让山阳太守张敞去刘贺的昌邑王宫实地巡查，并详细"条奏"，"著其废亡之效"[1]。即奏明刘贺被废黜后的具体情形及动向。说白了，就是要防范刘贺的不轨举动。

但是，作为被严密监控之人，对外交往的通道已被彻底掐断，甚至可以说，已几乎没有了任何可以遮蔽的隐私，巡察者又能通过什么去发现异常呢？彼时，观察点只能聚焦于日常的举止动作之间。由此，张敞在"察故王衣服言语跪起"的基础上，向宣帝作了详细的汇报，在确认"不足忌"的前提下，刘贺才有了命运的又一次转折——获封海昏。

我们注意到，刘贺在参见张敞之时，"佩玉环，簪笔持牍趋谒"，极为恭谨守礼，属于典型的"修容"参拜。这样的举动，从一定程度上减轻了宣帝的猜忌之心，为自己赢得了稍为宽松的生存空间。如果反之，很可能就是一场杀身之祸。这无疑是刘贺生命中又一次意义重大的事件。从特定视角来看，这一次的"修容"，使得他避开了"非常"之祸，并转祸为福。

但一个永远无法解决的问题是，刘贺毕竟是过去的皇帝，对于现今的统治者来说，存在，就是一种威胁。不管他是如何"不足忌"，"内忌贺"的心理要完全消除，那是绝无可能的。终刘贺一生，从朝廷一方来说，一旦感受到威胁，随时可以通过"非常"动作消除隐患。而反之，

---

① 《汉书》卷63《武五子传》，第2767、2768页。

刘贺本人的"非常"之祸,就像达摩克利斯之剑一直悬于头顶,稍有不慎,就可能身家倾覆。

可悲的是,刘贺在走向生命的终点时,还是遭到了这样的"非常"之祸。据《武五子传》,有人举报刘贺与"故太守卒史孙万世交通"。孙氏问刘贺:"前见废时,何不坚守毋出宫,斩大将军,而听人夺玺绶乎?"刘贺回复道:"然,失之。"流露出了对当年失计的懊惜。孙氏又认为,刘贺不久将成为豫章王,不会长期处在列侯的序列之中。刘贺回应道:"且然,非所宜言。"虽然刘贺叮嘱此种话语不要外传,但最终还是受到了严厉的司法调查。"有司案验,请逮捕。"宣帝最终给出了"削户三千"的处罚,紧接着的一句就是:"后薨。"①

刘贺是怎么死的?正常还是非正常死亡?现在还不得而知。由史书可知的是,他就死于"非常之祸"以后。按照原来的司法结论,本是要逮捕下狱的。刘贺的死,与这次司法调查有关系吗?孙万世的话是如何传播出去的?他人怎么会知道他们的对话呢?对于这些疑问,或许永远不会有答案。

但是,可以肯定的是,刘贺一直处于严密的监控状态下。刘贺本人也应该是明了这一点的,所以一直谨言慎行。我们可以看到,他在被废黜时,短短几十天被罗织了1127件"淫乱"之事,而在海昏侯时代所获之罪,并没有这么多,这说明,他在平时的言行中还是颇为留意的,没有留下多少新的"罪证"。而且在此次因言获罪中,既非刘贺主动宣讲,话语中似乎也没有对如今朝廷的不满,它们不外是对过去的懊惜和未来的向往,并交代对话者"非所宜言"。但就是这样一个疏忽,最终伴随着刘贺走完了生命的最后一程。

总之,通过以上种种可以看出的是,通过"修容"以"辟非常",既是一种观念的承接,同时也是刘贺日常中所不可少的功课。面对着衣镜上的孔门圣贤,写下"修容侍侧辟非常"的文句,可以强化这一思想取向,并以此来时时警示自己,当属情理之中的事情。

三 从楚灵王到颜回:"修容侍侧"与"镜于人"

镜子,在今人看来或许只是一个普通的生活用具。但在古人的精神世界中,它有着更为丰富的联想与附加意义。最著名者,莫过于唐太宗之言:"夫以铜为镜,可以正衣冠;以古为镜,可以知兴替;以人为镜,

---

① 《汉书》卷63《武五子传》,第2769、2770页。

可以明得失。"① 不过，很多人并不了解的是，这样的言辞并非完全由唐太宗首创，它渊源有自，发展于早已有之的思想传统。

由本论题出发，可见的事实是，对于这一传统，刘贺十分熟悉。而且当它与"修容"问题联系在一起时，"镜于人"不仅仅是一种历史传承，结合自身的经历和旨趣，更促使着刘贺在自我警示中，以颜回和楚灵王为正、反样板，在吸取经验和教训中检讨得失，作出有针对性的反思。下面，就具体论之。

（一）思想传统、文本与"修容侍侧"

要了解"镜于人"的思想传统与刘贺及《衣镜赋》的关系，首先要解答的问题应该是：刘贺熟悉这一观念吗？它与"修容侍侧"的表述真的有内在关系吗？

答案是肯定的。

"镜于人"的传统，在先秦时代就十分兴盛。《墨子·非攻中》载："古者有语曰：'君子不镜于水，而镜于人。镜于水，见面之容。镜于人，则知吉凶。'"② 此非墨子造论，而是在引用早已有之的古语。古语能古到什么时候呢？应该是在殷商以上。因为周初的《尚书·酒诰》有云："古人有言曰：'人无于水监，当于民监。'"阮元校勘记曰："古本监作鉴。"③ "水监"，即以水为镜之义，它与墨子所言相通，而且也符合上古时代的生活实际。

到了两汉之后，这一思想认知依然广为流传。汉末荀悦的《申鉴·杂言上》曰："君子有三鉴，鉴乎前，鉴乎人，鉴乎镜。"④《后汉书·朱穆传》则曰："古之明君，必有辅德之臣，规谏之官，下至器物，铭书成败，以防遗失。"李贤注云：

> 黄帝作巾机之法，孔甲有盘盂之诚。《太公阴谋》曰，武王衣之铭曰："桑蚕苦，女工难，得新捐故后必寒。"镜铭曰："以镜自照者见形容，以人自照者见吉凶。"⑤

细绎文字可以发现，镜铭所云的"以镜自照者见形容，以人自照者

---

① 吴兢：《贞观政要》卷2《任贤》，上海古籍出版社，1978年，第33页。

② 孙诒让撰，孙启治点校：《墨子间诂》，第138页。

③ 伪孔安国传，孔颖达疏：《尚书正义》，阮元校刻：《十三经注疏》，第210页。

④ 孙启治校补：《申鉴注校补》，中华书局，2012年，第141页。

⑤ 《后汉书》卷43《朱穆传》，第1468、1469页。

见吉凶。"与《墨子》中的"镜于人,则知吉凶"乃是一脉相承。只不过,这时不再是"镜于水,见面之容",而是以铜为镜,以铜"修容"了,故而才有所谓的"镜铭"。

依照《太公阴谋》一书,镜铭来自周武王,汉人信手拈来,暗引典故,正可见士人对此观念的熟稔。尤为重要的是,《太公阴谋》一书虽真伪杂陈,但武王给器物作铭之事,在《大戴礼记·武王践阼》中有详尽的记载,而且《武王践阼》篇在上博简中亦有发现。这就说明,镜铭文字及其观念,即便不早于西周,最迟在东周时代就已产生并流传开来。另外据《大戴礼》可知,镜(鉴)上的铭文,有"见尔前,虑尔后"的句子,这应该就是《申鉴》中"鉴乎前,鉴乎人,鉴乎镜"的底本。众所周知,《礼记》是重要的经学、儒学典籍,也是两汉的常用文本,由此,士林有此表现,也就不奇怪了。

但更重要的问题在于,对于《礼记》类文献,刘贺不仅熟悉,而且所藏、所读者甚多。据整理者披露,在出土的海昏简牍中有大量的《礼记》简,如《曲礼》等,只是"文字与今本差异较大。另外有一些文句不见于传世文献,可能属于已亡佚的《礼记》类文献"①。

这说明了什么呢?

习文史者皆知,作为先秦礼学资料的汇编,《礼记》的正式成书是宣、元朝之后。先是时间稍晚于刘贺的戴德编纂《大戴礼记》八十五篇流传于世,然后,他的侄子戴圣在此基础上所编的《小戴礼记》四十九篇开始盛行,大戴的大部分篇章由此逐渐散佚。就篇章而言,由大戴而小戴,《礼记》文献的传世数量呈现出越来越少的趋势。

但是,在汉代武、宣时期,还存有大量的相关文献。据《汉书·礼乐志》,武帝时代的河间献王曾搜罗到了五百余篇。刘贺处在河间献王之后,戴德之前,我们相信,他所涉猎的相关文献数量,绝对要在《大戴》的八十五篇之上,且本子更为原始。这也是海昏简牍上的文字与今本有异,并且"有一些文句不见于传世文献"的主要原因。还可注意的是,班固曾说,河间献王的资料,到他那个时代已在散佚,呈现出"今学者不能昭见"②的情形。那么,我们的问题是,在这样的情况下,比班固更晚的朱穆和荀悦,都对《大戴》中所载的《武王践阼》内容如数家珍,刘贺又岂能有不知、不熟的道理呢?

---

① 江西省文物考古研究院、北京大学出土文献研究所、荆州文物保护中心:《江西南昌西汉海昏侯刘贺墓出土简牍》,《文物》2018年第11期,第89页。

② 《汉书》卷22《礼乐志》,第1035页。

而其中很重要的一条，就是"镜于人"。

由前已知，衣镜除了"修容"，也即武王镜铭中所谓的"以镜自照者见形容"之外，它更是"侍侧"与"见请"之物。那么，对于随之而来的"以人自照者见吉凶"的箴言，刘贺能视而不见吗？回到历史的现场，可以想见的是，当刘贺撰作《衣镜赋》时，所面对的，一边是儒家文献中的镜铭文字及相关资料，另一边是画像中的孔门圣贤，在二者的交融碰撞之下，内心的触动是不言而喻的。而且，他本就是因为有所触动，才将圣贤图像置于镜上，以此来日日提醒自己。毫无疑问，刘贺对于"镜于人，则知吉凶"的思想，不仅熟悉，而且必然要接续和发展，它是"修容侍侧"的题中应有之义。

（二）"礼容"的正、反典型及刘贺的思考

前已论及，对于"镜于人，则知吉凶"的思想传统，刘贺是熟知并有所触动的。那么，接下来的问题则是，在"修容侍侧"中，他又当以谁为镜鉴，以照见今后的吉凶之途呢？正面典型，当然就是孔门圣贤，其中尤为值得仿效的是颜回。而反面典型，则应是隐于颜回"为礼"之后的人物——楚灵王。

需要提出的是，楚灵王并未直接出现在衣镜中。但是，以楚灵王为反面的镜鉴，不仅是一种古已有之的传统。更重要的原因在于，在儒家文本中，当颜回"克己复礼"时，后者就是作为反面参验物而出现的。

熟读文献的刘贺不可能不知道这一点，或者也可以说，在儒学系统中，由颜回而知"吉"，由楚灵王而知"凶"，它们如影随形，难以剥离。加之楚灵王的身份及命运与刘贺有相合之处，易引起共鸣。由此，刘贺沿着这一逻辑去作正、反的思考，是顺理成章的。而且，"镜于人"本就应有着正、反的取向，也只有在这样的状态下，"修容侍侧"才能真正到位，从而"知吉凶"，"辟非常"。

我们的讨论，从"修容侍侧"的正面典型颜回开始。

由前已知，在刘贺的"修容侍侧"之中，很重要的一点，就是希望和孔门弟子一样，能"侍侧"于孔子身旁，因"见请"而获得教益。而在"侍侧"的孔门弟子中，最重要的人物，当然就是孔子最为看重的颜回。由此，在图像中，颜回与孔子并立，所呈现的形象为行礼之状。如果要在衣镜的孔门弟子中找一个"习礼容"的样板，那无疑就是颜回了。也由此，刘贺的"修容侍侧"，主要以颜回为追慕对象。

事实也正是如此。在衣镜中,不仅图像中的颜回呈现出"礼容"之态。在关于颜回的传记文字中,首先出现的是"克己复礼"问题。它来自《论语·颜渊》篇的"颜渊问仁"章,今传本作:

> 颜渊问仁。子曰:"克己复礼为仁。一日克己复礼,天下归仁焉。为仁由己,而由人乎哉?"颜渊曰:"请问其目。"子曰:"非礼勿视,非礼勿听,非礼勿言,非礼勿动。"颜渊曰:"回虽不敏,请事斯语矣。"[①]

衣镜全文抄录,只有三处无关紧要的异文[②]。它应是来自刘贺所据的《论语》本。这段文字意蕴丰富,历来有各种讨论意见。但由本论题出发,最关键之处在于,孔子对颜回的教诲,关联着"礼容"问题。基本理由在于,《论语》中的这段话,是经过加工的文字,规整和芟夷了不少的内容。今天,通过出土文献将隐去部分呈现出来,就可以发现,它们不仅有对"礼容"的直接论述,甚至可以说,它就是颜回"修容侍侧"的重要实录。

这一出土文献,就是上博简的《君子为礼》。在那里面,发现了与《论语》"颜渊问仁"章相似的文字,而且内容更多,论述的范围更广。

《君子为礼》的开篇为"颜回侍于夫子",整篇文字是从颜回"侍侧"说起的。接下来是孔子的一段话:"回,君子为礼,以依于仁。"讨论"君子为礼"与"仁"的关系,在《论语》中被概述为"颜渊问仁"。再接下来的文字则为:

> 颜渊作而答曰:"回不敏,弗能少居也。"夫子曰:"坐,吾语汝。言之而不义,口勿言也;视之而不义,目勿视也;听之而不义,耳勿听也;动之而不义,身勿动焉。"[③]

以上就是《君子为礼》的第一部分内容。第二部分内容,则是各种具体的"礼容"规范。

---

① 朱熹:《四书章句集注》,第131、132页。
② "回虽不敏,请事斯语矣",在衣镜文中作"回虽不敏也,请事此语也"。其他文字完全一致。
③ 马承源:《上海博物馆藏战国楚竹书》第五册,上海古籍出版社,2005年,第254、255页。另外,为论证方便,文字皆用通行字,不再用异体字。

　　陈桐生指出，《君子为礼》是《论语》"颜渊问仁"章的底本。《论语》中"非礼勿……"等"高度凝练齐整的排比句"，是"编纂者在'颜氏之儒'的原始记录材料上提炼的"。与《君子为礼》的情况相类的是，在《礼记》《孔子家语》中，有些内容与《论语》相互重叠，但往往篇幅稍长，文字也有所差异。所反映的，正是原始材料与加工文字间的关系①。

　　关于《论语》编纂中的原始资料问题，本文不拟展开。但由《君子为礼》篇可以知道，颜回是"礼容"方面的重要人物。在"克己复礼"的后面，所联结的是"礼容"或"修容侍侧"的问题。也就是说，《论语》的"颜渊问仁"章，以颜回的"礼容"论述为底本。由此，《君子为礼》可以归入"礼类文献"，与今本《礼记》中的很多篇章，在性质上是一致的。

　　也由此，可注意的是，在刘贺墓中有《论语》，亦有《礼记》，更重要的是，有一组《礼记》文献，"出土时与《论语》简混杂在一起，其形制、容字和书体亦与《论语》完全相同"。其中，"内容与今本《礼记》相合者首先是《中庸》篇"②。

　　这说明了什么？当时《论语》早已成书，有着固定的文本。而《礼记》尚未整合出来，处在单篇流传的状态下。它们的一部分之所以与《论语》放在一起，很可能是刘贺在读《论语》时，以此作为参考资料。也就是说，在《论语》中涉及"礼"的问题时，将这些"礼类资料"归并过来，作为研读的参考。

　　这方面能直接佐证的例子就是《中庸》。

　　在 2016 年第 3 期的《南方文物》上，在由江西省文物考古研究所王意乐等人整理撰写的《海昏侯刘贺墓出土孔子衣镜》中，披露了一版木牍，上面有大段《论语》文字，由于书写率性随意，文字接近章草，整理者推断："这是刘贺本人所书写，应该是刘贺读书时随手做的笔记。"笔者曾对此木牍作过释读，其中第三列中有这样的文字：

　　孔子曰："中庸之为德也，其至矣乎，民鲜" △子罕篇③

---

①　陈桐生：《从上博竹简看〈论语〉的编纂特点》，《武汉理工大学学报》（哲学社会科学版）2008 年第 6 期，第 915、916 页。

②　江西省文物考古研究院、北京大学出土文献研究所、荆州文物保护中心：《江西南昌西汉海昏侯刘贺墓出土简牍》，《文物》2018 年第 11 期，第 89 页。

③　对于它们的释读及相关问题，可参看王刚：《新见的若干海昏〈论语〉简试释》，《孔庙国子监论丛》，中国社会科学出版社，2017 年。

由此可知，刘贺在研读《论语》时，将孔子关于中庸的论述专门摘引了出来，这应该是他再三致意之处。结合在海昏出土文献中，《中庸》与《论语》"混杂在一起"的情形，这就提示了我们一个重要的细节：刘贺有文献对读的习惯，尤其是将论礼的资料与《论语》放在一起细加考量。"中庸之为德"章如此，"颜渊问仁"章亦当如是。

依照这样的研读习惯，笔者相信，当刘贺论述颜回"克己复礼"问题时，虽基本文字来自《论语》，但绝不会停留于《论语》章句之上，而应拓展开来。刘贺是否看到了《君子为礼》篇，我们无法确定，但此类文献既已明确揭示了"克己复礼"与"礼容"之间的关系，即便刘贺不能读到《君子为礼》，在其他文献中也应有所反映，只是我们无法得睹当时的文献全貌，具体细节不能复原而已。

笔者相信，"克己复礼"作为颜回"修容侍侧"的反映，并与"习礼容"相关，对于这一重要的儒学基本面，刘贺是不可能不知的。

不仅如此，与颜回"修容侍侧"，从而"克己复礼"相反的是，在《左传》昭公十二年，载有孔子的另一段著名评价：

> 仲尼曰："古也有志：'克己复礼，仁也'。信善哉！楚灵王若能如是，岂其辱于乾溪？"①

这是在传世文献中，孔子第二次论及"克己复礼"问题。这次所针对的是楚灵王，乾溪是他最终受辱失败的地方。

在先秦两汉时，乾溪之辱作为著名事件，被时人反复提及。如在《国语·吴语》中，伍子胥在劝谏吴王夫差时，这样说道："王其盍亦鉴于人，无鉴于水。昔楚灵王不君，其臣箴谏以不入。……三军叛王于乾溪。"② 由此可知，楚灵王作为失败人物，并且不听"箴谏"，早已成为"镜（鉴）于人"的重要代表。

楚灵王之败，当然有多种因素，但孔子从"克己复礼"的角度去加以分析，将他的败亡与"礼容"联系到了一起。也就是说，在楚灵王的败因中，很重要的一条就是"礼容"不修。据《左传》襄公三十一年，楚灵王还在担任令尹的时候，时人就评价他："令尹无威仪，民无则

---

① 阮元校刻：《十三经注疏》，第 2064 页。
② 上海师范大学古籍整理研究所校点：《国语》，第 598 页。

焉。"①《礼记·杂记下》郑注云："容，威仪也。"② 那么，这里的"无威仪"，指的就是"礼容"方面的问题。对于楚灵王的最后命运，《左传》概述为："不能自克，以及于难。"③ 即由于不能以"礼"来"自克"，也即"克己"，最终遭到了"非常之祸"。

到了汉代，灵王因"礼容"不修，与宁成子一起，作为"观威仪、省祸福"的反面典型，被收载于《汉书·五行志中之上》。由前已知，《五行志》中所载之人事，多与天人灾异相关。刘贺就是因遭逢所谓的"妖怪"，而进入这一文本。与之命运相通的楚灵王，也没有例外。《春秋繁露·王道》载："乾溪有物女，水尽则女见，水满则不见。"苏舆指出，这里所谓的"物女"之"物"，是与鬼神相对的"物怪"④，物女，就是女妖怪。同为诸侯王，同遇"妖怪"，同是"修容"不谨发生命运的转折。在推仰颜回"克己复礼"的同时，面对着反面典型的楚灵王的凄惨命运，刘贺能无动于衷吗？毫无疑问，要真的做到"辟非常"，就必须在效仿颜回的同时，谨防楚王命运的重演。由此，在正反两面的基础上"镜于人"，应是刘贺"修容侍侧"的重要内容。

综上所述，孔子衣镜上的《衣镜赋》是刘贺浇胸中块垒的重要载体。其中，"脩容侍侧兮辟非常"一句至为关键。所谓"修容侍侧"，不是简单地修整面容，而是具有"礼"的意义。

就"礼"的目标来看，"修容侍侧"的指向为孔子，也就是说，刘贺是为孔子而"修容侍侧"。他希望和孔门弟子一样，尤其是以颜回为榜样，在"克己复礼"中修整"礼容"，获得教益，从而得以"辟非常"。由此，作为联结刘贺的过去和当下的一大知识通道，"修容侍侧兮辟非常"这一诗句尽显"儒家情怀"，并直通当年的立废往事。

当年的刘贺由于"修容"不谨，以"失帝王礼谊"⑤ 的理由，遭到了废黜，自此，"非常之祸"不离左右。痛定思痛之后，"修容"成了辟祸的政治应对。通过"修容"而"辟非常"，既是一种观念的承接，同时也成为日常中必不可少的功课。它以颜回和楚灵王为正、反样板，在"镜于人"中吸取经验和教训，从而检讨得失，远离"非常之祸"。

---

① 阮元校刻：《十三经注疏》，第 2016 页。
② 朱彬撰，饶钦农点校：《礼记训纂》，第 633 页。
③ 阮元校刻：《十三经注疏》，第 2064 页。
④ 苏舆撰，钟哲点校：《春秋繁露义证》，第 127 页。
⑤ 《汉书》卷 68《霍光传》，第 2944 页。

第十三章　孔子评价与文本生成：衣镜文与《史记·孔子世家》"太史公曰"之比较研究

一　引言：问题与材料

细绎"孔子衣镜"上的文字，可注意的是，它与《史记》，尤其是《孔子世家》中的内容多有呼应。

关于这一点，邵鸿在材料尚未完全公布之时，已经著文提出。具体言之，由于衣镜文"和《世家》关于孔子家世和生平的文字近似度如此之高"，邵氏高度怀疑"文本作者利用了《世家》"。与此同时，他也注意到了材料中对立性的一面，那就是，由于"战国秦汉时期关于孔子及其弟子的文献众多，后出者多有渊源承继；而且我们也已看到屏风文本确有其他来源，因此无法排除屏风和《世家》拥有共同文本来源的可能"①。

也就是说，衣镜文与《史记》并非完全一致，有些文字异于《史记》，却与其他文献契合，所以，看起来衣镜文不是完全照抄《史记》，而是还有其他来源。由此，它与《史记》的关系就变得复杂起来。

但是，邵鸿注意到了一个重要的关键点，那就是，衣镜中最后一段文字与《孔子世家》的"太史公曰"内容基本重合。《史记》中的相关文字为：

> 太史公曰：《诗》有之："高山仰止，景行行止。"虽不能至，然心乡往之。余读孔氏书，想见其为人。适鲁，观仲尼庙堂车服礼器，诸生以时习礼其家，余祗回留之不能去云。天下君王至于贤人众矣，当时则荣，没则已焉。孔子布衣，传十余世，学者宗之。自

---

① 关于这一问题，可参看邵鸿：《海昏侯墓孔子屏风试探》，《江西师范大学学报》（哲学社会科学版）2016 年第 5 期，此前一些其他学者的相关观点，在邵文中已提出，本文不再重复。

天子王侯，中国言六艺者折中于夫子，可谓至圣矣。①

而衣镜中的文字，则为：

> 天下君王至于贤人众矣，当时则荣，殁则已焉。孔子布衣，传十余世，至今不绝，学者宗之。自王侯，中国言六艺者折中于夫子，可胃至圣矣。②

比较两段雷同的文字，邵鸿指出：

> 《世家》这一文字是司马迁在篇末所发的议论，亦即"太史公曰"中的内容，通常情况下这完全是他个人的评价或感慨。……这几句话抄于前人著作的可能性很小。这样看来，屏风利用了《世家》确实有极大可能。③

对于这一判断，笔者基本赞成。值得一提的是，虽然邵鸿等学者对这一相关问题作了一些精辟的阐释，但并未深究下去。之所以如此，主题和篇幅的限制固然是一大原因，但更重要的是，当时的材料尚不完整，故而无法做出进一步研判。现在，随着材料的全面公布，在此基础上，做更加深入准确的分析，成为题中应有之义。

在笔者看来，由于史实的唯一性，在历史书写中，只要不明显造伪，各种相关材料无论内在关系如何，都将指向共同事实。也就是说，不能因历史事实的共性，来简单地确定文本的先后关系及相关问题。由此，对于孔子生平活动等的记述，衣镜文与《孔子世家》出现重叠就是一种必然，在文本关系上是否有所承袭，一时还难以坐实。但"太史公曰"这样的内容则不同，诚如邵鸿所指出的，是司马迁"个人的评价或感慨"，二者的承接关系相对清楚④。

---

① 《史记》卷47《孔子世家》，第1947页。
② 王意乐、徐长青、杨军等：《海昏侯刘贺墓出土孔子衣镜》，《南方文物》2016年第3期，第65页。
③ 邵鸿：《海昏侯墓孔子屏风试探》，《江西师范大学学报》（哲学社会科学版）2016年第5期，第21、22页。
④ 本文初稿完成后，蒙北京师范大学历史学院黄国辉相告，在他所指导的北京师范大学本科学位论文《海昏侯墓孔子衣镜研究》（曹雪蓉，2016年5月）中，亦以"太史公曰"这段文字为据，指出衣镜文与《孔子世家》有借鉴关系。特此补注，并申谢忱！

但更进一步的问题是，衣镜文对于《世家》的"利用"，究竟处于何种程度呢？二者之间的具体关系如何？刘贺又出于何种目的，不全部照抄原文呢？我们还注意到，"太史公曰"中对孔子的评价，有着不同寻常的意义，背后反映着西汉政治文化的某些重要侧面；而衣镜文对此所作的承袭和改造，同样关涉着当时的政治，或者也可以说，它成为链接刘贺政治命运和态度的一个载体。

有鉴于此，笔者决定以西汉时代，尤其是昭、宣朝以来的政治视野为立足点，去审视这两种文本的生成、流布与递嬗问题，尽力探究背后的政治文化动因。

二　从昭、宣时代的《史记》流布状况看衣镜文的生成及其与《孔子世家》"太史公曰"的关系

前已述及，衣镜文的内容很可能利用了《孔子世家》，由此追本溯源，厘清《史记》在当时的流布状况，成为重要的研究前提。换言之，如果对于《史记》在刘贺时代的文本流传及相关问题不能作出准确的判定，那么，在讨论衣镜文本的后续问题时，必然会错漏百出。由于刘贺生于武帝晚年，殁于宣帝时代，武、宣以来，尤其是昭、宣时代，很自然地就成了考察的基本时段。尤为重要的是，这一时段也恰恰是《史记》最初流布的关键期，从作品的公布到补撰，都在这一时间节点之内。

在本论题内，笔者的基本看法是，刘贺入承大统后，应在长安看过《史记》的副本，并抄录过若干单篇，其中最重要的就是《孔子世家》。在此基础上，我们推定，衣镜文应是废黜之后的作品，由刘贺亲自综合《史记》及其他文献而撰述。由此，衣镜所引的"太史公曰"的内容与今本稍有差异，其中既有版本的问题，也很可能有着刘贺在文字上所作的修订，而在修订的背后，则是刘贺一度卷入，并不堪回首的昭、宣政治。

下面，就对此展开具体的论述。

习文史者皆知，司马迁从开始创作《史记》，到走向生命的终点，都大致在武帝朝。王国维说："原稿记事，以（武帝时的）元封、太初为断。""史公卒年虽未可遽知，然视为与武帝相终始，当无大误也。"[①]要之，《史记》的最终完成，乃是伴随着武帝时代的结束。作品完成后，太史公没有马上公之于世，由此使得昭宣时代成了《史记》流布的最

①　王国维：《太史公行年考》，《王国维全集》第八卷，第337、338页。

初期。

征之史籍，《史记》正式公布是在宣帝朝，关键人物为司马迁的外孙杨恽。史载："迁既死后，其书稍出。宣帝时，迁外孙平通侯杨恽祖述其书，遂宣布焉。"① 吕世浩指出："杨恽为平通侯的时间，是在宣帝地节四年至五凤二年间，因此他宣布《史记》传本就在这段时间内。"② 然而，值得注意的是，虽然学界承认"杨恽为传播《太史公书》之始"，但据《盐铁论·毁学》，在盐铁会议上，昭帝时代的御史大夫桑弘羊曾节引了《史记·货殖列传》中的文字，而且明言"司马子言"，这成了"引用《史记》，节括原文之始"③。它在时间上早于杨恽的"祖述其书，遂宣布焉"。据此，桑弘羊所看到的《史记》，就不可能是杨恽本。

那么，这个本子是从哪里来的呢？应该是藏于汉廷的副本，即所谓"副在京师"者也。

据《史记·太史公自序》，司马迁表示，在心血之作完成之后，要将其"藏之名山，副在京师，俟后世圣人君子"④。陈直指出，这表明《史记》有两个本子，"所谓名山者，即是藏之于家。太史公卒后，正本当传到杨敞（杨恽父亲）家中，副本当存在汉廷天禄阁或石渠阁"⑤。《史记》具体藏于何处，现在还难以确证，但大致应在西汉皇宫之内，陈氏所揣测的"天禄阁或石渠阁"为最重要者，也即著名的"中秘"藏书处。后来刘向校书，就是以中秘本为底本，这些书籍因其珍贵，一般外人难以见到。

尤可注意的是，由于《史记》内容的敏感，朝廷对其外流控制得很严。一直以来，连诸侯王都难以获取，对于有需要的重臣，朝廷往往以单篇颁赏。它不仅使得"在汉代《史记》常常是单卷别行的，这也是后来《史记》篇章散乱缺失的一个重要原因"⑥。就本论题来看，这种"单卷别行"，不仅存之于杨恽"宣布"《史记》之后，此前更应如此，为《史记》流布的基本状态。

---

① 《汉书》卷62《司马迁传》，第2737页。
② 吕世浩：《从〈史记〉到〈汉书〉——转折过程与历史意义》，台湾大学出版中心，2009年，第111页。
③ 陈直：《汉晋人对〈史记〉的传播及其评价》，《司马迁与〈史记〉论集》，陕西人民出版社，1982年，第215、217页。
④ 《史记》卷130《太史公自序》，中华书局，1959年，第3320页。
⑤ 陈直：《汉晋人对〈史记〉的传播及其评价》，《司马迁与〈史记〉论集》，第215页。
⑥ 关于这方面的问题，可参看杨海峥：《汉唐〈史记〉研究论稿》，齐鲁书社，2003年，第5、6页。

由前引材料已知，在司马迁死后，至杨恽"宣布"这一时段内，也就是昭、宣时代，《史记》"其书稍出"。但我们已经知道，朝廷对此书控制极严，这一"稍出"，当然就不是整本的面世，而是因难得的机缘，得以单篇披露。例如，桑弘羊看过《货殖列传》，此篇或许在当时就可得以流布。而要获得这种单篇，途径有两个，一是中秘，二是杨恽家。前者的困难已经述及，无需赘言，而后者的获得渠道，难度也不下于前者。且不说杨恽在宣帝时才对《史记》加以"宣布"，致使此前少有人可以获览。即便是在"宣布"之后，也并非士林之中皆可便览，很可能只是杨恽告之于世，他手握权威珍本而已。真要全面阅览此书，恐非易事。

关于这一问题，可以先看看《史记》的续补者褚少孙的两段材料：

> 褚先生曰：臣幸得以文学为侍郎，好览观太史公之列传。传中称《三王世家》文辞可观，求其世家终不能得。窃从长老好故事者取其封策书，编列其事而传之，令后世得观贤主之指意。

> 褚先生曰：臣以通经术，受业博士，治《春秋》，以高第为郎，幸得宿卫，出入宫殿中十有余年。窃好《太史公传》。《太史公之传》曰："三王不同龟，四夷各异卜，然各以决吉凶，略窥其要，故作《龟策列传》。"臣往来长安中，求《龟策列传》不能得，故之大卜官，问掌故文学长老习事者，写取龟策卜事，编于下方。[1]

熟悉古文献的人都知道，今本《史记》中的文字并非皆为太史公手著，因其残缺，褚少孙作了重要的续补工作。揆之于史，褚少孙续补在元帝朝之后，但这一工作可上溯至宣帝时代。尤为重要的是，他与杨恽在宣帝时代皆为郎官，"同居门下达十年之久"，易平认为，这是褚少孙能对《史记》先睹为快，从而续补的重要条件。但细绎上述材料，褚少孙并未获得过杨恽本。吕世浩指出："以褚少孙对《太史公书》的喜爱，以杨恽及其宣布之事对《太史公书》的重要性，褚少孙身在京师，又怎么会不知？如果知道，又怎会只字不提？这是大违常理的。"吕氏进一步指出，"恐是褚少孙求书遭到拒绝，不得其门而入"。从而促使褚少孙"在其所补的文字中，不愿多谈杨恽，转而另觅他途"[2]。

---

① 分见《史记·三王世家》《龟策列传》。
② 吕世浩：《从〈史记〉到〈汉书〉——转折过程与历史意义》，台湾大学出版中心，2009年，第112、115、117页

　　褚少孙"另觅他途"的具体情形，已难以完整复原。但褚氏所求既然为《三王世家》《龟策列传》等，其所求者，实为单篇，它进一步说明，《史记》并不因杨恽"宣布"，而得以完整流布，实际情形是，士林中难睹全貌。所以，不仅是整本，甚至单篇在杨恽处都不易获得。更为重要的是，由褚少孙的续补工作可以看出，杨恽之后，以单篇或单元流布者，应主要为"列传"部分，"世家"部分应该更难看到，这也就造成褚氏可"览观太史公之列传"，但对于《三王世家》等，"终不能得"。关于这一问题，本文不拟展开，但由本论题出发，我们要问的是，《孔子世家》在昭、宣时代的流布状况如何呢？以此为基础，再来探讨刘贺获得这一文本的状况。

　　前已论及，在昭帝时代的盐铁会议上，桑弘羊曾引用了《货殖列传》，以其权高位重，他当在中秘获睹此篇①，但其他篇章是否在当时也外传了呢？有学者认为，盐铁会议上引用《史记》不止这一处，在他们看来，"《西域篇》文学谈大宛事，《刑德篇》御史大夫引韩非事，《大论篇》文学谈孔子事，分别本于《史记》的《大宛列传》《韩非子列传》《孔子世家》"②。但这一说法应该是不能成立的。因为以上各篇只是所载之事与《史记》相呼应，而并非文字上有直接关系。在《史记》撰写之前，这些事实早已存在，它们与《史记》的相通，只在于指向于共同的历史事实。它们与桑弘羊引"司马子"的话，在性质上是完全不同的。要之，没有任何证据可以表明，它们在文本上与《史记》有承接关系。

　　不仅如此，细绎《盐铁论》的内容，亦可得出这一反证。我们注意到，在盐铁会议上作为官员对立面的贤良文学们有两个特点：

　　1. 大多出身贫寒，来自长安之外，故而被朝廷官员所鄙视。在《地广》篇中，官员们讥讽他们："儒皆贫羸，衣冠不完，安知国家之政，县官之事乎？"而《国疾》则曰："世人有言：'鄙儒不如都士。'文学皆出山东，希涉大论。"③此时，杨恽尚未公布《史记》，他们获得《史记》的渠道，只有获准翻阅中秘之书，可是，这对于他们而言，是绝无可能之事。

---

①　陈直即持这一观点，但同时揣测，也有桑弘羊"亲闻于太史公"的可能。参见陈直：《汉晋人对〈史记〉的传播及其评价》，历史研究编辑部编：《司马迁与〈史记〉论集》，第218页。

②　张新科、俞樟华：《史记研究史及史记研究家》，华文出版社，2005年，第7页。

③　桓宽撰，王利器校注：《盐铁论校注》，第209、333页。

2. 极力推崇孔子。《论儒》曰："文学祖述仲尼，称颂其德，以为自古及今，未之有也。"① 我们知道，司马迁也尊崇孔子，如果当时《孔子世家》已经流布，当桑弘羊引用《史记》时，他们为何不引《世家》加以驳斥呢？需知"司马子"称孔子为"至圣"，评价之高，可谓前无古人，在针锋相对的辩论中，这样的材料，怎可不用？而翻检《盐铁论》，虽然也有"孔子大圣也，诸侯莫能用"（《国疾》）② 的溢美之词，但至高的"至圣"之名却是循例给了周公③。如果他们看过《孔子世家》，这种情况是不可能出现的。

总之，就现有的材料来看，没有迹象表明，昭帝时代有《孔子世家》流出，此时的文本应还在中秘之内。刘贺的少年时代正处于这一时期，其所学习的典籍中，应该也就没有《孔子世家》。而在杨恽公布《史记》的宣帝时代，刘贺不仅正处于监控之中，甚至可能已身殁而去。那时，同为郎官的褚少孙尚不能获得杨恽本，刘贺要获睹这一文本，几无可能。那么，刘贺获得《孔子世家》应在什么时间点呢？最合理的推断，应该是他为帝之时，在中秘所获。文本很可能为其所抄录，废黜之后，伴之于身，成为重要藏书之一。

再进一步推论，这一文本被吸纳改造，成为衣镜文的基础材料，则应该是在刘贺获封海昏侯，至南昌后不久。我们注意到，在《衣镜赋》中有这样的表述：

> 福熹所归兮淳恩臧，左右尚之兮日益昌。□□圣人兮孔子，□□之徒颜回、卜商。临观其意兮不亦康？□气和平兮顺阴阳，□□□岁兮乐未央，□□□□□皆蒙庆。④

细绎此段文字，整体风格是乐观向上的，并且有着"福熹所归""日益昌"这样的祝福与愿景。与此可相比照的是，被废之后的刘贺，回到了昌邑，在改封南昌之前，一直被软禁于故王宫内，处于全天候监控之下，郁郁终日，由此，曾经健康好动的青年，被政治打造成了一名

---

① 桓宽撰，王利器校注：《盐铁论校注》，第 149 页。
② 桓宽撰，王利器校注：《盐铁论校注》，第 332 页。
③ 《盐铁论·殊路》曰："周公，天下之至圣人也。"
④ 王意乐、徐长青、杨军等：《海昏侯刘贺墓出土孔子衣镜》，《南方文物》2016 年第 3 期，第 64 页。

病夫①。在废居于昌邑的日子里，他是绝不可能写出这种文句的。且不说极度郁闷痛苦之下无此心理基础，即使想如此表达情愫，政治上的检控亦在所难免，它充满着政治风险，无论如何都是不可行的。

那么，这篇赋有没有可能是刘贺为帝时，或之前他人所撰作，刘贺因袭之呢？答案也应该是否定的。因为在赋中，特别提到了孔子及其弟子，正与《孔子世家》及相关材料相呼应。也就是说，这篇衣镜赋是专为孔门内容撰就的，或者可称之为专题性的文赋。它属于个性化文字，而不是一般性的抄录，可随意敷陈些喜庆的套话。由此，可明确的是，这篇赋一定是在作者见过了，以及整理撰就了有关孔门内容之后，才开始创作的。

由前已知，刘贺在为帝之后，才有机会看到《孔子世家》。但由于他的皇帝生涯仅仅维系了二十七日，在充满着千头万绪及凶险斗争的日子里，没有制作这一衣镜的可能。皮之不存，毛将焉附？衣镜既然不存，衣镜赋也就不可能写就。另外，在衣镜文的孔门弟子中，特别推出了澹台灭明。作为江南一带儒学的代表，他后来在南昌有着很大的文化影响力，刘贺选择他入于衣镜图文，与自己进入海昏这一区域，应有着空间的对应性。就本论题来说，这种选择，又可进一步说明，衣镜文的撰作应是在获封南昌后不久。

关于这一问题，在第十一章已有所讨论，结合本论题，在后面还会有具体的论述，此处不再展开。但在此可断言的是，此时，刘贺的内心有一种重生之感，他利用《孔子世家》等材料，撰作衣镜文，希望自己有一个喜庆的开始，并以此来激励、检视自己，是最为可能的事实。当然，有人或许会提出，这篇衣镜文就没有其他人代撰的可能吗？在笔者看来，这一可能性也是不大的。获睹《史记》为极难之事，当然，除了刘贺，他手下的亲信在中秘获得这一文本，也不是没有可能。但问题是，随同刘贺前往长安的二百多部属被霍光全部诛杀，没有谁可以再次伴随旧主。

由此，这篇衣镜文最大可能，就是刘贺亲撰。他利用自己为帝时的便利，将《孔子世家》藏之于身，在撰作衣镜文时，成为重要的参考资料。而就本论题来说，尤为重要的是，他对《孔子世家》的"太史公曰"部分，有着不同寻常的"移用"。他为什么要这么做？这一部分"太史公曰"的价值及历史意义何在呢？下面，就以司马迁的"述作"

---

① 关于这一问题，可参看王刚：《身体与政治：南昌海昏侯墓器物所见刘贺废立及命运问题蠡测》，《史林》2016 年第 4 期。

为切入口，展开进一步的讨论。

三　司马迁的述作与"至圣"的提出：《孔子世家》"太史公曰"的文本生成与文化关怀

在中国古代的文本生成过程中，历来有着述与作的分际。一般来说，"述"属于因循旧例；而"作"则是创构"一家之言"。我们知道，在《论语·述而》中，孔子曾谦称自己"述而不作"①，这就为司马迁的撰史建构了传统和压力。由此，在《史记·太史公自序》中，他一方面仿孔子之例，宣称："余所谓述故事，整齐其世传，非所谓作也。"② 另一方面，又不甘心于"述"的层面，每一篇完成后，皆写为"作某某"的字样，与其宣示的"成一家之言"形成呼应关系。职是故，厘清述与作的分际及相关问题，成为把握《史记》文本生成的一大关键。

由本论题出发，对这一相关问题的考察，不仅可以深入到文本的源头，更可追踪至文本生产的流程和内在精神之上，这种文化关怀具体如何？它与外在时势有何关系呢？下面，就展开具体的讨论。

（一）"太史公曰"的文本述作问题

查考学术史，20 世纪 70 年代，阮芝生曾对《史记》中的五种体例及"太史公曰"的述作问题做过专题研究。阮氏所论，立足于史书体例的因与革③，未深入到文本内容之中。但事实上，《史记》在这一层面上的述作问题，应更具核心意义。

《史记》作为一部史书，叙事为其主体所在，司马迁作为一位讲故事的高手，正是通过一个个生动的故事，展现出了纵横数千年的"古今之变"。从这个角度来看，《史记》的主体内容无疑是以"述"为主的，即所谓的"述故事，整齐其世传"，但由于《史记》"于序事之中即见其指者"④，《史记》"述故事"的精神归宿实为"作"，只是这种"作"较为隐晦而已。

与主体内容不同的是，贯穿于整个《史记》文本中的"太史公曰"

---

①　朱熹：《四书章句集注》，第 93 页。

②　《史记》卷 130《太史公自序》，第 3299、3300 页。

③　关于这一问题，请看阮芝生：《论史记五体及"太史公曰"的述与作》，《台湾大学历史学系学报》（第六期），1979 年，第 40 页。

④　顾炎武撰，黄汝成集释：《日知录》卷 26《史记于序事中寓论断》，第 891 页。

部分，虽在文字比重上不占主流，但它不仅起着点睛的作用，从述作的角度来看，"作"意极其明显。俞樟华称之为"抒发己见的史评形式"，他还进一步指出："司马迁撰写史著，已经感到'寓论断于叙事'之中已不能完全表达自己的思想感情和对人对事的褒贬态度。"① 也就是说，叙述故事固然可以表达自己的意见，但毕竟有所束缚，"作"严重依赖于"述"。而"太史公曰"在冲破这种束缚的过程中，由于可更为全面明晰地表达自己的意见，"作"由此拥有了独立性，或者说，作为直接表达思想的载体，可形成完整意义上的"作"。

但进一步的问题在于，"太史公曰"虽然"作"意明显，但是否就毫无"述"的痕迹呢？也不是。司马迁在表达个人意见时，从不空发议论，往往引经据典，信手拈来。他在进行个人论断之前，话语基础是建构在诸多的知识前提之上的，从这个角度来看，"太史公曰"之"作"，乃是依托于"述"之上的"作"。如果说，作为《史记》主体部分的叙事，属于"述"然后"作"，"述"中有"作"；那么"太史公曰"部分就应该是先"述"后"作"，"作"中有"述"了。

由于论题的缘故，本文将主要围绕着"太史公曰"的述与作展开论述。但考察学界的相关研究，从文本生成的角度来看，这是一个易被忽略，甚至误解的问题。

我们注意到，有学者按照文本生成的不同类型，将《史记》分为"司马迁独立创作的原生型文本和他根据既有文本编撰而成的衍生性文本"，并对后者的"失控"等问题作了深入的讨论②。按照这种思路，"太史公曰"部分似乎都可归入"原生型文本"。但问题是，"太史公曰"并非凭空创造，不仅在体例上，在文本内容上，也传承有自，从这个角度来看，很难斩钉截铁地将它归于"原生"。由此，我们注意到，在某篇以《孔子世家》为主题的研究生论文中，辟有专章"《史记·孔子世家》史料源流考"，对叙事部分逐一做了史源查考，而对于"太史公曰"部分，却未著一字③。或许研究者认为，"太史公曰"部分属于原创，所以没有考究史源之必要？

笔者在此无意完全否定《史记》文本生产中的所谓"原生""衍生"之别，从定性或系统性的角度来看，这样的判定有其合理之处。但具体到

---

① 俞樟华：《史记新探》，民族出版社，1994 年，第 3、4 页。
② 程苏东：《失控的文本与失语的文学批评——以〈史记〉及其研究史为例》，《中国社会科学》2017 年第 1 期，第 164 页。
③ 邓莹：《〈史记·孔子世家〉研究》，广西师范大学硕士学位论文，2008 年。

每一文句，尤其是在"太史公曰"部分，承接前人的痕迹斑斑可见，这种"原生"如果也算"原生"的话，那是在整体结构上的，它在具体文句上应该还是具有"衍"的一面，在进行文本分析时，不可对这一特性简单弃置。

进一步言之，就思想创造来看，司马迁明显具有"接着讲""借着讲""通着讲"① 的特征，他的"通古今之变，成一家之言"，乃是在厚重的历史积淀之上的个体性创作。由于这样的缘故，我们注意到，"太史公曰"在文本生成过程中，往往有所依凭，通过继承作创造性转换，不仅最终建构了极具个性的"一家之言"，更在融会贯通之中，展现着历史的厚度和文化的关怀，这实在是太史公的大手笔之处！

（二）《孔子世家》"太史公曰"述作释证

细绎《孔子世家》"太史公曰"的全部文字，可将其分出三部分：

1.《诗》有之："高山仰止，景行行止。"虽不能至，然心乡往之。

2. 余读孔氏书，想见其为人。适鲁，观仲尼庙堂车服礼器，诸生以时习礼其家，余祗回留之不能去云。

3. 天下君王至于贤人众矣，当时则荣，没则已焉。孔子布衣，传十余世，学者宗之。自天子王侯，中国言六艺者折中于夫子，可谓至圣矣。

在这三部分中，除了第二部分中司马迁"适鲁"时的观感，可算完全的"原生型文本"，第一、三部分皆引经据典、环环相扣。从特定意义上来说，是接续前贤推演出的结论，不说属于"衍生"，至少也是在高强度的引用中，将个人关怀和意旨隐隐托出。对于这种行文方式，用"述"而有"作"来加以概括，或许更为准确。下面，就具体来看看太史公如何引经据典，进行述作的。

我们注意到，在第一部分，主要通过对典籍或明或暗的引述，烘托出

---

① 冯友兰有著名的要"接着讲"，而不要"照着讲"的说法，李慎之接续其说，撰有《接着讲、借着讲、通着讲——我们向冯友兰学习什么》（《传统文化与现代化》1996年第2期），而张立文则撰有《中国哲学从"照着讲"、"接着讲"到"自己讲"》[《中国人民大学学报》（哲学社会科学版）2000年第2期]。从特定视角来看，这些学术大家们在提示我们，思想的原生，本非一无所承，而是历史积淀的后果。就本文来看，这种积淀在文本建构上，往往要通过"接着""借着"的路径加以展开，这也使得一个成熟的思想文本，即使在结构上有着所谓"原生型文本"的特点，但在文句的起承转合上，往往有所依凭，有着厚重的历史文化之根，这是否也算一种特别的"衍生"呢？也正因为如此，笔者在论述中，尽量不使用相关新概念，而沿用传统的述、作之论，笔者以为，或许还是它们更为贴近《史记》的文本生产及流变的过程。

孔子高大的形象及自己的追慕之情。这里所引的《诗》，来自《诗经·小雅·车辖》，而接下来的文字，一方面固然是对前面文句的意义延伸，但另一方面，又有所本。在《论语·子罕》中，颜渊曾这样评价自己的老师：

> 仰之弥高，钻之弥坚。瞻之在前，忽焉在后。夫子循循然善诱人，博我以文，约我以礼，欲罢不能。既竭吾才，如有所立卓尔。虽欲从之，末由也已。①

它在立意上，与"虽不能至，然心向往之"基本相同，并且将孔子比之于高山、道路，正与《诗经》文意相符，而"末由也已"，不也正是一种"不能至"的感慨吗？司马迁饱读典籍，对于这些文句的熟稔，是不待言的，与颜渊文意相通，应非偶合。有学者指出："司马迁著作《史记》的最高理想，是要使他自己成为第二个孔子，使《史记》成为第二部《春秋》。"② 我们相信，太史公所言，应该就是从颜渊之语中衍化概述而来，他是以追慕、承接孔子之道的传人自居。

在第二部分，司马迁讲述了自己在读书观礼之后的感慨，为后面的定性做好铺垫。在笔者看来，这一部分有一个很重要的问题，就是引出了整段文字的精神主轴，那就是孟子的"知人论世"之说，这一理论支撑起了整个评论，它出自《孟子·万章下》：

> 孟子谓万章曰："一乡之善士，斯友一乡之善士，一国之善士，斯友一国之善士；天下之善士，斯友天下之善士。以友天下之善士为未足，又尚论古之人。颂其诗；读其书，不知其人可乎！是以论其世也：是尚友也。"③

质言之，司马迁在"读其书，而知其人"的过程中，通过"述"孔子之人之事，"尚友"夫子，并隐隐针砭时代，故而才会"余祗回留之不能去云"。在此，太史公已与孔子神游冥会，精神契合了。

第三部分为衣镜文所引，它是在与其他人群的比较中，对孔子事业之伟大进行赞颂，在冠之"至圣"名号的同时，隐藏着感时伤怀之慨。

---

① 朱熹：《四书章句集注》，第 111、112 页。
② 季镇淮：《司马迁》，北京出版社，2002 年，第 92 页。
③ 朱熹：《四书章句集注》，第 324 页。

　　进一步细绎文字，就所"述"部分而言，"中国言六艺者折中于夫子"为当时的共识性用语，并非司马迁所创。理由在于，在盐铁会议上，未见过《孔子世家》的文学们就使用过这一用语，《盐铁论·相刺》载："（孔子）东西南北七十说而不用，然后退而修王道，作《春秋》，垂之万载之后，天下折中焉。"① 由于它主要讨论的是《春秋》为"天下法"的问题，这说明，它很可能是汉代《春秋》家的理论，后被太史公所移用。

　　而"当时则荣，没则已焉"，就句式而言，在那时也应该是一种常用的表达方式。在早期儒学系统内更是如此，如孟子曰："仁则荣，不仁则辱。"荀子则云："以为名则荣。"② 此处特别值得注意的，还有"已焉"，它不仅为习用语，而且来自《诗经》，其中《邶风·北门》曰："忧心殷殷，终窭且贫，莫知我艰。已焉哉！天实为之，谓之何哉！"③《韩诗外传》曾引此句，用来说明伯夷、叔齐等德行虽高，却天命不济的状况，所谓"其所受天命之度，适至是而止"④。对于时运多舛的司马迁来说，遣词用句之间，颇显露着人生命运方面的感慨。

　　这种感慨移之于孔子评价之中，则不仅可与司马迁本人同类相求，激发其内心的同情，也促使太史公为孔子定位时，倔强地推出"至圣"之称。下面，对此展开具体的分析。

　　(三)　"至圣"的政治文化意蕴与司马迁的"《春秋》笔法"

　　我们注意到，无论是孔子还是司马迁，都特别重视身后之名。《论语·卫灵公》曰："君子疾没世而名不称焉。"⑤ 在《史记·伯夷列传》中，司马迁一度称引此句，并对于这一问题展开了大段论述。我们还注意到，"没则已焉"，其实要说明的是，虽生前风光，但死后籍籍无名，不能书之于历史的缺憾。作为其对立面，孔子虽生前落寂，但最终留下万世英名，从特定角度来看，应该算是成功的历史人物。然而，与帝王将相不同的是，孔子是以布衣身份"传十余世，学者宗之"。他并没有轰轰烈烈的文治武功，他被誉之为"圣"，而且是"至圣"，其"圣迹"何在呢？有学者说："孔子作为'至圣'，他是司马迁心目中道德最高

　　① 桓宽撰，王利器校注：《盐铁论校注》，第 254 页。
　　② 分见《孟子·公孙丑上》《荀子·荣辱》。
　　③ 阮元校刻：《十三经注疏》，第 309、310 页。
　　④ 韩婴撰，许维遹校释：《韩诗外传集释》，中华书局，1980 年，第 26 页。
　　⑤ 朱熹：《四书章句集注》，第 165 页。

尚、人格最崇高的人。"① 此说固然有几分合理性，但忽略了极为重要的政治维度。司马迁将孔子推到"至圣"之位，乃是凌驾于政治人物，甚至最高统治者之上的一种姿态。

什么样的人可以凌驾于统治者之上呢？一是宗教性或神性人物，我们注意到，汉代以来一直有着对孔子地位的抬升，其中一个重要路径就是将其神化，奉上宗教神坛，以便于对俗世政治发号施令，这使得顾颉刚认为："春秋时的孔子是君子，战国的孔子是圣人，西汉的孔子是教主，东汉后的孔子又成了圣人。""他们（西汉人）把一个不语怪力乱神的孔子浸入怪力乱神的酱缸里去了，……成了孔教的教主。"② 另一个路径，则是继承战国以来对孔子圣化的传统，尊之为"素王"，这主要流行于精英层和儒林之中，王葆玹指出："孔子之为'素王'几乎是西汉学界所公认的。"③ 当然，这两者之间也往往互为渗透利用，构成了对世俗政治的压力。

然而，在西汉中前期，这些仅仅是理论上的建构和趋势，就现实政治来看，孔子的至高地位不仅没有获得统治者的首肯，反而在实践中被压抑。王葆玹指出："儒家尊孔子为'素王'的举动一直未能得到朝廷的认可。"可注意的是，甚至在"独尊儒术"之后，直至宣元时代，在皇帝诏书中，"五帝三王"等多有提及，成为汉帝国的政治先导，而孔子反而不提。由此王氏进一步指出：

> 这种不提孔子的情况，绝不能从文笔的简略来理解，因为当时儒者上疏都是不厌其烦地引述孔子言论，例如仲舒对策称述孔子近二十次。西汉诸帝不愿表彰或称述孔子的原因，当时出于地位尊卑的考虑，他们认为孔子的身份低于王侯，当然更低于皇帝，因而只声称愿步五帝三王的后尘，羞于同孔子的后学者为伍。④

而与之相反的是，司马迁不仅将孔子奉上至圣之位，而且认为"自天子王侯，中国言六艺者折中于夫子"。很明显，在这里，孔子是

---

① 叶庆兵、吉定：《〈史记〉中的"至圣"孔子研究》，《上饶师范学院学报》2013 年第 4 期，第 8 页。
② 顾颉刚：《春秋时代的孔子和汉代的孔子》，《古史辨伪与现代史学》，上海文艺出版社，1985 年，第 103、104 页。
③ 王葆玹：《今古文经学新论》，中国社会科学出版社，1997 年，第 230 页。
④ 王葆玹：《今古文经学新论》，中国社会科学出版社，1997 年，第 230、231 页。

高于帝王的。尤为重要的是，这种地位的抬升，与谶纬路径完全不同。质言之，作为史学家的司马迁，虽不完全排斥谶纬中的某些说法，但总体上是不言"怪力乱神"的，在他那里，孔子具有至高无上的地位，不是因为"神"，而只是因为"圣"。这一理路虽然有"素王"理论作支撑，但必须注意的是，不管怎么阐释，此前在对孔子的"素王"之位及相关问题在作阐释时，所注意到的，主要是孔子的德、位矛盾之下的不得已和虚拟性，关于这一问题，在《孟子·滕文公下》有一段重要的论述：

> 世衰道微，邪说暴行有作，臣弑其君者有之，子弑其父者有之。孔子惧，作《春秋》。《春秋》，天子之事也。是故孔子曰："知我者其惟《春秋》乎！罪我者其惟《春秋》乎！"①

依此理路，天下失范，政治人物已无从建构德威，"君"已"不君"之下，得道统的"师"将独立承担起教化天下的政治责任。在《史记·孔子世家》中，《索隐》曰："孔子非有诸侯之位，而亦称系家者，以是圣人为教化之主，又代有贤哲，故称系家焉。"② 正是这一理论路径的表达。也就是说，孔子虚拟于王位，是常态之外的事情，他并不能真正代替天子。或许也正因为如此，在"独尊儒术"之后，汉王朝虽然在政治上开始尊重孔子，但并不愿意将他置于帝王系列之中。也就是说，汉帝接续"五帝三王"理所当然，但要成为孔子的后续者，多多少少是难以接受的。在他们看来，毕竟孔子有德而无位，与真正的皇帝相比，不应有同等地位。

然而，相较之下，司马迁为孔子树立的地位，甚至都不是与帝王同等与否的问题了，而是超越他们。它有着明确的政治指向，不仅不虚拟，实质上还是对汉代政治实践的一种挑战。

由此，可以说，在司马迁时代，"至圣"并非仅存于文化意义之上，更多地反而有着政治上的实指。翻检汉代以上的典籍，可以发现，在孔子拥有"至圣"名号之前，就特定身份的人来说，这一名号主要对应者是周公，前已论及的盐铁会议上，贤良文学就是如此表达。虽然他们极为推崇孔子，誉之为大圣，"祖述"其学说，对其之推崇，已无以复加

---

① 朱熹：《四书章句集注》，第 272 页。
② 《史记》卷 47《孔子世家》，第 1905 页。

了。然而，他们为何不直接对孔子冠之于"至圣"之号呢？即使不将周公这一名号褫夺，至少可以并列吧？

之所以如此，核心理由在于，在先秦两汉时代，"至圣"一般都与天子或最高统治者密切相关，甚至圣人一开始也都指的是治理天下的"圣王"。所以《墨子·兼爱上》说："圣人以治天下为事者也。"[1] 但随着春秋战国时代人文主义的兴起，一个重要的变化在于，非政治人物如孔子、墨子也被时人视为"圣人"，但他们与"圣王"，如尧、舜、禹等相比较，在地位上绝不相同。

质言之，"圣"被分出了二个梯次：布衣圣人与圣王。就现有材料来看，在司马迁之前，"至圣"的核心指向乃是圣王，而不是布衣圣人，如在《墨子·辞过》中就有"至圣"及"上古至圣"的说法，指的就是圣王。又如《中庸》曰："唯天下至圣，为能聪明睿智，足以有临也。"郑玄注曰："言德不如此，不可以君天下也，盖伤孔子有德而无其命。"[2] 反过来说，孔子有德无位，还不能称为"至圣"，"至圣"应该是德位双全的最高统治者。由于这样的缘故，在司马迁之前，孔子即使备受推崇，也不能称其为"至圣"，一个明显的例子就是孟子，《孟子·公孙丑上》曰："自生民以来，未有盛于孔子也。"[3] 不仅推崇得无以复加，亦为后世定下了孔圣的基本基调。事实上，盐铁会议上的贤良文学们正是以此为基础，而加以鼓吹的，但他们都不敢赋予孔子"至圣"之号。

与之相反的是，西汉中后期以来，汉代统治者往往自号为"至圣"，即使是在司马迁之后，汉成帝、元后王政君都被赋予了这一名号[4]。但这里所言的"至圣"，绝不像司马迁所定义，以及后世所沿承的至高无上之义。在汉帝王系列中，高祖刘邦作为至高无上者，也才是"大圣"[5]。他的后人，甚至是不怎么突出的后代，怎么可能超迈高祖之上呢？细绎文义，"至圣"中所谓的"至"，乃是至尊之位，这是沿袭圣王德位相合而成立的理念。所以，汉成帝、王政君称"至圣"，不代表着至高无上，而是因其最高统治者身份所决定的一个称号，即所谓履至尊之位，而有圣德。由此，当司马迁将孔子称为"至圣"时，就绝不仅仅

---

① 孙诒让撰，孙启治点校：《墨子间诂》，第98页。
② 阮元校刻：《十三经注疏》，第1634页。
③ 朱熹：《四书章句集注》，第235页。
④ 《汉书·谷永传》载："陛下（成帝）秉至圣之纯德。"而据《王莽传上》，莽上奏太后曰："陛下至圣，遭家不造。"
⑤ 《史记·秦楚之际月表》曰："此乃传之所谓大圣乎？岂非天哉？岂非天哉？非大圣孰能当此受命而帝者乎？"

是一种文化上的尊重，更有剥夺汉皇帝至高地位的意味。

　　总之，《孔子世家》的"太史公曰"可谓有"述"有"作"，太史公在"接着讲""借着讲""通着讲"的过程中，在厚重的文化积累之上，建构自己的"一家之言"，由此完全可以说，他的"作"是建立在"述"之上的。而其中最为关键的"作"，就是"至圣"的提出。在对政统施加压力的过程中，司马迁不采谶纬路径，不仅反映了史学家的严谨，更在政治文化之上，将孔子凌驾于汉皇帝之上，是反政治主潮的做法，属于理念上的一大突破。

四　衣镜文撰述中的文字改订与微言：昭、宣政治视野下的考察

　　审视衣镜文，《孔子世家》"太史公曰"部分占据着重要位置。

　　总体上来看，衣镜文的内容以孔子为核心而加以展开。但关于孔子的文字，可分为两部分，第一部分，从"孔子生鲁昌平乡鄹邑"，至"鲁哀公十六年四月己丑卒"，撰述的是孔子生平，后面紧接的部分，就是"太史公曰"的内容，属于对人物的历史评价①。当刘贺引述它时，虽有些文字上的改动，但总体意义没有变化，与《孔子世家》一样，将它作为结尾部分，无疑具有总结性的意义。尤为突出的是，沿用"至圣"称号，在当时属于违逆主流的认知。作为一种另类表述，它既体现着刘贺对太史公观点的强烈认同，更有着昭、宣政治文化的拉动，而其中最为重要的，就是对霍光及宣帝比拟于圣的暗讽。下面，加以具体论述。

（一）文字改订问题

　　它主要表现在三方面，一是文字写法的不同。《孔子世家》中的"没则已焉"，"没"在衣镜文中作"殁"；"可谓至圣矣"的"谓"，在衣镜文中作"胃"。二是删减文字。《孔子世家》中的"自天子王侯"，在衣镜文中作"自王侯"，删削了"天子"二字。三是增加文字。《孔子世家》中的"孔子布衣，传十余世，学者宗之"，在衣镜文中作"孔子布衣，传十余世，至今不绝，学者宗之"，增加了"至今不绝"四字。

　　习文史者皆知，《史记》文本有一个变化直至定型的过程，在此过程中，后人文字的渗入及改订，往往有之。依据此例，《孔子世家》也

---

①　王意乐、徐长青、杨军等：《海昏侯刘贺墓出土孔子衣镜》，《南方文物》2016 年第 3 期，第 64、65 页。

经历了后人的加工。其中最为明显的，就是褚少孙所补的文字与原文混杂在一起。例如，在论及孔氏谱系时，有"安国生卬，卬生骧"的记载①。这里的安国，指的是孔安国，与司马迁并世，后面的"卬""骧"二人，则在司马迁了解之外。崔适指出："当是褚先生补。安国蚤卒，卒在元朔末年，……此后即获麟之岁，《史记》至矣，是时安国岂及有孙耶？"② 故而，在严谨的文献研究中，是不能将今本文字的发明权，完全归之于司马迁的。

那么，很自然地，我们的问题是，衣镜文中所出现的异文，是司马迁原本所具，还是刘贺所改呢？如果是前者，衣镜文才应该是《史记》的本来面目，今本反倒是后世改动的结果。

在笔者看来，答案应该是后者。衣镜中的文字差异，并非抄录原本《史记》所致，而是刘贺有意改动的结果。

我们先看"殁"与"胃"的写法问题。在今本《史记》中，"殁"虽出现了六次，但皆为引述之文，具体说来，在《秦始皇本纪》中，引秦琅琊刻石的"其身未殁，诸侯倍叛"，贾谊《过秦论》的"周室卑微，五霸既殁"，以及附列文后的班固等人的表奏"始皇既殁，胡亥极愚"③。在《赵世家》中，则为赵武灵王的遗命："坚守一心，以殁而世。"在《屈原贾生列传》中，为屈原《怀沙》篇中的"伯乐既殁兮。"在《刺客列传》中，为聂政姊之言："妾其奈何畏殁身之诛？"④ 在司马迁自己所书写的文字中，凡身亡之义，皆用"没"，而不用"殁"字。至于"谓"，更是没有一例写作"胃"的。也就是说，按照司马迁的书写习惯，应作"没"与"谓"，今本无疑是与之相吻合的，而衣镜文中的"殁""胃"则应是改动所致。还可佐证的是，《仲尼弟子列传》载："孔子既没，子夏居西河。"在衣镜文中，作"孔子殁，而子夏居西河。"⑤ 而且其他文字中的"谓"，也一律写作"胃"。这证明，刘贺的确按照自己的书写习惯做了改动。

那么，这种改动的根据在哪呢？依照笔者的看法，"殁""没"；"胃""谓"应为古今字。"殁"为"没"的古字，在《玉篇》《康熙字

---

① 《史记》卷 47《孔子世家》，第 1947 页。

② 崔适著，张烈点校：《史记探源》，第 156 页。

③ 《史记》卷 6《秦始皇本纪》，第 247、283、292 页。

④ 分见《史记》第 1814、2490、2525 页。

⑤ 王意乐、徐长青、杨军等：《海昏侯刘贺墓出土孔子衣镜》，《南方文物》2016 年第 3 期，第 66 页。

典》中已有记载①。而关于"胃""谓"二字，在战国及汉初的出土文献中，多写作"胃"，而不是"谓"，如在马王堆帛书中，在今本《战国策》及《史记》中作"谓"者，《战国纵横家书》中作"胃"，而今本《老子》作"谓"的，帛书甲、乙本也多作"胃"②。与之相关的是，在郭店本《老子》中，今本作"谓"者，"是谓玄同""是谓不道"，"何谓宠辱若惊""是谓宠辱若惊"，皆作"胃"，无一例外③。这说明，战国至汉初的习惯写法是"胃"，而不是后来所流行的"谓"，"胃""谓"应是古今字关系。

考察中国文字流变状况，可注意的是，汉初至武、宣之间为重要的过渡阶段，即学界所称的"隶变"期，这一时期往往古字、今字混杂使用，以至于简帛文本出现了所谓"一字多形"的现象④，文字用法很不固定。考察个人的书写习惯，司马迁是偏于使用今字的，他在引用先秦文献资料时，往往用今字来替换古字，"对古奥难懂的古文进行汉代通行语的翻译"。以至于张大可认为："通俗化和个性化是司马迁语言艺术最突出的两个特色。"⑤而刘贺在文字书写时的习惯是什么呢？因直接材料较少，在此仅以《论语》文本为例来看，在海昏《论语》简的正文中，都是以古字为主，并且相对统一规整⑥。

此外，在衣镜文中，关于孔门弟子的部分内容来自《论语》，但与今本不同的是，大多用古字，而不用今字。这固然体现出刘贺"好古"的一面，但更重要的意义或许在于，古字更具权威性。事实上，刘贺并不排斥今字，在刘贺墓的一方《论语》木牍中，就有以今字改古字的现象，但特别需要指出的是，那应该是刘贺的摘抄笔记⑦。我们知道，经学史上有"经文多存古字"⑧的现象。这意味着什么呢？正式的典籍当

① 可参看张玉书等编：《康熙字典》，上海书店出版社，1985年，第637、672页。
② 可参看高亨撰著，董治安整理：《古字通假会典》，齐鲁书社，1989年，第488页。
③ 具体字例，可参看荆门市博物馆：《郭店楚墓竹简》，文物出版社，1998年。
④ 关于这一问题，可参看王刚：《定州简本〈论语〉"一字多形"与文本生成问题探论》，《地方文化研究》2017年第2期。
⑤ 张大可：《略谈〈史记〉散文的叙事与语言》，《司马迁与史记论文集》，陕西人民出版社，1991年，第293页。
⑥ 关于这一问题，可参看王刚：《南昌海昏侯墓〈论语〉文本及相关问题初探》，《中国经学》（第25辑），广西师范大学出版社，2019年。
⑦ 关于这一问题，可参看王刚：《新见的若干海昏〈论语〉简试释》，《孔庙国子监论丛》，中国社会科学出版社，2017年。
⑧ 孙诒让在《周礼正义》"略例"中，对《周礼》文本曾有过这样的评判："经文多存古字，注则以今字易之。"

以古字为主，自己的摘抄等可不循此例。而以此视角来审视衣镜文，就可以推断，刘贺看起来不仅很重视衣镜文，甚至可能在内心深处将它与典籍相提并论，希望它能传之永久。

由古今字问题，可以断定，采纳异文应来自刘贺的改动。那么，认定削减和增加的文字，为刘贺所加工，又有何理由呢？我们注意到，在《太史公自序》中，司马迁引董仲舒语，特别鼓吹孔子《春秋》精神中的"贬天子，退诸侯，讨大夫"，这与"自天子王侯，中国言六艺者折中于夫子"，在精神上一脉相承，既认定孔子是高居于皇帝之上的圣人，加之《史记》"藏之名山"，对于政治忌讳不太顾忌，故而，"自天子王侯"的用法应该就是司马迁式的，没必要删去"天子"二字。

而反观衣镜文，在沿袭《史记》文字时，并没有出现"贬天子"这样的字眼，在文字处理上是很谨慎的。之所以如此，那是因为，刘贺被废后，时刻处于政治监控之下，无法无所顾忌地表达自己的意见，对于政治忌讳，需谨慎对待。由此，删去"天子"二字也就顺理成章了。而就增加的文字来看，在《孔子世家》中，有这样的表述："至于汉二百余年不绝。"[1] 它与"至今不绝"语义相通，司马迁不再重复在"太史公曰"部分是十分正常的，所以也可以判断，"至今不绝"应该是刘贺所加。

在此必须指出的是，刘贺所作的增删工作，并非随意为之，而是与当时的政治密切相关。下面，就结合"至圣"问题，作进一步的展开。

（二）"至圣"称号与昭、宣政治及相关问题

如果考察昭、宣政治的发展，有一个值得注意的现象，那就是对"圣"的推崇。其中关键性人物，就是霍光和宣帝。结合本论题，可注意的是，刘贺沿用"至圣"之号，不单纯是对孔子的赞颂，更在某种对抗情绪中，蕴含着自己的微言大义，是颇具政治和情感寄托的文辞。

考察秦汉历史，"圣人"名号与最高统治者有着千丝万缕的联系。秦始皇统一天下后，在刻石中，多次自号为"圣"，"秦圣"或"大圣"等称谓屡被提及，并成为建构王朝意识形态的重要基础[2]。汉代秦后，由于殷鉴不远，对于这种自号怀有一定的警惕性，变得低调了许多。以至于邢义田认为："汉代天子几乎没有自称大圣或敢以圣王自居的。汉代

---

① 《史记》卷 47《孔子世家》，第 1945 页。

② 关于这一问题，可参看王刚：《"体道行德"与秦帝国政治合法性的形上建构》，《传统中国研究集刊》（第 16 辑），上海社会科学院出版社，2017 年。

天子仰慕古圣，也不无追求，但在自名为圣人一事上，表现得远较始皇谨慎和克制。"

但问题在于，既然汉代也有这方面的"追求"，"谨慎和克制"就无法完全阻挠称圣的热情与行动。由此，邢氏自己也注意到，哀帝曾自号"陈圣刘太平皇帝"，并且说："称号中有一圣字大概是唯一的例外。"但需要指出的是，哀帝之举并非唯一，此处所言不确，查验史事，宣帝也曾自号为圣。关于这一问题，邢氏在文中也曾论及，他说：

> 宣帝是除哀帝以外，唯一可考曾自我称圣的西汉皇帝。宣帝师法武帝，博征高才，一时之间，人才荟萃。蜀人王褒"有轶才"，亦应征至京师。宣帝诏王褒"为圣主得贤臣颂其意"（《汉书·王褒传》）。宣帝此诏所说的圣主，显然是指自己。武、宣二帝又喜因瑞应而改元，武帝的元狩、元鼎，宣帝的神爵、五凤、甘露、黄龙皆是。依照汉人理论，瑞应是因太平而生，能致太平则为圣人。他们接纳郡国献瑞，并因而改元，其心理不言而喻。①

很显然，宣帝就是以"圣"或"圣主"自居，与邢氏此前所谓的"汉代天子几乎没有自称大圣或敢以圣王自居"云云，正相矛盾。在笔者看来，邢文的问题，在于他对于汉帝称圣之举评价过低，过于看重了"一面之事实"，对于"另一面的事实"遂有忽略，于是产生了史事和观点上的抵牾。

事实上，汉代不仅皇帝称圣，臣子也可为圣，对于"圣人"的向往，是颇有热情的。虽然较之于秦，在做法上较为节制，遂使得在自号时相对谨慎，但臣下称皇帝或最高统治者为圣时，是得到默许，甚至鼓励的，前已论及的"至圣"之号，就属此例。而由本论题出发，特别需要指出的是，宣帝称圣的心理和做法，实乃承接于武帝。从某种视角来看，昭、宣时代的称圣，实质上是武帝时代的遗产与推扬。不仅如此，整个西汉时代对于圣号的热情，武帝时代实为重要的开启点。

我们注意到，雄才大略的武帝特别向往的，就是比肩历史上的圣王，汉儒评价他："崇信圣道，师则先王。"② 公孙弘在贤良对策中则说"陛下有先圣之位而无先圣之名，有先圣之名而无先圣之吏"。并以周公为

---

① 邢义田：《秦汉皇帝与"圣人"》，《天下一家：皇帝、官僚与社会》，中华书局，2011年，第59、65页。
② 《后汉书》卷79上《儒林列传·孔僖》，第2560页。

例，来讨论国家治理问题，武帝随之反问道："弘称周公之治，弘之材能自视孰与周公贤？"① 在这段著名的对话中，不仅最高统治者追求着名与位的统一，希望能成为先圣那样的"圣主"，手下的臣子也被期待着成为周公那样的"圣臣"，总之，圣朝之上，君臣皆圣，是最大的政治梦想。由此，宣帝自号为"圣主"，无疑是沿袭着武帝以来的思路，而非自创。也由此，在盐铁会议上，无论是烜赫一时的武帝，还是垂拱无为的昭帝，都被视为"圣主"②。

就本论题而言，昭、宣时代的圣主之称作为聚焦点，固然值得关注，但与此同时，"圣臣"问题不仅同等重要，对于刘贺的刺激，或许还更为直接，并影响着衣镜中的文字选择。昭、宣时代的"圣臣"为谁？毫无疑问，就是霍光。这一身份对于当时的政治产生了重大影响，并在将各方卷入斗争的过程中，深深地刺激了刘贺。

将霍光直接比之于圣的记载，在传世文献中较为隐晦，但在出土资料中，可以找到若干历史的痕迹。20世纪70年代，在甘肃省的玉门花海汉代烽燧遗址中，出土了一枚汉代戍卒摹写的木觚，上面载有汉武帝的临终遗诏。关于此诏的真伪，学界颇有争论，但其颁行的政治意义是极为重大的，甚至从特定视角来看，它实质上建构了昭帝即位和霍光辅政的合法性基础。

一个重要事实是，昭帝即位时年仅八岁，主要由辅政大臣霍光等统揽大局。霍光此时根基未稳，要获得牢固的权力，先帝的诏告成了树立权威的一大关键。所以，细绎诏书，它不仅明确了传位给太子的原则，为昭帝的合法性建立了根据，实际上还为霍光政治势力的扩展提供了庇护。这也就是为什么在西北边陲中，连一个普通戍卒都有这样的诏书。看起来，霍光当时必然是大张旗鼓地公之于天下。

诏书虽从字面上看，是对皇太子刘弗陵的告诫，但其中极为重要的一句是："善禺（遇）百姓，赋敛以理，存贤近圣。"③ 所谓的"近圣"，是要昭帝即位后，去亲近身边的"圣人"。这里的"圣人"指的是谁？答案不言而喻——就是霍光。霍氏获得权力，与一幅武帝所赐的周公像密切相关，史载：

---

① 《汉书》卷58《公孙弘传》，第2617、2618页。
② 如《盐铁论·忧边》曰："圣主思念中国之未宁。""得无害先帝之功，而妨圣主之德乎？"两言"圣主"，就分别指的是武帝和昭帝。
③ 嘉峪关市文物保管所：《玉门花海汉代烽燧遗址出土的简牍》，《汉简研究文集》，甘肃人民出版社，1984年，第16页。

　　　上乃使黄门画者画周公负成王朝诸侯以赐光。后元二年春，上
　　游五柞宫，病笃，光涕泣问曰："如有不讳，谁当嗣者？"上曰：
　　"君未谕前画意邪？立少子，君行周公之事。"①

　　可以说，霍光正是通过所谓行周公之事，逐渐把持了朝政。我们知
道，周公摄政天下，被视为"至圣"之人。霍光通过比附周公，不仅大
权独揽，很自然地，也与"至圣"或"圣人"产生了密切的关联。从某
种意义上来说，遗诏与画像可相为表里，成为霍光权力和合法性的依凭。
在霍光秉政的时代，它们当不断强化，打造为特殊的政治护身符。昭帝
时代如此，当刘贺接续昭帝之位时，更是如此。

　　所以，当刘贺被征召入京时，昌邑国中尉王吉就将霍光比之于周公，
劝谏刘贺"慎毋有所发"，而应"政事壹听之"，"垂拱南面而已"②，这
实质上就是"存贤近圣"的继续与强化。然而，刘贺并没有意识到这一
问题的严重性，采取了对抗手段，最终立而旋废。废黜后的刘贺检点生
平，对于武帝遗诏中的所谓"近圣"云云，以及周公画像，应该是极为
愤懑的。但先帝及朝廷的威势在前，他又不能不隐藏自己的情绪。而当孔
子图像成为他日日检视的物事时，可以说，内在情愫很自然地会被激发。

　　在当时的政治情势下，以笔者的揣测，刘贺作孔子像，称其为"至
圣"，就隐然有着对霍光型"周公像"的否定。我们知道，霍光虽风光
一时，最终的结局却并不美妙。他死于地节二年（前68年），汉廷以皇
帝的规格与仪仗将其安葬，但随之而来的，不是霍氏家族的荣光依旧，
而是迅速败亡，班固谓："死财三年，宗族诛夷。"③ 此时刘贺尚软禁于
昌邑故地，知晓这一切，内心深处的感慨是可以想见的。子贡曾有言：
"王者不绝世。"④ 霍光作为昭宣时代的"周公"，是实际上的"王者"，
按照儒家理念，应该子孙绵长，但最终结局是宗族覆灭。刘贺在对孔子
推崇的同时，对其家族"至今不绝"的描述，很可能有几分对当下"圣
人"霍氏家族的讥讽。

　　不仅如此，还可注意的是，对于霍氏否定的，不仅只有刘贺，宣帝
更是如此。作为励精图治的一代雄主，他也不能容忍霍光或其他臣下为
"圣"，所以，当他命令王褒"为圣主得贤臣颂其意"时，不仅有以"圣

---

① 《汉书》卷68《霍光传》，第2932页。
② 《汉书》卷72《王吉传》，第3061、3062页。
③ 《汉书》卷68《霍光金日磾传》，第2967页。
④ 《史记》卷67《仲尼弟子列传》，第2198页。

主"自居的一面，更有"得贤臣"的另一面①。也就是说，在"圣主"之下，只能有"贤臣"，而不是"圣臣"，联系着昭宣时代的政治情势，这应该是有着鲜明指向的政治态度。而且，这一"圣主"由于位处至尊，应该属于所谓的"至圣"。所以，在宣帝初即位的奏章中，有这样一段论述：

> 往者，昭帝即世而无嗣，大臣忧戚，焦心合谋，皆以昌邑尊亲，援而立之。然天不授命，淫乱其心，遂以自亡。深察祸变之故，乃皇天之所以开至圣也。②

在这里，所谓的"至圣"，指的就是宣帝。也就是说，在宣帝朝，不是只有霍光，宣帝更是"圣"，而且是明确的"至圣"。随着宣帝乾纲独断，这一认识当愈加确定。但问题只在于，"至圣"得以开出，是以刘贺为对立面，所谓"天不授命，淫乱其心，遂以自亡"，没有刘贺的昏乱，就没有宣帝成为"至圣"的基础。从这个意义上来说，只要刘贺承认"至圣"为宣帝，就意味着自我的极端贬斥。然而，无论是承认霍光还是宣帝为"圣"或"至圣"，对于刘贺而言都是一种羞辱。由此，他不仅不会自动接受这种认识，在内在深处加以抵制才是常态所在。

也由此，以衣镜及其文字为载体，在将"至圣"之名归于孔子的同时，也隐约表达出刘贺内在的不满与否定。在怀想古人的当下，因特定政治情势的牵动，遂使得文字中有了某种微言大义。我们以为，只有这样去加以观察，才会对衣镜文的内在精神有更深入的理解。这段文字承载着政治和内在精神，是不可不细加体味的。

综上所论，无论是《史记·孔子世家》的"太史公曰"部分，还是衣镜文所作出的孔子评价，其间都有"述"有"作"。衣镜文的撰作虽然参考了《孔子世家》"太史公曰"的内容，但在文本生成和流变的过程中，不仅仅只有承袭，更有外在政治的拉动和内在情愫的驱使所形成的合力。反映在文本生成上，可以看出，在承袭前人素材的过程中，对于孔子的评价，皆有着重要的政治意蕴及当下考量。探究这两段文本的生成与变化，不仅联结起了司马迁和刘贺时代，也为我们进一步理解西汉，尤其是昭、宣时代的政治文化，提供了重要的知识基础和文本依据。

---

① 《汉书》卷64下《王褒传》，第2822页。
② 《汉书》卷51《路温舒传》，第2368页。

第十四章　文本述作与意义生成：
"颜回为淳仁重厚好学"发微

一　引言：材料与问题

在"孔子衣镜"上，对于孔门弟子颜回有着两百来字的介绍性文字：

> 孔子弟子曰颜□（回），□（鲁）人，字子渊。少孔子卅岁。颜回问仁，子曰："克己复礼为仁。一日克□（己）复礼，天下归仁焉。为仁由己，而由人乎哉？"颜渊□（曰）："□（请）□（问）其目。"子曰："非礼勿视，非礼勿听，非礼勿言，非礼□（勿）□（动）。"颜渊曰："回虽不敏也，请事此语也。"颜回渭然□（叹）□（之）曰："仰之迷（弥）高，钻之迷（弥）坚，瞻之在前，忽焉在后。□（夫）□（子）循循然善诱人，博我以文，约我以礼，欲罢不能，□（既）□（竭）□（吾）□（才），□（如）□（有）□（所）□（立）□（卓）□（尔）□。□（虽）□（欲）□（从）之，无由也已。"孔子以颜回为淳仁重厚好学。（子谓）颜回曰："用之则□（行），舍之则藏，唯我与尔有是夫！"孔子曰："自吾有回也，门人日益亲。"①

习文史者皆知，颜回是孔子最为赏识的门徒。关于他的资料，散见于《论语》《礼记》等各种典籍之中，但多为片段性的言行记录。与这些零散性资料不同的是，衣镜中的文字勾勒出了颜回的基本面貌，可视

---

① 相关内容最早见于王意乐、徐长青、杨军等：《海昏侯刘贺墓出土孔子衣镜》，《南方文物》2016年第3期。后经再次清理及释读后，文字稍有调整，展出于南昌汉代海昏侯国遗址博物馆，并录于彭明瀚：《刘贺藏珍：海昏侯国遗址博物馆十大镇馆之宝》，文物出版社，2020年，第68页。本章文字以此为基础，并结合《海昏侯刘贺墓出土孔子衣镜》中的释文加以参校、整合。

之为一篇人物小传。

在传世文献中，给颜回作传的，主要是《史记·仲尼弟子列传》《孔子家语·七十二弟子解》。后世其他的资料，几乎无出其范围者。在《史记》中，是这样介绍颜回的：

> 颜回者，鲁人也，字子渊。少孔子三十岁。颜渊问仁，孔子曰："克己复礼，天下归仁焉。"孔子曰："贤哉回也！一箪食，一瓢饮，在陋巷，人不堪其忧，回也不改其乐。""回也如愚；退而省其私，亦足以发，回也不愚。""用之则行，舍之则藏，唯我与尔有是夫！"回年二十九，发尽白，蚤死。孔子哭之恸，曰："自吾有回，门人益亲。"鲁哀公问："弟子孰为好学？"孔子对曰："有颜回者好学，不迁怒，不贰过。不幸短命死矣，今也则亡。"①

但是，作为权威的颜回传记，它仅有 150 字。而《孔子家语》的文字更为简短。它分为两大部分，第一部分："颜回，鲁人，字子渊。年二十九而发白，三十一早死。孔子曰：'自吾有回，门人日益亲。'"它们与《史记》中的文字重合。后一部分，则补充了两句评价性的话："回之德行著名，孔子称其仁焉。"②

因论题所限，《家语》与《史记》之间的关系，可存而勿论。但由于衣镜中关于孔子的部分文字，参考并引述过《史记》中的篇章③，由本论题出发，应加以思考的问题是，衣镜文中的颜回内容，是否参考了《史记·仲尼弟子列传》呢？

答案是否定的。理由在于，《史记》中的内容，有近百字未见于衣镜文中，相近者仅有五十字左右。而且，即便是相近的文字，颜回的名姓、年龄等共同的事实，被作为常识而被记录下来，基本上不存在首创及引用的问题，再进一步勘验文本，相近的文字有共同的文本来源，主要的是《论语》。而且对于这一原始文本，呈现出了不同的整理或收录面貌。例如，衣镜文一开篇的"颜回问仁"，来于《颜渊》篇。《史记》对此做了裁剪整合，以"克己复礼，天下归仁焉"九字加以概述；而衣镜则基本照录。也就是说，衣镜文是在综合各种文献的基础上，独立整合出了颜回的相关内容，而不是完全照抄《史记》等文本。

---

① 《史记》卷 67《仲尼弟子列传》，第 2187、2188 页。
② 杨朝明、宋立林：《孔子家语通解》，齐鲁书社，2013 年，第 431 页。
③ 关于这一问题，可参看本书第十三章。

由于资料整合的属性，细绎衣镜文字，大都在其他文本中出现过，从学术研究的角度来看，难以展现出独有的价值。但有一特异之处，"孔子以颜回为淳仁重厚好学"①。这是一段前所未见的文字，具有重要的研究意义。很自然地，我们要问了：它的文本来源在哪里？它的基本文义是什么？在整个文本中，这一文句具有什么样的作用呢？

以笔者浅见，在"颜回为淳仁重厚好学"这一文句中，"为淳仁"应来于《易》类文本，并体现着孔门的"中庸之道"。而"重厚好学"作为颜回的基本品质，紧接着"淳仁"而来，是对颜回之仁的进一步论述与落实，它们或由刘贺总结，或由他处整合而来。作为承上启下的枢纽性文句，对其做出考察，不仅可以看出颜回为仁的思想路径，亦可展现出撰作者，或者说文本主人刘贺的心路历程及时代痕迹。

由此，"颜回为淳仁重厚好学"可以说是理解颜回及衣镜思想的一大关键，对它们的探究，能够以点带面，以小见大。也由此，笔者在作解读时，将尽力突破字面上的简单释义，不做孤立观察，而是放置在整个文本中去加以理解。并以之为学术支点，在考察颜回的本有思想之外，勾稽出刘贺意识深处的重要陈迹。

聚焦于文本述作与意义生成两大层面，由文句到文本；由释义到微言，由表及里地层层深入。因水准所限，必力有未逮，希冀就此抛砖引玉，作一个尝试性的工作，以就教于方家。

二　"淳仁"还是"敦仁"？——"颜回为淳仁"的文字及文本出处问题

审视"颜回为淳仁重厚好学"的论述，起始句是"为淳仁"。作为整个文句的起点，它有何意义，来于何处呢？

以笔者的揣测，它应来于《易》类文献，"淳仁"，当释作"敦仁"。需要指出的是，所谓《易》类文献，固然以《周易》文本为核心，但是，它还应包括了经传之外的其他相关文本。譬如，在马王堆帛书中，除了与今传本对应的《周易》本经及《系辞》外，《二三子》《易之义》《要》等作为阐释《易》理之作，皆可算作《易》类文献。事实上，马王堆帛书中大量的《易》类文献，很可能只是冰山一角，笔者相信，在刘贺时代，这类文献不在少数。

---

① 《海昏侯刘贺墓出土孔子衣镜》中，作"孔子曰：'颜回为淳仁□直。'"参看王意乐、徐长青、杨军等：《海昏侯刘贺墓出土孔子衣镜》，《南方文物》2016 年第 3 期。

为了更好地论证，我们从《史记》与衣镜的文本差异入手。

相较而言，《史记》中的颜回是全方位的，由生到死，思想的基本层面都有所覆盖。而衣镜文虽字数多，但里面的颜回省略了诸多层面，甚至连"箪食瓢饮"这样著名的内容，及英年早逝的重要事实，都不再论列。

笔者曾经推断，衣镜文的撰作应在刘贺获封南昌后不久。此时他作为一名病夫，不仅身体不佳，且受到种种的政治猜忌①。衣镜中回避这些内容，是敏感所带来的忌讳，还是另有原因，已难以知晓。限于主题及篇幅，本文不打算对此做深究，笔者更为关注的是，这样的文字传递出了什么样的信息？对于本论题的展开，又能提供哪些有益的线索呢？

循此理路，自"颜渊问仁"始，可将衣镜文分为五个部分：

（1）孔子弟子曰颜□（回），□（鲁）人，字子渊。少孔子卅岁。颜回问仁，子曰："克己复礼为仁。一日克□（己）复礼，天下归仁焉。为仁由己，而由人乎哉？"颜渊□（曰）："□（请）□（问）其目。"子曰："非礼勿视，非礼勿听，非礼勿言，非礼□（勿）□（动）。"颜渊曰："回虽不敏也，请事此语也。"

（2）颜回渭然□（叹）□（之）曰："仰之迷（弥）高，钻之迷（弥）坚，瞻之在前，忽焉在后。□（夫）□（子）循循然善诱人，博我以文，约我以礼，欲罢不能，□（既）□（竭）□（吾）□（才），□（如）□（有）□（所）□（立）□（卓）□（尔）□。□（虽）□（欲）□（从）之，无由也已。"

（3）孔子以颜回为淳仁重厚好学。

（4）（子谓）颜回曰："用之则□（行），舍之则藏，唯我与尔有是夫！"

（5）孔子曰："自吾有回也，门人日益亲。"②

总体来看，五个部分都是围绕着"为仁"及相关问题而逐次展开的。

分而言之，第一部分以"克己复礼"作为起点及总纲领，提出了

---

① 参看本书第十三章及王刚：《身体与政治：南昌海昏侯墓器物所见刘贺废立及命运问题蠡测》，《史林》2016 年第 4 期。

② 第一、二、四部分的内容来自《论语》，分别照录于《颜渊》《子罕》及《述而》篇。第五部分"门人日益亲"，与《史记》稍有文字差异，同于《孔子家语》，二者应来源于共同的文本系统。此外，《孔丛子·论书》《尚书大传·殷传》作"门人加亲"。由此微小的差异，尚无法判定何种系统在先。

"为仁由己"的问题。第二部分则承接这一理路，反映着颜回以孔子为楷模，孜孜以求仁的状态。第三部分"颜回为淳仁重厚好学"，是"为仁由己"的进一步发展，论证的是如何"为仁"的问题。第四部分的"用行舍藏"，则是具体的行为落实。第五部分"门人日益亲"，可视为最后的效果。

需要指出的是，在儒学中，"为仁"是一个专门的概念。它虽与"仁"有密切关联，但同时又有所分际。朱熹说："仁者，爱之理，心之德也。""是性也。"也就是说，"仁"属于人性方面的论题，"为仁"则是扎扎实实的行动，它以"孝悌"为本，与"行仁"同义①。带着这样的问题意识来再审"颜回为淳仁重厚好学"，就可以看到，此句以"为"作前提，显然应归属在"为仁"的范畴之内。

但接下来的问题是，从字面上来看，"淳仁"指的是质朴敦厚的"仁"。西汉王褒《四子讲德论》曰："进淳仁，举贤才。"汉末王粲《弩俞新福歌》则云："绥我武烈，笃我淳仁。"②皆属于此种指向。与"淳"相类的还有"厚"，所谓"仁厚"是也。郭店楚简《语丛三》曰："仁，厚之□也。"《语丛一》则曰："（厚于仁，薄）于义，亲而不尊。厚于义，薄于仁，尊而不亲。"③由此，我们不禁要问：倘"为淳仁"，指的是为质朴敦厚之仁，那么，在这个世界上，难道还有为"不淳""不厚"的"刻薄"之仁者吗？

朱熹说："唤醒那仁。""仁只是一个仁。不是有一个大底仁，其中又有一个小底仁。"④徐复观则指出："仁是不能在客观世界中加以量化的。"⑤要之，"仁"没有具体指标，它是人性的表征，在求诸本心中自然获得。要言之，"仁"的对立面是"不仁"。如在《论语·里仁》中，孔子说："不仁者不可以久处约。不可以长处乐，仁者安仁。""好仁者，无以尚之；恶不仁者，其为仁矣，不使不仁者加乎其身。"⑥仁与不仁之间，是非此即彼的关系，中间没有过渡地带。也就是说，"仁"是浑然一体的，并无梯次之别。

---

① 朱熹：《四书章句集注》，第 48 页。

② 分见《六臣注文选》卷 51《论一》，中华书局，1987 年，第 962 页；俞绍初辑校：《建安七子集》，中华书局，1989 年，第 91 页。

③ 李零：《郭店楚简校读记》，北京大学出版社，2002 年，第 148、160 页。这一论述亦见于《礼记·表记》。

④ 黎靖德编，王星贤点校：《朱子语类》，中华书局，1986 年，第 467 页。

⑤ 徐复观：《中国人性论史（先秦篇）》，上海三联书店，2001 年，第 61 页。

⑥ 朱熹：《四书章句集注》，第 69、79 页。

　　既如此，那么，在所谓的"淳仁"或"厚于仁"中，"淳"或者"厚"，就不可能是梯次意义上的，因为"仁"本来就是"淳厚"的。所谓的"淳仁""仁厚"云云，只能是对"仁"或"仁行"本质的形容。如果"仁"也有所谓的"淳"或"不淳"，以及厚薄区分，它就不是"仁"本身所具、所发。极端言之，有所区分，甚至等而下之的"仁"，是没有资格称为"仁"或"仁行"的。

　　进一步言之，就质朴敦厚的层面来看，"为仁淳"的表述尚可成立，因为它是对仁德本身的形容；但"为淳仁"，则无法成立，因为仁就是"淳厚"的，"不淳"则不仁。说颜回"为淳仁"，谁又"为""不淳"之"仁"呢？由事理言之，这样的表述是不符合儒家之道的。而且结合上下文，也可以看到，如果将"淳仁"之"淳"作为对"仁"的程度修饰，解读为"厚"，也即"深厚"或"厚重"的意义，那么，它不是与"重厚好学"中的"重厚"语义重复了吗？这在文辞上是说不通的。

　　那么，这里面的"淳仁"当如何解读呢？答案是"敦仁"。"淳"，释读为"敦"。

　　"淳"与"敦"同属**臺**字声系，在古籍中常常通假。如《周礼·天官·内宰》曰："出其度量淳制。"郑注："故书淳为敦。"[1]《孟子·万章下》的"薄夫敦"[2]，《后汉书》荀淑等传赞引"敦"作"淳"。与之相类，"惇"与"敦"亦可通假。在高亨的《古字通假会典》中，已一一罗列了相关文例，有兴趣者可参看[3]。

　　更为重要的是，释读为"敦仁"后，不仅文义畅通，它的文本归宿也基本明朗。修习传统文化者对于"敦仁"应不陌生，这一概念出自《易传·系辞上》：

　　　　与天地相似，故不违。知周乎万物，而道济天下，故不过。旁行而不流，乐天知命，故不忧。安土敦乎仁，故能爱。……故君子之道鲜矣！显诸仁，藏诸用，鼓万物而不与圣人同忧，盛德大业至矣哉！[4]

---

① 阮元校刻：《十三经注疏》，第 685 页。
② 朱熹：《四书章句集注》，第 314 页。
③ 高亨纂著，董治安整理：《古字通假会典》，齐鲁书社，1989 年，第 128～130 页。另外，郭店楚简《穷达以时》"故君子惇以反己"，李零释读为"敦以反己"。李零：《郭店楚简校读记》，北京大学出版社，2002 年，第 86 页。
④ 阮元校刻：《十三经注疏》，第 77、78 页。

毫无疑问，作为儒家所推崇的"君子之道"，"安土敦乎仁"及其所属的《易传》，为"敦仁"的释读提供了文本支撑。但问题是，仅因文辞上的对应，就可以推断"颜回为淳（敦）仁"云云，乃是出自《易》类文献吗？

当然不是这样的。所谓孤证不立，要认定它属于《易》类文献，笔者的确需要提供进一步的证据。在后面的文义解析中，这一文句在《易》学方面的特征，还会有进一步的展现。在此仅从文本生成的视角提出一些思考。

我们注意到，"敦仁"接续着"道济天下，故不过"，"乐天知命，故不忧"而来。熟悉《论语》的人都知道，在《雍也》篇中，孔子盛赞颜回"不迁怒，不贰过。"何注曰："不贰过者，有不善，未尝复行。"①此外，"孔颜之乐"是极重要的中国哲学命题。由此，无论是"故不过"，还是"乐天知命，故不忧"的描述，都与颜回丝丝相扣。

还值得注意的是，在《易传》中，颜回是孔门弟子中唯一出现者，而且孔子评价极高，《系辞下》曰："颜氏之子，其殆庶几乎？有不善，未尝不知，知之，未尝复行也。"②所谓"庶几"，是已经"近道"了，依此逻辑，颜回就是"君子之道"的最佳承载人。由此，在《易传》中，虽没有明指"敦仁"的"君子"为谁，但倘结合前后语境，具体指向，只能是颜回。颜回"敦仁"，是《易》学文本中的重要主题。

还需一提的是，从后面的论述中可以看到，颜回的"为仁"路径与中庸之道有着直接而密切的关系。它会不会来自《中庸》篇或者其他相关文本吗？笔者以为，这种可能性，不是说一定不存在，但还是不如归入易学文献那么可靠。

理由在于，中庸，不是《中庸》篇的专利，它是贯穿儒学的通用方法论。尤为重要的是，《易传》在论及颜回时，就是将其与中庸之道紧密联系在一起的。除了前所引及的"庶几"问题，乾卦九二《文言传》曰"龙德而正中者也，庸言之信，庸行之谨"，指向的就是"中庸之道"，而紧接着所言的"闲邪存其诚，善世而不伐"③，正与《论语·公冶长》所载"愿无伐善，无施劳"④ 相应和，它是著名的颜回之论。与"安土敦乎仁"结合起来看，这些文字应该就是对颜回且"仁"且践行

①　阮元校刻：《十三经注疏》，第2477页。
②　阮元校刻：《十三经注疏》，第88页。
③　阮元校刻：《十三经注疏》，第15页。
④　朱熹：《四书章句集注》，第82页。

中庸之道的描述。

不仅如此，在《系辞上》文本中，接续着"安土敦乎仁"而来的"显诸仁，藏诸用"，与衣镜文第四部分"用行舍藏"的内容也有着直接的对应性。这一文本虽出自《论语》，但很有《易》学精神。或者也可以说，就是"知天乐命""安土敦仁"的具体表现。由此清儒黄式三在《论语后案》中指出："《易》言知进退存亡者惟圣人，自非乐天知命者，未能及此矣。"①

这不仅是宋明理学大盛之后的见解，汉唐系统的儒者也有同样的看法，范晔的《后汉书》有这样的一段议论："《易》曰：'君子之道，或出或处，或默或语。'……然用舍之端，君子之所以存其诚也。故其行也，则濡足蒙垢，出身以效时。"② 这里的"用舍之端"，就是"用行舍藏"问题，而"君子之所以存其诚也"，上接"出处语默"的《易传》论述，来自乾卦《文言传》。也就是说，"用行舍藏"体现《易》学精神，是一个普遍的共识。当撰作衣镜文时，在"用行舍藏"之前，冠之于《易》类文句，不仅是最佳选择，而且还与《系辞上》的文本精神相合。

总之，无论是从文字证据还是思想脉络来看，"颜回为淳（敦）仁"与《周易》有着千丝万缕的联系。将其归之于《易》类文本，应是合乎情理的判断。

三 "敦仁"的维度：从"重厚"到"好学"

前面讨论了"敦仁"问题，接下来对"重厚好学"作意义解读。

细绎"孔子以颜回为淳仁重厚好学"一句，可以看到，孔子在论述颜回之仁的问题时，不仅有"淳（敦）仁"的存在，还有"重厚好学"为之补充。如果进行断句的话，可以写作："孔子以颜回为淳仁，重厚好学。"由此，"重厚好学"与"仁"关系密切，或者也可以说，它们就是颜回型"敦仁"的表现。下面，作具体的疏解。

（一）"重厚"的意义指向

在衣镜图文中，"重厚"的意义指向就是"仁"。这不仅可以由衣镜的语义及语境推演而出，通过其他文献，亦可找到明确的旁证。《淮南子·俶真训》曰："今夫积惠重厚，累爱袭恩，以声华呕苻妪掩万民百

---

① 程树德：《论语集释》，中华书局，1990 年，第 450 页。
② 《后汉书》卷 53《周黄徐姜申屠列传》，第 1739 页。

姓，使知之欣欣然，人乐其性者，仁也。"① 在这里，"重厚"作为"仁"的起点而被加以提出。当然，我们也注意到，此句有着道家意蕴，《文子·精诚》亦引此句，并归之于老子之言②。但是，一则它反映了这样一个事实："重厚"与"仁"之间的关系，已成为当时的共识。二则，更为重要的是，在儒家系统内，这一思想脉络也斑斑可见。

典型例子是《说苑·尊贤》中所引的一段孔子之言：

> 人必忠信重厚，然后求其知能焉。今有人不忠信重厚而多知能，如此人者，譬犹豺狼与，不可以身近也。是故先其仁义之诚者，然后亲之；于是有知能者，然后任之；故曰：亲仁而使能。③

在这段话中，"重厚"与"忠信"联言。初看起来，似乎与"仁"的表述还有所距离。但问题是，"忠信"作为人之行为的展现，其内在的驱动力或归宿就是"仁"。进一步言之，儒家之仁，需要落实在行动之上，即所谓"仁行"。由此，在《论语·子路》中有"刚毅木讷近于仁"的说法，而在《中庸》中，则高度概括为："力行近乎仁。"并与《学而》篇所斥责的"巧言令色"④，形成了强烈的比照。与"刚毅木讷"者一样，"忠信"之人所表现出的，是"力行"的一个侧面，行为的后面，自当有着"仁"的依托。也由此，我们注意到，郭店楚简《忠信之道》明确指出："忠，仁之实也；信，义之期也。"⑤

另外，"忠"的一个重要意义指向，乃是"诚"。在《学而》篇中，紧接着"巧言令色"章而来的"曾子三省"章中，对于"为人谋而不忠乎"一句，刘宝楠引《荀子》杨倞注曰："忠，诚也。"⑥ 有了这样的知识背景，再来细绎《说苑·尊贤》中的文句，就可以发现，"忠信重厚"所对应的是"仁义之诚者"。也就是说，"仁"或"仁义"是内在的思想底蕴，"忠信"是外在的行为表现，属于"仁义之诚"。或者也可以说，当一个人拥有"仁"的理念时，表现于外的乃是"忠信"。

尤需指出的是，前已论及，"仁"的本体无厚薄之别，"重厚"这样

---

① 刘文典撰，冯逸、乔华点校：《淮南鸿烈集解》，第59页。
② 今本亦作"积惠重货"，但在《太平御览》中作"重厚"，这应该是文本原貌。关于这一问题，参见王利器撰：《文子疏义》，中华书局，2000年，第78、79页。
③ 刘向撰，向宗鲁校正：《说苑校证》，第186页。
④ 朱熹：《四书章句集注》，第29、48、148页。
⑤ 李零：《郭店楚简校读记》，北京大学出版社，2002年，第100页。
⑥ 刘宝楠撰，高流水点校：《论语正义》，第10页。

的修饰词要得以成立，就应针对"仁"的行为，也即"仁行"而加以展开，而"忠信"则由此成了行动载体。要之，"忠信"而"重厚"，实质上就是"仁"的表现。

但进一步的问题是，由前已知，仁可解为厚，仁厚云云，早已成了耳熟能详的概念。以"厚"来对应"仁"，自然是毫无问题的。而"重"呢？在思想史上，并无"仁重"这样的理念。那么，它与"仁"的契合点在哪里呢？

翻检儒籍，关于"仁"与"重"的关系，在《论语·泰伯》中有一段非常著名的论述："士不可以不弘毅，任重而道远。仁以为己任，不亦重乎？"①毫无疑问，这里面的"重"，说明的是重要性问题。但是，"重厚"之"重"，在与"厚"相对应时，其意义并不聚焦于此。因为在这世间，哪有重要的"厚"或者"仁"呢？反之，不重要的"厚"或者"仁"又在哪里？这在语义上是说不通的。细绎文辞，"重"与"厚"一样，表达的是与"仁行"，或者说与"忠信"相关的某种状态。据笔者的浅见，"重"有威仪的意义指向，与"礼"相关。"重厚"不仅是颜回型之仁的特色所在，更重要的是，它反映了以礼维系，由外而内的"敦仁"路径。

循此理路，《论语·学而》中的一段论述引起了我们的注意：

> 君子不重则不威，学则不固，主忠信。②

此句的落脚点在"主忠信"，最后的归向是"仁之实"。它以"不重则不威"为起点，并与"学则不固"相提并论，这就与"重厚好学"有了理论的契合。出于论证的需要，"好学"的问题在后面加以论述，在这里，仅就"重"的问题作一分析。

在笔者看来，这里面的"重"，与"重厚"之"重"为同一意义指向。主要体现为容止言行上的持重，并由此合乎礼容要求，展现出君子的威仪。

我们看到，"不重则不威"的反面，乃是"重"而有"威"。《论语·述而》在记载夫子之容时，有这样的表述："子温而厉，威而不猛，恭而安。"朱熹指出，它们所反映的，是"中和之气见于容貌之间者"③。

---

① 朱熹：《四书章句集注》，第 104 页。
② 朱熹：《四书章句集注》，第 50 页。
③ 朱熹：《四书章句集注》，第 102 页。

也即展现出君子之礼容，而其中一个重要的载体就是"威"——君子的威仪。如何具有君子威仪呢？"重"是一个主要依托，由"重"而"威"，是达成礼容的路径。由此，刘宝楠在解释"不重则不威"时，引述了不少这方面的文献，并在此基础上指出："并言人当重慎之事。则不威者，言无威仪也。"①

这一思路也正与衣镜图文中的思想相契合。

前已论及，孔子衣镜文在论述颜回之仁时，是从"克己复礼"开始的。在"为仁由己"中，先"礼"而后"仁"，"重厚"理念自然要与之相应。不仅如此，《说苑·尊贤》中的"人必忠信重厚"，在《荀子·哀公》中作"士信愨"②。细加比勘，可以看出，"忠信"被省略为"信"；而"重厚"，则以"愨"代之。愨，《说文》解为："谨也。"段注引《广韵》曰："谨也、善也、愿也、诚也。"它不仅表现出持重之态，也与"忠信"的意义紧密关联。在《荀子·不苟》中还有所谓的"愨士"，其文曰："庸言必信之，庸行必慎之，畏法流俗而不敢以其所独甚，若是，则可谓愨士矣。"③由前已知，在与"敦仁"相关的《易》类文本中，以庸言、庸行来指向颜回，而"愨士"的状态正与之契合。

要之，"重"指向于"威"而有"礼"，它与"厚"一起，使得颜回的"敦仁"在"礼"的要求下获得展开。从特定意义上或许也可以这么说，"重"落实于"礼"之上，归宿在于"仁"，所谓的"天下归仁"，乃是由"重"而"厚"；由"礼"而"仁"，这是颜回"敦仁"的特点所在。

需要指出的是，虽然颜回在为仁之时，以礼为依托，表现出"重"而"厚"的特色。但事实上，这不是为仁的唯一路径，在儒家理念中，礼与仁并不具有必然对应性。在特殊情况下，为仁之时也可以无礼而仁，呈现出"厚"而不"重"的特点，这方面的代表人物就是管仲。

翻检文献，孔子对于管仲是颇有微词的，其中很重要的一个原因在于他逾礼。在《论语·八佾》中，孔子甚至不客气地指斥道："管氏而知礼，孰不知礼？"但就是这样一个人，在"仁"的问题上，孔子对其不吝赞辞，在《论语·宪问》篇，孔子给予了他极高的评价，感叹道："如其仁，如其仁！"④

① 刘宝楠撰，高流水点校：《论语正义》，第21页。
② 王先谦撰，沈啸寰、王星贤点校：《荀子集解》，第545页。
③ 王先谦撰，沈啸寰、王星贤点校：《荀子集解》，第51页。
④ 朱熹：《四书章句集注》，第67、153页

　　为什么会这样呢？要解答它，需要从对"仁"的基本理解入手。仁是什么？在《颜渊》篇中，除了"克己复礼"的阐释，孔子在"樊迟问仁"时，曾以"爱人"二字应答，是最为简明的正面阐释。由此可注意的是，在春秋的乱世之中，管仲立下了不世之功，拯救了无数的苍生。从"爱人"的角度来说，是拯民于水火的典型。也由此，他即便有些小疵，作为时代英雄，理所当然地是一名伟大的"仁者"。

　　相较之下，我们的问题是：颜回有这样的功业吗？没有。那么，他又有哪些为人称道的突出"仁行"呢？翻遍资料，似乎也找不到。没有事功的颜回，称得上是"仁者"吗？由前已知，作为孔门高弟，颜回以"仁"名而闻世，并获孔子称道，他是一个不以事功而著称的"仁者"。但进一步的问题在于，没有事功，"敦仁"怎么体现呢？

　　《论语·雍也》载孔子之言道："夫仁者，己欲立而立人，己欲达而达人。能近取譬，可谓仁之方也已。"[①] 张岱年认为，它是值得高度注意的一段理论评说。这是因为，"己欲立而立人，己欲达而达人"，"便是孔子所规定之仁之界说"；"简言之，便是成己成人"。而"能近取譬"，"则是为仁的方法，即由近推远，由己推人"[②]。也就是说，孔子所宣示的"为仁"之法，包含了两个层面，一是成己，二是成人。它并不以事功的有无及大小为硬性标准。

　　一般来说，在"为仁"而"爱人"的问题上，大多数人所看到的都是后一层面，成为不世出的英雄，惠及苍生，建构管仲型的"为仁"之路，成为很多人的理想模型。然而问题在于，一是宏大功业并非人人可建，难道成不了管仲，就放弃"为仁"？二是管仲的这种"为仁"虽然外显性强，但要得以建构，也是需要最低机遇和基础的。机遇并非人人所具，此点无需多论。至于为仁的基础，管仲在人性的基本面上不能出现问题，如果他本质上是一个奸佞之人，当然也就难以存在救国救民之举。

　　所以，无论"为仁"以何种形式表现，它最终还是要以"成己"推向"成人"，所谓"能近取譬"，即以自身为起点。尤其是颜回这种在"行藏用舍"之间偏于"藏"与"舍"者，"成己"显得至为关键。这也就使得颜回的"敦仁"，不是在轰轰烈烈的事功中展现，而是在一点一滴的自我完善中传递出爱与善。

---

　　① 朱熹：《四书章句集注》，第 92 页。
　　② 张岱年：《中国哲学大纲》，江苏教育出版社，2005 年，第 201 页。

这种仁学有效果吗？当然有。因颜回的存在，"门人日益亲"，孔门群体充满了亲和力。毫无疑问，作为"仁者"的颜回肯定会尽力助人，但他同时又是极其低调之人，以"愿无伐善，无施劳"为自己的行事风格，帮助了他人，不仅不会轰轰烈烈，甚至还要"事了拂衣去，深藏身与名"。所以在现存材料中，又的确看不到多少颜回的"先进事迹"，他是深藏不露的"仁者"。

尤为重要的是，这种"为仁"不设置预先的目标，似乎也不那么激动人心，但行止之间有"仁"的存在。为什么会这样呢？《孟子·离娄下》在论及舜时，有这样的评价："舜明于庶物，察于人伦，由仁义行，非行仁义也。"颜回也是如此，他本就是以舜为榜样的①。由舜到颜回，他们的种种行为，皆由内在的仁义驱使。故而，当颜回"由仁义行"时，这种"仁"不显山露水，也不会显山露水。它由"成己"推出，不着痕迹，没有做作，是"仁者"的最高表现。

要之，以"重厚"为表征的颜回之仁，其路径是内隐的。主要体现在"成己"之上，以"克己复礼"为载体，通过"成己"而"成人"，以极高的道德水准来感染、感化身边的人与物。与管仲之"仁"相较，它受着人性的直接驱动，没有丝毫功利性的影响，在由"重"而"威"的进程中，"重厚"而"忠信"，展现出的是人性之光。由此，此种"为仁"之途虽然淡泊宁静，但显然更为纯净敦厚，与道合体，在"乐天知命"中，呈现出"人乐其性者"的特色，与"敦仁"实现了意义的沟通。

（二）从"博学于文，约之以礼"到"仁且智"

颜回不仅以"仁"而闻名，他也是唯一被孔子许于"好学"的弟子。据《论语·雍也》，当鲁哀公问"弟子孰为好学"时，孔子回答道："有颜回者好学，不迁怒，不贰过。不幸短命死矣，今也则亡，未闻好学者也。"② 关于颜回的"好学"问题，可以有很多不同层面的解读，但是，它与"仁"的关系是很重要的一个支撑点。从特定意义上来看，正是由于"好学"的存在，颜回类型的"仁"才得以实现，"敦仁"有了坚实的依托。而这一问题倘再加以细化，又涉及"文""礼"，及仁与智的关系等问题。

在具体论证展开之前，需要先了解一个基础性的事实，那就是，在

---

① 《孟子·滕文公上》记颜回之语："舜何人也，予何人也；有为者亦若是!"
② 朱熹：《四书章句集注》，第84页。

儒家系统中，光有"重厚"，并不意味着可以自然而然地"归仁"，"仁"必须与"好学"相联结。就本论题而言，如果"重厚"而不"好学"，则不仅远离了儒家系统，在真正"为仁"之时，也将无能为力。

事实上，在中国思想史上，"重厚"并非儒家的专利。对"重厚"的追求，尤其是在汉初，最为著名的其实是黄老派。它们的代表人物多以"重厚"自诩，其中一个典型例子就是周勃。

可注意的是，当刘邦临终交代后事时，陈平成为日后治国理政的主要依靠。但是，他同时认为："陈平智有余，然难以独任。"由此，提出一个辅助型的人选——周勃。理由是："周勃重厚少文，然安刘氏者必勃也，可令为太尉。"① 周勃因"重厚"而受到青睐，直白点说，此人德行可靠，值得信赖。

但问题是，周勃的"重厚"与"少文"联系在一起。不学习，轻视知识，是他的一大特点。在军政斗争环境下，它们没有给周勃带来负面效应。但是，当天下太平，尤其是他成为帝国宰相之后，问题就出现了。虽然在黄老思想指导下，汉初推崇"无为之治"，但各种具体事务总是需要处理的，各种规矩也需要树立。要之，治国理政需要能力和知识。史载：

> （汉文帝与丞相周勃、陈平朝会），问右丞相勃曰："天下一岁决狱几何？"勃谢曰："不知。"问："天下一岁钱谷出入几何？"勃又谢不知，汗出沾背，愧不能对。于是上亦问左丞相平。平曰："有主者。"上曰："主者谓谁？"平曰："陛下即问决狱，责廷尉；问钱谷，责治粟内史。"上曰："苟各有主者，而君所主者何事也？"平谢曰："主臣！陛下不知其驽下，使待罪宰相。宰相者，上佐天子理阴阳，顺四时，下育万物之宜，外镇抚四夷诸侯，内亲附百姓，使卿大夫各得任其职焉。"孝文帝乃称善。右丞相大惭，出而让陈平曰："君独不素教我对？"陈平笑曰："君居其位，不知其任邪？且陛下即问长安中盗贼数，君欲强对邪？"②

比之"智有余"的陈平，周勃细事不知，大事不清，"居其位，不知其任"，窘态之下，透现出的是"重厚少文"的底色。儒家讲求拯民

---

① 《史记》卷8《高祖本纪》，第392页。
② 《史记》卷56《陈丞相世家》，第2061、2062页。

于水火，这是"为仁"的最高境界，管仲之所以受到推崇，不仅仅在于仁心，更在于强大的治国理政本领。所以，要成为"仁者"，就需要加强这方面的学习。孔子对于自己和颜回"用之则行，舍之则藏"充满了信心，在衣镜文中，它接续着"敦仁"而来，其中很关键的一点，正在于这种"敦仁"，不是周勃型的"重厚少文"，而是以"好学"为依托。试想，如果不学习，还能够"行用"于世吗？儒家以治国平天下为最终目标，为仁者自然不可以只有"重厚"而无"学"。

更需进一步指出的是，"好学"不仅仅是练就治国平天下的大本领，即便在日用平常之间，一点一滴的"仁行"要得以实现，也需要"好学"的存在。前已论及，孔子教导人们，要"仁者爱人"。但是，如何爱，是需要以正确的认知为前提的。爱的对立面是憎恨，有爱必有恨。爱人，当爱所应爱之人、之事及各种闪光点。反之，各种人性中的错谬甚至是罪恶，如何能爱呢？如果只是跟着感觉走，以感性为依据，很可能在"爱人"的旗号下南辕北辙。

也就是说，在"敦仁"或"为仁"的过程中，不是光有一片"仁心"就可以大功告成的。"敦仁"之时，很重要的一条，还需要对"仁"与"不仁"的分际有所研判。在《论语·里仁》篇中，孔子指出，"仁者"在"好仁"之外，还要"恶不仁者"，"不使不仁者加乎身"。所以，"唯仁者能好人，能恶人。"否则的话，不仅好心办坏事，甚至可能会因受人愚弄，作恶而不自知。《论语·阳货》曰："好仁不好学，其弊也愚。"也所以，当"樊迟问仁"时，孔子不仅给出了"爱人"的答案，同时也告知了"知人"的重要性，并强调要"举直错诸枉。"①

那么，如何做到好恶分明，"直""枉"清晰呢？那当然需要提高判断能力，看清是非所在，要"知人"，而这是需要学习的，直至最终成为一名智者。《中庸》说："好学近乎知。"② 所以，在儒家系统中，仁者与智者往往相提并论，但是，如果再进一步，又有新的问题出现了：怎么学？学什么呢？

就本论题出发，可以看到的是，颜回自陈："夫子循循然善诱人，博我以文，约我以礼。"在衣镜文中，它在"敦仁"之前加以提出，正是颜回为达此目标而进行学习的内容。我们还注意到，此句与《论语·雍也》中的夫子教导"君子博学于文，约之于礼，亦可以弗畔矣夫"③ 一

---

① 朱熹：《四书章句集注》，第70、69、178、139 页。

② 朱熹：《四书章句集注》，第29 页。

③ 朱熹：《四书章句集注》，第4 页。

脉相承。

其中，"学"以"学文"为主要指向，即所谓的文化知识。刘宝楠说："'博文'者，诗书礼乐与凡古圣所传之遗籍是也。……博学于文，则多闻多见，可以畜德。"这正与前所言及的"学则不固"相印证。固，有着"蔽塞之义"①，也即固陋，意味着所见短浅。《荀子·劝学》说，"学"，譬如"登高之博见"②。从某种意义上来看，"学"要致力的方向，不是别的，乃是让人变得聪明智慧起来。广博地学习，视野开阔之下，犹若登高望远，眼界宽广之后，心灵才不容易被遮蔽。

但问题是，光"学文"并非就可以成为君子。孔门弟子中"文学"科的子夏是"学文"最为突出者，孔子却担心他会遁入下流。在《论语·雍也》中，他谆谆告诫道："女为君子儒，毋为小人儒。"也就说，光"学文"并不足以为君子。《宪问》篇说："下学而上达。""学"的最终目标是为了提升境界的，"德行"要因"学"而升华。按照《大学》的说法，"在明明德，在亲民，在止于至善"。由此，在《述而》篇中，孔子感叹道："德之不修，学之不讲，闻义不能徙，不善不能改，是吾忧也。"③ 很显然，学是为"进德"而服务的，如不能达成这一目标，即便拥有再多的知识也是"小人"。所以我们看到，孔子在表彰颜回"好学"时，所提出的表现都事关"德行"，而不是具体的知识。知识或者"文"只是一种基础性的，或润饰性的元素。其最终目标，是由"学"而"有德"。

这样就使得"博学于文"之外，要有"德"的进入。"德"很重要的一个载体是"礼"。用"礼"来加以约束，也即"约之以礼"，成了一条重要的修行路径。《论语·为政》曰："道之以德，齐之以礼。"④ 可以看出，在孔子眼中，德与礼实为君子规范的双轮，"礼"由此成为以"学"而"进德"的重要手段。也由此，刘宝楠在解读"约之于礼"时指出："人非博学，无由约礼。……徒事博文，而不约之以礼，则后世文人记诵之习，或有文无行，非君子所许。"⑤ 作为孔门高弟，颜回之所以深受孔子的喜爱，很大程度上就是贯彻了"文"与"礼"的修习。当"博我以文，约我以礼"为颜回所践行时，儒家型"仁者"亦在"好学"

　① 刘宝楠撰，高流水点校：《论语正义》，第243、244、22页。
　② 王先谦撰，沈啸寰、王星贤点校：《荀子集解》，第51页。
　③ 朱熹：《四书章句集注》，第88、157、3、93页．
　④ 朱熹：《四书章句集注》，第54页。
　⑤ 刘宝楠撰，高流水点校：《论语正义》，第244页。

的依托下得以实现。

不仅如此，"敦仁"而"好学"的颜回，在追随夫子的进程中，还有了"仁且智"的旨趣，使之成为"优入圣域"的孔门高足。

为什么说颜回"仁且智"呢？"敦仁"及相关的"重厚"等气质的存在，确保了颜回"仁者"的地位；而"好学"则在消除"其弊也愚"的进程中，日渐使其成为"智者"。二者的结合，不是颜回偶然为之的后果，而是学习孔子的必然。因为无论是学"文"还是学"礼"，在这一进程中，孔子就是颜回的目标所在。所谓"仰之弥高，钻之弥坚，瞻之在前，忽焉在后"。有了榜样的作用，颜回才会在"博我以文，约我以礼"中自觉向孔子看齐，最终"仁且智"。

事实上，"仁且智"本是孔子所具有的特性，是他作为圣人的外显指标，所以，颜回要追随着老师的脚步，向着这一目标迈进。

《论语·述而》载孔子之言道："若圣与仁，则吾岂敢！抑为之不厌，诲人不倦，则可谓云尔已矣！"公西华曰："正唯弟子不能学也。"[1]另外据《孟子·公孙丑上》，孟子在回答关于孔子之"圣"的问题时，有这样一段论述：

> 昔者子贡问于孔子曰："夫子圣矣乎？"孔子曰："圣则吾不能，我学不厌而教不倦也。"子贡曰："学不厌，智也；教不倦，仁也。仁且智，夫子既圣矣。"夫圣，孔子不居。[2]

由这些材料可以看到，虽然孔子本人并不以圣人自居，但在儒家理论系统中，只要是体现出了"仁且智"的特点，那就达成了圣人的境界。如何做到"仁且智"呢？它可以有不同的门径或载体。孔子是以"学不厌而教不倦"为依托，而颜回则是以"为淳仁，重厚好学"为基础。只是它看似容易做起来难，孔门其他弟子有着"不能学"的感慨，而颜回则在"仰之弥高"中，"既竭吾才"，努力向夫子靠近。

总之，"好学"加之"重厚"有"礼"，使得颜回在"博学于文，约之以礼"中，以"学"而"进德"，因"学"而消除"愚"之"弊"，以"德""礼"兼备的君子为基本点，以孔子为看齐的目标，向着"仁且智"的圣人境界而进发。

---

① 朱熹：《四书章句集注》，第101页。
② 朱熹：《四书章句集注》，第233页。

四 衣镜文的"微言大义"——刘贺立废后面的"仁"与"学"

通过前面的论述，可以看出，"孔子以颜回为淳仁，重厚好学"实质上有两大关键词：一是"仁"，二是"学"。与之相关的"忠信""礼""文"等，都是围绕着它们而加以展开的。尤为重要的是，倘将视野扩展到刘贺所处的时代背景及心路历程上，还可以发现，"仁"与"学"这样的理念，不仅与颜回的思想行为有着密切的理论连接，在西汉皇位立废及昭、宣朝政治中亦隐隐若现。作为当时政治文化的聚焦点，当撰作衣镜文时，此种影响仍在朝野上下发酵，热度尚未完全散去。在这样的氛围下，"颜回为淳（敦）仁重厚好学"的出现，应该就不是一种简单的"述古"。由于政治忌讳犹在，在文本的选择及整合中，承载的是刘贺欲言又止的情愫。文本后面依稀可见的，是立废往事及别有情怀的"微言大义"。下面，就对此作具体的展开。

（一）从"重厚少文"到"重厚好学"："仁且智"的要求与昭、宣政治

与"仁"具有关联度的"重厚"，一直是汉代政治的核心理念。由此，担负国之重任者，当以"重厚"为先。周勃得以信任，原因就在于此。由本论题出发，可以看到的是，霍光之所以成为顾命首臣，也主要在于他的持重，这就与"重厚"产生了契合。

《汉书·霍光传》载，武帝在托付后事时，"察群臣唯光任大重，可属社稷。""使黄门画者画周公负成王朝诸侯以赐光。"并告诉他："立少子，君行周公之事。"周公，成为霍光的政治符号，也是霍光擅权的合法性源头。但问题是，在成为"周公"之前，霍光不仅没有任何值得称道的伟业，甚至连治国理政的行政历练都很少，说起来，他不过是一名"出入禁闼二十余年"的侍从之臣。本传评价他："小心谨慎，未尝有过。"说来说去，也不过就是稳重而已。然而，这些因素后来硬生生地改造成了政治资本。据本传：

> 光为人沉静详审，长财七尺三寸，白皙，疏眉目，美须髯。每出入下殿门，止进有常处，郎仆射窃识视之，不失尺寸，其资性端正如此。初辅幼主，政自己出，天下想闻其风采。[1]

细加思量，这应该是后世锻造出来的官方说辞。由所谓的"沉静详

---

[1] 《汉书》卷68《霍光传》，第2932、2933页。

审"，"止进有常处"并且"不失尺寸"，就得出"其资性端正"的结论颇为牵强。由反面而论，又何尝不可以说，由此可见的，乃是霍光的阴鸷深沉呢？更别说，依靠着这些表现，就"天下想闻其风采"，这实在难以服众。再加之霍光学术及文采皆乏善可陈，属于"不学亡术"① 之徒。可以说，在昭、宣时代之前，霍光并没有多少政治闪光点。

但问题的另一面是，一个不显山露水，没有功业和资历之人，骤然间掌控了天下，必然要放大自己的"长处"或"优势"。由此，与之相关的"重厚"，成了霍光的依凭，作为他比附"周公"的前置条件而存在。

但霍光"重厚"吗？

"重厚"虽然作为汉代的政治传统，并与"仁"相联结，但在汉初，这种"重厚"所连接起来的"仁"，主要体现在持重和宽容上。在儒学占据政治文化的主导地位之前，主要由"长者"作为承担的载体。汉高祖刘邦就是这样一个典型代表。他之所以能够脱颖而出，很重要的一条就是，比之于项羽的"僄悍猾贼"，被时人目为"宽大长者"②。《汉书·高帝纪上》评价道："宽仁爱人，喜施，意豁如也，常有大度。"③

因为这样的缘故，在汉代，"重厚"及"仁"者，虽然在具体内容上有着时代的变迁，但是，一开始所奠定的基因——"宽大"或"大度"，是核心的内容。那么，结合前面的论述，很自然地，我们要问了：霍光除了持重之外，"宽大"或"大度"吗？

他人的观感可置不论，但在刘贺眼中，答案是否定的。这不仅在于霍光擅权不放，直至将新皇废黜，甚至连随从二百多人都全部被斩杀，不可谓不阴狠。但刘贺对此不可能明言。而且，当颜回被赋予"重厚"形象时，他是以"礼"为起点的，以"克己复礼"而达到"重厚"之"仁"。霍光呢，虽然他的行为有着官方说辞加以掩饰，但时人早已指出，他"擅废立，亡人臣礼，不道"④。由此，当衣镜文中论及颜回"敦仁厚重"时，在由"礼"而"仁"的路径后面，应该是依稀有着霍光作为对立面的。

当然，或许有人会说，当刘贺将颜回的"敦仁"与"重厚"加以提

---

① 《汉书》卷68《霍光传》，第2967页。
② 《史记》卷8《高祖本纪》，第356、357页。
③ 《汉书》卷1上《高帝纪上》，第2页。
④ 《汉书》卷90《酷吏传》，第3667页。

出时，虽与当时的政治关注点及霍光的身份符号有着某种程度上的合拍之处，但可能就是一种偶然的交集，并非有意为之。然而，不可不注意的另一层面的问题是，颜回不仅"重厚"，更配以"好学"。而霍光正是以"不学亡术"而著称，在当时的历史环境下，这样明显的对应，加之刘贺本人的经历和苦楚，很难说可以云淡风轻，随手书写，全属偶合。

不仅如此，"重厚好学"的后面除了霍光的影子，还有汉宣帝的存在，即汉宣帝为"厚重好学"的对应者。

在这种问题意识下，可注意的是，在昭、宣时代之后，汉政治传统中的"重厚"，内涵发生了重要的位移。最关键的问题是，由"厚重少文"走向了"厚重好学"。"重厚"逐渐由当年的"少文"型，向"博学以文"范式转换。尤为重要的是，前已论及，在"重厚好学"的后面，实质上是儒家"仁且智"的理念，并与"圣"的定位有着直接的关联。由此，昭、宣之后，不仅是"重厚好学"，其后的"仁且智"及"圣"更为关键，它们越来越成为治国者的基本要求。刘贺正处在这一转换期中，为了使得废黜更具合理、合法性，"不仁""不智"成了他的标签，并作为新皇"仁且智"的衬托而存在。

刘贺当然要反抗这种政治符号，但又不能公开加以抗拒。面对这种情势，他有两种选择，一是回避，二是隐约表达自己的愤懑。我们以为，衣镜中所呈现的，是第二种选项。毕竟在当时的政治氛围中，刘贺已经成为"仁且智"的对立面了，这几乎是一种"定论"，当这些相关政治要素在衣镜文中加以呈现时，刘贺不是用来羞辱自己的，而是在隐约其词的后面，表达着自己的反抗。

为了论证得更为清楚，我们需要从武帝晚年政治文化的转折开始说起。

汉武帝以"推明孔氏"而名垂史册。自此以后，随着儒学影响的加深，"重厚少文"日渐转化为"重厚好学"就成了情理之中的事情了。与之相应的，"仁且智"成了一种政治追求。

但是，历史又有着它的惯性。

揆之于史，在武帝时代，一方面沿着"重厚好学"至"仁且智"的路径，从而推演出"圣主""圣臣"的政治理路①，从中可以看到武帝所谓"仁圣之心"的自我期许②。另一方面，高祖时代传承下来的，抛除

---

① 关于这一问题，可参看本书第十三章。
② 《汉书》卷6《武帝纪》，第165页。

了"好学"因素的"宽仁"理念，还在发挥着它的政治作用。最典型的例子就是对霍光的重用，颇似当年高祖对周勃的期待。此外，在选定戾太子接班时，武帝一度认为他"性仁恕温谨"，"敦重好静，必然安天下"，是一名合格的"守文之主"①。戾太子学养丰赡，但在选拔接班人时，武帝看到的仅是"厚重"，在"仁且智"中，明显重视"仁"，对于"好学"之"智"，却有所忽略。昭帝被立为太子，也未闻对其"好学"及"智"的强调。加之霍光的"不学亡术"，可以说，虽然武帝时代通过"重厚好学"以达"仁圣"的儒家之风已在形成，但是，在"仁且智"中，"好学"而"智"并未完全转为实际的政治要求。

转折从昭帝时代开始发生。史载，当时有人冒充戾太子引起了骚动，受制于各种政治因素，一时无人敢于负责。治《春秋》学的隽不疑当机立断，并引经义而完满地处置了此事。由此，"天子与大将军霍光闻而嘉之"，并且感慨道："公卿大臣当用经术明于大谊。"这一事件的后果，使得隽不疑"繇是名声重于朝廷，在位者皆自以不及也"②。经术之士开始被重视。而在刘贺被废之际，夏侯胜以经术推断出所谓"臣下有谋上者"的预兆，更使得霍光"大惊，以此益重经术士"③。

沿着这样的历史走向，"好学"自然而然地成为统治者的重要指标。由此，宣帝在即位时，所给出的理由有"躬行节俭，慈仁爱人"云云，这与此前的"重厚""仁恕温谨"等有了承接性。但与此同时，还有所谓的"师受《诗》《论语》《孝经》"④。这就与此前仅仅注重"重厚"不同，更有"好学"的一面。顺此理路，宣帝成为"仁且智"的代表。

然而，进一步的问题是，宣帝作为替换刘贺的新皇，前者"仁且智"，后者就必然需要"不仁不智"，否则，何以突显前者的合法、合理性呢？又怎么解释废黜的必要呢？固然，刘贺在被废之时，已然有这方面的舆论导向。但是，当宣帝进一步处置刘贺时，这样的对比不仅显得更为重要，而且应该形成清晰的定论，并昭示于天下。这样一来，宣帝对于刘贺，不是在于肉体消灭，而是在"厚待"中呈现出新主的宽仁与智慧成为最佳选择。当然，必须强调的是，这一切，都需要以刘贺能够成为此种政治衬托为前提。

① 《资治通鉴》卷 22《汉纪十四》，中华书局，1956 年，第 727 页。
② 《汉书》卷 71《隽不疑传》，第 3037、3038 页。
③ 《汉书》卷 75《夏侯胜传》，第 3155 页。
④ 《汉书》卷 68《霍光传》，第 2947 页。

　　在这样的历史背景下，就可以看到，当霍氏集团被消灭之后，宣帝已有了对幽禁的刘贺表现"政治关怀"的打算。但是，刘贺是否会东山再起，从而威胁自己的统治呢？这一可能性成了他的一块心病。为此，宣帝派遣山阳太守张敞来到昌邑察看，根据张敞的详细汇报，知道了刘贺不仅已成为病夫，而且"清狂不惠"，也即成了愚痴之人，无需太过忌惮，这就为此后刘贺改封海昏打下了基础。

　　关于这一问题，笔者已有专文论述，就不再展开①。在此需要进一步指出的是，就"仁且智"的角度来说，张敞不仅汇报了刘贺的愚痴，也即"不智"之处，他还特别强调，刘贺"喜由乱亡，终不见仁义"。这样一来，刘贺"不仁不智"的形象得以完整呈现，与宣帝的"至仁"相比，作为"天之所弃"的"嚚顽放废之人"，成为"陛下圣仁，于贺甚厚"的背景板。张敞是刘贺岳父的"故知"②，刘贺这种形象的呈现，一方面是在完成一项政治任务；另一方面，加大其"不仁不智"的形象，或许也有保护之意。

　　对于刘贺来说，他可以，并且也利用了这种有利条件，以赢得政治上的暂时安全。但是，内在的尊严和往日的伤痛，绝不可能使他自甘于这样的定性。是否去和宣帝竞争"仁且智"的身份可存而勿论，至少他不愿成为其对立面，成为"不仁不智"者，那是可以想见的。

　　我们注意到，刘贺曾自号为"大刘"，在内在意蕴中，隐含着叔父辈的身份。而这与历史上的箕子有了共通之处。箕子，殷周之际的著名人物，传说为纣王叔父，以佯狂而闻名。《史记·宋微子世家》载："乃被发佯狂而为奴。遂隐而鼓琴以自悲，故传之曰《箕子操》。"《集解》引《风俗通义》曰："其道闭塞忧愁而作者，命其曲曰操。操者，言遇菑遭害，困厄穷迫，虽怨恨失意，犹守礼义，不惧不慑，乐道而不改其操也。"③ 要之，为了保身且不改志操，佯狂成为一种重要的政治选择。

　　笔者曾撰文指出，刘贺所谓的"清狂"，应该不是他的本来面目，而是被迫作出的政治应对。事实上，在继承帝位前后，手下已有人劝谏过刘贺，在百般不听的状态下，提出了所谓的"隐退"及"阳狂"的主张。虽说这是臣子为自己避祸所作的安排，但时过境迁之下，此点恰恰

---

①　王刚：《身体与政治：南昌海昏侯墓器物所见刘贺废立及命运问题蠡测》，《史林》2016 年第 4 期。

②　《汉书》卷 63《武五子传》，第 2767~2770 页。

③　《史记》卷 38《宋微子世家》，第 1609、1610 页。

最适用于刘贺自己，回忆前事及箕子的遭遇，想必他一定会感慨良多①。

不仅如此，在《论语·微子》中，箕子被孔子目为商纣时期的"三仁"。从特定意义上来说，当刘贺以箕子自况时，他已在向"仁且智"靠拢，是对"不仁不智"形象的一种内在否定。而这一思想落实到衣镜图文中，可以见到的是，刘贺以"修容侍侧兮辟非常"为自己的追求，希望以孔门弟子为榜样，在孔门之中登堂入室②。颜回作为孔门首徒，自然是他最大的榜样。而颜回的"重厚好学"，又恰恰是"仁且智"的一种表现，而且这是在"克己复礼"中，以孔子为标杆，"仰之弥高，钻之弥坚"的结果。很自然地，这与刘贺的"修容侍侧"有了极大的共通性。

此外，前已论及，当刘贺生死可能再次悬于一线时，他的"清狂不惠"是一种自我保护的举措，质言之，他并不"愚"，而是"如愚"。

历史上最著名的"如愚"者就是颜回。《论语·为政》载有孔子的一个评价，说颜回看上去"如愚"，但是他"退而省其私，亦足以发，回也不愚"③。质言之，颜回这样的"如愚"，是有"大智"的表现，值得后人感佩。毫无疑问，对于颜回"如愚"的材料，刘贺应该十分熟悉，甚至颇有感怀。但这一段被纳入《史记》的著名论述，并没有出现在衣镜之中。是觉得"愚"这个字眼刺激心灵，还是"如愚"的描写会触发当政者的警觉？已不得而知。但是，当颜回的"如愚"与刘贺发生交集时，正是"仁且智"成为重要政治符号的时刻，并与当年的立废往事息息相关。我们以为，在那样特殊的环境下，刘贺的内心深处，应该是有着无限感触的。

（二）不一样的"周公"与"仁厚"

由前已知，"仁"的问题不仅是衣镜文中颜回部分的核心内容，它在昭、宣政治中也有着重要的地位，并与刘贺的立废问题存在关联。前面对此已有了部分论述，接下来，要以霍光为核心来作进一步的讨论。

由前亦知，霍光是"重厚"的代表人物，但由于"不学亡术"，故而，他就不可能是"重厚好学"者，而只能是颜回型"敦仁"的对立

---

① 对于这些问题的具体论述，可参看王刚：《海昏侯墓"大刘记印"研究二题》，《江西师范大学学报》（哲学社会科学版）2016年第2期；王刚：《身体与政治：南昌海昏侯墓器物所见刘贺废立及命运问题蠡测》，《史林》2016年第4期。

② 关于这一问题，可参看本书第二章。

③ 朱熹：《四书章句集注》，第56页。

面。但问题是，在刘贺立废之际，霍光却一度被称为"仁厚"之人，是当世的"周公"。可是，他真的"仁厚"？并符合周公之德吗？对于这样的问题，当然可以见仁见智。但是，在儒家理念中，周公之"仁"与"重厚好学"有着相当直接的关联性，并且在"仁厚"的解义上，还可延伸到刘贺立废及宣帝政治文化之上。由此，当刘贺撰作衣镜文时，应该是有所讥讽和针对的。下面，就进一步论之。

由本论题出发，我们发现，在汉儒看来，"仁"而"好学"这样的标签不仅仅只贴在颜回一人身上，周公也是一个重要的相关人物。证据在《大戴礼记·保傅》① 中，它引经据典，这样形容周公："笃仁而好学。"较之衣镜文中的颜回内容，文字表述微异，意义基本一致。

但与颜回不同的是，周公的"仁"而"好学"主要体现在政治上，由此有了这样的论述：

> 笃仁而好学，多闻而道慎，天子疑则问，应而不穷者，谓之道；道者，导天子以道者也；常立于前，是周公也。②

周公的"仁"而"好学"，是要引导天子走上正道。并且以其为首，与太公、召公、史佚一起努力，直至做到"成王中立而听朝，则四圣维之，是以虑无失计，而举无过事"。或者也可以说，利用自己"好学"而"多闻"的优势，让天子不犯错误，就是周公的"笃仁"。但问题是，如果天子犯了错误，怎么办呢？答案是，以周公为首的辅政大臣们应该"洁廉而切直，匡过而谏邪"，"拂天子之过"。③

这样来比较霍光及其集团，就可以发现，他们是反向为之的。且不说霍光"不学亡术"，没有"多闻而道慎"的状态。在行动上，他及其集团也没有多少正面的行动。刘贺在位时没有劝谏之声，更别说"导天子以道者"。他们所做的，就是突然袭击，密行废黜之事。当被废之时，猝不及防之下，刘贺曾提出了一个重要的命题：争臣。也就是说，新皇即使有不对之处，霍光集团也应该提出劝谏，否则何以称其为"周公"呢？

《汉书·霍光传》对此有详细的记载：

---

① 《保傅》篇亦出现于贾谊的《新书》中，里面出现了对秦代败亡的讨论，它是汉人作品，反映了汉儒的观念。
② 王聘珍撰，王文锦点校：《大戴礼记解诂》，第 54 页。
③ 王聘珍撰，王文锦点校：《大戴礼记解诂》，第 54 页。

光令王（刘贺）起拜受诏，王曰："闻天子有争臣七人，虽无道不失天下。"光曰："皇太后诏废，安得天子。"乃即持其手，解脱其玺组，奉上太后，扶王下殿，出金马门，群臣随送。王西面拜，曰："愚戆不任汉事。"起就乘舆副车。大将军光送至昌邑邸，光谢曰："王行自绝于天，臣等驽怯，不能杀身报德。臣宁负王，不敢负社稷。愿王自爱，臣长不复见左右。"①

"天子有争臣七人"出自《孝经·谏争章》，为一段著名的孔子言论："昔者天子有争臣七人，虽无道，不失其天下。……父有争子，则身不陷于不义。"② 当年在情急之下出此语，刘贺是为自己辩护，也是对以霍光为代表的汉臣们的斥责。

尤为重要的是，在当时的政治语境中，这些人，尤其是霍光这样的权臣，居然以仁德的面目而出现。史载，当刘贺被征召入京时，昌邑国中尉王吉劝谏他不要轻举妄动，"慎毋有所发"，而且还说道：

> 大将军仁爱勇智，忠信之德天下莫不闻，事孝武皇帝二十余年未尝有过。先帝弃群臣，属以天下，寄幼孤焉，大将军抱持幼君襁褓之中，布政施教，海内晏然，虽周公、伊尹亡以加也。今帝崩亡嗣，大将军惟思可以奉宗庙者，攀援而立大王，其仁厚岂有量哉？臣愿大王事之敬之，政事壹听之，大王垂拱南面而已。愿留意常以为念。③

王吉所言，是真实话语还是为了避祸而给出的警示，不在本文的论列范围。在此值得注意的是，霍光不仅被冠之于"仁爱勇智"的美誉，甚至评价为："其仁厚岂有量哉？"这样说来，此人简直是仁厚之至了。王吉所说的这种状态，无疑是按照霍光的意愿及当时的政治模式而加以推演的。但霍光真的是仁厚之至吗？再进一步延伸，他及其集团的作为，真的符合"仁"的原则吗？

天下之仁者，除了周公，还以颜回为重要代表。颜回之仁，以遵"礼"为出发点，以"非礼勿视"等作为前提。但问题是，按照王吉所言，霍光与刘贺，谁是君？谁是臣呢？在当时的政治模式下，可以说，

---

① 《汉书》卷68《霍光传》，第2946页。
② 阮元校刻：《十三经注疏》，第2558页。
③ 《汉书》卷72《王吉传》，第3061页。

君臣之礼已完全颠倒。当刘贺以"失帝王礼谊，乱汉制度"①的名义被赶下台时，不要说没有"争臣"加以劝谏，就是有，然后恢复到王吉所言的"政事壹听之"体系上去，它符合正常的"礼谊"和制度吗？从严格意义上来说，真正破坏"礼谊"和制度的，并不是刘贺，而是权臣霍光。霍光仁厚吗？——"礼"且不存，"仁"将焉附？

不仅如此，前已论及，当"仁"与"重厚"并论之时，它的核心指向是"使知之欣欣然，人乐其性者"②。也就是说，是一种天性的表达。按照这样的理念，我们注意到，在地节四年（前66年）五月，汉宣帝下达了著名的首匿免罪诏令：

> 父子之亲，夫妇之道，天性也。虽有患祸，犹蒙死而存之。诚爱结于心，仁厚之至也，岂能违之哉？自今子首匿父母，妻匿夫，孙匿大父母，皆勿坐。其父母匿子，夫匿妻，大父母匿孙，罪殊死，皆上请廷尉以闻。③

这一诏令解除了直系亲属之间的隐匿之罪。颜师古曰："凡首匿者，言为谋首而藏匿罪人。"④ 也就是说，当父母、子女等直系亲属犯罪后，隐匿的首谋者，可以减免其罪。从理论上来看，诏书所遵循的，是儒家的"亲亲"仁爱原则，所谓："诚爱结于心，仁厚之至也，岂能违之哉？"仁，是诏书的基本精神。而就"仁"的发生而言，起点乃在于所谓的"天性"，这正与"重厚"及"乐其性"云云气脉相通。这种天性，表现在"父子之亲"上，子女不让父母蒙受祸患为主要基础，此时，就需要"争子"的出现。而"夫子之亲"移之于"君臣之义"，仁爱原则下的"争臣"就成为题中应有之义。

不仅如此，在诏书所传达的"仁"原则下，由"仁"而来的"隐"观念，也如影随形般地成为了关注点。《论语·子路》曰："父为子隐，子为父隐，直在其中矣。"⑤ 在这一著名的"父子相隐"之论下，当"首匿"原则被提出后，"仁厚之至"的后面，是呼之欲出的"隐"，"仁""隐"的相合，作为不可剥离的一体两面，建构了宣帝所推崇的政治

---

① 《汉书》卷68《霍光传》，第2944页。
② 刘文典撰，冯逸、乔华点校：《淮南鸿烈集解》，第59页。
③ 《汉书》卷8《宣帝纪》，第251页。
④ 《汉书》卷8《宣帝纪》，第251页。
⑤ 朱熹：《四书章句集注》，第146页。

伦理。

廖名春指出，"父子相隐"的"隐"，应释读为"檃"，为"矫正"之义，而不是后世所理解的隐匿。由此，它与"争臣""争子"的意义相通①。对于这一儒家理念，刘贺是明了本义，还是以"隐"为"隐匿"之义，已不得而知。但是，"父子相隐"的消极程度，是等于，或甚于净臣、净子的。既然已触发犯罪的隐匿性的"父子相隐"，都可以归于"仁"范畴，那么，当刘贺被废黜时，那些不为"争臣"，而是将刘贺赶下台的人，不要说为君王隐匿，就是连谏净都没有，他们可以算得上是"仁厚"之人吗？

还可注意的是，地节年间为宣帝朝政治的转折点。据《汉书·霍光传》，霍光于地节二年（前68年）撒手人寰，两年之后（地节四年），霍氏家族便遭到了清洗，宣帝开始独掌权力。在这一进程中，除了霍氏的最后覆灭值得关注之外，还有一个重要的事件，就是太子之立。在霍光擅权时，宣帝的结发妻子被害，留下了后来被立为太子的刘奭。霍光死后，霍氏家族故伎重演，又想置太子于死地。据《汉书·宣帝纪》，地节三年四月戊申，刘奭被立为太子，时年八岁；而地节四年七月，霍光之子被定为谋反罪，八月，皇后霍氏被废黜，霍光家族遭到毁灭性打击，政治势力就此被彻底铲灭。然而，无论是太子之立，还是霍氏的最后覆灭，这边的事件一结束，那边张敞就来到刘贺的居处进行巡察，并由此形成给皇帝的上报材料②。

当宣帝在这个微妙的时刻，下达这样的诏令，不仅使得"仁爱"原则成为政治文化的一大主旋律，也饱含着丧妻之痛，爱子之切。也正是在这种"天性"的散发下，有了刘贺的海昏之封。由此，当刘贺制作衣镜之时，"乐其性"的"仁爱"及"仁厚"问题是不可绕过的核心，它伴随着霍氏集团的覆灭，应该激荡了宣帝的情感。但更重要的是，它也将让刘贺抚今追昔，感慨良多。在这样的心路历程下，"仁"与"重厚好学"的背后，就不仅仅是颜回问题，它还应该指向于"周公"及霍光集团。集合其学理和时势，在文字之间，可以看出有某种程度上的"微言大义"。

---

① 廖名春：《孔子真精神：〈论语〉疑难问题解读》，孔学堂书局，2014年，第19~48页。
② 《汉书·武五子传》载，张敞在地节三年五月来昌邑王居处"视事"，地节四年九月则"入视居处状"。关于这一问题，还可参看王刚：《身体与政治：南昌海昏侯墓器物所见刘贺废立及命运问题蠡测》，《史林》2016年第4期。

"孔子衣镜"文中关于颜回的内容，是现存字数最多的颜氏个人传记，它的大部分材料都渊源有自，并以照录原文为主要特点。但是，"孔子以颜回为淳仁重厚好学"作为前所未见的材料，有着丰富的历史信息。作为关键文句，既上续"克己复礼"的路径，更下开"用行舍藏"的处世原则，在整个文本中起到了枢纽性的作用。

就文本的传承而言，其中前一句"颜回为淳（敦）仁"与《周易》有着千丝万缕的联系，"淳"当释为"敦"，它应来自《易》类文献。后一句"重厚好学"，则是颜回型"敦仁"的特点所在。就"重厚"而言，它以"克己复礼"为载体，通过"成己"而"成人"，以极高的道德水准来感染、感化身边的人与物。在人性的驱使下，与道合体，在"乐天知命"中，呈现出"人乐其性者"的特色。就"好学"而言，它的存在，展现出了儒家本色，并使得颜回在"博学于文，约之以礼"中，以"学"而"进德"，因"学"而消除"愚"之"弊"，以"德""礼"兼备的君子为基本点，以孔子为看齐的目标。

而就"述作"中的现实指向来说，在昭、宣时代，随着政治文化取向由"重厚少文"向"重厚好学"的转型，"仁且智"成了重要的政治符号，并与刘贺当年的立废往事息息相关。在摆脱"不仁不智"的标签时，颜回表面上的"如愚"，实质上的"厚重好学"与刘贺的心境及身份有了相通之处。此外，"重厚好学"不仅与颜回，也与"笃仁"的周公关系密切。当"敦仁"且"重厚好学"成为一种正面评价时，其反面正是霍光及其集团的作为。而且，这样的问题在宣帝朝关于"仁厚"的政治文化宣示中，有着非常现实的对应性。

总之，在撰作衣镜文时，不仅仅只有文本之"述"，在现实的刺激下，更有新的意义之"作"，抚今追昔之时，"微言大义"的倾向是斑斑可见的。

第十五章　从"内无其质"到"质美可教"：子路形象的文本回应与汉代政治文化的路径选择

一　问题的提出："质美可教"是"孔子衣镜"文自行添加的表述

在衣镜文中，有一段关于孔门高足子路的评述：

> 孔子弟子曰中（仲）由，卞人，字子路，少孔子九岁。子路姓（性）鄙，好勇力，伉直冠雄鸡，配佩猳豚，陵暴孔子。孔子以为质美可教，设讼（颂）礼稍诱子路，子路后儒服委质，因门人请为弟子。既已受业，问曰："君子上勇乎？"孔子曰："君子义之为上。君子好勇而无义则乱，小人□则为盗。"孔子曰："自我得由也，恶言不闻吾耳。"①

在现有的出土资料中，这是关于子路事迹的最早文字。而在早期的传世文献中，关于子路的记载，以同时代的《史记·仲尼弟子列传》最为权威和系统，在内容上，也比衣镜文更为丰富。为论述方便，现将与衣镜文相关的文字移录如下：

> 仲由字子路，卞人也。少孔子九岁。子路性鄙，好勇力，志伉直，冠雄鸡，佩猳豚，陵暴孔子。孔子设礼稍诱子路，子路后儒服委质，因门人请为弟子。……子路问："君子尚勇乎？"孔子曰："义之为上。君子好勇而无义则乱，小人好勇而无义则盗。"……孔

---

① 相关内容最早见于王意乐、徐长青、杨军等：《海昏侯刘贺墓出土孔子衣镜》，《南方文物》2016 年第 3 期。后经再次清理及释读后，文字有调整，展出于南昌汉代海昏侯国遗址博物馆，并录于彭明瀚：《刘贺藏珍：海昏侯国遗址博物馆十大镇馆之宝》，文物出版社，2020 年，第 70 页。本书以彭著中的释读为准。

子曰："自吾得由，恶言不闻于耳。"①

倘将二者作一个文字比勘，可以发现，衣镜文中的内容，已基本包含在《史记》文本中，总的来看，其间虽有一些细微的差异，但并不影响文义。唯一值得注意的地方，是衣镜文中的"孔子以为质美可教，设讼（颂）礼，稍诱子路"。在《仲尼弟子列传》中作："孔子设礼稍诱子路。"多出了"孔子以为质美可教"以及"设讼礼"的内容。

查核它们的文本差异，"设讼礼稍诱子路"与"设礼稍诱子路"之间，仅增删一字，"讼"通"颂"，颂礼即容礼，意义上没有质的改变，二者的差别基本可以忽略。但是，"质美可教"四字值得探究。我们的疑问是，它为何没有出现在《史记》文本中呢？

尤为重要的是，"质美可教"所关联的场景，是子路初见孔子时的情形。这一颇有传奇色彩的故事不仅出现于《史记》及衣镜文中，也被《庄子·盗跖》《孔子家语·子路初见》，以及《说苑》的《建本》《贵德》篇，《论衡·率性》等文献加以引述。

其中，在《论衡》中主要描述的是"戴鸡佩豚"的子路形象，它不仅与《史记》所载，也与大多数汉代画像石中的子路装扮相吻合。而在前几种文献中，则主要叙述了子路在持长剑见孔子后，在夫子教导之下，最后解剑受教的故事。如《庄子·盗跖》曰："使子路去其危冠，解其长剑，而受教于子。"②《说苑·贵德》则记载，经过思想交锋后，子路被孔子折服，请求拜于门下，并说道："由也请摄齐以事先生矣。"③无论是持剑、解剑，还是"戴鸡佩豚"，二者的侧重点虽有不同，但在这些材料中，有叙事，有对话。它们充分说明，这一故事不仅有来历，而且内容丰富，流传及接受度甚广。在早期中国，属于耳熟能详的文化事件。

然而，在这些材料中，都没有"质美可教"的记载。

细绎文本，在这样的表述中，根本找不到任何触犯禁忌之处，文字间的逻辑关系也算通畅。如果在原始文本或故事中，本有这一说法，以常理言之，实在没有必要将其删削。至少在各种不同的文本中，它不应该如此整齐如一地缺位。由此，最大的可能是，在衣镜文字撰作之前，在原始文本及故事底本中，在讲述子路与孔子初见的情形时，并无"质

---

① 《史记》卷67《仲尼弟子列传》，第2191~2194页。
② 王先谦撰，沈啸寰点校：《庄子集解》，第262页。
③ 刘向撰，向宗鲁校正：《说苑校证》，第113页。

美可教"的固定用词。由此，我们不禁要问：这种表述会不会是衣镜文自行添加上去的呢？

答案是肯定的。更进一步的证据，出现于昭帝时期的盐铁会议上。

在那次会议上，以贤良、文学为代表的民间儒学力量，与御史大夫桑弘羊等展开了针锋相对的大辩论。根据《盐铁论·殊路》的记载，其中一个重要的辩题，是围绕着子路而展开的。贤良、文学们站在儒家立场推崇子路，而桑弘羊则指斥道："内无其质，而外学其文。"① 二者往复辩难，互不相让。在盐铁会议上，贤良、文学引经据典，尤其是援引孔子之言作为理据，是辩论时的常态。然而，在异常激烈的交锋中，贤良、文学虽也引孔子之言加以辩护，但最有针对性的"孔子以为质美可教"恰恰没有出现。

这不是很奇怪吗？

不仅如此，一个重要事实是，在贬斥子路"内无其质"之时，桑弘羊对于子路初见孔子的故事也极为熟悉。他申论道：

> 性有刚柔，形有好恶。圣人能因而不能改。孔子外变二三子之服，而不能革其心。故子路解长剑，去危冠，屈节于夫子之门，然摄齐师友，行行尔，鄙心犹存。②

桑弘羊眼中的子路及其表现，与前所引及的《庄子》《史记》《说苑》等相关文本可相印证，包括一些用词，如"解长剑，去危冠"；"摄齐师友"云云，可谓信手拈来，化而用之。毫无疑问，桑弘羊所言有着充分的文本依据。

尤为重要的是，这些文本的原始面貌应该与《史记》等一样，在论及子路初见孔子时，并无"质美可教"的评述。否则，援引这样的资料来否定子路，那不等于授人以柄，给了贤良、文学反击的机会吗？也就是说，在盐铁会议上，当辩论子路问题时，尚无"质美可教"这样的表述以为论据，桑弘羊才可能作出如上的引述和判定。由此，基本可以确定，"质美可教"并非引自于原始文本，而是衣镜文中的自行添加。那么，进一步的问题是，为什么要添加这一表述？它何以生成呢？后面的历史文化背景又是什么呢？

---

① 桓宽撰，王利器校注：《盐铁论校注》，第 272 页。
② 桓宽撰，王利器校注：《盐铁论校注》，第 272 页。

不仅如此，循此理路，还可以发现的是，对于子路问题的争辩，承载的是不同的"御民之道"的碰撞与斗争，并成为汉代统治者所面临的重大的政治文化选择。宣帝之后虽以"霸王道杂之"来加以统摄，但二者的内在张力及作用，不仅影响着汉政，亦是帝制时代政治文化的核心内容。

下面，就以子路问题为切入口，对此作进一步的分析。

二　刺激与回应：从盐铁会议到"孔子衣镜"文的生成

前已论及，"质美可教"是衣镜文中自行添加的内容。

这种添加的直接诱因就在盐铁会议上，由"内无其质"的论述所引致。

考察"孔子衣镜"的图文旨趣，毋庸置疑的事实是，刘贺极为推崇孔子及儒学。在衣镜图文中，孔子及其弟子，包括子路在内，被日日观瞻，树为学习的榜样。刘贺是昭、宣时代的人物，与盐铁会议的时间相隔不远。当制作衣镜时，辩论的余温及影响力尚存。很自然地，儒家立场会促使他对此类著名的"非儒"言论进行反思，不可能视而不见。

加之在汉儒看来，盐铁会议是一场判定是非的大辩论。《论衡·案书》评价为："两刃相割，利钝乃知；二论相订，是非乃见。"[1] 然而，倘复盘子路辩题，可以发现的是，在面对着"内无其质"的判词时，贤良、文学并没有展现出有力的反击，只是说："故人事加则为宗庙器，否则斯养之爨材。"并引孔子之言道："觚不觚，觚哉，觚哉！"[2] 可以说，在当时激烈的论辩中，情急之下，贤良、文学们只有消极防御，而缺乏正面的对抗及肯定性的意见。由此，当在撰写有关子路的内容时，将"质美可教"填补上去就不是一个简单的随意之笔，而应该是刺激与回应的产物——基于儒家立场的回应，与"内无其质"可谓针锋相对，短兵相接。

可注意的是，前文所引述的桑弘羊言论来自《盐铁论》一书。此书由宣帝时代的桓宽所编撰，根据有关研究者的意见，编撰时间为："公元前73年（汉宣帝本始元年）到公元前49年（汉宣帝黄龙元年）的25年之间。如果再进一步推测，其具体时间则很可能是在宣帝甘露三年，也即公元前51年左右。"[3] 如以公元前51年为成书时间，此时的刘贺已

---

[1]　王充撰，黄晖点校：《论衡校释》，第1172页。
[2]　桓宽撰，王利器校注：《盐铁论校注》，第273页。
[3]　王永：《〈盐铁〉研究》，宁夏人民出版社，2009年，第34页。

离世八年多，怎么可能读到此书呢？即便是在宣帝初年成书，考虑到此时刘贺已被禁锢的情形，恐怕也难以获睹。要之，倘以公元前51年为文本节点，刘贺应该是看不到《盐铁论》一书的。那么，或许有人会问了：前所论及的受盐铁会议影响云云，不是釜底抽薪，失去依据了吗？

答案是否定的。

问题的关键在于，盐铁会议的相关材料并不只存于《盐铁论》一书中。在笔者看来，刘贺应该是看到了盐铁会议资料的。只不过，它不是成书之后的《盐铁论》，而是两种原始文本。一是《盐铁论》编撰之前就流于世间的"议文"，这也是桓宽编纂《盐铁论》时的重要底本。二是朝廷所留存的原始案卷。

关于盐铁会议，班固有这样一段论述：

> 所谓盐铁议者，起始元中，征文学、贤良问以治乱，皆对愿罢郡国盐铁、酒榷均输，务本抑末，毋与天下争利，然后教化可兴。御史大夫弘羊以为此乃所以安边竟，制四夷，国家大业，不可废也。当时相诘难，颇有其议文。至宣帝时，汝南桓宽次公治《公羊春秋》举为郎，至庐江太守丞，博通善属文，推衍盐铁之议，增广条目，极其论难，著数万言，亦欲以究治乱，成一家之法焉。①

这段文字不仅简要地说明了盐铁会议的情形，还由此可知的是，桓宽的《盐铁论》是在"议文"的基础上"推衍""增广"而来的。与此相关联的是，王利器在对《盐铁论》进行文本整理时，发现了一些重要的佚文及异文。王氏指出："我很怀疑《盐铁论》原'议文'，尚有溢出今本之外的，桓宽编次时，采获未周，致有遗漏。"他还引述"当时相诘难，颇有其议文"一句，进一步引申道："这说明当时这个议文传播是很广泛的。"②

当盐铁会议的"议文"广泛传播之时，作为诸侯王的刘贺正处于青少年时期，也是重要的读书期。虽然官方史书将他塑造为荒淫之人，但不可否定的是，他接受了良好的儒学和经学教育，是一名"礼容"娴熟的《诗经》家，可谓学有渊源③。而在盐铁会议上，贤良、文学们所引

---

① 《汉书》卷《公孙刘田王杨蔡陈郑传》，第2903页。
② 桓宽撰，王利器校注：《盐铁论校注》，第623页。
③ 关于这一问题，可参看王刚：《"脩容侍侧兮辟非常"的作意及相关问题：南昌海昏侯墓〈衣镜赋〉探微》，《地方文化研究》2021年第3期。

为理据的，正是经学文献及儒家思想。《盐铁论·杂论》曰："贤良茂陵唐生、文学鲁国万生之伦，六十余人，咸聚厥庭，舒六艺之风，论太平之原。"① 可以说，当时的习经、学儒之人，但凡对时事稍有关注者，都会将盐铁会议上的"议文"作为学习中的旁及内容。桓宽如此，难道刘贺会例外吗？加之贤良、文学们多引述《诗经》为据②，对于作为《诗经》家的刘贺来说，它们不仅亲切，也是很好的学习材料。要之，在盐铁会议前后，通过"议文"而熟悉其内在情形，是在情理之中的事情。

不仅如此，《汉书》在为昭帝盖棺定论时，有这样的评述：

> 至始元、元凤之间，匈奴和亲，百姓充实。举贤良、文学，问民所疾苦，议盐、铁而罢榷酤，尊号曰"昭"，不亦宜乎！③

由此可知，盐铁会议的结果影响了昭帝时代的政策走向，诚如有学者所指出的："接受了贤良的建议。"④ 盐铁会议中的贤良、文学之论，转化为了昭帝时代的政策举措，而它们又成为昭帝一生功业极其重要的组成部分。

刘贺是昭帝的皇位接替者，虽然不久被废，但被废的真正原因，实质上在于他想有所作为，从而与擅权的霍光集团产生了矛盾⑤。由此，在为帝的那段时间里，刘贺绝不可能只是吃喝玩乐，而应该对昭帝时代的政治状况作一个盘点，为今后的施政方针及走向奠定基础。虽然刘贺具体的想法、做法已不得而知，但是，查核昭帝时代的各种重要文件并作出思考，是必不可少的一环。

而盐铁会议的文件，恰恰是当时重要的政治文本。《盐铁论·利议》有所谓"诸生对册（策）"之语，《取下》篇则有"于是遂罢议，止词"云云⑥。王利器据此指出，盐铁会议实质上有着贤良对策的性质，"这次召对是对话与对策同时并行"。"对策即《取下篇》之所谓'词'，

---

①　桓宽撰，王利器校注：《盐铁论校注》，第 613 页。

②　关于这一问题，可参看曹道衡：《〈盐铁论〉与西汉〈诗经〉学》，《河北师院学报》（哲学社会科学版）1994 年第 3 期；龙文玲：《〈盐铁论〉引诗用诗与西汉昭宣时期〈诗经〉学》，《河北师范大学学报》（哲学社会科学版）2011 年第 5 期。

③　《汉书》卷 7《昭帝纪》，第 233 页。

④　金春峰：《汉代思想史》，中国社会科学出版社，1997 年，第 307 页。

⑤　关于这一问题，可参看王刚：《宗庙与刘贺政治命运探微》，《人文杂志》2017 年第 8 期。

⑥　桓宽撰，王利器校注：《盐铁论校注》，第 323、463 页。

是书面的，对话即《取下篇》之所谓'议'，是口头的"①。

习文史者皆知，汉代的对策之事，以武帝时期最为著名和重要。董仲舒上"天人三策"，提出"推明孔氏"的主张，自此中国步入"经学时代"。昭帝时代的盐铁会议，或又可称之为"始元对策"，它无疑有着接踵旧例的意蕴。翻检盐铁会议中的对话，可以看到，贤良、文学大量援引董仲舒的言论及思想观点，二者可谓同声相求。从特定角度来看，甚至可以说，董子思想就是盐铁会议上贤良、文学们的指针。王利器说："在开宗明义第一章，就毫不含糊地表明他们是地地道道地继承了董仲舒的衣钵。"② 同样是贤良对策；同样是秉持儒家立场，加之董氏为一代"儒宗"，接续他的思想理路，将帝国的思想道路重新引到"儒术"之上，在贤良、文学那里，实在是很自然的事情。从董氏之论到盐铁之议；从"天人三策"到"始元对策"，它们的传承斑斑可见。

由此，作为帝国的重要文件，它所留下的策文，虽不能与董子的"三策"相比拟，但在刘贺时代，其重要性也是不遑多让的，事关基本国策的继承与发展问题。也由此，崇儒的刘贺为帝之后，翻检这一文件，思考帝国的未来走向，不仅在情理之中，而且具有极强的现实性和必要性。毫无疑问，对于盐铁会议的文本，刘贺应该是熟悉的。而且作为一名崇儒之人，他也绝不可能同意桑弘羊对于孔门的贬斥。在这样的刺激下，他必然要有所回应，子路的"质美可教"遂成为这样一种文化产物。

在此必须指出的是，"质美可教"虽然是衣镜中新添加的内容，但这并不表示，它是想当然的杜撰材料。从特定视角来看，它属于"新"中有"旧"的论述。所谓"新"，是因为在子路初见孔子的早期材料中，本无"质美可教"之论，这一表述自然是新的。而所谓的"旧"，则是因为，它是有所依据的文字。

所以细绎"质美可教"一句，可以发现，在它之前，用的是"孔子以为"的字样，而不是"孔子曰""孔子云"之类的直接引述方式。也就是说，对于"质美可教"的论述，或许找不到孔子的原话，但是，作为孔子之意的概述，它是可以推断而出，并得以成立的。

那么，这一论述得以成立的依据在哪里呢？

首先，就"可教"而言，孔子与弟子之间，最基本的就是"教"与

---

① 桓宽撰，王利器校注：《盐铁论校注》前言第4、5页。
② 桓宽撰，王利器校注：《盐铁论校注》前言第9页。

"学"的关系，孔子因为"教"而成为"万世师表"；弟子们则因为"受教"，而成为一代贤士。太史公说："孔子以诗书礼乐教，弟子盖三千焉，身通六艺者七十有二人。"①《论衡·率性》则曰："孔门弟子七十之徒，皆任卿相之用，被服圣教，文才雕琢，知能十倍，教训之功而渐渍之力也。"②"可教"是很核心的指标。"不可教"，是无法入得孔门的；反之，能成为孔门之徒者，都是"可教"之人。子路既然"儒服委质，因门人请为弟子"，那自然是"可教"的。问题只在于，子路的"可教"体现于哪些方面。

其次，子路的"可教"，很核心的一条是因为"质美"。在未入孔门之前，子路充满了野性。他本无"诗书礼乐"的铺垫，也没有温文尔雅的态度，孔子所看重的，正是他的"质"，即天性中所体现的优良禀赋。《论语·雍也》载孔子之言道："质胜文则野，文胜质则史，文质彬彬，然后君子。"③ 文质彬彬，也即"文"与"质"之间和谐当然是最好的。但是，二者之间又往往不平衡，有文胜质者，亦有质胜文者。在孔门弟子中，子路就是后者的代表，质，是子路的重要表征。据《大戴礼记·卫将军文子》，子贡曾这样评价子路：

> 不畏强御，不侮矜寡；其言曰性，都其富哉，任其戎，是仲由之行也。夫子未知以文也，诗云："受小共大共，为下国恂蒙。何天之宠，傅奏其勇。"夫强乎武哉，文不胜其质。④

在这段文字中，"文不胜其质"，固然显示了子路之"质"的突出性。但更为重要的是，这是接续孔子之言的逻辑推演。

《孔子家语·弟子行》亦载此段资料，文字上稍有差异。其中"诗云"一句是这样表述的："孔子和之以文，说之以《诗》曰：……"⑤"《诗》云"者，是孔子所引述的话——孔子通过引《诗》而对子路作出评价。进一步审读，所谓"何天之宠，傅奏其勇"，分明有着"天生美资"的意蕴在内。

循此理路，更可注意的是《韩诗外传》二十四章的一段文字：

---

① 《史记》卷47《孔子世家》，第1938页。
② 王充撰，黄晖点校：《论衡校释》，第72、73页。
③ 朱熹：《四书章句集注》，第89页。
④ 王聘珍撰，王文锦点校：《大戴礼记解诂》，第108、109页。
⑤ 杨朝明、宋立林：《孔子家语通解》，齐鲁书社，2013年，第135页。

> 鲁哀公问冉有曰："凡人之质而已，将必学而后为君子乎？"冉
> 有对曰："臣闻之：虽有良玉，不刻镂，则不成器；虽有美质，不
> 学，则不成君子。"曰："何以知其然也？""夫子路，卞之野人也，
> 子贡，卫之贾人也，皆学问于孔子，遂为天下显士，诸侯闻之，莫
> 不尊敬，卿大夫闻之，莫不亲爱，学之故也。"①

通过这段文字，可以看出，自东周两汉以来，子路具有"美质"，并通过"学"终于成了君子，已成为儒林的一个重要认识。还需一提的是，《韩诗外传》是景、武时代韩婴的作品。韩氏是汉代《诗经》学领域的开山之人，作为《诗经》家的刘贺，对于前辈的作品自然是熟悉的。或许子路"美质"云云，就是汉代《诗经》家的通识。

由此，在子路评价问题上，衣镜文作出"孔子以为质美可教"的表述，是具有内在学术理路的判定。当需要对相关刺激作出回应时，生成这一文本，也就很是顺理成章了。

三　子路何以成为交锋点？——"内无其质"的争辩及政治文化依托

前已论及，孔子衣镜文中的"质美可教"，很大程度上是受着盐铁会议上桑弘羊"内无其质"的刺激而产生的。顾名思义，盐铁会议乃是围绕着盐铁问题而展开的专题讨论会。一般来说，它所关涉的问题，应归入经济社会范畴。然而，对于子路"内无其质"的评价及相关讨论，本质上属于思想文化问题。

由此，我们不禁要问：在一场事关经济社会发展的大论战中，何以会围绕着这种思想文化问题而展开论辩呢？

这是因为，盐铁会议是经济会议；但是，又不仅仅是经济会议。进一步言之，虽然会议论题直接受制于汉王朝盐铁政策的驱动，着手解决的主要是经济社会冲突及相关问题，然而，由于这些问题皆深植于政治土壤之中，从本质上来看，论辩的各方意见，其实也是政治文化所结出的果实。以这样的视野来做考察，就可以发现，作为事关政策调整的重大会议，它的政治及思想属性十分鲜明。是沿着旧路而行还是做出大转变？看似为一场经济论辩，但究其实，更是一场思想大讨论，并最终付诸政治实践。

也由此，在不同的经济诉求和政治立场下，由具体的义利之辩，转

---

① 韩婴撰，许维遹校释：《韩诗外传集释》，中华书局，1980年，第295页。

而进入到思想文化论争之中，成为势所必然。对立双方的理论武器，一为秉持"王道"的儒学；一为偏于"霸道"的法家之论。由本论题出发，我们要讨论的是，在盐铁会议上，子路何以会成为儒、法抗辩的交锋点？它后面的政治文化背景及相关问题有哪些呢？

（一）盐铁会议上的儒、法之争及相关问题

在对作为儒、法交锋点的子路论题做研判时，首先要厘清的是：为什么一场事关经济社会发展问题的会议，转而成为儒、法思想的角力场呢？而且，众所周知的是，武帝时代之后已经"独尊儒术"了，按照一般的认知，或许有人会对此感到迷惑：法家怎么可能会对居于统治思想的儒家发起进攻呢？

面对这样的疑问，必须明了的一个基本事实是，"独尊儒术"固然将儒学推向了统治地位，但是，"儒术"的尊崇由理念落实到实践是有一个过程的，它不是一夜之间就君临天下，而是在曲折与反复中艰难推进。所以，武帝时代虽拉开了"独尊儒术"的序幕，但"儒术"所受到的阻力和非议，从来就没有断绝过，其中很重要的一支对抗力量就是法家思想。

考察汉代政治，就国家治理的层面来看，虽然意识形态上是儒学逐渐占优，但在政治管理的技术层面上，由于"汉承秦制"，法家基因从来都没有消失过。在它被整合，以至于建构出"外儒内法"的政治模式之前，甚至公开叫板过儒学，代表人物就是汉代的那些"文法"酷吏及"兴利"之臣们。

而盐铁会议上的桑弘羊，正是汉代法家的主要代言人。由此，翻检《盐铁论》，儒、法对抗的痕迹斑斑可见。

根据此书的记载，桑弘羊不仅贬斥儒家，极力维护秦政，公开颂扬商鞅等法家人物，气急之下，甚至以"焚书坑儒"来讥讽和威胁论敌。如在《利议》篇中，桑弘羊这样说道：

> 嘻！诸生阘茸无行，多言而不用，情貌不相副。若穿逾之盗，自古而患之。是孔丘斥逐于鲁君，曾不用于世也。何者？以其首摄多端，迁时而不要也。故秦王燔去其术而不行，坑之渭中而不用。乃安得鼓口舌，申颜眉，预前论议，是非国家之事也？[①]

---

① 桓宽撰，王利器校注：《盐铁论校注》，第 324 页。

在这番言论中，法家立场之鲜明，那是自不待言的。但就本论题出发，我们要问的是，不管怎么说，武帝时代毕竟已开启了"尊儒"之路，而且自建汉以来，一个重要的思潮及共识就是"过秦"，即否定秦及其法家政策，从中吸取历史的教训①。作为朝廷顶级官员的桑弘羊，何以会有这样逆流而行的胆气呢？

除了前所言及的秦制及文法吏政治，它们为法家思想提供了依托和土壤，很重要的一个政治背景是，汉匈大战之后，武帝朝的政策发生了重大转向，由和平环境走向了战争体制，社会治理手段有了新的变化，法家思想及人物开始得势。《盐铁论·刺复》云：

> 人主方设谋垂意于四夷，故权谲之谋进，荆、楚之士用，将帅或至封侯食邑，而克获者咸蒙厚赏，是以奋击之士由此兴。其后，干戈不休，军旅相望，甲士糜弊，县官用不足，故设险兴利之臣起，磻溪熊罴之士隐。泾、渭造渠以通漕运，东郭咸阳、孔仅建盐、铁，策诸利，富者买爵贩官，免刑除罪，公用弥多而为者徇私，上下兼求，百姓不堪，抏弊而从法，故憯急之臣进，而见知、废格之法起。②

由此可知，所谓的"奋击之士""兴利之臣""憯急之臣"，因战争环境而崛起，成为武帝朝的新贵。"奋击之士"即军人，在战争时期拥有尊崇的地位，那是自然而然之事，在此可置而不论。值得讨论的是"兴利之臣"和"憯急之臣"。后者实质上就是文法酷吏，虽然在"汉承秦制"中得以延承下来，但在此前的汉政中，一直受到打压。战争环境所引致的种种社会风险及随之而来的强力管控要求，使得这一群体开始如鱼得水。有学者注意到，"激化了的巨大社会和政治矛盾，则依靠张汤、杜周等酷吏，采取严刑和暴力镇压的办法来解决"。与此同时，"儒生，在残酷的战争面前，则黯然失色，被历史扫进了无权的角落"③。

然而，法家思想受到推重，不仅仅体现在"憯急之臣"以酷法来治民。战争还需要大量的军费开支，在社会生产力难以支撑的前提下，通过与民争利，开源成了重要的谋利途径。由此，以盐铁专卖、均输等为

---

① 关于"过秦"问题，可参看孙家洲：《两汉政治文化窥要》第二章第一节，泰山出版社，2001年。

② 桓宽撰，王利器校注：《盐铁论校注》，第132页。

③ 金春峰：《汉代思想史》，中国社会科学出版社，第304页。

核心的国家强力管控手段，在武帝时代发挥了极其重要的作用。桑弘羊成为这一领域的代表人物，他效仿商鞅之法，以期达到所谓"富国强兵"的愿景。据《盐铁论·非鞅》，桑弘羊表示，商鞅通过"内立法度，严刑罚"，"外设百倍之利，收山泽之税国富民强，器械完饰，蓄积有余"。他正是要沿着这一治国路数，依靠"盐、铁之利，所以佐百姓之急，足军旅之费"①。

也由此，"兴利之臣"与"憯急之臣"一样，成了法家思想的承载体。

但必须指出的是，历史进入到汉代，政治情势已发生了重大变化。法家思想及举措固然是专制主义的得力工具，君王不愿，也不会放手，但在意识形态的建构中，它已失去了核心地位。统治者之所以作出这样的选择，不仅仅在于法家理论中有太多阴毒贪狠的公开论述，不似儒家所推崇的"尧舜文武"形象，充满着温情脉脉的"圣统"光辉，可为自己及帝国增添优美感和崇高感，从而成为吸纳民众的理论渊薮。更关键性的问题是，奉行法家的秦帝国树立了一个极为震撼的反面形象。不管如何开脱，至少在大部分汉人看来，其兴也勃焉，亡也忽焉，看似牢固的帝国大厦顷刻间土崩瓦解，真是殷鉴不远，亡秦之路可畏，这条政治红线谁也不能去踩。

因此，桑弘羊出于法家的立场所作的辩护，不仅为一般民众所鄙视，统治者也不敢"以身试法"，其中就包括重用桑弘羊的汉武帝。

史载，征和四年（公元前89年）桑弘羊等人建议在西域轮台地区屯田，继续当年的开边兴利之路。但这一建议遭到已入暮年的汉武帝的否决，而且下罪己之诏，对以往所为深自悔恨，提出："当今务在禁苛暴，止擅赋，力本农，修马复令，以补缺，毋乏武备而已。"② 汉武帝为什么会有这样的态度转变呢？很重要的一个方面就是，在战时体制下，各种劳民伤财的举措已经与秦越来越有趋同性。武帝意识到了这一点，如不更弦易辙，汉帝国就要重蹈秦亡之路。他曾做过这样的表示："汉家庶事草创，加四夷侵陵中国，朕不变更制度，后世无法；不出师征伐，天下不安；为此者不得不劳民。若后世又如朕所为，是袭亡秦之迹也。"③

由此来审视武帝朝政治，一个很重要的事实是，汉武帝从来也没

---

① 桓宽撰，王利器校注：《盐铁论校注》，第93页。
② 《汉书》卷96下《西域传》，第3914页。
③ 《资治通鉴》卷22《汉纪十四》，第727页。另外，关于这一问题，田余庆在《论轮台诏》［《秦汉魏晋史探微》（重订本），中华书局，2004年］中有精彩论述，可参看。

有想过遵照秦政的旧例来赋予法家思想核心地位。可以说，在汉帝国意识形态的建构中，法家思想从来就不是政策的主导性因素，对"亡秦之迹"的警惕，使得汉代的法家之用，一直控制在皇权的可掌控范围。也由此，法家思想虽在武帝时代风光无限，但终究没有扭转"独尊儒术"的政治文化路径。法家的风光无限，是战争环境下的临时性、非常态的结果。随着战时体制的结束，帝国终归还是要回到"儒术"之路上来。

事实上，当武帝推出轮台之诏时，不仅意味着结束战争，回到"休养生息"，发展生产的正常社会状态中去，因特殊环境而得以兴盛的法家思想及人物退至二线，也成为势之所趋。与此同时，"儒术"开始真正发挥主导力量。昭、宣之世各种经济社会举措和政治文化动向，正是沿着这一趋势而前行的。盐铁会议上尚有儒、法的对抗，但此后就成了绝响。从特定意义来看，桑弘羊所代表的法家思想不过是武帝时期战时体制的余波。此后，法家思想只能被"儒术"所整合，在"霸王道杂之"中，起着虽然关键，但毕竟是辅助性的作用。

在盐铁会议上，当桑弘羊为商鞅辩护，认为其提供了治国"大道"时，遭到了贤良文学的痛斥，很是下不来台。《盐铁论·非鞅》载，桑弘羊为了开脱法家与秦亡的关系，提出："赵高之亡秦而非商鞅。"将秦王朝的覆灭当成一般性的奸臣误国。但是，儒生们围绕着"商鞅以重刑峭法为秦国基，故二世而夺"的事实做了全面的驳斥，最后极为不屑地责问道："鞅以权数亡秦国，……此所谓恋胸之智，而愚人之计也，夫何大道之有？"[1]

结合前面的论述，需要提出的是，以法家思想来治国与"大道"无关，只是"愚人之计"。这不仅是儒生的私见，也是汉帝国政治文化的主基调。否则，武帝何以会在晚年再次调整政策呢？又何以会进入"独尊儒术"的轨道，而不是"独尊法家"呢？只不过，战争打乱了这一进程，遮蔽了一些本质性的问题。如果被暂时性的表象所迷惑，认为比之"儒术"，法家在汉代政治文化中的地位更为核心，那只能是一种误解。作为一种帝王手段或权术，一般来说，法家起到的只是配合性的作用，即"德主刑辅"中的"辅"，在明面上，人主更愿意标榜"仁德"的一面。质言之，法家以依附皇权为生存之道，但皇权只是将其视为爪牙和利器，不会以其为形象代表，将它上升到意识形态的决定性层面。

---

[1]　桓宽撰，王利器校注：《盐铁论校注》，第94页。

所以，不管桑弘羊如何鄙视儒家，但此时毕竟不是秦政时代了，可以将儒家踏之于地下。他不得不接受的一个事实是，"儒术"是主导性的力量，而且他本人也不得不受着这一时代风气的沾染。

这样一来，与秦王朝不同的是，以桑弘羊为代表的汉代法家具有鲜明的两面性。主流的一面，当然是承自于秦政的基本精神，充满着对儒家的对立及蔑视。盐铁会议上的桑弘羊不仅公然贬斥儒家，直呼"孔丘"之名，甚至为"焚书坑儒"叫好，这不是法家立场，还能是什么呢？但问题的另一面是，此时的法家无论怎么强势，都只能是辅助性的存在，已无法成为主流意识形态了。法家人物不仅不能真正灭儒，还必须在儒学话语中寻找自己的空间。最典型的表现就是，桑弘羊在论辩时多次引用经籍，与秦代《诗》《书》成为禁忌已完全不同。

也所以，汉代法家与"儒术"的对立，虽有时十分尖锐，但远没有到你死我活的地步。汉代政治文化给了它们共存的空间，如此，才可能被整合为"霸王道杂之"的模式。这样来看盐铁会议上的儒、法对抗，就可以发现，它们都是为了维护汉帝国发展，出于不同立场而提出的治国方略，并最终整合在帝国意识形态的熔炉之中。二者有斗争的一面，亦有融合互鉴的另一面。

不仅如此，在盐铁会议上，辩论双方虽有着儒、法立场和背景，但就会议的直接主题而言，是围绕着具体的经济社会问题而展开的，并不是两大思想派别的直接火拼，双方本来就留有余地。只是随着论题的深入，从具体问题上升到了理论层面，最终有了儒、法之间的思想对垒。所以在《盐铁论·国疾》中，对于贤良文学和桑弘羊的论辩，第三方评价是："二者各有所宗，时世异务。"在情绪激化下，桑弘羊所言被视为"大夫言过"，而"诸生"们的说辞"亦如之"[1]。

也就是说，双方的剑拔弩张，既由理论上的立场所导致，同时也是情绪激愤下的产物。双方虽各持一端，但本也可以殊途同归，共同为帝国政治服务。然而，在特定的历史环境下，双方最终还是撕裂了。在这一进程中，子路作为论题的交锋点，不仅成了一道独特的理论风景，并承载着汉代儒、法之争的思想诉求。

（二）"奋由路之意"：子路之风与儒、法撕裂

盐铁会议上的儒、法撕裂，是步步深入的。理论上的对立当然是先决条件，它决定了这样一种趋势：论题越深入，裂缝越大。然而，前文

---

① 桓宽撰，王利器校注：《盐铁论校注》，第 332、333 页。

论及，汉代的儒、法家对立与秦时已有不同。倘能求同存异，各让一步，未必就一定会形成两军对垒的态势。可以说，在撕裂的过程中，情绪激化起到了相当重要的催化作用。这种情绪化的表达，不仅使得二者难以调和，也直接将子路论题推向了前台。

通读《盐铁论》，可以发现，在盐铁会议一开始的时候，子路并没有引起直接的关注。尤其是桑弘羊，他本希望将论题控制在财经范畴内，不要说子路，就是孔子问题，原本也不在考虑之列。从这个角度来看，桑弘羊之所以对子路大力贬斥，乃是深受刺激而来。由此，在对子路作出"内无其质"的判定之前，桑弘羊对于儒家理论及人物曾有着相对温和的态度，对于子路亦有着正面的肯定。最典型的例子就是，在《盐铁论·非鞅》中，他将子路与屈原相提并论，成了"淑好之人""贤知之士"的代表①。这与后面的痛毁极诋，可谓判若两人。

变化的发生，与贤良、文学论辩时的态度直接相关。

《盐铁论·杂论》在论及贤良、文学的论辩之风时，有这样一段表述："奋由路之意，推史鱼之节，发愤懑，刺讥公卿，介然直而不挠，可谓不畏强御矣。"② 这里所提及的"由路"，就是子路③。贤良、文学们呈现出来的子路之风，深深地刺激了桑弘羊，激起了他的反感，使其态度发生了扭转，直至势同水火。

那么，什么是子路之风？所谓的"奋由路之意"，所"奋"者，又是什么呢？答案是质直刚劲，毫不退缩之风。

在孔门弟子中，子路是一位特点鲜明的人物，与那些温文尔雅的同门不一样的是，他为人刚直，孔武有力，显得稍稍有些粗野，他也是唯一对于孔子都敢于批评的弟子。有学者评价道"质朴天真"，"勇于在公开场合表达自己的真正看法"。属于"孔门的另类"④。

由此，当这些习儒者"奋由路之意"时，那是丝毫也不会给朝廷大员面子的。据《盐铁论·国疾》，对于他们在论辩中所展现出的抗直态度，有官员指责道："何不徐徐道理相喻，何至切切如此乎？""无赤、赐之辞，而见鄙倍之色。"⑤ 所谓的"赤、赐"，指的是孔门弟子公西华和子贡，二人以言辞委婉而著称，所谓的"赤、赐之辞"，当然就是指

---

① 桓宽撰，王利器校注：《盐铁论校注》，第 95 页。
② 桓宽撰，王利器校注：《盐铁论校注》，第 613、614 页。
③ 子路，名仲由，故而又可称之为由路。
④ 黄朴民：《子路：孔门的"另类"》，《北京日报》2017 年 6 月 5 日第 15 版。
⑤ 桓宽撰，王利器校注：《盐铁论校注》，第 332、333 页。

以"徐徐道理相喻"的方式来讨论问题。但贤良、文学们所展现的，是与之相对立的"切切"之声，甚至还有所谓的"鄙倍之色"。

也由此，我们注意到，《汉书》曾引桓宽之辞曰：

> 当此之时，英俊并进，贤良茂陵唐生、文学鲁国万生之徒六十有余人咸聚阙庭，舒六艺之风，陈治平之原，知者赞其虑，仁者明其施，勇者见其断，辩者骋其辞，断断焉，行行焉，虽未详备，斯可略观矣。①

其中特别要加以说明的，是"断断焉，行行焉"的论辩情态。所谓"断断"，所展现出的，是争辩时毫不退缩地样子；而"行行"，则是与子路相关的刚直形象。《论语·先进》曰："闵子侍侧，訚訚如也；子路，行行如也；冉有、子贡，侃侃如也。"② 此后，"行行"已基本成为形容子路的专有名词。由前已知，桑弘羊在指斥子路"内无其质"时，作过这样的表示："然摄齐师友，行行尔，鄙心犹存。"③ 这就进一步说明，"断断焉，行行焉"作为盐铁之辩时的整体风格，呈现出的就是子路之风，而不是温和的"赤、赐之辞"。

当然，我们也注意到，在今本《盐铁论·杂论》中，"断断焉，行行焉"作"訚訚焉，侃侃焉"④。但这是后来改定的文字，并非桓宽原话。理由不仅在于《汉书》直接引用桓宽之言，为权威的一手资料。更重要的是，"訚訚"及"侃侃"皆有着和悦、从容的意蕴。但它们完全不符合盐铁会议时的论辩情形。这样的改动，或许是根据《论语·先进》中孔门弟子侍侧时的情形而加以变化；又或许认为，儒门以"訚訚""侃侃"为对话时的常态，尤其是在朝堂之上，更应作如此表现。如《论语·乡党》曰："朝，与下大夫言，侃侃如也；与上大夫言，訚訚如也。"⑤

但问题是，盐铁会议是常态下的朝堂之议吗？不是的。它是一场火星四溅的论辩，表现出的是战斗精神。由此，这些贤良、文学们绝不愿意成为"赤、赐"式的人物，作"訚訚焉，侃侃焉"的讨论，以委婉和

---

① 《汉书》卷66《公孙刘田王杨蔡陈郑传》，第2903页。
② 朱熹：《四书章句集注》，第125页。
③ 桓宽撰，王利器校注：《盐铁论校注》，第272页。
④ 桓宽撰，王利器校注：《盐铁论校注》，第613页。
⑤ 朱熹：《四书章句集注》，第117页。

从容的情态来和风细雨地详加论述。他们既然要"奋由路之意"，那么毫无疑问，就要以子路的形象出现在盐铁会议之上。

然而，进一步的问题是，贤良、文学们为什么要选择子路之风，而不是呈现出"赤、赐"的风范呢？那是因为在当时特殊的历史情境下，就身份地位及境遇而言，贤良、文学与子路，而不是"赤、赐"之间，有着深刻的互通和共鸣之处。加之官僚的轻慢与刺激，最终形成了一股合力，推动着这些儒者以子路之风来加以对抗。

由前引《韩诗外传》可以看到，子路作为一个符号式人物，所承载的意义指向是，作为民间草根，拥有内在的"美质"，并通过"学"最终成为君子，受到了各方，包括"卿大夫"们的尊重。不仅如此，作为"卞之野人也"，子路的生活也一度十分窘迫，《说苑·建本》及《孔子家语·致思》载："事二亲之时，常食藜藿之食。"[1]

由于生活境遇和理想追求的一致性，从特定意义上可以说，贤良、文学们就是当时的"子路"，这既是他们的自况，也是旁人的观感。与子路一样，他们出身贫寒，衣食不饱，却追慕夫子之道，关心国家大事。

《论语·学而》有言："贫而无谄，富而无骄。"[2] 这是一个君子应有的态度。但所谓"人穷志短"，要真的做到"贫而无谄"不是件容易的事。这方面的优秀典范之一就是子路。《论语·子罕》载，孔子曾经感慨道："衣敝缊袍，与衣狐貉者立，而不耻者，其由也！"[3] 当然，不因贫寒而有所动摇的孔门弟子并非子路一人，比如颜回，他还更为著名。但与颜回不同的是，较之后者的温文尔雅，子路质直敢言，以勇气而闻名。而且，这样一个人最为突出之处在于，善于处理政治事务，由此成为孔门"四科"中"政事"的代表人物。就论政而言，显然，颜回更为疏远，而子路与贤良、文学们靠得更近。

翻检《盐铁论》一书，儒生贫寒的记载俯拾皆是。当然，倘他们能像子路一样，获得"卿大夫"的"尊敬"与"亲爱"，或许矛盾也不会那么激化。但从桑弘羊的角度来说，作为高高在上的朝廷大员，而且以法家为底色，就理论立场和治国方略而言，在骨子里根本瞧不起这些儒生。如今这些草根们居然要与他分庭抗礼，议论国事，内心的不屑那是溢于言表的。

---

① 刘向撰，向宗鲁校正：《说苑校证》，第59页；杨朝明、宋立林：《孔子家语通解》，齐鲁书社，第87页。
② 朱熹：《四书章句集注》，第52页。
③ 朱熹：《四书章句集注》，第115页。

　　沿着这样的理路，可以发现的是，桑弘羊的本意，虽然是在财经及国家政策范畴内"就事论事"，但权力的傲慢，及富贵感之下的奚落，总是油然地溢出。然而，在他盛气凌人的态度下，对方不仅没有退缩，反而更添了子路之气。由此，"发愤懑，刺讥公卿，介然直而不挠"[①] 成为主基调。桑弘羊也终于不再顾及权贵的体面，撕破面皮之下，《地广》篇载其叱骂之声道："儒皆贫羸，衣冠不完，安知国家之政，县官之事乎？何斗辟造阳也！"[②] 可以说，桑弘羊怀着权贵的眼光居高临下，对于这些穷酸，且议论国事的儒生不满且不屑。

　　需要提出的是，这种"愤懑"，并非在会议上临时触发。在参会之前，贤良、文学早已是一肚皮的不满，桑弘羊的态度只是更加剧了它的呈现速度和力度而已。

　　由前文已知，盐铁会议属于一次重要的贤良对策，它的内容与董仲舒时期的"天人三策"及董学思想有着直接的承接关系。可以说，董仲舒是贤良、文学们的精神导师和风向标。但是，不同于董仲舒时期的是，在盐铁会议上，不仅"儒术"所面对的政治氛围大不相同，儒生的地位和境遇也发生了重大变化。

　　以此问题意识来加以比较，可以发现的是，在董仲舒对策之时，虽还沿袭着汉初政策，以"黄老"之术为意识形态，但在征求贤良对策的诏书中，武帝明确表示，自己要"上参尧舜，下配三王"。希望"子大夫"们提出相应的建议。此时的最高统治者早已倾心于"儒术"，"黄老"事实上已成了明日黄花。在这样的背景下，"推明孔氏"的建议可谓水到渠成，并无多少直接的正面阻力。史载："于是董仲舒、公孙弘出焉。"[③] 此后，修习儒术的公孙弘位极人臣，一代"儒宗"董仲舒虽没有成为重臣，但是，"仲舒在家，朝廷如有大议，使使者及廷尉张汤就其家而问之"[④]。受重视程度可见一斑。此外，董氏在对策之前"学士皆师尊之"，是一名有身份有地位的士大夫。

　　然而，经过战争的淘洗，至武、昭之际，儒生们早已风光不再。他们在不得信用的前提下，不仅大多贫寒，并且在政治上受到排挤和鄙视，较之当年受重视的"子大夫"，在境遇上可谓天差地别。所以，与董氏满怀期待不同，在盐铁会议上，这些穷苦的儒生是带着满腹牢骚和不满

　　① 桓宽撰，王利器校注：《盐铁论校注》，第 613、614 页。
　　② 桓宽撰，王利器校注：《盐铁论校注》，第 209 页。
　　③ 《汉书》卷 6《武帝纪》，第 161 页。
　　④ 《汉书》卷 56《董仲舒传》，第 2525 页。

而来的。他们所面对的官僚们，尤其是桑弘羊这样的"兴利之臣"，利用国家权力积累了大量财富，看重的是法家型功利主义，不再尊重和礼遇他们。

但"贫羸"者一样可以"政事"优异，而且无所畏惧，子路就是这样的代表和典型。可以想见的是，当儒生们"衣敝缊袍"面对着朝廷大员展开论辩之时，要做到充满勇气而不退缩，在内心深处激励自己的力量中，应该是有着子路这一前贤作为榜样的。而反过来，在桑弘羊看来，这些不知"国家之政，县官之事"的儒生居然要对他、对朝廷政事指手画脚。这些人根本就没有这个资质，简直是徒有其表的废物，属于"多言而不用，情貌不相副"之辈①。

由此，面对着贤良文学们"奋由路之意"，桑弘羊不仅将愤怒的炮火分流到了子路身上。更为重要的是，随着论辩的深入，使得"质"的问题突显了出来，它不仅切入了儒、法之争的核心地带，也为衣镜文中的回应作了铺垫。

（三）从"内无其质"到"救伪以质"

贤良、文学们所呈现的子路之风引发了桑弘羊的恶感，并连带出了对子路的贬斥。但这不是问题的全部。如果盐铁会议上的儒、法抗辩仅仅停留于情绪化的表达，那么，本论题的意义就要大打折扣。事实上，本文所讨论的问题，应该居于，至少是联结着汉代学术及思想文化的核心地带。所以，透过情绪激化的表象，对理论轨迹和走向做内在考察，才能真正深入堂奥。进一步言之，子路能成为交锋点，激化的情绪固然值得重视，但它不过是点燃了论辩之火而已，属于外在的"引线"。从根子上来看，理念的分歧乃是燃火之"薪"。

在这样的问题意识下，由表及里地加以观察，可以发现的是，子路问题之所以重要，乃在于它作为一条思想引线，直通贤良、文学的核心关切。作为盐铁会议上儒、法对立的关键点，它们不仅激发了"内无其质"之论，更反映了双方的治国理政及驭民之道的不同，并事关帝国政治文化的基本走向。

由此可注意的是，这场争辩所聚焦的许多理论问题并非首创，而是渊源有自，承前启后。纵览政治文化的大走势，自汉帝国建立以来，相关思考及思想对立就没有间断过。只不过，在盐铁会议上表现得更为直接和尖锐。

---

① 桓宽撰，王利器校注：《盐铁论校注》，第 324 页。

也由此，子路所赋予的意义，就不仅仅是刚直、使命、责任等所能框定，更为重要的是，它与贤良文学心目中的治国安民的路径安排有着重要的关联，其中最主要的，就是"救伪以质"理念及教化问题的提出。子路作为它们的承载体，有了非同寻常的意义。而反之，在激烈的矛盾冲突下，作为对立面的桑弘羊则对于"虽有美质"的观念作出了否定，直至推出"内无其质"的判定。

查核文本，"救伪以质"之论出现于《盐铁论·错币》。针对当时混乱的时局，文学们提出，解决之道在于："救伪以质，防失以礼。"① 依据这一思路，"质"之所以重要，着眼点乃在于，它可以达到"治本"的目标，即所谓"反（返）本"。也就是说，"质"的问题具有长期性和内在性。而反之，桑弘羊所奉行的盐、铁等"兴利"举措，及与此相关联的国家强力管控及文法治理，不能说毫无作用。但不管其出发点和结果如何，都只是现实的应急举措，只能收一时之利，短期之效，具有明显的短暂性和外在性，可谓"治标不治本"。所造成的后果是，外在的管控手段看似精致、繁复，但因为所追求的，都是与"本"相对应的"末"，属于人为造就出来的"伪"。

以这样的理论立场来加以观察，当时社会治理的方方面面，可以说，从盐铁之利的拉动，到文法的烦琐运用，都助推着"伪"的趋势向前，呈现出趋"末"舍"本"的走势，直至出现了儒者所指斥的"质朴日消，恩爱浸薄"的局面。这种局面的解决依靠文法手段，不仅不能达其效果，恰恰相反的是，它实质上就是文法苛刻所结出的果实。理由在于："俗吏所以牧民者，非有礼义科指可世世通行者也，以意穿凿，各取一切。是以诈伪萌生，刑罚无极。"② 要之，礼仪教化的缺位，使得风俗日坏，人性中原有的质朴逐渐被抛弃。

而这样的问题意识落实到盐铁会议上，则产生了这样的后果：与桑弘羊着眼于具体的盐、铁等，也即"末"和"伪"的问题不同，贤良、文学们一开始所讨论的内容即为《本议》，它构成了《盐铁论》的首篇。所谓"本议"，诚如有学者所指出的："就是根本的论议的意思。"③ 也就是说，盐铁会议上的中心议题及基本理念都在此加以提出。要掌握盐铁会议的根本精神，此篇的解读是起点和关键。

《本议》一开篇，介绍了盐铁会议的缘起："惟始元六年，有诏书使

---

① 桓宽撰，王利器校注：《盐铁论校注》，第 57 页。
② 《汉书》卷 72《王吉传》，第 3063 页。
③ 王利器：《盐铁论校注》，第 5 页。

丞相、御史与所举贤良、文学语。问民间所疾苦。"然后，就是文学所提出的建议：

> 窃闻治人之道，防淫佚之原，广道德之端，抑末利而开仁义，毋示以利，然后教化可兴，而风俗可移也。今郡国有盐、铁、酒榷、均输，与民争利。散敦厚之朴，成贪鄙之化。是以百姓就本者寡，趋末者众。夫文繁则质衰，末盛则本亏。末修则民淫，本修则民悫。民悫则财用足，民侈则饥寒生。愿罢盐、铁、酒榷、均输，所以进本退末，广利农业，便也。①

这一建议立场鲜明，从经济社会的视角来说，是要求"罢盐、铁、酒榷、均输，所以进本退末，广利农业"。认为这样才有利于经济社会发展，有利于帝国的长治久安，即所谓"便也"。但在贤良、文学的眼中，盐、铁仅仅是"利"的承载物，后面的理念调整才是关键与核心。所以，对盐、铁专营等的废除，不仅仅是为了经济上不"与民争利"，更进一步的问题，是要由此开掘出"抑末利而开仁义"的价值取向，并在全社会推广。如此，才可标本兼治，从根本上解决由盐、铁等所引发的问题。

这一理念的提出和推进，以儒家的"义利之辩"为基础，以达到儒家理想中的教化社会为目标，最终呈现出"然后教化可兴，而风俗可移也"的效果。在这样的理想社会中，因"毋示以利"，老百姓是质朴敦厚的，风俗是优美的。

这样一来，在儒家教化理论下，对"质"的重视，成为焦点所在。如果说桑弘羊等人眼睛盯住的，是外在的经济社会等具体指标，那么，贤良、文学则由外在转入到内在的本质性问题。在他们看来，老百姓有了"敦厚之朴"，也即"质"的问题解决了，就抓住了"治人之道"的根本，其他问题可迎刃而解。由此，当贤良、文学"六十有余人咸聚阙庭"之时，他们出于儒家立场而作出的论辩，不仅仅是在"舒六艺之风"，更在于"陈治平之原"②。所考虑的是"原"与"道"，即帝国的大根、大本问题。

但问题是，老百姓真的可以通过教化，展现出"质"的美好一面，

---

① 桓宽撰，王利器校注：《盐铁论校注》，第1页。
② 《汉书》卷66《公孙刘田王杨蔡陈郑传》，第2903页。

从而"风俗可移"吗？以儒家观念来衡量，答案当然是肯定的，这也是贤良、文学们所鼓吹和致力的方向。只要本质或本性不坏，也即"质"中有"美"的一面，就可以教化成功。

"虽有美质"的子路就是最好的范例。

通过前引《韩诗外传》可以看到，子路的变化不是由于外在文法压迫所致，而是教化的结果，从一名"野人"成长为了君子。还需要注意的是，《论衡·率性》在论及子路初见孔子时，除了讲述子路"勇猛无礼"，"凌暴"孔子的故事外，同时给出了"恶至甚矣"的评价，并特别指出："世称子路无恒之庸人。"① 《论语·子路》载，孔子引南人之言道："人而无恒，不可以作巫、医。"② 这说明在汉代所流行的一般认识中，子路本为最庸庸碌碌的底层民众，而且很可能会一无所成。但这样的人居然脱颖而出了。《论衡·率性》为此总结道："使恶为善之明效也。"也就是说，只要教化得当，"恶至甚矣"的"无恒之庸人"，亦可以转而向善，获得提升③。

子路最终成为君子，那么，老百姓经过教化，难道不可以使得"风俗可移"吗？在这样的示范作用下，当然有理由认为，教化是比文法更为重要的御民及社会治理手段。当然，面对着作奸犯科之人，法令也是必不可少的。所以在《盐铁论·刑德》中，桑弘羊辩护道："令者所以教民也，法者所以督奸也。令严而民慎，法设而奸禁。"④ 这样的说辞没有问题。但是，作奸犯科的原因在哪里呢？在贤良、文学看来，是统治者的责任。是在教化不到位的前提下，以利诱之的结果，从而使得民众触犯法律。所以他们抗辩道："聚其所欲，开其所利，仁义陵迟，能勿逾乎？"⑤ 这正与《本议》篇所论的"与民争利，散敦厚之朴，成贪鄙之化"⑥ 形成呼应。

如果接受这样的看法，桑弘羊等"尚法"官僚所奉行的各种治理手段就失去了基本理据，种种举措不得不宣告失效。毫无疑问，这是不可退让的根本性问题。由此，在《盐铁论·国疾》中，桑弘羊辩解道：

> 今以近世观之，自以目有所见，耳有所闻，世殊而事异。文、

---

① 王充撰，黄晖点校：《论衡校释》，第73页。
② 朱熹：《四书章句集注》，第147页。
③ 王充撰，黄晖点校：《论衡校释》，第73页。
④ 桓宽撰，王利器校注：《盐铁论校注》，第565页。
⑤ 桓宽撰，王利器校注：《盐铁论校注》，第566页。
⑥ 桓宽撰，王利器校注：《盐铁论校注》，第1页。

景之际，建元之始，民朴而归本，吏廉而自重，殷殷屯屯，人衍而家富。今政非改而教非易也，何世之弥薄而俗之滋衰也？[1]

按照桑弘羊的说法，之所以在武帝后期有那么多文法举措，根本不是教化没有做到的问题，而是现在的老百姓不再淳朴了，即所谓"世之弥薄而俗之滋衰"，也即是在他们身上已没有了"美质"的存在。在"世殊而事异"的前提下，只能采取不同的办法。它的潜台词是，对于这样的百姓，要拉动和管制他们，只能依靠"末利"和文法，还指望什么教化呢？

然而，子路不是"无恒之庸人"吗？甚至还"恶至甚矣"。这样的人都能改造好，一般百姓难道就不能教化了？以儒家立场论之，只要"美质"尚在，就可以有办法。由此，要从反方向否决"教化"的意义，就必须否定子路的成长。所以在《盐铁论·殊路》中，桑弘羊将子路作为反面典型而加以提出，与一般认知不同的是，反其道而行之，子路被论证为了一个教化不成功的例子。

但是，子路不是孔子的得意门生吗？他不是一直在改造之中吗？据《孟子·公孙丑上》，他是一个闻过则喜的人。这样严格要求自己，加上本来就具有"美质"，怎么可能会没有教化好呢？桑弘羊的办法是彻底否定子路具有"美质"的成说，也即"内无其质"。当桑弘羊提出这一观点时，一方面是对子路的否定；另一方面，则应该是影射具有子路之风的贤良、文学们，再扩而展之，则那一时代的老百姓们也大多如此，他们组合在一起，自然会"世之弥薄而俗之滋"，又哪里是教化不到位的结果呢？

不仅如此，前已论及，桑弘羊提出了"圣人能因而不能改。孔子外变二三子之服，而不能革其心。……鄙心犹存"[2] 的论述。要言之，一个人的后天发展受着天性的约束，所谓"能因而不能改"，实质上要说明的是，对于这种"内无其质"之人，儒家型的教化改造只是徒劳。孔子的教导，最终的结果只是"鄙心犹存"。既然不可"改"，而只能"因"，那么如何因势利导呢？当然是因文法之"势"；导之于"利"的拉动，对于这样的"鄙夫"，根本不需要所谓的"开仁义"。

在这种治国理政的观念下，子路显然成为百姓教化成功与否的承载

---

① 桓宽撰，王利器校注：《盐铁论校注》，第 333 页。
② 桓宽撰，王利器校注：《盐铁论校注》，第 272 页。

体。子路是否有"美质"不仅是一个历史问题，更成了现实的法家型政策是否继续推进的理论依据。从"虽有美质"到"内无其质"的推出，当桑弘羊否决子路"美质"之时，实质上所否决的，是贤良、文学"救伪以质"及教化理念的论证基础。由此，汉帝国在政治文化的路径上所面临的理论冲突得以显现：是以儒家视角来加以更化，还是持续推进武帝晚年的法家型管控政策，成了汉帝国不得不面对，并需要做出的重大选择。

四 "文质"之辩、"周秦之敝"与汉帝国的政策调整

子路是否有"美质"？它不是简单的个案问题。由前文已知，这样的问题能占据儒、法抗辩的核心地带，一个很关键的因素在于，它直通汉帝国国家治理和政治走向的理论深处。作为"野人"的子路，其认知及人性面貌，代表的是一般百姓的基本状态。

换言之，子路"质美"，则一般百姓亦"质美"；子路能成为君子，一般百姓当然也值得循循善诱。由此，子路"质美"能成立，那么，儒家型教化的展开，风俗的优美，就有了基础。而反之，倘认为子路"内无其质"，最终"鄙心犹存"，那么，儒家所鼓吹的教化，对于一般百姓来说就是毫无意义的。要治理他们，只能依赖严峻的刑罚手段。

值得注意的是，这样的问题不仅关联着帝国的现实政治，也直接承载着东周以来的政治文化遗产，其中重要的理论依据，就是在政治文化视野下的"文质"之辩。由此，在历史传统和现实政治的汇融下，子路的"质美"问题处在思想碰撞与整合的交接口，承载了丰富的历史文化内涵，成为观察武、宣治国方略及整个帝国政治文化问题的重要支点。

子路"质美"之辩及在盐铁会议中引发的种种具体问题，在前面已经作了大量的讨论，基本事实已大体厘清。下一步的工作，则是在追本溯源中，对于"文质"及教化的历史基础和思想走向做进一步的考察，以此管窥汉帝国政治文化及政策走向的理论脉络。

以笔者的浅见，子路所引发的问题，与东周秦汉以来政治文化的路径选择密切相关。一个重要的历史事实是，在由周至汉的历史转型期内，在人性思考和时代巨变的交织下，在承接"周秦之敝"的历史基础上，因"文"的变化及对应，对于百姓之"质"及社会风俗的考量，成为治国理政实践中不得不面对的核心问题。从法家到黄老道家，直至汉代儒家，不断对此做出思考与整合，最终汉廷接受了以儒家教化为主基调，

相信百姓"质朴能善"为取向的理政思路，为帝国发展奠定了理论根基。

下面，对此作具体的论述。

（一）"抑文尚质"的历史任务与儒家型教化的再兴

在历史上，有所谓的"汉承秦制"，这是法家在汉代得以生存甚至一度兴盛的重要依托。但在汉政中，与"承秦"相对立的，还有"继周"的另一面，前者是制度承接的历史要求；后者才是指导思想和立国之基①。它使得在汉家意识形态的建构中，存在一个重要的取向，那就是，除了思考秦之败因，还需推而至周，进一步思考秦何以不能担负起"继周"的任务，再由此探究周何以失败。在这样的逻辑理路下，可以说，周与秦一样，都是汉帝国政治文化建设的基本资源。

依据汉人的理念，周的失败，核心因素在于"文敝"，直至造就了周亡秦兴的局面。但是，秦代周之后，不仅没有改造好周之"文敝"，反而以更为残酷的文法加剧了社会的动荡，最后的历史结果是，秦亡而汉兴。司马迁对此有一番重要的评述：

> 三王之道若循环，终而复始。周秦之间可谓文敝矣，秦政不改，反酷刑法，岂不谬乎？故汉兴，承敝易变，使人不倦，得天统矣。②

秦的这种"文敝""不改"，"反酷刑法"，招致了更大的失败。历史证明了其"谬"。其后果是旧敝未除，新敝再生，并直接影响着汉帝国的政治建设。董仲舒说：

> 昔秦受亡周之敝，而亡以化之；汉受亡秦之敝，又亡以化之。夫继二敝之后，承其下流，兼受其猥，难治甚矣。③

由此，在废墟之上重建王朝的汉帝国不得不承受着周与秦的两重之"敝"，即时所艳称的"周秦之敝"。《汉书·杜钦传》曰："殷因于夏尚质，周因于殷尚文，今汉家承周秦之敝，宜抑文尚质，废奢长俭，表实

---

① 关于这一问题，可参看王刚：《学与政：汉代知识与政治互动关系之考察》，黑龙江人民出版社，2012年，第120~125页。

② 《史记》卷9《高祖本纪》，第393、394页。

③ 《汉书》卷27上《五行志上》，第1332页。

去伪。"《于定国传》则云："方今承周秦之敝，俗化陵夷，民寡礼谊。"①从本质上来说，"周秦之敝"是两种"敝"的叠加，它既联结着周与秦的兴亡，也使得汉帝国消除"文敝"的历史任务更为艰巨而复杂。

在中国传统理念中，"文""质"对应。要寻求"文敝"之因，也即"文"所带来的问题，"质"不可避免地成为关注的另一核心。一般而言，"文"除了指向于个人的学识修养等之外，它直接关联的，还有后天人为的制度设计及各种文化建设等，在儒学范畴内，与"礼"的对应最为密合，即所谓"礼文"是也。而"质"则主要指向于先天性的禀赋或要素，它朴实而自然，接近人性及万物的本来面目，故有所谓"质朴"之论。二者结合起来，不偏不倚恰到好处，即所谓"文质彬彬"为最佳模式。但前已言及，"文质"之间往往难以平衡，子路就是"质胜文"的典型。但更重要的是，这种"质文"之辩不仅仅体现在个人及人性问题上，它也是论述社会状态的一对核心概念。

这一问题意识在汉代表现得尤为鲜明。前引《汉书·杜钦传》中，以"抑文尚质"来应对"周秦之敝"就是典型例子。这不是一家之私言，而是士林之公论。如在《史记·高祖本纪》中，太史公在论及"承敝易变"时，提出用"夏之政"，"救僿莫若以忠"②，也是这一思路。

与此同时，当仅翻检《论语》时，可以发现，崇文复礼之论俯拾皆是。其中，《子罕》载：

> 子畏于匡，曰："文王既没，文不在兹乎？天之将丧斯文也，后死者不得与于斯文也；天之未丧斯文也，匡人其如予何？"③

当性命攸关之际，孔子念兹在兹的就是"文"——由文王传下的"斯文"。换言之，他是承接这一"文统"的"文化托命"之人。所以，在《八佾》篇中，孔子感慨道："郁郁乎文哉，吾从周！"④可以说，自孔子以来，"文"就是儒家的底色和文化基因。

既如此，汉儒所谓的"抑文尚质"之论，是不是违背了孔子思想及儒家原则呢？

答案是否定的。因为在儒学系统内，"文"不能离"质"，二者虽有

---

① 分见《汉书》第 2674、3045 页。
② 《史记》卷 9《高祖本纪》，第 393 页。
③ 朱熹：《四书章句集注》，第 110 页。
④ 朱熹：《四书章句集注》，第 65 页。

对立的一面，但它们并不判然两分，你死我活，而是一种内外互济的关系。孔子所谓的"从周"之"文"，不仅仅是要展现出"文"的外在形式，更需内在精神的充沛，即有着"质"的基本要求。在"文质彬彬"的要求下，"文"虽好，但不可害"质"，二者不能有所偏废。由此在"抑文尚质"中，所抑之"文"，必然是对于"质"有所损害者。这种损害，于周之"文敝"中，为形式化及异化问题；于秦，则是"文法"之敝。

我们先回到东周，看看孔子所在春秋时代的"文敝"。

揆之于史，春秋时代并不缺少形式上的"礼文"，恰恰相反的是，那时面上的礼文周到不乏其例，以至于有学者认为，春秋时代是以"礼"为中心的人文世纪①。但这只是事实的一面，或者说仅为表象。如果这就是事实的全部或本质所在，那么，所谓的"礼乐崩坏"之论从何谈起？孔子及时人对于世风的痛心疾首，难道都是一个幻象？当然不是。我们看到，在《论语·八佾》中，当孔子面对着"礼之本"的发问时，喟然而叹："大哉问！"并进一步申论道："礼与其奢也，宁俭；丧，与其易也，宁戚。"而在《阳货》篇中，孔子则曰："礼云礼云，玉帛云乎哉？乐云乐云，钟鼓云乎哉？"②

很显然，孔子的不满在于，外在的"礼文"虽然形式犹在，但早已成为空壳，内在的精神，即"质"已荡然无存。这样的趋势使得失范横行，一切失真。故而孔子痛诋道："恶紫之夺朱也；恶郑声之乱雅乐也。"③ 要言之，春秋时代的问题在于，礼乐制度这样的"周文"早已是形式掩饰了内涵，所谓"文胜质"是也。既然这样，那么，与其复杂周到，还不如简单一些，因为本质重于形式。或者也可以这么说，孔子所在的春秋时代，要解决周之"文敝"，"抑文尚质"一样适用。但它针对的不是取消"文"，而是要消除"文"的异化和虚伪，也就是说，回到具有真精神的"礼文"中去。"尚质"不仅不反"文"，反倒是对"文"的拯救，是在"复礼"中展现出真正的"文"。

沿着这样的逻辑理路，遂使得东周以来，"质文"之辩成为儒学中的重要取向。发展至汉代，以董仲舒为代表的公羊学派尤为注重抉发相关要义。细绎董子之论，一方面强调质、文之间的互补与融通；另一方面，注重"质文"的先后关系问题。在《春秋繁露·玉杯》中，董氏提

---

① 徐复观：《中国人性论史》（先秦篇），上海三联书店，2001年，第40~44页。
② 分见于《四书章句集注》第62、178页。
③ 朱熹：《四书章句集注》，第180页。

出："《春秋》之序道也，先质而后文。"而在《王道》篇中，则论道："《春秋》之救文以质也。"① 所以，董仲舒在"天人三策"中特为提出："今汉继大乱之后，若宜少损周之文致，用夏之忠者。"② 在面对着"亡周之敝"时，"质"的一大任务就是消解形式化及伪饰等问题，以忠厚、质朴的政治品性来解决所遇到的问题。

　　然而，由前已知，汉所承接的"文敝"是双重的，除了"亡周之敝"，还有更为直接的"亡秦之敝"。"亡秦之敝"之所以"敝"，除了"礼文"的形式化或异化问题之外，更主要的，是在解决这一问题时所衍生出的新问题。当秦承接"周敝"时，对应之策是消灭周之"礼文"，以及其所承载的基本精神——礼义。而这样一来，"文敝""不改"之下，不仅没有解决周的问题，反倒添加了新的秦"敝"，造成了更大的问题。

　　倘回到历史的现场，以汉儒的眼光来看，当秦代周之际，所要做的，本应是"文敝"之"改"，即消除形式化或异化之"文"对于"质"的伤害，恢复具有真精神的"郁郁乎文哉"，进而开启新的道路。但秦却将周之"礼文"——一整套礼乐制度和文化传统视为致祸之由，走上了一条与"周文"生死对立的道路，也即众所周知的法家路线——秦之"文"由此浮出水面。"文"的主要载体，不再是为了升华"质"而服务的礼乐制度之"文"，转而成为秦之文法，可谓名同而实异。

　　在这样的问题意识下，就可以注意到，《盐铁论·本议》中有所谓的"文繁则质衰，末盛则本亏"③ 之论，"文质"的对立可谓鲜明。但此处的"文"已主要不是周之"礼文"，而是秦的"文法"之"文"。所以，与秦抛弃周所传承的礼义传统不同，在盐铁会议上，当鼓吹"救伪以质"时，恰恰是以"礼"为武器。也所以，紧接着"救伪以质"的就是"防失以礼"，"质"与"礼"之间成为相辅相成的关系。由此而论，盐铁会议上"质"的突显，一方面固然与"抑文尚质"之论气脉相通；但另一方面，乃是对真正的"周文"之回归。

　　而在这种回归中，最有意义，也最为核心的问题，是儒家型教化的提出。

　　在儒学中，教化与"文"关系最密，故而常有"文教"或"以文化之"之论。汉儒有言："愍此文教错乱。""宣文教以章其化。"又曰：

---

① 苏舆撰，钟哲点校：《春秋繁露义证》，第 27、123 页。
② 《汉书》卷 56《董仲舒传》，第 2519 页。
③ 桓宽撰，王利器校注：《盐铁论校注》，第 1 页。

"若教化之废，推中人而坠于小人之域；教化之行，引中人而纳于君子之涂，是谓章化。"① 而《周易》的贲卦卦辞则有"观乎人文以化成天下"② 的著名论断，此外，《说苑·指武》曰："圣人之治天下也，先文德而后武力。凡武之兴，为不服也；文化不改，然后加诛。"③

很显然，"教"也好；"化"也罢，它都是以"文"为内容和载体的。按照儒家理念，这种"文"——"斯文"由孔子上承文王而来，并直通尧、舜等圣王。但更为重要的是，教化与"文"又是不可混同的两种要素。它们之间的核心差异在于，教化属于行为导向，是需要达成的目标和结果，并直通良善的社会。或者也可以这么说，教化是一种实实在在的秩序建构，而"文"则是建构秩序的文明要素及制度理念等。没有"文"作为前提，教化秩序无法成立。反之，没有教化的目标落实与贯彻，"文"也就失去了意义。

由此，我们也就可以理解了，何以春秋时代以来，一方面是周之"文敝"；另一方面呈现出所谓"礼乐崩坏"的景象。实质上，前者是基础，后者是表征，二者互为表里。"文"出现问题了，秩序就必然要崩解。但更进一步的问题是，"礼乐崩坏"之后，面对着示范和无序，社会发展的下一步目标是要重建秩序。在重整乾坤的进程中，如何挽救"文敝"呢？"救文以质"并重建"礼文"型教化，不是取消"礼文"，而是在"礼文"中重拾"质"的要素，建构不再异化的实在秩序，这便是儒家的方案。

然而，以尊奉法家思想的秦政层面来加以考量，则是另一番思路了。差异的产生，很大程度上源于对"质"，及与此相关的人性问题、社会意义的不同理解，它们极大地影响了此后历史的走向。

由前已知，儒家型教化要获得成功，"文"是基础。但由前亦知，"文"又以"质"为基础，"质"，可谓是基础之基础。而且，尤为重要的是，在这一问题导向上，"质"的意义主要体现在人性论上。

关于这一点，董仲舒有许多重要的论述，他在《春秋繁露·深察名号》中说："生之自然之质，谓之性。"甚至直截了当地断定："性者，质也。"④ 也就是说，从社会教化层面来看，"文质之辩"中的"质"，必然要与原初的人性问题发生关联。而这种"质"又以"善"为核心，是

① 分见《汉书·楚元王传附刘歆传》；《后汉书·荀悦传》。
② 阮元校刻：《十三经注疏》，第37页。
③ 刘向撰，向宗鲁校正：《说苑校证》，第380页。
④ 苏舆撰，钟哲点校：《春秋繁露义证》，第291、292页。

"质美"的核心部分。董仲舒在《春秋繁露·实性》中有这样的表述：
"性者，天质之朴也；善者，王教之化也。无其质，则王教不能化；无其
王教，则质朴不能善。"① 由此而论，由"文"所实施的教化，要义所
在，就是要阐扬人性中的"质美"。

但人性真的"质美"吗？这是一个充满争议的问题。性善、性恶之
争，以及"性"与"欲"的分际等辩题可谓聚讼纷纷，千古以下，难有
定论。因论题所限，本文不作展开。但一个不得不承认的事实是，当将
"质"及相关理念作为本性的体现时，固然可以看到"善"的一面，但
与之相关联的"恶"也无所不在。无论是以"性恶"，还是以与"性"
相对的"欲"来看待它，在论述这一问题时，"恶"，至少是"不善"充
斥于人类社会，这是铁一般的事实。在某些特殊的年代，"不善"甚至
罪恶，及唯利是图所达到的程度，往往触目惊心。

东周时代就是这样一个典型时段。从西周的礼乐文明、温情脉脉，
到东周时代的血污遍地，诈力不断，历史进入了《孟子·离娄上》所谓
的"争地以战，杀人盈野……率土地而食人肉"② 的阶段。

就人性眼光而论，它实在是一个令人失望的时段。那么，该怎么办？

以儒家立场看来，这是"文敝"，也就是讲求礼义的教化失效的必
然后果。周之"文敝"之所以"敝"，很关键性的问题在于，"周文"是
空有其表的"具文"，不再承担或承担不了对"质"的升华。进一步言
之，"文敝"之后，异化的"礼文"不仅不能对"质"起到提升作用，
反而因伪饰横行，使得"美质"被遮蔽，直至社会风尚堕落。而反之，
那些"质恶"或者"人欲"中的丑陋面通过伪装，甚至可以公然地大行
其道。

由此，由"文"而来的"教化"之功能，就不仅仅只具备引导
"善"的一面；更需要承担起阻塞"恶"的另一面。如果说奸邪是"洪
水"，那么教化就是防范它的"大坝"。在"天人三策"中，董仲舒说：

> 凡以教化不立而万民不正也。夫万民之从利也，如水之走下，
> 不以教化堤防之，不能止也。是故教化立而奸邪皆止者，其堤防完
> 也；教化废而奸邪并出，刑罚不能胜者，其堤防坏也。③

① 苏舆撰，钟哲点校：《春秋繁露义证》，第 313 页。
② 朱熹：《四书章句集注》，第 283 页。
③ 《汉书》卷 56《董仲舒传》，第 2503 页。

从这个角度来看，周之"文敝"，表现在秩序层面就是"堤防坏也"。致使"善"不能贯彻；"恶"大行其道。重修"堤坝"，再兴教化，由此成为题中应有之义。所以董氏提出："圣王之继乱世也，扫除其迹而悉去之，复修教化而崇起之。"

但秦并不是这么做的，它彻底抛弃了儒家所鼓吹的"从周"而来的教化，用严刑峻法来应对世变。由此，在董仲舒看来，秦对于"文敝"，"独不能改，又益甚之，重禁文学，不得挟书，弃捐礼谊而恶闻之"。最终造成的后果是："自古以来，未尝有以乱济乱，大败天下之民如秦者也。其遗毒余烈，至今未灭，使习俗薄恶，人民嚚顽。"①

也由此，秦对"礼文"的消灭，以及对儒家型教化的蔑视，不仅使得周之"文敝"不改，反而增加了更为严重的秦"文"之"敝"。秦这种新的政治路径，固然取得了一时的成效，但最终遭受的，是更大的失败。秦亡汉兴的历史经验表明，要完成"抑文尚质"的历史任务，不能以完全消灭"礼文"为代价。在历史的教训下，当汉帝国越秦而"续周"之时，在秦失败的衬托下，儒家型教化再次显现出了历史性的价值。

（二）"德教"与"法教"：不同的教化与"质朴能善"

汉儒贾谊有言："秦王置天下于法令刑罚，德泽亡一有"，"礼谊之不如法令，教化之不如刑罚。"② 秦尊崇刑罚及法令，从而废弃了教化。结合前面的论述，或者也可以这么认为，周王朝一开始有教化，但后来丢失了；而秦则是自始至终都没有重拾教化。质言之，秦就是一个没有教化的时代。

但问题是，这是汉儒的观感，所取标准亦是礼义道德等儒家的指标。历史上的秦政权真的不要教化吗？至少秦统治者不是这么认为的。

众所周知，秦日渐强大，并代周而起的转折点是商鞅变法。自此，法家思想牢牢占据了秦治国理政的核心地带。也正是从那时起，在汉儒看来与教化相对立的秦律深入了政治生活的每一层级。这一重大转折在周之"文敝"显现，即"礼乐崩坏"的背景下发生。从特定视角来看，它实为救"敝"的应对之策。因为所谓的"变法"，无外乎是当年那一套行不通了，要再起炉灶。只不过，与儒家尊重传统及道德不同，它采取的是严峻刑法。

① 《汉书》卷56《董仲舒传》，第2504页。
② 《汉书》卷48《贾谊传》，第2253页。

　　秦的这种应对之策算不算教化呢？或者说，与教化有关系吗？如果从儒家立场来看，答案当然是否定的。不要说后来的汉儒，就是在战国时代，这样的取向也备受贬斥。据《史记·商君列传》，在商鞅变法初见成效后，持儒家立场的赵良谏言道："刑黥太子之师傅，残伤民以骏刑，是积怨畜祸也。教之化民也深于命，民之效上也捷于令。今君又左建外易，非所以为教也。"司马贞《索隐》曰："左建，谓以左道建立威权也。"①依此而论，这种"骏刑""积怨"的做派就是一种旁门左道，不足以称为教化，也即所谓"非所以为教也"。

　　但倘查核商鞅所言、所行、所思，其所持立场恰恰是相反的。至少在商鞅看来，他的这种治秦之道，是有"教"有"化"的。商鞅认为："始秦戎翟之教，……今我更制其教。"②通过变法，将过去的"教"更新了。而且，变法也的确出现了一些好的效果，所谓："道不拾遗，山无盗贼，家给人足。民勇于公战，怯于私斗，乡邑大治。"还可进一步讨论的是，在"乡邑大治"后，"秦民初言令不便者有来言令便者"，但商鞅对此极为不满，得出了"此皆乱化之民"的结论，并且将他们"尽迁之于边城，其后民莫敢议令"③。所谓的"乱化之民"，就是搅乱教化的百姓，看起来，似乎商鞅对于教化问题是颇为看重，也是以此自况的。

　　如此说来，秦也是强调教化的。

　　既如此，那么，它又何以为儒家所不屑，直至将其置于教化的对立面呢？这一问题，与对"质"的判定有关。前已论及，"文"与"质"密切相关。但以儒家立场看来，秦之文法不仅没有解决周之"文敝"，甚至将"质"也带坏了，即所谓"习俗薄恶，人民嚣顽"。不仅"文"更加"敝"，由于民众朴实的一面开始滑坡，作为教化基础的"质"也日益稀薄。

　　根据儒家立场，"质""文"之间是一种相互促进的关系，由此在解决周之"文敝"的思路下，出现了礼乐制度重构及教化再兴的要求。但作为"文"的调整，各种具体的制度建设和教化举措皆为外在路径，它内在的逻辑基础是必须找寻到那些丢失及遮蔽的"美质"，即所谓"尚质"，也就是对美善之"质"及人性作回归。由于它以内在的道德力量及自我实现为核心内容，又可称之为"德教"。董仲舒说："王者承天意

----

① 《史记》卷68《商君列传》，第2234、2236页。
② 《史记》卷68《商君列传》，第2234页。
③ 《史记》卷68《商君列传》，第2231页。

以从事，故任德教而不任刑。"① 质言之，在儒家所主张的教化之道中，"尚质"与"尚德"是合二为一的。

但秦法家走了不同的道路。同样是救治"文敝"；内在动因同样是由"质"而发，但他们的主张是，民"质"已坏，道德无法承担教化功能，只能以严酷的刑罚律令来加以挽救，直至出现了"任德教"与"任刑"的对立。

在《韩非子·五蠹》中有这样的论述："故明主之国，无书简之文，以法为教；无先王之语，以吏为师。"② "以法为教"，说明了秦的教化即"法教"。而秦相李斯则曰："今陛下并有天下，别白黑而定一尊；而私学乃相与非法教之制。"③ 不仅明确提出了法教的概念，而且与儒家的"私学"及所传的"先王之语"势同水火，直至最后"焚书坑儒"。

秦不要"德教"，而要"法教"，是完全不要道德，走到道德的对立面吗？当然不是。不管怎么说，道德终归是高大上的代名词，秦统治者即便真的是道德沦丧，在宣传口径中也不会撕下伪装，并自我贬抑。翻检《史记·秦始皇本纪》可以发现，在秦意识形态的宣扬中，统治者也是充满了仁慈和爱的，甚至都"泽及牛马"了，可以说高尚得很。但更为重要的是，按照法家理念，道德是一回事，以道德来治国又是另一事。要言之，道德并不适用于治国理政，尤其是治民。以"质"的问题来加以论说则是，经过西周"文敝"的扫荡，道德高尚是少数人的事，民众的人性中早已没有了多少"质美"的成分。

《韩非子·五蠹》对这一问题有较为集中的理论阐释。在该篇中，当时的百姓被视为"急世之民"，这样的人群，已不再适用当年那套先王流传下来的教化之道了。如用之，则为愚蠢的"守株待兔"之徒。韩非总结道："夫古今异俗，新故异备。如欲以宽缓之政，治急世之民，犹无辔策而御駻马，此不知之患也。"④

可以说，这番说辞是法家治国理政的一大理论基石。

但又可注意的是，"辔策"与"駻马"的论述，并非法家的专利，而是当时热议的话题。儒家也有相关的讨论。如《孔子家语》有《执辔》篇，就是以辔策为喻，来讨论御民之术与治国之道的。而在《盐铁论》中，儒、法两家根据各自立场，对于"辔策"问题更是各抒己见，

---

① 《汉书》卷56《董仲舒传》，第2502页。
② 王先慎撰，钟哲点校：《韩非子集解》，第452页。
③ 《史记》卷87《李斯列传》，第2546页。
④ 王先慎撰，钟哲点校：《韩非子集解》，第445、446页。

往复辩难。甚至推崇儒学的刘贺，其女儿之名就是持辔。

但儒、法的不同也是显而易见的。结合本论题，我们以"质"的问题为核心，来作进一步的讨论。

在《孔子家语·执辔》中，孔子是这样概论"辔策"问题的：

> 以德以法。夫德法者，御民之具，犹御马之有衔勒也。君者，人也；吏者，辔也；刑者，策也。夫人君之政，执其辔策而已。①

可注意的是，"辔策"在这里，落实为"德法"与"刑"并施，需要指出的是，这里的"德法"之"法"，不是法家之"法"，它属于"德"的范畴，"刑罚"或"刑辟"才是法家之"法"的对应物。所以《执辔》又说："以德法为衔勒，以百官为辔，以刑罚为策，以万民为马，故御天下数百年而不失。"而最后的目标则是做到："口无声而马应辔，策不举而极千里。"②易言之，刑罚能不用就不用，那实在是不得已而为之的手段。

还需要指出的是，"辔策""御马"云云，在此只是一个比喻，并非真的将百姓作为牛马对待。这一点很关键。由此而扩展之，更为重要的是，儒家首重"德法"，不仅使得在其理论架构中，人性考量成为根基所在，人文底色也极为鲜明和突出。

这样一来，在儒家的"质文"之辩中，"德教"与"文教"就合二为一了。"文"不仅承担道德导向，而且让受教者明白何以道德，如何道德，明白道德人生的意义和价值，最终走上君子，甚至是圣贤之路。如此，"文"也就打造成了儒家所推崇，而为秦所"重禁"的"文学"。结合本论题，值得注意的是，在《说苑·建本》中，当子路初见孔子时，也论及了这一问题。孔子曰："夫人君无谏臣则失政；士无教友则失听；狂马不释其策，操弓不返于檠；木受绳则直，人受谏则圣；受学重问，孰不顺成；毁仁恶士，且近于刑。君子不可以不学。"③子路最终接受了这一建议，受学而遵礼，循着儒家的教化之道，成了一代贤人。

子路的改造成功，说明"狂马"亦可转为君子，作为一般民众，皆可效仿之，它也成了儒家教化成功的最佳范例。而由本论题出发，可注意的是，其中一大要义乃是，教化是促使人性之善得以显现和充实的力

---

① 杨朝明、宋立林：《孔子家语通解》，第 294 页。
② 杨朝明、宋立林：《孔子家语通解》，第 294 页。
③ 刘向撰，向宗鲁校正：《说苑校证》，第 71 页。

量。没有教化，"质美"便不能实现。在此基础上，董仲舒提出了"质朴能善"的理论，并以教化作为实现的途径。宋艳萍指出："（董氏的）质文说对汉代社会起到了理论指导作用。"① 可以说，这一理念深刻影响了汉代的"质文"之辩，对于人性论及相关问题的思考亦意义深远。考察汉代政治文化，不能不对此加以高度的关注。

据笔者看来，董氏之论中特别值得注意的，是在《春秋繁露·实性》中所提出的："性者，天质之朴也；善者，王教之化也。"按照这一说法，"质"落实到人性问题上，其目标所在，就是要将"善"，也即"质美"的一面展现出来。而实现目标的手段，就是教化。所以，董氏进一步提出："无其质，则王教不能化，无其王教，则质朴不能善。"人性之质有善有美，但它不会自我实现，需要教化承担实现的功能。也即所谓："性有善质，而未能为善也。"②

为什么一方面"质朴能善"，另一方面，必须以教化为实现手段呢？老百姓不能自我实现"质美"中的"善"吗？按照董仲舒的见解，一般百姓的确是做不到这一点的。在《春秋繁露·深察名号》中，他以禾、米关系来比拟"质性"与"善美"的关系。人之"善"就像米一样，它藏于禾苗之中，需要将禾转而为米，"善"才会显现出来。他又以睡眠和觉醒来比喻民性中的"善"问题。民，也即老百姓的质朴本性中是有着"善"的，但是，酣睡之人觉察不到这一点，"善"也就不能呈现。而教化的任务，就是将万民的质朴本性唤醒。所以他说："今万民之性，有其质而未能觉，譬如瞑者待觉，教之然后善。"③ 教化，成了"质美"出现及改变的关键。

儒家的这一主张，是建立在相信人性中皆存"质美"的前提之上的。只不过，它不会主动呈现出来，获得后天的努力和改造，就社会改造而言，那就是教化的施行。在这样的逻辑理路下，有三点特别重要：

一是既讲求道德，也承认有恶的可能，这就说明民众的品性或行为是可以变化的。变化好了，可以直通圣贤，不发生变化，则可能坠入禽兽之道。所以，《孟子·离娄下》有言："人之所以异于禽兽者几希。"在《告子下》篇则曰："人皆可以为尧舜。"④ 既严守人与禽兽的道德界限；更注重人性的共通及向上提升的可能。而教化的意义也正在于此，

---

① 宋艳萍：《孔子质文说与汉代文家特质》，《孔子研究》2003 年第 4 期，第 77 页。
② 苏舆撰，钟哲点校：《春秋繁露义证》，第 313 页。
③ 苏舆撰，钟哲点校：《春秋繁露义证》，第 297 页。
④ 朱熹：《四书章句集注》，第 293、339 页。

着眼于对兽性的脱离，在"超凡"中发生变化，以化善、迁善为目标。由前已知，汉儒曾言："若教化之废，推中人而坠于小人之域；教化之行，引中人而纳于君子之涂，是谓章化。"① 正与此相印证。

二是这种变化既然由道德所驱动，那么，作为一种内驱力量行使作用，最终可依赖的力量，实为民众的自我拯救。而其中最重要的，是耻辱心的激发。《论语·为政》曰："道之以德，齐之以礼，有耻且格。"② 就是此种旨趣。

三是讲求道德，深入到内心，就必然要有思考和内心的接纳。什么样的举措能获得民心？不仅仅是道德引领，还有就是需要讲道理。所以，《礼记·仲尼燕居》曰："礼也者，理也。"《礼记·乐记》则曰："礼也者，理之不可易者也。"③

要之，儒家以人性中的正面要素，及与其的共情为出发点，由"文教"而"德教"，产生道德性的理解和服从，并建构理想的社会秩序。通过教化，使得一般民众在理性的自觉下，产生内在的道德性改变和提升，从而将"质美"推衍而出。相较之下，秦法家在"质"的负面判定下，对于民众的道德实现几乎没有任何期待。甚至可以说，在秦法家的理论视域中，民众的人性底色漆黑一片，他们"质"中所展现的，基本上都是唯利是图的内容。对于这些"内无其质"之人，道德感化没有太大的操作性，根本就是没有意义的举措。

那么，怎么对这些民众进行教化呢？一言以蔽之，驯兽法则。

当韩非将民众称为"骍马"的时候，他以及秦法家们是真的将民众视为禽兽的。道德是对人而论的，"骍马"不能获得道德性教化的资格。他们没有这种资格，不仅仅在于仁义道德本身的缺失，更重要的是，他们也没有理解这种道德以及相关人文理论的能力。所以在《韩非子·五蠹》中，一方面提出"民者固服于势，寡能怀于义"；另一方面则是，否定民众对于"微妙之言"的理解，所谓"今为众人法，而以上智之所难知，则民无从识之矣"④。由此，道德教化就成了毫无操作性的管理手段。

那么，怎么办？由法家立场出发，对待"骍马"不需要明道德、讲道理。胡萝卜加大棒就是最佳手段，即通过"刑赏"这样的"二柄"来

---

① 分见《汉书·楚元王传附刘歆传》《后汉书·荀悦传》。
② 朱熹：《四书章句集注》，第 54 页。
③ 朱彬撰，饶钦农点校：《礼记训纂》，第 748、587 页。
④ 王先慎撰，钟哲点校：《韩非子集解》，第 446、450 页。

调控民众的行为。《韩非子·二柄》曰："明主之所导制其臣者，二柄而已矣。二柄者，刑德也。杀戮之谓刑，庆赏之谓德。"① 在这样的理论路数下，人性中善与美的共情，及内在的文化及道德理解被驱逐出界，代之而起的是外在的刑律手段，也即所谓的"无书简之文"的"法教"。

总的来看，在秦法家的理论世界中，从来就不相信道德的力量，不认为讲道理是有效用的。当"急世之民"们被视为"骡马"之时，"它们"只需服从，也只会服从于"鞭子"，然后换取"胡萝卜"，这是由"它们"的"质"所决定的。所以在《五蠹》篇中，韩非反复论证了父母、师长道德慈爱的无效之后，洋洋得意地说道："州部之吏操官兵、推公法，而求索奸人，然后恐惧，变其节，易其行矣。……誉辅其赏，毁随其罚，则贤、不肖俱尽其力矣。"② 在民"质"的判定上，不仅评价极低，而且也不相信它是可以发生内在改变的，这也正与桑弘羊之流"能因不能改"的论调相合拍。

对于"骡马"这样的"兽类"来说，任何的怜悯都是多余。故而在《韩非子·六反》中，又有这样的说法："不养恩爱之心而增威严之势，故母厚爱处，子多败。……故用法之相忍，而弃仁人之相怜也。"③ 在法家那里，丢弃同情心，大开杀戒，震慑力足够，才能管控好社会。然而，不要道德的秦的"教化"，也即否定"德教"的"法教"，在讲求人性的儒家那里，就失去了被称为教化的资格。

行文至此，以"文质"之辩为观察点，来对教化及相关问题作一个小结。

统而论之，儒、法的起点本来是一致的，都是建立在挽救周之"文敝"的基础之上的，并力求建立新的教化秩序。但在"对症下药"时，所给出的药方大为异趣。在儒家看来，周之"文敝"所展现的是虚情假意的"伪文"，礼义不真，教化难行。由此，儒家型教化特为强调的，是在明道德和讲道理中重建"德教"和"文教"。将异化的"周文"恢复到"郁郁乎文哉"的正常状态，从而完成对"质美"的回归与唤醒。而秦在回归"质"之时，认为相应的民"质"早已成了"恶质"或"劣质"，难以有"善"及"美"的展现。由此，不是通过修整周之"礼文"来唤醒"善"与"美"，而是将"周文"视为理应淘汰的历史垃圾，直接以"文法"来加以消灭及替换，以粗暴来对付粗鄙。

---

① 王先慎撰，钟哲点校：《韩非子集解》，第39页。
② 王先慎撰，钟哲点校：《韩非子集解》，第447、448页。
③ 王先慎撰，钟哲点校：《韩非子集解》，第419页。

在这种"德教"与"法教"的对立中，历史又一次发生了震荡，迎来了秦亡汉兴的新局面。新的大汉王朝在重建秩序的过程中，由此承接着两种不同的教化，也使得"质"的问题成为治国理政中的重要议题。面对着不同的政治文化路径，汉廷在反复与曲折中逐渐整合融通，直至形成了"霸王道杂之"的汉代政治文化风格。

（三）"天人、性命之学"与"霸王道杂之"："抑文尚质"视野下的循吏、酷吏问题

汉代政治文化以"霸王道杂之"为基本取向，史载：

> 孝元皇帝，宣帝太子也。……八岁，立为太子。壮大，柔仁好儒。见宣帝所用多文法吏，以刑名绳下，大臣杨恽、盖宽饶等坐刺讥辞语为罪而诛，尝侍燕从容言："陛下持刑太深，宜用儒生。"宣帝作色曰："汉家自有制度，本以霸王道杂之，奈何纯任德教，用周政乎！且俗儒不达时宜，好是古非今，使人眩于名实，不知所守，何足委任？"乃叹曰："乱我家者，太子也！"①

武帝时代号为"独尊儒术"，从这一时期开始，儒家学说正式替换黄老之术成为政治意识形态。由此，当论及"霸王道杂之"时，人们或许会认为，这一模式在武帝时代已开始施行。

但事实并非如此。在武帝时代，儒学的主导作用主要体现在理论论说上。作为落实到政治实务之中，具有操作性的模式，"霸王道杂之"主要定型于武帝之后的昭、宣时代。而且耐人寻味的是，在武帝时期的政治实践中，与崇儒的理论追求相异趣的是，表现出了浓郁的法家之风。这样的风格直至昭帝时代还在隐隐起着作用，使得一批以法家理论为底色的酷吏们风光无限。史载："昭帝立，……（霍光）遂遵武帝法度，以刑罚痛绳群下，繇是俗吏上严酷以为能。"②

在此段文字中，"严酷以为能"的"俗吏"，就是汉人所习称的"酷吏"或"文法吏"，他们的行为与所谓的"武帝法度"正相契合。具有法家色彩的"武帝法度"与战争体制有着巨大关联，从本质上来说是暂时的、技术性的，并不能动摇"独尊儒术"的意识形态地位。很自然地，昭、宣之后，随着重回儒学道路的展开，不仅在理论上对儒学的重

---

① 《汉书》卷9《元帝纪》，第277页。
② 《汉书》卷89《循吏传·黄霸》，第3628页。

视成为题中应有之义,将儒学理念落实到政治实践中,也成为势所必然。由此,与酷吏相对立的是,崇尚儒家教化的循吏大量出现于宣帝朝,直至出现了"酷吏多出现在武帝之世而循吏偏偏以宣帝之世为最盛"① 的历史镜像。

"霸王道杂之"及循吏、酷吏问题,是汉代政治文化的重要果实。虽然可以从不同维度加以解读,但"质文"之辩及教化问题是一个重要的理论基础,或者说,是其演进逻辑中不可或缺的起点。事实上,正是基于民"质"的重新判定,在周、秦以来经验教训的基础上,汉廷才日渐找到了一条新的路径,给出了解决"文敝"问题的新方案。

倘再进一步展开,其要义在于,在"抑文尚质"的主基调下,抛弃秦代的"法教"道路,相信道德教化的作用。但是,在引民入"善"的过程中,既严防秦的文法新"敝",也注意消除旧的周之"文敝"。这就使得汉王朝虽特为强调"过秦",但又不完全"纯任德教,用周政",走理想化的儒家道路。

这样做的理由在于,在汉统治者看来,没有"霸道"来加以制衡,纯粹讲求德政易于走上"名实"不符的空想和空谈之路,即所谓:"俗儒不达时宜,好是古非今,使人眩于名实,不知所守。"② 它将使得周之"文敝"再次重演。但汉代政治文化并不仅仅是做历史的调和,它也有自己的新创造。其中最重要的乃是,在"抑文尚质"的进程中,不仅对民"质"问题做出了人性的考量,而且,将这种思考日渐纳入"天命"思考中去,因"天人、性命之学"的互通,拥有了至高的理论力量。

我们从秦亡汉兴之后的政治建设说起。

众所周知,汉初在意识形态上尊奉黄老之学。但是,就理论建基而言,汉家制度的起点与儒家密不可分,即"陆贾造《新语》"。它与"萧何次律令,韩信申军法,张苍定章程,叔孙通制礼仪"并称,同为"规模弘远矣"的举措③。

查核陆贾的《新语》,一大核心论题是,针对法家仅仅强调暴力,对政治传统表示藐视,并以守株待兔讥讽之,进行了严正的批驳。陆贾指出"万世不易法,古今同纪纲",国之兴衰恰恰在于是否维系先王所传之道,这种道是天道,它不会改变,而且人道必须适应和传承它,否

---

① 余英时:《士与中国文化》,上海人民出版社,1987 年,第 157 页。
② 《汉书》卷 9《元帝纪》,第 277 页。
③ 《汉书》卷 1 下《高帝纪下》,第 81 页。

则就将招致灭亡。所以陆贾又说："尧舜不易日月而兴，桀纣不易星辰而亡，天道不改而人道易也。……故世衰道失，非天之所为也，乃君国者有以取之也。"① 也所以，《新语》的第一篇就是《道基》，阐述人间秩序与天地之道的内在关联②。

不仅如此，在汉初以来的政治实践中，特别讲求"亲附百姓"，即爱护老百姓，多考虑他们的情感和诉求。尤为重要的是，这些还成为天道或天意的表征，在这一理论思维下，统治者往往会反思自己的责任，乃至恐惧天谴，对于百姓不敢肆意施暴。顺带一提的是，汉代"天人感应"之说极盛，董仲舒是这方面的重要论述者，但这一理论并非由董仲舒个人所奠定，而是汉初以来的理论及政治实践的结晶，董氏是集大成的诠释者③。

这些政治表现的发生，有着各种因素在起着作用。而吸取秦亡的教训，无疑是最为重要的推动力。其中最为核心的，是强调爱护百姓，它实质上就是对秦代苛政的反动。但由本论题出发，更值得注意的是，苛政的推出，一个很重要的因素在于，以秦法家意识来看，民"质"已坏，几乎毫无"善性"可言，故而理直气壮地视百姓为牛马，从而祛除道德教化，以"鞭子"来"驯兽"。《论衡·非韩》说："韩子岂不知任德之为善哉？以为世衰事变，民心靡薄，故作法术，专意于刑也。"④

由此，汉兴以来要松弛刑律，就必须对民"质"重做估定。如果在这一意识上依旧沿袭秦的习惯，认为老百姓"质"已大坏，与牛马无别，那所谓的"亲附"及爱护等，显然就没有着落了。尤为重要的是，殷鉴在前，汉是不可能走秦这条老路的。要给老百姓以人性的爱护，要与秦反其道而行之，首要的，就是要"任德之为善"，也就是说，必须相信民"质"中的"善"，这也是"抑文尚质"得以发生的出发点。试想，倘民"质"不"善"，何"尚"之有呢？

在这样的问题意识下，我们注意到，在汉初关于废止连坐的廷议中，针对有司所论的"民不能自治，故为法以禁之。相坐坐收，所以累其心，使重犯法，所从来远矣。如故便"。汉文帝特为指出："朕闻法正则民悫，罪当则民从。且夫牧民而导之善者，吏也。其既不能导，又以不正

① 分见《新语·术事》及《明诫》篇。
② 关于这一问题，可参看王刚：《学与政：汉代知识与政治互动关系之考察》，黑龙江人民出版社，2012年，第141页。
③ 关于这一问题，还可参看王刚：《秦汉间的政治转折与相权问题探微》，《人文杂志》2015年第2期。
④ 王充撰，黄晖点校：《论衡校释》，第441页。

之法罪之，是反害于民为暴者也。何以禁之？朕未见其便。"① 文帝之论的重要性在于，官吏不再是当年用严苛刑罚来处置百姓的群体，他们更大的责任是"牧民而导之善"。要将民"质"中"善"的一面引导而出，这就在精神气脉上与秦政划开了界限。

但进一步的问题是，民质何以是"善"的，或者存有"善"呢？在汉代思想界中，将其归因于"天地之道"。

在前所引及的陆贾之论中，已隐隐见此理路。但在理论阐释上最为成功和系统的，是一代大儒董仲舒。史载："董仲舒治《公羊春秋》，始推阴阳，为儒者宗。"② 董仲舒之所以成为汉代儒学的领军人物，实质上是在儒学中引入了阴阳天人等内容，经此改造，适合了那个时代的需要。而由前已知，在"文质"问题上，董仲舒也是核心人物。而他之所以取得这样的地位，很重要的一条，也是将此理论与之结合在了一起。再进一步言之，民"质"有"善"不仅是人间及人性问题，它也是"天道"问题，并由此建构起了独具特色的"天人感应"之说。

关于这一问题的具体论述，在改变历史的"天人三策"中最为集中和精彩。

在策文的一开始，董仲舒即论道："陛下发德音，下明诏，求天命与情性，皆非愚臣之所能及也。臣谨案《春秋》之中，视前世已行之事，以观天人相与之际，甚可畏也。"③ 由此可知，董氏所论，乃是紧扣着"天命与情性"的内容而展开的。后儒由此评述董氏"深于天人、性命之学"④。

对于前者，一般人都已有所了解，但后者，或许就为人所忽视了。事实上，"天命"与"性情"乃是一体之两面。再进一步言之，"天命"为虚悬于头上的至高理由和无上律令，"性命"则是落到实处的人间问题。在"天人相与"的思路下，"性情"之中的人性，为天定的自然之"质"，它原本就有"善"的一面。上天"主德"，二者由此实现互动和沟通。在这一进程中，统治者的职责就是体会"天意"，引导民"质"中"善"的一面，如此，"天命"才能得以贯彻，道德教化也随之推导而出。因此，董氏一方面论述道："臣闻命者天之令也，性者生之质也，情者人之欲也。或夭或寿，或仁或鄙，陶冶而成之。"另一方面，则要求

① 《史记》卷 10《孝文本纪》，第 418、419 页。
② 《汉书》卷 27 上《五行志上》第 1317 页。
③ 《汉书》卷 56《董仲舒传》，第 2498 页。
④ 皮锡瑞：《经学历史》，中华书局，2004 年，第 56 页。

统治者"承天意以从事，故任德教而不任刑"①。

董氏的性论及"质文"之辩，在前面已经有了不少的论述，无须再重复。在此需要指出的是，他的这一论述不仅为民"质"有"善"找到了"天意"基础，更为"抑文尚质"的展开提供了儒学方向上的理论依据。

由本论题出发，值得注意的是，这一理论的形成与发展，一个重要的对立面就是秦政。当秦以严苛的文法治天下，法家型的教化或秩序终于轰然倒地之后，面对历史的教训，改造东周以来的"文敝"问题，遂成为题中应有之义。但是，面对着秦亡的教训，给出治国理政方案的并非只有儒家。汉初的黄老学派在面临着同样的问题时，他们所给出的思考也是建基于"文质"问题上，并深刻地影响了历史的走向。

众所周知，黄老之学是汉初的统治思想。与儒家一样，它也"抑文尚质"。但落实于汉代的政治文化及实践中，有了不同的路径选择。阎步克将同是"抑文尚质"的道、儒两家作了"反朴"与"反质"的细微区分，他说：

> 道家所珍重的，是尚无礼乐法度的"纯朴"、"玄同"的原生社会状态。……汉儒之"反质"实际上是一种"过正"的"矫枉"，其最终目的，是由"尊而不亲"的文吏政治，回归于"尊尊、亲亲、贤贤"相济相维的"礼治"秩序。正是在此，儒家与道家划开了界限。②

前已论及，儒家之所以"抑文尚质"，是因为"文"本身的异化已到了害"质"的地步，这种"文"，除了儒家系统内那些伪饰的部分，自汉兴以来，更为重要的，就是秦之文法。从这个意义上来看，儒家所"抑"之"文"，都是"伪文"。它们不是真正"合道"的那一部分内容，抑制它们不是为了消灭"文"，恰恰相反的是，要让"质文"契合，使得真正之"文"获得健康成长，最终走上具有儒家真精神的"礼治"道路上来。

而在黄老道家所采取的策略中，"尚质"的追求与儒家并无本质差别。事实上，"朴"与"质"本就意义互通。它们之间的根本区别在于，

---

① 《汉书》卷56《董仲舒传》，第2501、2502页。
② 阎步克：《士大夫政治演生史稿》，北京大学出版社，1996年，第313页。

道家"反朴"型的"尚质"，是以完全排斥"礼治"为前提的，它将"质"与"文"置于对立的状态。在汉代道家眼中，法家类型的文法吏之"文"固然要排斥，儒家的礼法也是需要排斥的"文"，如此，才可展现出"质"的价值。所以，尊崇黄老的窦太后"以为儒者文多质少"①，正代表了黄老之士的一般看法。要之，在"质文"问题上，汉初道家对于"文"之"抑"呈现着绝对化的强势，排法又排儒。

在这样的理论要求下，无论是法家之法，还是儒家之礼，都被看作扰民害政之"文"。与民休息，轻徭薄赋成为黄老的政治追求。放松社会管控，祛除形式化的管控，给予民间社会以最大的自治、自由度，以"清净无为"为治国核心理念。《道德经》有言："我无为而民自化。"从根本上来说，汉初的黄老家们认为，人性本是质朴的，放松管制，回归原初的本性，社会治理自然而然就好了。

揆之于史，"无为"的确使得汉初的社会释放了巨大的能量。但是，这不过是在秦暴政之后，因大力松绑所带来的复苏迹象。摆脱了长期的强力压制和管控，民众终于可以缓一口气，社会元气由此得复，这是它的积极作用。然而，"松绑"固然重要，但仅仅只有"松绑"，社会秩序如何维系？所以，随着时间的推移，黄老"无为"在社会治理问题上越来越陷于被动。尤为重要的是，在以中央集权为主旋律的帝制时代，需要的是精致化管理，而不可能再回到简易的原初状态，倘由上自下这样来治国理政，显然没有可操作性。

所以，在汉初的黄老"无为"之下，并非天下无事，一片宁静。社会总是需要秩序维护，需要政治管控的。黄老"无为"在上，社会难题不仅不会由此得以冰释，相反，积弊日久，矛盾只会越来越激化。所以，即便是在号称"文景之治"的时代，整个国家的秩序维系及政治建设也是颇成问题的。在"无为"的冰面下，暗流涌动的，却是法家理念及酷吏们对民众的施虐。为此，贾谊曾"上疏陈政事"，指斥"无为"所造成的积弊，大声疾呼改革的重要性，他说："可为痛哭者一，可为流涕者二，可为长太息者六，若其它背理而伤道者，难遍以疏举。"②

但黄老不是排斥法家的吗？酷吏们何以会横行呢？因为在黄老"无为"的意识形态下，一方面固然有着对秦之文法的鄙夷，中上层黄老派官僚们并由此来展现他们的"尚质"。但另一方面的问题是，"无为"终

---

① 《史记》卷103《万石张叔列传》，第2765页。
② 《汉书》卷18《贾谊传》，第2230页。

究是暂时、特殊的情形，在正常的社会治理中，哪有放松管制，就可以自然而然就风俗醇美、秩序井然的呢？就秩序的建构与维系而言，必要的管理是不可或缺的。因为不管政治如何运作，只要是"无为"，就会使得在秩序的维系上存在缺失。很自然地，在"汉承秦制"的背景下，此种缺失将由具备法家底色的文法吏所填补。

也就是说，在汉初以来的"抑文尚质"中，随着国家建设的日益深入，在抑制法家方面，黄老之术因理论上的缺失，在政治实践不仅难以发挥实质性的作用，甚至为法家及酷吏的上下其手提供了机会。倘再按照黄老这一路数来指导政治实践，那么，实质上所走的将是法家之路。倘如此一路走下去，"抑文尚质"将走到它的反面，秦之"文敝"也将卷土重来，就很可能重蹈亡秦之路。这样的状况当然要改变。

如何改变？改什么呢？以儒家的立场来说，很重要的一条就是改变文法吏及酷吏对于百姓和国家造成的伤害，回到真正的儒家之"文"，即礼治道路上来。这不仅在于，儒家在"质文"问题上可以改变"黄老"的偏执，堵塞法家之路。更重要的是，儒家将民质之"善"归于"天人相与"，为消除"周秦之敝"提供了理论基石。

所以，我们注意到，文帝在强调"牧民而导之善"时，就有着对秦之"文敝"的防范与纠偏。如果这算"抑文尚质"的话，它显然与儒家的"质文"之辩更为贴近。从特定意义上来说，"导民之善"，就是"质"与"文"的结合，是偏于儒家性的教化，而不是完全排挤"文"的"尚质"。所以，文帝固然有"黄老"的一面，但他不排挤儒家，对于贾谊的倚重，就是一个明显的例子，而且《汉书·艺文志》将其著述列入"儒家"类，这并非简单的攀附，而是有着深厚的历史文化内涵。

也正是在这样的历史背景下，与偏于法家，仅立足于"威严"的酷吏不同，号称"奉法循理"的循吏开始成长了起来①。需特别注意的是，循吏在汉初黄老无为的环境中已出现，虽然不可避免地会沾染上某些汉代"新道家"的印记，但从本质上来说，他们并非黄老系统，这一点不仅在前面的论述中可以推导而出。而且，"奉法循理"一词提示我们，循吏之"循"，在于讲道理。它正说明，民"质"不仅有"善"，而且可教化之，这正是儒家"德教"或"文教"。它不仅与法家否认民"质"划开了界线，也与黄老注重"质"，排挤"文"有着根本的区别。

还需一提的是，循吏的沉浮总是伴随着儒学的兴衰。汉初在"黄

---

① 《史记》卷119《循吏列传》，第3099页。

老"占据优势的前提下，循吏们在实际政治生活中还无法与酷吏抗衡。而武帝后"独尊儒术"，本为循吏的壮大提供了理论土壤。但是，由于战争体制的来临，在实际政治生活中反倒是法家占优，酷吏又一次占据了上风。当昭、宣时代，尤其是宣帝之后经学开始大盛，循吏方获得前所未有的成长空间。

但历史的复杂性在于，这一变化的发生，并没有消灭法家及酷吏的存在。因为随着儒、法优势地位的转换，在此后的"质文"之辩中，"质"所面对的"文"，逐渐由秦之文法，转而成为"俗儒"之"文"。汉廷遂以"霸王道杂之"的手段，在"德主刑辅"中将儒、法二家糅合到了一起。

也就是说，在"德主刑辅"的过程中，固然以儒家为主，但并没有彻底抛弃法家。在这一张力之下，防止秦之"文敝"虽为首要的目标，但儒家及纯用"周政"所引发的"文敝"，亦在防范之中。它既契合了"抑文尚质"的政治追求，更有着"天人、性命之学"为依托，从而建构了政治文化中的汉代模式。进一步言之，因"周秦之敝"的叠加，在汉政中，秦的"文法"固然成为防范对象，但为了对付与儒家"礼文"有关的"周敝"，对其亦"抑"而不"灭"，并打造为可防范"周文"之"敝"再兴的手段。这样的理念落实到政治实践中，循吏、酷吏都有了自己的生存空间。在"抑文尚质"的进程中，根据"文"的转换，利用"德教""法教"的两手，皇权在不同维度上实施打压和拉拢，在这种张力之下，展现出了"霸王道杂之"的政治镜像。

五 小结与思考

子路与孔子初见的故事，是中国早期文献中津津乐道的一大主题。很自然的，在"孔子衣镜"文中，它也成为重要的叙事内容。但在这种叙事中，除了原有内容的转述，还自行添加了"孔子以为质美可教"一句。

通过文本考察，可以发现，衣镜文所作的内容添加，虽然有着内在学术理路为依凭，但在原始文本及故事底本中，本无这一论述。这一论述之所以出现，实为刺激与回应的产物。直接的诱因在盐铁会议上，由法家代表人物桑弘羊的"内无其质"之论所引致，并呈现着汉代儒、法思想对立的历史镜像。

但是，这种对立的产生，也并非仅仅由汉代的政治问题所引发，倘作历史性的追溯，还需归因到"周秦之敝"及"质文之辩"之上。进一步言之，由东周至秦汉，如何解决"文敝"问题，对于"民质"问题做出何种判定及对策，成为思想家和统治者们的头等大事。盐铁会议上的儒、法对立，亦主要由此而来。再分而论之，就儒、法撕裂而言，它表现为思想方案的歧见；对于统治者来说，则主要是面临着不同的政治文化路径的选择。

由此回到盐铁会议的历史现场，就可以注意到，儒、法之间的撕裂，一方面是情绪激化起到了相当重要的催化作用，这种情绪化的表达，不仅使得二者难以调和，也直接将子路论题推向了前台。另一方面，最根本性的问题在于，随着辩论的深入，儒、法之间在理论上的分歧逐渐显现并激化，最终矛盾难以协调。理论冲突的起点则在于，汉代儒家的"救伪以质"以及重建儒家型教化的提出，使得"质"及"质美"的问题突显了出来，不仅切入了儒、法之争的核心地带，也为"质文"之辨的延续与落实，找到了汉代的生长点。由本论题出发，值得注意的是，在这些阐释与论辩中，子路是重要的理论承载体。子路问题由此成为儒、法冲突的交锋点。

在这样的问题意识下，可以看到的是，作为孔门弟子中极具个性的人物，子路质直，甚至稍稍有些粗野的形象，使其极具烟火气。这位"质胜文"之人，一方面与老百姓的身份境遇相契合，另一方面，作为民间草根，因"美质"的存在，成为"可教"之人，直至在孔子的教导下成为一代圣贤。子路的成长，使得"救伪以质"以及重建儒家型教化的建议有了坚实的历史依托，同时也成为汉代"抑文尚质"的儒学支点。而反之，武帝晚年所推行的法家型政策要得以延续，势必要对子路的"质美"问题作出否决。子路是否有"美质"不仅是一个历史问题，更成为现实的法家型政策是否可以继续推进的理论依据。从"虽有美质"到"内无其质"的推出，当桑弘羊否决子路"美质"之时，实质上所否决的，是贤良、文学"救伪以质"及教化理念的论证基础。

这样一来，汉帝国在政治文化的路径上所面临的理论冲突得以显现：是以儒家视角来加以更化，还是持续推进武帝晚年的法家型管控政策，成为了不得不面对，并需要做出抉择的重大问题。在"周秦之敝"的汉代解决方案中，"德教"与"法教"两种"教化"遗产如何继承、整合及落实，并形成一定的政治张力，不仅需要可操作性的技术操控，更需要理论的加持。此后，随着"天人性命之学"的建构及"霸王道杂之"的实际运用，汉廷日渐找到了一条具有特色的政治文化之路，这些相关内容不仅造就了汉政的基本性格，亦体现着帝制时代政治文化的核心追求。

在这一进程中，刘贺该怎么做？可以怎么做？由于废黜之事的发生，历史没有给他机会进行展示。但透过衣镜文中的相关表述，不仅能看到文本的变化，更能在变化之迹的后面，探寻到若干历史的面相，一窥汉代政治文化路径选择的思想因果。为我们穿越历史的峡谷，在无尽的思考中展开遐想提供了素材与平台。

第十六章 "周室威"与公羊学问题发微

一 材料与问题：从"孔子作《春秋》"说起

审读"孔子衣镜"文，可注意的是，"孔子作《春秋》"问题为着墨尤多之处。细绎文辞，它与公羊学理论密切相关，具有强烈的时代特性。

众所周知，在汉代，自"推明孔氏，抑黜百家"[①] 以来，朝廷所倚重的经学文本，主要为《春秋》，尤其是《公羊春秋》。由此，学界公认，"汉初的《春秋》以公羊学派为主流"。"学者对经典的发挥即所谓经义"，主要围绕着《公羊传》而展开[②]。在这样的知识背景下，可以看到，在西汉时代，凡是讨论"孔子作《春秋》"者，一般都绕不过公羊学的影响。

查核衣镜文，亦是如此。

熟悉经学史的人都知道，传世的《公羊传》文本，来自汉末何休的《春秋公羊经传解诂》，由此，汉末可称之为今传本的定型时代。

然而，就文本生成的时间节点来说，此前还有两大时段值得关注，一是景帝时代，据何氏的《解诂序》，他的底本，来自与董仲舒同时代的胡毋生。按照以往的传统说法，《公羊传》最早由子夏传与公羊高，最后由胡毋生和他的老师公羊寿，也即公羊高的后人，写定于西汉景帝年间，此为《公羊传》文本的写定时代。另一个时间节点则是战国时期。学界一般公认，《公羊传》文本在战国时期开始形成，而且主要内容就形成于这一阶段，黄开国说：

> 《春秋公羊传》是战国以来由沈子、公羊子等人解释《春秋》
> 之说的传承并不断修订的结果，虽然著于竹帛的时间在西汉初年的

---

① 《汉书》卷56《董仲舒传》，第2525页。
② 赵伯雄：《春秋学史》，山东教育出版社，2004年，第99页。

汉景帝，但以《春秋公羊传》为内容的春秋公羊学，主要反映的是战国时期人们对《春秋》的训解。①

由此，战国可算作《公羊传》的撰作及逐渐成书时代。

但无论是战国还是景帝时代，它们的文本异同在何休本中皆被整合消弭。也就是说，《公羊传》文本的历史性痕迹，难以在何休本中寻摘而出。但衣镜文作为出土资料，距离《公羊传》的写定年代较近，不仅可呈现《公羊传》文本在西汉时代的若干面貌，由此上溯，亦可对战国至西汉的文本轨迹，提供历史性的思考，学术意义之大是不言而喻的。那么，由本论题出发，"孔子衣镜"文值得注意之处主要在哪呢？

一是与《史记》的文本关系问题。

前已提及，衣镜文与《史记》中的内容多有重合。笔者曾对此作过相关研究，推定它由墓主刘贺撰作于宣帝时代。在作衣镜文时，刘氏已获得了《史记》中的相关篇章，他在撰作时参考了《孔子世家》文本。此外，当时《史记》的流布以单篇为特点，刘贺所获应非整本②。很自然的，在讨论衣镜中的《公羊传》内容时，《史记》再次进入视野之中。

查核文献，关于"孔子作《春秋》"的内容，在《史记》中有大量文字，但主要不在《孔子世家》，而是出现在《太史公自序》中，其文曰：

> 余闻董生曰："周道衰废，孔子为鲁司寇，诸侯害之，大夫壅之。孔子知言之不用，道之不行也，是非二百四十二年之中，以为天下仪表。贬天子，退诸侯，讨大夫，以达王事而已矣。子曰："我欲载之空言，不如见之于行事之深切著明也。"夫《春秋》，上明三王之道，下辨人事之纪，别嫌疑，明是非，定犹豫，善善恶恶，贤贤贱不肖，存亡国，继绝世，补敝起废，王道之大者也。……春秋之中，弑君三十六，亡国五十二，诸侯奔走不得保其社稷者不可胜数。③

而衣镜文中的文字，则主要为：

---

① 黄开国：《公羊学发展史》，人民出版社，2013年，第36页。
② 关于这一问题，可参看本书第十三章。
③ 《史记》卷130《太史公自序》，第3297页。

当此之时，周室威，王道坏。礼乐废，盛德衰。上毋天子，下毋方伯。臣诡君，子□，必四面起矣。强者为右，南夷与北夷交，中国不绝如缕耳。孔子退，监于史记，说上世之成败，古今之□□，始于隐公，终于哀公，纪十二公事。是非二百卅年之中，□（弒）□（君）卅一，亡国十二，刺几得失为天下仪表。子曰："吾欲载之空言，不如见行事之深切著名也。"故作《春秋》，上明三王之道，下辨人事经纪，□（决）□（嫌）□（疑），□□恶，举贤才，废不宵，赏有功，诛桀暴，长善苴恶，以备王道。论必称师，而不敢专己。①

在此，我们的问题是：刘贺在撰作衣镜文时，参考了《太史公自序》吗？它们是否有继承关系呢？答案应该是否定的。主要理由在于：

其一，在汉代，作为公羊学，乃至于整个经学领域内的核心问题，"孔子作《春秋》"为儒林高度关注，材料众多，不需要单纯依赖《史记》而加以撰作。反过来，《春秋公羊传》的这些阐述，倒是影响《史记》撰作的极为重要的理论及资料来源。揆之于史，司马迁的《春秋》素养，主要就来自公羊学，尤其是董仲舒之学。明显的证据就是，上引关于"孔子作《春秋》"的文字来自董氏，而且，其他零散文字也大都在公羊学论说范畴内。由此，崔适论断道："太史公之于《春秋》，一本于董生，即一本于《公羊》。"②也就是说，公羊学家言因其权威性，而为太史公所引述，那么，刘贺又何尝不可如此呢？

其二，审查两段文本，虽然可以发现某些相同之处，但如进行整体而细致的考察，可以发现，它们不仅语序不同，具体文字亦差异较大，二者之间显然不具备沿袭关系。具体来说：

1. 有大量文字，衣镜文有，而《太史公自序》无。而这些文字在《公羊传》及其他典籍中往往可以找到，如"上毋天子，下毋方伯"，出于《公羊传》庄公四年、僖公元年、僖公二年等，在今本中，"毋"作"无"；"南夷与北夷交，中国不绝如缕"出于《公羊传》僖公五年，今传世本作："南夷与北狄交，中国不绝若线。"但在唐石经中，它就写作

---

① 王意乐、徐长青、杨军等：《海昏侯刘贺墓出土孔子衣镜》，《南方文物》2016 年第 3 期，第 64、65 页。

② 崔适著，张烈点校：《史记探源》，中华书局，1986 年，第 2 页。

"南夷与北夷交"①,这从一个侧面证明,衣镜文不仅与《公羊传》多所契合,且保留原貌。

2. 有些文字虽然意义相通,但在表达上颇有出入。除了若干字句的调整,如《太史公自序》所引的孔子言:"我欲载之空言,不如见之于行事之深切著明也。"② 在衣镜文中,"我"作"吾";"见之"的"之"字被省略。这或许说明,它们来自于同源的文本,因传抄而出现文字差异。而董子所言的"周道衰废",在衣镜文中作"周道威,王道坏。礼乐废,盛德衰"③,前者应该是对后者的一种概述,相较之下,衣镜文更为原始。此外,《太史公自序》中的"贤贤贱不肖,存亡国,继绝世,补敝起废,王道之大者也"④,在衣镜文中作"举贤才废不宵,赏有功,诛桀暴,长善苴恶,以备王道"⑤。虽意义相通,但文句并不相同。尤为重要的是,"长善苴恶,以备王道","而不敢专己",与《淮南子·主术训》所载"采善钼丑,以成王道","作为《春秋》,不道鬼神,不敢专己"⑥ 云云,反倒有同源的可能。它同时出现于《淮南子》和衣镜文中,应是作为"显学"之论而加以引述。

总之,衣镜文中的这段文字不是抄录于《史记》,而是反映着公羊学的基本立场。作为出土资料,它呈现了公羊学的某些原始面貌,具有相当高的学术价值。

二是在具体的文字表述中,"周室威"的提法较为特异。

我们注意到,在"周室威"一词中,"威",即"灭"字,繁体正字作"滅",此处去除了偏旁,与"滅"为古今字关系。"周室威",即"周室灭",就是周王室灭亡的意思。作为"孔子作《春秋》"的历史背景,它在衣镜文中首先加以提出,无疑属于基本动因,意义不可低估。然而,在今本《公羊传》中,不仅无此文句,甚至类似的文字都没有。

翻检传世文献,对于西周王室的走向,公羊学家及其他经学家们一般都是以"衰"或者"微弱"加以表述,如《春秋繁露·王道》曰:

---

① 钱大昕著,陈文和点校:《唐石经考异》,《嘉定钱大昕全集(壹)》,江苏古籍出版社,1997年,第104页。
② 《史记》卷130《太史公自序》,第3297页。
③ 王意乐、徐长青、杨军等:《海昏侯刘贺墓出土孔子衣镜》,《南方文物》2016年第3期,第64页。
④ 《史记》卷130《太史公自序》,第3297页。
⑤ 王意乐、徐长青、杨军等:《海昏侯刘贺墓出土孔子衣镜》,《南方文物》2016年第3期,第65页。
⑥ 刘文典撰,冯逸、乔华点校:《淮南鸿烈集解》,第313页。

"周衰，天子微弱，诸侯力政。"①《说苑·尊贤》则接续而论曰："春秋之时，天子微弱，诸侯力政。"② 而在《史记》中，司马迁评述道："孔子之时，周室微而礼乐废，《诗》《书》缺。"③ 这与衣镜文中的"当此之时，周道威，王道坏。礼乐废，盛德衰"，意义正相对应，甚至"礼乐废"三字都完全一样，二者应有共同的母本。但问题是，太史公也是用的"周室微"，而不是"威"，甚至在整个《史记》文本中，都看不到这样的提法。

搜之于史，春秋时代王室虽衰，但天子名义尚在。所以"周室微"的提法"古书习见"。有鉴于此，邵鸿提出："周室灭，与历史事实不符。疑'灭'本为'微'，形近致误。"④ 但是，"威"与"微"字形并不相近，语音亦不相通，二者发生讹变的可能性极小。尤为重要的是，在经史典籍中，"周室威"这样的类似说法赫然存在。它的最早出处，来自《诗经·小雅·雨无正》"周宗既灭，靡所止戾"，《正月》："赫赫宗周，褒姒灭之"⑤。在前一首诗中，"灭"作"滅"，而在后一首中，则就写作"威"字。此外，"赫赫宗周，褒姒灭之"一句，在《左传》昭公元年中有引载，写作"滅"。但《汉书·五行志》《谷永传》，三处引述此诗，皆作"威"字。

很显然，"周室"或"周宗"之"威"，绝非一时笔误，而是有渊源的一种经学理念。问题只在于，它不明载于今本《公羊传》及汉代春秋学的各种论述中，似乎也不符合东周时代王室尚存的历史事实。

那么，这就让笔者产生了如下的疑问："周室威"与公羊学的关系到底如何？这一提法背后的经学背景和意蕴何在呢？作为一个全新的问题，对它的解答，无论是对《公羊传》及《春秋》经学文本，还是经义的探研，都会产生积极的推进作用。有鉴于此，笔者就不谀浅陋，对此作一个初步的探研。

二　"周室威"与"获麟绝笔"：《公羊传》文本生成变化下的历史审视

通过前面的论述，"周室威"作为公羊学的重要理论观点，可得以

---

① 苏舆撰，钟哲点校：《春秋繁露义证》，第 132 页。
② 刘向撰，向宗鲁校正：《说苑校证》，第 174 页。
③ 《史记》卷 47《孔子世家》，第 1935 页。
④ 邵鸿：《海昏侯墓孔子屏风试探》，《江西师范大学学报》（哲学社会科学版）2016 年第 5 期，第 18 页。
⑤ 阮元校刻：《十三经注疏》，第 443、447 页。

确认。但与此同时，我们也看到，在今本《公羊传》中，不仅这一文句，甚至类似的文字都没有出现过。这一矛盾的出现，逼使我们有必要重新审视《公羊传》文本的生成变化问题。

前已论及，《公羊传》今传本来自汉末的何休，而何休所依凭者，乃是景帝时代的胡毋生本，并由此直追子夏、公羊高。然而，在《春秋》学史上，这一单线追溯是颇有问题的。因为与胡毋生同时的董仲舒，分明有着与今传系统不一样的文本，而且更重要的是，两汉官学是以董氏学派为主，而不是胡毋派①。徐复观经过深入研究后指出，董氏本与今传本在一些地方存在着明显的差异，主要表现在，内容和范围更为广泛，"较胡毋所传之《公羊》为博"②。

然而，随着何休本的流传，当年与董氏有关的《公羊传》，有些文句由于没有进入何氏系统，已渺然难寻。一个明显的例子是，董仲舒非常著名的论断"《春秋》无达辞"，就来自西汉《公羊传》，而且被大儒刘向所征引，但它也一样地不见于今本③。由此，从本论题出发，需要明确的一个重要事实是，在公羊学系统中，今本未见者，未必在历史上就不存在。

也就是说，不能因为"周室威"不存于今本，就贸然否定历史上的《公羊传》中有此文句。综合各方面材料，"周室威"应该就存于何休之前的《公羊传》官学文本之中。在笔者看来，这一文句在战国时代就已存在，作为"获麟绝笔"故事中的一部分，逐渐整合进入了《公羊传》文本之内。下面，展开具体的讨论。

习文史者皆知，在《春秋》经中，哀公十四年具有特别的意义。经文为简单的五个字"春，西狩获麟"，全书至此，戛然而止，这就是经学史上著名的"获麟绝笔"。孔子为什么在此处终结全文，有何微言和笔法呢？历来意见纷纷，成为《春秋》经义的诠释重点和核心。我们看到，《春秋》三传围绕着"获麟"的故事，皆有自己的主张，但《公羊传》文字最多，故事最为繁盛，并对孔子作《春秋》的缘由和背景作了

---

① 关于此点，徐复观有深入的讨论，他指出："能断定两汉公羊之学乃出于董仲舒而非出于胡毋生。"见徐复观：《徐复观论经学史二种》，上海书店出版社，2002年，第141页。

② 徐复观：《两汉思想史》，华东师范大学出版社，2001年，第201页。

③ 关于这一问题，可参看王刚：《"〈春秋〉无达辞"的知识生成与董仲舒的〈春秋〉"辞论"》，《衡水学院学报》2017年第5期。

详尽的阐释，这成为它优于其他两传之处①。现将主要文字照录如下：

> 何以书？记异也。……麟者，仁兽也。有王者则至，无王者则不至。有以告者曰："有麕而角者。"孔子曰："孰为来哉！孰为来哉！"反袂拭面，涕沾袍。颜渊死，子曰："噫，天丧予！"子路死，子曰："噫！天祝予！"西狩获麟，孔子曰："吾道穷矣！"……君子曷为为《春秋》？拨乱世，反诸正，莫近诸《春秋》。……制《春秋》之义，以俟后圣。②

可注意的是，此段故事在《孔丛子·记问》中也有记载，且更为完备，与《公羊传》所本应是同一系统，在徐彦疏中，徐氏指出，这段故事即"《孔丛》云……"也就是说，《公羊传》所载，就是《孔丛子》中的那段故事。

细绎文本，今本《孔丛子》与徐疏所引内容，在文字上微有出入，但与传世本《公羊传》相较，它们都多出了很关键的一句："宗周将灭"，它正与"周室威"意义相通。徐彦疏所引文字为："（孔子）视之曰：'今宗周将灭，无主。孰为来哉？至日麟出而死，吾道穷矣。'乃作歌曰……"③ 有学者揣测道："《孔丛子》所载应当是公羊家遗说。"④ 但问题是，今本中既不见"宗周将灭"几字，亦有这样一种可能，《公羊传》在撰作过程中，面对与《孔丛子》的同源文本时，将此内容删去了。所以，要认定《公羊传》文本中有此文句，而不是成书之始即已芟夷，还需要更加有力的直接证据。

幸运的是，在汉代材料中，有证据显示，"周室威"或"宗周将灭"一类的表述，在早期《公羊传》文本中的确存在，如许慎《五经异义》曰：

---

① 孔子为什么作《春秋》？按照汉以来儒林的一般通识，这是《春秋》学史上极重要的问题。但在《春秋》三传中，仅《公羊传》对此有明确说明，所谓"《春秋》之作，《左传》及《榖梁》无明文。"虽然解说《左传》的杜预在《春秋序》中撰文论及，为《左氏传》加以辩护（杜预：《春秋序》，阮元校刻：《十三经注疏》，第1708页），可成一家之言，但不可否定的事实是，解答孔子为什么作《春秋》，是《公羊传》的优长所在。

② 阮元校刻：《十三经注疏》，第2352~2354页。

③ 阮元校刻：《十三经注疏》，第2353页。

④ 杨权：《新五德理论与两汉政治——"尧后火德"说考论》，中华书局，2006年，第403页。

《公羊》说:"哀十四年获麟,此受命之瑞,周亡失天下之异。"
……议郎尹更始、待诏刘更生等议石渠,以为吉凶不并,瑞灾不兼,
今麟为周亡天下之异,则不得为瑞,以应孔子至。①

由此段文字可知,将"获麟"作为"周亡失天下之异",就出于
《公羊传》说,许慎为东汉大儒,其说可从。更为重要的是,许慎所引
的尹更始、刘更生(刘向)说,属于对这一说法的理论商榷,它来自宣
帝时代著名的石渠经学会议之上的奏议。而这次经学会议,乃是以《公
羊传》《穀梁传》为核心,来评议各经是非②。在春秋学领域,尹更始、
刘向是公认的穀梁学宗师③。尤其是刘向,虽深受《公羊传》影响④,但
在宣帝支持《穀梁传》,抑压《公羊传》的背景下,获得授意,研习
《穀梁传》,并在石渠会议上抗衡《公羊传》之说。史载:"会初立《穀
梁春秋》,征更生受《穀梁传》,讲论五经于石渠。"⑤ 由此,在石渠会议
上,尹更始、刘向是作为公羊学的对立面而出现的,从某种意义上来看,
实为奉皇命挑战公羊学。如果当时的《公羊传》文本中没有"周亡天
下"的说法,尹更始等人的驳斥就属于无的放矢了。

循此理路,可更进一步的是,尹更始等人所驳斥的《公羊传》问
题,就文本而言,不仅存于宣帝朝,在此前的景帝、武帝时代也已存在。

前已提及,按照传统说法,《公羊传》文本写定于西汉景帝时代。
在进行细致的文本考察后,这一点可获得确认。有学者指出,虽在景帝
之前,《公羊传》之文多见于史籍,但文本中多次避景帝之讳,是确凿
的事实,此为《公羊传》著于竹帛不能早于景帝时代的明证⑥。而在景
帝时代写为定本的《公羊传》,随着"儒术"走上政治舞台,在武帝时
代迅速得到了权威认同。揆之于史,武帝时,研习《公羊传》为一时风

---

① 《礼记·礼运》孔颖达疏引,阮元:《十三经注疏》,第1425页。但在此句中,"以应
孔子至",作"以应孔子至玄之闇也。"据陈寿祺撰,曹建敦点校:《五经异义疏证》,
"玄之闇也"应为"玄之闻也",以下为郑玄的意见(第220、211页)。
② 《汉书·宣帝纪》载:"诏诸儒讲五经同异,太子太傅萧望之等平奏其议,上亲称制临
决焉。"《汉书·儒林传》:"乃召五经名儒太子太傅萧望之等大议殿中,平《公羊》
《穀梁》同异,各以经处是非,……多从《穀梁》。"
③ 《后汉书·贾逵传》载:"虽为古学,兼得五家《穀梁》之说。"李贤注:"五家,谓尹
更始、刘向、周庆、丁姓、王彦等,皆为《穀梁》。"
④ 徐建委指出刘向所撰的《说苑》中的论议章节绝大多数与公羊学有关。徐建委:《〈说
苑〉研究——以战国秦汉之间的文献累积与学术史为中心》,北京大学出版社,2011
年,第100页。
⑤ 《汉书》卷36《楚元王传附刘向传》,第1929页。
⑥ 段熙仲:《春秋公羊学讲疏》,南京师范大学出版社,2002年,第9、10页。

气。史载："上因尊《公羊》家，诏太子受《公羊春秋》，由是《公羊》大兴。"[①] 而且武帝在给臣下的赐书中，要求"具以《春秋》对"，这里的《春秋》，就是《公羊传》[②]。在这样的历史背景下，《公羊传》文本应成为固定的权威本。否则，不仅太子诏受《公羊春秋》不可想象，臣子又如何能做到"以《春秋》对"呢？

还可注意的是，宣帝时代，乃是跨越昭帝，承接武帝朝而来，不仅在时间上与武帝时代相邻，且特别强调承接武帝正统[③]。那么，当尹更始等人对《公羊传》发起挑战之时，如果"周亡天下"的说法只是武帝之后的一时添加，就不仅不属于权威说法，甚至可视之为"作伪"，他们必然要加以指出，并在文本中摘出，由此也就无辩驳的需要了。总之，当尹更始等人郑重其事地讨论公羊学"是非"时，只能说明，"周亡天下"这样的说法，就存于景、武以来的权威文本之中。

但是，文本的写定不代表创作。质言之，写定只代表文本的稳定化，而不能包含文本的全部生产过程。在此特别需要提出的是，古书形成有一个很长的时间跨度。考察中国古文献的发展，先秦以至西汉的文本生成，往往呈现出余嘉锡所言的："古书本不出自一人，或竹帛著之后师。"[④] 文本的生产、变化、定型往往要经历一个很漫长的时段，在代代相传的过程中，多种因素不断渗入，对文本的最终面貌产生了极其复杂的影响。具体到《公羊传》，文本形成下限在西汉的景帝时代，此后虽小有调整，就像"周室威"这样的提法，在写定时应该存在，后来却被删芟，但总的来说，文本的大致面貌是稳定的。但向上追溯，并涉及上限问题时，就较为复杂了。

前已论及，《公羊传》撰作成书的上限是在战国。由此，我们的问题是，在由战国至汉初这么漫长的数百年间，"周室威"是汉代写定时所添加，还是战国时代的材料遗留呢？由于"周室威"文句与《公羊传》哀公十四年的传文紧密相连，故而，要厘清这一问题，应该将它放置在这一大的文本语境中加以考察。

在笔者看来，哀公十四年的这段文字应该是将两个时代的文本纠缠到了一起。我们此前曾对这一文本做过专门考察，认为从整体来看，这

---

① 《汉书》卷88《儒林传》，第3617页。
② 《汉书》卷64上《严助传》，第2789页。
③ 关于这一问题，可参看王刚：《海昏侯墓"大刘记印"研究二题》，《江西师范大学学报》（哲学社会科学版）2016年第2期。
④ 余嘉锡：《古书通例》，《余嘉锡说文献学》，上海古籍出版社，2001年，第165页。

段文字是汉人出于政治需要而改造出来的，具有鲜明的现实指向性。尤其是"薪采"，是在"天下逐鹿"的背景下对刘邦的隐喻，"拨乱反正"也最早用于刘邦称帝时，它们都不见于其他两传，是《公羊传》说的独特笔法。循着这样的思想理路，《公羊传》中的这段文字"实为秦汉之际政治文化的产物，它直接溯源于高祖刘邦，为其所建的汉帝国服务，是一种为新王朝进行鼓吹和服务的论说"①。由此，从特定意义上来看，这段文字可以说就是汉人所作。但问题的另一面是，它又不是汉代人凭空捏造出来的，而是在材料上有所依据，而这材料就是《孔丛子》中所引文本。

然而问题是，在文献学史上，《孔丛子》是一本饱受争议的文献，很多学者认为它行文较"软弱"，故而怀疑它晚出，甚至认为是假托的"伪书"。但随着出土材料的丰富，过去的成见受到了挑战，李学勤认为，它是汉魏"孔氏家学的学案"②。由此，越来越多的学者认为，它的很多材料渊源有自，而非后人伪造。我们注意到，李存山在出土文献的视野下，对《孔丛子》的文本时代问题作了专门讨论，认为："卷一至卷三记孔子、子思言行，则绝无软弱之嫌，很可能前三卷是辑先秦孔氏遗文。"③ 而记载"获麟故事"的《孔丛子·记问》，正是来自卷三，属于渊源有自的先秦材料。

在这样的视野下，进行文本比较，就可以发现，在《孔丛子》中没有"薪采""拨乱反正"这样盛行于秦汉以来的字词，也没有过多的义法论述，主要就是在讲述一段故事。看起来《公羊传》有关文字应该是后起文本，是在故事之上作了义理加工。而同是讲述故事，《孔丛子》中的故事更为完整，人物也更为丰富。其中子羔、子游、冉有等孔子的学生纷纷登场。尤为重要的是，《公羊传》中的"有以告者曰"，在《孔丛子》中明确写作"冉有告夫子曰"。如果是《孔丛子》中的故事晚于《公羊传》，此处就不应该是冉有出现。

因为翻检《公羊传》文，在"获麟"之后，紧接着就记载颜回、子路之死，以与孔子"吾道穷矣"的感慨相呼应，冉有不是《公羊传》的中心人物，还有子羔、子游也是如此，如果是为了丰富故事的需要，是

---

① 关于这一问题的具体论述，可参看王刚：《〈公羊〉"大一统"经义的成立与秦汉之际的政治思潮》，《中国经学》（第十九辑），广西师范大学出版社，2016 年，第 55～61 页。

② 李学勤：《竹简〈家语〉与汉魏孔氏家学》，《简帛佚籍与学术史》，江西教育出版社，2001 年，第 383 页。

③ 李存山：《〈孔丛子〉中的"孔子诗论"》，《孔子研究》2003 年第 3 期，第 9、10 页。

没有必要突出这些人物，而淡化颜回、子路的。反过来，因为要突出颜回、子路，就需要淡化其他弟子，所以，在《公羊传》中删去了冉有的名字，而含混地写作"有以告者"。

总之，在对这些材料综合考量之下，我们认为，《孔丛子》中的文字早出，而它既然早于汉初写定的《公羊传》，那就应是战国以来的材料。前已论及，《公羊传》虽主体部分在战国形成，但"获麟绝笔"这段有着汉代的文笔与意识。由此可推定的是，当《公羊传》描述和写定这段故事时，以《孔丛子》或同源文本为底本，在义理上添加了秦汉因素，对故事及文字作了简删。就本论题来说，特为重要的是，在早期《公羊传》文本的撰作及删并过程中，战国时代即已出现的"周室威"或"周宗将灭"被保存下来，以致成了石渠议奏的重要内容。

三　文本生成与时代印记：从"上无天子，下无方伯"到"周室威"

由前已知，在讨论衣镜文问题时，有学者根据春秋时代的历史实相，认为"周室威"说法与事实不符，从而推断"威"为讹字。但通过以上的分析，已可确证，这是一个误判。不仅如此，衣镜文中的"上毋天子，下毋方伯"[1]，亦多次出现于今本《公羊传》中，"毋"作"无"，它与"周室威"意义相近，这就再次证明了衣镜文所撰不误，并且与早期《公羊传》文本契合。

但问题是，无论是"周室威"，还是"上无天子，下无方伯"，确与历史事实严重不符。那么，我们就要问了，作为解释《春秋》及春秋时代的《公羊传》，它何以会出现这样的历史性"错误"呢？换言之，如果说在前面的论述中，解决的是知识文本产生的时代及相关问题。那么，接下来要讨论的，应该就是，这样的文本为什么会产生？又怎么一步步产生的呢？

在笔者看来，这一问题必须深入于战国至汉初的时代背景中去加以分析。质言之，《春秋》属于春秋时代，但解说它的《公羊传》却主要属于战国时代，并延伸至汉初。由此，我们发现，在《公羊传》的文本演进中，隐然遗留了这一大时代的历史印记，"周室威"及与此相关的"上无天子，下无方伯"，就是其中的典范。它们溢出了春秋时代的历史边界，却反映着战国至汉初的思想状态及时代精神。下面，就具体论之。

---

[1]　王意乐、徐长青、杨军等：《海昏侯刘贺墓出土孔子衣镜》，《南方文物》2016 年第 3 期，第 64 页。

(一) 从春秋、战国时势之异看文本建构

习文史者皆知,春秋战国时代是周王室逐渐走下坡路的历史阶段,但它的衰亡,即所谓"周室威"并不是一朝一夕之间完成的,而是经历了一个缓慢的历史过程。在春秋时代,总的来说,周王室是衰而未亡;而战国时代的周王室则无任何号召力,等同于苟延残喘的地方政权,并最终为秦所灭。由此,周室衰亡的表现,在春秋和战国阶段是不太一样的。

具体说来,在春秋时代的数百年间,周王虽早已不被诸侯们放在眼里,但吊诡的是,恰恰因为周天子受到轻视,强调其权威反倒有了必要性,于是乎,"尊王"成为春秋时代的一种思想潮流。众所周知,孔子就是"尊王"的代表人物,而表达这种立场的文本,主要在《春秋》一书。很自然地,在这一文本中,"尊王"成为核心所在。顾炎武在《日知录》卷四中,有这样的论述:

> 《尚书》之文但称"王",《春秋》则曰"天王",以当时楚、吴、徐、越皆僭称王,故加"天"以别之也。赵子曰"称天王,以表无二尊"是也。①

由此,我们注意到,就世所艳称的"《春秋》笔法"而言,周王作为至高无上的代表,被称为"天王",为"天子讳",更是成为重要通例,这些现象无一不在说明孔子对于周王及王室的推崇。也由此,在《春秋》文本及其系统中,是不可能明言"上无天子,下无方伯"的,更不应该出现"周室威"的说辞。以发挥"《春秋》大义"为旨归的《公羊传》,本来也应谨守这一点,但质之于文本,它恰恰产生了突破,这一突破,其爆破口不当在春秋时代,而只能从开始建构《公羊传》经义的战国时代算起。

查核典籍,"上无天子,下无方伯"一句,在《公羊传》庄公四年、僖公元年、僖公二年等处皆有出现。其中在庄公四年中,何休注曰:"有而无益于治曰无。"② 如果细加考察,可以发现,何休之言实属弥缝矛盾的巧说。且不说从字面上来看,"上无天子"一般指的是周天子被消灭之后的情形,它应与"周室威"密切相关。即使退一步,据何休之

---

① 顾炎武著,黄汝成集释、秦克诚点校:《日知录》,第121页。
② 阮元校刻:《十三经注疏》,第2226页。

说，"上无天子"是因为周天子形同虚设，故而如此措辞。但它与春秋时代及《春秋》中的"尊王"，有着明显的冲突，由此，与《春秋》文本的精神就有了差距。尤为重要的是，"下无方伯"一句与春秋的历史事实及《春秋》的文本书写之间，更是处处抵牾，根本无法自圆其说。

众所周知，随着春秋时代的王室衰微，争夺霸业成了政治主潮，那些霸主们，即所谓"方伯"一度风光无限。司马迁曾评述道："平王之时，周室衰微，诸侯强并弱，齐、楚、秦、晋始大，政由方伯。"① 而在霸业的争夺中，齐桓公、晋文公最为著名，并成了后来者的仿效对象。由此，《孟子·离娄下》在讨论《春秋》文本问题时，指出："其事则齐桓、晋文。"② 我们知道，齐桓、晋文在成就霸业的过程中，以所谓的"尊王"旗号作为核心的助推力量，它反映的正是"方伯"们假借"天子"而显赫一时的史事。

由此，"上无天子，下无方伯"不能出现在春秋，而只能是在战国时代。这不仅由历史事实所决定，也一度是当时的主流话语。我们注意到，刘向在总结战国时代的特点时，曾有这样的表述："上无天子，下无方伯，力功争强，胜者为右。"③ 这种说法并非刘氏所创，而应有所本。值得注意的是，在《淮南子·要略》中也有类似的说法："（战国时）下无方伯，上无天子，力征争权，胜者为右。"④ 与《公羊传》一样，它们都有"上无天子，下无方伯"的文句。质言之，它是战国至汉的习用语。但或许有人会问，作为一种语辞或理念，可不可以更晚些？这会不会是汉代人的概括呢？怎么就可以判定是战国时代出现的呢？

我们知道，战国为百家争鸣时代，其中在最为著名的齐国稷下学宫，"驺衍、淳于髡、田骈、接予、慎到、环渊之徒七十六人，皆赐列第，为上大夫，不治而议论。是以齐稷下学士复盛，且数百千人"⑤。这些人争论些什么？其中一个核心，就是与政治相关的各种历史兴衰。《史记·孟子荀卿列传》载："（稷下先生）各著书言治乱之事，以干世主，岂可胜道哉！"毫无疑问，在那样一个学术繁盛的背景下，对于"天子""方伯"势力的远去，他们能不关注吗？由此，"上无天子、下无方伯"的

① 《史记》卷4《周本纪》，第149页。
② 朱熹：《四书章句集注》，第295页。
③ 刘向：《战国策书录》，刘向集录：《战国策》，第1196页。
④ 刘文典撰，冯逸、乔华点校：《淮南鸿烈集解》，第711页。
⑤ 《史记》卷46《田敬仲完世家》，第1895页。

提出与争论，实为那时的题中应有之义。黄开国曾指出，《公羊传》"是战国《春秋》齐学的传本"①。我们甚至怀疑，《公羊传》就吸纳了很多自稷下争鸣以来的内容，其中很可能就包括了"上无天子，下无方伯"②这一类的说辞。

不仅如此，细绎战国以来的文本，也能觅到一些雪泥鸿爪。

我们先从"下无方伯"开始讨论。《战国策·齐策一》载："古者五帝、三王、五伯之伐也。"虽然此处的"五伯"，也即"五霸"，有认为包括了春秋以上人物者，但齐桓、晋文被纳入这一系列，则是公认的③。说明在战国时代的人看来，齐桓、晋文这一类"方伯"之事为"古"事，是过去的历史④。由此，《孟子·告子下》曰："五霸者，三王之罪人也。今之诸侯，五霸之罪人也。今之大夫，今之诸侯之罪人也。"⑤ 据此进一步推之，过去有方伯，而"今"（战国）已不存，只有纷争的诸侯。

至于"上无天子"，从狭义上来说，固然可以指战国后期周王室被彻底覆灭之后的情形，如《吕氏春秋·有始览·谨听》曰："今周室既灭，而天子已绝。乱莫大於无天子。无天子则强者胜弱，众者暴寡，以兵相残，不得休息。今之世当之矣。"⑥ 这属于彻底的"周室威"，所以用词为"周室既灭"。但还有一种更值得注意的倾向，那就是"周室将灭"。作为战国政治思潮，它进入《公羊传》文本中，也即前面所讨论的"获麟"之时，孔子所言的"宗周将灭"。但通过以上各种讨论，我们可以认定，这是假托孔子的话，为战国时代所造作，并与《孔丛子》文本同源。

由此，值得注意的是在《孔丛子·抗志》中，费子阳与子思的一段对话："吾念周室将灭，泣涕不可禁也。"⑦ 如果这段对话不误的话，那就应该属于战国早中期就已有的一种认识，即认为，周王室即将覆灭，已无挽回的可能。顾炎武曾说："春秋时，犹宗周王，而七国则绝不言王

---

① 黄开国：《公羊学发展史》，人民出版社，2013 年，第 51 页。

② 刘向：《战国策书录》，刘向集录：《战国策》，第 1196 页。

③ 刘向集录：《战国策》，第 334 页。

④ 在《管子·形势》中，亦有"古者三王五伯皆人主之利天下者也"这样的说法，但这一篇并非春秋时的作品，据罗根泽的研究，它是"战国政治思想家作"。见罗根泽：《罗根泽说诸子》，上海古籍出版社，第 2001 年，第 293、294 页。

⑤ 朱熹：《四书章句集注》，第 343 页。

⑥ 许维遹撰，梁运华点校：《吕氏春秋集释》，第 296 页。

⑦ 傅亚庶：《孔丛子校释》，中华书局，2011 年，第 178 页。

矣。"① 较之春秋时人对周天子还抱有希望不同，在战国时代，一个很大的不同在于，周王已日渐成为历史陈物，人们转而希望有"新王"的出现，或者可以说，战国是呼唤新王的时代。甚至孟子这样的大儒，都鼓励当时的诸侯通过行仁政，而成为"新王"，如《孟子·梁惠王下》曰："乐以天下，忧以天下；然而不王者，未之有也。"《公孙丑上》曰："无敌于天下者，天吏也。然而不王者，未之有也。"② 就反映了这一思想趋向。

质言之，战国以来，不管是"周室将灭"，还是"周室既灭"，"周室威"由感觉而事实，伴随着"上无天子，下无方伯"③ 的不可遏制，已成为大势所趋，问题只在于谁"代周"而已。而这就与春秋时代的"尊周"产生了差异，由于这一差异的产生，甚至孔、孟都有了不同立场。程颐指出："孔子之时，周氏虽微，天下犹知尊周为义，故《春秋》以尊周为本。至孟子时，七国争雄，天下不复知有周，而生民之涂炭已极。当是时，诸侯能行王道，则可以王矣，此孟子所以劝齐、梁之君也。"④ 从一定意义上来看，这一理念的发生，根本因素在于，它由春秋以降的社会乱象所催发，既然周天子不可期待，"尊王"的"方伯"也走完了历史进程，那么，唯有选择"新王"。从"上无天子，下无方伯"，到"周室威"，它实质上所呈现的，是战国的时代精神。

（二）文本的学术理路与"大一统"的文化驱动

在中国经学史上，"大一统"理论主要依赖于公羊学的阐发，同时它也是《公羊传》的理论核心。黄开国说："公羊学以讲求微言大义而著称。而集中体现公羊学政治理想的大一统才是公羊学微言大义的根本所在。"⑤ 这一理论的发生、发展有一个历史的过程，就学术理路而言，春秋时代的孔子为它提供了内在的知识之根，它在战国的政治土壤上日渐长成后，最终的果实在汉代结出，定型为了西汉的公羊学。

"周室威"文本作为这一系统的重要组成部分，其生成及发展亦遵从着这一理路。由此，这就要求我们的研究视野不能仅限于战国，而应该上到春秋，下至西汉，围绕着整个"大一统"的演进脉络来展开讨论。下面，就以此为切入口，对"周室威"的文本生成展开具体的

---

① 顾炎武：《日知录》，第 467 页。
② 朱熹：《四书章句集注》，第 216、237 页。
③ 刘向：《战国策书录》，刘向集录：《战国策》，第 1196 页。
④ 朱熹撰：《四书章句集注》，第 205 页。
⑤ 黄开国：《〈公羊〉学的大一统》，《人文杂志》2004 年第 1 期，第 34 页。

分析。

由以上问题意识出发，首先要注意的是，《公羊传》虽自战国产生，汉代定型，但所承接和发挥的，乃是春秋时代的孔子之学。由此，学术内在理路不可能离开孔子而自话自说。就本论题而言，所谓的学术内在理路，指的是在孔子学说中，已经存有对周王室的否定性意见，这种意见运之并扩展于《春秋》诠释，就使得"周室威"等相关论述，不仅不显得突兀而起，反倒可视之为沿承与发展。

习文史者皆知，春秋战国的外在时势，概言之就是所谓的"礼乐崩坏"，最大表征是宗周礼乐被抛弃，天子的权威日益不再，诸侯开始以暴力争胜天下。在这样的背景下，作为文化保守主义者的孔子，固然非常希望能回归到"郁郁乎文哉"的西周制度文化之中，从而实现"礼乐征伐自天子出"的理想目标[①]。但严峻的现实是，这一可能日益渺茫。这种渺茫主要还不在于周王室的孱弱，而在于一代代周天子自己就自坏规矩，由此，这一群体不仅不能成为重振礼乐文化的引领者，甚至加大着"礼乐崩坏"的速度。王国维曾说："周之所以纲纪天下，其旨则在纳上下于道德，而合天子、诸侯、卿、大夫、士、庶民成一道德之团体。"[②]从一定意义上来说，周天子之所以为周天子，周王室之所以拥有统治天下的合法性，不完全在于暴力镇压和行政运作等，这一面或者可以称为"周政"；它还有更为重要的一面在于，崇尚道德名分的制度文化支撑着周王朝的政治大厦。从这个角度来看，周天子要获得至尊身份，就必须承担起从周文王开始一路传承的道德文化、礼乐制度等，也即所谓"周道"。

然而，在春秋时代的中国，"周政"不绝如缕，"周道"日渐失坠。如果将这二者分别对应为"政治西周"与"文化西周"的话，那么可以说，与政权直接关联的"政治西周"虽衰而未亡，但"文化西周"已基本宣告寿终正寝。在这样的背景下，我们注意到，即使"尊王"如孔子者，也有着"其或继周者"的问答。这就从一个侧面说明，他对于周天子是否可以恢复当年的王朝之光，隐隐之中是高度存疑的，这里面的核心所在，应该就是"周道"失坠。由此，孔子豪迈地宣称："文王既没，文不在兹乎？"[③] 这段宣言意义重大。它不仅表现了对时王和当下政治的强烈不满，更重要的是，孔子在内心深处认为，周王室已不能承接周文

---

① 分见于《论语·八佾》和《季氏》篇。
② 王国维：《殷周制度论》，谢维扬、房鑫亮主编：《王国维全集》第八卷，第303页。
③ 分见于《论语·为政》和《子罕》篇。

王的事业，自己不得不毅然担负起"周道"传人的资格，这就给战国时代的春秋学发展埋下了种子。

接续这样的思路，在战国时代，最可注意的是《孟子·滕文公下》中那段令人瞩目的论断："《春秋》，天子之事也。"① 此处的"天子之事"并非说孔子要替代周王成为天子，而是在"道""政"二分的前提下，孔子通过《春秋》一书，承接"周道"，为世人重立规范，《春秋》由此成为弘扬"王道"之书。我们注意到，以发挥《春秋》精神为旨归的公羊学在这方面的表现极为突出，它不厌其烦地推扬这一主张，如《春秋繁露·玉杯》说，《春秋》因"遂人道之极"，"人道浃而王道备"②。不仅由此打造了公羊学的理论基础，而且关联和延伸出许多重要的经义。而其中最重要的，就是"大一统"。

"大一统"不是简单的政治统一，是以政治文化为内核，打造出具有凝聚力的大共同体。我们知道，"大一统"作为中国古代最为重要的政治概念，虽可以远溯西周，但就事实形成而言，主要从战国以来开始鼓荡，至秦汉奠定了基础；就理论贡献而言，公羊学的作用最为核心。

由本论题出发，可以看到，"大一统"中有两大要素值得关注，一是王者；二是后圣，前者主要属于"政"，后者则更有"道"的属性。在战国人看来，西周时代文王所开创的宗周天下，曾将"王"与"圣"融为一体。但随着东周的分裂，不仅仅是政治和领土上的失控，更深层的还在于"道"与"政"的分离。由此，自战国以来所期待的"大一统"局面，就是在"政治西周"和"文化西周"拆分之后，将"道"与"政"重新合为一体，而实现者，则是新的"王者"，也即后来之"圣"。也由此，《孟子·公孙丑下》所谓的"五百年必有王者兴"③，成为那个时代最激动人心的口号。在此，所谓"后圣"，不仅要突出王者的"圣性"，更重要的是，与西周的文王等"前圣"相较，有一种继承和发展的关系。所谓继承，在天下分崩离析之后，重新接续"周道"，做新的"圣王"；所谓发展，不是对"周道"的完全回归，而是延续历史而来，向着未来而去，以所谓的"新王之道"来治天下。

而"新王之道"在哪里呢？按照公羊学家的说法，这种"道"就在《春秋》之中，由孔子所创立，也即《春秋繁露·玉杯》所谓的"孔子

---

① 朱熹：《四书章句集注》，第272页。
② 苏舆撰，钟哲点校：《春秋繁露义证》，第39、32页。
③ 朱熹：《四书章句集注》，第250页。

立新王之道。"① 在《公羊传》"获麟绝笔"中，表述为："制《春秋》之义，以俟后圣。"②

在这样的思路下，"周室威"很自然地成为一种思想选择。因为"周室威"，才可能有"新王之道"。从理论上来说，这种"威"就发之于"周道"，《史记·太史公自序》曰："周失其道而《春秋》作。"③ 因"周道"灭，《春秋》成为延续"文化西周"的载体。在这里特别需要指出的是，孔子虽接"周道"，并不能成为真正的天子。当孔子承担起文王以来的"周道"之时，孟子以来的思想家认为，这一使命原属周天子，在特殊时势下，孔子不得已而承担。孔子所为虽为"天子之事"，但与"天子之位"没有必然关系。所以，《孟子·万章上》曰："匹夫而有天下者，德必若舜、禹，而又有天子荐之者。故仲尼不有天下。"④

但这样一来，在对待周天子及王室的态度上，《公羊传》中就有了鲜明的两面性。一面是以发挥孔子《春秋》精神为旨归的"尊王"，有学者认为："这是贯穿《公羊传》全书的一条最重要的经义。"⑤ 翻检文本，可以发现，依照孔子笔法，对于天王之称，《公羊传》完全继承了下来，并在经义的发挥中，刻意凸显着周王的至尊地位⑥。但更为重要的是，在《春秋》文本中隐约的另一面，即所谓"贬天子"⑦，在《公羊传》文本中不仅被清晰地表露出来，而且其重要性甚至超越了"尊王"，尤其在汉代占据着重要的话语位置。《春秋繁露·王道》阐发为："孔子明得失，差贵贱，反王道之本，讥天王以致太平。"⑧ 而这一问题意识加以拓展，则逐渐形成了这样的思路：由于"周道"的丧失，周室的灭亡已成为大势所趋，孔子遂承继起历史重任，以《春秋》建构"新王之道"。由此，公羊学家们抓住"获麟绝笔"大做文章，从中归纳出孔子作《春秋》的意义和缘由，即所谓："君子曷为为《春秋》？拨乱世，反诸正，莫近诸《春秋》。……制《春秋》之义，以俟后圣。"⑨

谁是"后圣"呢？在汉代公羊学中，"后圣"的直接指向，就是大

---

① 苏舆撰，钟哲点校：《春秋繁露义证》，第 28 页。
② 阮元校刻：《十三经注疏》，第 2354 页。
③ 《史记》卷 130《太史公自序》，第 3310 页。
④ 朱熹：《四书章句集注》，第 309 页。
⑤ 赵伯雄：《春秋学史》，山东教育出版社，2004 年，第 41 页。
⑥ 如隐公三年："外大夫不卒，此何以卒？天王崩，诸侯之主也。"桓公九年："虽为天王后，犹曰吾季姜。"昭公二十三："此未三年，其称天王何？著有天子也。"
⑦ 《史记》卷 130《太史公自序》，第 3297 页。
⑧ 苏舆撰，钟哲点校：《春秋繁露义证》，第 109 页。
⑨ 阮元校刻：《十三经注疏》，第 2354 页。

汉王朝。前已论及，哀公十四年这段文字应写定于西汉，它不可避免地有着汉代的思想意识。而这一意识中，一个很重要的指向就是，"后圣"为汉。由此，它不仅成为汉代经学中的支柱性论点，亦是公羊学成为"显学"的关键所在。

揆之于事实，以汉作为"后圣"，当然是一种后来者的比附。然而，若着眼于历史的长时段，可以看到，战国以来直至汉初，是一个周室覆灭，呼唤新的"王者"，以建构"大一统"的时代。所以结合《公羊传》文本，从特定意义来看，"大一统"乃是直接生长于"周室威"的基础之上，由承接旧的"文化西周"而开出"新王"。需要指出的是，这一理论趋势，如能为秦王朝所用，当能打造出不同的历史面貌。但我们知道，秦王朝自认为"上古以来未尝有，五帝所不及"①。它又怎么会将"周道"放在眼里呢？由此，在其暴力政治之下，不仅没有成为战国以来的"新王"，而且带来了王朝的覆灭。从这个角度来说，秦王朝不仅不能承担"周室威"之后的"新王"职任，它甚至比之东周更为混乱，在汉儒看来，属于"以乱济乱"②的最大典型。

毫无疑问，在"拨乱反正"之中，秦只能归之于"乱"，"周室威"的进程在它那里没有画上句号，而只有汉作为真正的"继周者"，最终才承担起了这一历史重任，成为回归于"新王之道"的"正"。由此，因秦败汉兴，汉儒日渐相信《春秋》的"新王之道"简直就是为大汉王朝量身定做，它预言着大汉的兴起，《论衡·须颂》曰："《春秋》为汉制法。"③几乎成为汉代的一般通识。加之汉武帝"独尊儒术"之后，日渐完成了思想的整合，不仅政治上中央集权，国家统一，天下归一的心理认同也自此奠定，"大一统"第一次真正实现④。可以说，"周室威"之后，汉代真正结束了"上无天子，下无方伯"⑤的局面，《春秋》之义得以真正落实。这一学术理路，无疑可以带来大汉王朝的理论自信，但与此同时，也不可避免地将后世的时代精神及痕迹，渗入对春秋时代的解说之中。使得有些文句呈现出特异之处，给文本带来了不可控的因素，在内在的紧张矛盾中，后来者需要对文本解说进行必要的调试，并由此

---

① 《史记》卷6《秦始皇本纪》，第236页。
② 《汉书》卷56《董仲舒传》，第2504页。
③ 王充撰，黄晖点校：《论衡校释》，第857页。
④ 学界一般都以汉武帝时代为中国"大一统"的实现期，如杨向奎说："汉武帝乃中国历史上最有为帝王之一，乃大一统之实现者。"见杨向奎：《大一统与儒家思想》，北京出版社，2011年，第78页。
⑤ 刘向：《战国策书录》，刘向集录：《战国策》，第1196页。

开启了各种学术纷争。

四 《公羊传》文本中的诗经学影响：历史记忆与文本调适及相关问题

《孟子·离娄下》云：

> 王者之迹熄而《诗》亡，《诗》亡然后《春秋》作。晋之乘，楚之杌，鲁之春秋，一也。其事则齐桓、晋文，其文则史。孔子曰："其义则丘窃取之矣。"①

这段著名的论述告诉我们，《春秋》的撰作乃是接续《诗经》而来，并与"王者之迹"相关联。千百年来，学界对于这一问题有着各种不同的解读，但由本论题出发，探求诗经学对公羊学的影响，实为题中应有之义。

我们注意到，自战国时代孟子首倡"孔子作《春秋》"，赋予其"天子之事"的品质以来，《春秋》由外在之"事"而挖掘内在的"微言大义"，成为主要的诠释方向。这一点为公羊学大力发扬，并成为特色所在。由此，黄开国指出："孟子关于《春秋》的这些思想，后来成为以春秋公羊学为代表的今文经学关于孔子著《春秋》的基本理论。"② 就本论题而言，需加提出的是，从孟子开始，在《春秋》微言大义的追寻上，移用《诗经》学中"以意逆志"的解读方法，并日益聚焦于"心志"之上，由"事"及"义"，发明义理，成为重要的解经方向。这一路径为汉代公羊学所继承，如《春秋繁露·玉杯》曰："《春秋》之好微与？其贵志也。"又曰："《春秋》之论事，莫重于志。"③ 它说明在诠释方法上，"微言大义"直通"心志"或"情志"所在④。

毫无疑问，探求"事"与"义"，是解读诗经学与春秋学的基本要素，但由于从特定意义上看，它们又都由"志"所发。由此，要探寻公羊学与诗经学之间的关联，首先还要深入于共同之"志"中。在这样的问题意识下，我们就注意到，公羊学在继承《诗经》之"志"的过程中，不仅与《诗》义实现了沟通，就"事"而言，也多有承接之处，其

---

① 朱熹：《四书章句集注》，第295页。
② 黄开国：《公羊学发展史》，人民出版社，2013年，第56页。
③ 苏舆撰，钟哲点校：《春秋繁露义证》，第38、25页。
④ 关于这一问题，可参看王刚：《圣统与路径：孟子与〈春秋〉经学的建构》，《华中国学》2017年春之卷，华中科技大学出版社，2017年，第36~40页。

中特别重要的，就是"周室威"的文本引入。进一步言之，在公羊学形成、发展的过程中，在历史共通性所带来的忧患意识的触动下，诗经学所给予的历史记忆对于文本生成带来了深刻的影响，而这一文本生成后，对于原来的整体结构带来了若干的冲击，在动态调整中，接续诗经学，整合和创构出新的经义，成为势之所趋。下面，具体论之。

（一）《诗经》之志与《公羊》之志

由本论题出发，首先要加以确认的，是《公羊传》与诗经学的共同之"志"问题。在笔者看来，这样的问题应主要落实于心理共鸣之上。大凡读书人都有一种体会，当迸发思想火花，尤其是撰作者进行知识生产时，过去的读书经验，尤其是脑海中的历史情境，往往会与现实产生一种共情的关联，所谓"抚今追昔""悠然神会"，大抵都是如此。

习文史者皆知，《诗经》虽编定于孔子之手，但在孔子之前，早已散布开来。翻检《左传》等典籍就可以发现，在春秋时代，各国使节及士人之间，咏诵《诗经》已蔚为风气。而在战国时代，它更与《尚书》一起，成为经学或儒学系统中的必读之书，在《墨子·公孟》中，载有这样一段话："今孔子博于《诗》《书》，察于礼、乐，详于万物。若使孔子当圣王，则岂不以孔子为天子哉？"① 证明在当时《诗经》的知识地位。毫无疑问，战国以来，作为经学系统的《公羊传》在其生产过程中，各代撰作者不可能不熟知《诗经》，《诗经》的影响或隐或现地进入《公羊传》之中，就毫不奇怪了。

《礼记·经解》曾云，诗教可使人"温柔敦厚"②，似乎《诗经》的篇章都很平和中允，但实际上这并不能概述全部。因为在西周中后期的"变风""变雅"中，讥讽之言恰恰是主旋律所在。在这些诗篇中，诗作者以激愤之声，猛烈地批评时政。而之所以如此，根本因素在于，政局渐乱，让诗人心情难以平复。太史公曾说："《诗》三百篇，大抵贤圣发愤之所为作也。此人皆意有所郁结，不得通其道也，故述往事，思来者。"③

就本论题而言，特别值得注意的是，这种因心志难平而发生的"述往事，思来者"，其接续者，就在于孔子的《春秋》。这是否就是"《诗》

① 孙诒让撰，孙启治点校：《墨子间诂》，第 454 页。
② 朱彬撰，饶钦农点校：《礼记训纂》，第 736 页。
③ 《史记》卷 130《太史公自序》，第 3300 页。

亡然后《春秋》作"① 的根本原因呢？因论题所限，此种问题不在本文讨论范围之内。但我们可以知道的是，作为一般共识，在儒林看来，《春秋》乃承《诗经》之"志"，因忧愤难平而产生。故而在《盐铁论·相刺》中，有这样的论述：

> 孔子曰："诗人疾之不能默、丘疾之不能伏。"是以东西南北七十说而不用，然后退而修王道，作《春秋》，垂之万载之后，天下折中焉。②

前已论及，公羊学"贵志"，作为诠释《春秋》之作，承接由《诗经》至《春秋》之"志"，固然为题中应有之义。但更需要明晰的问题是，具体而言，到底是什么使得从诗人到孔子，皆"不能默""不能伏"呢？或者说，西周中后期以来，刺激诗人神经的政局到底乱在哪些方面呢？

揆之于史，它主要就在于周王室的衰微和夷狄对中原的侵扰。《汉书·匈奴传》曰："戎狄交侵，暴虐中国，中国被其苦，诗人始作。"③《史记·周本纪》则载道："懿王之时，王室遂衰，诗人作刺。"④ 事实上，春秋时代的"礼乐崩坏"并非一朝一夕所致，而是从西周中后期就埋下了祸因。从特定视角来看，春秋时代的"尊王攘夷"，实乃对西周持续乱局的回应。但时至战国，由西周中后期发展而来的乱局不仅没有得以拨乱反正，反而愈演愈烈。在这样的历史情境下，战国以来的公羊学家们在诠释《春秋》之时，不仅在心志上可通过孔子与《诗经》作者获得共鸣，当年的往事亦往往重现于心间，与《诗经》文本相结合，往往会不自觉地流于口头及笔端，这是可以想见的。

（二）从《诗经》释义看东周时代"周室戚"的观念及相关问题

以本论题的视野来看，在《诗经》所载两周往事中，最能触动人心的，当属"周室戚"。也即前所提及的《诗经·小雅·雨无正》："周宗既灭，靡所止戾"，《正月》："赫赫宗周，褒姒灭之"⑤。

细审这两段文字，如遵照语义直接解读，当然是说周王室或王朝遭

---

① 朱熹：《四书章句集注》，第 295 页。
② 桓宽撰，王利器校注：《盐铁论校注》，第 253、254 页。
③ 《汉书》卷 94 上《匈奴传》，第 3744 页。
④ 《史记》卷 4《周本纪》，第 140 页。
⑤ 阮元校刻：《十三经注疏》，第 443、447 页。

到了覆灭。然而问题是，褒姒作为西周末君幽王之后，虽导致了犬戎入侵，镐京残破，直至幽王死难，西周由此宣告结束。但此后，幽王长子平王作为新一代的周天子，在诸侯的支持下迁都洛阳，开创了东周时代。按照过去的一般看法，周并没有灭，而是由西周阶段转入了东周阶段而已。

故而，汉以来的解经者们大都对这一诗句及反映的事实加以调停，在《正月》中，毛传曰："宗周，镐京也。"在《雨无正》中，郑玄笺曰："周宗，镐京也。"[1] 对于"周宗""宗周"释义的一致性，孔颖达认为，它们语词可互换，即所谓"文虽异而义同"，他还提出："毛以为周室为天下所宗，今可宗之道，为先王之法。既以灭亡矣，其道既灭，国亦将亡。"[2] 按照这样的理解，无论是"周宗"还是"宗周"之"灭"，都不是指王朝倾覆，而只是周道灭亡，反映在历史事实上，则是首都镐京遭到了劫难，并由此拉开了春秋战国的时代序幕。

然而，从语义来看，将"宗周"解释为镐京尚可得通，但"周宗"一般应该指王室，解为地域，实难说通。故而，清儒马瑞辰在其所作《毛诗传笺通释》中，在反对孔颖达所谓"文虽异而义同"的基础上提出：

> 周宗与宗周有别。……周宗当为宗周传写误倒。昭十六年《左传》引《诗》正作"宗周既灭"，是《诗》本作"宗周"之证。《笺》云："周宗，镐京也"，盖郑君笺《诗》时所见《毛诗》尚作宗周，故解与《正月》诗"赫赫宗周"同。今笺作"周宗"者，后人因经误作周宗而并改之也。[3]

马氏此书在学界评价甚高，屈万里曾说："在清代说《诗》的专书里"，"是一部最好的著作。"[4] 尤为重要的是，以上关于"周宗"等问题，王先谦在作《诗三家义集疏》时，基本全盘移用[5]。这说明，这一认识极有代表性。

我们注意到，按照这种说法，在西周末期"宗周"，也即镐京遭到

① 阮元校刻：《十三经注疏》，第 443、447 页。
② 阮元：《十三经注疏》，第 433、447 页。
③ 马瑞辰撰，陈金生点校：《毛诗传笺通释》，中华书局，1989 年，第 623、624 页。
④ 屈万里：《诗经诠释》，《屈万里先生全集 5》，联经出版事业公司，2001 年，第 22 页。
⑤ 王先谦：《诗三家义集疏》，中华书局，1987 年，第 684 页。

了覆灭，而"周宗"，也即周王室，实为"宗周"之误。此说看似理据
充沛，但它的前提也是建立在周室未真正灭亡，只是周道覆灭的基础之
上。遗憾的是，这一基础是极为脆弱的，且不说仅就传世文献来看，已
有学者指出："持幽王说者释'周宗既灭'为周道灭而非国灭之说，是
牵强附会之论。"① 更重要的是，根据现有的出土资料，我们已经知道，
春秋战国以来，周室遭到灭亡的事实和观念，是明载于竹帛之上的，也
即属于战国时代的清华简《系年》第 8 简所载："周亡（无）王九年，
邦君诸侯焉始不朝于周。"②

对于这一新出资料，学界已有讨论。它与古本《竹书纪年》所提及
的两周之际的"二王并立"可相印证。所谓的"二王并立"，指的是西
周末君幽王被杀后，原本被废的太子，即后来的平王成为新的天子，与
此同时，幽王之弟携王也被其他诸侯立为天子。当此之际，因"无王"
的发生，可谓就是"周亡"。由此，有学者指出"'周亡'的观念乃频见
于此时的《诗》中"，在这些诗篇中，"'周宗既灭'均当为周邦灭亡之
义"③。

但问题是，在东周时代，随着时间的推移，一方面是持续性的王室
衰而不亡；另一方面，"尊王"思想不绝如缕，"周亡"观念也就趋于慢
慢淡化。晁福林说："王统断裂的严峻现实与周初以来政治社会理念形成
强烈反差，人们由此趋于有意无意地忽视两周之际的'二王并立'，由
平王而直续幽王的叙事方式显然更加简略明快。"④ 也由此，春秋以来，
"周衰"逐渐代替"周亡"观念，成为讨论此段史事的主流叙述方式。
这一点在强调"尊王"的儒家学派中应该更为突出。

所以，可注意的是，在上博简《孔子诗论》中，有这样的论述：
"雨亡（无）政（正）《即（节）南山》，皆言上之衰也。"⑤ 这里不言
"周亡"，而以"周衰"代之，在讨论这两种观念的并行时，有学者概述
为："孔子在上博简《诗论》中以'周衰'之文写'周亡'之实来阐述

① 邵炳军：《〈诗·小雅·雨无正〉篇名、作者、作时探微》，《上海大学学报》（哲学社
　会科学版）2003 年第 2 期，第 11 页
② 李学勤：《清华大学藏战国竹简（贰）》，上海文艺出版社、中西书局，2011 年，第
　138 页。
③ 谢乃和：《从新出楚简看〈诗经·雨无正〉的诗旨——兼论东周时期的"周亡"与
　"周衰"观念》，《史学集刊》2017 年第 4 期，第 28、30 页。
④ 晁福林：《清华简〈系年〉与两周之际的史事的重构》，《历史研究》2013 年第 6 期，
　第 162、163 页。
⑤ 马承源：《上海博物馆藏战国楚竹书（一）》，上海古籍出版社，2001 年，第 136 页。

'雨无正'的诗旨。"对于这一见解，笔者完全赞同。但他进一步认为的，"周衰"是诸夏之国所用笔法，而《系年》由于为楚国作品，"无诸夏列国正统观念"，故而直接以"周亡"来加以描述①，则可商榷。笔者曾撰文指出，《系年》一方面具有楚国特点，但另一方面，它又具有"非楚性"，历史叙述溯源于宗周的"史伯学派"②。由此，"周亡"的认同并不只在诸夏之外，在诸夏范围内，它或许较之"周衰"观念要稍显弱势，但也一样流布于世。

将这样的问题重新拉回到早期《公羊传》文本中，就可以注意到，在与《公羊传》具有同源文本的《孔丛子》中，在《记问》篇有"宗周将灭"的记载；《抗志》篇则曰："吾念周室将灭，泣涕不可禁也。"③它们属于诸夏系统的文字，同样对"周亡"或"周室威"有着清晰的记载。尤为值得注意的是，据傅亚庶《孔丛子校释》在《抗志》篇中的"周室"一词，明清以来很多本子都将其改为"宗周"，但《艺文类聚》《太平御览》皆作"周室"④。在此，"周室"应为原文字，而作"宗周"者则为后改。

由"周室"而"宗周"，与此前所见《诗经》文字的校改，可相互发明。

由前已知，清儒认为《诗经》中的"周宗"乃是"宗周""传写误倒"所致，故以作"宗周"为是。再审《孔丛子》文本，可以发现，在《记问》篇中，已作"宗周"，与此相符，是原文如此，还是校改所致，已不得而知；但在此可以明确的是，在《抗志》篇中，明清人校改为"宗周"，但校改之前的文字不是"传写误倒"的"周宗"，而是"周室"。

看起来在先秦以来的文献中，"周室""周宗""宗周"皆可共存，而"周室""周宗"多为原本，"宗周"的写法，至少有一部分有可能不是原貌，是后世校改所致。校改的原因，主要在于"周亡"问题的遮蔽，使得后世学者产生了误判。现在要在文献中完全恢复原貌已不大可能，但既然已经知道"周亡"曾为被认可的事实，则"周室""周宗"不仅不误，而且与事实更为贴切。我们注意到，在《诗经》中，"宗"

---

① 谢乃和：《从新出楚简看〈诗经·雨无正〉的诗旨——兼论东周时期的"周亡"与"周衰"观念》，《史学集刊》2017年第4期，第31页。
② 关于这一问题可参看王刚：《从清华简〈系年〉看早期中国的历史书写》，《古文献与学术史论稿》，中国社会科学出版社，2017年，第4~11页。
③ 傅亚庶：《孔丛子校释》，中华书局，2011年，第178页。
④ 傅亚庶：《孔丛子校释》，中华书局，2011年，第198、199页。

即可解为"宗室"之义。如《小雅·湛露》:"厌厌夜饮,在宗载考。"毛传曰:"夜饮必于宗室。"① 由此,"周宗""周室"实可互换。笔者怀疑,"周室威"为先出文本,它可通为"周宗威",随后有部分文本被改为"宗周",并由此开启了后世的文本纷争。

不管这种怀疑是否真的能够完全成立。但可以确定的是,传世和出土文献都证明,"周室威"作为一种观念,虽在汉以后逐渐淡化,但至少在东周时代,它是确然存在的,并与两周之际的史事互为发明。所以,才会有汉儒郑玄等的误识以及战国简《系年》的明载。前已论及,《公羊传》在战国时代开始了文本生成过程,经数百年在汉初才定于竹帛之上。而我们也知道,《公羊传》属于经学中的"齐学"派,不仅汉时如此,战国时代就是如此。既然它的成书与"齐学"相关②,齐地上所发生的一切,尤其是政治巨变对于《公羊传》的撰作当有着重要的影响。

由前已知,孔子作《春秋》时,很重要的历史背景是:"春秋之中,弑君三十六,亡国五十二。"这段话并载于《史记·太史公自序》和衣镜文中。它不仅与"周室威"相呼应,更重要的是,春秋时代的亡国弑君不仅在战国时没有止步,而且愈来愈残酷。尤其是齐国,作为一个大国,竟两次面临亡国之难。一次是田齐代齐;另一次则是田齐自己几乎被燕国所灭。可以想见的是,在《公羊传》逐渐成书的过程中,《诗经》中的"周宗既灭"与时代极为贴近,重重的时局忧患,亡国覆宗的命运,使得历史记忆与残酷现实互为呼应,很自然地吸纳并投射于《公羊传》文本的形成之中。

所以,可注意的是,前已论之,"褒姒灭之"的"灭",在原始文本中作"威",据《经典释文》,是"齐人语也"③,正与"周室威"相通。而因"威"字的相通,不仅可确认,《诗经》相关文字和《公羊传》早期文本之间的确存有某种联系。就本论题而言,需要更进一步的思考则是,在具体的历史过程中,它们是如何串联起来的?而这又给《公羊传》文本、经义的生成及其调整带来了什么?

---

① 阮元校刻:《十三经注疏》,第421页。
② 黄开国说:"《公羊传》的形成则是由齐学色彩的儒生,也就是《公羊传》所载的子公羊子、子北宫子、子沈子等先师所共同完成的。"见黄开国:《公羊学发展史》,人民出版社,2013年,第49页。
③ 阮元:《毛诗注疏校勘记》引,阮元校刻:《十三经注疏》,第443页。

下面，就作进一步的展开。

（三）《诗经》的引入及经义调适：“周室威”与公羊学的“新王”及受命问题

“周室威”作为一种观念，虽说从孔子及《春秋》中能找寻到思想起点，但文本的授受，要从《诗经》开始。质言之，《公羊传》中的“周室威”，文本上实乃溯源于《诗经》，是对其历史记忆的重构与发展。

我们注意到，“周室威”意味着周代王统的丧失，由此在《公羊传》系统中，就有了“孔子立新王之道”的立论。或者也可以说，周室不灭，“新王”不作。正是由于这一理论基础和支点的存在，不仅使得事实的和头脑中的“周灭”交杂纠缠，更重要的是，它成为“新王”理论的一大重要起点。而以此为起点，为后面的“三科九旨”“三统”说等奠定了基础。

熟悉公羊学的人都知道，何休在作解诂时，曾归纳出所谓“三科九旨”的笔法，排在前面的，是所谓的“一科三旨”，也即：“新周、故宋，以《春秋》当新王。”① 何氏的说法并非自创，在《春秋繁露·三代改制质文》中，就有类似的论述：“《春秋》应天作新王之事，时正黑统，王鲁，尚黑，绌夏、亲周、故宋。”② 何氏应本之于此，只是将“亲周”写为了“新周”。由此，赵伯雄说：“（何氏的说法）完全是从董仲舒那里来的。”③ 当然如细做考察，何氏对于董学在继承中是有所变化的，关于这一问题，已有学者做了专门研究，本文不再重复④。

就本论题而言，值得注意的是，从董到何，几乎纵贯了整个汉代时段，加之何氏以排摈董学为特点，所谓“但述胡毋，不及董生”⑤，此处暗用董学，不仅证明了其重要性，更提示我们，应将这一重要经义作为公羊学通识，而不是“私说”来加以看待。而由本论题出发，可以看到，这一问题应以“周室威”为生发点，与《春秋》作“新王”及“受命”等关系最为密切。

在前面的论述中，对所谓的“以《春秋》当新王”，已做了若干探因的工作。但进一步的问题是，在公羊学系统中，如何做到“以《春

---

①　阮元校刻：《十三经注疏》，第 2195 页。
②　苏舆撰，钟哲点校：《春秋繁露义证》，第 187～189 页。
③　赵伯雄：《春秋学史》，山东教育出版社，2004 年，第 223 页。
④　关于这一问题，可参看黄开国：《公羊学发展史》，人民出版社，2013 年，第 377～380 页。
⑤　苏舆撰，钟哲点校：《春秋繁露义证》自序。

秋》当新王"呢？答案是，通过"亲周、故宋"等一系列笔法加以展开，并由此产生了所谓的"通三统"之论。

循着这一思想理路，在所谓"以《春秋》当新王"的经说之下，首先需要加以思考的是，在《春秋》中，周天子已不能成为接续周道的真正之"王"，那么，谁是王呢？再进一步的问题是，"王者"需要获受天命，《春秋繁露·三代改制质文》曰："王者必受命而后王。"① 那么，《春秋》文本中的天命何在呢？

我们知道，孔子在经学系统，尤其是在公羊学中被称为"素王"，而这一理论的主要依据，就在于前所论及的"获麟绝笔"。黄开国指出："这一解说带有天命论的意味，……《公羊传》将麒麟的出现与王的有无联系起来，则成为后来春秋公羊学的孔子素王说的嚆矢。"② 由此可注意的是，在《春秋繁露·符瑞》中，有这样的论述："有非力之所能致而自至者，西狩获麟，受命之符是也。"③ 在此，很明确地将"获麟"与"受命"联系在了一起。也由此，长期以来，学界往往将孔子视为受命之王，如在杜预的《春秋序》中，孔颖达疏曰："麟为孔子至也，麟是帝王之瑞，故有素王之说。"并说："汉魏诸儒皆为此说。"④ 这使得此后很多学者沿袭这一陈说而发挥之，如有学者说："把'西狩获麟'说成孔子'受命之符'，应是自董仲舒始。"⑤

但事实上，这一说法不仅违背董学，同时也是违背《公羊传》本义的。我们注意到，在《公羊传》中，已经很明确地指出："制《春秋》之义，以俟后圣。"⑥ 也就是说，这一受命之符应归之于"后圣"，而不是孔子本人。所以，翻检典籍，不仅在《公羊传》中，无一语明确言及孔子"受命"，在发挥《公羊传》之义的《春秋繁露》中，"天命"之论虽多，也同样一语明确言及孔子"受命"。不仅如此，恰恰相反的是，董氏所明确的，是孔子不能"受命"。在其所说的"天人三策"中，他鼓励武帝利用所拥有的天子"势位"，做一番事业，而孔子因为有德无位，无法受此大命，即所谓："自悲可致此物，而身卑贱不得致也。"⑦

① 苏舆撰，钟哲点校：《春秋繁露义证》，第 185 页。
② 黄开国：《公羊学发展史》，人民出版社，2013 年，第 67 页。
③ 苏舆撰，钟哲点校：《春秋繁露义证》，第 157 页。
④ 杜预：《春秋序》注引，阮元校刻：《十三经注疏》，第 1708 页。
⑤ 李长春《"素王"与"受命"——廖平对今文经学"受命"说的改造与发展》，《求是学刊》2011 年第 2 期，第 42 页。
⑥ 阮元校刻：《十三经注疏》，第 2354 页。
⑦ 《汉书》卷 56《董仲舒传》，第 2503 页。

这一思想反映在《春秋繁露》中，则是天命不在"素王"之身，而只能归之于天子。如《深察名号》曰："受命之君，天意之所予也。故号为天子者。"而在《俞序》篇中，则有这样的表达："吾因其行事，而加乎王心焉，以为见之空言，不如行事博深切明。"① 所谓"王心"，只是"王者"之"心"而已，正说明孔子不是真的"王者"。

从这个意义上来说，孔子在"天命"相承中，做的是一个传递者角色，他本身并不能受"天命"。所以，当汉王朝以"后圣"自任时，就开掘出了"《春秋》为汉制法"的意识话语。要之，就公羊学理论来说，《春秋》及孔子处在"无王"，也即"上无天子，下无方伯"② 的过渡状态下，作为保证"王道不坠"，连接"先圣"和"后圣"的枢纽而存在。《春秋》的"新王"性质，说起来实在只是一种过渡。《公羊传》文公十四年有著名的"实与文不与"之论，在此处应该是反而行之，"新王"只是名义，而非实在。

由此，在"以《春秋》当新王"的过程中，《公羊传》中出现了两种看似相反，实则互补的取向，一方面是作为周的对立面的"新王"出现；另一方面，此"新王"又不能完全离于周。具体言之，"周室威"的引入，意味着周王朝"天命"的终结，不能再"王周"了，而相应地要显示出新的"王者"。《春秋》本身只是一部书，不可能是"受命"之王，这样在书中就需找到"王者"的载体，《春秋》据鲁史而作，公羊学由此以鲁作为"王者"的代表。陈立说："托王于鲁，非以鲁为王，夫子以匹夫行褒贬之权，不可无所藉。"刘逢禄则直接断论道："王鲁者，即所谓以《春秋》当新王也。"③

然而，由此延伸出来的问题是，周得天下后，认为自己的"天命"是由夏而商，由商而周，一路传承下来的。故而，将夏、商的后代封在杞和宋称"客"，而不同于一般诸侯。《春秋繁露·三代改制质文》概述为："使服其服，行其礼乐，称客而朝。"④ 这样就构成了所谓的"三王"系统，为后来所谓的"三统"论奠定了基础。春秋战国以来，夏、商、周"三代"开始走入尽头，后世的"继周者"，如何调整"三统"成为一大课题。《公羊传》继承和发扬"三统"之说，将原来的夏、商、周"三统"调整为商、周和《春秋》，这样，夏被排挤出了"王统"系列，

---

① 苏舆撰，钟哲点校：《春秋繁露义证》，第159、286页。
② 刘向：《战国策书录》，刘向集录：《战国策》，第1196页。
③ 陈立撰，刘尚慈点校：《公羊义疏》，中华书局，2017年，第15页。
④ 苏舆撰，钟哲点校：《春秋繁露义证》，第198页。

即所谓"绌夏、亲周、故宋"。

但问题是，鲁本为周的诸侯，不仅处在周系列之内，而且是周公所封之国，它因周公的特殊贡献，而有天子礼乐，成为位居第一的诸侯。从这个角度来看，周的"天命"不仅未完全转移，而且因《春秋》"王鲁"而得以传承，这就与《春秋》中的"尊王"建立起了联系。我们知道，周代"天命"的起点在文王，由此，就建立了这样一种思路，在三代"天命"递嬗的进程中，"三统"将断于周，时王已不能接续"天命"，由孔子通过《春秋》将其下传，所传者，实为文王之命。当然，这些说法牵强附会之处甚多，但它恰恰是《公羊传》的立基所在。本文在此不作论题之外的评论，围绕着本课题，需要指出的是，与"周室威"溯源于《诗经》文本一样，它们的文本系统应该也是来自《诗经》，并相互呼应。

我们注意到，文王受命是《诗经》中的重要内容，而这一点是深刻影响了公羊学家的。例如，《大雅·文王有声》曰："文王受命，有此武功。既伐于崇，作邑于丰。"① 《春秋繁露·四祭》则接续论曰："已受命而王，必先祭天，乃行王事，文王伐崇是也。"并引《诗》。而在《诗经》中，关于"文王受命"内容，值得特别注意的是《周颂》，第一篇《清庙》就是以此为主题。作为天子一级的庙堂诗歌，"颂"是对祖先功业的歌颂，《毛诗序》说："颂者，美盛德之形容，以其成功告于神明者也。"②

由本论题出发，值得提出的是，周之"受命"倘置于三代系列加以考察，则有夏、商、周三统之说，后被公羊学家加上《春秋》为一统，除去"夏"，作了新的调整。这种调整并非公羊学别出心裁，而是在"颂"诗系列中可以找到若干依据。

考核资料，在《诗经》中有《商颂》，而无《夏颂》，三代缺一。关于《商颂》的来源，在经学今、古文派中颇有争论。研究者指出："古文家的《毛诗》认为《商颂》传自商代。而齐、鲁、韩三家今文学派的看法则不同，他们认为《商颂》是春秋时期宋国的作品。"③ 我们知道，《公羊传》为齐学，属于今文派，故而它应该用今文之法，以《商颂》为宋国作品。不仅如此，还可注意的是，在景帝时代，《齐诗》大师辕固与黄老派的黄生有一次关于"受命"问题的激烈辩论。有学者说：

---

① 阮元校刻：《十三经注疏》，第526页。
② 阮元校刻：《十三经注疏》，第272页。
③ 姚晓鸥：《诗经三颂与先秦礼乐文化》，北京广播学院出版社，2000年，第7页。

"受命问题，言及诛杀，实则是来源于《春秋》的所谓微言大义，有可能以流行于齐地的公羊《春秋》来说《诗》，……是齐地学者极注重受命说的明证。"① 不管此说是否成立，可证明的是《公羊传》与《齐诗》的相通。而这不仅可以由此确认公羊学家应认《商颂》为宋国作品，更重要的是，"故宋"一说可得以落实。

我们还注意到，在《诗经》"三颂"中，没有《夏颂》，代之的是《鲁颂》。而《商颂》既然属于宋的作品，则不仅与"绌夏、亲周、故宋"相呼应，《鲁颂》亦与"王鲁"相契合。我们知道，宋作为殷商之后，继承天子礼乐，可以有"颂"，但鲁国怎么可以有"颂"呢？郑玄作《鲁颂谱》曰："初，成王以周公有太平制典法之勋，命鲁郊祭天，三望，如天子之礼，故孔子录其诗之颂，同于王者之后。"孔颖达疏："伯禽以成王元年受封于鲁，于时天下太平，四海如一，歌颂之作事归天子，列国未有变风，鲁人不当作颂。"② 也就是说，《鲁颂》的存在，一方面因其有"天子之礼"；另一方面，在本质上还是属于非常态，本是"不当作"的。而这些特点恰恰与前所论及的公羊学问题相契合。由此，我们注意到清儒刘逢禄的一段评述：

> 《诗》之言三正者多矣，而尤莫著于三《颂》。夫子既降《王》为风，而次之《邶》《鄘》之后，言商、周之既亡，终之以三《颂》，非新周、故宋，以《鲁颂》当夏而为新王之明征乎？夫既以《鲁颂》当新王而次之周后，后以《商颂》次鲁而明继夏者殷，而非所谓三王之道若循环者乎？③

此外，与此相似的观点，还有皮锡瑞所言的："《诗》三颂有通三统之义，与《春秋》存三统大义相通。"④ 要之，《公羊传》在解说"三统"及天命时，引《诗经》之义当为确凿的事实。

而当这些引入《公羊传》的学说系统之后，在《春秋》解释权方面，可以说获取的是一把双刃剑。就有利的方面来说，在《春秋》与天命、阴阳等日益紧密联系的基础上，使得自己获得了新的解释空间，在

---

① 戴维：《〈诗经〉研究史》，湖南教育出版社，2001年，第66页。
② 阮元校刻：《十三经注疏》，第609页。
③ 刘逢禄著，郑任钊校点：《春秋公羊经何氏释例》，北京大学出版社，2012年，第8页。
④ 皮锡瑞：《经学通论》，中华书局，1954年，第48页。

"言外之意"上可以下足功夫。董仲舒在这方面的表现最为突出，班固评价道："治《公羊春秋》，始推阴阳，为儒者宗。"① 而不利方面也很是突出，主要表现就是，与历史事实相差甚远，久而久之易引起质疑。如将《春秋》中根本没有出场的文王置于核心地位。由此，以周文王作为"大一统"之义的载体，《公羊传》一开篇，在隐公元年中就说："王者孰谓？谓文王也。"②

然而，这在整个《春秋》文本中根本找不到历史根据，于是乎，利用阴阳理论，对"元年王春正月"的"日月时例"大加发挥，成为后续之义。赵伯雄概括为："专在《春秋》记事中的'王正月'这种记事方式上做文章。"但这又实在不符合历史本相，理由在于：

> 从西周以及春秋时代的彝器铭文来看，"王×月"的记时方法为当时所习见，只是表示所用为周历而已，加"王"字并不限于正月，这种情况孔子不容不知。因此，从"王正月"中挖掘出"大一统"之义，绝不会是孔子所为。③

此外，公羊学在天命及相关问题上的阐释，虽为自己赢得"后圣"——汉王朝的政治青睐，但本应隐于文后的孔子，不仅被日益改造成了天命预言者，甚至因"获麟"这样的符瑞，为后世造作神学故事提供了土壤。由此，在谶纬中产生了大量的相关神话，有学者指出："谶纬同公羊学的关系，不仅表现为前者的内容受到后者的影响，还表现为前者以神学方式对后者的一些基本理论和主张做了进一步的论证和发挥。"④ 久而久之，不仅影响了文本的严肃性，而且矛盾和冲突难以避免，经义的调停也往往左右失据。

这样，不仅仅是冲淡了"齐桓、晋文之事"的主题，更为重要的是，这一理论弥散于《公羊传》文本中，一方面使得经义的解释在文本中往往不易自洽，久而久之衍为后世聚讼所在。文本间的冲突，逼使《公羊》家们在弥缝经义的过程中，不断调适，愈演愈烈之下，甚至有所谓"非常异义可怪之论"，使得东汉以来的古文家们认为"《公羊》可

---

① 《汉书》卷 27 上《五行志上》，第 1317 页。
② 阮元校刻：《十三经注疏》，第 2196 页。
③ 赵伯雄：《春秋学史》，山东教育出版社，2004 年，第 11 页。
④ 陈苏镇：《谶纬与〈公羊〉学的关系及其政治意义》，陈苏镇主编：《中国古代政治文化研究》，北京大学出版社，2009 年，第 2 页。

夺，《左氏》可兴"①，引起了后世经学的斗争和发展。

然而，经义之辩虽繁复炫目，但"风起于青苹之末"，由本论题来看，"周室威"的存在，乃是前置的骨牌，后面的种种，往往由此发之，经过《公羊传》颇具特色的阐释，不断牵引附会出许多新说，这就给后面的文本和经义阐释带来了连锁反应。"周室威"很可能成了"非常异议可怪之论"的一大源头，最终在汉末被排斥出了《公羊传》系统，从而为后世所不传。

在"孔子衣镜"文中，"孔子作《春秋》"问题作为重要内容，为我们进一步认识早期公羊学，提供了新的材料。笔者以此为切入口，围绕着传世文本中未见的"周室威"一语，对公羊学的相关文本及经义做了一个初步的分析。

笔者认为，"周室威"为公羊学家遗说，它被抄录下来，作为"孔子作《春秋》"的基本动因而加以提出，呈现出《公羊传》经学的某些原始面貌，具有相当高的学术价值。"周室威"虽不见于今本《公羊传》，并与历史事实有所不符，但这不是文字错讹所致，而是有着深刻的历史文化动因。

通过具体的考订，在溯源探因中，可见的事实是，"周室威"作为渊源有自的一大理念，自战国以来进入《公羊传》文本，将历史记忆与时代精神整合在了一起。以"周室威"为起点，依托于后续的解释，既为公羊学拓展了理论空间，也使得解经之中出现了历史性的错位。连带着将后世的时代精神及痕迹，渗入对春秋时代的解说之中，给文本带来了不可控的因素。在内在的紧张矛盾中，后来者需要对文本解说进行必要的调试，并由此开启了各种学术纷争。

总的来看，"周室威"作为经籍中的重要论述，与刘贺本人的遭际没有直接关联，与其所发生的关系，仅仅是其所读文本。作为刘贺所读之书的内容，被引述于衣镜文上，实质上属于文献学范畴的问题。但是，作为公羊学遗说中的一大关键，对其做出的考察，不仅仅可以看出文本递嬗的重要轨迹，更可在历史事实与历史书写的张力中，厘清东周至汉的政治思想纠葛及诸种问题，这一论题具有重要的文献意义及史学研究价值。

---

① 何休：《春秋公羊传序》，阮元校刻：《十三经注疏》，第 2190、2191 页。

结　语

在论及学术研究所应持的方法及态度时，陈寅恪曾有这样的意见："一时代之学术，必有其新材料与新问题。取用此材料，以研究问题，则为此时代学术之新潮流。"① 随着时间的推移，这一看法不仅没有过时，而且越来越显示其价值。

以此问题意识来审视本论题，作为"新材料"的"孔子衣镜"，其"新"，主要落实于图像与文本的史料价值之上。

析而论之，在图像层面，"孔子衣镜"呈现了最早的孔门师徒像，以及西王母、东王公画像等。再进一步言之，图像中的种种细节，尤其是孔门诸贤的礼位要求、礼容仪态，衣冠配饰及人物配置原则，西王母、东王公的外形、冠饰及配对等问题，为我们提供了全新的历史文化信息。

而"孔子衣镜"之上的文本，就性质而言，一方面作为像赞，为配合图像而产生；另一方面，对于墓主人刘贺起着自我警示的作用。更为重要的是，随着时间的推移，它们已从刘贺的私人文字转而成为重要的公共史料。作为可与今本文献相比勘的珍贵文本，其中既有散佚的固有经史文字，也有汉代新添加或修订的材料。它们的出现，为进一步理解传统中国的典籍、历史及相关问题，提供了新的学术增长点。

延此理路，对衣镜上的文字资料作进一步的展开，可注意的是，就前者而言，特别重要的内容有：孔子"野居而生"的记载及文本调适；孔门弟子数及"四科十哲"的论述；"颜回为淳仁重厚好学"与《易》学文本问题，以及汉代《公羊传》的佚文"周室威"等。就后者来看，主要问题有：衣镜对于《史记·孔子世家》"太史公曰"这一史赞内容的引用及修订，西王母、东王公的图像内容及相关文字，对于子路"质美可教"的论述，"颜回、子赣之徒"的文本顺序，以及"姓孔，子氏"的"异类"表达等。

---

① 陈寅恪：《陈垣敦煌劫余录序》，《金明丛稿二编》，生活·读书·新知三联书店，2001年，第266页。

　　对于以上问题，笔者都一一做了专题考察。所采取的研究路径是，以文本生产中的知识理路为切入口，深入于汉代乃至古代中国历史文化的大背景中，打通先秦两汉的时间藩篱，对于史学与考古学，以及美术、哲学、文学等学科做出细致的整合，通过以小见大的考订，对其所牵涉的政治文化、经济社会、思想内涵等层面的相关问题，作出必要的讨论。

　　这种讨论，首先建立在"新材料"的运用及展开之上。所致力的方向主要是，认真辨析材料的性质，考订细节，厘清问题，从中抽绎出重要的历史文化信息。再由此而进，将论题引入"取用此材料，以研求问题"的阶段。即以释证后的"新材料"为考察基础，转入到研求"新问题"的场域。

　　综合审查衣镜中的各种文化信息，总的来看，"新问题"主要存在于两大场域：

　　一是由图文本身所带来的问题。聚焦于图文的性质、出处及作用，深究它们所提供的历史文化信息，追溯史源，对于历史文献与事实等层面做出考订，成了核心任务。

　　二是图文的知识生产问题。图、文得以生成的历史原因、内在过程及具体情境。在这一进程中，通过图文互证，笔者看到了知识生产中的选择、接受与改造；看到了历史文本与谶纬及小传统叙事之间的纠葛；看到了特定时代的政治力量及个人命运，以及它们是如何潜移默化地影响着这种知识生产的发生及后果；看到了器物之后一桩桩被有意无意遮蔽，但又那么鲜活且悲情的人物及事件……

　　而这一切的一切，又最终聚焦于衣镜的主人刘贺的命运沉浮及心路历程之上。图文是器物的图文，器物是人的器物。从特定意义来看，作为礼器而存在的衣镜，种种细节所展现的，是刘贺的内在思考，联结着他的诸多过往。在这种特定的思想背景下，衣镜图文深有寄托，别具意义。

　　进一步言之，对于刘贺而言，这些图文资料一方面渊源有自，可归入历史传统与文化遗产的范畴；另一方面，作为汉代文化语境中的特定产品，它们又无一不在体现着时代的气息，折射着刘贺的身世与际遇。

　　在此视域下，无论是图像还是文本，它们作为专门的文化资源，生成与演进都在历史的发展脉络之上。一方面，它们都遵循着图文本来的内在理路和历史要求。另一方面，衣镜上所呈现的资料，虽然在此前大都存在，但它们毕竟由刘贺所选定和整合，契合着他的内在价值观。质言之，它们都是衣镜主人自主选择的结果。由此，衣镜所透现的历史文化面貌，需要透过刘贺的眼睛和心灵去加以观察；需要在特定的知识结构和思想基础上加以推演。

作为历史舞台上的一位悲剧性人物，因立废一事，刘贺在舞台的中央倏忽而过，仅在正史的记录中留下了一些简略的文字。然而，在特定立场之下，胜利者所主导的语焉不详的记录，遮蔽了刀光剑影和波谲云诡的权谋，在破碎且扭曲的文字后面，虽然隐隐体现着汉代政治文化及相关历史的某些面目，但在历史的幕布之后，它们影影绰绰，真容难窥。

令人欣喜的是，因海昏出土文物的面世，刘贺被遮蔽的一面隐隐得现。尤其是"孔子衣镜"出土后，其历史信息的重要和丰富，为我们推开了一扇扇门窗。它的学术意义不仅体现在，儒门及西王母等先秦以来的新资料获得呈现，更可通过器物与刘贺心境的结合，进入到图文生成的"入口"，在先秦资料与汉代历史文化的沟通中，理解图文之外的"画外之意"及"话外之音"。

以此观之，可以发现，"孔子衣镜"因礼器的性质，图文紧紧围绕着"礼"的意蕴而加以展开。在"颂圣"之中，服膺儒家之义的衣镜主人不仅以六合空间来进行构图，更重要的是，在自居"礼位"的过程中，由"得其门"到"升堂"的愿景，使得儒家理念及追求成为图文的核心。由此，在衣镜之上虽然从神仙到圣贤，各色人等纷纷登场，但坚持"大传统"始终是衣镜图文的基本立场，甚至"顺阴阳"亦主要建基在经学思维之上，而不是一般人所认为的求神问卜。这就使得"圣像"而不是"神像"系统，成了图像选择中的优选项，老子缺位则进一步说明了，衣镜与"小传统"中的孔老构图有着不小的思想距离。

沿着这样的理路去观察衣镜图文，还可以发现的是，孔门师徒文质彬彬，行礼如仪。孔、颜且不论，连在汉代图像中以"戴鸡佩豚"示人的子路也大带飘飘，展现着其"质美可教"的儒者面相。而子贡观礼，子夏与澹台观书的情形，更是一步步地烘托着儒者之风。在这样的立场和思想底色下，不仅"夫子之服"与汉衣冠拉开了差距，甚至西王母、东王公的穿戴也都展现着贵族之风，不复是汉代神仙系统中的怪异形象和着意于礼的一面，展现了海昏型西王母的突出特点。在神仙面相的另一端，呈现出了浓郁的儒家气息，联结着儒学的文化大系统。

不仅如此，细审各种图文的呈现及加工，除了材料本有的历史面相，以此为依凭，可以直通先汉论域，同时，它们也照应着汉代的当下情景。其中最关键的问题乃是，在"修容"与避祸的主题之下，一些欲言又止的情愫散布于文本之中，体现着刘贺的往事与心事。

　　就图像而言，刘贺选择西王母来赐福避祸，主要针对的是"犬祸"和"阴病"，并由此在图像中引入了东王公，以达到和顺阴阳的效果。而孔门图像的选择及立意，则深度切合"礼"的意蕴，与当年的立废之事及"坐则诵《诗》《书》，立则习礼容"的图景，有着千丝万缕的思想联系。

　　就文本来看，对《史记·孔子世家》史赞的文字改订以及"至圣"的强调，反映着内在的价值评判及背后的政治文化问题；在弟子选配的旨趣后面，则联结着抗争与辩诬；"重厚好学"直通武、宣时代"仁且智"的政治话语……细绎画里画外、字里行间，种种增删与加工，所呈现的，是隐于其后的个人命运及政治文化的变动。可以说，"孔子衣镜"不仅是先秦儒门材料的载体，也承载着刘贺的心境及所属时代的文化性格。

　　在这样的问题意识下来细审我们的工作，其所具的学术意义及研究价值自不待言。可以肯定地说，作为出土的"新材料"，"孔子衣镜"蕴含着丰富的历史文化信息，与此关联的"新问题"亦层出不穷。

　　对"孔子衣镜"做出必要的研究，不仅完全符合"此时代学术之新潮流"，甚至可以说，"孔子衣镜"就是展现此一学术理念的极佳范本。出于这样的原因，笔者驽马十驾，勉力而行，对此做了初步的探研，以期抛砖引玉，为"此时代学术之新潮流"的推进呈上一份微薄之力。

后　记

　　此书是我的国家社科后期资助项目的结题成果。感谢评审专家及相关工作人员的厚爱，让我能有机会将多年的学术思考呈奉于读者面前。

　　就课题的申报与完成来说，不过短短数年，但若论及问题意识的产生、深化，及具体的学术探研，则有着十来年的跨度。在这一时段内，我见证了南昌汉代海昏侯国考古及相关研究的种种过往，感受到了它所具有的文化热度，也充分理解了坐冷板凳的意义。

　　作为第一批投身海昏研究的学人，我常常戏言，我是一名散仙，入不得仙班。虽有个人能力不济的原因，更与懒散兀傲的个性相关。从当年投身研究热潮之中，到成为茕然孤往的旅人；从昔日充满着期许与梦寐，到"躲进小楼成一统""聊为陇亩民"。其间的冷暖甘苦，难与外人道也。好在一路走来，有不少师友能最大程度地体谅我，帮助我，使我不至于半途而废，一直坚持到今天。

　　我要感谢南昌汉代海昏侯国遗址管理局的彭印琨、曹院苗，江西省博物馆的徐长青，江西省文物考古研究院的杨军、夏华清等领导和专家对我的真诚帮助，尤其是杨军，不仅为我提供了资料方面的各种信息，而且耐心指点，多有切磋，获益良多！

　　感谢白云翔、张仲立、徐卫民、陈文豪、王银田、周广明、赵凯、温乐平、薛瑞泽、游逸飞、徐旻等师友对我的专业指导及各种帮助，助我提升学术品质。感谢邢义田、李松、冯时、叶芷、白彬、刘海宇、庞政等师友慨允我使用相关图文资料。感谢江西师范大学历史文化与旅游学院的黄今言、万振凡、周洪、卢星、陈晓鸣、陈金凤、谢宏维、万义广、吴方浪等老师的指导性意见，尤其是万义广，几乎在每一部分内容写就后，都第一时间提出宝贵意见，助力之大，莫能忘怀。感谢同门黄爱梅、于凯、彭华、赵灿鹏、宁镇疆、陈磊等给予的真诚帮助。在课题申报和结题的过程中，同窗好友章益国给予了建设性的意见；学院的徐良、汪巍、梁琼等领导和老师为相关工作的顺利进行，提供了高质量的保障。对于他们，都深表谢忱！

　　本书中多章内容曾公开发表，具体信息已在正文中提到。感谢相关刊物及编辑老师的辛劳！在此需要提及的还有两点，一是在收入本书时，相关文字皆做了调整和修订，如有异见，当以本书为准。二是有些研究内容，在某些"学人"的"成果"中，被纳入"加工"的洪炉，是否属于剿说，可以见仁见智。但所依据的时间线，不是本书的出版时间，而是首次提出相关论断之时，故而将见刊信息列出，以便复查。笔者历来推崇"为己之学"，追求洒落气象，颇不愿卷入笔墨纠纷。反正文本俱在，无需争论，读者如有兴趣，可以根据时间线自行判断，本人不置一词。

　　最后，要衷心感谢文物出版社及责任编辑彭家宇的辛劳付出，还有那些支持和帮助过我的朋友及家人们。因为你们，让我这个迂阔之人能平静地读书和思考，在逼仄的空间中找寻到精神的逍遥之地。在这样悠然之思中，想起了半阕东坡词，以此作为结束语吧：

　　搔首赋归欤，自觉功名懒更疏。
　　若问使君才与术，何如？
　　占得人间一味愚。

王　刚

2024 年 11 月于南昌